국립국어원 민족생활어 자료 총서 9

어업 생활어와 장인의 말

경상북도 영덕군, 문경시, 칠곡군의 민족생활어

국립국어원 민족생활어 조사

      기   획 : 김덕호(담당 연구원)
   조사위원 : 김순자(제주대)   안귀남(안동대)
             김란기(홍익대)   김지숙(영남대)
             홍기옥(경북대)   조숙정(서울대)
             정성미(강원대)   정진영(부산대)
             김민영(한남대)   위 진(전남대)

국립국어원 민족생활어 자료 총서 9

어업 생활어와 장인의 말—경상북도 영덕군, 문경시, 칠곡군의 민족생활어

초판 인쇄 2009년 3월 20일
초판 발행 2009년 3월 30일

지 은 이 김지숙
엮 은 이 국립국어원
펴 낸 이 최종숙
펴 낸 곳 글누림출판사 / 서울 서초구 반포4동 577-25 문창빌딩 2층
전   화 02-3409-2055 FAX 02-3409-2059
이 메 일 nurim3888@hanmail.net
등   록 2005년 10월 5일 제303-2005-000038호

ⓒ 국립국어원 2009

정   가 39,200원

ISBN 978-89-6327-004-3 (세트)
ISBN 978-89-6327-013-5 04710

국립국어원 민족생활어 자료 총서 9

어업 생활어와 장인의 말

경상북도 영덕군, 문경시, 칠곡군의 민족생활어

김지숙

글누림

어업 생활어와 장인의 말

경상북도 영덕군, 문경시, 칠곡군의 민족생활어

책머리에

　국립국어원은 국어를 표준화하고, 국민의 풍요로운 언어생활을 돕기 위해 1991년에 설립되었다. 설립된 다음 해부터 1999년까지 8년간의 표준국어대사전 편찬 사업과 더불어 방언 조사 사업, 음성 자료 디지털화 사업, 기본 어휘 사용 실태 조사 사업 등과 같은 국가적 조사 연구 사업들을 수행해 왔다. 민족생활어 조사 사업도 이와 같은 국가적 조사 연구 사업의 일환으로 2007년에 시작되었다.

　민족생활어 조사 사업은 국어 기본법 제2조(기본 이념)와 제9조(실태조사 등)에 근거하고 있다. 또한 다양한 입장에 대해 열린 자세를 갖게 하고, 차이를 인정하는 열린 마음으로 사회 통합을 이끌어내고자 하는 사회적 분위기와 이를 통해 사회적 관용(la tolérance sociale)을 모색하고자 하는 의식을 반영한 사업이다.

　편리함과 윤택함이라는 이름 아래 진행되어 온 고속 성장의 이면에 우리의 언어와 문화, 생태계는 그 다양성이 훼손될 우려가 점차 커지고 있다. 그러므로 인류 미래의 운명이 걸린 언어, 문화, 생태계의 다양성을 존

중하고 절멸 위기에 있는 그들의 생명력을 유지하고 복원하기 위해 함께 행동해야 할 것이다.

유네스코에서는 1992년 '생물 다양성 협약'을 체결하고 2001년 세계 문화 다양성 선언을 채택하여 언어와 문화의 다양성을 지키기 위해 노력하고 있다. 왜 생태주의자들은 종의 다양성을 옹호하고 있는가? 그것은 바로 순조로운 진화의 길을 모색하고자 함에 있다. 진화라고 하는 발전과 변화가 종의 다양성을 기반으로 하여 가능하듯이 언어의 진화도 언어의 다양함을 바탕으로 이루어지는 과정이라고 할 수 있다. 언어의 대표 단수만 옹호하는 일은 언어의 다양성 자체를 무너뜨리는 일이고, 이는 곧 진화에 역행하는 일이다.

현재 삶의 편의성을 위해 모든 것을 거시적인 관점에서 표준화하려는 경향이 뚜렷해서 비표준적이고 미시적인 것들은 소멸의 위기에 처하게 되었다. 하지만 이제는 잃어버린 지난날의 다양하고 미시적인 삶의 유산을 복원하기 위한 노력이 시작되고 있다. 이러한 분위기는 중심 언어에서 멀어진 변방의 언어라고 방치했거나 정화의 대상으로까지 여겼던 비표준적인 말을 보존하려는 노력에서도 엿볼 수 있다. 영국이 낳은 뛰어난 언어학자 데이비드 크리스털(David Crystal)은 자신의 저서인 '언어의 죽음(Language Death)'에서 어떤 소수의 언어든, 언어라는 이름을 갖고 있는 존재가 힘센 언어에 의해 사라져 가는 것은 '비극'을 넘어 '재앙'으로 간주하고 있다. 인류의 삶에는 다양성이 필요하고, 다양성을 바탕으로 이루어진 언어는 나름의 정체성을 가져야 자연스럽다. 언어는 역사의 저장고일 뿐만 아니라, 인류의 지식 총량에 기여하고, 그 자체로 흥미의 대상이 되기 때문에 그의 주장은 타당하다. 어떠한 언어든 사라진다는 것은 인류에게는 돌이킬 수 없는 손실을 의미한다. 따라서 아직까지 연구되지 않았거나 충분히 기록되지 않은, 소멸 위기에 처하거나 죽어가는 언어들을 문법 사전 및 구전 자료의 기록을 포함하는 문서 형태로 기록하는 것은 아주 중요한 사명이다.

크리스털을 비롯하여 뜻있는 언어학자들이 소멸 위기에 놓인 언어를 지켜내려고 안간힘을 쓰고 있는 것처럼, 국립국어원에서도 민족생활어 조사 사업을 통해 사라질 운명에 처해 있는 한민족의 생활어를 수집하고, 더 나아가서 그것을 지켜가는 방안을 모색하기 위해 힘을 모으고 싶다. 이를 통해서 우리 민족의 생활 언어가 한민족의 위대한 '문화유산'으로 다음 세대에게 계승하여 상속할 만한 가치를 지닌 문화적 소산임을 명심하게 하는 계기를 삼고자 한다.

민족생활어 조사 사업은 2007년부터 시작하여 2016년까지 10년간 수행할 예정이다. 국어 기본법 제2조 기본이념에서 밝히고 있듯이 국어가 민족 제일의 문화유산이며 문화 창조의 원동력임을 깊이 인식하여 이를 조사하고 보존함으로써 민족문화의 정체성을 확립하고 나아가 후손에게 계승할 수 있도록 하여야 하겠다.

2009년 3월

국립국어원 원장

차례

제3부 연구 결과

제5장 마무리 · 587

제1부
사업 개요

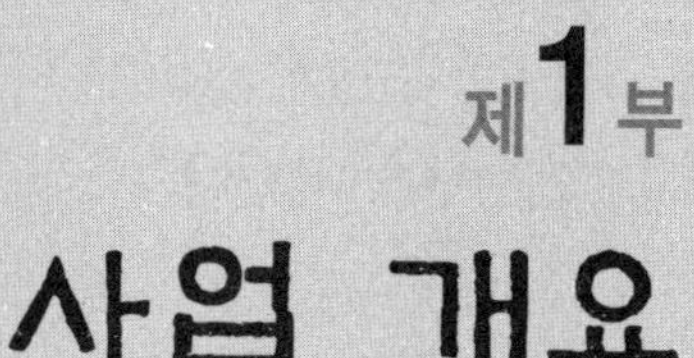

제1장 민족생활어란 무엇인가?

제2장 경상북도의 민족생활어

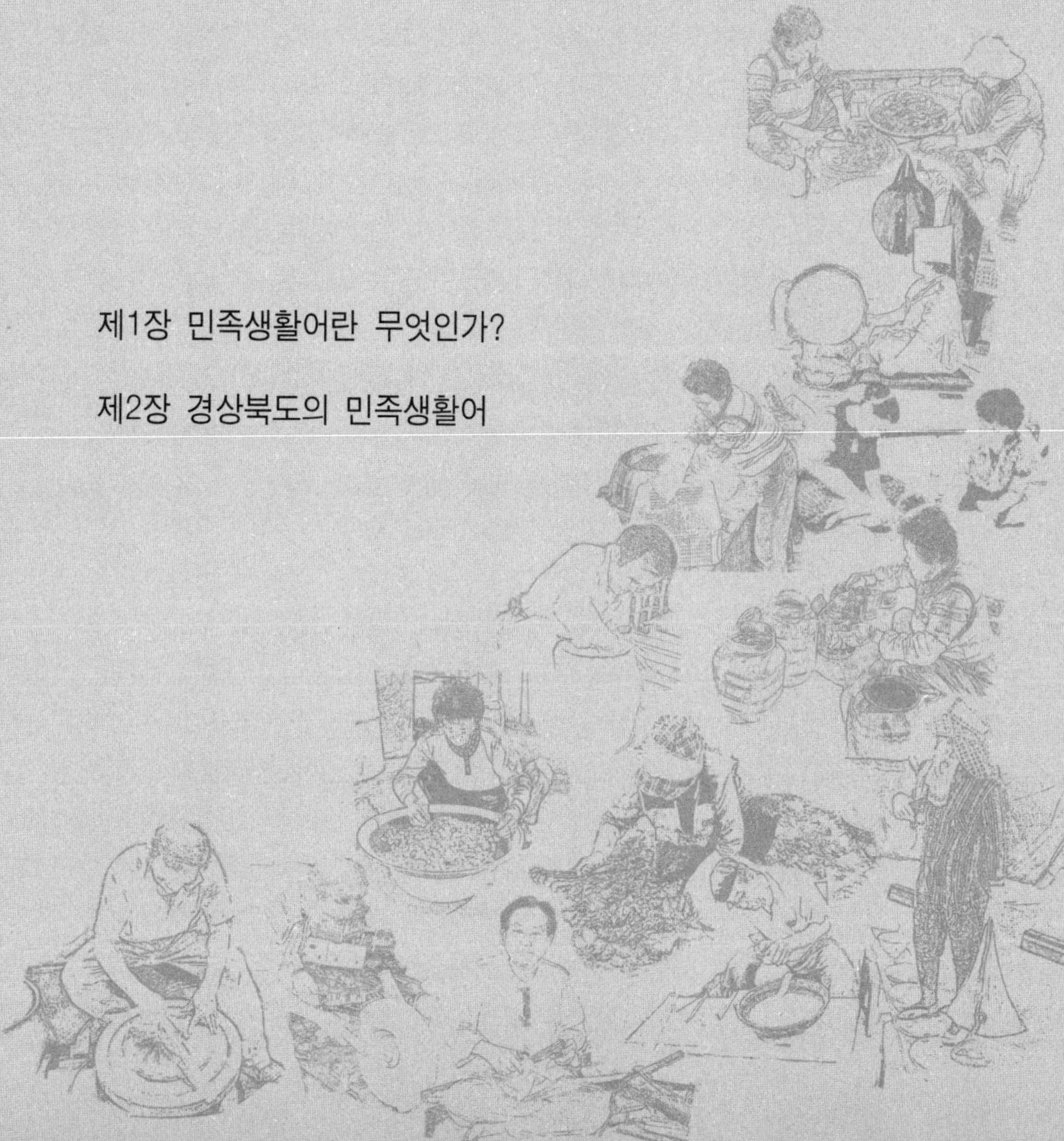

제1장 민족생활어란 무엇인가?

인간은 다양하고 역동적인 생활 모형을 창조하기도 하며 다른 사람이 이미 만든 생활 모형을 따르며 살아가기도 한다. 그러한 생활 모형이 다수에 의해 집단화되거나 후손에게 영속적으로 이어지면 문화가 된다. 이러한 문화 속에서 관계를 맺고 소통하기 위해 사용하는 매개체를 가지게 되는데 그것이 바로 언어이다.

민족생활어란 민족이라는 말에 생활과 언어가 결합되어 이루어진 말이다. 민족은 일정한 지역에서 오랜 세월 동안 공동생활을 하면서 언어와 문화상의 공통성에 기초하여 역사적으로 형성된 사회집단을 말한다. 생활은 사람들의 일상적인 정서, 인식, 행동으로 이루어지며 이것의 대부분은 언어를 매개로 구체화된다.

일정한 지역에서 언어, 풍습, 종교, 정치, 경제 등을 공유하면서 장기적으로 집단적 생활을 지속적으로 반복하게 되면, 공속적인 사고체계와 문화체계를 형성하게 된다. 곧 이러한 사고체계와 문화체계는 그 민족의 생활 모습을 통해 알 수 있는데, 이들 생활의 대부분은 민족이 사용하는 언어를 통하여 드러나게 된다.

그러므로 한 민족이 살아 온 삶의 모습, 사고체계, 정체성 등을 파악하기 위해서는 동일 민족의 범주에 속하는 다양한 사람들의 생활어를 살펴보아야 한다. 이것은 생활 속에서 이루어지는 언어의 어휘, 형식, 의미, 용례, 담화 등의 조사와 재발견을 통해 구체화시킬 수 있다.

민족생활어를 조사하기 위해서는 우선 그 언어를 담고 있는 민족문화를 알아야 한다. 이를 위해 한국 민족문화의 개념과 범위를 살펴보면 다음과 같다(한국 민족문화대백과사전).

○ 한국 민족문화에는 외국에서 우리나라로 귀화한 사람과 우리나라에서 외국으로 이주한 사람의 문화도 포함된다.

○ 한민족이 아닌 다른 민족이 이룩한 문화는 한민족 구성원에 의하여 연구 변용된 구체적인 사실이 있는 경우에 한국 민족문화에 포함된다.

○ 한민족이 우리 강역 안에서 이룩한 문화 외에도 외국으로 일시 진출하거나 항구적으로 이주하여 이룩한 문화도 한국 민족문화에 포함된다.

○ 선사시대의 생활양상도 한국 민족문화에 포함된다.

○ 자연 그 자체는 문화가 아니지만 한민족에 의하여 이용되고 의미를 부여한 자취가 있을 때는 한국 민족문화로 다룬다.

○ 현대 문화의 양상은 전통 문화와의 연관이 파악되고 광범위한 영향을 끼치며, 우리나라에서의 독자성 또는 특수성이 보편성과 함께 인정되어야 한국 민족문화이다.

○ 민족문화는 민족·강역·역사·자연·생활·사회·사고·언어·예술 등 아홉 가지로 크게 분류된다.

이상과 같은 한국 민족문화의 개념과 범위 규정은 앞으로 수행할 이 사업의 조사 대상과 영역을 선정하는 데 중요한 기준으로 삼을 수 있다.

사피어 워프의 가설(Sapir Whorf 가설, 언어의 상대주의 이론)에 보면 언어구조나 실제 사용하는 언어 형식이 사용자의 사고에 영향을 미치는 것으로 되어 있다. 언어 사용자는 필요에 따라 많은 언어 형식을 창조한다. 사용자가 그만큼 사고를 많이 한다는 말이다. 북극의 이누이트족은 눈, 얼음, 바람을 아주 세분된, 수십 개의 말로 표현한다. 필리핀 민도르의 하우누족은 450종 이상의 동물과 1,500종 이상의 식물을 구분한다. 실제 공인된 공식 도감의 분류보다 400여 종이 더 많다.

어떤 언어 사용자의 죽음은 그가 가진 독특한 생활어도 함께 사라짐을 의미한다. 언젠가 아프리카에서 들려오는 소식으로 다음과 같은 이야기가 있었다. "한 사람의 노인이 사망할 때마다 하나의 박물관이 사라지고, 하나의 도서관이 사라진다." 문자가 아닌 구전으로 지식과 지혜가 전수되는 아프리카의 문화 전통에서 오래도록 살아 온 한 노인은 그 사람 자체가 박물관이고 도서관이었다(강신표, 인제대).

이러한 관점은 조사 대상과 조사 영역에 대한 중요한 기준을 제시해 준다. 누구를 조사해야 하고, 무엇을 조사해야 하는지에 대한 해답을 이 관점을 토대로 찾아낼 수 있을 것이다.

민족생활어란 한국 민족이 그들의 문화 속에 담고 있는 생활 어휘, 형식, 의미, 용례, 담화 등을 모두 포함한 용어라고 정의할 수 있다. 그리고 민족생활어 조사란 바로 그러한 한국 민족문화 모형을 가진 인간을 대상으로 다양한 생활 어휘들을 조사해야 하는 것이다.

한 민족 내에서 사용한 언어는 그 민족의 사고와 행동양식과 불가분의 관계에 있으며, 이것은 사람들의 일상적 활동과 연계된 생활어에 구체적으로 나타나고 있다. 실제로 음운이나 문법과는 달리 어휘, 의미, 용례, 담화에는 그 시대의 다양한 특징적 상황이 반영된다. 사회구조가 복잡해지고 새로운 사물과 행동이 나타나면서 그에 합당한 어휘가 생겨나게 된다. 이러한 어휘 부족 현상을 충족시키기 위해서 기존 언어의 의미가 더 확대

되거나 기존 어휘가 새로운 의미로 변화하거나 새로운 어휘로 대체되는 현상이 나타날 수 있다.

새로운 사실이나 관념의 형성, 사물에 대한 새로운 지식이 생겨날 때 나타나는 새말이나 기존 의미의 변화, 문화변동에 직접적으로 가장 민감하게 반응하는 것이 어휘이므로 어휘의 변화가 가장 심하다. 따라서 우리말의 어휘가 변화해 온 양상을 살펴보면 우리나라에서 이루어진 사회적·정치적·문화적인 변화양상까지도 읽을 수 있다. 이와 같이 다양한 계층, 성, 지역, 연령 등에서 사용하고 있는 광범위한 생활어의 음성, 어휘, 의미, 용례, 담론, 사진, 동영상 등을 종합적이고 체계적으로 수집·정리하고 활용함으로써 우리 민족의 독창적인 사고력 증진과 민족 문화를 발전시킬 수 있다.

광범위한 민족생활어를 지속적이고 체계적으로 조사·정리하고, 이에 기초하여 민족 제일의 문화유산인 국어와 한민족의 고유한 사유체계와 행동 양식의 역동성을 연구할 필요가 있다. 사회·경제 구조와 활동이 급속히 변화함에 따라 오랜 시간에 걸쳐 형성, 유지, 발전되어 온 국어의 어휘, 의미, 용례, 소통양식 등이 사라지고 있다. 이에 대한 체계적이고 지속적인 자료 수집, 정리, 보관, 활용에 관해 연구를 한다.

한 민족의 삶 속에 내재한 생생한 생활어를 조사함으로써 그와 연관된 생활 자료를 보존할 수 있고, 그 동안 간과되어 온 민족의 역사를 복원할 수 있다. 이를 통해 당대의 올바른 시대상을 파악할 수 있고 국가발전의 가시적 성과도 제시할 수 있다.

지난 100년 동안 한국의 사회·경제 활동이 급격하게 변화하면서 다양한 직업들이 소멸·쇠퇴하는 반면 다른 많은 직업들이 창출됨에 따라 국어의 기반을 이루고 있는 생활 양식이 바뀌고 있다. 빠르게 소멸되어 가는 전통 사회·경제·문화 활동과 연계된 민족생활어를 수집·정리하고 활용하여 민족문화의 정체성을 확립하고 국어 어휘, 의미, 용례의 다양성을 보존하여 후손에게 물려주어야 한다. 이와 동시에 탈근대 혹은 지식·정보 사회·경제·문화 활동과 연계되어 새롭게 만들어지고 있는 생활어를 지속적으로 수집·정리하고 활용하여 민족 제일의 문화유산인 국어를 변화하는 시대정신에 맞추어 창조적으로 계승·발전시킬 필요가 있다.

그런데 20세기 민족생활어의 조사 대상이 되는 민중들은 소수의 예를 제외하면 대개 고령자일 경우가 많다. 민족생활어 조사의 시급성은 바로 이러한 사실로부터 제기된다. 그러므로 지난 세기를 살면서 일상의 온갖 생활어를 생생히 사용해 왔던 고령자들로부터 하루라도 빨리 생활어를 발굴·조사하지 않으면 참으로 귀중한 지난 세기 우리 민족의 생활어가 사라져 버릴지도 모르는 위기에 처하게 될 것이다.

이처럼 지난 세기의 급격한 사회변동에 따라 곧 사라질 위기에 처해 있는 우리 민족의 생활어휘를 조사하기 위해서는 고령자들의 구술에 크게 의존할 수밖에 없는데, 이를 통해 노년세대들의 소외의식을 줄이고 그들의 자존감도 회복시킨다. 또한 소외계층의 생활어나 해외에 거주하는 한 민족의 생활어도 조사하여 그들의 자존감을 회복시키고 소외감을 해소한다. 아울러 당대의 고령층과 소외계층 사람들의 의식을 파악하고, 그들이 국가발전에 기여한 생생한 증거를 확보할 수 있다. 이러한 과정을 통해 우리 민족이 이룩한 문화유산과 업적을 정리·집대성하여 새로운 한국 민족문화를 창조하는 기반을 구축할 수 있을 것이다.

김 덕 호(국립국어원)

제2장 경상북도의 민족생활어

언어는 사회적인 요인이나 지리적인 요인에 따라 다양하게 분화될 수 있다. 그러므로 같은 시대에 살고 있더라도 언어를 사용하는 사회계층이나 지역에 따라 사람들은 서로 다른 언어를 사용하고 있다. 그러나 최근에는 다양한 사회적인 변화 요인으로 인해 이전의 형태와 전혀 다른 형태를 사용할 뿐만 아니라 사용하는 어휘의 수도 점점 감소하고 있어 이러한 현장 조사를 통해 우리 민족의 삶 속에 내재된 언어 문화를 복원하고 기록하는 것은 더욱 중요해지고 있다. 민족생활어 조사는 이처럼 도시화와 표준화로 인해 점점 사라져가지만 우리가 소중히 보존해야 할 우리 민족의 문화 유산인 생활어를 발굴, 기록하기 위한 목적으로 진행되었다. 이렇게 제보자의 생애와 그에 따른 구술발화를 중심으로 채록한 생활어는 잃어버린 지난 날의 삶의 유산을 복원할 수 있다는 점에서 음성자료의 기록과 문서자료의 기록은 중요한 자료적 가치를 지니고 있다.

경상북도 지역에서는 크게 두 주제로 나누어 조사했는데 하나는 어업인의 생활어이고 또 다른 하나는 장인의 생활어이다. 어업은 이를 대표할 수 있는 직업인 '육지해녀, 미역생산업자, 어부'를, 장인은 경북지역의 대표적인 장인인 '옹기장, 유기장, 대고장'을 그 대상으로 한다. 어업 생활어를 조사하기 위해서는 어촌지역인 영덕을, 장인의 생활어를 조사하기 위해서는 그 해당 장인이 살고 있는 영덕, 칠곡, 문경을 조사지역으로 선정했다.

이 책은 생애와 관련한 생활어를 중심으로 엮은 것으로 제보자의 생애사와 그가 생활하는 공간과 그와 관련된 생활물품, 그에 따른 행위에 대한 어휘가 주된 부분을 차지하고 있다. 또한 어휘는 아니지만 관용적으로 사용하는 표현도 함께 제시해 다양한 언어 사용을 살펴볼 수 있도록 했다. 이러한 실제적인 생활어 조사와 더불어 이들의 구술 생애를 기록하여 동해안 어업인과 장인들의 언어를 그들의 생애를 통해 알 수 있도록 했다. 또 조사는 구술발화를 채록하는 방법을 통해 현장감 있는 용례와 다양한 양상으로 실현되는 어휘의 의미를 살펴볼 수 있도록 했으며 사진 자료를 활용해 채록한 어휘의 신뢰성을 높였다.

생애사 구성은 관련 주제 안에서 시간의 흐름에 따라 글을 구성했다. 유년시절부터 시작하여 현재 노년에 이르기까지의 내용들을 순차적으로 구성하였으며 소제목을 통해 제보자가 말하고자 하는 의미를 드러내고자 하였다. 관련되는 주제를 묶어 글을 통일성을 주고자 했지만 전체적인 시간의 흐름을 중요하게 생각했고 소제목은 제보자의 발화를 가져와 제보사의 생애와 관련된 내용이 부각될 수 있도록 했다.

이렇게 구성된 경북지역의 생활어는 개인사가 한 지역의 지역사를 지역사가 한 민족의 생활사를 반영하듯 생활어 역시 한 개인의 생활어라기보다는 우리 민족의 생활어이기에 그 가치는 더욱 높다고 할 수 있다.

1. 어업 생활어

일반적으로 사업을 목적으로 하는 어로활동을 어업(漁撈), 오락을 목적으로 하는 어로활동을 유어(遊魚)라 한다.[1] 그러나 어업이라는 말은 경우에 따라서 가리키는 범위가 다소 다른데 본고에서는 어업을 어업 및 어업과 관련한 일을 하는 '육지해녀, 미역생산업자, 어부'의 어로활동을 말한다. 어업 생활어라 하는 것도 이들이 어로활동을 하면서 말하는 생활어를 말하는 것이다. 여기에서 말하는 '미역업생산업자'와 '어부'는 대상물의 명칭에 따라 분류한 것이고, '해녀'는 직업군에 따라 분류한 것이다.

4월 19일부터 시작된 조사는 4월 19일부터 5월 31일까지는 문헌자료를 통하여 어업 관련 지식 습득 및 어휘를 정리하고, 6월부터 11월까지는 (현장조사를 위해) 바다 현장 또는 제보자의 집과 마을회관, 해녀작업장, 어촌박물관 등을 총 20여 차에 걸쳐 조사했다. 문헌조사를 바탕으로 현장조사에서 많은 어휘를 수집하려고 애썼다.

어업 생활어의 조사일정은 다음과 같다.

- ○ 미역생산업자 구술 생애, 채취 도구, 보조 도구 조사(6.5.~6.6.)
- ○ 어부 구술 생애, 운반 도구, 보조 도구 조사(6.8.)
- ○ 어로 도구, 채취물 종류 조사(6.19.)
- ○ 채취 도구, 해녀 구술 생애(6.19.~6.20.)
- ○ 채취에 사용되는 도구, 채취물, 채취 행위 조사(7.5.), (7.8.)

---

1) 수산업법 제2조의 경우는 '어업이란 수산동식물을 채취·포획 또는 양식하는 사업을 말한다'라고 규정하고 있어서 양식 사업도 어업에 포함시키고 있다. 또 때로는 이보다 더 넓게 양식업 뿐만 아니라 수산제조업까지도 포함하여 수산업과 같은 뜻으로 쓰이는 경우도 있다. 특히, 영어의 fishery라는 말은 어업이라는 뜻과 수산업이라는 뜻으로 혼용되고 있다. 어업이라는 말이 가리키는 범위는 이와 같이 경우에 따라 다소 다르나 어느 경우에나 수익성을 목적으로 하는 사업이라는 점은 같다.

ㅇ 미역, 채취물 종류 조사(7.6.)

ㅇ 해녀의 작업 과정에 대한 생활어 조사(7.20.), (8.3.)

ㅇ 어로 행위 및 확인 조사(7.30.)

ㅇ 해녀의 채취 행위, 채취 장소 조사(8.17.)

ㅇ 미역, 어류 조사(8.17.)

ㅇ 해녀 생활어 확인 조사(11.4.)

ㅇ 어로 행위 관련 확인 조사(11.4.)

1.1. 육지해녀[2]

해녀는 흔히 제주도를 상징하는 것 중의 하나라고 생각한다. 많은 해녀들이 제주도에서 태어나 제주도에서 생활하고 있는 것이 사실이다. 그러나 어촌을 조사하면서 또 하나의 흥미로운 점은 육지에도 해녀가 있다는 사실이었다. 김순남(61세)이 육지에서 태어나 육지에서 해녀 생활을 하는 육지해녀이다. 김순남이 사는 축산은 예전에는 영덕에서 큰 항으로 꼽히는 강구항과 겨룰 정도로 큰 항 중에 하나였다. 그래서 축산 지역민들 대부분이 대게잡이, 고기잡이를 하고 있어 마을 주민 모두가 어업에 종사하고 있었다. 어부 외에도 마을에는 김순남과 같은 직업을 가진 해녀도 20명 정도 있었는데 이들은 대부분 물질만 40~50년을 해 온 사람이었다. 작은 마을 안에 해녀가 20여 명 된다는 사실도 놀랐지만 이들이 대부분 제주도 출신의 해녀라는 점도 놀라웠다. 한때는 축산항에 해산물이 많이 나 제주도나 다른 지역에서 온 해녀들이 지금보다 더 많았다고 한다. 축산

---

2) 육지해녀라는 것은 제주도의 해녀와 구분하기 위함과 육지에서 태어나 육지에서 생활하고 있음을 나타내기 위해 붙인 말이다. 이러한 점 외에도 생활어 조사를 통해 육지해녀와 제주해녀와의 언어 차이를 확인할 수 있었는데 이러한 점으로 인해 '육지해녀'라고 말한 것이다

지역에 해녀가 나타나기 시작한 것도 그때 육지로 온 제주해녀들이 이 지역에 정착해 살기 시작하면서라고 한다. 그래서 대부분의 해녀들이 제주도 출신이었고 육지 출신의 해녀는 많지 않았는데 제보자 김순남이 여기에 속한다. 김순남은 원래 강원도 주문진에서 태어났으나 어린 시절에 다시 아버지의 고향인 영덕군 축산으로 왔다.3) 그 뒤 초등학교를 졸업하고 13살부터 제주해녀들을 따라 다니면서 물질을 배우기 시작해 해녀생활을 한 지 48년이 되었다. 김순남(61세)은 자신이 이 지역에서 가장 어린 나이의 해녀라고 자신을 소개하면서 "젊은 사람이 누가 하겠어요?"라고 말했다. 그의 말에서 알 수 있듯이 젊은 세대는 물질하는 것을 꺼려해 후대에는 이 직업이 사라질 수 있음을 예측할 수 있는데 이는 해녀들이 사용하는 생활어 조사의 시급함을 말하는 것이다.

[사진 1] 김순남

[사진 2] 물질 중인 김순남

---

3) 김순남의 아버지를 비롯해 선대는 영덕군 축산에서 살았으나 아버지의 일로 인해 김순남만 강원도에서 태어났다고 한다. 하지만 다시 영덕으로 돌아와 생활했고 가족들이 모두 영덕 출신이라 영덕 지역의 방언을 사용하고 있었다. 강원도 방언보다는 오히려 제주 해녀들의 영향으로 제주 방언에 더 익숙해 보였다. 그러나 제주 해녀들의 말을 알아들을 수 있냐는 질문에는 "그냥 그런갑따 해가 알지 말 뜻은 잘 몰라 어떨 때는 막 싸운다니까"라고 해 제주 방언의 어려움을 토로했다.

* 육지해녀를 말하다

첫 번째, 물질 이야기
―어버리 크게 거짓말 한다고요. 오만 원 벌어 왔다고.
두 번째, 결혼 이야기
―남편 없는 시집살이 살고 벌어묵고 그때부터 자물질하고 뭐 그랬지.
세 번째, 마을 이야기
―그때 축산이 마을에 벌이가 있었나요. 뭐. 해녀들 벌이밖에 없었지.

1.2. 미역생산업자

어업 생산활동에서 빼놓을 수 없는 것 중 하나가 해조류 채취이고 이중 가장 대표적인 해조류가 미역이 아닌가 한다. 미역업은 동해안 어업과 관련된 대표적인 직업 중 하나이지만 아직까지 체계적인 조사가 이루어진 바가 없다. 대부분의 연구에서 미역업은 하나의 직업으로 다루고 있는 것이 없었는데 이번 조사를 통해 미역업을 하나의 직업으로 보고자 한다. 여기에서 말하는 '미역업'이란 이 지역에서 생산되는 대표적 해조류인 미역을 채취 가공해 상품을 만드는 것을 말한다. 그런 의미에서 미역업을 '미역생산업'이라고 또는 '미역가공업'이라고 할 수도 있고 이를 통털어 '미역업'이라 할 수도 있다. 그림에도 이 마을 주민들은 '미역 한다'를 미역 가공보다는 미역생산에 초점을 두고 이야기하고 있어 이들을 '미역생산업 자'라고 한 것이다.

조사지역인 영해면 사진리는 영덕의 동쪽에 위치한 마을로 마을 주민의 3분의 2가 미역과 관련된 일을 하고 있는 마을이다. 이 마을 주민인 임정일(67세)과 강영길(69세)은 이 마을 토박이 화자로 현재 40여 년 동안 미역과 관련한 어업 활동을 하고 있다. 이 중 임정일은 사진리 어촌계장으로, 또 강영길은 마을 이장직을 겸하고 있어 마을의 주 생산물인 미역에 대해서 잘 알고 있었다.4)

미역은 지역에 따라 차이가 있으나 이 지역에서는 대체로 가을에서 이듬해 봄까지 자라며 이를 4월에서 5월 경에 생산하게 된다. 제보자들은 사진리 앞 바다의 미역이 다른 지역의 미역과 달리 미역 줄기가 짧고 맛이 좋다고 하면서 이러한 이유로 자연환경적인 요인과 마을 주민들의 노력을 말했다. 사진리 바다가 강물이나 다른 민물의 유입이 없어 바닷물의 염도가 일정하게 유지될 뿐만 아니라 300년 전부터 미역 짬매기를 매 년 실시하여 양질의 포자가 짬에 앉을 수 있도록 하고 있기 때문에 미역이 좋다고 했다. 미역은 10월 중순에서 11월 초순 사이에 짬매기를 한 후 3월 중순에서 4월 말 경에 채취한다. 채취한 미역은 건조와 포장의 과정을 거쳐 판매하고 있었다.

[사진 3] 임정일

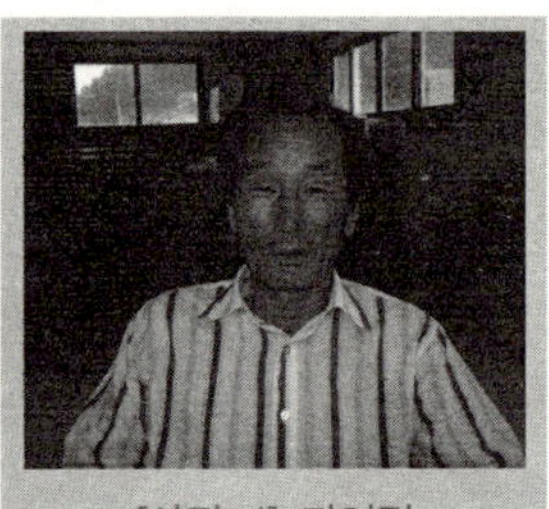

[사진 4] 강영길

[사진 5] 미역

---

4) 마을에서 공동으로 만든 '해심'(海心)이라는 브랜드의 미역 상품을 생산·가공·제조하고 있었다.

미역생산업자를 말하다

첫 번째, 가족 이야기
-옛날에는 영감들이 뭐 할마씨가 죽으면은 금방 또 장가를 가더라고.
두 번째, 결혼 이야기
-제주도 아가씨를 꼬셔가지고 결혼을 했는데
세 번째, 미역 이야기
-내가 동네에서 젤 먼저 했어요. 하기는. 이래 뵈도.

1.3. 어부

어업의 대표적인 직업은 어부가 아닐까 한다. 그런 까닭으로 인류학이나 민속학에서는 어부와 관련한 어로 문화에 대한 연구가 이미 조사된 바 있다. 그렇지만 이러한 연구들이 언어학적인 측면에서의 이루어진 조사가 아니라는 점에 초점을 두어 어부들이 사용하는 생활어에 대해 조사하려고 한다.

제보자 김정수(63세)는 선대 때부터 이 지역에서 오래동안 고기잡이 생활을 해 와서 이 지역의 대표적인 어업 행태에 대해 잘 알고 있었다. 고기잡이를 하는 어부의 경우는 흔히 무엇을 잡느냐에 따라 행위자에 대한 명칭이 달리지는데 김징수의 경우는 '문어바리'를 하는 사람이었다. 이 지역에서 하는 대표적인 어업으로는 '게바리'와 '문어바리'가 있는데 흔히 큰 배를 소유하고 있는 사람은 게바리를, 작은 배를 소유하는 사람은 문어바리를 하고 있었다.

김정수의 아버지는 남의 배만 타다가 그가 초등학교 5학년인가 6학년인가 되었을 때 돌아가셨다고 한다. 아버지가 돌아가시고 난 후 집안 형편이 더욱 안 좋아져 중학교를 생각할 여유가 없어 그 역시도 초등학교를 졸업한 후부터 배를 타기 시작했다. 그에게는 네 명의 형제가 있는데 막내동생을 제외한 모든 형제들이 이 지역에서 고기잡이를 해 생계를 이어가고 있다. 결혼하기 전부터 그는 후포항과 축산항에서 배질5)을 계속했고 1978년 그가 결혼을 하면서 두 형과 같이 배를 타기 시작했다가 아이들이 생기면서 서로 각자의 배로 고기잡이를 했다고 한다. 지금의 배가 그 자신 소유의 세 번째 배라고 한다. 그러나 생각보다 수입이 좋지 못해 산자락에 있는 조그마한 집 한 채와 배 한 척이 그의 전 재산이라고 했다. 그래서 처음에 고기잡이를 하다가 돈 벌이를 위해 게바리를 한 적이 있다고 한다. 그러나 배 크기의 외소함으로 인해 지금은 통발을 이용해 문어바리를 하고 있다. 올해로 어부 생활을 한 지 45년이 된 그는 큰 아들과 함께 조금 큰 배로 게바리를 했으면 하고 그의 바람을 말했다.

[사진 6] 김정수

[사진 7] 작업 모습

[사진 8] 영해면 사진리

---

5) 제보자는 무엇을 잡느냐에 관계없이 배를 통해 돈벌이를 하는 것을 '배질'이라고 했다.

어부를 말하다

첫 번째, 고기잡이 이야기

―그래 멀미가 나가주고 그런 고생을 하면서도 자꾸자꾸 바다에 따라가고 싶더라고.

두 번째, 결혼 이야기

―여자가 달라붙더라고. 돈 없어도 좋고. 아하하. 인물도 못 생겼지. 못 생겨도 좋다네.

세 번째, 가족 이야기

―그때 어려워가지고 저거 할 때는 좋은 점에다가 나쁜 점이 내가 또 따로 살았으면 하는 저게 드는데 나이 좀 들고 나면 형제들 같이 사는 기가 덜 외롭지.

2. 장인의 말[6]

옹기와 유기는 우리의 식생활과 밀접한 생활용기로, 또 대고는 우리 민족의 전통 악기로 우리 민족의 생활을 담아내는 생활도구라고 할 수 있다. 그 생활도구와 삶을 같이 한 장인의 말을 통해 우리 민족의 생활도구에 대한 어휘를 알아볼 수 있다. 뿐만 아니라 이러한 실질적인 어휘 조사는 생활용기 또는 생활도구를 제작하는 징인의 직업 생활어를 채록할 수 있다는 점에서도 의의를 가질 것이다.

---

6) 이러한 장인은 말은 특정 분야의 말로 볼 수도 있지만 그들이 만들고 있는 것이 우리의 생활용품이고 생활용품에 대한 어휘를 조사한 것이므로 생활어로 볼 수 있을 것이다. 장인의 말 역시도 장인의 생활어인데 대중들이 아는 어휘보다 더 분화된 어휘를 찾아볼 수 있었다.

장인에 대한 조사 역시도 4월 19일부터 5월 31일까지는 문헌자료를 통하여 관련 지식 습득 및 어휘를 정리했다. 그 후 6월부터 11월까지는 현장조사를 위해 제보자의 집과 작업장, 관련 박물관 등을 총 13차에 걸쳐 조사했으며 많은 어휘를 수집하려고 애썼다. 장인의 말을 조사한 일정은 다음과 같다.

- 옹기의 제작 행위, 옹기장 구술 생애 조사(6.21.)
- 옹기의 제작 도구, 소송 과정, 유약, 도구 조사(7.6.)
- 옹기의 제작 과정, 제작 행위 조사(7.23.), (8.17.)
- 대고의 도구, 구성, 도구, 종류 조사(8.29.)
- 유기의 개념, 재료, 구성, 종류 조사(9.7.)
- 유기의 제작 과정 및 유기장 구술 생애(9.10.)
- 대고의 제작 과정 및 도구, 대고장 구술 생애 조사(9.20.~9.21.)
- 대고의 제작 과정, 제작 행위 조사(10.7.~10.8.)
- 유기의 제작 과정, 제작 행위, 제작 도구 조사(10.20.)
- 대고에 대한 보완 조사(10.18.)
- 옹기에 대한 어휘 확인 조사(11.6.)
- 유기에 대한 어휘 확인 조사(11.24.)

2.1. 옹기장

옹기는 도자기와는 달리 집 뒷간에 장과 김치를 담아두며 우리네와 같이 생활한 우리 전통 생활용기이다. 그러나 근래에는 옹기를 대신하는 생활용기의 발달로 점점 그 설 자리를 잃어가고 있어 옹기 제작에 관한 어휘도 사라지고 있는 추세이다.[7]

[사진 9] 백광훈

[사진 10] 가마

조사 지역인 영덕군 오천리는 300년 전부터 옹기를 만들기 시작했다고 한다. 이는 《세종실록지리지》에 영덕현 성산리에 도기소가 있다는 기록이 있어 오천옹기가 예로부터 유명했음을 알 수 있다. 30여 년 전만 하더라도 이곳에는 영덕읍 화개리, 지품면 송천리, 지품면 삼화1리, 달산면 홍기리, 축산면 망골 등 5개 지역에 30여 개의 옹기굴이 존속하여 왔다고 한다. 그러나 1985년 이후 모두 폐점되고 지금은 그 명맥을 옹기장 백광훈이 마지막으로 지켜 나가고 있다.

옹기장 백광훈(60세)은 옹기장인 아버지와 형으로부터 옹기 제작법을 전수받아 현재도 고향인 영덕에서 영덕 오천옹기의 맥을 이어가고 있다. 현재 경상북도 무형문화재 29호로 지정받은 그는 그의 아들을 통해 영덕 오천옹기의 명맥을 계속 이어갈 예정이다.

영덕 옹기의 특징은 흙과 유약용 약토에 있다. 지품면 눌곡리에서 용덕리로 넘어가는 고갯마루 농로길의 흙을 옹기흙으로 이용하고 유약용 약

---

7) 지금까지 옹기에 대한 조사는 대부분 민속학적 연구에 치중한 결과 옹기에 대한 어휘가 통일되지 않았는데 이로 인해 관련 문헌마다 사용하는 어휘가 달랐다. 또 옹기에 대한 자료가 있더라도 영덕 오천옹기에 관한 조사는 찾을 수 없었는데 이러한 이유도 옹기에 대한 현장조사의 필요성을 말해주고 있다.

토는 기개들 천수답의 흙을 사용하고 있었다. 옹기의 흙이 마련되면 '흙
고르기-흙가래 늘이기-바닥 치기-바닥 작업-타름 올리기-부채질-
전 잡기-들보로 옮기기-유약 치기-가마에 옹기 재기-소성(15일)'의 과
정을 거쳐 옹기가 만들어진다. 이러한 과정을 거쳐 우리 생활식기로 사용
되는 '독, 뚜껑, 옹가지, 시루, 단지, 버지기, 너리기, 소주(죽)고리, 툭시리,
버리' 등이 만들어지고 있었다.

옹기를 말하다

첫 번째, 옹기와의 인연 이야기
-쪼매날 적에 열네 살 먹었는 게 그거 뭐 알겠노.
두 번째, 결혼 이야기
-내가 진보는 그 지금까지 인연이 깊지. 그래 삼십오 년 전에 저 사람
만나가지고
세 번째, 옹기 만드는 이야기
-그러이 하나, 둘, 셋, 넷, 다섯 오 초만 하면 이만치 올라오는 기지.
네 번째, 옹기 이야기
전부 다 서민들이 받아 놓는 용기에 불과한건대 촌사람들 헐은 만 원,
오천 원 주면 사고 나도 그때 사실 치우고 싶은 맘이 많았다고.

2.2. 유기장

대체로 유기는 제작 기법에 따라 쇳물을 녹여서 그릇의 형태를 이루는
'주물유기', 놋쇠를 메로 쳐서 만드는 '방짜유기', 또 주물과 방짜를 병행하

는 '반방짜유기' 세 가지로 나눌 수 있다.[8] 이 중에 망치로 놋쇠를 두들기고 펴서 모양을 만드는 것을 방짜유기라 한다. 방짜유기 제작은 일찍부터 평안북도 정주군 덕언면 납청 마을에서 발달했다. 예전부터 이곳에서 만들어진 유기를 '납청 양대유기'라고 부를 정도로 이곳은 유기로 유명한 곳이었다.[9] 이곳 출신의 유기장인 이봉주는 1983년 6월 중요무형문화재로 지정되었고 현재는 문경에서 유기를 만들고 있다.

유기장 이봉주(84세)는 평안북도 정주군에서 태어났다. 정주군은 예로부터 '납청'이라고 불릴 정도로 '방짜유기'로 유명한 지역이었는데 그는 이곳에서 유기에 대한 관심을 가지게 되었다. 이봉주는 월남 후 경기도 안산에서 유기를 만들었으나 현재는 문경에서 유기공장과 체험실을 운영하고 있고 그의 큰 아들이 그 명맥을 이어 안산에서 유기공장을 운영하고 있다. 이봉주는 국가 지정 중요무형문화재 77호로 그 가치를 인정받아 대구시에서 방짜유기 박물관을 만들어 이봉주의 작품을 전시하고 있다.

---

8) 유기장에 대한 조사는 이미 문화재청과 민속학적 측면에서 조사한 바 있다. 그러나 대부분의 내용이 유기의 역사, 유기의 종류 등에 초점을 두어 유기에 대한 어휘 조사는 아직 체계적으로 이루어지지 못했다. 이러한 점에서 유기에 대한 조사를 시작했지만, 경상북도의 민족생활어라는 측면에서는 유기장이 경상북도 출신이 아니라는 짐과 유기의 발원지가 경상북도가 아니라는 것으로 인해 경상북도의 언어와는 거리가 멀다. 그러나 경상북도 지역에서도 유기가 생활식기로 폭 넓게 사용되었나는 점에서 이에 대한 조사의 필요성을 생각할 수 있다.

9) 북한에서는 조선시대부터 유기 제작이 활발했었는데 이때부터 유기로 유명한 마을이 평안북도 정주군 마산면 청정동이었다. 이곳을 대부분 사람들은 납청이라고 하였고 이곳에서 생산된 유기를 납청 양대유기라고 했다. 현재 그 기록은 찾아볼 수 없고 다만 정주군지(1975년)에 납청정이 유기업으로 유명하다고 기록되어 있다. 이로 볼 때 방짜유기 제작은 일찍이 평북 정주군 마산면 납청(納淸) 마을에서 발달했다. 평양, 사리원, 삭주 등에 방짜유기 공장이 있었으나 이곳 공장의 제작 기술자들도 모두 납청 지역 출신이었다고 한다. 이로 볼 때 방짜유기의 제작 기법은 오랜 세월동안 납청 지역에서 발달, 계승한 것으로 판단된다. 그래서 예로부터 이곳에서 만들어진 유기를 납청 양대유기(良大鍮器)라 불렀다.

[사진 11] 이봉주

[사진 12] 양대 공방

유기를 말하다

첫 번째, 가족 이야기

─농사를 참 짓는 가정에서 태어나서 열심히 그래야만 되는 줄 알고 살면서 그 인제 어릴 때부터 맘 속에 나는 절대 농사 안 짓는다.

두 번째, 방짜와의 인연 이야기

─그때는 평생에 가장 내 맘 속에 행복을 안겨준 날이라고 지금도 생각해요.

세 번째, 방짜 만드는 이야기

─대장은 집게 잡고 그걸 인제 돌려가며 이렇게 대주면은 따로 메질하는 녀석은 자꾸 인제 두드리고. 풀무하는 놈은 계속 풀무 불고.

네 번째, 방짜 이야기

─금년에 약혼을 해서도 요강, 대야가 품절돼서 못 사게 되면은 또 해 묵어서 시집가야 될 정도로. 그만큼 방짜유기가 필요한 시절이 있었어요.

2.3. 대고장

대고는 북 중에서 큰 북을 말하는 것이다.[10] 국악기 중에서 가장 역사가 오래된 악기 중의 하나로서 정악과 민속악에 두루 사용되는 필수적인 악기이다.

[사진 13] 김종문

[사진 14] 단청 작업 중인 김종문

우리나라에서 가장 오래된 대고장인 김종문(79세)은 김천에서 태어났다. 그는 대고를 배우기 위해 17세 되는 해인 1941년에 대구에 있는 이원석에게 입문하여 북 제작 기능을 배운 후 60년이 넘는 지금까지도 북 제작을 가업으로 삼고 있는 장인이다. 김천 출신의 이원석은 그 집안 어른인 이수봉에게서 북의 제작 과정을 배워 대고장의 명맥은 '이수봉—이원석—김종문'으로 이어져 내려왔다.[11] 이러한 명맥을 이어가기 위해 김종문의 아

---

10) 그런데 지금까지 대고에 관한 연구는 악기의 역사나 유래, 또는 연주 방법에 초점이 놓여 있어 제작자의 관점에서 연구, 즉 제작 과정, 제작 행위, 재료 등에 대한 연구는 찾기가 쉽지 않았다.

11) 이원석(1924~1956)은 이수봉(1903~1973)에게서 국악기 기술을 배워 대구에서 2대째 국악기공장을 했었으며 그의 아들이 3대째 국악기공장을 물려 받았으나 지금은 그만둬 현재는 그 맥을 김종문이 이어가고 있다고 한다.

들과 며느리가 김종문과 함께 대고를 만들고 있다.

이처럼 대구지역에서 북이 발전할 수 있었던 것은 김천과 대구지역에 예로부터 전해오는 빗내농악, 욱수농악, 고산농악과 같은 농악이 있기 때문이다. 농악의 발전과 함께 북 제작 방법도 발달할 수 있었는데 이로 인해 이 지역에서 대고장의 명맥이 이어질 수 있었다고 한다. 그 결과 같은 경북지역이라도 지역의 특성에 따라 다양한 형태의 북이 사용되고 있었는데 이를 북 만드는 과정을 통해 살펴 보았다.

대고를 말하다

첫 번째, 대고와의 인연 이야기
―이걸 가마이 놀긴 놀아야 되고. 근데 아깝도 아깝은 거 성한 거 내버릴 수도 없고
두 번째, 대고 이야기
―나는 아직까지 신재 카는 그런 거는 안 씁니다. 구재. 큰 건물 뜯은 거.

제 **2**부

연구 내용

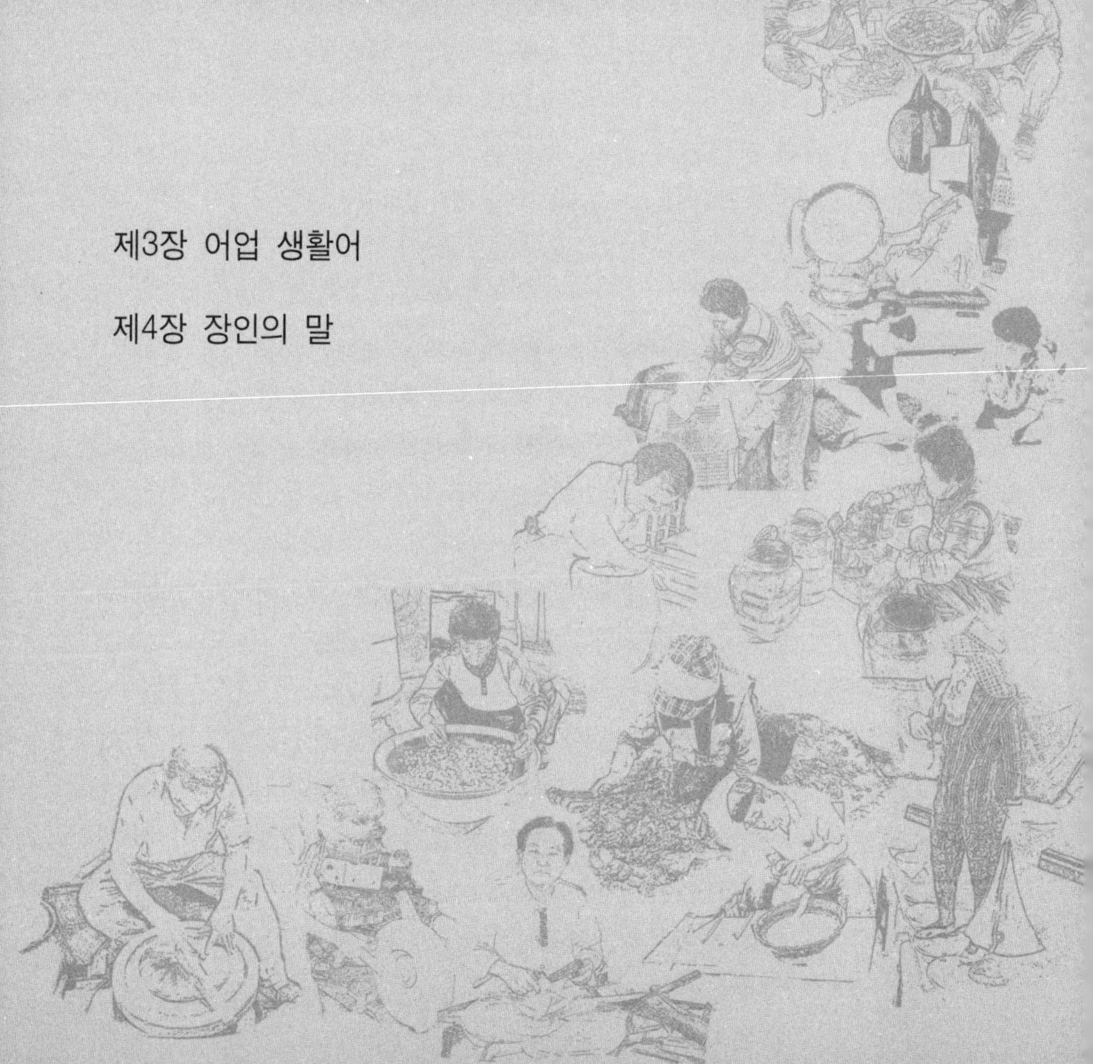

제3장 어업 생활어

제4장 장인의 말

제3장 어업 생활어

1. 생애 구술[12)

1.1. 육지해녀의 말

　—일 년 열두 달 파도만 안 치면 비가 오나 눈이 오나 드가거든 드가니까네 계속 나가여 짜리치. 바다에 가여 짜릿치.

　첫 번째, 물질 이야기

　—어버리 크게 거짓말 한다고요. 오만 원 벌어 왔다고.

---

12) 제3장의 내용이 제2장에서 소개된 제보자들의 나이, 경력과 차이를 보이는 것은 2007년에 조사한 구술발화를 기준으로 기술한 것이기 때문이다.

🔲 언제부터 했는지?

🔲 근데 해녀 생활은 한 사십오 년 되거든요.

🔲 꽤 오래 됐네요.

🔲 지금은 육십 살이고 한 열일곱 살. 초등학교 묵호서 초등학교 열일곱 살
에 묵호서 초등학교 졸업 맞고 아버지 따라 일로 와갖고 중학교 갈려니
까 그때 입학금 없고 그래갖고 해녀들 뒤에 따라 당기면서 조끔씩 배워
가주고 했는데 한 사십 년 가까이. 해녀 생활 사십오 년 비로 그 정도

🔲 묵호서 태어나셨어요?

🔲 네, 묵호서 태어나가주고 열여섯 살 되는 때에 졸업 맞고 열다섯 살 되
는 해에 와가주고 한 이 년 있다가 제주서 나온 해녀들 따라 다니면서
배워갖고

🔲 원래 영덕에도 해녀들이 있었어요?

🔲 여기 지방 해녀들은 별로 없었어요. 제주에서 오신 분들 따라. 그때는 먹
고 살기 힘드니까. 해초 같은 거. 전복은 별로고 천초 우뭇가사리 내는
거 그거 해갖고 할 때 마이시 해 오거든. 그 뒤에 따라 다니면서 조금씩
조금씩 배워가주고 한 십 몇 년 하고 나니까 고무옷 나오데요. 그때는
광목으로 갖고 단추를 갖고 잠비라는 옷. 다리 한 쪽은 통 다리 됐고 말
래끼면서 옆에 매듭을 잠구고 그런 거거든.

🔲 그럼 광목으로 된?

🔲 다리는 다 내놓고 잠비만 입고

🔲 그거는 그대로 물에 다 젖는 그거를 말하는 거죠?

🔲 그렇게 입고 하다가 하다가 그때는 조끄만 수경, 두나짜리 안경으로 된
수경 쓰고 그래 하다가 근 들어가면 삼십 분 내지 이십 분 하다가 나오
고 추우면 나오고 돌 위에 쬐가 좀 뜨끈뜨끈하면 들어가고 하루에 몇 번
정도 번갈아 번갈아 가면서 물에 들어가고 나오고 이랬는데. 요즘 그래
가고 고무옷 나오고부터는 아침 일곱 시 반, 여덜 시 정도에 물에 들어

가면 오후 두 시, 세 시 어떤 때는. 한 시 반 이 정도 파도만 안 치면 그 정도 있다가 나오거든요. 아침에 바다에 나간다 하면 밥맛이 없어요 늘 하는 버릇이지만 밥맛이 없다니까네. 아침 먹는 둥 마는 둥 허둥지둥 그러다가 제대로 작업하고 나오면 어떨 때는 속이 쓰리고 배가 고파가 한심한 때가 한 두 번이 아니지. 물건이라도 많이 잡아가 생산이 좀 되면 괜찮은데 어떨 때는 잡지도 못하고 배 고프고 지루했던 그게가 바다에서 올라오면 손을 딱 나쁘면 늘어지는 거라.

문 도구는 특별한 거 많이 써요?

답 물에 갈 때 뭐 인제 이렇게 두룽박. 어깨가 있어야 뭐 물건 같은 거 해열 조리하고 곡갱이 하고 뭐. 뭐 곡갱이 갖고 물 밑에 가여 잡는 거하고 그렇게. 조리 조리 날리는 거 인제 이렇게 하고 작은 조리 하나씩 옆에 하고 그냥 오리발 신고 낫 차고 수경 쓰고

문 잠수복 뭐라 하는데요?

답 해녀 잠수복이라지. 고무옷이라지. 우리 쉽게 말하면 고무옷 고무옷. 예 예. 그때 뭐 광목까지 이래 이렇게 입을 때는 잠비. 잠비 인제 이러고 지금은 뭐 '고무옷 가온나. 고무옷 가져온나. 고무옷 입자' 이러지 뭐. 그래 안 쓰고 고무옷 그러지. 내일 내가 작업 나가게 되면 전화 드릴게요.

여자들이 막 벌이는 것 같이 야단을 지겨도 남자들이 안 벌이니까 만날 사는 게 그 모양이라.

답 대다수 보면은 해녀 남편은 요즘은 직업이 좀 있지만 옛날에는 별로 직업이 없었잖아요. 아줌마들은 진종일 물에 들어가면 집에 잔소리할 사람이 없고 그러니까 맨날 술만 먹는 거야. 그러니까 해녀 남편들은 대다수들 오래 살지를 못 하고 수명이 짧고 마 직업이 없고 여자들이 벌어가 먹고 살고 그러니까 막 벌이는 것 같이 여자들이 막 벌이는 것 같이 야단을 지겨도 남자들이 안 벌이니까 만날 사는 게 그 모양이라. 요즘은

시대가 그러니까 남편들도 벌이고 사업도 하고 같이 사니까 번창하게 살고 직업이라고 이래 생각하고 그러니까 그렇지 어떤 때는 눈물 날 때가 한 두 번이 아니에요.

問 왜요?

答 바다에 파도가 마이 쳐가주고 시달리꼬 또 어떤 때는 또 먼 데 가가 차멀미도 하고 이럴 때는 살아가 머 하는고 차 타고 정동진. 새벽 세 시만 되면 정동진에 가거든. 밤 일곱 시, 여덜 시 되면 집에 돌아온다. 오면 밤 새도록 밤앙장게라는 게 있어. 성게는 봄에서부터 여름까지 하고 가을서부터는 겨울까지는 그게 머고 쉽게 말하고 여 말로는 앙장고라는 거 있어. 밤 새도록 열두 시까지 까고 달려주고, 집에 시설거지 같은 거 하고 나면 또 새벽 세 시 되면 나간다 말이야. 잠도 못 자고 피로하고 집에 아저씨들이 술 잡수고 이러면 어떤 때는 말도 모 해요. 내일 당장 죽어야겠다 싶은 이런 마음이 한 두 번이 아니지. 그걸 참고 바다에 나가 한 사십 몇 년을 나가 종사를 하다 보니 지금은 보람이 있어요. 지금은 음식 같은 것도 잘 먹고 한 번씩 회식도 하러 댕기고 옷도 우리가 돈을 만지고 그러니까 마음대로 사고 이러니까 우리 직업이 좋은 거다. 그리고 자식들도 키워가주고 딸이 서이 아들 하나 다 키워가 다 성장하니까 다 보기 좋고 지금은 걱정이 뭔가 하면. 몸 건강히 오래 살아야 될텐데. 인제 이런 궁리지. 지금은 직업에 만족을 느낀다니까네.

問 그래도 한동안 45년 가까이 하면서 최근에야 만족을 느끼고 그러지만, 처음에는 일이 힘들고……

答 전에는 몇 년 전에는 얼러 빨리 죽는 게 안 낫겠나 이렇게 생각할 때도 많았지. 지금은 사는 거가 이렇게 사니까네 자식들도 크고 이러니까 보람도 있고 이 직업도 괜찮구나. 느껴 가면서 살지.

問 예전에 광목 말고 고무옷 나왔을 때 작업하기 편하고 그게 낫지 않았어요?

答 광목 입고 할 때는 잠시 잠시 왜 춥고 여름에 그랬지만. 물조류가 찹을

때는 냉동 얼음 한 가지거든. 그럴 때는 새파랗게 질리도록 떨고 했지요 지금은 고무옷 나와가주고는 춥으면 나오고 사는 시간 오래 되가 좀 지루함을 느끼고 위가 첫째. 이 위하고 귀하고 해녀병은. 어디 앉아가 가만히 이야기할 때는 괜찮은데 어디 병원에 사람 많은데 가가주고 "어떻게 오셨어요?" 그러면 몬 알아 먹어요 쩡쩡해가 이래 앉았으면 꼴아지도 시꺼멓제 이래 쩡쩡하게 이상하게 남들 볼까봐 나가는 걸 싫어하지. 첫째.

문 바다에 있을 때는 신경 안 쓰는데 타고 뭐 이럴 때?

답 타고 또 뭐 시내버스 타는 거는 별로 부끄러움 없이 저거한데 시외버스 같은 걸 탈 때는 참 다 보기에는 참 피부도 곱고 화려하게 차려 입었는데. 이래 올라갈 때는 부끄럽고 나가는 걸 싫어한다니까. 우리는.

문 바닷물이 피부에는 굉장히 안 좋은가 보죠?

답 그런데 이기 뭐 일 년 열두 달 파도만 안 치면 비가 오나 눈이 오나 드가거든 드가니까네 계속 나가여 짜리치. 바다에 가여 짜릿치.

문 그렇네. 그렇네.

답 그렇게 살아오고 저 같은 경우는 또 한 가지 기술이 더 있어가주고 바다 밑에 배 같은데 배 밑에 뭐 감겨오면 수쿠라 같은 걸 빼내주고

문 배 밑에?

답 밤에도 가고 새벽에도 가고 어떤 때는 뭐 겨울에도 아주 춥을 때도 가고 죽을 고비를 내가 하마 몇 번 넘겼는지 모른다.

문 죽을 고비를 많이 넘겨도 잠수를 오래 하는 사람이 하는 거잖아요. 돈도 좀 받고?

답 배 밑에 하는 거는 아무 사람이나 못 하는니까 경험으로 저거 계속 해가 그래 하고 다 육십 살 넘어으니까네. 요즘은 해녀들이 사는 거가 애들도 공부시키고 애들도 출가시키고

문 넘어도 다 하잖아요?

답 해녀들이 육십 알로는 없으니까. 지금은 배우는 사람 있어요? 지금 우리

나 배우지. 했는 사람이나 하지. 지금은 우리 나름대로 직업에 만족을 느끼고 그래요

이기 다 부풀어 터져. 디갖고.

문 그럼 근처에 바다에 나가세요. 아니면 배를 타고?

답 우리는 배를 타고 작업 안 하고 축산 수협 관리 내 왔다갔다 하고 축산에 해녀들이 한 스무 명 되는데. 스무너이 되는데 안 하는 사람도 있고 타에 나갔는 사람도 있고, 돌아가시고 그 다음에 한 일곱 명은 다른 바다에 분리되어가 댕기고 우리 일곱 명은 한 조가 되어가주고 움직이고

문 그래도 아직까지 해녀가 꽤 많다. 맞죠? 다들 나이가 많으시고

답 예 육십. 지금 칠십 몇 살까지 하는 사람도 있어요.

문 계속하실 거예요?

답 몸만 건강하면 계속할 거지.

문 그것도 운동도 되잖아요?

답 근데 이게 한 몇 시간 정도 하고 나오면 운동도 되고 그러는데 사람 욕심이라는 그래요 들가면 하나라도 더 껀져 올려야 돈이 된다 생각하니까 일곱 명 한 조가 되어가 하니까 경쟁 나름으로 내가 이 사람보다 떨어지면 어떡하노 내가 이 사람보다 떨어지면 어떡하노 경쟁이 심해서. 바다에 나가가주고 두 시간, 세 시간 나대로 알맞게 해가 나가가주고 이게 안 됐다니까네. 직업이기 때문에 이거는 운동이 아니고 무조건 돈을 벌이는 게 목적이다. 이러니까 가면은 지루해가주고 우리가 작업을 하다 보면 속이 쓰리고 딱 고리 될 때가 있어. 우리가 인제 작업을 하다 보면은 속이 쓰리고 요렇게 딱 고래 될 때가 있어. 고마 하마 그 시간대 되면 나올 시간쯤 되거든. 그래 나오면 하마 한 시 반, 두 시 되거든. 그리고 미역할 때는 인제 가을 가을 인제 구 월달부서부터 김을 매거든. 돌빠이는 인제. 그니깐 인제 그기 인제 육지 같으면은 밭에 잡풀로 없애주

는 거나 마찬가지예요. 가을 되면 돌바위를 인제 한 일인당 십이만 원씩 받고 타에 사람들한테는 십이만 원씩 받고 인제 호미 가지고 자꾸 긁는다니깐요. 긁고 나면 인제 아침 여덜 시, 일곱 시 반쯤 되가 드가면 거는 다섯 시 되가 나온다니깐에. 오후 다섯 시 되가 나온다니깐에. 돌바위 맬 때는. 그래가 한 열흘씩 매고 나면 이기 다 부풀어. 이기 다 부풀어 터져. 디갖고

문 그렇구나.

답 뭐 아래 와가지고 MBC 와가지고 촬영한데 보면 삼십 초 물 밑에 들어가 있는 시간이 삼십 초라데. 올라오면은 인제 올라올 때는 물 밑에서는 내려가갖고 물건이 딱 여기 있으면은 요걸 건져가 올라오면은 별로 숨이 안 가푸는데. 여기 내려가갖고 물건이 없으면 온 바위 밑으로 물 밑으로 여기서 같으면 한 몇 발 정도로 막 헤매고 다닌단 말이야. 이래 막 헤매고 댕기다가 늦게 올라올 무렵이 되면 인제 물건이 하나 딱 보이면 따갖고 그걸 따갖고 올라오면 하면은 올라오면 하면은 이기 숨이 탁 막힌단 말이야. 올라 와갖고 탁 터지는 소리가 후유~ 이래뿐다 이까네. 그 흐유~ 소리가 인제 그 숨이 물 밑에 있던 숨이 한꺼번에 터지는 소리라니까네. 그래 흐유~ 흐유~ 그 쉬고 내려가고

답 십이만 원이고 고 담에 인제. 삼 월달부터 미역을 하기 시작하면은 새벽. 새벽 인제 여섯 시 반. 일곱 시 조금 못 되가지고 물에 들어간다니까네. 미역하러. 채취하러. 낫 가지고 인제 드가갖고 배 가지고 가져오면 인세. 팔아갖고 인제 팔아가지고 인제 일 할씩. 그러니깐 인제 오십만 원치 다 문 해주면 거기서 얼마 가에 그래 묵고 우리 같으면 인제 물량을 사가지고 축산 물량을 사가지고 일곱 명을 인제 그냥 뭐 다려가지고 인제 물량값 주고 나면 나머지 이익은 우리가 챙기고 인제 그런. 그래 잡으라고

문 미역도 하시고 보통은 다른 건?

답 미역 끝나면 인제 성게. 바로 곧바로 작업이 성게로 드가고 성게는 지금

부터. 지금부터 인제 산란기 할 때까지 팔 월달까지 하는가 그래. 그거 끝나면 쫌매기 하고 미역 쫌매기 하고 고 담엔 겨울이면 문어도 잡고, 해삼도 잡고 지금 우리 전복 해삼 잡는다. 전복, 해삼, 고동 뭐 멍게 뭐 그렇게 한다. 별로 많이 없어. 양이 많이 없지. 근데 한 삼 년 전에는 그래도 양도 괜찮았고 팔아도 괜찮았는데 지금 팔아도 안 되고 양도 별로 없고 그런데 뭐. 그래도 그럭저럭 그저.

어버리 크게 거짓말 한다고요. 오만 원 벌어왔다고.

문 근데 물질은 힘 안 드나요? 사십 몇 년 할려면 이게 나하고 맞다는 생각 이 있어야…… .

답 근데요 저 같은 경우는 원카 일로 많이 해묵고 어릴 때부터 일로 많이 해문 사람이기 때문에 돈벌이만 있다 하면 아무 데도 가지만은 지금 해 녀하는 분들 있잖아요. 저저 제주도에서 나오는 분들은요 이 있잖아. 이 있잖아. 지금 우에는 납이. 납이. 우리 흔히 차는 납이. 돈 번다고부터는 한 몇 군델로 우리가 많이 나요 하이튼. 한 삼 근 나갈라. 삼 근 넘게 나 갈라. 하이튼 무게 많는 납을 차고 물 밑에 하루에도 몇 수십 번 올라갔 다 내려갔다 하니까네 이 허리를. 허리를 잘 못 스니까네 육지에 이런 서가지고 잘 몬 해요. 잘 몬 하고 그리고 또 우리 물에 하는맨치 보수가 많잖아요. 솔직히 말하면 육지일은. 그제. 보통 뭐 시간당에 돈 얼마씩. 삼천 원. 오징어 일하러 간대도 뭐 배 칼 가지고 이렇게 배 자르는 건 인 제 두릅 당에 오백 원씩. 이렇게 하면은 돈이 얼마 정도 하루에 칠만 원 정도 벌이지만. 보통 손질을 하고 이렇게 하는 거는 시간당에 하는 거는 이, 삼만 원밖에 못 벌이잖아요 근데 우리 해녀들이 가 여러 바다에 나 가 여러 보통 십만 원씩. 뭐 잘 벌일 때는 한. 예를 들어가지고 겨울 같 은 데는 문어나 한 마리씩 잡고 하면 이십만 원 정도 십오만 원 정도 이 래 벌이거든요 그러니깐 삼 년 전에는 다 그래씩 벌이잖아요 뭐 전복

좀 따고 해삼 좀 줍고 여러 가지 하니깐요 문어가 인제 겨울에는 한 번
씩 구 월달부터 한 사 월달까지는 그렇게 잡히니께. 문어를 한 마리씩
잡으면 키로당에 인제 일 키로에 만 이천 원씩 할 때는 사 키로, 오 키로
씩 한 마리씩 잡고 문어 몇 마리씩 잡고 했으면 좋겠다 이러면 전부 다
한 십오만 원 내지 이십만 원씩. 그래 잡으면. 우리가 육지일을 하겠어
요 이, 삼만 원씩 주고 그러니께 안 하니까네 이 이렇게 직업이 해녀라
는 직업이 잠수하는 그것만 인제 하고

답 저 같은 경우는 원 원래 십 원짜리서 직업에서부터 시작을 했으니까네.
첨부터 이래 많이 저 해녀들맨치고 인수를 해가 와갖고 하루에 채취해가
지고 옛날 아주 사십 년 전에도 한 몇 만 원씩 벌었거든요 인제 이 채취
해가 와가 요거매로 막 이런 자리를 몇 자리씩. 아 그러니까네. 그때만
해도 내가 처음에 고무 나가가지고 빌려 얻어입고 가 여를 구계란 동네.
구계란 동네 가가지고 미역을 해주니까네 한 광지리 당에 오천 원씩 주
데요 그때는. 그러니간 열한 광지리 해니까네 오만 오천 원 해주더라고
봄옷 입고 첨에 가여. 그때가 내가 보자. 서른. 서른 몇 살 때고 그래가
지고 우리 큰 딸 세 살 땐가. 네 살 땐가. 고래 인제 가이 첨에 봄옷 입고
가이. 그래 가니까네. 우리 어머님이 이래 방에 오니까네 인제 시동생들
하고 시누들하고 술을 잡수고 있더라고 "오늘은 가여 얼마 벌었는데?"
날 보고 이러더라고 술로 잡수고 "어머니 오늘 가여 오만 원 벌어왔어
요" 이러니까네 울 어머님이 그때만 해도 오만 원 그게민 들리지. 날로
"어버리 큰 소리 거짓말 하지 말라"더라구요 어버리 크게 거짓말 한다
고요 "오만 원 벌어왔다고 오만 원. 아 이름만 이긴다"고 이러더라구요

문 '어버리 큰'은 무슨 말?

답 쉽게 말하면 어버리 크다는 게 통머리 크다는 거지. 거짓말 이게 불라가
지고 이렇게 크게 범위를 잡아가지고 말란 말이지. 그리고 오만 원 컸지
그때. 하이튼 오만 원. 크기만 크니까 우리 어머니 그래 얘기하지. 그러

니까네 그때만 해도 뭐 자기 나름대로 가면은 육, 칠만 원씩 돈 버지 그 때 그러니까네. 이 사람들이 그렇게 돈을 옛날에는 한 이십만 원씩. 뭐 십오만 원씩 이 정도로 벌이니까네. 이 육지일은. 일로 취급을 안 해요 해녀들이. 그랬는데 지금은 우리 내가 일곱 명이 한 조가 되니까네. 내가 뭐 바다에 있거든 별로 저거하고 이러니까네. 육지일하고 아 같은 시간 이면 인제 조금씩 하면 되겠다 싶어가 인제 조금씩 이래 같이 어떤 데는 고기도 따라 댕기고 이래요. 댕기도 지겹어요 일이. 육지일은. 바다에 드 가는 건 인제. 예예. 자기 거기 이 몸에 완전 배겼는 직업이라예. 그래도 돈 벌어오는 맛이. 그리고 혼자 사니까네 그렇게 한 번씩 벌어오면 한 달, 두 달 정도 되가 계산 되면 인제 그래 먹고 살고 그러지.

문 해녀분들이 보통 여자보다 돈을 많이 벌어와서 남자분들이 직업을 안 가지시는…….

답 예예. 좀 천하고 보기에는 좀 이렇게 마마 사치도 없고 있잖아요 머 만 날 바다에 가가 졸리니까네 시커멓고 사치도 없고 그렇지 뭐. 그래도 인 제 나이가 먹고 한 육십씩 넘어서고 이러니까네 늙으면 다 인제 뭐 그렇 게 인제 젊었을 때맨치로 이렇게 남 보기 추하다 이런 생각 안 들고 이 러니까네 지금은 인제 마 가면서로 몸만 건강하면 죽을 때까지는 일 안 하겠나 이런 생각하고 이래 만족 느끼고 살아요. 그래 살아요.

문 일곱 명 한 조는 왜?

답 일곱 명이는. 한 조가 되는 거는 인제 물량을 같이 사가지고 비슷비슷하 니깐 인제 물량을 같이 사가지고 같이 힘을 모아가지고 같이 한다 이래.

문 판매도 같이 하고 수익금도 똑같이?

답 예예. 그러니깐 판매는 같이 해가. 내가 인제 장부 해가지고 계산 한 번 씩 되면 인제 돈 나노먹고 돈 숨해갖고 다 해가 나노먹고 고 담에 인제 계산하면 한 번씩 회식도 하고 그래. 그래 그래 살아.

문 나머지 분들은 다 제주도 분?

탭 예예. 다 제주도 사람이고 일곱 명 중에 제주도 사람이 다섯 명. 고 담에 육지 사람 두 명. 그래.

문 제주도 해녀들이 왜 많은가?

탭 그러니까 인제 아가씨 때잖아요. 그러니까 지금 육십. 육십네 살. 육십네 살, 육십다섯 살 된 사람들이 열아홉 살 때 열여덜 살 때 연에 왔거든요 그때는 우예 되냐면 인제 그때는 전복 같은 거 널리 안 알려지고 천초랑 해초가 있어요. 요즘은 물조류 따라 안 나지만. 나다 안 나다 하기 때문에 그거 옛날에 돈이 많이 됐어. 하여간에. 그러니깐 뜰을 사람이 없잖아요 물 밑에 가여. 근데 이제 제주도에서로 오신 둘, 네 분이 여기 육지 오니까네 이게 돈이 된다는 걸 알고 그때는. 지금은 불법이라 하지만은 옛날엔 팔고 사고 했잖아. 바다를. 인제 이 물량을 있잖아요. 바다에 일 년에 인제 나오는 양을 돈을 천만 원이면 천만 원. 예를 들면 이천만 원 이면 이천만 원 산다 말이예요. 이거로 어촌계에서 사지. 어촌계에다가 인제 돈을 지불하고 사는데. 일 년 동안 자기 인제 예를 들어가지고 삼 월달부터 사면은 인제 내 삼 월달까지. 내 임자지. 그지? 그러니깐 요걸 물건을 캐낼라면 해녀가 있어야 하는데 해녀가 없으니까. 제주도 가가 뭐 해녀 많이 있잖아요. 옛날에. 그래 거서 한 이십 명씩 데리고 나와요 그러니까 바다 샀는 사람 있잖아요. 주인이지. 그지? 바다 샀는 사람 주 인이 인제 제주도 가여 해녀들을 한 스무 명씩 데리고 나온다니까네. 데 리고 나오면은 그때는 제주도 사람들이 농시져갖고 인지 치돕쌀. 보쌀 해갖고 아가씨들이 다 나온다니까네. 아가씨들이. 나와가지고 그때는 뭐 제주도에서로 별 벌이가 없었고 해초가 그리 많이 안 나와가 별 벌이가 없고 인자 거 제주도 밭. 밭에 농사일 같은 거 많이 할 때 밭이 많으니 까네 그러니까 밭에 일하기 싫고 이러니까 마카 물질로 나오는 거야. 해 녀들. 아가씨들이. 그래 나와갖고 뭐 인제 여게서로 한여름. 인제 한 이 월, 삼 월달부터 해갖고 인제 팔 월까지 인제 해초 작업하면은 그때 또

몇 백만 원씩 인제 벌어가지고 드갔다가 다시 나오는. 그 이듬해 나오는
해녀도 있고 또 뭐 형제들이 저거하고 가정적으로 잘. 여유 남아가지고
생활하는 거지. 하다 보면 육지 총각하고 연애해갖고 사시는. 사는 사람
들이 몇 분 있고 고 담에 또 제주도서로 결혼해가지고 인제 또 드가여
결혼해가지고 다시 이곳에 살러나오는 사람도 있고

🔳 (육지에) 살러나오는 게 할 게 많아서?

🔳 예예. 그래 나왔지. 그래 나왔는데 지금에서로 제주도 더 좋잖아요. 인제.
그래 나와가 산다고

🔳 그 분들은 여기서 다 자식 키우고 사시는 거예요?

🔳 열일곱 살. 열여덜 살부터 나와가지고 이곳에 머무는 사람들 다 그래요.
다 그래요. 다 그래 살어. 그때는 여자 벌이가 제주도에도 뭐 직업. 농사
가 많이 없고 뭐 인제 직업이 없고 이러니까 남자들은 그곳에 가봐야 아
무 필요없고 여자들이 벌이니까네. 여게 머물러가지고 그래 살어. 다 그
래. 지금은 제주도 남아있는 사람들은 더 부자지. 그니까 그래 산다.

두 번째, 결혼 이야기

－남편 없는 시집살이 살고 벌어묵고 그때부터 자물질하고 뭐 그랬지.

🔳 결혼은 언제?

🔳 결혼? 결혼은 뭐. 한 스물한 살에 일찍. 여기 와서 살다가. 아 남편이 뭐
그냥 한 지방에서로 친구로 있다보니까네 뭐 연애해갖고 뭐. 예 연애해
갖고 그때 그래갖고 약혼하고 군에 가뿌고 삼 년 동안에 그냥 뭐. 남편
없는 시집살이 살고 벌어묵고 그때부터 자물질하고 뭐 그랬지.

🔳 애기는?

🔳 애기는 약혼해놓고 첫 휴가 나와갖고 애기 갖고 지금 딸 맏이. 딸. 시집

스물세 살에 가고 맏딸 스물세 살에 가고 고등학교 졸업하고 스물세 살
씩. 둘째 아들 서른세 살에 장가가고 서른두 살에 장가가고 또 고 담에
딸래미 스물세 살에 가고 아이고 자기들이 마카 그래 가데. 또 막내이도
스물세 살에 가고 그래가 다들 뭐 야물딱지게 울, 부산서로 다 잘 살고
이라니까네.

문 사는데 힘든 점은?

답 사는 거는 말도 몬 해요 고생은 말도 몬 하지. 시동생 술 먹고 애 맥이
고 이건 뭐 애는 우유도 안 맥이고 놔놓고 산에 갔다가 오면은 산에 그
때는 연탄도 안 나오고 그럴 때는 조금씩 나올똥 말똥 하고 이럴 때. 아
침에 가면 산에 가면 나무도 두 번, 세 번. 그때 나무도 별로 없었어요
산에. 몇 등 넘어가가지고 산에 나무 해다놓고, 또 바다에 나가 여르 또
작업해가 오고, 또 고기 나면 고기 사가지고 또 말라가지고, 영덕 장으러
댕기고 영덕 장으러 댕기고 고생했는 건 너무 너무 고생을 많이 해가지
고 말도 몬 해요 지금. 내 살아왔는 거는 말로서 표현 몬 한다니까요 너
무 너무 억척스럽게 내가 살아도 죽을 고비를 몇 번 넘기니깐에 내가 어
여 내가 너무 천한 사람이구나 이래 싶더라. 그래가지고 이것도 얼굴도
다쳐가지고 이렇게 흉터가 져가지고 이렇게 수술하라 캐도 바다에 들가
는 거 못 잊어가지고 수술하면 육 개월 햇볕을 안 봐야된다 가지고 그
래가지고 지금 이렇게 하고 있는데. 쯧. 눈물 날 때 한 두 번도 아니고
참 살아왔는 거는. 한 사십 살까지는 고생도 말도 몬 했어. 사십 살. 사십
살까지는 말도 몬 했어.

문 뭐 때문에?

답 뭐 술 때매 그랬지. 술만 술만 먹고 막갖다 그렇게. 그렇게 했어. 그래가
지고 서른다섯. 서른여섯에 혼자 되뿍잖아. 내가. 서른네 살에 혼자 되가
지고 삼 남매를 데리고 사니까네. 너무 너무 저거하다고 고생하다가 어
찌하다고 친정엄마가 친정아버지하고 환갑 때 우리 사촌오빠 왔는데 "자

가 저렇게 너무 너무 불쌍하게 사니까네 안 된다고 어디 혼자 있는 사람 마땅한 사람 어데 말해 봐라" 이래가지고 그래 어슴잖게 친정엄마, 사촌 오빠 소개 그래가지고 인제 오새 우리 주인아저씨 우연히 알게 되가지고 그래가지고 사는데. 술로다 술을 얼마나 고생시키는지. 갈수록 더 태산 인 거라. 그래도 애들은 너무 착해가지고 애들은 원망 하나 안 하고 마 참 이렇게 이러데. 그래 요즘 인제 한 일 년 전에 술로 몇 번 여도 죽을 고비 넘겨가지고 그러더만 일 년 전에 술로 안 잡수고 인제 이렇게 하니 까네. 요새는 참 사는 게 말없이. 참.

문 서른다섯에 혼자 되신 게 남편이 술 많이 드셔서?

답 술만 많이 잡숴. 술 많이 잡수고 시동생도 술 많이 잡숫고 시어머님도 술 많이 잡수고 그랬다니까네. 마 집안이 말이 아니라. 말도 몬 했어. 바 다 나가면 마음은 편해도 그래도 항시 불안하지. 또 오늘도 가면 집에 가면 또 또 술 잡수고 내가 어떻게 하나 이게 걱정이라. 잡수고 그냥 자 면 다행인데 잡수고 밤새 도록 난리치니까네 바다에 가 여느 작업을 해 도 걱정이라. 늘 걱정이라. 집에. 애들도 그렇고 걱정이라. 만날 걱정이 지. 그렇다니까. 그런데 지금 해녀들 대부분이 다 그래 살아왔다니깐요 내만 그래 살아왔는 게 아니고 왜 그러냐 하면은 이거 뭐 가정을 살면 서로 밥도 챙겨주고 밥도 이렇게 같이 먹고 이렇게 얘기도 하고 이렇게 보는 시간도 있고 이러면 좀 덜 하는데 아침 묵는동 만동 해놓고는 바다 에 나가가 지 연에 있다가 집에 들어오면은 남자들 할 일이 없단 말이야. 뭐 직업이라도 있고 이래가지고 뭐 하면 되는데 직업도 없고서나 여자들 볼 일 다 시켜놓고 자기 나름대로 자기는 뭐 그렇게 댕기니까네 술주정 뱅이밖에 안 되는 기라. 가정에 뭐 만날 벌이는 거 같애도 만날 시끄럽 지 뭐. 만날 시끄럽지. 그렇게 살아왔다니까. 대부분이 다 그렇다니까 해 녀들이.

답 그래가 지금 자식들한테 그런 얘기 배 고팠다니 참 배도 마이, 설움도 많이 받고 그래 살았다면은 거짓말 같으니까네. 애들한텐 거짓말 같이 생각된다니까. 마카 뭐 고등학교 졸업하고 마카 나가 있었고 중학교 뭐 저 마도 저 했으니까네. 그래갖고 어떤 때는 저기 차 타고 저기서 저 기선 쯤 가 있을 때는 갔다가 올 때는 배가 고프단 말이야. 바룽고 있다가 차가 안 오면 걸어가지고 오다 산. 산 중턱에 이래 오다보면 배가 고프면 남의 밭에 고구마 같은 거 있잖아요. 하나씩 풋고구마 캐가지고 먹을 때도 있고 그래가지고 오면은 식당 같은 데 이래 물 한 모금 먹으러 드가니까네 못 묵어래. 거러지맨치로 추하다고 못 묵어래. 그래갖고 물도 몬 마시 "저리 나가라꼬". 보따리 보다가 "후유~"하고 내려가가 물 한 모금 먹을라 하면은 "아이 어디서 왔어. 절로 나가요. 나가요. 나가." 이러거든. 그래 쫓겨가지고 물도 몬 얻어먹었는데. 한 한 삼 년 흘러가지고 인제 어디 관광 갔다오다가 온천 갔다오다가 그 식당에서 밥을 먹게 됐는데 그래 우리가 그런 얘기를 하니까네 "안 그랬다고 그런 일 없다고 그때는 그때 식당이 일하는 아줌마겠지." "아유 절대 안 그랬어요. 그런 일 뭐 있을까 봐요. 하매 다 같은 사람인데 물 먹으러 왔는데 무슨 그렇게 말했을까요." 이러면서. 그러이 요즘도 차를 타고 지나가면은 그 식당이 도로 옆에 있거든. 이렇게 자꾸 봐진다니까네. 아이고 저기 올 때 우리 배가 고파 물 한 모금 얻어무러 드가니까 몬 먹으러 하던데 이 생각이 문득문득 난다고

🈳 그래가지고 제일 불편한 거는 요즘 제일 불편한 거는 인제 병원 같은 데 공공서 같은 데 인제 이런 데 가면 요즘 아가씨는 서울, 전부 다 병원에 가면 나직나직 이래 얘기히잖아요. 한 번은 밤에 이빈후과 갔거든요. 이빈후과 가서 가니까네 뭔 얘기를 하는데 알아묵을 수가 있어야지. 들겨야지요. 그때는 귀가 한창 아플 때 갔거든. 귀가 아픈 사람이 갔는데 안 들기니까 갔는데 얘기를 옆에서 이래 큰 소리로 해주면 되는데 뭐 어떻게 얘기하는데 못 들어. 가만히 있으니까네 웃는 거라요 자꾸요. 자꾸 웃

는 거는. 얼굴 그래 슬었는데다가 먼 말을 해도 대답도 안 하고 이러니까네 자꾸 이렇게 웃는 거라. "날 보고 웃는가? 뭐 때메 웃는가?" 그니깐 옆에 와갖고 인제 끌어당기는 거라. 인제. "들어오세요 들어오세요" 인제 이러는 거라. 들어오라고 몇 번 해도 인제 못 알아먹으니까. 귀가 영. 그렇게 하더라고 그니까 인제 또 첨에는 이빈. 이빈후과 가기 전에 인제 포항에 인제. 개인 인제. 내, 외과에 가더래. 귀로 인제 가보라데. 거기 가서도 말을 못 알아먹어가지고 그기 젤 불편해. 어디 가여 인제 귀가 어둡우니까네. 지금 조금 트있긴 트있고

 아, 그렇구나.

 첨에 아들이 뭐라는지 알아예. 전화가 오면 방가뭐갖고 있잖아요 아들이 인제 나가 있으니까 방가버갖고 총각 때. 장가가기 전에. "아이고, 주욱아." 막 반갑어가지고 진짜 갬질 했더만 막막 어찌 이러니까네 "아이고, 엄마 얼마나 시끄럽은지" 인제 이 수화기를 쥐고 "아이고, 엄마. 아이고, 엄마. 엄마. 왜 이러는데." 이러는 거야. 아이고 눈물이 팍 쏟아지더라고 그렇게 말할 때는. 예. 눈물이 팍 쏟아지더라고 그래가지고 마 이기 통성이 애들 데리고 살라믄 바다에 시달리고 마 이러니깐 통성이 큰 데다가 인제 귀도 침침하제 이러니까. 마. 수화기를 들어놓고 막 반갑어가. 또 그런데다가 반갑은 척 이래가지고 마~ 막 "아이고, 야야 준아 우야겠노" 막 고함을 지르니까네 "아이고, 엄마. 아이고, 마~" 아가 이러는 거라. 그래가 마 눈물이 쏟아지더라고 이래가지고 인제 얘기를 하고 난 뒤에 그래 한 번은 인제 왔더라고 그래도 우째 장개 가가지고 저 그래 며느리하고 다 왔던데. "해녀질로 몇 년을 하고 이러니까네 이 귀가 또 여기 여 봐라. 귀가 매여가지고 엄마 귀가 매여가지고 전화 하면은 통성이 원래 그래 커가지고 귀가 미가 그렇다. 엄마 귀가 미가 그렇다." 그러니까 인자 알아차렸는 모양이라. 요새요 손주도 머라는지 알아요 "할머니~." 저 나이에 아~ 아빠가 시켰는 모양이라. 그리고 아들도 "엄

마~, 엄마 집에 뭐가 어떻게 하나." 이렇게 하고 그런다니까요. 그기 젤 불편해. 지금. 그래 산다니까. 그래 살아도 여태까지 살고 그래도 지금은 뭐 그냥 그 나름대로 그냥 우리 우리 직업에 만족하고 그냥 그래 산다.

問 아들하고 딸들하고는 다 첫 번째 아저씨 여월 때? 지금 아저씨는 자식이 없으시고

答 응. 예예. 자식이 없고 그래 그래 요즘은 인제 뭐. 그리고 애들하고는 우리집이 늦게 온 양반하고는 절대 트러블 일어나는 게 하나도 없고 예. 그래 며늘도 내보다도 우리 저기 아저씨 더 좋아하고 그래요

問 서른다섯에서 혼자 계시면?

答 서른여서 혼자 되갖고 서른다섯 되는 해 두 번째 아저씨를 만나가고 한 이십 년 동안 고생을 시키는데 말도 몬 해요 말도 몬 해. 아이고 똑같애요 똑같애. 아이구 시동생, 시어머님, 시누인 옆에서 고생시키제. 아이구 두 번째도 이러지. 내 맘. 내 고생했는 거는 이루 말할 수 없어. 그래도 끝까지 참고 참고 이렇게 사니까 지금 와가지고 보람도 있고

問 그러면 그때는 물질해서 돈 벌어서 집에 다 먹여 살렸어요?

答 그래 물질 다 하고 뭐 나무도 해 때고 나무도 그때는 연탄도 별로 안 때니까네 나무. 나 아침 새벽에 나무하러 갔다오면은 또 고깃배 들어오면 고기 사가지고 이렇게 분리해가지고 말라가지고 장에 이고 댕기미 팔고 또 자물질하고 또 뭐 어디든 안 하는 게 없. 돈이라고 생긴 일이면 뭐. 어판장에 나가갖고 뭐 또 고기 담는 것도 하고, 그물 따는, 고기 따는 것도 하고. 이건 뭐. 집에 한창 뭐 돈 버는 시간이나 있다면은 마 계속 댕기는 거지요 인제. 집에 밥 한 술 뭐 해먹기 바쁘게 그렇게 해먹는 거지. 말도 몬 해.

問 그래도 자식들은 고맙게 생각하겠어요?

答 아들 전문대 나오고 애들 고등학교 시켜갖고 자기 나름대로 다 뭐 지금 뭐 다 잘 살고 있으니깐예. 잘 살고 있으니깐. 야무지게 잘 살고 있으니

깐. 거기 자식들의 보람이 더 지금. 그래 며늘애기도 마음 좋은 애기 들어왔제 이러니까네. 애들이 뭐 그 자기 내가 나름대로 또 이렇게 힘들어가지고 지치고 힘들어도 애들까지 날 속 썩이기나 이랬으면 내가 더 살지 몬 했지. 벌써 죽었지요. 내가 살아 뭐 하노 싶은 맘도 들지만 애들이 원카 착하니까네. 나는 이거 있잖아요. 밥을 밥을 이렇게 애들 도시락 한 번 안 싸줬다니까네. 밥 이게 밥 끼니도 아침에 한둥 만둥 새벽에 또 돈벌이 있으면 새벽에 나가면 애들 일나가지고 밥 싸가 밥 해가지고 도시락 자기 나름대로 다 싸고 또 딸은 서인데. 저녁 때 되면은 이렇게 학교 저거 있잖아요 수업 끝나고 오면은요. 그때는 시내버스 타고 이십. 요기 영해 팔 키로 되는데 영해중학교 댕기거든요. 도곡중학교 댕기고 영해고등학교 댕기고 오면은 작은 아, 큰 아고 없어요. 먼저 오는 족족 밥 해먹어. 집에 살림 다 살고 그러니까네 애들한테 내가 만족을 느끼고 그리고 또 서로 의심. 또 우리 또 애기아빠 있잖아요. 그 술 잡수고 이런다고 애들하고 싸우면 내가 살아내요. 몬 살지.

탑 그리고 내가 어떤 데는 이걸로 "아이고 야들아" 다 큰아들이 있는데, "내가 이렇게 살아가 뭐 하노 너거 보고 너거가." 이만치 큰아들인데 "나를 이만치 저거 애 맥이는데 너거 머라고 좀 애기해라." 이러면 아들이 뭐 라는지 알아요. "엄마 낼 아침에 멀쩡할 사람을 뭐라고 애기하노 낼 아침 되면 또 멀쩡할 건데 또 뭐라고 애기하노 애기해가지고 들어묵나 엄마. 애기하지 마라." 막내딸은 "그런가 하고 사는데. 그래도 모르나." 그래 내가 가만 생각하니까네 그런가 하고 "엄마, 그런가 하고 살아라" 이런 기가. 딸한테 하도 속이 상해가 "내 이래 몬 산다 엄마는 인제 어디 가든동 말든동 해야겠다. 어디로 놀러를. 편 안. 엄마 편 안 들어주면 난 나름대로 어데 멀리 도망가뿐다" 이러니까네 "엄마 연에까지도 살았는데 그런 양하고 살면 안 되나 마." 내 딸이 이러는 기라. 아이 내가 이런 생각이 들더라. 아차 내가 이십 년을 헛살았구나. 아차. 그런 양 하는 이걸 내가 몰랐구나. 그 말이 머리 퍼뜩 생각 들더라구요. 그래 그 이튿날부터는 그런 양하고 살자. 그런 양하고 살자. 이래가 머리 배겼는 기라. 인제 속이 되게 상할 때. 내가 왜 이걸 몰랐든고 아 그러니까 편한 거라요. 스트레스 덜 받고 이거 뭐 그러치도 아이 그런 양하며 살지. 저 밖에 나갔다 오고 밖에 나가며 댕기고 같이 놀러댕기니까네 그래 좀 편터라구요 내 속이. 그래 그래 살다보니까네 뭐 자기도 우리는 뭐 내 이 사람을 만나가지고 이렇게 했구나 싶은 게 그런데. 맘 굳혀가지고 인제 그래서.

문 그때 서른다섯에서 재혼하실 때 딸, 아들 나이는?

답 큰애가 중학교 일 학년 때 쯤. 큰애가 중학교 일 학년 땐데 인제 이렇게 얘기를 인제 이렇게 엄마가 이래 이렇다고 그래 내가 얘기 모 한다고 우리 딸래미한테 와가지고 큰딸 있으니까네 엄마 얘기해라니까네 우리 준이가 얘기하더라고 "안 된다." 해 큰딸래미, 안 된다고 안 된다고 그러니까네 우리 아저씨 "내가 아무 딸래미가 없잖아. 내한테는 우예든 없으니까네 그래가꼬 내가 공부시키고 엄마 저 살기 이래 힘드니까. 너거 같이 공부시. 같이 공부시키고 그래 할 거라." 그러더라고 그러니까 "꼭 그래 하겠냐"고 그러더라고 딸이요. 큰딸이요. 그렇다 보니까 "그래 그럼 그렇게 한 번 같이 살아보자" 그러더라고 그런데 그기 그 안 되더라구요. 혼자 가정 없이 혼자 맨탕 못 이기니까네.

문 그때 아저씨는 몇 살이셨나?

답 아저씨는 일곱 살 차로 있었으니까 내가 서른다섯이니까네. 사십둘. 사십 몇 살 응. 첫 결혼이 뭐 실패해뿌고 외국배 댕기. 마카 외국으로 댕기니까네. 그래 외국배 댕기고 그래났더니 혼자. 그래가 그래.

문 집 사고 이런 건 언제?

답 벌긴 벌었지. 벌어도 조금씩 벌이면 자기 밑에 다 드가는 거야. 그래가지고 또 밤 새도록 술주정하고 돌아댕기고 마. 그래갖고 마마. 사는 게 엉망진창이지 뭐. 기냥. 벌이기는 벌인다고 난리쳐도 자기 밑에 드가고 뭐 자꾸 그렇게 이기 되지도 않더라고 근데 이 집 짓고 이런 거는 왜 그러냐면은 내가 하루 도지는 시간이. 여게 축산 동민들한테 다 물어보지마는 이 돈벌이가 있단 말이. 집에 앉아 이렇게 앉아있는 시간이 없다니깐요. 시간이 없다니깐요 그래갖고 마마 안 쓰고 안 먹고 하. 한 하루에 예를 들어 만 원 벌이면 천 원 쓸까 말까고 남한테 놀러 안 댕기고 그렇게 모다갖고 그렇게 인제 애들 뭐뭐 딸래미들은 자기 벌어가 자기 시집가고

문 집은 언제 처음 사셨나?

답 이천 년도에. 저게 신기동이라는 데 있었는. 도로 옆에 있었는데 인자 도로 난다고 인제 안 안 뜯어주라니까네 하도 좀 해달래가지고 천육백 보상 천육백 받아가지고 한 삼분의 이 뜯긴다 해가지고 그래 보상 천육백 받아가지고 그래 그거. 이천 년도에 지가지고

문 예전에 도로 옆에? 도로 옆에도 자기 집 아니였나?

답 그 인제 땅은 우리 땅이 아니고 건물만 가건물 져갖고 인제 뭐 한 열 몇 평도백에 안 되지 싶어. 그래 좁은 데서로 허허 그 식구 다 살았어. 딸 서이. 그때는 딸. 딸 인제 보자. 딸 그때도 딸 서이지. 애들은 어리도 딸 서이씩 시어머니, 시동생, 남편. 군에 갔다와 삼 년 만에 오고 그렇게 살았다. 그래 살았다.

문 잡은 거 자식들에게 보내주고 하면 좋을텐데.

답 근데 그 보내주기 안 숩다니까네. 보내주기 안 숩다니까네. 이렇게 개인 개인 자물로 와갖고 좀 돈 좀 덜 사더라도 보내주고 해야 되는데. 있잖아요 이래 되더라니까네. 어울 일곱 명이 어울려가지고 이래 장부를 하잖아요. 하면은 내가 이 사주고 싶어서 이래 사주잖아요. 사주고 이렇게 하고 난 뒤에 돈을 제 때 제 때 안 주잖아요 안 주고 난 뒤에는 장부 해가지고 계산될 때는 이 돈 다 물어 여주고 나니까네 다른 사람 돈 찾아갈 때 돈 안 찾아가니 기분이 안 돼. 기분이 안 돼. 그러니깐 뭐 아이고

뭐 묻어두고 사자 사자 이러니까 그래가지고 잘 안 벌여요. 잘 안 벌여. 그 대신 다른 거 인제 고기 같은 거 사가지고 있잖아요 그래 보내주고 이런데 그것도 뭐 그리 제대로 안 되데요. 왜 그런 동. 바쁘고 이러니까 네. 아이 저거 나름대로 먹고 살겠지 뭐. 다 잘 사니까 깨끌바께 먹고 살 겠지 이래 싶어가지고

問 한 번씩 보내주면 바로 잡아서 싱싱한 거?

答 예. 싱싱한 거 조매씩. 어째 오면 한 번씩 먹여주고 그렇지. 보내준다는 게 그래 안 숩데요. 이제. 그것도 번거롭데. 차편이 또 여기서로 막바리 보내주면 되는데. 또 도곡 가가 연에 보내줘야 되제. 또 이렇게 하니까네 잘 안 보내. 잘 안 보내.

세 번째, 마을 이야기

―그때 축산이 마을에 벌이가 있었나요. 뭐. 해녀들 벌이밖에 없었지.

問 이쪽에 마을 해녀에 관한 이야기 없나?

答 해녀 잃은 이야기. 전해 오는 이야기 그런 건 없지. 해녀 그런 전해 내려 오는 얘기는 없고 조기 저기 말미산 저기 가면 저 말미산이란 데 가면 처녀, 총각 죽은 고건 있지. 근 전설이 난도 들은 바에 의하면 육촌끼리. 어 육촌끼리라 하던가. 연애라고 그래가 하다가 아가씨가 시집을 갔다데. 먼저 갔다 하데. 먼저 갔는 날 시집 갔는 첫날밤날 따라가가지고 데리고 나와가지고 둘이 서로 돈 가지고 다 쓰고 온 데 다 인제 댕기다가 마지 막에 인제 돈 조금 남았는 거가 몇 푼 안 남았는가 탔는 것이 축산 시내 버스더라데. 마지막.

問 원래 여기 사람이 아닌데

答 응응. 안동에 저 짝에. 그래가지고 인제 마지막에 탔는 거가 축산버스 저

동으로 오면 인제 이렇게 내려오잖아요. 동쪽으로 이렇게 이렇게 시내버
스가 내려오잖아요. 탔는 버스가 마지막 버스가 축산 내려오는 버스더래.
그래가지고 인제 거 이래 그때 보니까네 올라갈 때가 솔밭. 거 있잖아요
거기 올라갔는 모양이라. 돈이 다 떨어지고 이러니깐. 자기네가 각오했는
모양이지. 무슨 약을 사갖고 이렇게 죽자. 각오했는 모양이라. 그래갖고
유서 써놓고 한 몇 십 년 돼요. 하마. 그것도 하마. 한 사십. 우리 우리
그때 보자 몇 살 때고 그래가지고 처녀 총각 죽어가지고 유서 써놓고 죽
었는데 땅을 막 파면서로 둘이 약 먹고 이렇게 죽었는데 한테 보면 묻어
놔가. 그거 전설 있고 말미산. 사십 년 넘었지. 사십 년 넘었는가. 그 노래
까지 나왔던데. 그때 그러니깐. 그기 전설이. 해녀 관련된 건 없고

문 축산항은 굉장히 컸는데 지금은 많이 줄은 것 같은…….

답 그때 축산이 마을에 벌이가 있었나요. 뭐. 해녀들 벌이밖에 없었지. 요즘
은 배도 많고 하지만 옛날엔 배도 별로 없었고 또 몇 십. 그러니깐 한
보자. 한 이십 년. 이십오 년쯤인가. 칼만 들고 가면 애들도 십만 원씩 벌
어요. 하루에 오만 원씩 벌어요. 칼만 들고 나가면은. 판장에 나가면. 노
가리 있잖아요. 노가리. 명태 작은 거 있잖아요 조리망 해서 잡아오면은.
그면 고기를 얼마나 물에 놓고 칼만 들고 나가면 애들도 오만 원, 십만
원 벌어. 그때는. 그러니깐 벌이가 많이 있었어. 그리고 쥐고기라는 거
있잖아요 삼천포에 사는 쥐포 그것도 많이 나갔고 씻고 와가지고 마
무져놓고 마 얼마나 뭐. 참 한 집에 세 명 나가 뭐 뭐 하루에 이십만 원,
삼십만 원 버는 게 보통이라. 그만치 벌이가 많이 있었는데 지금은 고기
가 안 나니까네 그래 사는 기 그때는 몇 세대 안 되는데 갑자기 마 사람
이 마마 벌이 좋다고 들어오기 시작해갖고 얼매나 한 구백 세댄가 그래
됐는데 몇 년 되니까 벌이 없으니까 다 나가고 젊은 사람들 다 나가뿌
리고 그래 된게. 요새도 한 칠백 호 된다 하던가. 몰라 확실히는.

문 요새 벌이가 안 좋아요?

답 요즘은 뭐 뭐 바다에서 나는 기 있어야지. 그리고 뭐 또 오징어 하면은 또 뭐 자꾸 요즘은 뭐 환경. 환경이 오염된다 이래 되가지고 오물. 뭐 물 뜨고 있잖아요. 뭐 이렇게 내가 생각하니까 우리 해녀 생각하는데도요 연에 이렇게 뭐 오징어 같은 거 할 거 해가 생으로 보내면 되는데 이기 뭐 오염된다 이래갖고 걸러가지고 약질로 하니까네 어떤 데는 우리가요 바다에 드가면 구역질날 때가 한 두 번이 아니라. 저기 드가면. 그때 그 이렇게 물건 나는 한 모퉁이는 지금은요 우리가 못 간다니까. 물 날라 그럴 때는 이 구역질이 나갖고 그런데 동네 사람들 다 벌어먹는다 하는 데 어떻게 해.

문 오징어 왜 바다에 맥을 안 주려 하지요?

답 오징어 뭐 뭐 물 내려가면은. 뭐 하 부엌에 내려가면은 이기 저거 한다고 마카 다 고발이 드가니까네 약질로 하는 모양이라. 약 냄새 나. 골이 아파. 바다에 드가면 마마 속이 울렁하니.

문 요새는 며칠에 한 번씩 드가시나요?

답 며칠에 한 번씩 가냐고? 뭐 긍게 파도가 눈이 오나 비가 오나 일 년 열두 달 중에 파도만 치고 태풍주의보만 안 내리면 댕긴다니까네.

문 내일도 가세요?

답 응. 내일 파도 치면 못 가고 파도 자면 내일 가고 만날 간다. 날로 새고 날만 새면 아침만 먹으면 이 전화 불통이 난다니까. 마카 다. 서로 연락 하니라고 몇 시에 옷 입으까 하고 요즘은 해가 길어노니까네 올 아침에는 여덜 시에 옷 입었나.

문 바로 앞에 나가요?

답 축산서 할 때도 있고 요 두 동네 넘어가가지고 또 고 가여 잡아. 요즘은 두 군데밖에 안 된다. 옛날에는 성게가 비싸고 할 때는 저 강원도까지 댕기면서 하고 이런데 지금 성게가 수출이 안 되잖아요. 국내밖에 더 소 비가 되나요 그러니까네. 날로 뭐 잘 모르겠는데 중국산이 헗게 들어와가 중국산 때문에 안 된다 이런 말이 있는데 우린 실지 보진 못 했지. 뭐. 말로는 "왜 안 되나?" 하니까네 그 운항 사업하는 사람들. 회사 사장들이 그러데요 "중국산이 가게 담아가 저 나오는데 헗은데 그거 먹지 뭐. 한국산 비싸가 먹어?" 이래. 그래. 그래가 작년 같은 경우 제주도에 우예 되냐 하면은 저 한 해 사스병이라던가. 뭔 병이 있잖아요. 외국에. 그래 갖고 인제 걸로 관광 가실 분들이 마카 다 제주도로 갔다데. 거 뭐 제주도 호텔 같은 데서 먹거리 있어요 이러니까네. 그러이 인제 이거. 성게알. 제주도 호텔 가면 성게알하고 미역하고 국 끓인다데. 요래가지고 제주도 성게알이 작년에는 조금 알도 안 들고 이래가지고 저 서해쪽에 성게알이 나는데 서해쪽에 알은 조금 헐킨 헐은데 이기 있잖아요 색깔이 별로 안 좋고 노랗지도 안 하고 좀 저거하고 맛도 좀 덜 하다고 그래가지고 인제 이 친척분들이 축산에 인제 이렇게 성게알이 좋다니깐 좀 보내 달래가지고 작년엔 바로 제주도 친척들을 많이 보내고 했는데. 올해는 주문도 안 들어오고 별로 파는 없어.

문 그렇구나.

답 그때 뭐 사는 것도 작년에는 저작년까지는 그래도 뭐 사먹으로 오는 사람. 해수욕 오는 사람. 잘 사람도 있는데 지금은 뭐 팔아도 잘 안 된데요. 뭐 경제가 어렵다는 동 우옛다는 등. 그러니까네 먹고 사는 기 힘드니까 음식 먹는 것만 먹고 이렇게. 이건 뒤로 돌리던지. 우째 팔아가 없어갖고 앙도 없지만은 팔아가 없어가. 근데 저 뭐 물건은 조금씩 조금씩 얻더라도 팔아만 잘 되면은. 팔아만 잘 되. 작년 같은 경우는 해삼 잡아놓으면 이 년 전만 해도 잘 팔리는데 올해는 해삼 잡아놔도 살 사람이 없어가지고 기분이 안 나. 물 밑에 가 잡으래도 기분이 안 나고 그래도 우예노 할 수 없이 잡아오면. 살 사람 없으면 소쿠리다 담가났다가 그 마이 뭐 뭐 그냥 잡아왔을 때하고 소쿠리 담가왔을 때하고 찬기 다 빠지면 뭐 뭐 별 돈벌이 안 되지 뭐. 그래도 뭐 그냥 그냥 그렇게. 우리는 인제 뭐 바다 밑에 물건들이 모 있지만은 우예든동 좀 살기 좋아지면은 사묵는 거나 잘 사묵었으면 하는 그런 바램 뿐이라니까네.

탑 그렇게 그런데 따도 좀 잘 팔려야 될텐데. 팔리야 될텐데 이기 걱정이라니까 요즘은 또 그래 된다니까. 우예든동 마마 우예든동 이 젊은 사람 측에서로 직장도 좋고 돈도 잘 벌이고 이래야 사먹는 것도 사먹고 이러면 살기가 좋아져야 돼. 살기가 좋아져야.

문 좀 있으면 휴가철이니 올해 한 번 또

탑 그래도 뭐 덥어도 덥은 줄 모르지. 덥은 줄 별로 모리고 아침 여덜 시 되면은 물에 드간다. 한 시쯤 되면 나오면 성게알 깐다고 뭐 쳐놓골랑 그냥 뭐 그 밑에서로 그 밑에서 까고 집에 오면 후덥우리한 게 밤으로 많이 덥지. 우리는 일 디제, 집에 오면 후즐그리 하제. 밤으로 많이 덥지. 낮으로 물에 계속 드가니까. 그렇다니까.

문 작업하는 거 한 번 봤으면?

탑 작업하면은. 내일 해도 내일 있잖아요 날씨가 좋으면은. 파도가 안 치면. 내일이 축산 작업하거든요. 예예. 작업하면 요 방파제 있잖아요. 방파제 고기 나가거든. 나올 때도 거서 나가고 이짝 이짝 저기 있잖아요 저쪽 저기 대각선 저기 말고 이짝 쪽에 있잖아요. 요래 요래갖고 요래 쭉 내려가면 방파제 저기 나오잖아요 사진 쪽에 말고 요기서 이렇게 가면 절로 가면 사진이고 요래 가면 돌아가면 저 돌아가가지고 끝에 돌아가면. 요래 돌이가면은 요 마을로 요래 가는 길 나오고 요요 요래 바닷가로 기는 길 방파젠데 요요 요게 가는 길 집 두낫 있잖아요 두 채. 바로 여기 가면 집 옆에 가면 우리 거 작업 장소

문 파도 안 치면 한 번 들릴게요

탑 예예. 해나오는 물건 보고 예예.

1.2. 미역생산업자의 말13)

－팔십 키로 짜리라. 한 가마니 받아노니 별빛에 눈 오는 거 비는 기라.

첫 번째, 가족 이야기

－옛날에는 영감들이 뭐 할마씨가 죽으면은 금방 또 장가를 가더라고.

문 올해 연세가 어떻게 되십니까?

탑1 육십여섯.

문 아 그러시구나 그면 여기 이 마을에서 태어나서 계속 안 떠나시고 여기
서 계속 사셨어요?

탑1 그렇지.

문 부모님 때부터 계속 이렇게 사셨어요

탑1 그래. 맞았어. 우리 할아버지 때부터 계속 살아.

문 뭐 그면 학교는 제대로 다니셨어요?

탑1 학교는 뭐 영해중학교

문 그럼 어렸을 때도 학교 다니면서 계속 일하시고

탑1 그면 학교 다닐 때는 뭐 일 뭐 할 게 없지 뭐.

문 음 일 안 하셨구요

탑1 응. 그렇게 일 할 게 없고 그랬어.

문 아 그니깐 어머니 일찍 돌아가셔서 그 고생 인제.

탑1 조금 했겠지.

문 아 계속 그렇게 사셨구나. 그러면 여기 뭐 다른 분들은 영해 이쪽에 보면

---

13) 탑1은 임정일을, 탑2는 강영길을 말한다.

학교 다니시고 마 이렇게.

탑1 그렇께 여기 학교를 이 너머 댕겼다니께.

문 아 다니셨어요.

탑1 여기 우리 딸 둘이, 아들 둘인데 네 놈 다 이 너머로 학교 다녔어.

문 그면 자식들도 여기서 키우셨구요?

탑1 그렇지, 여기서 키워가지고 그렇게 인제 우리 이 뭐야 딸래미가 맏딸래미인데 맏딸래미가 올해 서른아홉이야. 서른아홉인데 맏딸래미가 여게서 국민학교 여게서부터 고등학교 때까지 했고 고 다음에 인제 둘째 딸래미도 여기서 고등학교 때까지 했고 그것도 맏아들도 여기서 고등학교까지 했고 막내이만 어 내가 이리 인제 곧 내심 인제 여유가 돌아가니께 한 놈이라도 온지 키워야겠다 싶어가지고 그래 내가 집을 택을 해가지고 서울로 인제 위장택을 해놓고 그렇께 아 인제 중학교 이 학년 때 글로 택을 해가지고 그래가지고 거기서 고등학교 서울서 나오고 대학은 인천 인하공대 기계공학과 나와가지고 지 잘 먹고 있어요.

문 근데 뭐 사시는 거 뭐 어렵고 이런 거는 별로 없었어요? 어렸을 때. 결혼하고 나서야 같이 돈 벌이는 거 그렇지만. 그 전에는.

탑1 맞어. 그 전에는 내가 이러쿰 고생을 좀 했겠지. 우리 아버지가 팔자가 험해가지고 그렇게 내가 일곱 살 때 우리 어머니 돌아가시구나. 그러고 또 옛날에는 영감들이 뭐 할마씨가 죽으면은 금방 또 장가를 가더라고 그러이 안주 젊은 처자를 하나 들였어. 그래가지고 인제 우리 서울에 누나히고 우리 인제 거서 뭐 또 형님하고 같이 살라 캤는 형님도 자식들도 있고 이렇게 있더라고 아버지가 또 분가를 나오더라고 그래 분가를 나왔는데 이 할마씨가 뭐 시울쟁인데 파마하고 이럴 때미네 그때 전부 비녀 찌르는 세상. 시절인데 빠마하고 이래 댕겼는데 그러다 또 뭐 맘에 안 맞든 동 시골에 맘에 안 맞든 동 할마씨가 또 가뿌고 또 뭐 6·25사변 들었제. 또 말이지 또 할마씨 하나 줬어. 그래 그 할마씨가 인제 애를

6·25사변 때 하나 들고 왔더라고 자식을. 그래 인제 그 뭐 그 사람 그 사람도 인제 장가 가가지고 나이 육십인데. 그 사람도 장가 가가지고 그 사람도 저 수원에 가여 살고 뭐 그래 그래 살아. 그때 뭐 어이 아무씨 뭐 부모들이 없으면 아매들이 서러움을 받는 건 사실이야. 고생을 좀 했는 건 사실이야.

문 그러고 특별하게 그래도 뭐 기억 나는 거 이런 건 없어요?

답1 없어.

문 없어예.

답1 그러이 뭐 결혼해가지고 둘이 맞벌이 했으니께 뭐 하나이 벌은 거보다 둘이 더 빨리 뭐. 십 원 벌 때 이십 원 벌었고 뭐.

답2 둘이 벌은 거라 둘이. 어. 제주도 결혼해 있으니까 두 사람 다 그 뭐 물질 하고 바닷가 사는 기야 그게 원칙이야. 살아가는 게.

답1 그때는 마 한참 전복 많이 나올 때는 저런 저런 두름박으로 한 두름박씩 잡았다. 전복. 그러이 전복 값이 헐았겠지. 값이 헐아도 그렇게 이 동네 살면서 전복은 내가 젤 많이 먹었다. 그때 뭐 잡아오니께 팔기도 하고 내가 먹기도 하고

문 그래 이 동네 사람들이 좀 건강하신 거 아닙니까? 좋은 거 하도 많이 드셔서.

답2 그렇지도 않애. 그렇지도 않애.

답1 그래가지고 마 다음 딴에도 끊어. 끊어뿌고 세월이 그래 돼.

두 번째, 결혼 이야기

―제주도 아가씨를 꼬셔가지고 결혼을 했는데

문 잘 됐네요. 옛날에 일하셨던 얘기나 마을에 이기 뭐 특색 있는 이야기 살

아오시면서 그런 얘기 좀 해 주십시오

답1 그렇게 뭐 천지나 일이죠. 안 그렇겠어요? 저 우리가 내가 처가가 제주 둡니다. 내 처가가 제주도라고 그러이 내가 여서 여기서 태어나가 여기서 살아가면서 가만 보니끼네 그때는 우리 고향 사람들이 미역을 캘 사람이 하나도 없었어. 그러이 제주도서 막 그때는 뭐 제주도지. 요즘은 제주도가 잘 살지만도 그때는 제주도 몬 살아가지고 전부 육지로 와. 자물질로 왔다니까. 물질을 왔당께. 자물질로. 그래가지고 우예 아가씨를 꼬시가지고 결혼을 했는데.

문 (제주도 아가씨가) 이까지 나왔어요?

답1 여기까지. 여기까지 나와가지고 돈 벌로 나왔다가 결국 내한테. 그래가지고 인제 제주도서 제주도 사람이라. 결혼했는. 그렇게 뭐 우리는 나는 그렇게 인제 뭐 나는 그러끼네 제주도 우리 부모님 일찍이 돌아가시고 그래 나는 형님 그때 있었는데 형님 그때 있다가 가만 생각해보니끼네 아 제주도 아가씨하고 저하고 맞벌이 하면 빨리 성공하겠다. 생각이 그래 들었다고 나는. 딴 사람들은 뭐 아이고 제주도 사람하고 결혼하면 어떻고 저떻고 이런 생각 하는데 나는 내 벌이고 우리 마누라 벌이면은 남보다 빨리 성공 안 하겠나 난 이런 생각이 들어가지고 제주도 아가씨를 꼬셨다고 그래가지고 제주도 아가씨를 꼬셔가지고 결혼을 했는데 결혼을 하고부터는 진짜로 나는 돈 요만치도 안 기로받어. 왜. 하루 물에 드가면은 그때 삼십구 년. 사십 년 때만 하더라도 이만 원, 삼만 원 벌었다고 하루에. 이만 원, 삼만 원 벌어 나옹께 거 마 대한민국에서 최고 부자 같더라고 이만 원, 삼만 원 벌어 나옹께. 한 달 벌이면 그것도 오, 육십만 원 벌이는데 그 돈이 어마어마한 돈이라. 진짜로 뭐 한 달에 삼십 일, 일 작업 안 하지만도 그때는 인제 스펀지옷이 없고 뭐 잠비라고 그렇게 인제 속에만 입고 그래도 안에 들어서. 우리도 그때 잠비를 입고 드갔는데. 그래가 내가 결혼을 삼 월달에 했는데.

图 몇 년도에.

图 그렇게 육십팔 년도에.

图 육십팔 년 삼 월에.

图 응. 삼 월에. 그래 결혼을 하고 나니끼네. 그때 삼 월에 결혼하고 나니게 그땐 대반 삼 월에는 물에 드간다 하니끼네. 그러이 뭐 그러끼네 내가 우리 큰집이가 몬 살아가지고 쌀 딱 한 동이 열두 되라. 물 넣는 동이로 한 동이 딱 열두 되라. 쌀 열두 되를 딱 담아 와가지고 어이 삼 월달 결혼하니깐 삼 월달 거기 약간 춥더라고 그러이 뭐 친구놈들이 아직도 결혼을 안 해가지고 아이 마 집에 와가지고 만날 고마 셋방살이 쪼만한 셋방살이 살았는데. 그래 살다보니게 아이 그놈들이 마 먼저 결혼했다고 와가지고 만날 진짜 대고 거기 쌀 한 동이 열흘도 못 가고 다 먹었는 것 같애. 그래가지고 거 인제 우리 동네 옆에 집이. 인제 우리 집 옆에 집이 아저씨가 있었는데 "형님 형님, 내 다른 게 아니고 내가 형님네 배를 타 주노니게" 인제 설 쉬면 설 쇠고 말이지. 좀 따땃하면 말이지. 그땐 기계선이 아니고 돛단배. 인제 돛을 달아가지고 바다 나갔다 드갔다 하는 그런 거라. 하이튼 그런 배는 안 타봤는데 "내가 그걸 타줄 노니게 이 쌀 한 가마니만 이 한 가마니만. 내 지금 굶어죽을 판이다." 이렁게 대반 마 그 사람이 오케이 하더라고 그러이 얼마나 좋노 쌀 한 가마니 받아놓게 그 쌀 한 가마니 그 사람이 대반 돈을 쥐가지고 그때 만 오천 원을 줬는가. 쌀 한 가마니에. 만 오천 원을 줬는가. 금 한 돈에 삼천 원 할 때라. 금 한 돈에 삼천 원 할 때라. 아이 쌀 한 가마니 받아노니게 별빛에 눈 오는. 팔십 키로 짜리라. 한 가마니 받아노니 별빛에 눈 오는 거 비는 기라.

图 그거 뭐 친구들하고 만날 까먹고 말이지 딴 사람들 보리밥 먹어도 그래도 신랑이라고 하나 가마 갖다노니끼네 만날 쌀밥이라. 그래가지고 뭐 한 사 월달 되니끼네 마누라 드가고부터는 자물질 해가 드가뿐다. 하루

드가면 이만 원씩. 만 원씩 벌어나오는데 그러이 그 돈이 엄청난 잔돈이
라. 그래가 나도 또 말이지 자기는 자기대로 벌이고 나는 또 쌀 한 가마
니 타났는 그때 배. 그렇게 목선이라 목선. 풍선. 돛단배. 돛단배 타고 작
업 나가고 그래 뭐 그래 그러다 보니께. 둘이 맞벌이 하다보니께 남보다
도 성공이 좀 빠르더라고 실질적으로. 다 아무것도 없이 참 빈 몸 타고
나왔는데 그래가지고 한 일 년 벌이니께 일 년 만에 내가 조그만한 집으
로, 그때 설에 있는 누나가 설에 시집을 갔는데 누나가 서울서 와가지고
내가 집을 삼. 십육만 원 줬다 이러니깐 그때 집을 십육만 원 줬다 이러
니깐. 아 우리 서울에 마포에 강변 도로에 판잣집 십육만 원 주면 산다
이랬다.

탑 근데 이 촌에도 그때는 마 촌에 안즉 나갈 자리도 없고 이러니까 마 사
람이 버글버글하다. 집이 없어. 이 땅 덩어리도 요러니깐 집 지을 자리도
없고 그래 그 사람은 십육만 원씩 주고 팔아가지고 표는 자기표 있었는
데 거다가 집으로 하나 말이지 집 크게 한 집만큼 지뿌땅께. 나는 판자
집을 샀는데 십육만 원 주고 마당도 없는 거 그거를 샀는데. 일 년 만에.
일 년 만에 샀는 거. 그것만 해도 성공이라. 뭐 그래도 아~ 나가지고 나
는 또 마 배 몬 타고 아~ 봐야되니깐 그래 마누라 들어오면 하루 이만
원도 벌고 만 오천 원도 벌고 그래 그러다 보니끼네 뭐 금방 성공하더라
고 그래가지고 아~도 뭐 서울에다가 둘째아들도 뭐 그 집 사주고 큰
아~도 집 사주고 그래 집 두 채 사줬으면 여 촌에 앉아가지고 굳은 거
아니까. 맞어.

문 그렇죠 그런 사람이 어딨겠어요 서울에서도 그렇게 못 하는데요

탑 그렇게. 그런데 내가 그렇게 인제 결혼한 지 사십 년. 사십구 년째 나는
데 삼십구 년째 나가지고 집 두 채 사가지고 내 집도 짓고 나도 집 지었
어. 그러이 뭐 그래 그래 살아가고

세 번째, 미역 이야기

―내가 동네에서 젤 먼저 했어요. 하기는. 이래 뵈도.

문┃ 미역 언제부터 하셨는데요. 어촌계장님은.

답┃ 그렁께 저는 사. 사 월 이십팔 일인가 사 월 이십팔 일인가. 내가 동네 에서 젤 먼저 했어요 하기는. 이래 뵈도

문┃ 어~, 하신 지 몇 년 되셨는데요

답┃ 아이~ 한 지사. 그렁께 뭐 우리 조상들이 우리 아버지 대. 우리 할아버 지 대 다 미역을 해 내려왔지만도 여게 나도 장개를 가가지고는 내가 살 림을 분가해 나가가지고 안 했겠어요. 그렁끼네 뭐 장가하고 때미로 가 가 한 사십 년 돼가 했겠다.

문┃ 아 여기서 계속 태어나셔서. 여기서. 아 계속하셨구나.

답┃ 그렇지. 장가 가가지고 미역을. 그 그때는 뭐 아버지 대서. 우리 아버지 가 미역 하는 걸 거들어주고 총각 되면 됐겠지만 장가가가지고 분가해가 지고는 천상 내가. 미역을 내가 했으니깐 그때부터 맞겠지.

문┃ 배도 안 타시고 미역만 하셨어요

답┃ 배. 배 타. 배도 정치망. 음. 정치망을 열다섯이가 주가 있어. 열다섯이. 어망으로 여 널어노면 여 앞에. 그래 고걸 가지고 요새는 인제 고기가 고기가 없대라 가지고 안 공급 준다니께 공급도 안 자라가고 이래가지고 요새는 쳐놓기만 해놓고 있어 쳐놓기만 해놓고 있는데. 인제 뭐 이달 유 월 말 지나고는 잡으나 몬 잡으나 고용인이 너무 놀래서는 안 된다 이래 가지고 이래 한 달 놀았는데 너무 놀래서는 안 된다 그래도 곤치고 말이 지 이런데 한 달 놀았는데 아이 유 월 말쯤 되면은 인제 금방 할 거야.

1.3. 어부의 말

그런 고생을 하면서도 자꾸자꾸 바다에 따라가고 싶더라고.

첫 번째, 고기잡이 이야기

―나도 그가 천직이 될라꼬 그랬는지 그 형이 배에 따라 놀러가자는 데도 안 싫더라꾸.

문 그렇게 형편이 어렸웠으면 학교도 못 하셨겠네요?

답 못 했지요. 아예 여기가 어려워가주고 심지어 또 그래도 부모네 눈이 좀 있는 사람들은 단 중학교라도 시긴다꼬 그때 세월에는 중학교도 시험을 추고 이랬는데. 나 같은 경우는 아예 중학교 포기해뿌고 내가 초등학교 오 학년 땐가 육 학년 땐가 아부지가 돌아가시고 육 학년 딱 되니까 사촌형이 이거보다 조금 더 큰 배를 했는데 중학교 갈 형편도 못 되고 여거서는 뭐 객지 나가면 죽는 줄 알았어요. 객지 나가서 직장생활 한다는 끔쩍도 못 하고 그저 이 배질 가리킬라고 초등학교 육 학년 때 방학하고 나니까 배에 놀러가자는 거예요. 나 보고 사촌형이. 그래 뭐 따라오니까 그래 나도 그가 천직이 될라꼬 그랬는지 그 형이 배에 따라 놀러가자는 데도 안 싫더라꾸 그래 따라나가주고 그 질로 이 배질하는 것도 배우기 힘들어요. 처음에는 멀미가 나고 고생스럽고 그래 멀미가 나가주고 그런 고생을 하면서도 자꾸자꾸 바다에 따라가고 싶더리고 그래 초등학교 졸업하고는 사촌형 배 쪼끔 따라댕겼다가 그래 그때는 사촌형이 배가 있으니까 내가 애리더라도 배를 일찍 배웠지. 사촌형이 배가 없으면 나이 애린 사람들은 배를 태워주지도 않는다고 그래 배질을 배워가주고 나이가 일곱 살인가 되니까 어느 배라도 타게 되가주고 그래 배 타면서는 얼마 다만 얼마라도 벌었지. 죽은 안 먹고 살았지

[탑] 그래다가 결혼해가주고 칠십팔 년에 결혼해주고 와가주고 하마 이 배가 내가 배가 두 개, 세 개 채예요 이거는 만들어온 지 십일 년째 되고 그 먼저는 배를 헌 거 되가주고 부서뿌고 새로 만들고 했는데 요거는 내가 만들어온 지 칠 월달이 째가 십일 년째 되는데 배 내가 하고부터는 글커 돈 모우지는 못 해도 생활하는 데는 그렇게 어렵지는 않았지. 그때 세월에는 배로 지금은 배로 내 혼자 몰고 간다고 오늘 나가가주고 고기 한 마리 잡으면 다 내게가 되뿌지만 그때 세월에는 배가 사람이 여럿이가 되다니까 예를 들어가주고 십만 원 벌었다 카면 오만 원은 배 임자가 먹어뿌고 그것도 경비 기름값 떼고 십만 원이 된다 카면 배 임자가 오만 원은 먹어뿌고 오만 원 가주고 여럿이 타기 때문에 농구거든요. 지금은요 하루 나가가주고 몇 십만슥 벌어올 때는 벌어오고 못 벌어오면 못 벌어오지만은 살아가는데 그렇게 힘은 안 들지 머. 머 밥 굶고 그러지는 않지만은 머 풍요롭지는 않아요. 그저 살아가는데 그저. 내가 이 배를 칠십팔 년도 결혼해가주고 칠십구 년도 그때는 형네들하고 동업을 해가주고 어렵게 살아가다가 팔십팔 년 이 배를 내가 단독으로 하게 해가주고 그래도 돈 모아놓은 거도 없고 그저 살아가는데 그저 교육시키고 큰 놈은 교육도 못 시켰어. 애들도 교육도 못 시켰어. 영해고등학교밖에 못 시켰어. 적은 놈으노 지가 배우겠다고 하는 것은 할 수 없겠더라구. 큰 놈도 대구에 나가가주고 공부할려고 하는 거 "니 나가면 동생 고등학교 시키기 힘들다. 아부지 여서를 시골에서 배 가주고 쪼매씩 벌이니는 그컬 어렵잖나 어려우니까 동생 고등학교라도 시킬라 카거들랑 닐라 영해 다녀라" 영해고등학교 너놓고 나니까 적은 놈은 죽으나 사나 부산 간다는 데 뭐 내가 벌어가주고는 참 힘들더라구. 그래 그 머 하숙비카랑 또 저거 또 그거 마치니까 아버지 전문대에 들어갔다고 "아버지 입학만 시켜

돌라 아버지 입학금만 돌라.” 졸업이니까 또 그러니까 그래제요 또 “한 달에 오십만 원만 보내돌라 사십만 원만 보내돌라” 이래 생활하다 보니까 아직까지 저축해논 거는 없고 이 배가 내 재산이라. 흐흐 집 하나 조런 집 하나 마련해 나놓고

문 그러시구나.

답 내 힘 많이 드니도 내 손 한 번 보이소 이 만큼. 이런큼. 하나 참도 놀 시간 없이 그저 아~들 내 하나 희생하면 내사 어예 되든 간에 그저 아~들은 그저 배 안 굶길려고 노력하다 보니까 이거 한 번 보소 이거는 좀 덜한데 이거는 워낙 저거 하고 나니까 워낙 많이 만지다 보니깐 지금 옛날 요랑하면 사는 겐가 지금 먹고 놀아도 밥은 안 굶는다 아인교 어디 가가 뭔 짓을 하든 간에 옛날에는 노상 굶다시피 해노을께네 그럴께네 지금 나이가 들께네 힘이 달리는 거예. 근데 지금 힘은 좀 들어가주고 저거 해도 젊은 때보다는 힘은 쪼끔 들어. 아깨 저 그물 같은 거 나는 저 통발이 문어 잡는 건데 전에는 집사람하고 같이 다녔어. 마누라하고 같이 다닐 때는 하루에 두 뭉태기가 우리말로는 한 틀 이래는데, 육십 개씩 되어 있는데 네 틀슥 다슷 틀슥 다슷 개씩 당겼다가 매까 소까가주고 또 넣고 또 넣고 오는데 지금은 내 혼자서 한 서너 개씩 하고 오면 집에 오면 힘이 들어가주고 디가주고 그러지 머. 힘이 달리께네. 그~ 옛날에 그때는 집사람이 많이 거들어주니까 담 그래도 내가 그렇게 힘이 안 들게 덜 들세 그랬는데 지금은 나이도 그러체 옛날에 못 먹은 게 저거가 그린지 힘이 마이 비체가주고 조금슥 하고 이러니까 또 고기 자체가 옛닐처럼 그렇지가 않아요. 지금 문어가 없어가주고 저것도 내 어망이고 저쪽에도 한 개 있고 하는데. 어망을 빼놓고 논다니까 됐어요 이제 더 이상 머.

문 그래도 농사 짓는 것보다 안 낫겠어요?

답 농사 짓는 거. 어민들이 돈이 잘 씁니더. 벌일 때는 믹 몇 십만 원 하두

에 몇 십만 원도 큰 배들은 하루에 몇 백만 원도 벌었습니다. 몇 백만 원도 그래 벌어지니까 그러니까 돈을 너무 씀씀이. 게바리 하는 사람들은 요. 게를 가와가지고 집에다 갖다 놔놓고 자기 수족관에 너놓고 자기가 그냥 팔아먹거든요. 그러이 하루에 몇 백만 원씩 잡아와 사먹고 이러니까 돈 씀씀이가 너무 그러니까 돈 모은 사람이 없다니까요. 예. 많이 벌어도 많이 쓴다니까. 그러이 게바리 하는 사람들이 게, 오 월 삼십 일 부로 돈이 들어가는데 하매 유 월달 되뿌면 돈 떨어진다 아이가. 돈을 뭐 몇 천만 원 벌었니, 일억을 벌었니 해도 그래도 하마 그 뭐 뭐 얼마 안 가뿌면 돈 떨어가지고 돈 빌린다 아이가. 돈 그래. 돈을 거부한다. 내 같아도 그래. 이거 문어바리 해가지고 하루에 사오십만 원 벌이고 그러니까 뭐 건더기를 갖다꼽아야 되는데 집에 놔놓고 다 써뿐다니까. 다 써 뿌고 언능 꼽아뿌면 빼가 시게 흔드는데. 지 주머니에 있으니까 그저 돈 쓰기 쉽우니께 어디 써뿌고 그래뿌면 아무리 저축을 해놓고 그래큼 살고서 해도 안 되는 기라. 이 뭐 어망값이야 뭐야 돈이 집에 한 몇 십만 원쓱 안 있으면 안 되거든. 이래 있으니께 뭐 돈이 우예 생겼는지 하이튼 잘 써진다니까. 여 같애도 이거 돈 쓸 구멍이 생기고 저도 쓸 구멍이 생기고 이거 내가 배가 하매 그러니까 결혼해가지고부터는 배로 해가지고 지냈는데 이즉까지 저축 한 번 모 했다. 이즉 거 집 지었는 집 융자 집어가 융자를 받아가 집을 지었는데. 융자빚이 육백삼십만 원 남아있지. 배 만든다고 육백만 원 또 빚져가 있지. 천삼백이십만 원. 천삼백삼십만 원 빚이 져가 있다니까. 하하하.

문 일은 계속 나가셔야겠네요?

답 일은 고기도 많이 나줘야 저거한데. 이 어망. 잠을 하면 어망값이 많이 들어간다니까. 저~번에 같은데 거도 또 내 두어달 사이에 저 어망이 한 결에. 한 틀에 그런데 육십 개거든요 두 뭉티기에. 두 뭉티기에 육십 갠데 저걸 가지고 우리가 한 틀이라 이러는데. 여섯 개. 일곱 틀에 여눴다

가 여놓고 어망 분실 얼매 해뿌라 이러면 네 틀을 해부렸다고 육사 이
십사. 이백사십 개 잃어뿌렸다니까. 그 바다 가면 육지에 잡아가지고 물
속에다 너니께 어망이 이러큼 이러큼 막 투망이 막 되거든요. 그러이 먼
저 놔놨던 사람이나 늦게 먼저 딱 노면은 어망이 막 여러 가지나 걸려오
거든. 그러이 조금 사람 양심이 이러큼 이런 사람들은요 그 인제 어망을
끊어가지고 이래 깐줄려가지고 이래 매주기도 하고 그 질로 매기도 하고
이래 매주기도 하는데. 어떤 사람들 그냥 그대로 끊어놔뿐다고 끊어놔
뿌면 마 분실해부고 분실해뿌고 이래가지고 어망 잘못 만들면 돈이 우리
가 많이 들어가니끼네 그래가지고 우리 어민이 못 산다니께요

근데요 물론 어망 그러큼 끊어가지고 매주는데. 저런 배들은 힘이 많이
들어요 남의 어망이 오늘 오면은 끊어가지고 우에 우리 작업하고 하기
때문에 힘들긴데 그래갖고 그냥 계획적으로 끊어가지고 안 매준다니까.
매기만 매주면은. 이어주면은 담에 망 잡아캐면은 고대로 망 잡아 다 오
기 때문에 거 또 손 봐가 만져가지고 또 그러면은 그 틀이 안 죽는데 여
끊어뿌고 저 끊어뿌고 이래 뿌면은 이만큼 어망이 이래 놔졌으면 여 끊
어부고 여 끊어뿌면 중간에 꺼 잃어뿌잖아요 여그 여 부기 하나 띄워놓
고 여그 여 부기 하나 띄워놓거든요 부기 예를 들어가지고 어망이 이래
이렇게 놔졌다 하면 여기도 부기 하나 띄우고 여그도 부기 하나 띄워노
면 여그 하나가 머 끊겼으면 여그서 딴 데로 가면 여까지 오면 끝이 나
뿌고 여그서 또 딴 거 오면은 거 오만 거 다 있어. 야 다 있는데 여 끊어
뿌고 여 끊어뿌면 중간 거 잃어뿐다고 그래가지고 어망을 많이 잃구코
이랬는데. 그래 잃어뿌니까 어망 내는데 그리 내 이런 말 하머 어째서
나이 인제 육십이 넘어서가지고 욕 얻어먹기 시러가지고 나는 남의 어망
들 손칼 가지고 끊어가지고 다 매주거든. 매주고 이랬는데 마 젊은 사람
들 그저 마 우짜그나 우짜그나 이래 잃가뿌려가지고 어망값이 한 해 말
도 모 해요 그리고 어업이가 이래 여름에는 인제 고요하고 이렇지만은

올 여름 하마 한 철 지나가지고 바다작업이가 한 달에 한 십오 일, 여름
에는 한 십 일 그래 밖에 못 다녀요. 여름 그티 계속 날 좋으면 매일 배
에 바다 나갈 수 있지만은 또 기상이가 바다배 나가두록 안 막는다니까
나는 나가고 싶어도 파도 치는데 어떻게 나갈 수 없잖아요. 그래가지고
하루 한 달에 열 번. 안 그러면 열다섯 번. 겨울에 같은 경우에는 게배들.
게배들 같은 경우에는 한 달에 열 번. 열다섯 번만 뺀다 이러면은 바다
나갈 수 있다 이러면은 거 돈 좀 훨씬 번다니까. 어떤 달에는 네 번, 세
번밖에는 못 나간다니까. 기상이 나빠가지고 그러니까 어민들이 벌일
때는 많이 벌이고 이래도 못 벌 때는 못 번다. 그래 또 어민들이 함 막
벌 때 막 한 달에 뭐. 하루에 몇 백만 원 그래 벌은 지가 있어가지고 또
뭐 뭐 바다 못 나가고 노는 날에는 그냥 안 논다니까. 그쪽 앉아가 화토
나 치고 놀고 술이나 먹고 술 먹는 기 거진 돌아가요 바다 뭐 언제 뭐
무슨 날이나 어떻게 되가지고 사고 날 수가 많거든요. 그러이 뭐 살다가
사고 나면 가는 거지 그런. 요즘 그래도 기상통보가 좋아가지고 사고 많
이 적지만 옛날에 그래 기상통보 없을 때는 바다사고 말도 못 했어요
어느 어촌 마을에 여자 혼자 사는 사람 집 한 반 이상. 지금은 그보다 기
상이 좋으니까네 기상통보 듣고 안 나가고 이러니까 사고 인제 적지만.
이거 나도 배가 좀 적거든요. 딴 배들보다. 게발하는 배 중에는 조금 적
어가지고 게발해 보니깐에 배가 적어가지고 안 되더라.

圉 배 크기와 문어는 상관없는가요?

固 문어는 먼 바다 안 나가거든요. 요 인자. 뭐 길거리. 지금은 바로 여 항만
배 끝에 여서 하니까 암만 바람이 불어도 사고율이 없지.

圉 문어나 게나 돈은 비슷하게?

固 근데 문어가 그만큼 양이 많이 안 잡히거든. 게는 단속을 다 해놨다가.
지금 단속 있잖아요 내년 십일 월 일 일부터 잡아라 이러거든요 아 인
자 올 올 올해 십일 월달부터. 육 개월. 오 월, 유 월, 칠 월, 팔 월, 구

월, 시 월. 오 개월 요 단속을 한다고 딱 가다났다가 또 잡으니까 또 많이 잡히고 이런데. 그 문어는 사시사철 잡고 이러니까 그때 내가 이거 첨에 할 때는 통발 문어 잡는 배가 배 숫자가 얼마 안 됐어요 그러이 지금 게발하다가 단속을 딱 해삐니까 할 거가 없잖아요 그러니까 전부 통발을 만들어가지고 전부 통발 부류 그니까 배 숫자가 워낙 많아노니께 문어가 바다서 열 마리 줍는다 이러면 전에는 배가 몇이가 안 되니까. 셋이가 잡으 열 마리. 예를 들어 열 마리 들어온다 이러면 배 셋이가 하루 세 마리씩 잡아묵는데 지금은 열 마리 들어왔다 이러면 하루 한 대 잡기가 힘든다니까. 배 숫자가 워낙 많으니까. 옛날에는 그때는 이 배 만 들어올 때만 해도 그 짓만 해도 첨에는 문어바리 재미봤어요 나도 그때 바다 문어는 첨 내가 발견해가지고 내가 첨 먼저 잡았는데. 하루에 머 그때 문어값이가 저거 하니까 돈 가치가 자꾸 있으니까 그때는 키로에 그때는 여름에가 키로에 오천 원 갔는가? 일 키로에. 그래 가가지고 갔던데도 그때 문어가 한 백 키로씩. 팔십 키로씩 그러니끼네 그땐 돈가치가 있으니까 것도 괜찮더라고. 그 지금은 문어카 키로에 만 원씩 가도 문어가 안 잡혀가지고 계획적으로는 뭐 장사는 중간도매상 그 집에는 내 양이 그만큼 들어온다고 문어 배 숫자가 워낙 많으니까. 내 어찌 잡아가지고 다 줍니까. 양은 그만큼 주는데 지금 개인적으로는 문어가 많이 안 잡힌다니까. 어쩌다가 하루에 뭐 몇 십만 원 이 소리가 한 번씩 나지 지금 그러큼 많이 안 나. 게바리 하는 것들은요. 그래 다 가둬났다가 그래 십일 월달부터 잡아라 이러면 한 몇 달 동안에는 하루에 몇 백만 원씩 한다니까. 그러이 인제 또 배 내가 나이 육십세 가지고 게배로 새로 할려 해도 힘이 또 버겁고 가도 안 할라니까. 힘은 좀 덜 드는데 옛날에는 그때는 배 숫자가. 통발이. 이거 문어 잡는 게 그때는 별로 없으니까 저 어망으로 스무 개씩 갖다 물에 넣다고 그래 노니가 뭐 파도가 씨가지고 기상이 나빠가지고 바다 못 나가지고 집에 묵고 놀아도 고기가 또 파도가 조금 쳐야 고기가 많이 나거든요. 그러이 묵고 노니 또 이래 고기가 통발 아니가. 문어 들어가지. 그래 놀아도 저거한데. 지금은요 어망을 많이 못 넣는다가. 많이 여놓면 많이 넌만큼 사고가 많이 나니게. 그러이 그때는 뭐 전부 그 앞에 가가지고 전부 투망해노니까 어망 사고가 있는 기라.

답 바다에 구역은 있나요?

탑 그런 거 없어. 미역은 요거 바위 간 요건 내 구역 이럴 수 있지만 바다는 요 내 구역이라고 모 하는 데가 내 구역이라고 그러큼 정해뿌고 나면은 딴 사람들은 갈 데가 없잖아요. 그러이 그 사람들 거그 여그에 어망을 놔주는 거라. 물 속에 들어가 있는 줄 알면서리도 그 우에 또 그니까 안 놀 수가 없는 거라. 그니까 내가 인자 먼저 투망을 해놨는데 늦게 투망 해놓거나 하니까 그러이 먼저 해논 사람은 먼저 담그거든요 올라오면 머. 어망 이래 거칠지. 이래 올라오면 끊어가지고 안 끊으면 안 되거든요 이래 밑으로 여가지고 매기만 매주면 망도 사고가 안 나는데 안 매고 그대로 끊어뿐다 이래 뿌면 어망 잃어뿌리고 또 이런다니까.

답 왜 요즘에는 부인하고 안 나가나요?

탑 그러이 어망을 많이 못 내니까 같이. 옛날에는 어망을 많이 여노니까 그 둘이 가가지고 인제 뭐 혼자 가는 데다가 저게 투망 머야 그 저 어망을 많이 키울 수 있잖아요. 둘이서 하니까. 그니까 그때는 그래가지고 어망을 많이 여놓고 그래가지고 괜찮았는데 지금은 어망을 많이 못 여노니까 많이 둘이 다녀봐야 별 볼일 없거든. 별 소득이 없다니까. 차라리 내 혼자 가가 한 두어 개쓱 세 개쓱 이래하고 그게 낫지. 어망을 많이 못 넌. 그 어망 쪼매 여놓고 둘이 다녀봐야 저것도 오늘 놔놓고 내일 바로 땅그는 게 아니고 며칠쓱 밤을 재워가지고 땅그야 고기가 되는 기라. 그러이 지금 집이 애엄마는 따로 벌이지. 저저 후포 인자 그 게 공장에. 차라리 그 게 공장. 자기하고 그래 바다 드가보끼네 둘이 다녀가지고 어망을 많이 캐도 계속 캐도 살기 힘들더라니까. 빡빡하이 그래 살아지던 기라. 그 래 놔니 요 근래 와가지고 공장에 가가지고 자기 벌어논 건 지금 적금을 드니까. 단 얼마쓱이라도 적금. 시기가 얼마 안 되는데 저축이 쪼매 되는 기지. 배 가지고는 둘이 그렇게 해봐도 안 돼. 저축이 안 되더라.

두 번째, 결혼 이야기

－여자가 달라붙더라고. 돈 없어도 좋고. 아하하. 인물도 못 생겼지. 못 생겨도.

문 먼저, 어르신 살아오신 이야기 좀 해주세요

답 우리 막내가 삼십인데 결혼이 내가 늦었으니까 그렇지 육십 됐는 사람들 자식들 더 됐지. 서른에 결혼했는데 결혼 늦게 했지. 그래 어려우니까 결혼을 안 할려고 도망갔는데 거기에 모친이 따라와가주고 그래가주고 중매가 돼가주고 형제는 사남 일녀데 전부 애러워가주고 형제들 다 못 배웠지. 정작 막내 동새이는 단 그래도 중학교라도 다녔지만 어려워요 어려워가주고 그때 옛날 이야긴데 이 산꼭대기를 나무를 해가 땠거든. 우리 클 때는 깨스도 없었지. 연탄도 없었지. 그때 밥을 해먹기 위해가주고 산 위에 올라가주고 나무를 해가 그걸로 가주고 밥을 해먹었는데 그래가 주고 그래 어려워가주고 살기는 힘들어가주고 그때는 배도 귀했다니까 낚의 배 타기 힘들었고 그래가주고 그래 나이가 한 삼십이 되니까 이제 배, 힘이 한참 시고 그러니까 그래가주고 어느 배를 맡게 타게 되어가주 고 축산 선박을 타게 됐는데 후포에. 이제 집에 어무이는 자꾸 장개 가 라고 자꾸 그케 가주고 "에이 후포 도망갔뿌면 안 그러겠지" 해가주고 가게 됐는데 아 거 따라 와가주고 어디 또 자꾸 수소문을 해가주고 지금 집사람을 만나게 해주더라구.

답 결론은 그래가주고 그 질로부터 계속 살았는 거지. 여기서 태어나가주고 여기서 살다가 결혼 안 할라꼬 후포로 도망갔는데 저쪽 너머 후포라는 동네 울진. 결혼해가주고 집에 어무 모신다고 들어와가주고 그 질로부터 배를 하게 됐는데 배하고부터는 생활이 그렇구면 어렵지는 않았지만 그때 그리고 나이가 하마 사십이 넘었으니까 애들도 태어날 때로 다 태어났고 그 뒤로부터는 그렇게 어렵지는 않았지만은 아침에 죽 먹었어요

문 결혼은 잘하셨네요. 그렇지 않나요?

답 그니까 그때 왜 별로 안 할려 했냐 이러면 내 생활이 이래 어려운데 남의 사람을 들고와가지고 어느 집에 들고오면 고생시킨다는 그런 그거 가지고 결혼 안 할려 했지. 뭐 결혼 안 할려 하는 사람 누가 있겠어요. 이랬다가 결혼하고 하는 거 "자기도 어민인 줄 알고 결혼해가지고 사람이 살면은 돈은 벌이면 안 되나" 그러큼 결혼했는데. 그래 마~ 와가지고 둘이 배로 해가 고생만 해가지고 돈이 안 벌어지니까 그러이 머 "차라리 내 공장에 다니겠다. 당신 혼자서로 하는데 해가지고 제가 지가 생활비만 당신 벌이면 안 되나. 그러면 하루께는 저축이 안 되겠나?" 그러면서 공장을 다닐래 가지고 그러니까 "공장 하거든 해라" 이래가. 나는 이거 벌어가지고 집에 생활비는 벌어져요. 생활비는 벌어지는데 어떤 날에는 일요일 묵고 노는 생활이 벌어지겠어요. 안 되지.

문 부인이 벌어오시는 걸로 생활을 하시는 거네요

답 그렇죠. 자기 집사람이 버는 거는 인제 얼추 뭐 저축을 다 해버리는 거지. 그래 인제 뭐 미역 캘 때. 미역 캐가지고 조매 저축 해놨는 거 그것 가지고 생활비 그래 쓰고 내가 벌면 쓰고 이런 거지.

문 결혼하시면서 힘들었던 일은 없나요?

답 그런 거는 뭐. 결혼해가지고 바로 뭐 집이 어머니가 내가 한 삼 년 모시다가. 셋째인데 우찌 내하고 사는 거를 첨에는 원하더라고 그래가지고 결혼해가지고 어무이를 내가 모신다고 모셔 본게. 아 뭐 사 월달 같으면

고부 간에 갈등이 생겼지 그냥 평등하게는 살진 않을 걸. 그래가지고 조그만 말다툼하고 하니깐 맏이한테 간다고 가뿌리데. 가가지고 가부리고 인제 내가 인제 그래 가고 나서 뭐 아이한테 업살 어기 났는지 아들 교육시켜 가면서 초등학교 여놓고 거 우리 아들, 한 삼십 년 전만 해도 그래도 우유가 흔해 빠져 저거 한데도 우유 한 통 못 먹이고 키웠다고 그러이 힘들더라고 그래가지고 배로 하려고 이래도 그때도 내가 배로 단독으로 못 했고 애들 한참 적적할 때. 형제 간에 삼 형제 배를 적은 배로 가지고 동업을 해가지고 하는데 그러이 그런 지 아들이 우유 한 통 못 먹이고 이래 뭐 참 생활. 생활 끝이 않게 우예 그래 그래 세월 가다보니끼네 그래 칠십팔 년도, 팔십팔 년도 인제 형제들하고 내하고 배로 블록시켜가지고 내가 배로 단독으로 하기로 해가지고 그래가지고 바다 몰고 나가니까 갔다오면 단 돈 얼마라도 생기니끼네 집에 참 돈이라도 한 푼 삥삥 돌고 이러더라니까. 그 전에는 말도 못 했어요 같이 하고 동업할 때는 그날 들어와가지고 얼마 벌인다 하더라도 단 돈 내 주머니에 들어오는 게 아니니끼네. 나중 손에 갔다가 한 달 뒤에 농가주는데 생활이 안 되더라고 그래 벌어지는데. 진작 마 내가 결혼해가지고 내가 배를 이거 딱 안 하더라도 내가 남의 배를 타더라도 배만 해도 동업을 안 했으면 그렇게 안 살았지. 형제랑 한 게 안 좋았지. 그러이 형제들도 다 어렵어노니끼네. 부모 그때 뭐 벌은 거 하나 없이 그래가지고 우리 그저 아버지 못 벌어가지고 그저 아들 우리 마카 초등학교 뒤에 그거 지 먹여살렸다고 이랬다고 돈 한 푼 없이 돌아갔으니끼네. 그러니끼네 아버지 돌아가뿌고 나시니께 돈 한 푼 없이 더 힘들지요 그러이 우리가 일찍이 돈 벌이러 나섰다 카이.

세 번째, 가족 이야기

－그때 어려워가지고 저거 할 때는 좋은 점에다가 나쁜 점이 내가 또 따로 살았으면 하는 저게 드는데 나이 좀 들고 나면 형제들 같이 사는 기가 덜 외롭지.

문 형제들은 다 배 타십니까?

답 지금 맏형은 배도 못 타고 나이가 많아가지고 주위에는 안즉 배 타고 있고 막내동생은요 저 인제 그 머고 자기는 배 첨에. 중학교꺼지 갈켜주고 그래 놓고 나니끼네. 집에 어무이 아 막내는 중학교 갈켰다고 그러끼네 배는 안 타면서 저 부산에 그 어디 자동차 정비하는 데 거 가가지고 그 기술을 배워가지고 지금. 부산서 그 정비기술자들 그런데 취직해놓고 지금 막내동생은 정비공장에서 일해요. 정비하거든.

문 형제는 어디서 삽니까?

답 형 둘이는 안즉 같이 살고 저 맞은 집에 저거고 저 민박 쓰였는 집이고 중요한 건 요 요 배 또 옆에 집 고가 두째 집이고 그 옆에 집이고 고 삼 형제 살고 있다. 우리집은 너머에 저 위에다. 그런데 그때 어려워가지고 저거 할 때는 좋은 점에다가 나쁜 점이 내가 또 따로 살았으면 하는 저게 드는데 나이 좀 들고 나면 형제들 같이 사는 기가 덜 외롭지. 의지가 되는 게 있고 그 내 같은 경우만 해도 형제가 없었으면 동업을 안 했지. 동업을 했으면 십 년 동안에 십 원 하나 저축 못하고 그 그때가 약간 돈을 벌어모아지는데. 돈을 못 모으고 어렵게 살았을 기라. 뭐 인제 그 뭐 시골 그쪽 쪼끄매 가지고 있다는 여유 가지고 있다는 그거지. 삼 형제 다 똑같이 사는 거지. 그러이 그저 뭐 자식들 교육시켰다는 그거지. 돈 그거 모아논 건 없다고 봐야지.

문 어머니 돌아가신 지는?

답 한 오 년 됐을 거요 우리도 한 삼 년 모셨을 거야. 모시다가 그거 뭐 자꾸 맏이한테 갈라고 맏이한테 가 있다가 뭐 또또 그때 두 형네 집에 또 가가지고 가고 싶으면 거 가 가있고 또 이러면 돌아댕기면 되는데 늦게 맏이한테만 자꾸 있을라니까. 또 맏이가 거 가가지고 형수하고 또 싸우고 나면 또 우리집에 쫒아온다니까. 형제가 같이 산다는 건 마음이 든든해요 든든해. 막내는요 중학교까지 다녔구요 지금 칠십서이. 칠십둘인데. 막내는 중학교까지 다녔고 두 형하고 내하고만 초등학교까지 못 다녔지. 초등학교는 졸업했지. 영해. 산 넘어다녔지. 이 저래 갔다. 와 안 힘들어. 고 때는 우리 초등학교 다닐 때까지는 죽은 안 먹었지. 아버지 살아계셨으니까. 배 하다가 그래 하다가. 이 저 너머로 다 학교 가가지고 오면 또 그냥 또 오는 게 아니라니까. 그때 또 나무가 잔잔했는데. 그 공부가 아니고 사람들이 공부가 옳게 모 한다는 게 잘할 수가 없는 게가 저 나무가 요거만 하니까 그 나무로 펄쩍펄쩍 인제 뛰놀고 집에 오면 집에 오면 공부가 안 된다니까. 뭐 뭐 피곤해가지고 밥 먹고 그대로 자뿌고 그저 책가방 메고 왔다갔다 하는 그거지 뭐. 이십 리. 걸어와가지고 지금 걷다보면 두 시간 걸린다니까. 그때는 두 시간까지는 안 걸렸지. 왜 지금보다 걸음이 빠르니까. 애들은 조금 이렇게 달리고 그러니까 그만큼 안 걸렸지만은 지금은 우리가 걷다보면 두 시간 걸린다니까.

문 아버지가 하시던 배는 물려주셨나?

답 아니죠 아버지가 계속 남의 배를. 내가 그러다가 여기서로 나도 남의 배 타고 이러더가 그 축산배. 축산배 타죠 죽산배 중간에 이거 타다 저거 타다 이러나가 그러다가 후포에 가가지고 후포에 그러니까 도망가뿌면 어찌 안 오겠지 해놨드만 그러이 몇 달 지나니까 찾아봤더라고 그러이 거서 결혼해가지고 후포는 멀죠 자동차로 한 사십 분 더 걸릴 거라. 여 축산서. 축산배를 자꾸 탔다니까. 타다가 집에 어무이가 장가를 가래. 장가를 가가지고 그래가지고 축산배가 후포에 팔려가가지고 그래가지고 그래 따라가뿌렸다니까. 그래가 팔려가 그래 따라갔다가 그러이 거서 담에 막 저거 한다고 그런데 저거 얼마나 찾아봤더라고 찾아봤는데 아이 그거 뭐 어떤 할마씨하고 우예 이야기하던 기라. 엄마가 중신을 해주데. "아즉 선을 봐라." "선을 봐도 결혼 안 한다"고 이랬는데 여자가 달라붙 더라고 돈 없어도 좋고 아하하. 인물도 못 생겼지. 못 생겨도 근데 그케 그때는 어려워 마카 어려워 사니까 영해 같은 거게는 모친이 조금 장사 를 하는데 아가씨도 못 봤어. 무조건 나로 모친은 나로 봤지. 무조건 사 돈하자 이기라. 우리 딸이 있으니까. 이런 가지고 그러면서 자꾸 작은 걸 보낼라고 애를 쓰더라고 못 생겼지만 또 우예가지고 뭐 여자는 우예 되 던 간에 모친이 좋다면서 사돈하자면서 이래서로 그래 선도 애를 붙는 데 아이고 무조건 결혼하자 이랬더니만 그래 결혼했는데.

문 그때 안 하셨으면 언제 또 하셨겠습니까?

답 안 했지. 안 했으면 이만큼 고생 안 했지 뭐. 더 좋았지. 이만큼 고생 안 했지. 어떤 사람들은 자식 놔가지고 자식 덕 보고 이럴 때는 뭐 자기는 안 그런데 고생할 때는 그 고생 극에 달라도 그거 지나가뿌고 나면 아 언제 내가 그랬냐 하는 그런 저거지만은 지금이라도 자식 돈 벌어가지고 용돈이라도 주고 이러면 아 뭐 고생해도 그래도 보람 있구나 이런데 아 직까지도 자식들 돈 한 푼 보내는 것도 없고 아이고 막내도 언제 저거 한통. 아즉 장가도 몬 가고 이런 기가. 취업을 해도 마 봉급이 그렇게 안 좋은 게 뭐이라. 요번에 처녀 와가지고도 아버지 용돈 한 번 안 주고 가 는 거이. 거기 밑에 돈 많이 들어갔다니까. 그래가지고 그것도 나는 군에 가야 인간이 된다고 군에 가라 이랬는데 방위산업체 빠져가지고 빠져가 지고 그 방위산업체 간다고 가가지고 그 다니면서 시간이 우예든동 돌아 갔는 공 다단계 손을 대가지고 그것도 돈 이천 몇 백만 원 후라 대가지 고 그거 틀어막아 줬죠 아이고 고생 말도 하지 마소 첫째는 그래도 났 어도 그 사고는 저거 해도 그러고 나서도 아~는 착하니까. 딴 저거 하지 도 안 하고 아부지 용돈 돌라 소리 안 한단 캐. 내가 알아서 우짜든 벌고 그러지.

🔲 그렇구나.

🔲 예. 저거 저거 아 그지요 지 방 얼구로 "돈 천만 원만 해주소" 그러면 또 천만 원 해주고 나면 또 어디 가서 써뿌고 어디 써부고 아이고 저기는 말도 하지 마소 가 밑으로는 많이 들어갔어. 그래가지고 다단계에 취해 가지고 내한테 진짜 마마 부량자 되든 간 뭐도 하고 가만 놔뒀더니 어느 날 명절에 찾아왔더라고 "아부지요, 아부지 좀 살려주소" 그러이 부모 가 되니까 또 어쩔 수 없다. 빚을 내가지고 틀어막아 줬는교 "그거 봐 라 니 사업의 공부다. 돈 몇 천만 원 이거 실로 돈 크다. 큰 돈이지만도 니 그만큼 날렸고 사업이란 게 일타. 사업이란 게 벌쩍 눈 눈 버럭 뜨고 있는데 그러큼 사기쳐갖고 그러큼 해먹는다. 그것 뿐 아니다. 사람이 사 업이란 게노 니 친구라고 하면서로 다정하게 하면서로 보증 그 돈 빼먹 고 도망가뿌는 그런 공부도 그런 것도 아즉 멀었다. 그런 것도 니 다 참 척해지고 살아라."

―아버지 밑에 배 하는 걸 배워가지고 배라도 해라 이러니까 죽어도 배 는 또 안 한데. 기냥 하기 싫어.

🔲 우리. 우리 클 때는 시골에서는 아버지가 내 초등학교 오 학년 때 돌아가 시고 나니까. 그럴끼네 내~ 돈 벌일 사람이 없는 거야. 죽을 먹고 산에 저 재를 넘어가주고 저 산 등 넘어가수고 나무를 캐가주고 지게를 지고 올라오민 등에 올라오면 하마 쪽 다 퍼받뿐다 말이야 그래가 개골에 오 면 물로 먹고 지게를 지고 집에 갖다노면 그 나무를 가주고 밥을 하고 그랬는데 우리 어렵게 컸이요. 크기는. 먹기지도 옳게 못 하고 지금 애 들은 우리 아들도 지금 보리밥 우리는 지금은 한 번씩 가다가 별미라고 먹지만은 옛날에 보리밥을 워낙 먹어가주고 잘 안 먹고 그러는데 집사람 이 한 번씩 보리밥을 해주면 "엄마, 밥이 보리밥이 맛이 없데." "야야~,

우리 아버지 클 때는 그것도 없어가주고 그랬는데 그걸라도 해주거들랑 잘 먹어라" 그러면 "아버지, 라면 끓여먹지 머." 라면 살 돈이 없고, 라면 이 어디 있어가주고 그런 소리를 숩게 말을 하는데 지금 시대는 아무라 먹고 놀아도 밥 굶지는 안 한다고 옛날에는 여 앉아가주고 예 보고 있 으면 저 집에 연기 안 나면 굶는 거예요.

문 큰아들은 지금 어디에 있는데요. 같이 다니면 좋을텐데요.

답 아구, 큰아들 지금 직장도 못 다니고 있는데 머. 큰아들 집에서 먹고 논 다니까요. 집에서 차라리 내한테 용돈 타가 쓰는데 머. 거 고등학교 졸업 할 때 가 삼 학년 때 내가 목포서 건조를 했는데 전라도 배가 거. 영덕에 서도 이 배를 만들었는데 발피거든요. 나무로가 만든 게 아이라서. 영덕 서도 만들었는데 왜 전라도 목포까지 갔나 하면 이 배 생긴 거도 다 따 거든 누가 만들어왔는 거 보니까 내 맘에 들더라구 그래가 목포에 거다 계약을 하게 됐는데 목표서 만들게 됐는데 그때가 큰놈이 고등학교 삼 학년이라 난 그 배 만든다고 거 가 있는데 오투바이를 내가 여거서 차는 못 몰고 오투바이라도 하나 가주고 있었는데 학교 다니면서 오투바이는 자꾸 타고 싶지 내가 있을 때는 안즉 애리고 못 타게 하께네 내가 있을 때는 오투바이를 못 탔는 거야. 애들이라가 자전거는 탈 줄 알제 내만 없으면 키를 후버가 아바이 키를 훔쳐가주고 타고 내가 오면은 오투바이 를 못 탔다고 오투바이를 타고 저녁에 놀다가 사고가 나가주고 안 그랬 으면 포크레인기사가 돼도 됐을텐데. 포항까지 포크레인학원에 다녔다 고 다니다가 자격증도 못 따고 사고가 나쁘려가주고 그래가주고 수술을 세 번, 네 번나 해노으께네 저 나가가주고 여서 수술도 잘못 해가주고 포항 가가주고 수술을 두 번이나 하고 봉 박힌 것도 군에가 뺐제. 그때 이회창 아들 때문에. 거 안 그랬으면 이거 봉 박힌 것 때문에 군에도 못 갔을텐데 이회창 아들 그 사건이 터져가주고 웬만한 거 전부 군에 데코 가가주고 또 봉 박혔는 거 또 군에서 뽑았제 또 군에서 봉 뽑았는데 그래가주고 아~가 맥을 못 쳐. 빼야된데. 빼긴 빼야되는데. 그래가주고 또 군에서러 "사실 내가 이래가 봉 이쩌금 박혀있다." "그럼 군병원에서 빼라" 돈은 안 들었지만은 머 거 군에 가면 아~ 잡는 거지. 지금도 내가 직장은 몇 군데 이야기를 해주께네 조금 배운 거는 없어가 펜대는 못 거 머쥐고 조금 노력은 하는 데 가니까 하니까 그래가주고 힘이 들어 못하겠다. 그래가주고 못하고 오고 못하고 오고 이래가주고 지금은 마 직장도 머 내가 마련 안 해주고 니 하고 싶은 대로 해라.

답 안 그러들랑 아버지 밑에 배 하는 걸 배워가지고 배라도 해라 이러니까 죽어도 배는 또 안 한데. 기냥 하기 싫어. 지 배 드는 거 지 할라믄 모 하나. 안 하는 거는데 지 안 하는 거니까 내가 이래 해보랄 할 수도 없고 그러니 뭐 지 하자는대로 가만 놔놓는 기지. 고등학교는 졸업했지. 그렁께 지가 뭐라도 해볼라고 뭐 해야 하는데 나이가 삼십 넘어서면서로 묵고 놀아노니 그러는 동 인지 다 안 할래. 지 벌어가지고 지 쓰기 바쁜데 뭐. 쪼매 어데 노가다 같은 데 쪼매 벌어가지고 또 노가다 같은 데 잘 드가네. 그것도 힘이 들어.

문 그렇죠

답 그캐요 노가다는 또또 있제. 생김이 있나. 생기면 쫓아 드가가. 오늘도 일 함 갔다니까. 그러이 노가다는 그래 할라면서 이 배질은 안 할라고 배는 가지고 배도 좀 이것 팔아뿌고 더 큰 데 해가지고 영덕에 대게바리 하면 괜찮는데 그러이 안 할라 하니끼네. 배 가지고 저거 하면 뭐라 크게 모으지는 모 해도 돈은 뭐 갖다가 바다가 놔두면 다 돈은 어디다 생기기 때문에 돈 귀하게 안 산다끼네.

2. 어업과 생활어

어업과 '육지해녀', '미역생산업자', '어부'와 관련된 일을 모두 통칭해 '어업'이라 하고 이에 관한 생활어를 묶어서 정리했다. 이는 이들이 모두 같은 지역에 거주하고 있고 이들이 하는 말이 직업과는 별개로 서로 연관 관계 속에 있어 동일한 대상에 대해 같은 말을 사용하는 경우가 많았기 때문이다. 뿐만 아니라 미역생산업자의 경우는 어부의 일을 육지해녀의 경우 미역생산업과 관련된 일을 하고 있어 이들을 각각의 직업으로 구분 하는 것이 큰 의미가 없었다. 그래서 어류 외에도 조개류를 잡고 해조류 를 채취하는 것을 모두 포함해 이를 어업 관련 생활어라고 표현했다.

2.1. 관용 표현

1) 고기에 미쳐 노면 여자도 모른다

결혼한 남자가 고기잡이에 취미를 가지면 가정도 버릴 정도로 자신의 상황을 잊어버린다는 표현이다. 평소 여자를 좋아하는 남자가 여자를 모를 정도로 고기 잡는 것이 재미도 있지만 노름과 비슷하게 중독성도 있다는 말이다.

2) 여름 방어는 개도 안 먹는다

방어는 다른 고기와 달리 여름에는 생선 속에 벌레가 생기고 방어에 기름이 없어 맛이 없고 터벅터벅한데, 맛도 없고 위생상 좋지 않아 여름 방어는 먹지 않는다는 말이다. 그러나 개조차도 먹지 않는 여름 방어가 가을이 되면 벌레가 자연스럽게 없어지고 기름도 자연스럽게 생겨 가을에야 방어의 제 맛이 난다고 한다. 여름이 지나가고 가을이 될 무렵 가장 맛이 좋다고 한다.

3) 문어 맞추다

크기가 큰 문어를 발견했을 때 혼자서 잡기가 힘든데 이때 몇 명이 같이 힘을 합쳐서 문어를 잡는 것을 '문어 맞춘다'라고 말한다.

4) 팥말하는 동 콩말하는 동 모르겠다

제주해녀와 오랜 시간을 같이 보냈지만 한 번씩 나오는 제주말이 무슨 말인지 모르겠다는 의미로 사용하는 말이다. '팥말'과 '콩말'에서 알 수 있듯이 '팥'과 '콩' 중에서 무엇을 의미하는지 모를 정도로 육지 사람이 제주해녀의 말을 알아먹기 힘들다는 표현이다.

5) 손살 풀리다, 재수 있다

일은 하고 싶어도 바다 상황이 좋지 않아 일을 못할 때 '손살 풀리다'라고 사용한다. '일할 맛이 없다' 또는 '힘이 다 빠져 의욕이 없다'는 의미이다. 반대로 해녀들이 자물질을 해서 수확이 많은 경우는 '재수 있다'라고 표현하고 있었다.

6) 돌팔이행세

해녀는 자물질을 잘하냐 못하냐에 따라 '상군, 중군, 하군'으로 나누어지는데 이때 일을 못하는 해녀를 나타내는 '하군'이 하는 행동을 표현하는 말이다. 바다를 떠돌아다니기는 하지만 실제로 육지에 올라오면 돌아다닌

것에 비해 수확량이 없는 사람을 가리키는 말이다. 의사 중 엉터리를 '돌팔이의사'라고 하는 것에 연유해 생긴 말이다.

7) 버버리행세 하다, 어버리

자신이 잘 알면서도 모른다고 내세우는 사람을 보고 '버버리행세 한다'고 한다. '벙어리'를 나타내는 '버버리'를 사용해 모른 척 한다는 의미이다. 때로는 고집이 세며 자기 주장이 강한 사람을 나타내는 말로도 사용한다. 버버리와 어감이 비슷한 말로 '어버리'라는 말이 사용되고 있었는데 이는 버릇없이 어른에게 거짓으로 말하는 것을 말하는데 '어버리 크게 거짓말 한다'라고 사용하고 있었다.

8) 해녀병

해녀는 수심 15m 이내의 바다 속에서 호흡을 멈춘 상태로 2분 이상씩 머물면서 해산물을 채취한다. 수면 아래에서는 기압이 상승되는데 장시간 잠수에서는 고압에 의한 여러 종류의 증상이 생기는 것을 '해녀병'이라고 한다. 해녀병은 귀가 잘 안 들리고 위가 좋지 않고 허리를 쓰지 못하는 증상이 나타나는데, 물 속에 잠수할 때 생기는 병이라는 의미에서 다른 말로 '잠수병'이라고도 한다. 이 병으로 인해 해녀들이 바다에 들어가기 전에 먹는 약이 있었는데 '뇌선'이라고 적힌 약을 복용하고 있었다. 이를 해녀들은 '뇌선' 또는 '뇌신'이라고 불렀다.

9) 구세때

'오래 되다 보니, 익숙하다 보니'의 의미로 사용하고 있었다. 제보자는 '그 명칭이 그대로 따라와가지고 인제. 지금도 인제 뭐 구세때가 되이 검

둥바우. 도박바우. 자꾸 인제 그래.'라고 사용하고 있었다. '구세때'의 '구'
는 오래되다의 의미를 지니는 '舊'를 의미하는 것으로 보인다.

10) 뺑내기, 돈내기

해녀와 해녀 남편들이 심심풀이로 하는 화투놀이 중 하나이다. 화투에
서 부가적인 점수를 올릴 수 있는 패를 제외한 놀이로, 시간을 보내는 것
이 목적이고 돈을 버는 것이 목적이 아니다라는 의미에서 '뺑'을 사용해
표현하고 있었다. 이와 반대되는 말로는 '돈내기'가 있다. 제보자의 '뺑내
기 한다 카데. 돈 안 하고 뭐 점수를 해가 올려 매긴다 카데. 1등 2등 뽑
아가주고 꼬빠이 하는 사람이 2000원이면 2000원, 3000원이면 3000원 내
가주고 다섯 판 정도 치면 돈 얼마 되면 모다가주고 점심 시켜먹고 또 남
으면 저 그날 따라 손님들 커피 시켜먹고'라는 말에서 알 수 있듯이 '뺑내
기'는 노름이라는 의미보다는 놀이라는 의미에서 사용하는 표현이다.

11) 별빛에 눈 오는 거 빈다

아주 좋다는 의미로 '별빛에 눈 오는 거 빈다'라고 표현했다. 별빛이 가
득한 것도 이미 아름답고 좋은데 이 가운데 눈까지 오니 이보다 더 좋은
것이 없을 정도로 행복하다는 의미이다.

12) 세개지다

파도가 세면 바다 밑에 고정시켜 놓은 닻을 놓는 줄이 팽팽해지는데 이
를 '세개지다'라고 표현한다.

2.2. 도구

2.2.1. 보관 도구

1) 고지바가치, 두룽박

해녀들이 바다에서 해산물을 채취한 후 채취물을 묶어서 달아놓는데 사용하는 도구이다. 예전에는 주로 박을 잘라 씨를 빼낸 후 통에 구멍을 막아서 만든 것을 사용했지만 요즘은 스티로폼 위에 천을 씌운 것을 사용한다. 두룽박은 해녀들이 육지에서 쉴 때 사용하기도 하고 겉천을 해녀들마다 달리 사용해 멀리서 작업할 때 누구인지 식별할 때도 사용되어 단지 보관하는 도구라는 의미보다는 더 폭 넓게 사용하고 있었다. 두룽박이 나오기 전에 박의 통을 이용해서 만든 두룽박은 '고지바가치'라고 해 박을 이용해 만들었다는 것을 말 속에서 나타내기도 한다.

[사진 15] 두룽박과 나무테

[사진 16] 두룽박

두룽박에 딸린 조리의 입구를 고정시키는 데 사용하는 것을 '테'라고 한다. 이 테는 예전에는 나무로 만들었지만 지금은 그것보다 단단한 스덴을 이용해서 만들고 있다. 재질에 따라 테의 명칭도 달리 부르는데 나무로 만든 것은 '나무테', 스덴으로 만든 것은 '스덴테'라고 한다. 이때 '나무테'의 재료로는 대나무와 멀구나무를 이용하는데 이는 다른 나무에 비해 물

에 강하고 단단하기 때문이다. '스덴테'는 줄여서 '스덴'이라고 표현하기도
한다. 이러한 두룽박을 이 지역 사람들은 '두룸박' 또는 '두룽박', '두름박'
으로 말하고 제주도 사람들은 '테왁'이라고 말한다.

2) 미역조리, 전복조리, 해삼조리, 성게조리

해녀들이 두룽박 옆에 달고 다니는 것으로 주로 작은 물건을 담는데 사
용하는 것을 '조리'라고 한다. 이러한 '조리'는 그물코의 크기와 무엇을 담
느냐에 따라 명칭이 달라진다. 그물코의 크기에 따라 '큰조리'와 '작은조
리'로 나누어지는데 그물의 코가 크고 크기도 큰 것은 '큰조리', 그물의 코
가 작으면서 크기가 작은 것은 '작은조리'라고 한다. 이 중 '큰조리'는 '미
역조리'를, '작은조리'는 작은 해산물 전복과 해삼을 담는 '전복조리'와 '해
삼조리'가 여기에 속한다.

무엇을 담느냐에 따라서도 명칭이 달라지는데 '해산물의 명칭+조리'로
말한다. 예를 들면 '전복조리, 해삼조리, 성게조리'로 불러지는데 물건의
크기에 따라 조리의 그물코가 다르며 또한 부르는 명칭도 달랐다. 이 중
'전복조리'는 다른 조리에 비해 코가 작고 조리의 크기도 작은 것이, '해삼
조리'는 그물코가 가장 작으며 크기도 가장 작은 것이 특징이다. '성게조
리'는 성게를 담는 조리로 전복조리보다는 그물코가 크며 크기도 크다.
'미역조리'는 미역을 담는 조리로 그물코가 가장 크며 크기도 가장 큰 것
이 특징이다. '조리망태기'를 줄여서 '조리망'이라고 부르기도 했는데 이를
크기별로 나타내면 '해삼조리<전복조리<성게조리<미역조리'의 순이다.
이러한 '조리'를 제주도 사람들은 '조락'이라고 부르고 있었다.

3) 미역망사리, 흔물망사리, 성게망사리, 전복망사리

물건을 담아두는 그물로 된 보관함을 '망사리'라고 말한다. 미역, 성게

[사진 17] 조리

등의 해산물을 채취한 후 담는 것으로 조리보다 큰 것을 가리키는 말이다. 망사리도 그물코의 크기에 따라 '큰망사리'와 '새끼망사리'로 나누어지는데 '큰망사리'는 코가 크고 크기가 큰 것을, '새끼망사리'는 코가 작고 크기가 작은 것을 말한다. 이중 '새끼망사리'는 크기가 작다고 다른 말로 '작은망사리'라고도 한다.

'조리'와 마찬가지로 '망사리'도 재료명에 따라 명칭이 달라지는데 '해산물의 명칭＋망사리'로 말한다. 제보자는 '미역망사리'와 '흔물망사리', '성게망사리'라고 표현하고 있었다. 이 중 '미역망사리'는 미역이 물을 많이 머금고 있어 이 물이 잘 빠질 수 있게 그물의 코가 큰 것이 특징이고, '흔물망사리'는 그물 코가 작은 것이 특징이다. '흔물'은 전복을 가리키는 말로 다른 말로 '전복망사리'라고도 말하기도 하고 이를 줄여서 '흔물망사'라고 말하기도 한다. 제주도 사람들은 '망사리'를 '망실이'라고 부르고 있었는데 이곳에서 '망사리, 망태'라고 하는 것과는 차이가 있었다. 또 해녀들은 '망사리'라는 명칭을 주로 사용하는데 반해 미역업을 하는 사람들은 '망태'라는 말을 사용했는데 이러한 명칭의 차이가 남녀의 차이인지 아니면 세부적인 어업에 따른 차이인지는 명확히 알 수 없었지만 '망사리'와 '망태'가 같은 것을 의미하고 이들 어휘가 두 직업군 모두에서 사용되고 있음은 확인할 수 있었다. 이러한 '망사리'도 '조리'와 마찬가지로 이를 크기별로 나타내면 '해삼망사리<전복망사리<성게망사리<미역망사리'의 순이다.

4) 가굼바리

　해산물을 담아두거나 씻거나 음식을 할 때 사용하는 큰 양푼을 말한다.

5) 가고, 맏두리

　고기 등을 잡아 담아두는 곳으로 소쿠리나 통을 '가고'라고 하고, 대나무로 만든 고기를 담는 통은 '맏두리'라고 한다. '물가자미는 갔다오면 큰 맏두리 마마 몇 막두리씩 잡아오는 기라. 그 대나무가이 만들었는 거. 그 담는 통이고 맏두리라 그러잖아 맏두리. 옛날 그 촌말로. 막두리라 이러는데. 요즘 플라스틱 만들었는 마카'에서 알 수 있듯이 요즘은 '가고'나 '맏두리'를 주로 플라스틱으로 만들어 사용한다. 고기를 잡아 넣어두는 곳이라는 의미 외에도 때로는 어획량을 측정하는 단위로 사용하는데 '한 맏뚜리, 한 가고'로 표현한다. 이 중 '맏두리'는 '맏뚜리'로 말해지기도 한다.

6) 가두리

　바다 속에 망을 쳐 잡아온 고기를 누는 곳을 말한다. 보동 이를 '가두리'라고도 하고 고기를 잡아 기르는 곳이라는 의미에서 '가두리 양식장'이라고도 한다.

2.2.2. 보조 도구

1) 구덕

물질을 나갈 때 대나무로 만든 바구니에 어린 아이를 실어 나갈 때 사용한 것으로 바구니의 제주도 방언형 '구덕'을 사용하고 있었다. '구덕'은 등에 매거나 안는 형식으로 만들어진 것으로 주로 아이나 물건을 싣고 다닐 때 사용한다. 예전에 제주 사람들이 육지에 처음 와 주로 사용했던 것인데 지금은 사라졌다.

2) 짬실게

육지의 괭이와 비슷하게 생긴 것을 '짬실게' 또는 '실겟대'라고 하는데 미역이 잘 자랄 수 있도록 미역바위 즉 짬에 잡풀을 없앨 때 사용하는 도구이다. 이 '짬실게'는 크게 두 부분으로 나눌 수 있는데, 짬실게의 앞부분은 '시레, 실게'라고 하고 이 부분에 연결된 나무는 '시렛대', '실겟대'라고 한다. 이 중 '시레'는 바위에 붙은 잡초를 제거하는데 필요한 부분이고 나무로 만드는 '시렛대'는 손잡이 부분이다. 보통 '시렛대'는 길게 만드는데 이는 미역짬을 실을 때 바다 밑에서 작업을 하기 위해 길게 제작하는 것이다. '실겟대'라는 말은 밑에 달린 철 부분 '실게'에 '대'를 결합해 만든 말인데 다른 말로 '실갱이, 실깃대'라고 하기도 하고 이를 줄여서 '실기'라고도 한다. 또 나무대를 나왕나무로 만든 경우는 '실겟대'라는 말을 대신해 '나왕, 나앙'이라고도 부르기도 하고 나무대를 박달나무로 만든 경우는 '박달'이라고도 부른다. 이처럼 '실겟대'는 나왕으로 주로 만드는데 바닷물에 강하고 잘 부러지지 않기 때문이다. 바닷물에 강하고 잘 부러지지 않는다고 해서 '실겟대'를 나왕나무나 박달나무로 만든다고 한다.

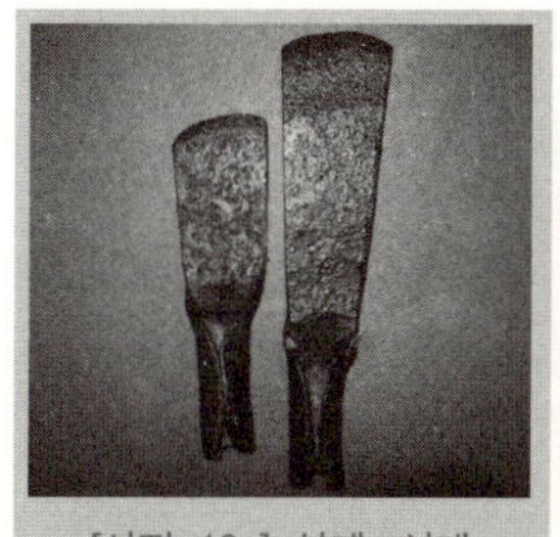

[사진 18] 실게, 시레

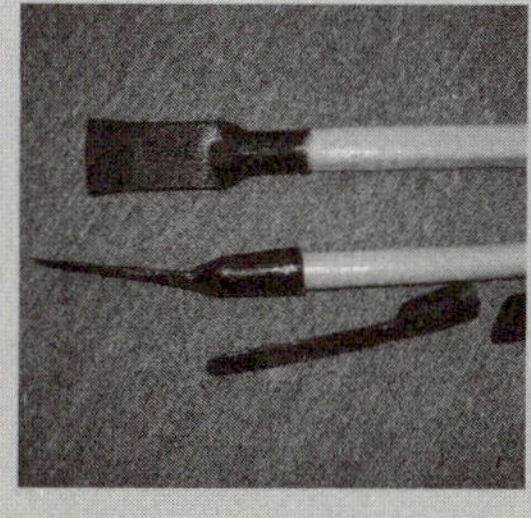

[사진 19] 짬실게

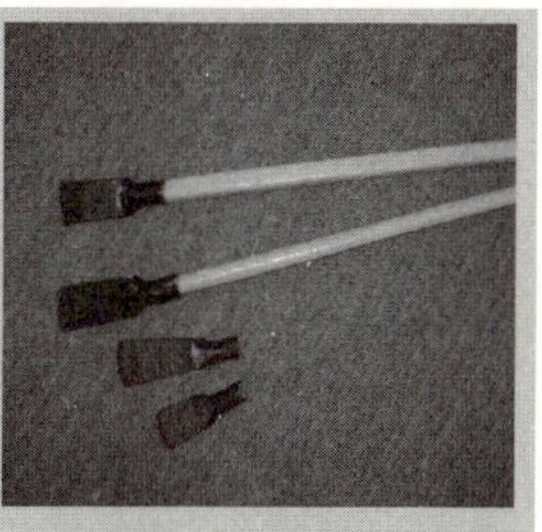

[사진 20] 실겟대

3) 구란다

미역 실는 기구인 '실겟대'의 철 부분인 '실게, 시레'가 닳으면 이를 다시 갈아주는 기계이다. 미역짬을 실고 나면 철부분이 닳는데 이 기구를 이용해 다시 갈아서 작업을 한다. 둥근 돌 부분에 '실게'를 댄 후 손잡이 부분을 손으로 돌리면 된다.

4) 채경

유리로 된 부분을 통해 바다 밑을 보면서 긴낫대로 미역도 채취하고 각종 해산물을 건져 올리는데 사용한다. 주로 오동나무로 채경을 만드는데 이는 오동나무가 물을 흡수하지 않기 때문이다. 긴 사각통으로 위보다는

[사진 21] 시레를 가는 구란다

[사진 22] 채경(위)

밑을 더 넓게 만드며 이 밑부분에 유리를 둔다.

5) 칼날형틀

　무동력선 배를 타고 칼날형틀을 바다 밑으로 던진 후 노를 저어 끌면서 미역 해조류를 채취한다. 칼날 모양의 형틀이라는 의미에서 '칼날형틀'이라고 하며 이 형틀 밑에는 그물을 달아 칼날에 잘려진 해조류가 자연스럽게 그물 속에 들어가도록 했다.

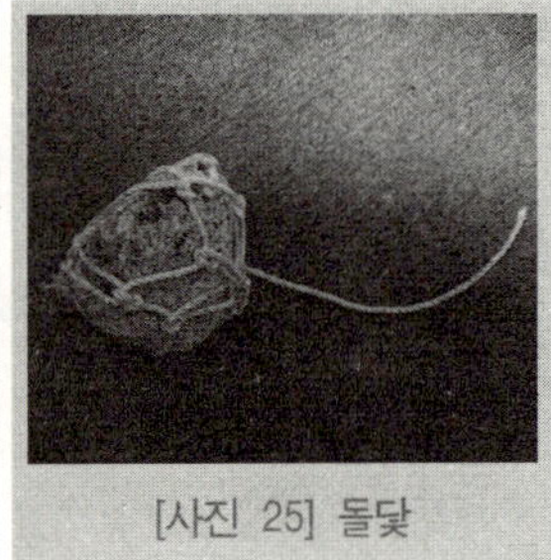

[사진 23] 칼날형틀　　　[사진 24] 양산각　　　[사진 25] 돌닻

6) 돌닻

　무동력 작은 배로 미역 짬매기를 할 때 튼튼한 줄을 돌에 엮어서 바다 밑에 던져 배를 고정시킨 후 작업을 하는데 이를 '닻 또는 돌로 만들어진 닻이라는 의미에서 '돌닻'이라고 한다. '닻은 갈고리 형태의 쇠를 사용하거나 돌에 줄을 매어 사용한다.

7) 양산각

　해녀들이 미역 채취 시 시간 단축을 위해 사용하는 닻이다. '양산각' 또는 '갈고리'라고 부르는 이것을 바다 밑에 고정시킨 후 그 줄에 두룽박을 매달아 교체시키면서 작업을 한다. 바닷물에 두룽박이 떠내려가는 것을 방지하기 위해서 사용하는 것이다.

8) 유마끼[14)

　미역을 수합해 배에 싣는 기구를 말한다. 고리에 그물을 건 후 그 속에 채취한 미역을 넣어 육지로 이동시킨다. '유마끼'는 다른 말로 '데루꾸'라고도 한다.

9) 망치, 몽끼, 스빠냐, 바이스프라이, 다가네, 스빠끼, 짜구

　'망치, 몽끼, 스빠냐, 바이스프라이, 다가네, 스빠끼, 짜구'는 배가 파손되거나 수리를 해야할 때 사용하는 연장이다. 이 중 '몽끼'는 나사를 쪼는데, '스빠냐'는 나사를 돌릴 때, '바이스프라이'는 나사를 쪼거나 뽑을 때, '다가네'는 붙은 부분을 떼거나 열 때, '스빠끼'는 어망에 줄을 엮거나 풀때, '짜구'는 붙은 부분을 떼거나 열 때 사용하는 도구이다.

10) 복스다마, 깔깔이

　배의 엔진 등을 수리할 때 사용하는 'ㄱ'자형 철근을 '복스대'라고 한다. 이 복스대는 작은 철통을 여러 개 연결해 만드는데 이 작은 철통을 '복스다마'라고 하고, 복스다마를 조립하기 위한 부분으로 중간에 들어가는 부분을 '중간대', 긴 철막대를 '복스대'라고 한다. 이 복스대는 '복스다마', '중간대', '복스대'를 연결해 사용한다. '깔깔이'는 복스다마의 기둥에 연결하는 작은 도구를 말한다.

---

14) 어업의 경우는 일본어의 영향을 받았음을 보여주는 예가 많았다. 우리의 고유어는 아니지만 이도 우리의 생활어라는 점에서 포함해서 정리했다.

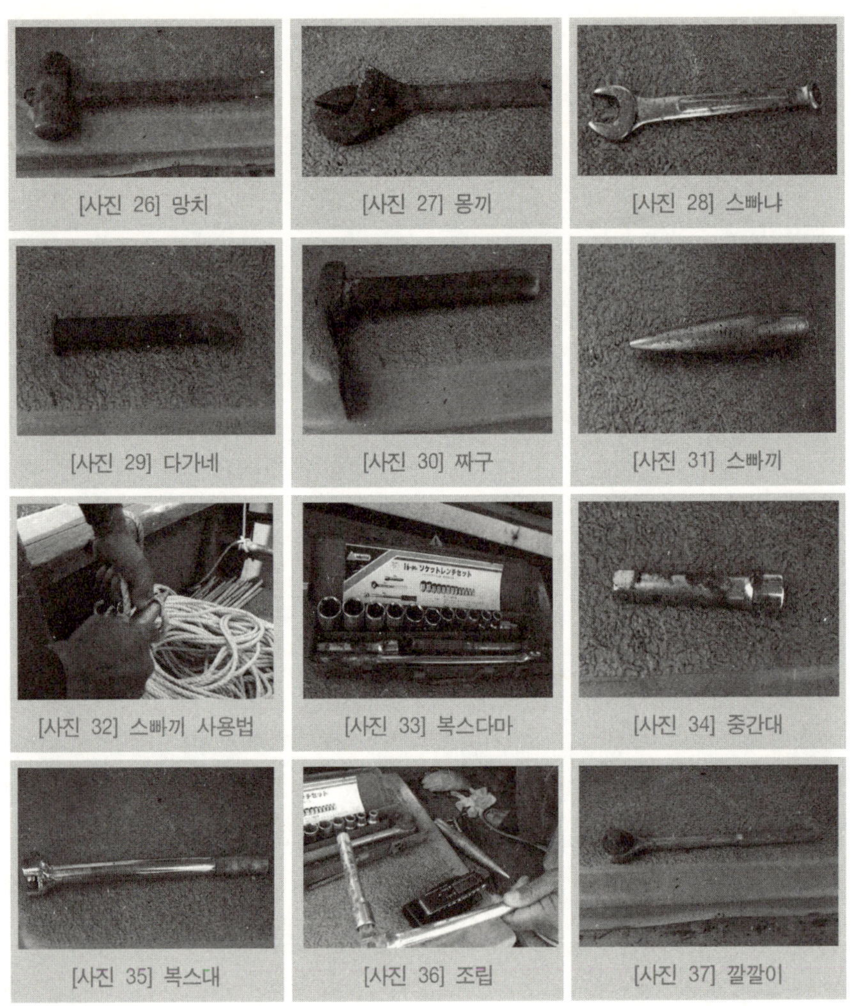

[사진 26] 망치

[사진 27] 몽끼

[사진 28] 스빠냐

[사진 29] 다가네

[사진 30] 짜구

[사진 31] 스빠끼

[사진 32] 스빠끼 사용법

[사진 33] 복스다마

[사진 34] 중간대

[사진 35] 복스대

[사진 36] 조립

[사진 37] 깔깔이

2.2.3. 운송 도구

1) 뗏마, 수기배

깊은 물에 있는 미역을 캐기 위해서 바다에 타고 들어간 이동 수단 또는 미역을 운반하기 위한 수단으로 예전에 사용한 배이다. 통나무를 떼로 가지런히 엮어서 만든 '뗏목'을 이용해 수심이 깊은 바다에 있는 미역을 채취했는데 이를 다른 말로 '뗏마'라고 했다.

　이러한 '뗏마'는 나무 종류에 따라 명칭을 달리 부르기도 하는데 수기나무로 만든 배는 '수기배'라고 한다. 배를 수기나무로 만드는 이유는 수기나무가 물에 강해 나무가 잘 썩지 않기 때문이라고 한다. 이는 [수기:배]로 발음된다.

2) 목선

　나무로 만든 배를 '목조선' 또는 '목선'이라고 한다. 이렇게 만든 배는 동력이 아니라 배에 돛을 달아 바람을 이용해 움직이는데 그래서 '돛단배' 또는 '풍선'이라고 한다.

[사진 38] 뗏마

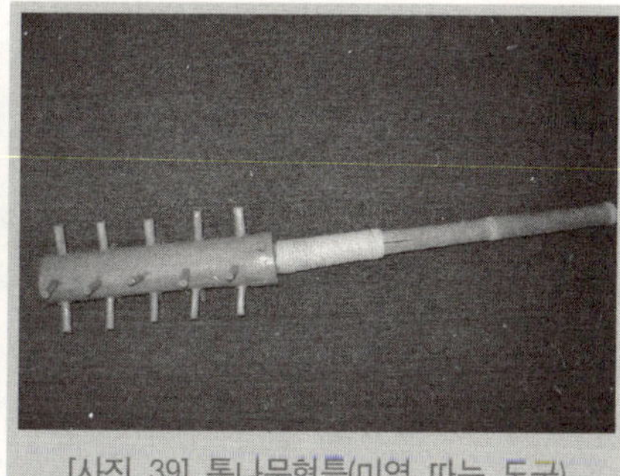

[사진 39] 통나무형틀(미역 따는 도구)

3) 개구리배, 기름배, 어장배, 오징어배, 모구리

　뗏목을 대신해 요즘 사용하는 운송 수단을 배라고 한다. 주로 동력선을 말하는 것으로 기계로 움직이는 배를 '발동선' 또는 '기계선', '모타뽀트'라고 한다. '모타뽀트'는 이를 줄여서 '뽀드선'이라고도 한다. 이러한 기계선은 프라스틱보다 단단한 재질로 만들어지는데 이를 '에프알피'라고 하며 이렇게 만든 배를 '에프알피배, 엘팔피배'라고 한다. 발동선 중에 큰 배는 '트로선'이라고 한다.

운송 도구로 사용되는 배의 모양새와 쓰임에 따라 '개구리배', '기름배', '어장배', '오징어배', '모구리'가 있다. 이 중 '개구리배'는 개구리의 모양과 닮은 배로 앞은 크지만 뒤가 들려 있는 모습이 마치 개구리가 앉아있는 모습과 비슷하다고 해서 붙여진 말이다. '기름배', '어장배', '오징어배'는 어휘에서 알 수 있듯이 기름을 싣고 다닌다고 해서 '기름배', 바다 위에 있는 어장을 관리한다고 해서 '어장배', 오징어를 잡는 배라고 해서 '오징어배'라고 한다. '모구리'는 다른 말로 '머구리'라고도 하는데 잠수함을 가리키는 말이다. 'モグリ(모구리)'는 '잠입하다, 숨어들다, 담수하다'는 의미를 지닌 일본어를 그대로 사용한 것으로 보인다.

〈배의 구조〉

배의 명칭 뿐만 아니라 배의 부분에 대한 명칭도 지역에 따라 달리 나타나기도 하는데 이 지역에서는 [사진 40]과 같다. 사람이나 짐 따위를 싣고 물 위로 떠다니도록 만든 배는 간단히 '배 뒤', '배 앞', '배 몸', '배 밑'으로 구분할 수 있다. 이중 '배 뒤'는 배의 뒷부분을 말하는 것으로 '꽁지' 또는 '고물'과 같은 의미로 사용되고, '배 앞'은 뱃머리로 '묘시' 또는 '배이물'로 사용되고, '배 밑'은 배의 밑바닥을 말한다.

배 안에 사람이 타는 곳을 '부리치'라고 하고 부리치를 포함해 배의 기관을 장치하여 놓은 방을 '기관실' 또는 '기관방', '선장실'이라고 말한다. '기관방'에는 '프르타'와 '어탐, 보이스'가 나란히 있다. 이중 '프르타'는 배

[사진 40] 동력선

가 어느 위치에 있는지를 보여주는 장치를, '어탐'은 '어군 탐지기'를 줄여 부르는 말로 바다 밑의 수심과 어류의 위치를 알려주는 기계를, '보이스'는 무선 송수신기로 바다에서 배끼리 서로 연락할 수 있는 기계를 말한다.

배의 앞부분을 다른 말로 '묘시'라고도 하는데 이때 뱃머리 쪽에 가로로 고정된 판자는 '묘시가네'라고 한다. 배 안을 '간신구', 배의 옆부분을 '보겐다이', 배의 합판이 있는 부분은 '배선채', 배 밑에 움푹 들어간 곳으로 주로 고기를 보관하는 곳을 '데끼'라고 한다. '데끼'는 다른 말로 '후다'라고도 한다.

배의 방향을 조절하는 것으로 배의 운전대는 '키' 또는 '창송, 창소'라고 하고, 배끼리 부딪히는 것을 방지해주는 것으로 주로 배 옆에 달려있는 것을 '밴들'이라고 한다. 예전에는 이 '밴들'을 폐타이어로 만들었지만 지금은 밴들용으로 따로 제작되어 나온다고 한다.

그물을 당기는 도구는 세 가지가 있는데 '물레', '토시', '유합'이다. 실을 뽑을 때 사용하는 물레와 생김새가 비슷해 붙여진 명칭인 '물레'는 회전하는 원리를 이용해 그물을 당긴다. 또 배에 붙어있는 노란색 쇠파이프를 '토시'라고 하는데 이 파이프도 그물을 당기는 기능을 한다. 물레 옆에 있

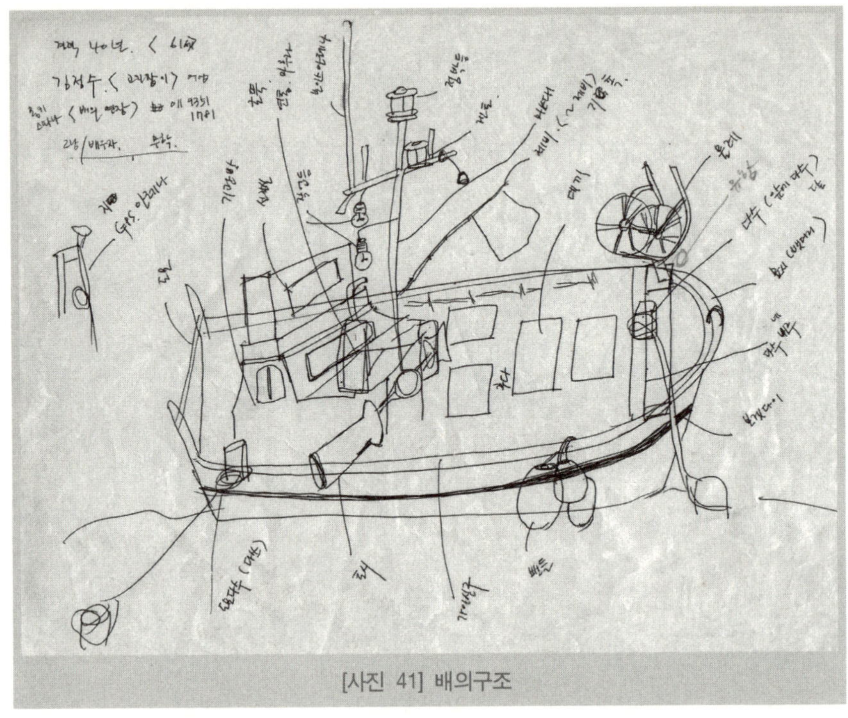

[사진 41] 배의구조

는 그물 끌어당기는 기계를 '유합'이라고 하는데 어망을 바다에 던진 후 어망을 끌어당길 때 사용하는 기구이다.

배에서 작업등과 정박등을 달아두는 곳을 '마스대' 또는 '마쓰대'라고 한다. '마스대' 위에 있는 '정박등'은 다른 말로 '정막등', '작업등'이라고도 하는데 정박하고 있는 배가 밤에 그 위치를 나타내기 위하여 갑판 위에 켜두는 등불이라는 의미에서 '정박등', 작업을 하고 있음을 알리기 위해 켜두는 등불이라는 의미에서 '작업등'이라고 한다.

이 '마스대' 위에는 '정박등' 외에도 달아놓는 것이 있는데 방향을 말해주는 'gps안테나'와 '겐토'이다. '겐토'는 배가 항해할 때 켜는 등으로 우측이 푸르고 좌측이 붉은 등인데 이 불빛을 보고 배끼리의 접촉을 피한다고 한다. '겐토'는 '껜또'라고도 말하기도 한다. 또 소음기를 '후아나'라고, 무선을 할 수 있는 안테나는 '무전기안테나'로, 서로 소통을 할 수 있는 안테나는 '스피카안테나'로, '마스대' 위에 빨간색 또는 파란색의 깃을 꽂아두는 것은 '제비'라고 한다.

어망을 바다에 던진 후 그 어망의 위치를 알기 위해 다는 것을 '어망부기'라고 하고 이를 줄여서 '부기'라고도 한다. 주로 인식을 쉽게 하기 위해 색깔이 있는 부기를 사용한다. 어망을 던질 때 한쪽에는 '돌닻'을 한쪽에는 부기를 장착해 던져야 '부기'가 파도에 쓸려가지 않는다.

이 외에도 항구에 배가 정박할 때 배를 고정시키기 위해 밧줄을 매는 부분을 '다수'라고 하고 배의 엔진을 '자동차대우'라고 하는데 자동차의 엔진과 같은 것을 사용한다는 의미에서 나온 말이다.

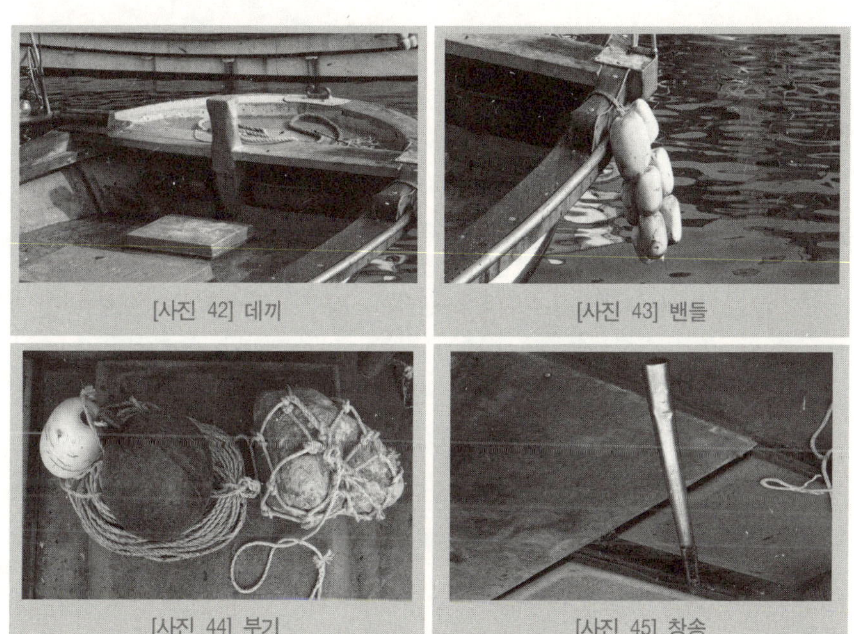

[사진 42] 데끼   [사진 43] 밴들

[사진 44] 부기   [사진 45] 창송

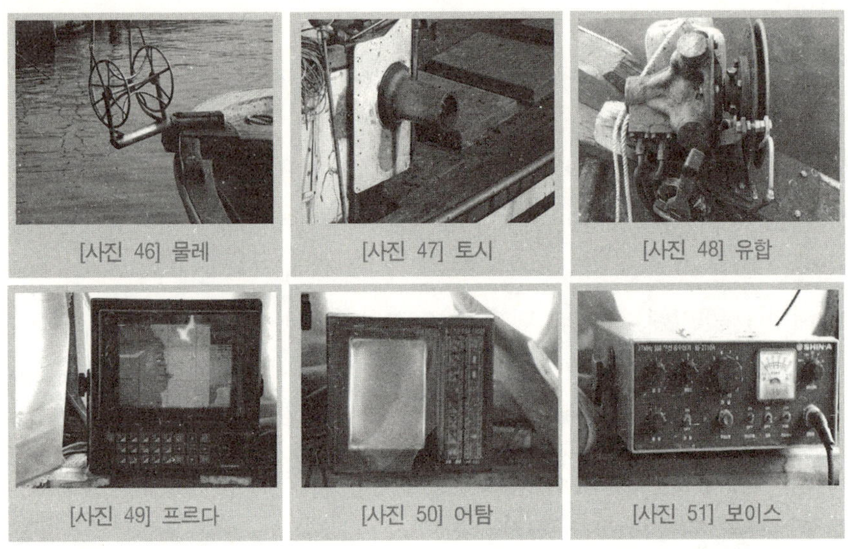

[사진 46] 물레

[사진 47] 토시

[사진 48] 유합

[사진 49] 프르다

[사진 50] 어탐

[사진 51] 보이스

2.2.4. 착용 도구

1) 잠비, 물적삼

　해녀들이 물질 할 때 입었던 물옷이다. 주로 광목으로 만드는데, 세탁의 용이를 위해 검정 물감을 들여서 입는 경우도 있다. 물옷이라고 하지만 몸의 다리 부분은 거의 다 드러나는 옷으로 한쪽 다리를 넣은 후 다른쪽 다리는 연결된 끈으로 묶어 입었다. '잠비'는 다른 말로 광목으로 만들어졌다는 의미에서 '광목'이라고도 한다. '잠비' 위에 덧입은 것으로 적삼의 모양을 띠고 있는 것은 '물적삼'이라고 한다.

2) 살바고무옷, 걸빵고무옷

　해녀들이 물질 할 때 입는 물옷으로 고무 재질로 만들어졌다고 해서 '고무옷' 또는 '고무'라고 한다. 고무옷은 모양새에 따라 몇 가지로 나눌 수 있다. 예를 들어 샅바 모양으로 만들어진 것은 '샅바고무옷'으로, 걸빵 모양으로 만들어진 것은 '걸빵고무옷'이라고 한다. 이 중 '샅바고무옷'은 고무옷의 상의 중 일부가 하의를 감싸서 입도록 되어 있는 옷으로 어린 아이 기저귀와 같이 착용하는 옷을 말하고, '걸빵고무옷'은 고무옷 중에 하의가 상의에 걸쳐 입도록 되어 있는 옷을 말한다. 이들은 줄여서 '샅바', '걸빵'이라고도 한다.

해녀들이 입는 고무옷이 낡아서 떨어졌을 때 풀을 이용해 붙여 입는데 이를 '고무풀'이라고 한다. 옷이 비싸기 때문에 자주 사 입을 수 없어서 고물풀을 임시로 붙여서 입는다. '잠비'나 '고무옷'과 같은 해녀복 중에 새옷을 '봄옷'이라고 표현했는데 '새옷' 또는 '봄옷'이라는 의미로 사용되었다.

3) 스폰지옷

요즘 해녀들이 입는 검은색 스펀지로 된 옷을 '스폰지옷'이라고 한다. 그러나 최근에는 해녀들이 고무옷을 많이 입어 거의 잘 볼 수 없지만 겨울에 바닷물이 차가울 때 보온효과 때문에 한때 착용한 옷이다. 해녀를 제외한 남자 잠수부들이 바다 밑에서 착용하는 물옷으로 스폰지나 고무 재질로 만들어진 옷은 '잠비' 또는 '고무옷', '스폰지옷'이라고 하지 않고 '잠수복'이라고 표현하고 있어 성별에 따른 차이를 보여주고 있었다. '잠비', '고무옷', '스폰지옷'과 같이 물질할 때 입는 '물옷'을 '후쿠'라고 하기도 한다.

4) 납

해녀들이 물질을 위해 물 속에 들어 갈 때 고무옷 위에 차는 납덩이를 말한다. 이 납은 해녀들이 바다 속에서 작업을 할 때 몸이 수면 위로 뜨지 않도록 하는 도구로 다른 말로 '봉돌'이라고도 한다. 보통 나이 든 사람일

[사진 52] 고무옷

[사진 53] 걸빵고무옷, 살바고무옷

수록 무거운 '봉돌'을 허리에 차지만 일반적인 납의 무게는 3근 정도 라고 한다. 이 '납'을 허리에 매달기 위해 고무로 된 줄을 이용하는데 이를 '납줄'이라고 한다. 이 '납줄'은 다른 말로 '고무줄'이라고도 하는데 주로 자전거 바퀴를 이용해 만든다.

5) 닻[15]

몸이 물에 떠내려가지 않기 위해 다는 것을 '닻'이라고 하고 닻을 던져 고정시키고 작업을 하기 위해 닻에 줄을 다는데 이는 '닻줄'이라고 한다. '닻'은 해녀들이 바다에서 작업을 할 때 바닷물에 떠내려가는 것을 막기 위해 사용하는 도구이다. 흔히 '닻'이라고 하면 갈고리 모양으로 생긴 것을 생각하는데 해녀들은 돌에 밧줄을 얼기설기 묶어 만든 것을 닻이라고 했다. 해녀들은 몸에 차는 '납'과 '닻'의 무게로 인해 물살에 떠내려가지 않고 작업을 할 수 있다.

---

15) 보조 도구로서 '돌닻'과 같은 섯이나 미역생산업자는 보조 도구로, 해녀는 착용 도구로 사용하고 있었다.

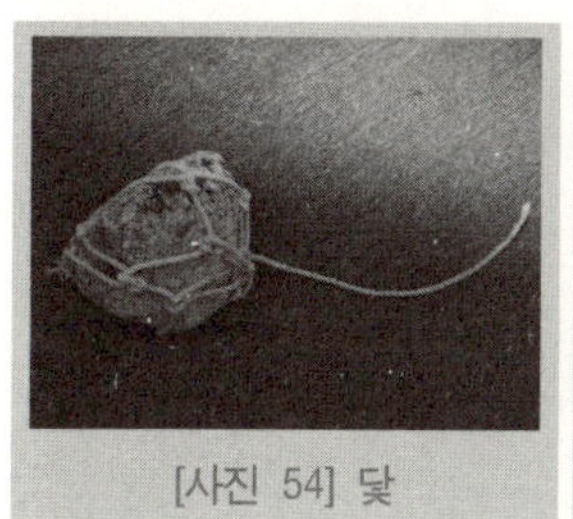
[사진 54] 닻

[사진 55] 납

[사진 56] 납과 납줄

6) 나바리

예전에 입던 잠수복에 착용했던 돌을 '나바리' 또는 '노도'라고 한다. 장시간 잠수 시 물에 뜨는 것을 방지하기 위해 착용하는 돌로 해녀들이 착용하는 '납'이나 '닻'과는 모양새가 다르다. '나바리'는 다른 말로 '나발 또는 상체에 착용한다는 의미에서 '상체나바리'라고도 한다. 또 이를 주로 허리에 찬다는 의미에서 '허리납띠'라고도 한다. '허리납띠'에서도 알 수 있듯이 '나발'과 '나바리'라는 말은 '납'에서 연유한 말이다.

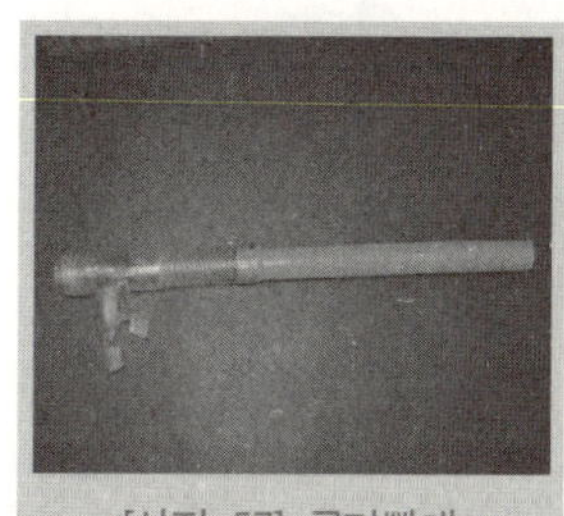
[사진 57] 공기빨대

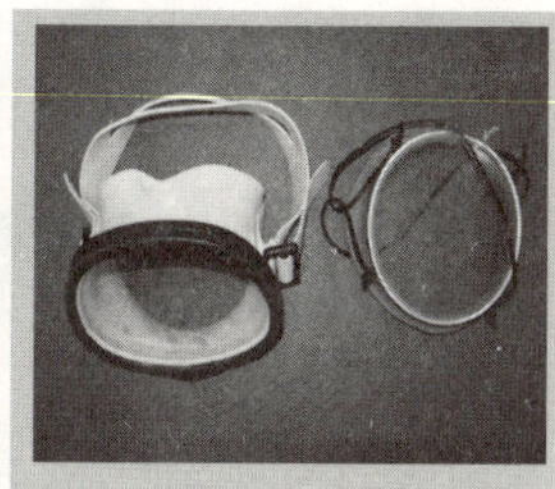
[사진 58] 물안경, 따기

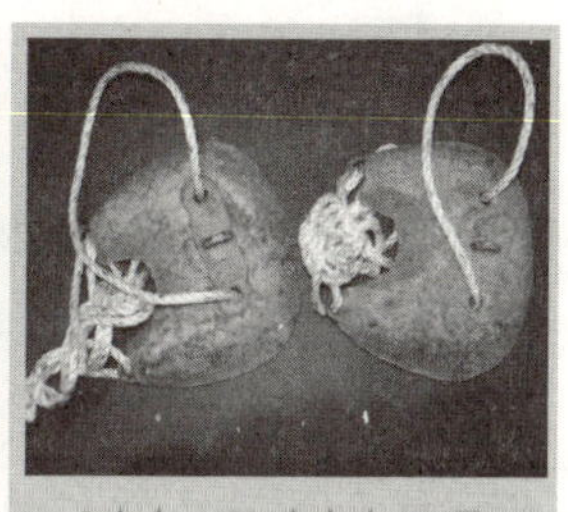
[사진 59] 나바리, 노도

7) 마라통빨대, 공기빨대

물 속에서 사용하는 산소 공급 도구로 '마라통빨대'와 '공기빨대'가 있다. 공기를 공급해주는 빨대라는 의미에서 '공기빨대'로, '마라톤'처럼 길다는 의미에서 '마라통빨대'로 표현한다.

8) 물안경, 따기

물 속에서 눈에 물이 들어가지 않도록 하여 눈을 뜨고 물 속을 관찰할 수 있도록 만든 안경을 '수경' 또는 '물안경'이라고 한다. 이 외에도 '따기'라는 말을 사용했는데 이들의 차이점을 '물안경은 잠수부들이 쓰고 해녀들은 따기를 쓰지'라고 하면서 서로 다른 종류의 것임을 말했다. '따기'는 일반적인 수경에 비해 작고 가벼운 것이 특징이다.

이러한 '물안경'은 알이 몇 개이냐에 따라 명칭이 달라지는데 '한나짜리 수경'과 '두나짜리 수경'이 있다. 일반적으로 우리가 흔히 볼 수 있는 알이 두 개인 수경은 '두나짜리 수경'이라고 말하고 해녀들이 주로 사용하는 알이 하나인 수경은 '한나짜리 수경'이라고 한다. 수경의 모양이 안경과 유사하다고 해서 다른 말로 '하나짜리 안경'이라고도 한다.16)

9) 속장갑, 겉장갑, 스폰지장갑

해녀들이 바다 속에서 해산물 채취할 때 쓰는 도구로 안에 착용하느냐 겉에 착용하느냐에 따라 '속장갑'과 '겉장갑'으로 달리 부른다. 이중 '속장갑'은 천으로 만들어졌고, '겉장갑'은 고무 재질로 만들어졌다. 또 물 속에서 사용하는 장갑으로 냉수에 견디기 위해 스펀지 재질로 만들어진 것을 '스폰지장갑'이라고 한다. '속장갑'은 주로 추위를 방지하기 위해 착용하고 '겉장갑'은 작업을 용이하기 위해 착용한다. 먼저 '속장갑'을 착용한 후 '겉장갑' 또는 '스폰지장갑'을 착용한다.

10) 물수건, 가운, 고무모자

해녀들이 물질 할 때 머리에 쓰는 물수건 대신 머리에 쓰는 고무모자를

---

16) '한나', '하나'가 같이 사용되고 있었다.

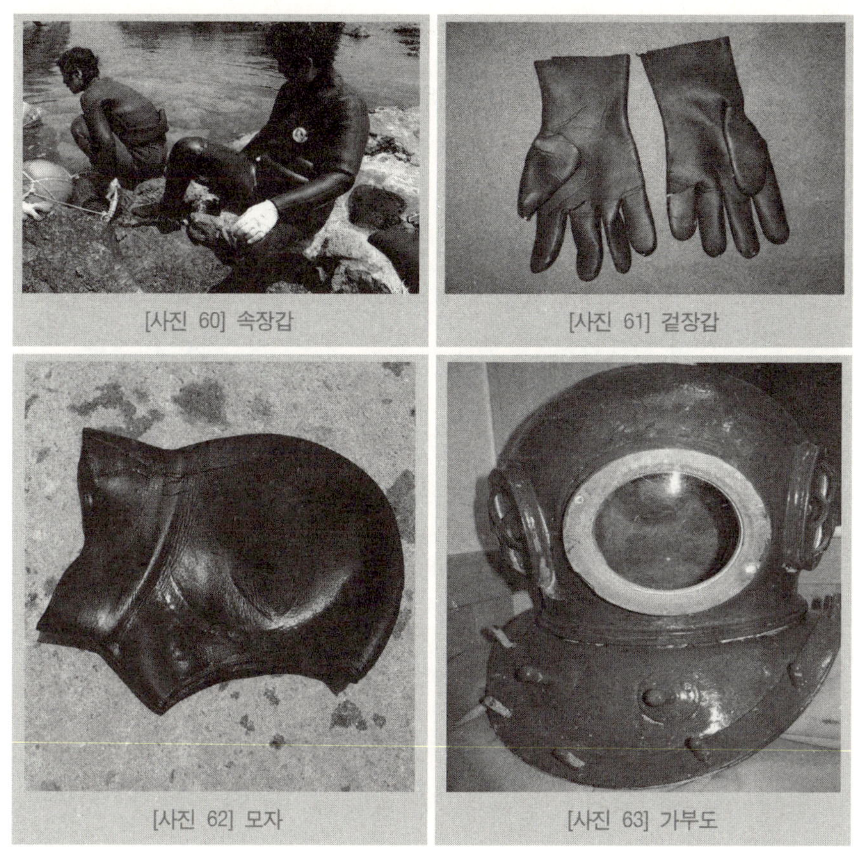

[사진 60] 속장갑

[사진 61] 겉장갑

[사진 62] 모자

[사진 63] 가부도

'모자'라고 했다. 예전에 광목으로 만든 '잠비'를 입고 물질을 할 때 주로 쓰던 것은 '가운'과 '물수건'이며, 최근에 고무로 만늘어진 '고무옷'을 입고 물질을 할 때 쓰는 것은 '고무모자'이다. 모자라고 하지만 모양이 우리가 흔히 말하는 모자의 모양과 유사할 뿐 쓰임과 형태에서는 차이가 있다. '고무모자'라는 말은 고무 재실로 만들어졌나고 해서 붙여진 이름이다.

'물수건'과 '가운'은 약간의 차이를 지니고 있는데 '물수건'은 햇빛에 얼굴을 가리기 위해 머리에 쓰는 수건을, '가운'은 햇빛에 얼굴을 가리기 위함과 미용을 목적으로 착용하는 천으로 주로 아가씨들이 많이 사용했다고 한다. ‘물수건’은 뒤로 묶고 ‘가운’은 앞으로 묶어 사용했다. 이러한 ‘가운’은 다른 말로 ‘기죽’이라고도 말한다.

11) 가부도

예전에 잠수부들이 물에 들어갈 때 머리에 쓰는 것을 ‘가부도’라고 한다. ‘가부도’는 철로 만들어졌는데 이 모양이 투구와 비슷해 ‘투구’라고 하기도 했다. 해녀들보다는 잠수부인 남자들이 주로 사용했다고 한다. ‘가부도’에서 산소 호스와 연결되는 부분을 ‘기루프’라고 하는데 가부도 안에 공기가 차면 머리를 옆으로 눕혀 공기가 나오게 하는 부분이다. ‘기루프’는 ‘기준푸, 기주푸’라고도 한다. ‘가부도’를 쓴 잠수부들이 신었던 신발로 철 소재로 만들어진 것은 ‘철신발’이라고 한다.

12) 물버선, 스폰지버선, 고무버선

물에 들어갈 때 오리발을 신기 전에 신는 버선이라고 ‘물버선’으로, 스펀지 재질로 만들어졌다고 ‘버선스펀지, 스폰지버선’라고 한다. 이를 줄여서 ‘스폰지’라고도 한다. 오리발을 신기 전에 양말 대용으로 신는 것으로 고무 재질로 되어 있어 ‘고무버선’이라고 한다. 이들은 모두 발이 물에 젖는 것을 방지하고 보온을 위해 신는 것이다.

13) 오리발

사람이 물 속에서 활동할 때에 발에 끼는 오리발 모양의 물건이다.

14) 모구리신발

해녀들이 물일 할 때 신는 신발을 ‘모구리신발’이라고 한다. ‘모구리’는

[사진 64] 고무버선

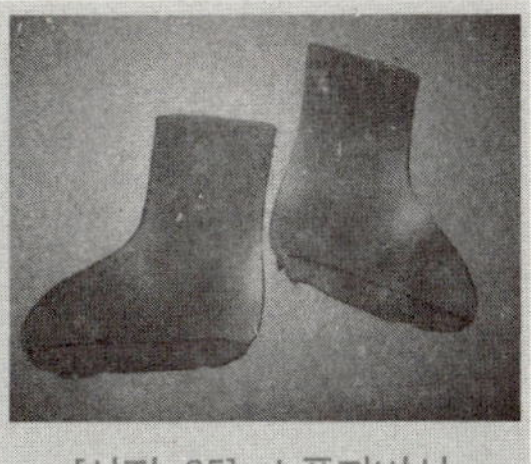
[사진 65] 스폰지버선

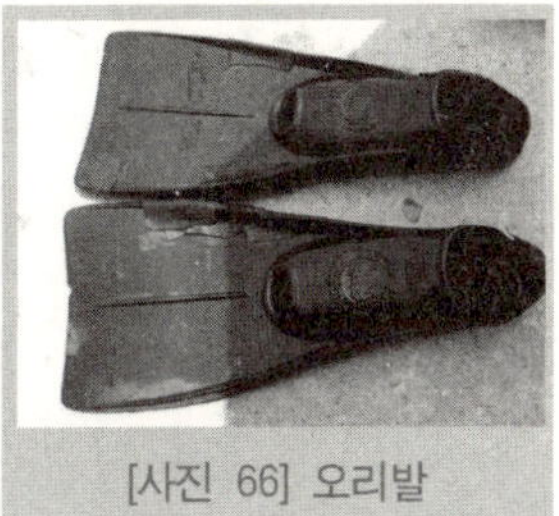
[사진 66] 오리발

원래 잠수를 뜻하는 일본어인데 이 말 외에도 잠수부를 '모구리'라고 잠수복을 '모구리옷'이라고 표현하고 있었다.

15) 갇빠

어부들이 입는 옷으로 작업을 편하게 하기 위해 만든 것으로 멜빵 모양의 바지이다. 바다에서 고기잡이를 할 때 겉옷 위에 덧입는 것으로 방수 기능이 있다. '갇빠'를 입은 후 '토시', '장갑', '장화'를 신으면 고기잡이 준비가 다 된 것이라고 했다. 그러나 이들이 사용하는 것이 일반적인 '토시', '장갑', '장화'와 모양이 다름에도 이들 어휘를 그대로 사용하고 있었다. 이는 이들 기능의 유사성으로 인한 것으로 보인다.

[사진 67]
갇빠, 토시, 장갑, 장화

2.2.5. 채집 도구

1) 꼭괭이, 까꾸리

해산물을 캐는 수단으로 주로 전복 등을 채취할 때 사용하는 것을 '꼭괭이' 또는 '곡갱이'라고 한다. '까꾸리'는 곡괭이 중에 크기가 작은 것을 말한다. '꼭괭이'의 부분 중 나무로 만들어진 손잡이는 '자루'라고 해 이는 육지에서 사용하는 곡괭이와 비슷하나 자루를 제외한 쇠부분의 크기와 모양새는 전혀 달라 차이가 있다.

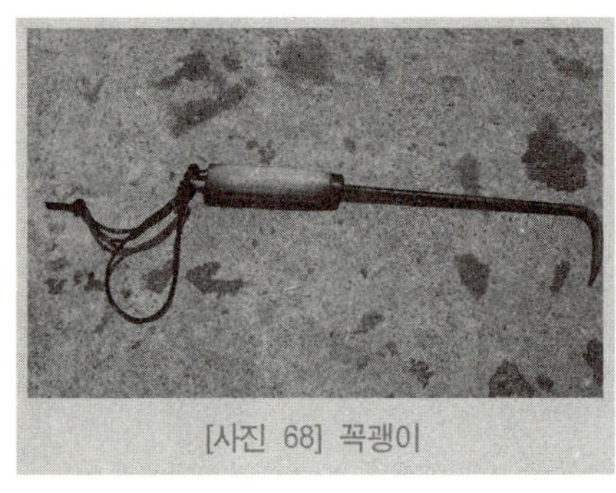

[사진 68] 꼭괭이

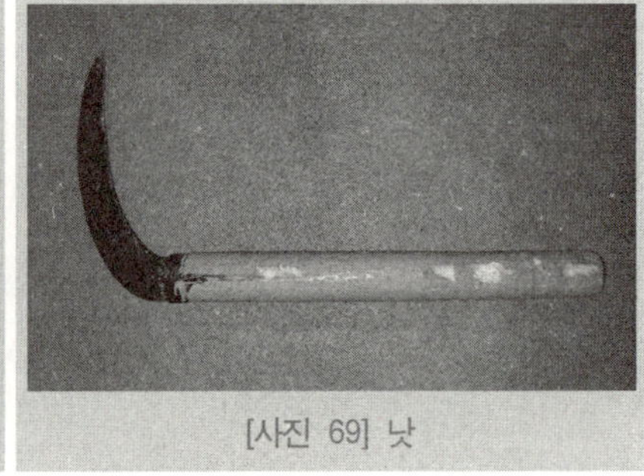

[사진 69] 낫

2) 창, 비창

바다 밑에서 해녀들이 문어를 잡을 때 여러 명이 문어를 둘러싼 후 문어를 찔러서 잡는데 이때 사용하는 도구이다. 물고기나 문어를 찔러잡는 것은 '창'이라고 하고, 바다 속에서 전복 등을 따거나 할 때 쓰는 도구는 '비창'이라고 한다. '창과 '비창'은 생김새는 비슷하지만 길이에서 차이가 있는데 '비창'이 '창'보다 자루의 길이가 짧다.

3) 호미

'호미'는 육지에서 사용하는 호미보다 길이가 짧고 크기가 작은 것으로 주로 해산물을 채취할 때 사용하고 있었다. 모양과 크기는 일반적인 호미와 약간의 차이가 있지만 명칭은 같이 불려지고 있었다. 그러나 제주에서 온 해녀들은 '호미'를 '전갱이'라고 부르고 있어 육지해녀들과 다른 어휘를 사용하고 있었다.

4) 미역낫

낫은 '날과 '낫대'로 구성되는데 이 '날과 '낫대'의 길이와 크기에 따라 육지에서 사용하는 '낫과 바다에서 미역을 채취할 때 사용하는 '미역낫으로 나뉜다. '미역낫은 해녀들이 바다 밑에서 미역을 캐기 위해 사용하는 것으로 육지의 낫보다는 크기도 작고 날의 길이도 짧다. 사용 용도는 농기구 낫과 비슷하며 미역 채취할 때 손 쉽게 쓰도록 제작한 것으로 현재에도 해녀들이 사용하고 있다. 미역을 캘 때 사용한다고 '미역낫'이라고 하고 이를 줄여서 '낫'이라고도 표현한다.

미역낫의 나무로 된 손잡이 부분을 '낫대'라고 하는데 이는 길이에 따라 두 가지 명칭으로 부른다. 길이가 짧은 것은 그냥 '낫대'로 길이가 긴 것은 '긴낫대'라고 한다. 또 낫에 장대를 대어 만든 것으로 바다 밑에서 미역 캐는 작업을 할 때 사용하는 것은 '설낫대'라고 한다. '낫대'와 '긴낫대'는 갯바위 또는 무동력선에서 육안으로 미역을 채취할 때 사용하고 '설낫대'는 주로 깊은 곳에 있는 미역을 캘 때 사용한다. 이때 '대'는 물에 강한 박달나무와 왕대나무를 사용하고 있있다.

5) 호미

대장간에서 만든 농기구인 호미를 짬매기에 쓰기 좋도록 변형시킨 것이다. 작업에 따라 모양과 크기는 조금씩 다르게 만드는데 일반적인 호미

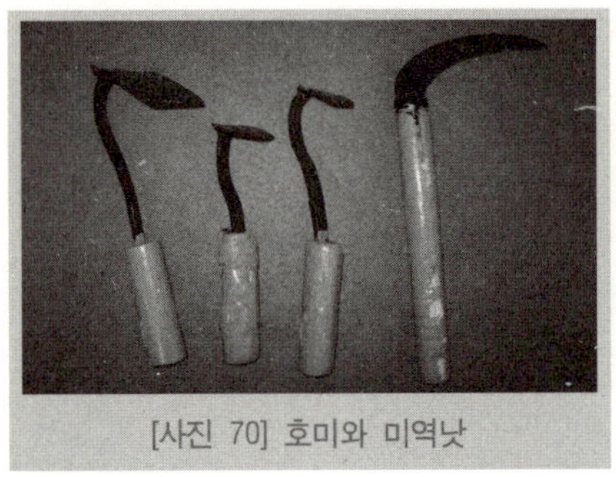

[사진 70] 호미와 미역낫

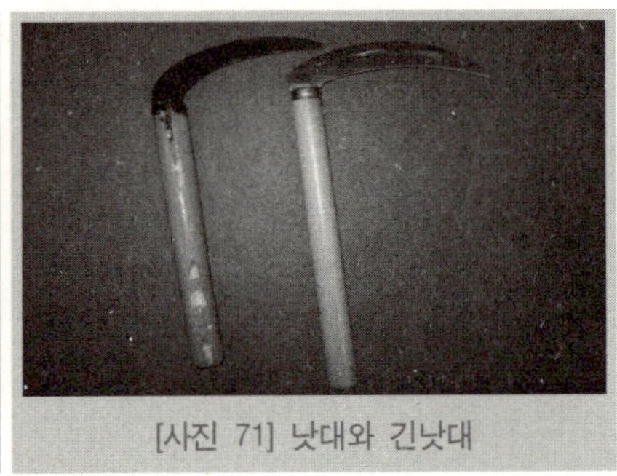

[사진 71] 낫대와 긴낫대

에 비해 둥글고 뭉툭하며 길이가 짧은 것이 특징이다. '미역낫'과 달리 '호미'라는 명칭을 그대로 사용한다.

6) 뜰채, 쪽지

멸치를 잡아서 뜨는 기구는 '뜰채' 또는 '쪽지'라고 한다. '뜰채'는 멸치 외에도 물고기 따위를 건져올릴 때도 사용하는데 오구 모양의 그물이 달려 있다. '뜨다'의 관형사형에 '채'가 결합한 말이다. '쪽지'는 멸치나 성게를 뜨는 채로 잠자리채와 비슷하게 생긴 것을 말하는데 다른 말로 '쪽대'라고도 불린다. '쪽지'는 둥근 모양으로 생겼는데 이 둥근 부분에 테를 넣어 채의 입구 부분을 만드는데 이를 '쪽지테'라고 한다. '쪽지'라는 말의 그 어원을 알 수 없었지만 이와 비슷한 '건지'라는 어형도 찾아볼 수 있었다.

7) 돈부, 조생기

이 지역에서 오징어를 잡을 때 두 가지 도구를 사용하고 있었는데 '돈부'와 '조생기'이다. 활처럼 휘어진 그물을 '돈부'라고 하고 오징어를 잡는 기계를 '조생기'라고 한다. 이중 '돈부'는 손으로 오징어를 잡는데 사용하는 것이다.

8) 끌치

고기를 잡기 위해 고기밥을 단 것을 끌어당겨서 고기를 잡는 기구를 '끌치'라고 한다. '끌다'에 '-치'가 결합한 것이다. '끌치'에 다는 고기밥은 주로 죽은 고기를 이용한다.

9) 다치장

예전에 목선에서 작업할 때 목선이 그물에 딸려가지 않기 위해 놓는 닻이 '다치장'이었지만 지금은 멸치를 잡는데 주로 사용되는 도구이다. 긴 자루 그물의 날개와 자루 끝을 닻으로 고정시켜 닻을 놓아 멸치를 잡는다. 이러한 점이 일반적인 '닻'의 역할과 같은데 이 '닻'에서 연유한 말로 보인다. '다치장' 또는 '닫치장'이라고 부르며 '앙까'라고도 한다.

[사진 72] 다치장

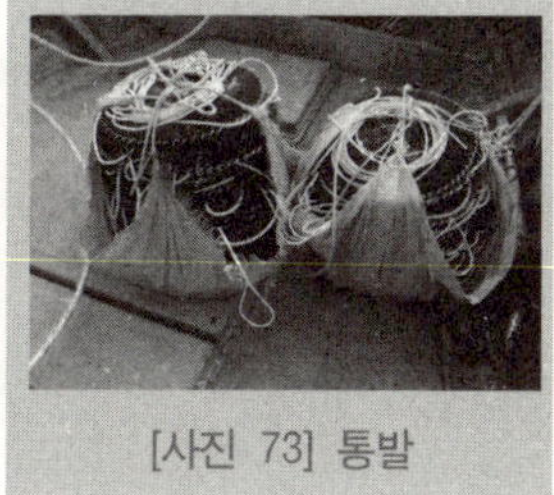

[사진 73] 통발

[사진 74] 외그물

10) 보통식그물, 자루식그물, 저인망

바다에 그물을 던져서 고기를 잡는 일반적인 그물을 '보통식그물'이라고 말한다. 자루 모양으로 된 그물은 '자루식그물', 바다 한 가운데에서 그물망을 쳐 놓은 후 시일이 지난 후에 잡는 것은 '저인망'이라고 하나. 이중 저인망은 바다 밑바닥에 그물을 놓은 후 끌고 다니면서 물고기를 잡는 그물을 말한다.

그물은 망의 겹에 따라서도 명칭이 바뀌는데 망이 하나인 것은 '외그물'

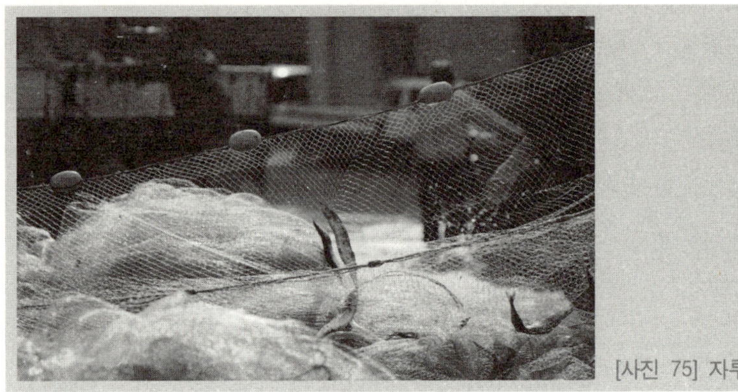

[사진 75] 자루식 그물

또는 '홑그물'이라고 하고 두 개인 것은 '이중그물', 세 개인 것은 '삼조망'
이라고 한다. 이 중 '외그물'은 그물의 망이 하나이다 보니 '이중그물', '삼
조망'에 비해 그물이 끊어지거나 손상이 될 확률도 높다. '이중그물'은 '외
그물'에서 망이 하나가 더 있는 것을, '삼조망'은 그물의 망이 세 개인 것
으로 '외그물'보다 더 튼튼할 뿐만 아니라 어획량도 많아 효율성이 좋다.

11) 통발

주로 문어를 잡을 때 사용하는 도구를 '통발'이라고 하고 통발을 고정시
키기 위한 대나무대를 '통발대'라고 한다. 예전에는 '통발'을 가는 댓조각
이나 싸리를 엮어서 통 같이 만든 후 아가리에 작은 발을 달아 날카로운
끝이 가운데로 몰리게 하여 만들었지만 지금은 그물로 된 망을 통처럼 길
게 해 사용하고 있다. '통발'은 특성상 한 번 들어간 물고기는 거슬러나오
지 못하지만 뒤쪽 끝은 마음대로 묶고 풀게 할 수 있어 안에 든 문어를
꺼낼 수 있다. '통발'은 '통'과 '발'이 결합한 말로 통 모양의 그물이라는 의
미를 지닌다. 바다 밑에 통을 두면 숨는 문어의 성질로 인해 문어가 '통발'
안으로 들어가는데 이를 이용해 문어를 잡는다. '통발'이 나오기 전에는
옹기로 만든 '문어단지'를 이용해 문어를 잡았는데 밑에 구멍을 하나 두어

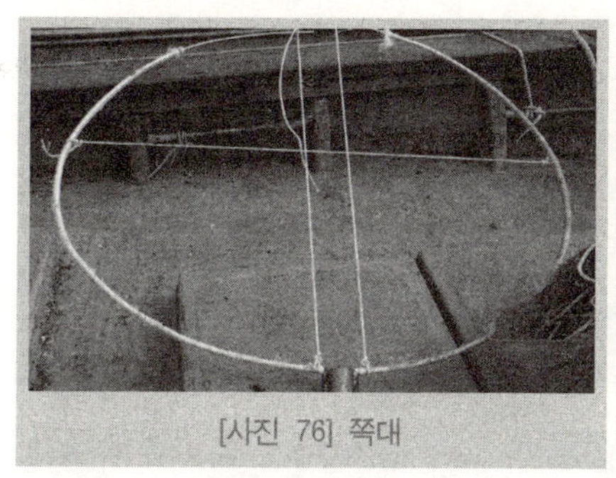
[사진 76] 쪽대

[사진 77] 통발대

문어가 들어갈 수 있도록 했다.

12) 게그물

게를 잡는 그물은 '게그물'이라고 하고 문어, 장어 등을 잡는 그물은 '통발이라고 한다. '게그물'은 주로 코가 큰데 그래서 대부분의 물고기는 이 그물망을 빠져나가 잡지 못하기 때문에 게바리만 가능하다고 한다.

13) 빤띠미

망으로 된 그물을 좌측과 우측 나뭇가지에 연결해 고기를 잡는 도구이다. 주로 얕은 지대에서 사용하는 도구로, 물고기가 올 때까지 '빤띠미'를 잡고 기다렸다가 건저올리는 방법으로 물고기를 잡는다. 다른 말로 '뻰대'라고도 한다.

2.2.6. 건조 도구

1) 싸리바제, 쑥대, 억새

미역을 건조하기 위해 사용하는 틀을 '바제' 또는 '바리'라고 한다. 나뭇
가지나 나무판을 연결해 만든 것으로 미역을 이곳에 널어 건조시킨다. 처
음에는 '바리'를 사용하다가 요즘은 '바제'를 사용한다고 한다. 이러한 '바

[사진 78] 바제

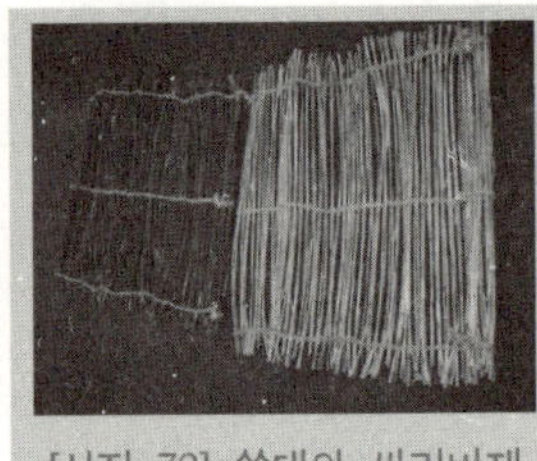

[사진 79] 쑥대와 싸리바제

[사진 80] 억새

제'는 무엇을 재료로 해서 만들었냐에 따라 명칭이 달라지는데, 예를 들어
사리나무로 만든 것은 '싸리바제' 또는 '싸리아이'라고 하거나 나무의 명칭
을 그대로 사용한 '싸리나무'라고 한다. 이러한 '바제'는 주로 사리나무, 쑥
대17), 갈대나무, 억새로 만든다.

2) 각제

[사진 81] 각제

사각으로 된 나무판으로 미역을
말리는데 사용하는 나무틀을 '각
제', '각지', '가끄모'라고 한다. 나
무에 각을 지어 만든 나무틀 안에
미역이 건조하기 쉽게 자갈을 넣은 후 미역을 넌다.

---

17) 쑥의 줄기를 엮어서 만든 틀을 말한다.

2.3. 장소

2.3.1. 바다

1) 군

어업에 종사하지 않은 사람들이 생각할 때 바다에 무슨 구역이 있을까 하지만 바다에도 구역이 존재하는데 이 각각의 구역을 '군'이라고 말한다.

2) 웅디

바다 속 돌 밑에 움푹 파인 곳으로 주로 미역이 앉는 자리를 '웅디' 또는 '웅디이'라고 한다. '웅디' 즉 '웅덩이'는 『표준국어대사전』에서는 '움푹하게 파여 물이 괴어 있는 곳'을 의미하는데, 이 지역에서는 세 가지 의미로 사용되고 있었다. 하나는 비가 와서 길 가운데가 패여 물이 고인 곳을 가리키는 말과 조그마한 저수지를 가리키는 말 그리고 바다 속에 움푹 파인 곳이라는 의미로 사용되고 있다. 이로 볼 때 '웅디'는 육지 뿐만 아니라 바다 밑도 포함해서 움푹 파인 곳을 의미하는 말로 사용하고 있음을 알 수 있다.

3) 모래부리, 해굴, 모래번

바다에 모래가 많은 곳을 가리키는 말로 '모래부리'와 '해굴'이 있다. 이 중 '모래부리'는 다른 말로 '모래뿔'이라고도 한다. 산등성이나 산봉우리의 가장 높은 꼭대기를 '멧부리'라고 하는데 이처럼 '모래부리' 또는 '모래뿔'도 모래가 쌓여있는 곳을 말한다. 이처럼 모래가 있는 바다를 '모래번'이라고 한다.

4) 썰물, 맞물

'바닷물'을 이 지역에서는 밋밋하지 않고 짠 맛 즉 간이 있는 물이라는 의미에서 '간물' 또는 '물'이라고 하고, '물 조류'를 '물조루' 또는 '때물'이라고 하거나 이를 줄여서 '물'이라고 한다. 물 조류는 크게 두 가지로 나누어 사용하고 있었는데 남에서 북으로 오는 조류는 '썰물'로, 북에서 남으로 오는 조류는 '맞물'로 표현했다. 이처럼 조류를 '물'이라고 표현해 조류가 있다는 의미도 '물 간다, 물이 가다, 물이 달다'라는 표현을 사용했다. 이중 '물 간다', '물이 가다'는 '물이 흘러간다, 물 조류가 있다'는 의미로 파도가 세지는 않지만 조류가 있는 것을 말한다. 일반적으로 조류는 물이 위로 가면 물이 차고 물이 아래로 가면 물이 따뜻하다고 한다. '물이 달다'는 바다에 파도가 많이 치는 것을 가리키는 말로 보통 '물이 달았다'라고 표현한다.

5) 한물, 두물, 세물

조수의 차이를 말하는 것으로 육지쪽으로 바닷물이 들어왔다가 나가는 동안 또는 그 동안의 바닷물을 의미한다. 보통 '한물', '두물', '세물'로 나타내는데 '한물'은 처음으로 바닷물이 들어왔다가 나가는 동안을, '두물'은 바닷물이 두 번째 들어왔다가 나가는 동안을, '세물'은 바닷물이 세 번째 들어왔다가 나가는 동안을 말한다. '한물'은 음력 9, 10일과 24, 25일에 해당한다.

6) 궁둥바리, 잦은바리, 멀개, 찬절

파도의 세기에 따라 명칭을 달리 불렀는데 이중 파도가 바람 없이 크게 치는 것으로 태산과 같이 큰 파도는 '궁둥바리'라고 하고, 파도가 작게 치

는 것으로 파도가 약한 바람과 함께 살살살 밀려 오는 것은 '잦은바리'라
고 한다. 이 중 '잦은바리'는 물질하기에 좋은 파도를 말하고 '궁둥바리'는
물질하기 좋지 않은 파도를 말한다. 이 외에도 '궁둥바리'와 같이 큰 파도
를 '멀개'라고 하기도 한다. 수평선에 뭉개구름이 있으면 다음날 파도가
치는데, 이때 '파도가 치겠더라, 파도가 들어오겠다'는 것을 보통 '멀개 오
더라'로 표현한다. 그러나 여름에만 '멀개'라고 표현하고, 겨울에는 같은
의미를 지닌 '찬절'이라는 어휘를 사용해 계절에 따라 사용하는 표현도 달
랐다. 이처럼 '멀개' 또는 '궁둥바리'가 치는 경우와 같이 파도가 치는 것을
'파도가 들다'라고 표현한다.

[사진 82] 잦은바리

[사진 83] 물이 가다

7) 조금, 선조금

조수(潮水)가 가장 낮은 때를 '조금'이라고 하며 대개 매월 음력 7, 8일
과 22, 23일을 말한다. '선조금'은 '초조금'과 같은 말로 음력 스물사흘날을
가르킨다. 보름이 지난 후인 '조금'에 고기가 많이 온다고 해 이러한 말들
이 여전히 사용되고 있었다.

8) 갈바람, 샛갈퀴, 샛바람, 하늬바람

이 지역에서는 남동풍은 '갈바람'으로, 북서풍은 '샛갈귀'로, 북동풍은

'샛바람'으로, 남서풍은 '하니바람(하늬바람)'이라고 한다. 특히 미역을 건조할 때는 바람이 중요한데 이때 미역에 좋은 바람은 '하니바람'이고 나쁜 바람은 이 '북동풍'이라고 한다. '하니바람'은 서쪽에서 부는 바람을 말하고, '북동풍'은 북동쪽에서 불어오는 바람을 말하는데 이중 북동풍은 미역의 색과 건조에 좋지 않다. '하니바람'은 다른 말로 '하느바람'이라고도 하고, '갈바람'을 나타내는 말 대신 '가을바람'이라는 어휘를 사용했다. 『표준국어대사전』에 '가을바람'이라는 어휘가 있지만 이는 계절상의 의미만 담고 있지만 제보자는 '갈바람'과 같은 의미로 사용한다고 해 차이가 있었다.

2.3.2. 바위

1) 돌짬, 허릿짬, 왕돌짬, 깔매기바우, 검덩바우, 새바우, 샛짬, 깨치밭, 큰바우띠, 구생이대가리, 도박바우, 미역바위, 시계짬

미역하는 돌을 흔히 '짬'이라고 하는데 이 외에도 이를 바위를 지칭하는 '방우, 바우, 방구' 또는 '돌매이'라고도 하고, '가감, 가가미'라고도 한다. 또 '벌'이라고도 하는데 '보통 10월에 미역씨가 벌에 와서 앉기 시작한다'는 말에서 알 수 있듯이 이도 '미역바위'를 가리키고 있었다. 제보자는 '방구, 바우'나 '돌', '짬'은 앞에 다른 말을 붙여서 사용하기도 했는데 그래서 미역이 나는 바위를 '자연방구'라고도 하고, '미역돌, 미역짬, 미역 낳는 짬, 돌짬, 미역바우'라고도 한다. 미역이 생기는 바위라는 의미에서 '미역이 나다'라고도 하고 미역씨가 날아와 앉는다는 의미에서 '미역이 앉는다'라고도 표현한다.

짬은 짬의 특성에 따라 또는 무엇이 나느냐에 따라 명칭이 달라지는데 대부분의 말이 '생산물＋짬, 바위, 바우' 또는 '특징＋짬, 바위, 바우'로 결합되어 나타났다.

먼저 짬의 특성에 따른 명칭으로는 '돌바위, 돌짬', '허릿짬', '왕돌짬', '깔매기바우', '검덩바우', '새바우', '샛짬', '깨치밭', '큰바우띠'가 있고 짬에서 나는 생산물에 따라 '구생이대가리', '도박바우', '미역바위', '시게짬'이 있다.

'돌바위'는 다른 말로 '돌짬'이라고 하는데 이는 미역 중에 모미역이 많이 나는 바위를 말한다. 미역이 주로 돌바위에서 난다는 데에서 연유한 명칭이다. '허릿짬'은 바다 가운데 있는 짬 중 바위의 윗부분이 수면에 나와있는 짬 또는 바다 한 중간에 있는 바위를 가리키는 말이다. 크기에 따라 부르는 명칭도 있었는데 '왕돌짬'과 '큰바우띠'가 여기에 속한다. 제보자는 '왕돌짬'은 미역을 하는 바위 중에 돌이 큰 것을, '큰바우띠'는 바다짬 중에 바위가 큰 짬이라고 했는데, '돌'과 '바위'가 같은 것을 지칭하는 것으로 볼 때 같은 명칭으로 보인다.

바위의 색깔에 따라서도 명칭을 달리 부르기도 했다. 예를 들면, '검둥바우'는 미역이 새까맣게 많이 나는 바위를 말했는데 이는 다른 말로 '검덩바우'라고 말하기도 했다. 또 짬의 명칭 중 주로 많이 앉는 새의 종류에 따라서도 명칭을 달리 부르는데 갈매기가 많이 앉는 바위는 '깔매기바우'로, 새가 많이 앉는 바위는 '새바우'라고 한다.

이 외에도 짬의 위치에 따라서도 명칭이 달라졌는데 서쪽에 있는 짬은 '샛짬'으로, 바다에 있는 짬으로 육지에서 좀 떨어진 곳에 있는 짬은 '바다짬'으로, 미역바위 중 하나로 대나무밭 끝에 있는 짬은 '깨치밭'이라고 표현했다. 이 중 '깨치밭'은 '대나무밭 끝'이라는 의미로 '짬'이 결합되지 않았는데 이 점이 특이했다.

짬은 짬에서 나는 생산물에 따라서도 명칭이 달라졌다. 예를 들어, 구생이 즉 성게가 많이 나는 짬은 '구생이대가리'로, 도박이 많이 나는 짬은 '도박짬'로, 미역이 많이 나는 바위는 '미역바우'로, 시게라는 해초가 많이 나는 바위는 '시게짬'이라고 한다. '구생이대가리'는 다른 말로 '구새이때가리'라고도 하고 '도박짬'은 다른 말로 '도박바우'라고 하고 '미역바우'는 '미역바위'라고도 말한다.

이 외에도 동네의 안전을 위해 제사(유사)를 지내는 사람에게 주는 짬을 '유사짬' 또는 '지방짬'이라고 한다. 마을 제사를 모시는 댓가로 가져가는 짬으로 마을 주민들끼리 돌아가면서 가진다고 한다.

2) 궁돌, 든돌

'궁돌'은 둥근 돌을 말하는 것이지만 이보다는 위치를 나타내는 말로 주로 사용되었다. 바다 밑에 작은 돌이 깔린 곳으로 주변에 작고 둥근 돌이 많은 곳을 가리키는데 이곳에서 나는 물건들이 다른 곳에서 나는 물건보다 품질이 좋다고 한다. '든돌'은 바다 밑의 위치 중 높은 곳에 있는 바위를 말하는 것으로 주로 크고 널찍한 바위를 가리킨다. 바위를 의미하기도 하지만 위치를 말하기도 하는데 보통 '든돌'이 있는 곳은 자갈이 있어 다른 곳보다 수심이 얕은 곳을 말한다.

3) 구릉지

돌 밑에 미역이 앉는 자리를 '구릉지'라고 한다. 일반적으로 '구릉지'는 고도 200~600미터의 완만한 기복을 이루고 있는 언덕을 말하는데 제보자들은 바다 밑에 완만하게 파인 곳을 '구릉지'라고 해 차이가 있었다.

2.3.3. 육지

1) 고기판장

이 지역에서는 물고기를 '고기'라고 하는데 그래서 '어판장'도 고기를 사고 파는 곳이라는 의미에서 '고기판장' 또는 이를 줄여서 '판장'이라고 한다. 어촌의 항구 앞에는 '고기판장'이 있는데 바다에서 잡은 어패류나 해초류를 공식적으로 사고 파는 곳이다. 주로 오전에 잠깐 열렸다가 마친다.

2) 구덕, 봉당

물질 할 때 쉬는 공간으로 '구덕' 또는 '봉당'이라고 한다. 주로 돌 사이에 움푹 파여진 곳을 말하는데 바람과 추위를 피해 햇빛을 쬐거나 물질 중간에 앉아 쉬는 곳을 말한다. 겨울에는 이곳에 불을 피워 몸을 녹이기도 한다. '구덕'과 '봉당'이라는 말은 제주도에서도 사용하고 있었는데 이로 볼 때 제주도 해녀들에 의해 이 지역 해녀들도 사용하게 된 것으로 보인다. 제주도에서 '구덕'은 바구니를 뜻하고 '봉당'은 마당으로 취사, 식사, 작업 등을 하는 공간을 말한다. 이 말 뜻으로 볼 때 움푹 파여진 모습이 바구니의 모습과 닮았고 공간 활용의 양상이 봉당과 같아 사용하는 것으로 보인다.

[사진 84] 구덕, 봉당

3) 뱃집

배가 항구로 들어 와 정착해서 쉬는 곳으로 배들의 집이라는 의미에서 '뱃집'이라고 표현한다.

2.4. 채취물

2.4.1. 갑각류

1) 똥게, 물렁게, 발게, 불게, 털게, 대게, 왕게, 박달게, 물게

이 지역에서 '게'는 '게' 또는 '기'라고 말한다. 이 지방에서는 게를 암수에 따라서 또는 크기나 게의 종에 따라서 구분하고 있었는데 암컷 게는 '암기'로, 수컷 게는 '수기'라고도 하지만 '자발기' 또는 '자발게'라고도 한다. 이 중 수컷 게인 '자발기'는 '암기'에 비해 몸집이 작은데 몸집이 작다는 의미에서 연유한 말이다. 작으면서도 알이 별로 없는 게를 '빵기'라고 하는데 이때는 수컷게가 아닌 새끼를 많이 놓는 암게를 말한다.

또 게의 특징에 따른 명칭에는 '똥게, 물렁게, 발게, 불게, 털개, 대게, 왕게, 박달게, 물게'가 있다. 이 중 '똥게'는 돌 틈에서 똥 같은 것을 주워 먹고 사는 게를 말한다. 똥을 먹는다고 해서 붙여진 이름으로 식용보다는 약으로 주로 사용한다고 했다. 이 '똥게'를 다친 곳에 부셔서 붙이면 상처가 치유되는 효과가 있다고 한다. '물렁게'는 대게와 비슷하지만 아직 속에 알이 차지 않은 게를 말한다. 알이 차지 않고 속이 '물렁물렁하다'라고 해서 붙여진 이름이다. '발게'는 바닷물에 있는 게가 맹물에 와서 사는 것으로 크기가 작은 게로 발밖에 보이지 않는다고 해서 붙여진 말이다.

이 외에도 '불게'는 꽃게와 비슷하게 생겼으나 붉은 색을 띠는 게를 말하고, '털게'는 온 몸에 털이 난 게를 말한다. '털게'도 '똥게'와 비슷하게 예전에는 못 먹는 게라고 해서 버렸지만 지금은 오히려 몸에 약이 되는 게라고 한다. '대게'는 흔히 '크다'는 의미의 '대(大)'라고 생각하는데 이를 의미하는 것이 아니라 게의 다리 모양이 대나무를 닮았다고 해서 '대(竹)게' 또는 '대기'라고 한다. 알이 덜 찬 게는 '물게'라고 하고, 대게 중 가장 좋은 상품은 '박달게' 또는 '박달대게'라고 한다. '박달게'라는 말은 속이 꽉 차 박달나무처럼 단단하다고 해서 생긴 말이다. 또 '대기, 대게'가 다리가 긴 게를 지칭하는 것과 달리 '왕기, 왕게'는 몸체가 큰 게를 의미한다.

2.4.2. 두족류

1) 돌문어, 물문어, 발문어

문어를 나타내는 명칭은 문어의 특성에 따라 붙여졌는데 '특성＋문어'로 나타났다. 이 중 '돌문어'는 문어 중에 암컷을 말하는 것으로 만지면 돌처럼 단단하고 탄력이 있다고 해서 붙여진 이름이다. '돌문어'는 식용도 하지만 주로 약으로 많이 쓰이는데 그래서 다른 말로 '약문어'라고도 한다. 주로 붉은 색을 띠고 있는 '돌문어' 또는 '약문어'는 혈압이 높거나 바람이 온 사람이 먹으면 치료 효과가 있고 일반인이 먹으면 몸에 양기가 돈다고 한다. 문어 중에 수컷을 지칭하는 말로는 '물문어'가 있다. 물이 많다는 특성에서 붙여진 '물문어'는 만지면 물이 많아 흐늘흐늘하며 삶았을 때 수분이 많이 나와 맛이 없다고 한다. 이 외에 문어와 낙지의 중간 크기의 문어로 발이 긴 것을 '발문어'라고 하는데 문어 종류 중에서는 작은 편에 속한다.

2) 오징어

오징어를 부르는 말은 오징어 종에 따라서도 다르지만 말린 상태에 따라 서로 명칭을 달리 부르고 있었다. 이 지역에서는 반건조한 오징어를 '피데기'라고 하고 완전히 건조한 오징어는 '마린 오징어'라고 한다.

[사진 85] 오징어덕장

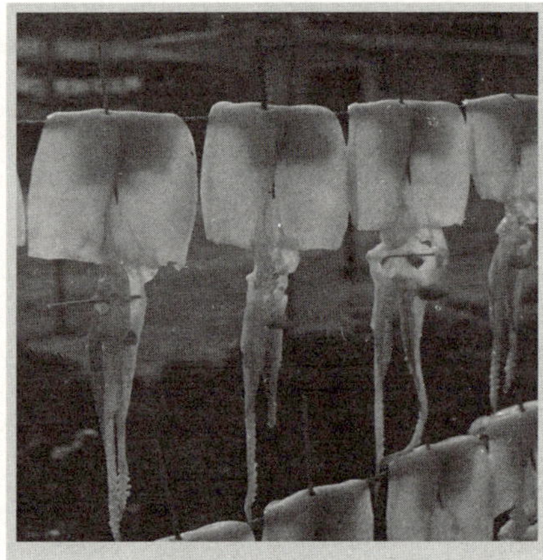

[사진 86] 피데기

2.4.3. 어류

고기는 크게 어느 장소에 사느냐에 따라 '맹물고기'와 '바닷고기'로 나누어 말했다. '맹물고기'는 바닷고기에 반대되는 말로 바닷물 즉 감물에 살지 않고 강, 하천에 사는 고기를 말하고, '바닷고기'는 바닷물고기를 이르는 말로 민물고기 또는 맹물고기에 반대되는 말이다. 강과 하천을 주로 '민물'이라고 표현하면서도 감물과 달리 맛이 없다고 해서 '맹물'이라고 표현하고 있었는데 이를 그대로 사용해 '맹물고기'라고 표현하고 있었다. 이러한 물고기는 주로 '고기'라고 말하는데 이 고기는 크게 '대가리, 몸통,

뚱지바리'로 구분하고 '대가리'는 다시 '입, 주둥이'로 구분한다. 이중 '입'을 '대추리'라고 표현하는 것이 재미있다.

1) 물가재미, 미주구리, 온도리, 꺼끌가재미, 넙치, 도다리, 빨간까재미, 돌까재미

이 지역에서는 가자미를 '가자미', '가재미', '까재미', '까자미'라고 하는데 크게 '참가재미'와 '물가재미'로 구분된다. 이중 '물가재미' 중에 큰 것과 중간 것은 보통 식해나 반찬으로 건조해서 먹고 작은 것은 살이 연해 주로 횟감으로 이용된다. 이렇게 횟감용으로만 이용되는 가재미를 '미주구리'라고 하는데 이는 작고 살 색이 투명한 가재미로 주로 뼈째 썰어서 먹는다. 이렇게 횟감용으로 만든 것을 막 먹는 회라는 의미에서 '막회'라고도 한다. '미주구리'라는 말은 일본어 'むしがれい'에서 온 것으로 보인다. '막회'도 주로 뼈째 썰어서 먹지만 원래 뼈와 살을 같이 썰어 횟감용으로 만드는 것을 '세꼬시'라고 한다.

또 가재미는 암컷이냐 수컷이냐에 따라 '암가자미', '수가자미'로 구분했다. 가재미는 그 종류만큼 명칭도 다양한데 '노란가재미'를 '도다리' 또는 '온도리'라고도 하고 '온돌가자미'라고도 한다. 이외에도 표면이 거칠다는 의미에서 붙여진 '꺼끌가재미'와 폭이 넓고 살이 통통한 '넙치'가 있다. 이중 '꺼끌가재미'는 '꺼끌꺼끌하다'에서 나온 말이고 '온돌가자미'는 '온돌이(온도리)'에서 온 말로 이들은 일반적인 가자미보다 맛이 좋다고 한다. 제보자는 '온돌이'보다 더 맛있는 가재미가 '꺼끌까자미'라고 했는데 이는 표면이 거칠고 어두운 색을 띠고 있는 가재미로 '거추'라고도 한다.

이 외에도 '가재미'와 비슷한 것으로 '도다리'가 있었으며, 붉은 색을 띠고 있다고 '빨간까재미'로 주로 돌에 붙어 있다고 '돌까재미'라고 부르는 명칭도 흥미롭다.

3) 봄수치, 가을수치

배를 갈라 소금에 절여 말린 민어의 수컷을 '수치'라고 한다. 수치는 어느 시기에 나느냐에 따라 명칭을 달리 부르고 있었다. 3월부터 6월까지 나는 것은 '봄수치'라고 하고 9월부터 11월까지 나는 것은 '가을수치'라고 한다.

4) 히라시, 방어

흔히 '방어'와 '히라시'는 같은 생선을 지칭하는 것으로 사용한다. 그러나 제보자는 이들이 서로 다른 물고기라고 했다. 이들이 비슷하게 생겨 많이 착각을 하나 용도와 모양새에서 차이가 있다. '히라시'는 여름에 횟감으로 사용할 수 있지만 '방어'는 찌개거리로만으로 이용되고 '히라시'는 등이 노란빛을 띠고 있지만 '방어'는 그렇지 않다고 했다. 비늘을 벗기면 둘다 붉은 색을 띠는 것은 같지만 맛도 '히라시'가 '방어'보다 더 좋다고 한다.

5) 껍도구, 노란껍도구

붕어와 비슷하게 생겼으며 옆으로 납작하며 입과 눈이 큰 편에 속하는 '꺽지'를 다른 말로 '껍도구, 껍다구'라고도 부른다. '껍도구'는 색깔에 따라 명칭을 달리 불렀는데 예를 들어, 색상이 노란 것은 '노란껍도구'라고 말한다.

6) 골복지

복어처럼 빵빵하게 생긴 고기를 '만보' 또는 '골복지'라고 한다. 특별한 일이 있을 때 잡아서 대접하는 고기로 집안의 큰일이 있을 때 많이 사용하는 고기이다. '만보라는 게 있어. 고기가. 똥지바리 이래져가주고 내장은 국 끓여먹고. 껍데기 빼껴가주고 찍어 먹고 큰일에 마이 쓰데. 응 복어 같은 거. 만보. 만보. 꼴복지. 경상도 말로는 골복지라 카는데 사로오는 사람은 에 오늘 만복 거 돈 나갈세 이래데 냉국도 해먹고'라는 제보자의 말에서 알 수 있듯이 이 지역에서는 '골복지' 또는 '꼴복지'로 말하고 다른 지역의 사람들은 '만보'라고 말한다.

7) 매이

[사진 87] 매이

흰 비늘이 있으며 몸은 둥근 타원형 형태로 되어 있다. 주로 횟감으로 많이 사용되는 이를 '매이' 또는 '맹이'라고 한다.

8) 학꽁치

꽁치의 종류 중 학처럼 몸이 가늘고 길며, 등 쪽은 푸른색을 띠며 배 쪽은 은색을 띤 것을 말한다. 아래턱이 바늘처럼 길게 나와 있는데 이 모습이 학의 입 모양과 비슷하다고 해 '학꽁치'라고 한다. 일반적인 꽁치보다 기름지고 맛이 좋아 주로 일본으로 수출을 많이 한다고 한다. '사이루'라는 말로 '학꽁치'를 가리키기도 한다.

[사진 88] 학꽁치

[사진 89] 그물에 잡힌 학꽁치

9) 삼식이

　메기와 망둥어를 섞어놓은 '삼세기'를 제보자는 '삼식이'라고 했다. 모양
이 울뚱불뚱하고 못생긴 어류로 몸통에는 얼룩덜룩한 무늬가 있고 등쪽에
는 가시가 나있다. 보기와 달리 맛은 좋아 주로 매운탕을 할 때 이용한다.

10) 해때기

　성질이 급한 고기로 낙지류의 하나로 모양은 낙지와 비슷하게 생겼지만
낙지보다 몸집이 작다. 바닷가쪽은 김치의 속 재료로 야채와 물고기를 양념
해 넣는데 이때 속 재료로 사용한다. '해때기' 또는 '해뜨기'라고도 한다.

11) 까치고기

　가시고기 종류를 이 지역에서는 '까치고기'라고 한다. 이 물고기는 등지
느러미 앞부분에 톱날처럼 가시가 있는데 그래서 붙여진 이름이다. 자주
는 볼 수 없지만 한 번씩 드문드문 볼 수 있다고 한다.

12) 고래치, 놀래기

　'놀래기'의 방언으로 남해쪽에서는 '놀래기'로, 동해쪽에서는 '고래치'로
말한다고 한다. '놀래기'는 다른 말로 '놀래미, 노래미'라고도 한다. 남해에
서는 '놀래기'와 '고래치'는 같은 고기로 보지만 이 지역에서는 서로 닮은
면은 있지만 각기 다른 종류의 고기로 본다. 그래서 제보자는 '생긴 거는
얼추 한 마 오촌 같이 닮았는데'라고 표현했다. 그러나 '고래치'는 색깔이
누렇거나 노랗지만 '놀래미'는 '붉은 거도 있고 고 또 약간 깔추한 것도 있
고 색깔도 여러 가지'라고 하면서 여러 가지 색깔을 지니고 있다고 한다.
　놀래기는 다 큰 것은 '놀래기'로, 새끼는 '애놀래기'라고 하는데 이 모두

회 또는 찌개류로 먹거나 지저먹을 수도 있어 다양하게 이용된다고 한다.

13) 날치

7월 쯤 되면 바다 위를 날아다니는 물고기를 '날치' 또는 '날치기'라고 한다. 옆으로 약간 납작한 원통형으로 가슴지느러미가 커서 날개 모양을 이룰 수 있는데 이를 이용해 바다 위를 2~3미터 날아 오른다.

14) 장치

가늘고 긴 모양의 고기로 '길다'는 의미의 '장(長)'을 사용해 '장치'라고 한다. 장치는 작은 것부터 크기가 큰 것까지 다양한데 큰 것은 겉이 오돌 오돌하고 살이 야문데 맛이 없어 식용하지 않는다고 한다. 뱀장어와 비슷한 형태의 물고기를 이르는 말이다.

15) 빨간열개미, 노란열개미

볼락을 이 지역에서는 '열개이', '열개미' 또는 '열갱이'라고 한다. 이 열개미는 색에 따라 '빨간열개미' '노란열개미'로 부른다. 이때 '열개미'를 줄여서 '열개'라고 하기도 해 '빨간열개'로도 말하기도 한다. '빨간열개미'는 다른 말로 '이끼무스'라고도 하며, 열개이는 [열게이.]로 발음한다.

17) 이면수

임연수어를 말하는 것으로 임연수어를 빨리 말하면서 생긴 말로 보인다. 이면수는 주로 큰 고기를 말하고, 작은 고기는 '새치'라고 한다.

18) 풍이

강원도에서 주로 나는 것으로 이 지역에서도 예전에는 가끔 잡혔다고 한다. 강원도 지역에서는 이 고기를 제사나 큰일 음식에 주로 사용한다고 한다. 입 주변이 마치 바람이 들어간 것 같아 '풍이'라고 하는데 이 모양이 복어와 유사하다고 한다. '풍이'는 주로 12월에 많이 잡힌다.

이 외에도 이 지역에서는 숭어를 '수치'라고 하거나 입이 큰 고기를 '신티, 신충'이라고 부르기도 한다.

2.4.4. 패류

1) 찔쭉골뱅이, 꼬치골뱅이, 전복골뱅이, 문어골비, 털골비, 참골비

'고동'을 이 지역에서는 '고동, 고둥, 골뱅이, 골비'라고 부르는데 이는 암수에 따라 '암고동' 또는 '암골비'와 '숫고동' 또는 '수골비'로 말한다. '암고동'은 주로 흰 색을 띠고 있으며 짧고 둥글게 생긴 것으로 창자를 뺀 후 식용할 수 있다. 반면 '숫고동' 주로 검은 색이거나 붉은 색을 띠며 길고 가늘게 생겼으나 거의 먹지 않는다고 한다.

이 외에도 고동의 특징에 따라 명칭이 달라지기도 하는데 모양이 길쭉하게 생긴 골뱅이는 '찔쭉골뱅이'로, 골뱅이 중에 크기가 작은 것은 '꼬치골뱅이'로, 전복의 생김과 비슷하게 생긴 골뱅이는 '전복골뱅이'라고 한다. 이 중 '꼬치골뱅이'는 모양이 고추처럼 작다고 해서 생긴 말로 다른 말로 '꼬치고동, 새끼골뱅이'라고 하고 이를 줄여서 '꼬치'라고 하기도 한다. '전복골뱅이'는 전복이 없을 때 전복을 대신해서 사용하는 큰 고동으로 전복과 모양 뿐만 아니라 맛도 비슷해 식당에서 전복 맛을 내는데 주로 사용한다고 한다. 그래서 다른 골뱅이에 비해 가격도 비싸고 수요도 많다고

한다. 이 외에도 '골비' 중 검고 푸른색을 띤 것은 '참골비'라고 하고 흰색
을 띤 큰 골뱅이는 문어의 색깔과 맛을 닮았다고 '문어골비'라고 한다. 예
전에 먹지 않고 버렸던 골뱅이 중에서 지금은 먹는 골뱅이가 있는데 온몸
에 털이 나 있다고 '털골비'라고 하는데 껍데기가 크고 단단한 것이 특징
이다.

[사진 90] 골뱅이

[사진 91] 꼬치골뱅이

2) 참군수, 말군수

군수는 바다달팽이 '군소'를 말하는 것으로 이 지역에서는 '군수'라고 부
른다. 제보자는 '영덕군수(郡守)할 때 군수'라고 말하면서 같은 말임을 강
조했다. 군수는 식용을 하냐 하지 못하냐에 따라 두 가지로 나누어진다.
이 중 식용할 수 있는 군수는 '참'을 붙여 '참군수'라고 하는데 꺼만색에
점박이가 있는 것으로 주로 익혀서 먹거나 삶은 후 말려서 먹는다. 군수
의 종류 중 식용하지 못하는 것으로 물렁물렁한 형체에 주로 붉은색을 띤
것은 '말군수'라고 하는네 냄새가 나며 맛이 없어 먹지 않는다. 그러나 경
남 지역에서는 '말군수'를 먹기도 한다고 한다. 군수 중 큰 것은 강아지만
한 것도 있다고 한다.

[사진 92] 참군수

[사진 93] 군수

3) 마른딱갑, 물딱갑

'딱갑'은 흰 색의 삿갓의 형태로 생겼으며 몸이 바위에 붙어 서식하는 어패류이다. '딱갑'은 어느 곳에서 사느냐에 따라 '마른딱갑'과 '물딱갑'으로 나누어진다. '마른딱갑'은 딱갑의 종류 중 물 위에서 사는 것으로 주로 육지와 가까운 물기가 없는 저지대에서 서식한다고 해서, '물딱갑'은 물 속에서 서식하는 것으로 물기가 있는 바다 속에 산다고 해서 붙여진 이름이다.

4) 적성게, 까만성게, 말똥성게

이 지역에서는 성게를 '성게' 또는 '구생이'라고 한다. 둥근 몸에 석회질의 가시가 빽빽하게 박혀있는 성게는 색상에 따라 두 가지로 나누어진다. 가장 흔히 볼 수 있는 붉은 색을 띠고 있는 성게는 '적성게'로, 검은 빛을 띠고 있는 성게는 '까만성게'로 부른다. 그러나 이를 같은 대상을 지칭하는 말로도 사용하고 있었는데 이는 적성게의 빛이 검은 색과 붉은 색을 모두 띠고 있기 때문이라고 한다. 성게가 산란기가 되면 알에서 흰 물이 생기는데 이를 '곤'이라고 한다. 보통 이 '곤'을 먹으면 머리가 어질어질하

[사진 94] 성게

[사진 95] 성게 작업

다고 해 먹지 않고 버린다고 한다.

성게의 종류 중 생김새가 둥글고 말똥과 비슷하게 생긴 것으로 껍질에는 짧고 가는 가시가 나 있는 것을 '앙장고', '앙장게', '앙게'라고 한다. 여기에 '밤'을 붙여 '밤앙장고, 밤앙장게'라고 하기도 한다. 또 생김새가 말똥과 닮았다고 해서 '말똥성게'라고 부르기도 한다. 이러한 '앙장고'의 알을 '앙까' 또는 '앙기'라고 한다.

[사진 96] 말똥성게(앞)

5) 흔물

이 지역에서는 전복을 '흔물' 또는 '헛물'이라고 한다. 그래서 해녀들이 바다에 전복하러 간다는 표현을 '흔물하러 간다'라고 한다.

[사진97] 전복(뒤)

6) 홍해삼, 흑해삼, 나무해삼

해삼은 색상에 따라 두 가지로 나누어진다. 우리가 흔히 볼 수 있는 붉으스름한 빛깔을 띠고 있는 해삼은 '홍해삼'이라고 하고, 검은 빛을 띠고 있는 해삼은 '흑해삼'이라고 한다. 이 외에도 생긴 모양이 마치 잘라놓은 나무와 닮은 '나무해삼'이 있는데 이는 만지

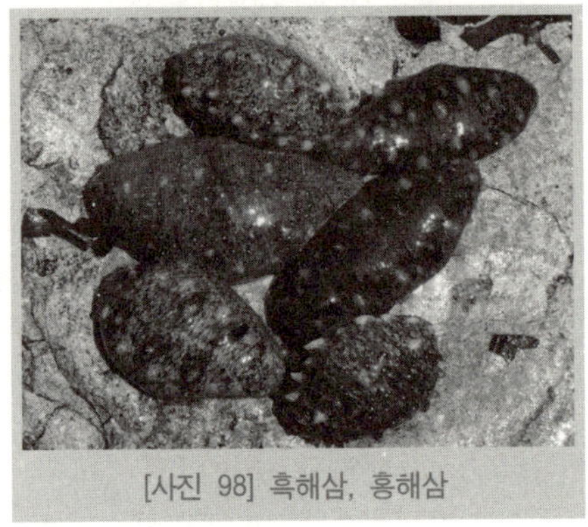

[사진 98] 흑해삼, 홍해삼

면 딱딱해 생으로 먹지 않고 주로 삶아서 소금에 절여 먹는다.

7) 열합, 홍합

바닷가에 주로 서식하며 홍합보다 작은 어패류를 '열합'이라고 말한다. '홍합'과 '열합'을 구분하는 기준은 크기이다. 이들을 '홍합'이라고 하기도 하고 '열합'이라고 하기도 하지만 큰 것은 '홍합'으로, 작은 것은 '열합'으로 부른다. 전복, 열합 등의 어패류에 붙은 석회질과 해초를 '적'이라고 표현하고 있었는데, 이것으로 인해 안의 내용물이 크지 못 한다고 한다. 그래서 '적'이 붙은 '열합'은 먹을 것이 별로 없다고 한다.

2.4.5. 해조류

1) 모미역, 물미역(물밑미역), 세미역

해녀는 미역이 '미역'과 '미역줄기', '발뿌리', '꾸다리', '빼다리'로 구성된다고 했고, 미역생산업자는 미역이 '미역귀'와 '미역쭐거리', '미역뿌리'로

[사진 99] 열합

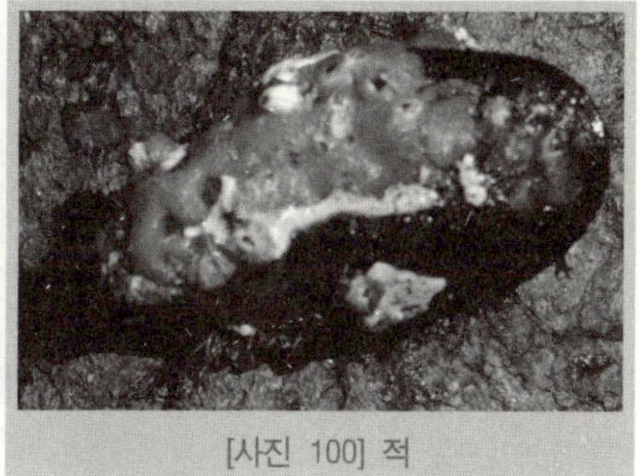
[사진 100] 적

구성된다고 했다. 이중 '발뿌리'는 미역의 뿌리 부분을, '꾸다리'는 암컷에
만 나는 미역줄기를, '빼다리'는 수컷에만 나는 미역줄기로 미역의 길쭉길
쭉한 잎을 말한다. 이 중 '꾸다리'는 여러 개의 줄기가 겹쳐 꽃모양을 이루
는 것이 마치 사람의 귀를 닮았다고 해서 '미역귀'라고도 하고, 미역의 부
분 중 가장 윗부분에 있고 둥글게 생긴 모습은 사람의 머리와 닮았다고
해서 '미역머리'라고도 한다.

미역줄기의 경우 암컷과 수컷에 따라 명칭을 달리 부르는데 이를 수컷
의 것은 '수꾸다리'로, 암컷의 것은 '암꾸다리'로 말한다. '꾸다리'는 미역줄
기가 둥근 모양으로 말아져있는 것을, '빼다리'는 가늘고 길게 늘어진 것
을 말하는데 대체적으로 '꾸다리'는 '빼다리'보다 크고 둥근 모양으로 생겼
다. 보통 '꾸다리'와 '빼다리' 모두 생으로 먹기도 하지만 주로 말려서 먹거
나 튀겨서 먹는다. 이중 '꾸다리'는 마른 상태에 따라 명칭을 달리 부르는
데 마른 미역 줄기는 '마른꾸다리'로 생 것의 미역 줄기는 '생꾸다리'로 부
른다. 제보자는 서울 지역 사람들은 '꾸다리'를 '미기'라고 부르고 있다면
서 지역에 따라 사용하는 명칭이 다름을 확인시켜 주었다.

또 미역은 미역의 종류에 따라서도 명칭이 나누어지는데 해녀는 미역
이 크게 세 가지로 나누어진다고 했고, 미역생산업자는 미역이 크게 두
가지로 나누어진다고 했다. 먼저, 해녀는 미역을 '모미역', '물미역', '세미

역'으로 구분하고 있었는데, 이 중 '모미역'은 물이 얕은 곳에서 나는 미역으로 수분이 많지 않은 것이 특징으로 주로 '물미역'과 반대되는 개념으로 사용하고 있었다. '물미역'은 물 깊은 곳에서 나는 미역으로 수분이 많은 미역이고, '세미역'은 구멍이 뺑뺑 뚫혀져 있고 겉이 오돌도돌한 미역으로 주로 말려서 장아찌로 먹거나 생으로 쌈을 싸서 먹는 것이다.

미역생산업자는 미역 종류를 '모미역'과 '물밑미역'으로 구분했는데, '모미역'은 바위 위, 즉 물 위에서 나는 미역으로 주로 바다보다는 육지와 가까운 쪽에서 나는 미역을 말하고 있었다. 이 미역은 '물밑미역'에 비해 질겨 국거리로는 적당하지 않지만 '물밑미역'이 싱거운 반면 '모미역'은 단맛이 있어 생으로 주로 먹는다. 이렇게 생으로 먹는 미역을 '생미역'이라고 하는데 주로 건조하기 전의 미역을 말한다. 『표준국어대사전』에서는 이를 '물미역'이라고 했는데 이는 사용하지 않고 '생미역'이라고 표현하고 있었다.

미역씨를 '원씨' 또는 '씨알'이라고 표현했었는데 이 중 '씨알'은 미역 씨의 알을 말하고(=씨앗), '원씨'는 원래 그 자리에 나야 할 씨앗을 가리키는 말이다. 이 외에도 미역이 날 때 바다 밑의 색깔을 '껑추리하다'라고 표현했는데 이는 검은색은 아니지만 이와 비슷한 검은 빛이 돈다는 의미이다.

미역을 건조시킨 후 적당한 크기로 묶은 것을 '오리'라고 하는데 이 '오리'는 크기에 따라 '대각', '중각', '소각'으로 나누어진다. 이중 '대각'은 다른 말로 '큰각'이라고도 하는데 미역을 여러 개 겹쳐 미역오리 중 가장 큰

[사진 101] 미역

[사진 102] 대각

오리를, '중각'은 중간 크기를, '소
각'은 미역오리 중 작은 오리를 말
한다. '소각'은 말린 미역 중에서
길이가 가장 짧고 두께가 얇은 미
역이라는 의미에서 '조각'이라고도
한다. 보통 미역오리를 만들 때 하
나의 뿌리를 가주고 있는 미역을

[사진 103] 도박

묶어서 만드는데 이처럼 한 묶음이 되는 미역을 '모지개'라고 한다. 그
래서 '한 모지개', '두 모지개'로 미역 묶음을 나타내는 단위로 사용하고 있
었다.

2) 참도박, 개도박

'도박'은 녹색 또는 누런 녹색을 띠고 있으며 몸은 납작하며 선 모양의
짧은 줄기가 있는 풀이다. '도박'은 크게 두 가지로 나누어지는데 '개도박'
과 '참도박'이다. 이 중 '개도박'은 먹을 수 없는 도박을 말하는 반면 '참도
박'은 먹을 수 있는 도박을 말한다. '참도박'은 다른 말로 '진도박'이라고도
하는데, 바다 속에서는 적자색, 노란색, 녹색을 띠고 있지만 마르면 자줏
빛으로 변하는 특징이 있다. '참도박'은 풀가사리와 함께 예전에는 과자의
재료로 사용하거나 풀을 쑤어 접착제로 사용히기도 하고, 도박에 밀가루
를 묻혀 찐 후 초장에 찍어 먹는 간식 대용으로 이용하기도 했다고 한다.
그러나 지금은 도박을 먹는 사람은 아무도 없고 접착제의 재료로만 이용
된다고 한다. 이리힌 도박은 연한 녹색을 띠고 있는데 이를 제보자는 '녹
꾸무리하다'라고 표현했다.

3) 미자반

바다풀의 하나로 줄기 끝에 동그란 물주머니가 달려있어 먹으면 입 안에서 동그란 물주머니가 똑똑 터진다. 주로 식해를 넣어서 무쳐 먹는다.

4) 쟁미리

가는 나무 형태의 해초로 예전에는 많이 먹었으나 지금의 잘 먹지 않는 것이다. '쟁미리'의 부분 중 동그란 부분을 '방우리' 또는 '빵우리'라고 표현한다. '미자반과 마찬가지로 주로 무쳐서 많이 먹는다.

5) 다시마

누런 녹색을 띠고 있는 '다시마'는 쪄 먹거나 생으로 먹는다. 제보자는 '다시마'를 '곰피'라고 표현하기도 했다.

6) 듬복

붉은 나무색을 띠고 있는 해초로 진저리와 비슷하나 잎이 진저리보다 넓다. 바다풀은 육지에서 나는 것과 달리 많이 먹으면 속이 좋지 않아 '속이 달아진다'라고 표현하는데 '듬복'은 많이 먹어도 속이 괜찮은 바다풀로 흉년에는 밥 밑에 넣어서 많이 먹었다고 한다. 예전에는 많이 보였는데 요즘에는 많이 나지 않는 바다풀이다.

7) 우뭇가사리

돌 위에 난 붉은 색의 해초로 주로 뜯어서 쪄 먹는다. '우뭇가사리'와 '천초'를 구별없이 사용하는 지역도 있지만 제보자는 서로 다른 바다풀이라고 말했다.[18] 제보자는 '아니지. 우리는 천초라 하는데 저 울산쪽에는 우뭇가사리라 하데. 또 그러고 우리는 돌 위에 우뭇가사리라고 따로 있어. 돌 위에 빨간 거 났는 거 그거 뜯어가 쪄 먹고 그랬는데.'라고 하면서 '우 뭇가사리'는 돌 위에 나고 '천초'는 바다 속에서 나는 것이라고 했다.

8) 천초

  우뭇가사리와 비슷하게 생긴 것으로 바다 밑에서 나는 것으로 '천초' 또 는 '천목'이라고 한다. 붉은 갈색을 띠고 있으며 가늘고 짧은 가지로 되어 있다. 주로 말린 후 풀을 쑤어 묵으로 만들어 먹는다. 이렇게 만든 묵이 살 빠지는데 효과가 있어 수요가 많다고 한다.

[사진 104] 천초

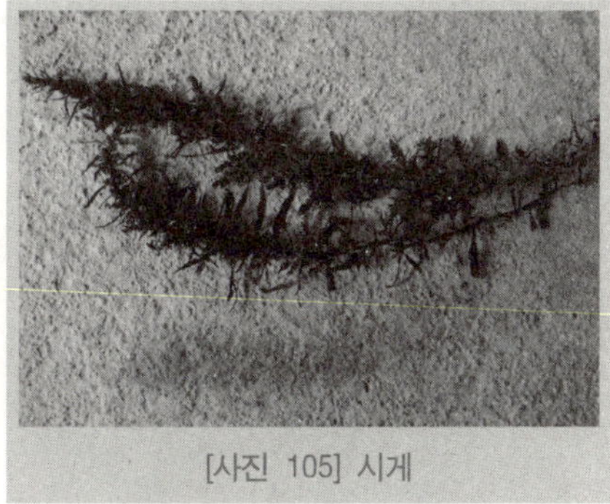

[사진 105] 시게

9) 시게

  짙은 갈색의 해초로 긴 가지에 나무처럼 풀이 난 것으로 무쳐서 먹을 수 있는 식물이다.

---

18) 『표준국어대사전』에서도 이를 같은 대상을 지칭하는 명칭으로 보고 있다.

10) 서실

가늘고 긴 갈색의 해초로 잎이 산발적으로 나 있다. 주로 봄, 가을에 많이 먹으며 겉 표면이 까칠까칠하며 주로 무쳐서 많이 먹는 식물이다.

11) 앵초

도박과 비슷하게 생겼지만 도박보다는 꼬불꼬불하게 생긴 해초이다.

12) 진저리

붉은 나무색으로 된 해초로 가는 나무 형태와 비슷하게 생겼다. 거머리말을 나타내는 것으로 이 지역에서는 '진저리'라고 하며 식해에 버무려 무쳐 먹는다. '진저리'는 바다 속에서는 연두빛을 띠고 있지만 육지에서는 시간이 지나면 붉은 색으로 바뀐다.

[사진 106] 진저리

[사진 107] 톳

13) 톳

돌 위에 난 붉은 갈색의 해초로 한 뼘 정도의 길이로 난다. 가늘고 길게 생긴 해초로 '톳'이라고 하지만 '토시'라고도 말하며 '톳'에 '나물'을 결합해 '톳나물'이라고도 한다.

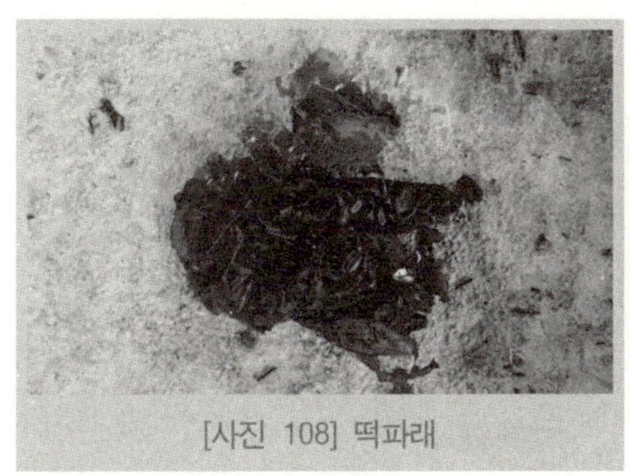

[사진 108] 떡파래

[사진 109] 실파래

14) 떡파래, 실파래

'파래'는 가장자리는 물결 모양을 이루고 빛깔은 광택이 있는 푸른 빛을 띤다. '파래'는 종에 따라 김과 같이 넓적하고 얇은 것과 가늘고 긴 것이 있는데 모양새에 따라 크게 '떡파래'와 '실파래'로 나누어진다. '떡파래'는 잎이 넓고 두꺼운 파래를 말하며, '실파래'는 잎이 좁고 가는 것을 말한다. 이러한 '파래'는 민물이 흘러드는 바다에서 자라며 이는 모두 향기와 맛이 있어 식용할 수 있다. 예전에는 과자를 만들 때 색을 내는 재료로도 사용해 수요가 많았다고 한다.

2.5. 행위

2.5.1. 채취 행위

1) 육지일, 자물질

어느 장소에서 일을 하느냐에 따라 일의 명칭을 달리 부르는데 육지와 바다일로 나눌 때 육지에서 하는 일 또는 행위를 '육지일', 바다에서 하는 일 또는 행위를 '자물질'이라고 한다. 주로 해녀들이 바다에서 하는 일과 육질일을 비교해서 사용하는 말이지만, '바다일'이라고 사용하지 않고 '자물질' 또는 '자무질, 자물, 물질'이라고 한다. 해녀들이 바다에 들어가서 해산물을 채취하는 것을 말하는 것으로 행위 자체를 나타낼 때는 '자물다'라고 표현한다.

2) 겨울바리, 여름바리

해녀들이 하는 자물질은 어느 계절에 하느냐에 따라 '겨울바리'와 '여름바리'로 나누어진다. '겨울바리'는 겨울에 하는 물질을, '여름바리'는 여름에 하는 물질을 말한다. 해녀들은 계절 외에도 잡는 대상물과 관련해서도 '바리'를 사용하고 있었는데 예를 들면, 꽁치를 잡는 일은 '꽁치바리'로, 오징어를 잡는 일은 '오징어바리', 전복을 잡는 일은 전복을 의미하는 '흔물'을 사용해 '흔물바리'라고 한다. 일을 하는 행위 외에 그 행위자를 가리키는 말로도 사용하기도 한다.

[사진 110] 자물질

[사진 111] 여름바리

3) 해녀질, 잠질, 배질

'자물질' 또는 '자무질'에서처럼 '-질'을 해녀들은 다양한 표현에서 사용하고 있었다. 잠을 자는 행위는 '잠질'로, '해녀일'과 같은 말은 '해녀질'로, 배를 타고 하는 자물질은 '배질'로 사용하고 있었다. 그래서 제보자는 "해녀질을 한 지 40년이 되었다", "아 자다가 마마 잠질에 일나가지고 뭐시고 저 있고 떡 갔는데요"로 말하고 있었다.

4) 낫거리

낫으로 어패류를 채취하는 일을 '낫거리'라고 하는데 이는 의존명사 '－ 거리'가 명사 '낫'에 결합해 낫으로 하는 일을 의미한다. 이 외에도 '일거 리' 등도 사용되고 있었다.

5) 짱쿤다[19]

어패류를 '다듬는다, 손질한다'의 의미로 '짱쿤다, 짱군는다'라고 표현한 다. 해녀들이 어패류를 다듬을 때 사용하는 말이었지만 이 지역의 다른 주민들도 채소나 나물을 다듬을 때도 사용하고 있었다.

6) 물 찌우다

성게가 산란기가 되면 알에서 생기는 흰 물을 '곤'이라고 하는데, 이 곤 이 생기는 것을 방지하기 위해 하는 작업을 '물 찌우다'라고 표현한다. 채 취한 성게를 담아둔 조리를 물 속에 담가둔 상태를 말한다. 어패류를 물 찌우면 찰기가 빠져 맛이 덜해지므로 모든 어패류에 물을 찌우면 안 된다.

7) 짬매기, 미역기새작업[20]

주로 해녀들이 바다 속에 들어가서 해산물을 따는 일을 '물질' 또는 '자 물질'이라고 한다. 그러나 미역 작업은 '물질'이라고 하지 않고 '짬매기' 또 는 '미역기새작업'라고 표현한다. 바다 밑에 있는 바위에 미역씨가 앉을 수 있도록 바위를 깨끗하게 정리하는 일은 '짬매기'라고 하고 미역바위의 잡풀을 제거하는 일 즉, 김을 매는 작업은 '미역기새작업'이라고 말한다.

---

19) '짱쿤다', '물 찌우다' 채취행위는 아니지만 채취행위 후의 과정이므로 같은 연관관계 속 에서 정리했다.

'짬매기'는 바위를 의미하는 '짬'에 '매다'의 명사형이 결합해 만들어진 말로 이 지역에서는 보통 10월 중순에서 11월 초순에 시행하고 있었다. 짬매기는 시레라는 도구를 이용해 바다 속에 있는 바위를 긁어주는데 '짬'에 다른 잡풀이 나는 것을 제거해 미역이 잘 자랄 수 있도록 하기 위해서 한다. 보통 짬매기는 하루 12시간 정도 물 속에서 작업을 하기 때문에 굉장히 힘든 작업이라고 한다. 이러한 전체적인 행위를 '짬매기'라고 하고 시레로 긁어주는 행위는 '실는다'라고 한다.

[사진112] 미역채취작업(1)

[사진 113] 미역채취작업(2)

2.5.2. 어로 행위

1) 배질

해녀들이 바다 속에 들어가서 해산물을 따는 일은 '물질'이라고 하고, 어부들이 배를 타고 고기를 잡는 일은 '배질'이라고 한다. 대상물에 '질'이 결합해 그에 해당하는 행위를 표현한 말이다. 예전에는 노를 저어 배를 가게 하는 일도 이 배질을 의미했지만 지금은 어부들의 직업을 통칭하는 의미로 주로 사용되고 있었다.

---

20) 짬매기는 엄밀한 의미에서 채취 행위에 속하지 않지만 미역을 얻기 위해 하는 기초 작업으로 보아 채취 행위에 포함시켜 정리했다.

[사진 114] 배질

[사진 115] 꽁치바리

2) 끌치기

고기를 잡기 위해 고기밥을 단 것을 끌어당겨서 고기를 잡는 행위를 '끌치기'라고 하는데 '끌어치다'에 명사형어미 '-기'가 결합한 말이다. 보통 끌치기 기구를 이용해서 한다.

3) 홀치기

예전에 사용되었지만 지금은 사용하지 않는 고기잡이 방법이다. 그물을 친 후 나무로 된 목선을 이용해 그물 주변을 둘러싼 후 그물을 홀쳐 고기를 잡는 방식으로 '홀치다'에 명사형어미 '-기'가 결합한 말이다. 예전에는 목선에 노를 저어 작업을 했지만 지금은 이와 비슷한 방법을 저인망배로 힌디.

4) 대게바리, 문어바리, 꽁치바리, 그물바리

대게를 잡는 행위 또는 일을 '대게바리'로, 문어를 잡는 행위 또는 일을 '문어바리'로, 꽁치를 잡는 행위 또는 일을 '꽁치바리'라고 한다. 이 외에도 그물로 어류를 잡는 일을 '그물바리'로 통칭해서 사용한다. 바리는 주로 행위 또는 사람을 표현하는 의미로 사용되었는데 '대상물+바리' 또는 '대상물 채취 도구+바리'의 형식으로 사용되었다. '대게바리'와 '문어바리'는 주로 깊은 바다에서 대게나 문어를 잡는 일을, 그물바리는 바다의 가장자리 얕은 곳에서 그물로 고기를 잡는 일 또는 행위를 말한다.

2.6. 행위자

2.6.1. 해녀 명칭

1) 상군, 중군, 하군

보통 해녀들을 몇 명씩 무리를 지어서 일을 하는데 그러다 보면 '자물질'을 잘하는 사람과 그렇지 못한 사람의 차이가 나기 마련이다. 그래서 무리 중에 '자물질'을 잘하는 사람은 '상군'으로, 보통 일반적인 해녀는 '중군'으로, 자물질을 잘하지 못하는 사람은 '하군'이라고 한다. 바다를 잘 타는 '상군'은 주로 깊은 바다에서 작업을 하고 '하군'은 주로 얕은 곳에서 작업을 한다. '인제 성게 같은 거 인제 해오면 작은 거 해가지고 오면 주깨찮아. 주깨면 그러면 속이 상해가지고 마 씨끄럽다 마마 상군이 잘하지 뭐 하군이 상군 따라가네나. 이렇게 그런 걸로 싸워. 한 번씩 싸운다니깐'라는 해녀들 말에서 보면 '자물질'의 실력으로 인해 속이 상하는 일이 많음을 알 수 있다.

해녀들이 물질을 나갔을 때 바다 속 깊이를 나타내는 단위로 '숨'을 사용한다. 그래서 '상군'이 깊이 내려가는 것을 '상군들은 몇 숨씩 내려가나 하군들은 몇 숨 내려가지 못 한다'라고 한다. 이 외에도 깊은 곳에 들어가다는 의미로 '타다'를 사용해 '좀 수심 깊은 데 타는 사람 두 첩에 한 몫에 다 먹고. 우리도 같은 사람 한 첩 먹고'라고 표현했다. 이 말에서 알 수 있듯이, 상군이 중군이나 하군에 비해 깊은 바다에서 작업을 한 댓가로 더 많은 몫을 가져간다는 것을 알 수 있다.

2) 머구리, 잠수기

　예전에는 미역 기새작업을 해녀가 아닌 잠수부들이 했는데 이를 '머구리' 또는 '잠수기'라고 한다. 지금은 남자 잠수부 '머구리'가 사라지고 해녀가 기새작업과 짬매기를 하고 있다. 그래서 잠수부를 나타내는 '머구리'라는 말을 해녀들에게도 사용하고 있었다.

제4장 장인의 말

1. 옹기장의 말

1.1. 생애 구술[21]

―그러이 불 다 때고 나면 거의 반 죽는다고 보면 돼.

첫 번째, 옹기와의 인연 이야기

―쪼매날 적에 열네 살 먹었는 게 그거 뭐 알겠노.

문 아 그리고 참 어른 옛날에 있잖아요 도자기 옹기. 예전에 지금처럼 이렇

---

21) 제보자 백광훈은 찾아갈 때마다 선글라스와 같은 안경을 끼고 있었다. 인물 사진을 찍으면서 보기 좋게 벗고 찍자고 했지만 한사코 안경을 끼고 찍겠다고 했다. 그러면서 그는 옹기 소성작업을 하면서 시력은 물론 눈이 많이 상해서 이 안경을 항상 껴야 한다고 했다.

[사진 116] 옹기

[사진 117] 백광훈

[사진 118]
소성작업 중인 백광훈

게 안 그러고 그럴 때 처음에 옹기작업하고 이렇게 만드시던 그 시절 얘기 좀 해주세요. 옛날에 뭐 어떻게 보면 좀 힘들었던 시절일 수도 있고 아니면은 뭐 처음에 인제 뭐.

답 그 그 그때는 내가 맨 첨에 시작하고 이럴 때만 해도 그 우리 동네난 세산했을 적에 우리 오촌{오천} 이 동만 계산했을 적에 하루에 밥을 아니지. 끼니를 죽이라도 하나에 세 끼를 다 묵고 살 수 있는 사람들이 십 프로가 안 됐다니. 그래 그랬어. 심지어 하루에 한 끼 먹고 뼈우는 사람도 있고 봄 되면 거의 산에 가 나물 캐다묵고{캐먹고} 다 그 시절이었다니깐. 그러니깐 거의 뭐 비슷한 세월을. 그래도 옹기 만드는 사람은 밥 걱정은 안 하고 살았으니깐. 어차피 뭐 물건은 사가지고 가니깐 그때 그때

우리 같은 경우에는 오히려 그 밥을 못 먹는다 카는 이런 걱정보다 지금
처럼 그때 몸을 얼마나 험하게 놀렸나 그러면 그땐 술이 막걸리가 주었
고 소주는 그래도 아 참 이거는 돈이 조금 형편이 풀릴 적에 요즘 양주
먹는 비교를 하면 오히려 요새 사람들 양주 먹는 거 오히려 실지 기분
내키면 양주 요새 속 배릴까{버릴까} 겁이 나서 안 먹지. 그 돈 때문에
안 먹진 안 한다는 얘기거든. 양주를. 그런데 그때 오히려 소주라 그러면
그 돈 때문에 못 먹는 사람들이 엄청나게 많지. 막걸리 집에서 해. 요즘
은 막걸리 집에서 암만{아무리} 해먹어도 법이 안 걸렸잖아. 그때는 그
세무서에 양조법에 걸려가지고 막걸리 집에서 담가먹다가 걸리면 벌금
하고 엄청나게 법에 제재를 많이 받아.

문 아 양조법에.

답 그래. 그러니깐 그때는 집에서 인제 막걸리 담아가지고 오만{여러} 데
숨구잖아{숨기잖아}. 예를 들어 우리집 같으면 저 뒤에 저거저거 산에
수풀 속에다가 갖다가 단지를 갖다가 묻어놓고 이런 식으로 했단 말이
야. 그래서 가마이. 농주도 그렇게 담가묵는{담아먹는} 거야 옛날엔.

문 아니 자기 집에 자기가 담가먹는데.

답 안 됐지. 그니깐 옛날에는 한 마디로 해가지고 집에서 술 담가묵으면 양
조장에서 막걸리가 덜 팔리니깐 세무서와 양조장 사람들과의 즉 말하면
결탁이지. 결탁. 그 양조장에 사장이 세무서 직원들께 고발하지 않고 며
칠 가가지고 어디어디 기거를{그 곳을} 댕겨라{다녀라}. 몇 동네 기거를
{그 곳을} 댕겨라{다녀라} 카고 카면 촌 사람들 벌금 좀 내뿌면{내버리
면} 겁이 나 몬{못} 담가묵는다니깐{담아먹는다니깐}.

답 그런 식으로 했는 시절에 우리는 이 일 인제 그때 골병. 그게 인제 골병
들었는 거라. 인자 가을. 지금으로 칠 것 같으면 아마 음력으로 칠 것 같
으면 팔 월. 이 정도부터 시작하면 야간작업으로 들어가. 그래 들어가면
겨울에 추위가 완전히 꽁꽁 얼어가지고 이 일 못 할 때까지 할 수 있는

기간이 약 한 삼 개월 정도 일할 수 있거든. 이 삼 개월을 밤낮 주야로
일하는 거라. 하루에 많이 잘 수 있는 시간이 으~ 많이 자면 한 다섯 시
간. 그 밤 열두 시까지 일하고 새벽 네 시 다섯 시 돼가 다시 일하러 나
오니깐 한 마디로 죽는 긴데 그때는 또 한참 빠리빠리하고 이십 대니깐
저녁에 뭐 친구들하고 밤 새도록 어디 놀러가가지고 술 한 잔. 열두 시
되가 일 마치고 또 놀러간다니깐. 놀러가다 보면 밤새미 하고 뜬 눈으로
공장에 일해야 돼요. 그 습도만큼 탁한 그래 그런 요즘 같으면 벌써 죽
었지. 그땐 그래도 뭐 젊었으니깐 예를 들어 툭툭 일어나가지고 일하고
인제 사실 그때는 그거를 힘들다고 생각 모했지{못했지}. 힘들다고 생각
했으면 그래 해내나 모하지{못하지}. 힘이 있으니깐 그땐 그런대로 그냥
넘어갔는데 그래도 그땐 돈도 좀 큰 돈 아니라도 돈도 좀 됐고 이랬으니
깐. 딴 사람에 비해서 그래도 나는 아주 뭐 그 위선에{우선에} 죽을만큼
그렇게 연기 엄청난 연기 숯까치 연기 들어마셔 가면서 그렇겐 일을 안
했다니깐. 그래도 지금 생각해보면 야 참 그때 참 그거는 일이 아니고
바로 죽을라고 했는 짓이다. 그냥 사무 보는 것도 아니고 하루에 노동일
을 스무 시간씩 한다 카는 그거는 그거 한 번 생각해봐라.

문 그면 첨부터 이거 옹기 만드는 것부터 하셨어요?
답 그렇지. 난.
문 아 뭐 그네꾸이나
답 아니 아니 아니지. 난 첨부터 옹기를.
문 뒷일 이런 것도 안 하고
답 옳지 옳지. 옛날에도 이것도 인제.

이게 한 달 배웠는지 한 달도 채 못 배운 거치고는 너무 잘한다 이기
지. 고 다음 가마부터 주인도 인제 내 허락을 안 받는 기라.
문 단계가 있을 거 아니에요

🔲 처음부터 아니. 이걸 배울 적에 흐를{흙을} 배워가지고 그네를 배워가지고 옹기 만드는 걸 배우는 게 아니고 지 분야별로 배우고 싶으면 내 같은 경우는 형 밑에서 배웠기 때문에 바로 옹기를 바로 배울 수 있었다. 그래 옛날에도 그게 옹기를 배워가지고 인제 예를 들어서 몇 달을 배운다든지 일 년을 배운다든지 배우다가 인제 주인이 없어. 아 저 정도는 반값이라도 받고 쓸 수 있겠다 카는 거는 나머지 끄어가지고 바로 흙으로 쓰고 고건 말라가지고 인제 정원 차가지고 구덩이에 넣어보는 거야. 여가지고 굽어내보고 아 요 정도면 괜찮다 싶으면 맨 첨에 요즘 같으면 예를 들어서 마 한 자리에. 저 한 개 만드는데 인건비가 그러면 마 오만 원이라 가정하자. 가정할 것 같으면 맨 첨에 품을 주는 게 삼십 프로 주는 거야. 만칠천 원 정도 고게서 고 단계에서 올라가는 기지. 인제 한 가마 뜨면 조금 더 잘 만드면 거 한 이만 오천 원, 삼만 원 그러다가 인제 한 일 년 이 년 지나가지고 아 봐서 저 정도는 반 프로급이다 싶으면은 정식으로 해가 나가는데. 그래 처음부터 흘일꾼{흙일꾼}. 흙일부터 그네로 배워가지고 옹기를 만드는 배우는 사람도 가끔 있고

🔲 저는 그런 줄 알았어요.

🔲 아니지 왜 글냐{그러냐} 그러면 그네를 하고 나면 옹기를 왜 못 배우는게 또 옹기를 거기서 배울라 그러면 최소한도 이 년이라 카는 아무리 잘 가르쳐준다는 사람 밑에서 배워가지고 직통으로 전승을 받는다 카더라도 이 년이란 세월이 허송세월이라. 그런데 하마 그네를 하마 거의 지만 능력 있고 힘 좀 좋은 사람을 내가 그랬제. 두 사람을 옹기 기술자를 두 사람 데려놓고 그네가 하나에 하마 똑같은 인건비를 가져간다. 반품이니깐. 근데 그거를 배우다가 이 옹기를 못 배운다니깐. 이 년을 또 품도 한 개도 못 받고 공짜로 일해야 된다니깐. 그렇기 때문에 한 파트를 배워버리고 나면.

🔲 아 공짜로 해야 되는구나. 그렇게 되면.

🈵 그러니깐 이거 맹 옹기 만드는 배우는 사람들도 인제 똑같애. 어떤 경우가 있냐 카면 빨리 옹기를 배워가지고 이 내맨치로{나처럼} 내가 한 이십 일 배워가지고 돈 돈 받았다니깐. 형 밑에서 바로 배웠기 때문에. 바로 형이 딴 데 신경 안 쓰고 내한테 와가지고 이기 잘 안 가르쳐준다니깐. 낸중에{나중에} 배우러 드가믄{들어가면}. "야 임마 그냥 이렇게 이렇게 하는 거 해." 그래 놔놔뿌고{둬버리고} 배우러 가면. 지가 보고 아이고 저렇게 하구나. 여러 사람 있으면 고렇게 되고 요렇게 해가지고 배워야 되지. 거 머 "자꾸 좀 가르쳐주세요" 이랬다가는 옹기 만드는 게 인제 이 와가지고 옳게 안 만들면 옹기 잘 만든다 카는 사람이 뭐냐면은 이 전이 안 휠떡거리고 뱅 돌아가는 사람이 최고 잘 만드는 사람이야. 근데 그게 예를 들어 서쪽 갔다가 남쪽 갔다가 이러잖아. 그러면 대가리 덮어 쌔려뿐다{때려버린다}. "새끼, 여태까지 가르쳐줬는데 그것도 못 만드나." 이런 식으로 된다니깐. 그러니깐 빨리 모 내 같은 경우에 나는 나가지고 흘일을{흙일을} 한다던지{한다든지} 그네일을 거들어줬는 일이 공짜로 거들어준 적 한 번도 없어. 나는 바로 이십 일 배워가지고 바로 반 값부터 시작해가지고 오십 프로부터 시작해가지고 바로 그 공장에서 형이 "내 동생 이 정도면 인제 돈 받아야 된깐{되니깐} 반품을 줘라" 카니께{하니까} 아이 아직 안 줘. "이 사람아, 한 달도 못 배웠는데 무슨 돈 주노" 카고 그 주인은 옹기를 보는 게 아니고 날짜를 보는 거야. "아직까지 반 년 이상은 배워뿌라{배워버려}." 이랬는데 "아이 치워라{그만 둬라} 제주도 보낸다." 카고 딴 집에 가서 오십 프로 받았거든. 그런데 이게 빨리 안 되는 사람은 더 안 되는 게 왜 안 되느냐 그러면 계속 공장 안에 앉아가지고 옹기만 배우러 놔나{두나}. 그 주인이. 그 아무런 저희도 보탬이 없는데 그래 놔두나{놓아두나}. 그러니깐 그것도 흘일{흙일} 놔노면{놔두면} 저 흘일{흙일} 좀 도 그거 공장을 도와줘야 돼. 그러다가 옹구{옹기} 말롱는데 또 그네꾼 말롱는데 거 좀 바쁘고 이러면 태양

을 막막 쬐고 이러면 옹기를 버석버석 말룬단 말이야. 저거 마 들롱고{들어놓고} 도 사실 그래 일도 우다보면 지가 옹기를 배울 시간이 한 시간 정도밖에 없어. 나머지 계속 부역해 줘야 되니. 그러니깐 더 안 될 수밖에.

문 그렇죠. 아 근데 그렇게 안 배우셨구나. 그죠. 부역 같은 거 한 번도 한 적 없고

답 나는 일절 해본 적이 없어. 나는.

문 그래도 지금은 흘일{흙일} 같은 거 이런 거 다 하시잖아요.

답 그러니깐 이 옹기를 만들 줄 알면 그네일이건 흘일이건{흙일이건} 안 배워도 자동적으로 하게 돼있어. 가장 중요한 게 인제 옹기 만드는 거. 옹기 만드는 거를 하마 숙달이 되고 프로가 돼버리고 고 나면 옹기 그 동안에 만들면서 재물 치고{잿물 치고} 내도록 드갔다가 나왔다가 그냥 봤기 때문에 이론은 하마 꽉 머리에 자기가. 그래서 실전만 안 했다 카는 거 뿐인데 이론은 머리가 꽉 자여져{짜여져} 있는 사람이 실전에 옮기는 거하고 이론 자체를 모르는 사람이 실전에 옮기는 거하고 엄청난 차이점이 있다. 그러니 옹기를 만들 줄 아는 사람은 저 유약 바르고 흘{흙} 일구로{일구는} 모하는{못하는} 사람이 아무도 없어. 그러니깐 왜 그러냐 그러면 자기가 예를 들어서 그네꾼이 뭐 몸이 좀 안 좋다던지{좋다든지} 이러면 같이 동거동락을 하니깐 서로 형제 같이 위해 줘야될 거 아니가. 어떤 경우는 딴 데서 만났으니깐 한 방에서 먹고 지고 이리니깐 한 집에서. 이러니깐 "몸이 아픈 사람은 들가라. 우리가 늘가가지고{늘려가지고} 오늘 오후에는 하께{할게}." 보내뿌고{보내버리고}. 쉬라고 보내뿌고{보내버리고}. 옹기 만드는 사람 지 꺼{자기 것} 흘을{흙을} 늘가{늘려가} 갖다놓고 쓴다. 그렇게 하지. 그러이 그네 하는 사람이나 그네를 오래 하는 사람이 큰 거는 못 만들어도 근사치에 요만한 거 조만한 거는 흉내는 낸다니깐 그 사람들이. 거 서당개 삼 년이면 풍월을 읊는다

그것과 똑같은 이치라. 그래 인제 고런 식으로 되는데 그네꾼들은 다 만들어. 다 옹기 만드는 거는 다 절대로 가와서. 그래서 이게 옹기 만드는 사람이 거의 옹기 불 때고 옹기 가마에 재고 그 사람들이 다하는 거.

문 일종의 말하면 그 사람 대장이네요

답 그렇지 그래서 거서 옹기 만드는 사람이 백 백 프로 다 몬하는{못하는} 사람이 극히 드물어. 인제 잘하느냐 못하느냐 그것 때문에 주인이 안 써주는 거지. "아이고 임마 저 놈하고 불 한 번 때보자." 엉망으로 때거든. 불 때는 것도 잠이 오잖아. 몇 며칠을 잠을 못 잤으니깐 그 잠도 조금 참고 옹기를 자주 보고 불도 땔 적에 정성스럽게 나뭇가지도 정확하게 그 거 나무를 꿉는 자리가 따로따로 지정이 돼있는 거야. 지정 돼있는 데서 꿉다가{굽다가} 너무 많이 익을 적에는. 아 이건 너무 익어가지고 옹구가{옹기가} 하마 몸이 뒤틀려지고 굽고 튀나오고 이럴 적에는 그거 바로 불을 꺼주고 딴 딴 데로 옮겨야 되는데. 이게 정성이 안 들이고 내 물건이 아니니깐 대강대강하다가 잠 오면 뭐 옹기불에다 저쪽에 때울 딴에 나{생각이라도} 더해 여{여기에} 때운단 말이야. 이쪽하고 저쪽하고 내가 저쪽에 때울 적에 옹기 창구멍을 열어가지고 아 이거 안에 물건이 어떻게 익어가고 이번에 이것도 판독해가면서 때워야 되는데 고마 잠이 오니깐 휘떡 자빠져있다가 교대해라 이러면 이 아침에 꿉는 거밖에 안 하는 기라. 그 사람이랑 백 날 때본들 실패 원인이 되는 거라. 그 사람 안 된다. "니 다음부터 불 때러 오지마. 닌 옹기나 만들어." 며칠 데리고 때고 가장 여기서 정성스럽게 때는 사람만 골라서 때니깐. 그게 안 써주면 백 날 가면 그것도 잊어버리고 모하는 기지. 할 수 있는 사람만 판에 박아져 있다니깐.

문 아 그럼 첨에{처음에} 한 이십 일 배우고 다른 공장에 그면 가져가지고 바로 작업 인제.

답 나는 한 일 년 만에 옹기를 흙으로서{흙으로써} 만들 수 있는 거는 다 만들었어.

아 지금 만들 수 있는 거를 그때.

다 만들었지. 그러니깐 인제 그것도 어떻게 되냐면 단계별이 있단 말이야. 맨 첨에 요것부터 시작해가지고 보통 가르킬{가르칠} 적에 우리가 가르킬{가르칠} 적에 네 개 한 자리짜리나 세 개 한 자리짜리부터 시작을 시켜. 고기서부터 그건 왜 그냐{그러냐} 그러면 부채질을 할 수 있는 것부터 하거든. 근데 요것부터 시키면 요거 인제 됐다 싶으면 한 단계 위에 거를 만들라고 즉 말하면 승진을 시켜주는 거랑 똑같단 말이야. 요거를 빨리 승진을 시켜주는 공장에 가면 한 일 년만 배우면 다 배울 거를 이게 빨리 승진을 안 시켜주는 공장에 가면 오 년을 배워도 다 몬{못} 배워. 그래 요거가 맨 첨에{처음에} 배울 적에는 요거만 한 거를 만들다가 요거보다 큰 거 요만한 거를 탁 올라갔지. 큰 거를 만들면 맨 첨에는 이거 막 우리 말대로 가이 벙벙이. 어마어마하게 큰 거라. 자기 느낌에. 자기가 안 만드니깐. 느낌이 그렇게 느껴지는데 요걸 하마 열 개만 딱 만들어뿌고 전에 만든 거 밑에 거 고거보다 작은 거 만들면 거저먹기라. 이해가 가지 그제. 그러니깐 보통 옛날에 딴 집도 보통 다섯 굴 여섯 굴 일곱 굴 많이 하면 열 가마까지 했으니깐 이래 할 적에 요번 가마는 요만 요만한 거 만들다가 인제 고 뒤부터는 형하고는 같이 안 하고 형은 이짝{이쪽} 편에 하고 나는 딴 공장에서 했는데. 저기 와여 딱 하는 거 보니깐 이게 한 달 배웠는지 한 달도 채 못 배운 거 치고는 너무 잘한다 이기지. 고 다음 가마부터 주인도 인제 내 허락을 안 받는 기라. 나도 고집이 있는 놈이라 고 다음 것도 그것보다 큰 거 시작하잖아. 시작하면 옆에서 만드는 옹기대장이라 그랬잖아. 진짜 기술자가. 쪼매날{어렸을} 적에 열네살 먹었는 게 그거 뭐 알겠노 "광훈아 니는 아직 그거는 안 되니깐 고거보다 저번에 맡았는 고걸 만들어." 이러면. "아, 나 싫니더{싫어요}~ 나 이것부터 할래요." 배짱부리거든. 기분 나쁜 거는 자식보다 지 아들보다 나~{나이} 적은 놈이. "야 임마 쪼매난{작은} 거 만들어." 이러거든. "나 그거 만들면 나 치워뿌려{치워버려} 일 안 해요" 이러고 나와뿌는{나와버리는} 기라. 나오면 그때 그 김수연 씨라고 참 그때 똑똑했다고 "왜 일 안 하고 나오냐"니깐 "아 그것보다 쪼매{조금} 큰 거 만들라니까 저 조씨 아저씨가 하지 말라 그래가지고"

문 아 대장이라 안 그랬구나.

답 그렇지. 거의 그대로 무슨 씨 아저씨. 아저씨 아저씨 부르지. 대장이라 부르는 거는 그냥 우리가 통상으로 대장이지. 부를 적에는 대장이라 안 불러. 무슨 아저씨. 누구 아버지요. 전부 다 이 동네 사람이라. "내 안 할 래요" "드가자{들어가자} 드가자 만들어라." 그러면 내가 딱 앞에 딱 앉 아있고 내가 직접 만들고 한 개 더 만들면 괜찮단 말이야. 계속 그거 만 들어. 한 번 딱 그래뿌고{그래버리고} 나니깐 그 다음엔 내 맘대로 만드 는 기라. 두 칸씩 승진한 기지. 내가. 아까 옹구가{옹기가} 열 몇 가지 된 다 그랬지. 그래 두 칸씩 승진하지. 큰 것부터 적은 거 만들면 이거는 거 의 한 육 개월이 안 됐는데 거의 지금 만드는 저 단지를 만들었단 말이 다. 우리집에서 최고 큰 거 만든 거. 딱 만드니깐 그 김수연씨라. 옹기아 버진데 그 어른이 그 집 딸이 영덕 제일병원 앞에 수퍼 하는 방 과장 군 에 방 과장 마누라다. 그 집에서 배웠던 거다. 그 옹기아버지가 하는 얘 기가 그 어른이 조기수야. 이름이. 지금은 돌아가셨는데 고인이 됐는데 그 전만 되면 자기 집에 최고 잘하는 대장이고 "기수 니보다 훨씬 더 잘 한다." 만들 땐 내가 더 빨리 만들었어. 엄청나게 빨리 만들어. 그니깐 {그러니깐} 이 영감쟁이가 가만히 듣고 보니깐 기분이 나쁘잖아. 자기는 옹기 만들은 경력이 십오 년이 넘었는데 인제 여섯 달 배운 놈저테{놈한 테} 지보다 더 잘한다 카니깐{하니깐} 열 받잖아. 치우고 가뿌리는{가버 리는} 거야.

문 이 그만됐어요?

답 아 그람{그럼} 가버렸지. 삼촌 가버렸어. 암만{아무리} 달래고 내가 가여 "아이 아저씨 그러지 말고 하이시더~{합시다}" 이래도 "임마 니 혼자해 임마." 가뿌려{가버려}.

문 아 기분이 많이 상했다.

답 그러니께 그 인제 저거는 말한 게 잘못 했지. 그 정도까진 말 안 하지. '아이 뭐 자네 근사치에 갈 갈 것 같기도 하다.' 이렇게 해줘야 되는데 "니보다 더 잘한다." 이러니끼네{이러니까} 아이 내라도{나라도} 기분 나쁘지. 십오 년 경력 베테랑이 육 개월짜리저테{육 개월짜리보다} 못하다 그러면 자존심 상해. "난 우리 집에 간다." 가뿌고 그러고 하이튼 어떤 그 객지 사람이 한 사람이 들어왔어. 항상 일하는 사람이 왔다갔다 할 적에. 그 사람이 딱 들어오고 내가 그게 그 도대장이 되는 기라. 그 집에서 예를 들어 옹기대장이 서이{셋이} 하던지{하든지} 최하로 둘이 해야 되거든. 서이{셋이} 할 적에는 그 중에서 최고 잘하는 사람이 맹 도목수나 똑같은 그거야. 그 목수 중에 최고 잘하는 목수를 도목수라 카지{하지}. 도대장. 그러이.

문 옹기대장 중에 이거.

답 그렇지 그렇지. 그러니까 그 공장에 그럼 보통 암만{아무리} 식구가 적어도 그네꾼까지 보통 다섯 명씩 일했거든. 오 명씩 일할 적에. 오 명 중에는 최고 대장인 거야. 그러이 그 사람이 즉 말하면 그 대장이 왜냐하면 꼭 하나 있어야 되냐 카면{하면} 그 사람 저거로 해가지고 전부 주인 저테서 돈이 출고가 되는 거야. 그 사람 입으로 그래 누가 빼가더라 그러면 나를 통해서 직접 나가는 것도 있었겠지만 직접 하는 건 아주 큰 돈. 예를 들어 현금 오백만 원씩 천만 원씩 이런 거를 인제 직접 주인과 아다리해가지고 줄만 하면 주고 안 주기 싫으면 치아뿌고{치워버리고} 이러지만은 보통 용돈 같은 거면 오늘 내일모레 놀러가자 이러면 그렇게 다섯 명씩 놀라 그러면 놀라 그러면 하나 앞에 돈 십만 원씩 내야 되거든. 오십만 원씩 필요하거든. 그게 바로 인제 도대장을 이걸 통해서 우리 내일모레 어데 놀러가는데 "사장님 오십만 원 돈 백만 원 주십시오" 카는{하는} 기라. 그러면 줄 수도 있고 주기 싫으면 안 주고 그건 자기 마음이란 말이라. 그 성격은 내가 도대장질 했단 말이다. 우째하이{어떻게 하니} 결제를 임마는 내보다 늦게 들어왔잖아.

問 아니 그때 나이도 어렸잖아요

答 그런데 내가 키는 많이 컸다니깐.

問 저저 저 사진

答 저 안 그래도 열여섯 살 때 입었는 사진.

問 그래요 되게 조숙했다.

答 그래가 내가 열다섯 살, 열여섯 살 때 지금 키하고 똑같앴어{똑같았어}. 오히려 지금 따지고 나면 오히려 줄어들지 모르지. 오히려 그때는 내가 우리 세대니깐 내 키 보고 작은 키라 안 그랬어. 그라고 그때는 일부러 멋낸다고 저저 구두 뒷굽 높은 캉캉구두라고 있었어. 여자만치{여자만 큼} 안 보지만은 신 그래도 한 이만치{이만큼} 높은 거. 그거 신고 그거 신고 나가면 그래도 키가 일 메다 일 메다 육십팔이니깐 칠십이 훨씬 넘는. 그때 키 일 메다 칠십 넘으면 '아 멋있다' 이랬지. 요즘 같이 팔십 넘어야 멋있다. 그때는 팔십 넘으면 저기 어디 괴물이지. 어데 가면 발 이렇게 넓은 사람 두{둘} 있었어. 전부 나가면 '괴물 나간다' 그래. 그땐 아예 키 큰 건 안 알아줬지. 적당하게 여자들도 요즘 여자들 만약에 일 메다 칠십오, 팔십짜리 놔봐라. 못 시집 못 간다 그 시절에로. 그때는 어데 저 사람들 저래 적당하게 아담한 거 알아줬지. 그러이 그 사람들은 객지에 들어온 사람들은 모르는 거라 나를. 그리고 내 나이를 그 사람들이 몰라. 난 그때만 해도 객지 사람들하고 이래 스물두 살 스물세 살하고 이럴 적에. 그 사람 곧이대로 칼로 하고 뭐 이러니깐 덩치도 크지 그러니깐 내가 국민학교 우리 육십삼 년 졸업할 적에 뒤에서 최고 키 컸는 거 뒤에서 네

번째였어. 네 번째 키가. 지금 동창이 아마 앞에서 최고 키 적은 저거 있
으면 네 번째라. 딱 그래가. 컸다니깐. 그래서 그래 했는 과정이 인제 내
가 인제 즉 말하자면 공장에 책임자가 되니깐 젊어 어렸으니깐. 그땐 젊
은 것도 아니지 한 마디로 아~지 뭐. 어렸었고 그래 되니깐

이게 더 빨리 이 옹기가 늘 수밖에 없는 게 그 뒤부터는 주인의 허락도
없이 내 맘대로 만드는 기라. 만들다가 뭐 맘에 안 들면 그 예나 지금이
나 마찬가지. 내가 만들다 이 옹기가 내 맘에 안 들면은 바로 즉석에서
깨뿌는{깨버리는} 기라. 즉석에서 방맹이{방망이} 있잖아. 이만치{이만
큼} 만들은 방맹이{방망이} 탁 치면 쫙 내려앉아뿌는데{내려앉아버리는
데}. 내려앉으면 최고 기분 나빠하는 사람이 누구냐 카면{하면} 그네꾼
이야. 그거 가지고 쓸어 흙을 만들어야. 자기는 우리 옹구는{옹기는} 자
기도 맹 돈에 내가 만 원 받으면 자기는 오천 원. 딱딱 물고 나가는 건데
저건 괜히 깨가지고 남 돈만. 되게 기분 나빠하지. 기분 나빠하면 그때도
또 그런 거는 저렇기 때문에 가가지고 "술 막걸리 한 되 받아온나." 가가
지고 "이 씨, 술 한 잔 잡수하고" 대접하고 "오야~" 카구나{하구나} "알
았다." 카고{하고} 인자 그렇게 했지. 그러이 빨리 배울 수 있는 거야. 그
래 주인들도 오면 그걸 보고 나를 참 좋아했지. 그기 옹기를 만드는 사
람이 자기가 아무리 못 만들어도 깨는 법이 없어. 돈이니깐. 그게 돈하고
되돌아 되는 것이기 때문에 거의 깨는 법이 없는데 내만은 딱 오면 어떤
때 오면 퍼석 깨논 게 있거든. "저거 우예{어떻게} 됐노?" 그러면 그 분
도 이해성씨라고 귀가 좀 덜 들리는 사람인데 "점마~는{저놈은} 지 맘
에 안 든다고 지랄 또 깨뿌렸다{깨버렸다}." 이기라{이거라}. 그래 그 옹
기아버지가 그러지. "광훈아, 어지간한 거는 쓰니깐 깨지 말고 그냥 놔둬
라. 죽도록 만들어 뭐 하노" "아 나는 싫니더~{싫어요}." 내 맘에 안 들
면 무조건간에 깨뿌려야{깨버려야} 된다고 그 어른 요즘 치면 되게 인
제 프로정신인데 아무 데나 돈 받는다고 무조건 만들어내는 기 아이라는

{아니라는} 그 정신 때문에 내 옹기를 빨리 배울 수 있었어. 빨리 배울 수 있었고 지금은 머{뭐} 인제 힘이 없고 자꾸 일이 주니깐 하루에 저런 단지는 하루에 열 개씩밖에. 시간이 사실상 하루에 몇 시간 안 되는. 오전 오후 만드는 시간이 한 다섯 시간 노동밖에 안 하니깐. 열 개밖에 못 만드는. 저런 거 내가 최고 많이 만들 적에 오십 개 육십 개씩 만들었다니깐. 이거를.

탑 그러고 내가 그 딴 데는 가여 일 안 해도 울산에 내가 가여 한 일 년 반 일해줬어. 형 빚 갚아줄라고 가여{가서} 할 적에 울산에 경남하고 경북하고 저 강원도 지금 그게 동해시장. 그 옛날에는 부평읍이었어. 옛날은 삼척시 부평읍이었는데 지금은 그 부평읍이 동해시로 그 저거 독립돼가지고 나가버렸지. 동해시에 영덕에 있는 구 우리 선배인 심원수씨라고 그 사람도 그 가 돈 벼락부자 됐어. 자기 혼자 독점 쳐가{해가}. 거기도 내 형 도와주러 가가 한 삼 개월 일했는데. 그런데 경상북도 경상남도 강원도 세 개 군에 댕기면서{다니면서} 내가 옹기로서 기록 세운 사람이야. 최고 빨리 만들고 최고 하루에 많이 만들고 최고 잘 만드는 거로 세 개 군에서. 경북서로. 그래서 전에 강원도하고 울산에서 보통 잘하는 사람들의 받는 선금의 다섯 배를 준다고 내한테. 요즘 치면 그게 스카웃 제의지. 근데 난 안 한다. 난 그때부터 객지생활 죽어도 싫었으니깐. 난 엄마하고 그 그땐 엄마 뿐이였지. 뭐. 엄마는 저 영덕가가 일하지. 내 맨침{맨처음} 형 빚 갚아주고 그친다고 우리집에 숱한 사람들 데리러 왔다갔다. 나를 데리고 나온다고 그래 그 사람들은 나 한 사람만 데리고 가가 시키는 게 아니다. 옹기대장 두 사람 데리고 가가 시키는 것보다 더 많이 만들고 옹기도 더 참하게 만들고 이러니깐 자기는 신경 안 쓰고 이거는 돈 벌고 그러이 지금도 회사도 마찬가지고 모든 기업이 마찬가지고 일꾼들이 직원들이 돈 벌어주는 거지. 사장님이 돈 버는 게 아니야. 요즘 뭐 물론 머 반도체 아이템들 이런 건 박사들이 연구해가지고 저런

다 해가지고 보통 뭐 조매난{작은} 중소기업들 영덕에 있는 기업들 일
꾼 못 만나면 그 말아묵는{망치는} 거 하루 아침이야. 결국 일하는 놈이
주인 돈 벌어주는 기라. 지는 경영만 물건만 잘 굽어가지고 예를 들어
옹기를 가정하는 거 같으면 물건만 잘 굽어가지고 내보내는 거를. 이 옹
기 일하는 사람들 돈 뛰쳐묵고{떼먹고} 도망가뿌제{도망가지}. 일 안 하
고 술만 묵고{먹고} 빈들빈들거리지. 사람 허파가 휘떡 뒤배지면{뒤집어
지면} 여게 딱 되면 똥자바리{똥구멍} 차있으니께 돈 안 받으니깐 가뿌
라{가버릴까} 그럴까봐 선금 안 받아놓을끼네{받아놓으니까} "니 가라"
이러면 안 간다 또 그래 애 먹이는 놈들 있었단 말이야. 내 같은 경우는
그때 아직까지 스무 살 되기도 전이니깐 아무게 애 믹일{먹일} 일이 없
지 뭐.

문 그렇지. 앞길도 얼마나 창창하노

답 그럼 그때 뭐 어디 댕길{다닐} 집에 있을 때도 그렇지만 옹구 하나 놔두
고 가면 야간 작업할 적에는 저녁 먹고는 어데 그땐 텔레비전도 없으{없
을} 적에잖아{적이잖아}. 라디오 한 대. 그땐 라디오도 참 요즘 이런 것보
다 더 귀하지. 듣고 눕어자면{누워자면} 눕고 일하는 거 밥 먹고 일하는
거밖에 모르던 시절이었으니깐. 그러니깐 그 사람들저테는{사람들한테
는} 내 같은 일꾼이 그건 진짜 어마어마한 부가가치가 있는 놈이었다고
집에 와가지고 아이고 진보 가가지고 저쪽에 진보가 일할 적에 저 사람.

두 번째, 결혼 이야기

−내가 진보는 그 지금까지 인연이 깊지. 그래 삼십오 년 전에 저 사람
만나가지고

문 아 만났었구나.

그래서 그래 내가 진보는 그 지금까지 인연이 깊지. 그래 삼십오 년 전에 저 사람 만나가지고 그 마침 몇 년 연애하고 결혼을 했는데 지금 거는 거도 돈 벌러갔는 게 아니라 빚 갚아주러 갔어. 내 댕기면서{다니면서} 빚 많이 갚으러 댕겼다{다녔다}. 현금 많이 하니깐.

아 형이 무슨 빚을 그래 많이 졌는데요.

그래 거는 술도 좋아하고 딴 데 노름하고 이러진 않았는데 그땐 신혼생활이었고 그 우리 형이 그 인제 돈이 벌어가지고 묻히질 않았는데 지금 생각해보면 요즘도 군에 안 갈라고 머 싸기동{사기동} 먼동{뭔동} 법으로 해놨는 아~들 많제 그쟈. 돈 수천만 원 드갔단{들어갔단} 말이다. 거게. 우리도 옛날에 그 짓 했어. 군대 안 갈라고 그 짓 하다가 해마다 벌어가지고 거기 쳐옇코{쳐넣고}. 해마다 벌어가 그래 쳐옇는{쳐넣는} 거라. 그래가 나는 나는 여 군에서 빠질 수 있었어. 늦게 방위로 제대했는데 빠질 수도 있었는데. 정식. 방위로도 정식 근무해가지고 정식 제대증 받는다고 워낙 극성시럽어가지고{극성스러워가지고}. 그러니깐에 이 세상에 죄 짓고는 못 사는 거야.

그렇죠 어디 가나 그건 들통나죠

옛날에 군법에 또 솔직히 대도시에 돈 많은 부자들이야 간단하게 그거를 피해가는데 솔직히 촌에 사람들 없는 사람들 우예가지고{어떻게 해가지고} 그 경로 루트를 알아가지고 가기 싫어가지고 해놓고 나면 꼭 뒤에서 먹는 놈들이 있다. 또 그래 경찰도 똑같애. 먹는 놈 경찰놈 또 뭐 검찰놈들 하고 전부 짜가지고 돈 뜯어먹고 한 일 년 놔둔다고 한 일 년 있다가 극성시럽으면{극성스러우면} 또 나오잖아. 옛날에 전부 그랬다니깐. 그래서 빚 갚아주러 댕기러{다니러} 진보까지 갔지. 진보 가가지고 얻은 거 했잖아.

아 진보 가서 몇 년 계셨는데요?

진보 가가지고 한 일 년 남짓하게 있있을 거야.

🔲 거기도 도대장하시구요?

🔲 그렇지. 그때야 그때야 말하면 잔소리지. 그땐 진보 가가 내가 얘기할 적에는 그 진보에도 보자 공장 하나, 둘, 셋. 못 되게 해도 한 집, 두 집, 세 집, 네 집 했거든. 네 집 할 적에 여 요거도 인제 일하는 사람이 낯선 사람이 오면 이 동네도 마찬가지로 한 사람이 와가지고 일을 딱 아 어느 공장에 일한 사람 낯선 사람 왔다 그러면 고 부근에 일한 사람들 고 공장에 다 모인다. 시범을 함{한 번} 봐야 될 거 아니가. 근데 그런 거 주인하고 관계없는 데도 보통 사람들은 주눅이 들어가지고 잘 몬{못} 만들거든. 옳게 몬{못} 만들어.

🔲 그래 보니깐.

🔲 응. 깔대가리가{옹기대장이} 많이 들어가가지고 보니끼네{보니까}. 그런데.

🔲 아. 깔대까리라고{옹기대장이라고}.

🔲 내 내 같은 경우에는 대가리지. 사람 대가리. 그러이 내 같은 경우는 주눅이 저거도 저거 들여거가 없는 게 어쨌든간 난 대한민국 어디를 가가지고 두 번째 소리도 안 들어본 내가 저거 거 가가지고 저거 모인다고 주눅들 사람이가. 이 보는 앞에서 그때. 약탕기라고 있다. 약 달여먹는 단지. 그놈을 간단하게 앉아가지고 한 열 개를 만들어뿌니{만들어버리니} 이 사람 긍께{그러니까} "사람이 아니고 귀신이다. 사람으로서는 저렇게 빨리 만들 수 없다." 그 사람 그 약탕기를 그 사람들 한 개 만들 때 열 개를 만든다. 열 개를. 애 얘기하면 원래 말이 안 된다. 한 개 만들 적에 두 개 만들 때도 우린 얘기가 안 돼. 아무리 빨리 만드는 사람도 그런데 그 만드는 방법이 저 사람들하고 내가 만드는 방법이 틀리는 거라. 저 우에 사람들하고

올해 삼십사 년 됐어. 삼십사 년 맞제. 삼십오 년이가 삼십사 년이가.

문 그러면 결혼 언제 하셨어요?

답 보자 그 몇 년도라 카는 거는 계산되야 나오지만 안 되고 올해 삼십사 년 됐어. 삼십사 년 맞제. 삼십오 년이가 삼십사 년이가. 우리 조 사진이 저게 삼십이 주년 내가 결혼할 적에는 현대. 현대식으로 예식장으로 했단 말이다. 저거 저 안동 하회마을에서 거서 직접 그거 뭐야 옛날식으로 하는 거 그 팀들 내려와가지고 저 영해 괴시마을 그 저거 뭐 목원 이색 선생 축제 할 적에 그때 집사람하고 내하고 모델로 둘이 나가가지고 그때 잘 됐다 삼십이 주년 해가지고 그래 사진 찍었다니까.

문 그면 결혼하시고 부인도 계속 저 일 같이 하세요?

답 지금 저 사람 없이는 모~ 하는 거지. 그러이 내 조수라. 조수.

근데 대관절 아가씨들 촌으로 시집 안 갈라 카는 이유가 뭐 때메 그러노.

문 요즘 아드님도 같이 하시고?

답 지는 지금 인제 학교 졸업하고 대구에서 직장 생활하는데 매 주마다 들어와. 지가 또 없으면 일이 안 돼. 저 흙 달이고 전분치고 일 하이튼 심한 일은 지가 와서 다 도와주고 아직은 내가 몬 불러들루는{불러들이는} 게 그거 뭐 내가 뭐 군에다 얘기하니까 지금 불라들르면{불러들이면} 장개{장가} 몬 보내든다. 지금 보내면 아들 그자. "근데 대관절 아가씨들 촌으로 시집 안 갈라 카는 이유가 뭐 때메 그러노 근데 요새 촌에 괜찮데이~. 전부 다 여그 우리 면에도 총각들이 연간 수입 칠, 팔천만 원 올리는 사람들 많다." 물론 일이야 직장생활하는보다도 디겠지{힘들겠지}. 딘데{힘든데}. 그 정도 뭐 최소한의 직장 드가도 그래도 팀장 봉급이란 말이다.

문 사실 특화된 일이잖아요. 이런 일은. 요즘 이런 일들이 워낙 대접받으니까. 이것도 선대에 했으니까 그것도 전수받는 것도 괜찮은 것 같아요

🔲 그러면. 내 이거 우리 아~가, 만약에 내가 만약에 신문에 낸다던지{낸다
든지} 내 이거 후계자로 전수받을 사람 부른다 그러면 줄 선다. 저 우에
는 아까 이야기한 거 거는 서로 형제하고 싸워가 서로 지정받을라고 싸
움했는. 어차피 하나밖에 안 되니까. 그자. 저쪽에 임마도 내가 그랬지만
"니의 일을, 어차피 평생을 같이 갈 사람인데 니의 일을 이해해줄 사람
을 만나야 한다." 그래서 내가. 그렇지. 그래서 고런{그런} 데 또 소질 좀
있으면 여 체험실 지나고{지어놓고} 나면 소품 같은 것도 내가 현재 그
런 거를 할 여가가 없어서 못 만들어 놔가지고 몬 팔지. 이 옹기를 지정
문화재를 지정받고 나서 옹기만 하라 카는 법이 없는 거야. 소품 같은
거 기계로 찍어가 팔아도 아무 관계없어. 생활이 되야지 사람이. 그러이
까 이거는 정식으로 맥을 이어가면서 딴 거도 병행해도 관계없다 이 애
기야. 농사를 지어도 관계없으니까. 그래서 인제 고거 이쯤에서 지어서
있으면서 지금 이 일을 이해해 줄 사람을 알아서 결혼시키면.

🔲 지는 인제 내인테 어차피 특별로 받는 기기 때문에 딴 사람 딴 데 가서
정식으로 배울려면 이거 짧게는 삼 년 길게는 오 년을 배워야 다 배울
수 있어. 평생을 배워도 몬 배우고 포기한 사람들이 있다니까. 그런데.
지금 내한테 오면 일 년만 하면 끝나. 이거 뭐 어차피 지금 지가 거의 만
드는 거를 제외하고는 이 유약 바르는 저거도 고도의 기술을 요하는 거
거든. ??22)를 가지고 공들여가 젓고 재끼고 전부 동 손가락 다 째져뿌고
골선단 말이야.23) 저거 고도의 기술을 거의 팔십 프로 이상 숙달시키면
내하고 같이 전을 친단 말이야. 마지막에 가장 중요한 저거 불 때는 거
저거 아무나 할 수 있는 기 아니단 말이야. 저거 내하고 불 때제. 그러니

---

22) 제보자의 발화내용 중 몇 번의 과정을 거쳐 들어도 듣기가 힘든 부분은 '**'로 표시했다.
문맥의 내용으로 추정해 채워넣을 수도 있지만 제보자의 발화내용을 기록하는 데 중심을 두
어 그대로 두었다.
23) 일이 힘들어 손가락이 손가락이 다 찢어지고 손바닥에 골이 서는 것을 말하는 것으로 그
만큼 유약작업도 힘이 든다는 것을 말한다.

끼네 자는 지금 가꿀로{거꾸로} 배워가지고 올라가는 기라. 그렇지. 맨 첨에 저놈의 흙 저거를 최고 노가다 저거를 배워가지고 올라와야 되는데 야는 지금 최고의 고도기술부터 배워가지고 마지막 옹기 만드는 기술만 배우면 자는 땡이라{끝이라}. 그러니깐 간단하게 배울 수 있지.

세 번째, 옹기 만드는 이야기

─그러이 하나, 둘, 셋, 넷, 다섯 오 초만 하면 이만치 올라오는 기지.

問 방법이 어떻게 틀리는지{다른지}?

答 그 사람들은 고 조만한 것도 저 부채 있지. 저거 두드려가지고 만드는 거라. 타름을 타가지고 근데 내 같은 경우에는 잔거리 그 맹 도자기 만들듯이 흙을 탁탁 주엏뿌고{잡아넣어버리고} 바로 뽑아올라 뿌는{버리는} 기라. 그래 일 분 한 개 만드는데 일 분이 안 걸리니깐.

問 아 흙을 쥐어서 그냥 쭉 올린다구요 타름을 타는 게 아니고 그냥 쭉.

答 그렇지. 지금도 잔거리는 그렇게 만든다.

問 아 그면 이래 잡아가지고 그냥 쭉쭉 이래.

答 그럼. 이렇게 딱. 물가닥을 이렇게 딱 쥐면 이래 둥글게 만들면 쭉 쥐면 쭉 땡겨올라 그 한 데로 쭉 올라오거든. 그러이 하나, 둘, 셋, 넷, 다섯 오 초만 하면 이만치{이만큼} 올라오는 기지. 저 사람들이 그런 거를 그 사람들 처음부터 안 배웠기 때문에 모한다고{못한다고}. 그 사람. 그래 그 사람들이 오히려 내가 가가지고 거기 가가지고 "이런 이렇게 합니다. 지금도 배워가지고 해보쇼" 카니깐{하니깐} 그래 그렇게 모 그렇게 안 배워도 그렇게 해보니깐 저거 두드려 만들 적에 보다는 세 배, 네 배 빨리 만든다니깐. 다리는 좀 아프지. 물레를 계속 차야 되니깐. 그때는 수작업으로 요즘은 전기물레로 물레를 계속 차야 되거든. 두드러 만들면 다리

는 한 개도 안 아프고 계속 두드리면 뭐 되니깐. 그러나 다리가 좀 아파도 돈을 더 벌이는 게 훨씬 낫는 거지. 그쪽에 왜냐하면 진보에 일할 때 삼십오 년 전인데. 지금 같으면 몸을 생각해서 아니다 이러겠지만 삼십오 년 전에만 해도 서로 못 먹고 살 적엔데 고마 하루에 예를 들어서 그 좀 저기 요즘 같으면 하루에 오만 원 벌 거를 하루에 십오만 원 벌면 얘기 안 되지.

그렇네요. 그때야 뭐 돈이 워낙에 또 그런 시대니깐.

그렇지. 그니깐 그 사람들 바로 배웠다니깐. 내 들어와가지고 배워도 옹기를 문디 같이 해도 맹 근사. 근사치에 가도록 그렇게 배웠는 기라. 그래 내가 가는 곳곳마다 어데 그 하나의 옹기에 대해선 하나의 기록을 다 만들어놓고 왔다니깐. 별 곳을 안 다녀도 지금 이런 거 그거만 해도 그래 지금도 내 꺼니깐. 내 물건이 원래 그렇잖아. 자기 자식 자기 아들딸 못났다고 생각하는 사람이 누가 있노. 그가 아문 눈에 콩깍지가 끼였는데. 암만 잘난 미스코리아 옆에 와도 내 딸이 더 잘생겼지 미스코리아가 더 잘생긴 게 아니란 말이다. 그건 부모의 마음인데. 근데 옹기도 마찬가지 보통 내가 최고 잘한다고 자칭 얘기를 해도 그건 지가 판단하는 게 아니고 소비자들이 판단을 해야 되는 거야. 그래 소비자들이 와서 지금 그러는 거야. 그 여기 옹기하고 서울 경기도하고는. 아까 얘기했잖아. 모양부터가 틀리는데 서울 사람들 우리집에 와가 단지를. 그 뒤에 있는 뚜껑. 단지에 뚜껑 딱 엎어놓으면 '옹기도 이렇게 옹기도 이렇게 만들 수 있는 사람이 있느냐고 옹기가 이렇게 이쁘고 참한 거는 이런 건 못 봤다' 이거라. 그러니깐 경남 가도 마찬가지고 경남 같은 데도 예를 들어서 인제는 전부 다 거의 구십구 프로가 기계로 나오니깐 참하게. 기계로 찍으면 참하게 만들 수 없다니깐.

아무래도 그게 손으로 만드는 것보다는 정성이 덜 가는 만큼 안 그렇겠어요.

탑 그래. 근데 왜 기계로 찍느냐면 형태는 예를 들어서 이 내가 만든 수작업
으로 만든 거처럼 예를 들어서 요렇게도 할 수 있고 조금 더 구르게도
{둥글게도} 할 수 있고 요렇게 달걀식으로 타원형으로도 할 수 있는데
전이 안 되는 기라. 전이.

문 아 형태감이 그게 더 완벽할 수 있지만.

탑 전이 옹기는 전이 이뻐야 옹기가 이쁜 거야. 사람 몸을 세워놓고 사람 몸
이니 그러모{그래} 요즘 뭔 라인이라 그러노. 그거.

문 S라인.

탑 S라인 암만 이뻐도 얼굴을 문디로 그거를 엎어놓으면 그게 안 되는 얘기
거든. 어쨌든 간에 얼굴이 옹기 얼굴이 뭐냐 그러면 전인 거야. 전이 이
뻐야만이 그거에 따라서 옹기 몸체도 이쁜 거지. 몸체가 암만{아무리}
좋아도 전이 뒤로 휘떡 자빠졌다던지{뒤집어졌다든지}. 울상맨치로{울
상처럼} 꾸무리하게{어둡게} 이렇게 잡았다던지{잡았다든지}. 안 되는
거야.

문 꾸무리하게 이래 잡아도 그것도 전은 전이잖아요

탑 전이지. 전인데 고거 기계로 찍는 건 그렇게밖에 할 수밖에 없는데 석고
에 가다서 찍어내는 거다 말이야. 찍어내는 건데 내 아까 얘기했잖아. 옹
기에 반을 쪼개가지고{잘라가지고}. 반을 쪼개가지고{잘라가지고} 우에
거 반 만들고 밑에 거 반 만들어가지고 붙인다 그랬잖아. 붙이는 건데
어떻게 만드냐 그러면 이게 석고에서 찍을 적에 밑에 거는 맹 바닥을 바
닥은 있어야 되니깐 바닥부터 요만치{요만큼} 이 반을 만들어. 우에 거
는 엎 엎어서 만드는 거야. 이거를.

문 아 그럼 전이 이래 있으니깐.

탑 왜 엎어서 만드냐 그러면 전이 좁은데 몸체가 더 넓잖아. 이렇게 만들면
빼지를 못 하지. 밑에 거 더 안 빠지지. 그러니깐 송곳이 밑에 내려가도
록 처음부터 만드는 거야. 그러면 전이 요렇게 만들었자 그쟈. 이걸 만드

는데 이거 전이 뒤가 예를 들어서 이 줄을 약탕기맨치로{약탕기처럼} 뒤로 딱 갑자기 딱 재껴있으면{뒤집어있으면} 안 빠지잖아. 고 속에 흙이 딱 차뿌니깐{차버리니깐}. 그래가 밍숭하게{민민하게} 만들어 밍숭하게{민민하게}.

問 아. 그니깐{그러니깐}.

答 그래서 석고에 빠진 그릇이. 그래 석고에서 빠진 이렇게밖에 할 수밖에 없어. 기계로 찍는 거는.

問 그니깐 보통 손으로 만든 거는 요게 톡 튀어 나오지만.

答 그렇게 튀나와 뒤에 이거 뭐야. 이거 저 고무줄로 물고를 안 튀 나오도록 밑을 딱 파가지고 요렇게 또 여 형을 내가지고 이쁘게 잡는데 잡으면 그래 찍는 거는 찍을 수가 없지.

問 아 그면 전인지 몸인지 별로 구별 크게 안 되겠네요

答 그래 놓고는 인제 여 부채로가지고 다시 물레 앉하가지고{앉혀서} 떡재는 좀 말랐는 거니깐 뒤에 조금 훑어부려가지고{훑어버려가지고} 조금 물레 가지고 그래도 요거를 이 그 고무줄이라도 돌릴 수 있도록 고 형태는. 우리집에 그런 거 인자 한 개도 없나. 전에는 있었는데.

이게. 하나 하나씩 익쿠면서 익쿠기 위해서 넣는 나무가 창솔나무란 말이야.

問 다시요?

答 어 인제 창구멍에 넣는 불쏘시개. 창솔나무라 카는 게 뭐냐면 마지막 옹기 굽기 위해서 여기서 이 밑에서 아궁이에서 불을 때가지고 이 가마 안에 옹기하고 가마 안 전부 다 벌겋게{빨갛게} 달구코{달구고} 난 뒤에 하나 하나씩 옹기를 익카가{익혀가} 올라간단 말이야. 이게. 하나하나씩 익쿠면서{익히면서} 익쿠기{익히기} 위해서 넣는 나무가 창솔나무란 말이야.

問 밑에 이게 있거든요 있는데 창솔하고 창솔나무 두 개 다 쓰시더라구요

근데 창소라는 것도 있길래.

탑 없다.

문 창소는 없어요? 이 나무를 창소로 아 없어요? 그면 요것만 하면 되겠네.

탑 밑으로 아이~가 창솔로 주로 소나무를 쓰는데.

문 창구멍은 나왔어요?

탑 안 나온다. 창구멍 찍혔는지 없다.

문 아 그런. 아 이거는 창구멍. 대포가마는 있고 아 여기 창구멍 있네요

탑 창구멍인데. 창구멍 안 나왔어. 이게. 안 나오고

문 요게 창구멍이라 이거죠 창솔이 아니고

탑 그래 내가 창구멍 캐놨거든{해놓았거든}. 창구멍 카고{하고}. 요 요거는
차라리 그냥 가마라 카고{하고} 창구멍이라 카는{하고} 요 단원은. 요쪽
요쪽편에 있으니깐.

문 아 요거는 창구멍 안 해도 돼요? 요거는요?

탑 아니. 요거는 대포가마니깐. 요거는 대포가마 꺼는 따로. 요건 지하실 가
면 직접 굽는 요 가마에 꺼거든. 요건 인제 요건 내가 요거 작은.

탑 곰. 곰 우리가 인제 짧게 해가지고 곰돌이거든{고움돌이거든}. 그 원래
는 고움돌이라. 고움돌.

문 고운다고

탑 고정시키기 위해서 그래 밑에 고운다고

요래 세 가지 과정을 했는데. 요즘은 내가 워낙 인제 그래 하기에 힘이
나이가 있고 힘이 드니깐 네 가지를 만들다가도 어떨 땐 더 힘들면 다
섯 가지를 만들고.

탑 미타름{밑타름}.

문 첫 번째가 미타름{밑타름}.

탑 응. 두 번째가 중타름.

문 그 다음.

답 그 다음 세 번째가 웃타름. 윗타름. 웃치나 윗치나잉. 요렇게 세 가지 종
류고 세 가지만 하면 되니깐. 윗타름. 고렇게 해가지고 요기다 맹{그대
로} 고렇게 쓰면 돼.

문 그러면 두 번째 붙이는 타름은 특별한 그거는 없네요 중타름에 들어가는.

답 중타름. 그래. 중타름에 들어가는. 그래 요게 힘이 들면 요즘 보통 옛날
에 함{한 번} 만드는 과정이 아무리 큰 단지라도 요래 세 가지 과정을
했는데. 요즘은 내가 워낙 인제 그래 하기에 힘이 나이가 있고 힘이 드
니깐 네 가지를 만들다가도 어떨 땐 더 힘들면 다섯 가지를 만들고 다
섯 번을 타르는 거야. 그래 가장 중요한 거는 세 가지 요거만 하면 돼.
지금 힘이 없으니깐 이렇게. 힘이 좀더 시간은 더 걸리지. 다섯 번을. 세
번에 할 걸 다섯 번을 나눠서 하는데 시간은 더 걸리지만 시간이 문제가
아니고 힘이 딸려가지고{부족해가지고} 모하니깐{못하니깐} 지금은 다
섯 번도 할 수 있다. 다만 미타름{밑타름}, 중타름, 윗타름 요래 세 가지.
타름 타가지고 붙여가지고 근기고 또 타름 타가지고 붙여가지고 금기고
{근기고} 또 타름 타가지고 붙여져가지고 고렇게 세 가지 종류고 붙이
는 옹기를.

답 부채질도 안 하고 부채질도 안 하고 그냥 이 타름도 안 타고 그러니깐
요 꿀단지 같은 거. 그냥 헐어가지고 꾹꾹꾹 쥐나가지고 쫙 뽑아내는 걸
쓸개질이라고

"그쪽에 아무거씨요 창놀이 열어보쇼. 뒷창놀이 열어보쇼. 앞창놀이 열
어보쇼."

문 또 막 접고

답 아까 고거에 니 사진 찍은 데서 고걸 찍었단 말이야. 응. 요게 창놀이라
그런다. 창놀이.

문 창놀이. 구멍 요 요걸 창놀이.

답 아니 아니 요걸 전체를. 요거 요거. 요 정확하게 되면 창. 우리가 정식으
로 얘기할 것 같으면 이게 창구멍에 뚜껑이라 그래야 될 거 아니야. 창
구멍을 덮는 뚜껑 아니야. 한 마디로 덮는 데 창놀이라 그래. 창놀이. 왜
그렇게 지은지 그건 나도 모르니깐. 창놀이. 창놀이 그쪽 창놀이 열어봐.
인제 얘기할 때 우리가 이쪽 저쪽 부를 때 이럴 적에 옹기가 녹았는지
안 녹았는지 그거 확인하기 위해서 이쪽에 일일이 요 정도는 가찹으니깐
{가까우니깐} 관계없는데 저쪽은 빙 둘러가야 될 거 아니가. 그러이 저
쪽에 불 때는 사람 보고 "그쪽에 아무거씨요 창놀이 열어보쇼 뒷창놀이
열어보쇼 앞창놀이 열어보쇼" 이 지금 옹기가 안에 어떻게 녹아가고 있
는지. 혹시 넘어달라는{넘어갔는} 게 없는지. 그렇게 물을 적에 창놀이
열어보라 그래. 창놀이.

문 그면 이게 앞창놀이고 저게 뒷창놀이.

답 아니 아니. 이게 지금 요 통이 작으니깐 요번에. 이 원래 옛날에는 이 창
놀이가 세 개. 무조건 한 통에 위에 꺼 세 개씩 있어야 돼. 양쪽에 여섯
개씩 있어야 되고. 요거 통이 작다고 여기 그 대신 그 대신 내가 이렇게
옹기만 할 적에 따로 창놀이 만들잖아.

문 예. 안 그래도 있더라구요.

답 응. 요걸 만들어가 놓긴 놓으니깐. 요거 한 개만 해놨으니깐 이쪽 편에는
무조건 한 개씩 뿐이니깐. 그렇제. 인제. 요 우에 올라오면 그리고 큰 통
에 두 개씩 있단 말이야. 요거 내놓고 두 개씩 있어. 그러면 앞창놀이. 뒷
창놀이.

이 통 전체를 다 녹쿠길라 그라면은 아무리 기술자도 시간도 오래 걸리
고. 되기는 돼. 시간이.

문 아 그면 요거는요?

탑 요거는 불구멍. 그니깐 맹 똑같은 얘긴데 이건 이 불구멍 이거는 내가 내가 개발해가지고 만든 거니깐. 이 이 구멍이 있는 옹기공장이 별로 없다니깐. 이 구멍도 있는 공장이 별로 없다니깐. 이게. 이게 왜 글냐{그러냐} 그러면.

문 그면 이건 뭐라 그러는데요?

탑 똑같은 의미라니깐. 똑같은 놈인데.

문 이거는 근데 앞창놀이. 뒷창놀이. 불구멍. 그 다음엔요?

탑 이것도 불구멍이야. 이것도 불구멍이고 이것도 불구멍이고 이 앞에서 이 통 전체를 다 녹쿠길라{녹히길래} 그라면은{그러면은} 아무리 기술자도 시간도 오래 걸리고 되기는 돼. 시간이. 앞 앞에 물건 안 다치게 하기 위해서는 시간이 오래 걸리잖아. 그런데 고거를 물건도 더 다치고 시간도 단축시키기 위해가지고 여기서 숯. 한 몇 번을 순간. 예를 들어서 이거 한 통을 녹쿠는데 예를 들어서 한 시간이라고 가정을 했을 적에는 여기서 한 삼십 번 숯 하면. 중앙에 한 번 더 숯 하고 그러면 훨씬 가차우니깐{가까우니깐} 더 빨리 녹으지{녹지}. 그러고 또 앞에는 덜 닫히고

문 아 그면{그러면} 불을 여기다 놓고 여기도 한 번 놓고 저기도 놓고 이러니깐.

탑 그렇지. 난중 저다{저기다} 놓는다. 저다{저기다}. 그러니 고걸 인제 옹기를 조금만 더 잘 나오기 위해서 내가 고안해내가지고 만들어놓는 거다. 이 밑에 공간. 사실 위에 한 개. 두 개. 세 개. 요 밑에 하나. 원래 요 네 개만 있으면 되는 거를 요거하고 요거 두 개는 내가 따로 만든 거야. 그래 이걸 하기 위해서 옹기를 줄을·딱딱 맞게 서려야 되는 거야. 지금은 여기 안 달았기 때문에 못 열고 열어봐도 속이 캄캄하니깐 안 보이는데. 나중에 열어보면. 요기하고 저기하고는 저쪽 건네{건너} 벽이 환하게 직선으로 옹기를 똑 일자로 딱 설어놔가지고{정리해놓아서} 직선으로 보여야만이 나무도 열 수 있고 불도 쓸 수 있고 보기도 하고

문 그래야지 옹기도 안 다치고 그면은{그러면은} 요게 이게 만약에 열려 있잖아요. 그면{그러면} 그거는 우리 창솔구멍. 창구멍이러고 이게 닫혀져 있을 때는 그냥 창놀이.

답 아니. 저 우에 저 물건 저거만 창놀이야.

문 아 요거 요 동그란 거.

답 그렇지 그렇지 그게 창놀이란 말이야. 그 인제 그 뚜껑을 빼뿌면{빼버리면} 저건 창구멍이고 고 자체만 요게 창놀이. 우리가 부르는 게 요 자체를 창놀이를 들어내고 뒷창놀이 떼고 한 번 봐라. 그래 요게 창놀이야.

문 창놀이를 들어낼 때 저기가 창구멍 위에 올려있는 동그란 걸 고게 창놀이.

답 창놀이. 그렇지. 고걸 창놀이야.

문 그 담에{다음에}.

답 그러면 뭐 나머진 다 됐다.

문 여기 뚜껑 이건 여기 뒤에는 빠뜨린 거 없구요

굴문. 그니깐 다양하게 써지지. 하는 사람들마다. 굴문. 굴아가리. 굴아가리. 고 담에 굴입구. 굴입구.

답 굴문. 그니깐 다양하게 써지지. 하는 사람들마다. 굴문. 굴아가리. 굴아가리. 고 담에 굴입구. 굴입구. 그 담.

문 이거는 불통요?

답 이게 불통아궁이. 불통아가리. 불통입구. 맹 요고 요고는 아가리를 볼 때 이번에 세 종류. 요고는 굴아궁이라고 썼으니깐. 아궁이는 사실 요 우리 표준말이잖아. 표준말이고 굴아가리. 요건 굴 안 하지. 불통.

문 그면{그러면} 고쳐서

답 불통. 불통아궁이. 그러면 불통 자는 전부 다 붙고 불통아가리. 불통입구. 고렇게.

문 요거는 그냥 이대로 쓰면 되고

탑 요거는 인제 요 통. 통입구. 통아가리 막는 벽돌.

문 그 요렇게 하나 있는 거는 뭐라구요?

탑 그 요거는 굴 한 통이다. 그냥. 한 통 한 통. 긍께{그러니까} 요고는 통. 통이라 카기도{하기도} 하고 통 또는 통아가리 막는 막는. 벽돌. 벽돌.

문 그면 통벽돌이라고 하기도 하고 통벽돌이라고도 써요?

탑 아니 아니. 무조건. 굴. 굴. 통 막는 통아가리나 통입구 막는 벽돌. 요 요 거로 들어가가지고 옹기를 잰단 말이야. 옹기를 재니깐.

문 아 그면 이거는 이렇게 항상 길게 이렇게 써요?

탑 여기서 저라는 거는 통상 우리끼리 쓸 적에는 그래가 할 일이 없지. "저 짝 아가리 막는 벽돌 가져온나." 카고

문 아. 예.

탑 굴아궁이. 여. 이건 뭐 별로 의미 없고

탑 집에 벽. 공장에 벽. 저거 저 우리 저 팬담친 거다.

문 아 그면 흙으로 만든. 만든 공장의 벽이요?

탑 응.

문 그니깐 흙벽 말하는 거를 팬담이라고 하나요?

탑 그때 요렇게 가구를 요래 짜가지고는. 흙을 보시랍게{부드럽게} 물 짜가 지고는. 그거를 여놓고{넣어놓고} 사람들 계속. 여. 나무를 가지고 막 찧 는 거야. 저래 찧고 밟고 찧고 밟고 해가지고 또 한 가구 치고 나면 또 빼가지고 옆으로 옮기고 옮기고 그래서 만든. 우리 지금 그게 팬담이다.

점촌. 옹기 옹기마을을 점마을이라 그래. 점마을.

문 뭐라구요? 폐점한다구요?

탑 응. 폐점.

문 폐장 안 해요? 공장 닫았다고 폐장.

탑 우리는 여어 옹기를 점촌이라 그러잖아. 점촌. 옹기 옹기마을을 점마을

이라 그래. 점마을.

답 점마을이. 점마을. 점촌. 이거를 옹기마을을요?

답 그렇지. 그러니깐 옹기 이 공장에 만약에 하다가 만약에 때리치웠다. 즉 말하자면 공장 거처럼 부도가 나가지고 때리치웠다. 그러면 폐점됐다 그래. 폐점. 폐점됐다 그래.

답 아 폐장은 안 쓰고 폐점.

바람 불었다 하면 절단나뿐다

답 어른 여기는 가스가마입니까 장작가마입니까? 가스통도 있고 장작도 있네요.

답 재가 이끼가 앉아가지고 그 요즘만큼 깨끗했다니까. 옹기 자체가. 그래서 그거를 인제 방지하기 위해 가지고 나무를 가지고 다 녹쿠고 난 뒤에 기름을 가지고 폐유했지. 기름을 가지고 한 번 날리는 거야. 인제 그 재를 전부 날아가게끔.24) 그래서 그래 하는 거지. 백 프로 나무로 하는 거지. 그거 전부 절대 나무로 해놨는 게.

답 아무래도 장작가마를 최고로 치잖아요 가스가 있길래. 어 이상하다 생각했죠

답 우리집에는 그거를 가스를. 가스나 딴 거를 갖고 사용을 하면 큰일나. 그기 말이 안 되죠 어차피 내가 한 번 국가에서 지정하는 문화재를 받았는데. 징통식으로 고대로 접어아 되는 거예요

답 그러니끼네 우리 불 때는 게 아직 학생은 모르지만은 지금 대한민국에서 출고되는 옹기 중에서 그러니까 옹기공장을 지을 것 같으면 그게 인제 다문 한 십 프로 될 지도 모르지만 옹기 양을 진부 다 계산했을 적에 내

---

24) 흔히 장작가마에서 소성작업을 하면 가장 좋다고들 말을 한다. 그러나 장작에서 나온 재가 옹기에 붙어 때로는 물건을 상하게 하는 경우가 많은데 이때 폐유를 이용해 옹기에 붙어 있는 재를 태워서 날려버리는 과정을 말한다. 그래야 옹기의 표면이 매끄럽고 물건으로서 가치가 있게 된다고 한다.

맨치로 수작업으로 옹기를 만들어가지고 이 재래식 가마에 굽어내는 건 일 프로밖에 안 돼. 구십구프로는 전부 기계로 찍고 그 가스가마하고 콘트로박스카마 세 가지 종류가 있거든. 전기로 굽는 게 있고 기름으로 굽는 게 있고 가스로 굽는 게 있고 그나마도 그 중에서 최고 질이 좋은 게 기름으로 굽는 게 최고 좋아. 전기로 굽으면 참 편한데도 전기로 굽으면 강도가 약하게 나오기 때메 안 돼. 긍게 색깔은. 색깔과 옹기의 그 그니까 인제 몸 자체의 그 인제 그 부드러운 그런. 가스가마에서 나온 것만큼 좋은 게 없다니까. 그러니까 그 가스가마에서 나오는 옹기는 색깔이 사방팔방이 색이 똑같은 기라. 가스가마나. 가스가마가 아니고 콘트로박스에서 굽는 거는. 사방 팔방이 왜 그러냐 하면은 그 삼백육십 도 각도에서 호스가 기름 때는 기름 때는 호스, 전기로 때면 전기, 불 키는 거. 가스로 때면 가스 나가는 호스가 수 백 개 호스가 전부 다 쫙 나열되는 거라요. 그래서 이 사방 삼백육십 도 방향에서 이 전부 다 사방에서 전부 다 기름을 품어주니까 똑같이 나오는데. 우리는 똑같이 나올 방법이 없어요. 이거는 밑에서 열세 통을 다 달궈가지고 앞에서만 통이 요렇게 됐다 하면 앞에서만 장작을 쥐가지고 불을 주기 때문에 만약에 불을 때다가 바람이 많이 분다던지{분다든지} 비 오는 거는 암만 봐도 내가 비 맞을 따름이지. 사람만 고통스러울 따름이지 옹기 자체는 전혀 비하고는 관계없으니. 바람 불었다 하면 절단나뿐다. 그래뿌면 물건이 보통 우리가 정상적인 그 이런 요렇게 고양 날씨에서 굽었다 그러면 그 색상이 오십 프로 정도는 사방팔방이 똑같이 나와. 저 밑에 굽어났는 거 봤제. 노랗게. 조 색깔이 대한민국에서 내밖에 낼 수 없는 트레이드마크라. 딴 사람 절대 흉내 못 내. 내 저 색깔할라고 오 년 동안을 내가 실패하면서 연구했는데. 근데 이 바람이 만약에 불어뿌렀다던가 마 엄청나게 불어뿌면 똑같이 나오는 색, 색깔이 프로가 십 프로도 안 돼. 그러이 마 굽이 치고 오고 노랗고 절단나뿌지.

답 그러이 인제 이 물건이 좋다 카는 게 무슨 어디 과학적으로 근거에 의해서 그런 게 아니라 우리가 상식적으로 생각한다 카더라도 여덟 시간 굽었는 옹기하고 보름동안 굽은 옹기하고 이건 상식적으로 생각해도 말이 안 돼. 그럼. 그리고 물건 예를 들어서 우리 익쿠는 거라도 고기를 하나 익쿠는 것도 금방 갑자기 콱 잡아뿌는 거하고 서서히 익쿠는 거하고 차이가 엄청나게 나. 강도가 예를 들어 똑같이 천이백 도에 녹았다 카더라도 보름동안 때가지고 천이백 도 녹카는, 저 익쾄는 거하고 여덟 시간 만에 익쾄는 거랑은 이건 차이가 엄청 나.

네 번째, 옹기 이야기

전부 다 서민들이 받아 놓는 용기에 불과한건대 촌사람들 헐은 만 원, 오천 원 주면 사고. 오천 원 주면 사고. 그래서 다 없어지고 그때 내가 인제 차라리 나도 그때 사실 치우고 싶은 맘이 많았다고

문 어르신, 이 일을 하신지는 얼마나 되셨어요?

답 그리고 내가 이 일을 시작했는 거는 올해 만으로 쳐가지고 사십사 년째고, 내가 이 직을 열네 살 때부터 했어. 국민학교 졸업하고 고해. 졸업하던 보통 삼 월달에 졸업하니까 고해 시작해가지고 우리집은 선대도 하셨고 우리 형도 삼 형제 중에서 큰형님은 이 일은 그때는 그 왜정시대니께 큰형은 왜정시대 때 공부를 배워가지고 그 서울 신출하시고 내하고 우리 바로 우에 형님만. 둘이만. 여는 결국 우리 형제때메 배웠다고. 딴 사람들 때문에. 근데 이제 아버지는. 아버지는 내가 여덟 살 때 돌아가셔 뿌렸으니까. 별로 아버지 얼굴은 큰 기억도 없고 그린데. 내 두 형세서 배웠는데 이 일을. 지금 우리 형님은 안 하시고 그래도 한 이십 년 전에 이 일은 손 떼시고 서울에 식당하고 계시고

답 내가 이 일을 배울 때만 해도 우리 여게 영덕군 내에 전부 다 한 서른여

섯 개 군인데. 그러니 지품. 지품면, 달산면, 영덕읍, 축산면, 네 군데에서 한 서른여섯쯤 되는데 우리 동네가 최고 많았지. 여가 우리 동네만 열다섯 지표라. 그래 거 산마이서{삼화에서} 원래는 여 옹기가 경상북도에서 최고 유래 깊은 곳이 이것도 이 옹기 같은 것 사실 문헌에 나와있는 거다. 역사에 기록되어 있는 거 다 아니기 때문에 정확한 저거는 모르겠는데 어쨌든 경상북도에서 독점마을이라 카면 산마라. 그래서 옛날에 요즘은 이거 뭐야 차가 있으니까 카지만 싣고 서울도 갈 수 있고 서울옹기도 팔러 내려오지만 옛날에는 그게 소그루마이었단 말이야. 내가 이 일을 배울 때만 해도 그때만 해도 소구루마가 최고의 교통수단이었어. 그래 고게 진화돼가지고 경운기 나와가 경운기로 하다가 그 담에 자동차가 나오니까. 사실 자동차로 했는 적에는 그래도 한 삼십 년은 됐을 거야. 삼십 년 고 때는 인제 영덕군 내에 자동차가 화물트럭이 몇 대가 없었다니까. 고 몇 대를 가지고 인제 그 사람들이 인제 그때 엄청난 고급이었지. 그러니끼네 그 차 운반비가. 요즘은 차 운반비가 이 인력이 인건비가 워낙 비싸다 보니까 차 운전 기계로 하니까 엄청나게 싸졌. 싸게 치였잖아. 아 그래 하는데 사람 백 명 하는 일을 하는데 백 명 인건비를 계산하면 돈이 어마어마 하단 말이야. 그런데. 그때 차 한 대 그 수송비가 엄청나게 좋은 사람들은 큰 돈으로 생각했는 기라. 그래 생각했는데 그래서 이 일을 맨 첨에 시작해가지고 나도 사실은 안 한다고 중간에 도망나가고 어린 저거를. 열 몇 살 먹었으니 솔직히 무슨 철이 있었겠노 그래서 결국 갔다가 또 붙잡혀 오고 갔다가 잡혀 오고 부업으로 이 일을 시작해가지고

탭 어차피 지금은 난 잘 시작했다고 봐야 되지. 왜냐하면 이 일을 해가지고 내 딸 셋, 아들 하나 대학교 다 시켰고 우리 동네. 우리 학군에 딸 서이 아들 하나 대학교 시킨 사람 내밖에 없다. 농사 짓는 사람들. 요즘은 이 인제 과수원이 특산물 보상하고 나오지만 옛날 논하고 밭만 부쳤을 적에

는 자녀들 서이, 촌에서 대학교서 너이 시킨다는 건 거의 불가능한. 하나 이라도 시키면, 우리 동네도 논 한 열다섯 마지기 있는 사람이 최고 부자였어. 옛날에. 근데 고등학교, 중학교. 대학교 하나도 몬 시키고 고등학교 둘이 시키고 논 다 팔아묵었어. 대구시고 뭐 이래 좀 좋다고 일제히 보내니까 다 팔아먹었어. 그랬는데 어차피 애들 뭐 사는데 지 실력대로 사년제 나올라면 사년제 나오고 이년제 나올려면 이년제 나오고 다 시켰고

또 한 사람이 디다고 다 돈도 안 되고 힘 드니까 다 때려치웠는데도 아이고 오로지 인제는 내가 어렸을 적부터는 농사를 질 줄 아나 암 것도 모르니까 그나마도 그때는 이게 또 농사 짓는 힘은 저게 그래도 내가 우리집에 일꾼들을 기술자 한 다섯하고, 둘이하고 일곱 드가고 할 적에는 그 시절에는 내 하나에 일 년에 나오는 소득이 여기 우리 동네 반 정도 이분의 일. 버는 사람들은 저기 소득이 되문 농사 짓는 거 비하면. 그러이 엄청난 소득이지. 그때는. 그런데 이게 인제 이 파스틴{프라스틱}하고 이런 종류가 나오고 돈 있는 사람들이 대형 투자를 해가지고 저 인제 가스가마가 나오고 그때부터 그래서 이 동네 전부 다 없어졌는 거야. 왜 그러냐 하면 그 사람들이 대량을 물건을 떼가지고 여기 옮겨가. 여 옥천 카면 거리가 얼마나 머노 그런 곳에서 옥천 저기 경기도 신일동 이런 데서 수백 차씩 몰아 가는 거라. 그러이 그 그 사람들과 이 대립할 능력이 안 되는 서지. 그 사람들과. 다 그 사람들 우리 예를 들어서 파는 값에 오십 프로 받고 막 팔아재끼니까 어차피 촌사람들 헐은 거 사지 비싼 거 살 일이 없는 거라. 어차피 이거는 무슨 도자기맨치로 어디 뭐 고소득이고 어디 저거 작품을 유지하는 게 아니고 전부 다 서민들이 받아놓는 용기에 불과한 건대 촌사람들 헐은 만 원, 오천 원 주면 사고 오천 원 주면 사고 그래서 다 없어지고 그때 내가 인제 차라리 나도 그때 사실 치우고 싶은 맘이 많았다고 그기 이미 십오 년 정도 됐지. 서의 이십

년 가까이 됐는데.

답 아 이래서 안 되겠다 그때는 치우기도 뭣 하고 해서 내 일꾼들을 다 보냈다. 일꾼들을 다 보내고 상인들 그때 내가 댕기면서 일꾼들 그 중에 내가 최고 내 맘에 드는 사람 한 사람만 내가 딱 델꼬는 상인들 저 때까지 내 물건 저 영주, 뭐 안동, 으성{의성}, 군위 북구쪽으로 그랬는데. 상인들 세상에 옹기는 옛날에 팔면 그 뿐이라. 바꿔 주는 게 없고 물러주는 기라고 이게. 그런데 그 사람들 가서 무슨 얘기를 했냐 그러면 "지금부터는 옹기를 파되 백 프로 문제 있는 거 교환을 해주시오" 그래 어차피 우리가 돈을 받고 파는 물건인데 교환을 안 해준다 카는 이거도 옛날부터 옹기 파는데 좀 어폐가 있는 거라. "백 프로 교환을 해주시오" 그래 그게 금방 그게 또 안 되거든. 저 사람들도 자기들도 내 말을 안 들어. 자기네들은 "예 사장님, 고맙. 고맙습니다" 캐놓고도 누가 물리러 오면 또 기분 나빠하고 안 물려주고 이러는 기라.

답 그걸 내가 한 일 년 동안 계속 그렇게 홍보를 하다가 이게 삼 년이 정도 되니까 정착이 돼. 그러이 그때부터 저 사람들과 내가 대립을 할 수 있는 게 물건 품질과 신용으로서밖에 대립이. 돈은 아예 그 사람들이랑 상대가 될 수 없는 게. 이래가지고 삼 년이 되니까 이기 인제 먹혀 들어가는 기라. 그러고 그때부터 지금도 아직까지 화공약품 쓰는 사람 있다니까. 많이 쓰지. 쓰는데 그때부터 화공약품 일체 안 쓰고 인제 전통식으로

소나무, 뽕나무, 느티나무. 요 세 가지는 색깔이 분명하게 청색깔. 고 담에 황토 색깔. 소나무 같은 건 까만 색깔

문 그러니까 유약을?

답 그렇지. 그러이 우리가 인제 보통 일반 사람들 얘기하는 게 유약인데 그 유약을 우리가 부르는 게 뭐냐면 재물이라 그래. 그기 인제 그기 뭐냐면 부엌에 나무 땠는 부엌재하고 고 담에 우리가 그거 있는데 약토라는 게

산에서도 나는 땅에서 산에서 교환되는데 우리는 이번에 그 뭐야 저 와고평에 가면 옛날 말하면 저 천수답. 요즘은 전부 지하수 받아서 물을 푸지만 옛날 하늘 보고 농사 짓는 그 땅이 있어. 비 안 오면 농사 접는 거고 비 와주면 농사 짓는 거고 그런 땅이다. 고기 흙을 파다가 그 흙과 부엌재를 배합을 해가지고 부드럽게 걸러내는 그기 인제 우리 말로 표준어로 사용한다면 그기 인제 유약이고 우린 통상으로 이야기 하는 게. 옹기공장에서는 재물이라고 인제 이야기하는데.

문 천수답으로 사용하면 뭐 좀 다릅니까?

답 천수답에서 가져오는 오는 흙이 있는데. 딴 거 때문에 그러는 게 아니고 예를 들어 우리 여거 동네도 들이 와고평들 있고, 앞들 있고, 새들 있고, 그 담 외두들 있고 네 군데 들이 있는데 천수답을 천수답 농사 짓던 그기가 인제 저짜 건너편 와고평인데 거기 들에는 이 흙이 무지하게 진한 거야. 그니까 모래 성분이 없는 아주 찰진 거라. 그런 거를 가져와야만이 정말 재물이 많이 난다니까. 모래 반 흙 반 걸러서 가져와가지고 걸러서 내놓으면 찌끄레기가 더 많지. 재물이 날 수가 없어. 그래가지고 가장 재물이 많이 나는 흙을 선하고 불에 녹아주는 거라. 예를 들어 우리 일반 흙들도 황토, 뭐 이런 백지 이래 여러 가지 있는데 불에 안 녹는 흙이 있다고 근데 내가 필요한 약토는 불에 녹아줘야만이 되는 거지. 불에 안 녹으면 그 별반 되지 않아. 그래가지고 재물. 재를 넣는 거는 불에 드가서 녹는 것도 도와주고 색깔을 내는 게 그 부엌재고 그래서 인지 옛날에는 소나무재만 사용했다니까. 옛날에 우리 인제 특히 저 소비자들이 쓰는 까만 색깔 안 있나. 안 썼거든. 그렇지 지금 만약에 내가 냈는 저 색깔을 지금부터 이십 년 전 삼십 년 선에 서 색깔이 나왔다 카먼 옹기 전부 다 버려야 해. 못 팔아묵는다니까.

문 그때도 유행이니까.

답 그렇지. 그때는 무조건 까만 색깔을 택했는 기라. 그래서 까만 색깔이 소나무재야만 까만 색깔이 나와. 소나무재가 한 색깔이 예를 들어서 뽕나무라던지{뽕나무라든지}. 뽕나무는 뽕나무재만 가지고 했다 그러면 지금 바로 저 색깔이 나온다니까. 근데 요새는 뽕나무가 있어야지. 뽕나무는 글자 그대로 똥색깔이 나와. 황색, 황토 색깔 나오고 고 담에 우리 느릅나무라든지 느티나무 이거는 파란 색깔 나와. 청자 색깔. 이 지금 봐라 테레비에 나오는데 그 문경서 도자기하는 사람이 그 사람이 일부래 그 느릅나무만 혼자 다니면서 구해가지고 고거만 그 깨끗한 콘크리트나 아니면 콘크리트도 안 되지. 어차피 청자니깐. 그런 그 딴 이물질이 들어가지 않는 곳에서 태워가지고 그 사람이 성공한 거라.

답 그래서 인제 그 위에 잣나무들은 또 잣나무들이. 우리가 가장 정확하게 아는 거는 소나무, 뽕나무, 느티나무. 요 세 가지는 색깔이 분명하게 청색깔. 고 담에 황토 색깔. 소나무 같은 건 까만 색깔. 그래서 옛날에 인제 일일이. 이 옛날에 인제 일일 옛날에 전부 다 부엌이 어디 이런 부엌 어디 있었노 이거 된 지 얼마 된다고 옛날에 전부 아궁이 불 때고 이럴 적에 그 그런 집이라야 소나무만 때는 집에 거를 돈을 더 주고 재를 모다났어. 그런 식으로 인제 하다가 그기 인지 아까 얘기하다가 딴 데로 넘어갔는데.

그래서 그때는 아마 이 우리 영덕군 내에 옹기장이 다 폐장되고 내 하나밖에 없었어.

답 그런 식으로 삼 년이 지나니까 내 옹기가 인제 소비자들 그때 인정을 받게됐는 거라. 그러니까 이 대문에서 아직까지 지금도 마찬가지라. 백 프로 옹기를 교환해주는 사람 내밖에 없다고 지금. 지금도 더 열심히. 지금은 거의 교환될 물건이 없지. 인제는 내가 직접 내 혼자서 만들어가지고 일 년에 한 가마밖에 안 굽으니까. 내가 옹기 굽어가지고 내가 전부 다 손으로 쳐가지고 내보내기 때문에 거의 혹시 가다가 일 프로 정도 뭐 영점일 프로나 일 프로 정도 그런 기 있음. 나도 사람이 있으니까 신은 안 되기 때문에 하다보면 그렇게 나오는 수가 있는데 거의 없다고 봐야 되지.

탑 그러이 옛날에 인제 일꾼을. 하나라도 거둬놓고 일꾼 쓸 적에는 그 내 손으로 전부 다 일일이 그거를 인제 검사를 못해 나가니까 그거 때문에 혹시나 싶어서 문제가 있는 건 전부 다 교환을 시켜준다. 그러이 그게 인정이 되고부터 내가 그 사람들 다 보내부렀다니까 보내뿌고 그기 그러니깐 한 십 년 정도 됐지. 그래서 그때는 아마 이 우리 영덕군 내에 옹기장이 다 폐장되고 내 하나밖에 없었어. 그래서 그 있는 사람마저 내보내고 그때부터 무형문화재 군으로 통해가지고 신청을 했는 거라. 내가 오 년 동안을 그 무형문화재 신청을 올려가지고 오 년째 되던 해 내가 지정을 받았다니까.

이 양반들아 나도 힘들어 몬 하는 일을 여그 여 와가지고 배울 놈이 대한민국에 누가 있겠느냐는 얘기지.

탑 그렇지. 인제 물론 그때도 맨 첨에 보냈을 때는 어. 저쪽에서 문화재 심사하는데 하는 이야기가 아직 만으로 나이가 오십 안 됐기 때문에 연령별로 안 적나. 그러이 오십 되도록 기다리자. 이래가 그 마지막 해에 그 안동 그 거서 애먹었다니까. 맨 첨에 성병희 교수부터 시작해가지고 그분은 그 교직에서 퇴직해 나가고 변동거서가 그 맹 민속학 그 교순데. 그 교수가 바로 받아가지고 내한테 사 년째 되던 해에 "아이고 뭐 신경 쓰지 마소 요번에는 거의 백 프로 그 지정받은 거나 마찬가지입니다." 그래도 전화가 떡~ 왔는데 "아이고, 안 됐다" 그래. "왜 안 됐노" 이러니까 그러이 문화재 심사라 카는 거 나도 그때 몰랐는데 문화재 심사 딴 거 같으면 예를 들어서 뭐 법에 판에 판사 재판하는 거 과반수 열 명 중에서 여섯 명 넘으면 판결이 저거 되는데 이거는 이십 병 중에서 한 사람이라도 노 카면 안 되는 기라. 백. 이십 명 심사하는데 지금 대구에 문화재 심사위원들이 이십 명인데 문화재 심사위원장까지 이십 명인데. 이십 명이 다 오케이 해야 돼. 이기 문화재법이라. 그 아나. 물론 그렇겠지.

吞 그게 이게 문화재라 카는 게 물론 내가 문화재를 받아서 그런 게 아니라 하고 싶어서 하는 기 되는 기 아니고 이거 뭐 돈 주고 사는 것도 경력이 없는데. 이거는 딴 거 같으면 돈 좀 주면 뭐 공사 같은 거 뗼 수 있지만 이거는 돈 주고 이래서 되는 기 아니라. 최소한의 문화재를 받을 수 있는 지금까지 참 몇 대 했다 지금까지 참 몇 대를 했고 그런 몇 십 년을 몇 백 년을 했다 카는 그런 근거가 없이 그 사기로 만들 수 없는 거라. 그런 거는 사기로 만들었다가 대반 들통나면 그거는 큰일나는 기라. 그러이 이 사람들이 맨 첨에 성병희 교수가 맨 첨에 신청을 나와가 조사를 나왔던 거도 올해 신청을 했는데 내년에 그 사람들이 최종 문화재관리 검사를 신청할 때 이 년을 조사를 해가지고 내져테 집 저거 주위에 오고 전부 다 내테 조사 하는 것보다 주위에 조사하는 게. 내핸테는 한 번 오고 주위에 오는 거 아홉 번 오는 거라. 그러이 그기 정확해지는 거지. 그리 여거 오면 조 밑에 절로 드가지고 물건까지 다 댕기면서 묻는다니까. 저 사람 말이 그래서 다 조합해가지고 근사치에 갔을 적에 아 이 정도는 문화재로서의 가치가 있는구나 그래서 올랐는데.

吞 예를 들어 경북대학교 민속학 교수가 뭐라 얘기했냐면 그러면은 이거 올릴 적에 원래 어차피 나는 인제 그 이 옹기를 전수받아서 왔는 사람이니까 당연히 내가 문화재 받는 사람이 올라가고 그 담에 조수가 한 사람 올라가고 후계자가 올라가고 그러고 견습생들이 세 사람 들어가고 이 그래 내가 기가 막혀가 이 양반들아 나도 힘들어 몬 하는 일을 여그 여 와가지고 배울 놈이 대한민국에 누가 있겠느냐는 얘기지. 그거는 암따네 {아무렇게} 써 여소 그래서 인제 후계자와 내 조수. 두 사람 올리. 인제 후계자는 내 인제 아들 하나 있는 거 올렸고 조수는 우리집 식구가 당연

하게 지금 같이 하고 있으니까 올렸다고 올렸는데 그때 가가 그 뭐야 영남이공대 일 학년이었어. 그러이 이 경대 그 교수가 하는 얘기가 이 사람들이 안다는 얘기 이 일이 얼마나 힘드는지 어차피 민속학 교수는 그 정도 조사를 했으니까. "이 사람들이 반대했는 이유가 뭡니까?" 카고 내가 그 경대 교수한테 물으니까네 "이 힘드는 일을 과연 대학교 졸업해가지고 전수를 받겠느냐 좀 유보합시다." 그래 내 열 받아가지고 내 그곳에 찾아갈라 했어. 문화란 말로 이런 얘기가 있어. 줘 보지도 않고 쉽지요 이런 얘기가 있는데 그러면 내 아들을 후계자로 만들어놨다가 만약에 내가 죽고 죽었는데도 야가 이거를 전수를 받아가지고 옹기를 안 하고 옹기공장을 스톱시켰다 하면 회수시키면 그 뿐이야. 그 뿐인데 나는 자격이 되는데 이 양반들아 문화재 주기도 안 하고 야가 받을지 안 받을지 그것 때문에 유보시킨다 카는 이건 말이 안 되는 거야.

📖 "그 교수님 그 배 교수님 그 사람 그 연락처하고 내하고 좀 주시죠 내 바로 찾아가게." "사장님." "그 사람하고 내하고 얼매나 그 사람이 잘 아는지 독대를 한 번 해 보겠다." "마 사장님아, 올해만 참으소" 뭐 우리도 나와가지고 어차피 거기서도 부결이 되뿌끼 때문에. 부결이 된 거는 번복은 일체 못하는 거거든. 우리는 그렇고 이거는 일 년에 심사를 두 번시 번 하니까 일 년에 딱 한 번 하면 끝이니까. 한 해. 이래가지고 우리가 나와가지고 차 한 잔 마시면서 배교수가 그렇다 카데. 그거는 조금 어차피 올해는 끝났으니까 그런데 나도 그 지금 이 일을 하시는 구조가 변명할 여지가 없다. "이거 말이 안 되는 소립니다." 이러니까네 그 교수가 어차피 한 번 부결이 되부렸는 거를 지금 뜯어볼 수는 없는 거니까 사기도 수긍은 하더래요 그래서 '뭐 그 정도니까 내년엔 안 되겠습니까?' 올해는 혹시나 그래가지고 또 사람 건드려도 좋은 거 아니니까. 내 성질 같으면 솔직히 진짜 그때 가만 안 있었어. "이래 한 해만 더 기다립시다." "알았다." 그래가지고 그 이듬해 됐는 거라 그래서 최종 인제 그 문화재

예고를. 그것도 문화재 지정 예고를 받고 일 년 있어야 돼. 일 년 동안 인제 지정 예고를 했다가 고 이듬해 인제 문화재를.

답 그래 일 년 지정 예고를 할 짝에. 조짝 편에 가마 두 개 봤제? 저쪽에 요 쪽에 지금 오른쪽에 있는 건 내가 직접 지금 현재 옹기 굽는 가마고, 저 쪽에 있는 건 배꼽가마라고 백 년 전에 우리 조상들이 저쪽 가마에 굽다 가 이쪽으로 진보됐는 거라. 이게 인제. 그래서 저거는 애들 학습용도 되 고 또 나중에 저. 지금 이 앞에 밭을 내가 여 체험실을 질라고 밭을 샀다 고 체험실을 짓게 되면 체험 겸 옛날에 이런 데서 굽다가 이쪽으로 됐 다 그걸 알리기 위해서 복원하라 이래 되가. 저 하나 짓는데 돈이 사오 천만 원 드는데 저거는 또 아무 데나 지을 수 있는 물건이 아니라고 어 디 건축업자들 맨치로 그한들 쳐들어갖고 콘크리트 치는 게 아니라 순 흙으로 백돌로 지어야 되요. 기가 막히데. 자 문화재를 받기 위해서는. 받기 위해서 하기는 해야 된다잉. 마침 그때 그 저거 김우연 군수가. 군 수시라 저쪽에. 집사람이 또 그린 그린 집으로 된 어머니 회장할 때. 나 도 잘 알고 그랬지. 그래가지고 우리 군에 자랑인데 지금 복원하는데 내 가 문화재서 돈이 안 들어와서 지원이 안 된다고 그래서 군수 특별 명 령으로 삼천만 원 보조가 나왔는 거라. 그래가지고 대강 그 사람을 일꾼 사가지고 저거를 해가지고 내 손으로 석달 동안 다 발랐어. 우짜든 동 군수한테 고맙지. 그래서 그걸 다 받고 저 사람들 다 보고 확인하고 문 화재를 받았는데

일 년에 두 번 하면 골병 든다니까.

답 사실 문화재를 받고 나면 때로는 경상북도에서 옹기에서 문화재 받은 사 람이 두 사람이라. 청송군에 하나 있고 내하고 두 사람이라. 지금 청송군 에 있는 사람은 그 사람은 사실은 자기가 여기 뭐 뭐 척추가 뼈가 몇 개 가 잘못 되가 디스카{디스크} 되가 그래서 일 못하고 수술해가 일 못하

고 지금은 오히려 내가 문화재를 받고 욕심을 비운 이유가. 전에 같으면 문화재를 받았기 때문에 옹기는 없어져서 대한민국에 옹기공장에 우리 집만치 옹기 없는 집이 없다.

📦 딴 사람들 와 가지고 "옹기공장에 왜 이리 옹기가 없습니까?" "다 보내고 나서 옹기 없는 기지." 그러이 일 년에 내가 할 수 있는 게 작년, 재작년까지는 두 가마니 굽었다. 굽었는데 작년에 동에서 하도 동 이장을 구역을 맡아달라 해가지고 그것도 너무 거절할라니 캐서 그래가지고 이장을 맡았는데. 그거를 맡고 나니까. 이장 때문에 한 가마밖에 모 했는 건 사실 아니야. 아닌데. 어떤 세상이라 그러면 인제 그건 이 보통 일이 아니기 때문에 나이도 자꾸 먹었제. 내가 이거 골병 들어가면서 한 해라도 더 사는 게 정부에서 일 년에 그래도 돈 천만 원 매달 돈 나오제. 한 돈 천만 원 나오제. 내 한 가마 굽으면. 애들 다 키워가지고 다 저거 직장생활하고 내 묵고사는 거는 전혀 지장이 없는데 내가 일 년에 두 번 하면 골병 든다니까.

📦 지금 대구에서 대구 팔공산 있는 사람하고 가다보면 와룡 뭐 그거 그거 휴게소 있제. 대구 고속도로 가다보면. 그래서 두 군데서 아마 내 문화재 받은 해부터 와가지고 대리점을 달라고 내한테. 지금도 일 년에 몇 번씩은 전화 온다니까. "사장님, 공작금을 오천만 원 걸겠습니다." 그래 내 그랬다. "이 양반들아, 돈 돈 얘기하지 마라. 내 돈에 환장한 사람들이 아니다." 그러이 대리점이라 키는 기는 충분하게 내가 대리점에 물건을 공급할 능력이 있어야 대리점을 채려주는 거지. 저거저테{저거한테} 줄 물건이 없는데 무슨 대리점이나 이 얘기지. 그래서 임마들이 와서 하는 얘기가 뭐라 그러면 사장님 일꾼을 사장님. 와가 옹기 만드는 것도 봤거든요 보고 저거가 놀랬지. 진짜 잘 만든다고 내가 웃으면서 "이 사람들, 여기 지금 이 옹기는 그냥 옹기가 아니라 혼이 여 들어간 거다." "적어도 맞습니다." 이러더라고 "사장님만큼은 못 만들더라도 근사치에 갈 수 있는

사람을 기술자를 우리가 거둬들일 모양이니까 일 년에 세 가마만 해가지고 한 가마는 사장님이 직접 여 놔놓고 팔고 두 가마는 저거 그때 대리점 물량을 달라." 그러지.

啓 "안 된다. 그건 안 된다. 내가 나중에 힘이 없고 한 칠십 살을 먹어가지고 힘이 도저히 없을 때 그땐 당연히 내 아~가 내 대를 이어가지고 옹기 만드니까 그때도 맹 필요가 없지만은 아직은 내가 내가 안 만들었는. 딴 사람이 만들었는 옹기에다가 내 도장을." 요만한 꿀단지까지 도장이 다 찍혔어. 무형문화재 도장. 그 담에 영덕옹기라 카면서 두 개가 찍혔는데 거기다가 남이 만들었는 거를 내 도장을 찍어 팔아묵는 거를 한 마디로 이거는 하나의 사기꾼이야 사기꾼. 그건 아직까지는 내 자존심이 허락지 않으기 때문에 안 된다 이러니까네. 사흘동안 와가지고 "딴 데는 다 그래 합니다. 전부 그래 합니다." 전부 일꾼들 들라가지고 찍어서 파는 거라.

이 양반아. 기술과 전통만 이 맥을 이어온다고 문화재 자격이 있는 게 아니다

啓 그래서 옹기의 질 카는 게 진보에 문화재 받은 사람이 내하고 참 친하거든. 친형제 같이 지내는데 이 진보에 흙이. 진흙이.

啓 울산 대한민국에서 최고 지금 큰 데가 옹기 마을로 특구 지정받았던 울산 언양. 울주. 언양 울주 카는데. 그러이 지금 아직까지도 못 받았을 거야. 신일성. 내하고 최고 친하거든. 그래 그래. 그래 그 사람이 이렇다 지금 네 사람이 문화재 신청 올려놨는데 주기는 한 사람을 줘야하는데 전부 영덕 사람 올려놨다니까. 우리 동네 사람하고 이래 올렸는데 그래 내 나가가지고 "당신 그러지 마소 당신 세 사람만 빠져라. 당신 세 사람 자격 미달이다. 여 있어야 여기 올해서 걸어가지고 특구 지정받았제. 이러면 맹 문화재 물건만 팔리는 게 아니라 당신네들 물건도 덤으로 같이 인

기를 누릴 수 있으니까." 그래가지고 사람 몇이. 서로 내 내겠다고 싸우고 야단이라니까. 그래가지고 울주군에 문화강좌 직원들이 서이가 냈는데. 이때까지. 자문 받으러 왔다러니까. 왔는데 내 똑바로 얘기했지. "당신네들 보면 모르나. 자격 미달인 사람을 왜 받아주노 그 왜 자격 미달이냐 하면 지금 기계로 찍어 가스가마에 굽는 사람은 문화재 받을 수 있는 자격이 없는 사람이라. 이거 문화재란 우리 전통으로 이어온 고대로 가는 게 문화재지. 이거를 푹 찍어가지고 이거를 찍어가지고 막 굽어내는 거 이거 무슨 문화재냐. 그거를 당신네들이 왜 받노" 내가 웃으면서 "왜 당신이 받았냐"니까 "아이 안 받으니까 술 먹고 와서 땡깡만 부린다고" "이 양반아." 그 또 한 사람이 고 사람은 고 맹 제로도 하는 사람이야. 하는 사람인데 지가 와가지고 자격 있다고 술 먹고 와가지고 땡깡부렸데. "이 사람 자격 미달이야. 이 양반아. 기술과 전통만 이 맥을 이어온다고 문화재 자격이 있는 게 아니다. 이 인간성이 자격이 없는 거 이것도 자격 미달이다. 그 사람 그 행정기관에 와가 땡깡부리는 거 그 자격 미달인 그 사람도 체크시켜라." 내가 문화재 심사위원은 아니라도 나도 한 오 년 고생해가지고 그 내력을 당신네들보다 진짜 공무원들보다 내가 더 안다니까. 어차피 문화재 심사위원들은 공무원들이 하는 기 아니거든. 전부 대학 팀 교수들 전부 민속에 관련된 그런 분들만 하는 거지. 공무원들하고 전혀 관계없단 말이야. 공무원들하고 내 봐라 전부 이거 주면 대화 이래가 만약 다섯 들어가 이기빈 주면 저거 뭐야 분화재 시켜뿐다. 아마 올해 할 적에 기는 그거 될 기라.

암만 잘 만들고 잘 굽고 유약을 두껍게 발라도 흙 자체가 하마 모래가 많은 거는 안 되는 거야.

📷 그래가지고 울산에 전국에서 옹기마을특구로 지정받은 데는 울산 뿐이란 말이야. 근데 거기 옹기 새가지고 개판 돼있거든. 흙이 나빠가지고

그래가 있으니 내저테 흙 이거 개발하러 왔다가 내 끝으면 내가 문화재 지정받았기 때문에 흙 안 내도 팔 수가 있을 기라. 영덕 군내 영덕군수가 최고 높은 사람인데 "군수님, 흙이 없어가 지금 옹기 못 만듭니다. 어느 산에 흙이 있으니까 좀 팝시다." 카면 그게 인제 원칙적으로는 원칙은 떠났지만. 원칙적으로는 허가를 내가지고 파야 되는데. "아이 이거 몇 쩍쓱 파는고? 아이고 예 파소" 카디 그 허가를 못 해. 그래 내 이거 어차피 반죽 드갈라 할려면 허가를 내야 하더라고 그래가지고 인제 그 사람을 보냈는데 왜 그렇게 새냐 하면은 흙 때문에 그래. 그래서 대한민국에 대한민국에서 옹기흙을 쓰는 거 최고 좋은 게 영덕이야. 어떤 영덕에 여기가 이 안 박힌 데가 없다고 옹기흙이. 지금은 내가 영덕군수 문중산에 흙을 파가지고 그랬어. 저 율곡에. 거서 흙을 파가지고 그런데. 이 흙 뿐만 아니고 우리 면 내는 이 우에 토질이 좀 부드러운 토질이든 톱을 가지고 파겨가지고 한 이 메타 파면 죄 옹기흙이 안 박힌 거 없어. 다 박혀있어. 다 박혀있는데 왜 우리 흙이 여기 흙이 좋으냐 하면 옹기흙은 지상에서 땅 밑으로 가장 깊이 내려가가지고 매장되어 있는 거기서 그런 거야. 우선은 진보 같은 데 가면 요만치 내려가면 전부 흙이야. 그러이 그 요만치만 내려가면 전부 옹기 흙인데다 그 흙을 부숨으로{뿌셔서} 우리 흙은 진짜 고대 식으로 이래 요만치 파가지고 진짜 진뜩하니 손을 넘기면 한 개도 걸리는 게 없다. 저쪽엔 덩어리 졌는 게 그냥 파묻으면 그냥 흙이야 막 갈 수 있는 거야. 우리는 요즘은 포크레인이니까. 장비니까 장비로 가지고 쫙~ 긁어내면 이 떡판 일나듯이 쭉쭉 일난단 말이야. 진보 그럴 때는 파면 그냥 모래 댕기듯이 죽~ 일나는 거라. 그러이 흙 자체가, 암만 잘 만들고 잘 굽고 유약을 두껍게 발라도 흙 자체가 하마 모래가 많은 거는 안 되는 거야. 그러이 인제 내가 돌 같은 거는 어떤 데는 일부러 뿌어내라 뿐단 말이야.

갈아들어 가니까 그 미세한 돌맹이 한 개, 한 개 그리로 숨을 쉰다니까.

🈳 이게 왜 숨을 쉬냐 하면은 도자기는 숨을 못 쉰다. 도자기는 왜 숨을 못 쉬냐면 숨 못 쉬는 이유가 있지. 도자기는 우리 맨치로 흙을 이래는 게 아니고 수배 카는 게 있어. 흙을 바짝 마른. 한 마디로 말해서 우리 그 재물 바르는 거랑 같애. 유약 바르는 그 공정과 똑같은 기라. 흙을 바짝 마른 담에 물에 딱 집어여면 바짝 말라서 물에 집어여면 이 확 풀리는 기 마련. 그걸 전부 풀어가지고 우리 경상도 말로 구정물 있제 구정물. 흙탕물. 그 모래 성분. 나머지 밑에 전부 다 밑에 가라앉고 우에 구정물만 싹 넘가가지고 이 구정물을 채웠는 게 도자기 흙이야. 이것만 가지고 하기 때문에 그 도자기 흙에는 즉 말해 밀가루보다 더 부드럽단 말이야. 구정물을 가지고 구정물을 그래 하는데 그래 도자기 만들 흙은 팩 해도 아무 상관없어. 여그도 조금 무르게 해가지고 이거 뭐야 죽 그치{같이} 무르게 해가지고 암만 발라도 여게 걸리는 화장품하고 똑같은 거야. 걸리는 게 없다니까.

🈳 근데 옹기흙은 그대로 찧어서 노랗게 갈아버리잖아. 갈아들어 가니까 그 미세한 돌맹이 한 개, 한 개 그리로 숨을 쉰다니까. 그러니까 이게 옹기잖아. 내가 왜 이걸 생각을 하냐 그러면 한 육 칠 년 됐나 이 mbc에서 한 시간동안 방영했어. 전 세계에서 숨 쉬는 그릇은 옹기밖에 없다. 이거는 과학적으로 했는 거니까. 우리집에서 녹화해놨는데 어데 있지 싶어. 이 단지 속에 단지 안에 이러는 거라. 여기서 바로 일로로 직통으로 숨 쉬는 게 아니야. 직통으론 숨을 쉴 수가 없어. 여기서 짠 공기가 빠져나갈 수 있는 곳이, 구멍이 예를 들어 하나 있었다 이기지. 그거를 임마가 숨을 쉬러 기드가는 거야. 드가면 찾아댕기는 거야. 지가. 공기 몸 살러. 그래 여기서 임마들이 숨 쉴라고 했는 게 나중에 최종 그 길로 나와가 숨 쉬는 건 이쯤 와가지고 숨 쉬는 거야. 만약에 직통 숨을 쉬게 되면 이거는 물이 새지. 숨을 쉬는 게 아니야. 나도 맨 첨에는 숨 쉰다고 이렇게

바로 숨 쉬는 줄 알았어. 바로 숨 쉬는 건 새는 거야. 그래서 이렇게 돌아서 돌아서 일로로 나오니까 숨을 쉬고 그러니까 인제 그 공기입자하고 내가 그거 때문에 요새 많이 유식해졌다. 방송에서도 오면 그 얘기하면 이 사람들 깜짝깜짝 놀래는데. 공기입자와 물입자가 있는데 물입자는 이만하다 카면 공기입자는 요만하다는 얘기지 즉 말한다면, 요만하기 때문에 공기는 빠져나갈 수 있어도 물은 못 빠져나간다. 그 그래도 물은 입자가 있어서 물에도 탁~ 터주면 큰 도자가 되니까. 그래 그런 원리로 못 빠져나간다 방송국에서 해마다 몇 번씩 와가지고 인제 자세히 하잖아. 얘기하면 "사장님, 그거를 어디서 배웠는교" 내가 배웠나 내가 테레비에서 나왔는 걸 보고 내가. 내가 봐야 아는 거지. 그래 옹기 숨 쉬는 건 그래 쉬는 거라. 직통으로 숨 쉬는 이거는. 직통으로 숨 쉬면 무조건 이거는 새. 새게 돼있어. 근데 그 원리가 박사들 나와 얘기하는 게 여서 나와가지고는 빙 돌아가지고 옹게 이만하다 카면 여기서 숨통이 터져가지고 이쪽으로 돌아가면 결정적으로 숨 쉬는 거는 여기서 숨셔. 맹 밲을에서 숨 쉬는 건 맹 마찬가지거든. 이런 식으로 사방팔방으로 와서 숨을 쉬는 그릇이 옹기밖에 없다.

조금 호롬한 것도 하고 조금 붉은 것도 하고 까만 것도 하고 여러 가지 색깔하다가

그래서 인제 요즘은 인제 내가 저 색깔로 해놓고 난 뒤에 혹시나 소비자들이 어떻게 생각할까 싶어서 내심 사실은 참 염려를 했다. 했는데 저 색깔로 딱~ 해놓고 나니까 서울까지도 내려오거든. 사러 내려온다니까. 부산서도 오고 대구서도 오고 "아 색깔 너무 좋다고" 그러이 이제 우리 토속적인 색깔이라고 그러이 이 색깔로 내가 결정을 지은 기라. 그때는 색깔을 몇 가지를 했다니까. 조금 호롬한 것도 하고 조금 붉은 것도 하고 까만 것도 하고 여러 가지 색깔하다가 우선 내가 또 저 색깔을 좋아하기 때문에 인제 저거를 조그만 저 색깔이 소비자들이. 저거만 오면 저 색깔 보면 전부 다 예를 들면 아무 데도 저런 색깔 없더라고 근데 사실 상 내 혼자 내 혼자만이 낼 수 있는 저걸.

🔲 이 사장님도25) 와가지고 그 사람이 "니 이거 우예 내노?" "가르쳐주까요" 이러니까네 "은~제 가르쳐주긴." 인제 그런 사람들이 실증적인 양심적인 사람이라. 가르쳐주까요 캐서 가르쳐준다 캐도 내 다~는 안 가르쳐줘. 모든 사람들이 그렇잖아. 마지막 기술 한 가지는 음식 요리사들도 마지막 지킬 수. 마지막에 들어가는 그 뭐인가는 안 가르쳐줘. 절대 안 가르쳐. 원래 지 자식들은 가르쳐 주고 이런 데 그거 인제 필요없다. 가르쳐달라 카면 그 사람이 그거 또 마음도 저렇고 나도 마 나도 내대로 요새 계속 연구 중이라고 자기도 이 색깔 때문에 "대강 이 색깔에 근사치에 갈라 그러면 형님 그 재를 가지고 하십시오" 고 힌트만 내가 가르쳐줬지. 부엌재만 잘 사용하면 고 프로스만 사용하면 되니까 몇 번 한 번 요렇게 한 번 해 보이소 그렇게 팍 들어간다니까. 머리가 빨리 돌아가니까. 어어. 자기가 그 사람이 아마 고거 인제 아마 문화재 받기는 또 그 사람이 최고 문화재 받기는 하이튼 받을 확률이 최고 컸다. 그 사람이 받아야 돼. 그 사람은 대한민국 옹기를 많이 공부한다니깐. 일본 가가지고 그 사람이 일본도 몇 번 가가지고 일본 초빙도 한다.

영덕, 영덕에 형님 가문의 영광이고 뭐고 우리 조상들 전부 다 옹기쟁이 다 만들었으니.

🔲 그분도 사 대쩬가 했다 그러던데…….

🔲 근데 고거는 쪼만치 속인다. 왜 그러냐면 내가 문화재를 받고 내가 맨 첨에 문화재를 오 대 했다 그랬거든. 오 대 했다 그랬는데 그런데 영덕 그

---

25) 울주군에서 옹기장을 하는 이를 말한다.

백진희씨라고 업장질{읍장질} 했는 분이 있어. 그 그 선대는 맹 면장질 하고 그 후대 내하고 형제하기로 했는 그 형님은 인제 업장질{읍장질} 하는데 하이튼 인제 문화재 지정받고 영덕신문에, 경북일보에 다 인제 나오니까 전화가 야야 양쪽 사방에서 막 오지. "아이고, 이 사람 동생 축하한다 우리 가문의 영광이다 카매." "영덕, 영덕에 형님 가문의 영광이고 뭐고 우리 조상들 전부 다 옹기쟁이{옹기장이} 다 만들었으니." "이 사람 다 그래 하는 거라. 이게 어디 어디 안 그러고 되나." 그러이 저쪽에서 요구하는 게 뭐냐 그러면 최하가 삼 대야 삼 대. 문화재청에서 요구하는 게. 그러면 일 대를 삼십 년을 짓게 되면 구십 년 아니가. 그럼 약 백 년이거든. 최소한도 백 년 정도 했는 사람을 기준으로. 그래가지고 인제 문화재를 만드는데 그렇게 만드는 거라. 그거는 어쩔 수 없이. 그렇지.

탑 그러이 산마에{삼화에} 그 인제 살았던 사람들이 기록을 내가 가여 대강 한 번 물어보니. 산마에{삼화에} 최고 오래 살았는 사람이 십이 대를 살았어. 사실상은 우리 조상들이 잘못 잡아놨는 게 일 대를 삼십 년 잡아놓으면 안 돼. 일 대를 이십 년만 잡아야 해. 옛날에는 스무 살 되면 다 결혼했기 때문에 요새는 일 대를 오히려 삼십 년 더 잡아야 해. 그러이 내가 일 대를 이십 년을 그때 한 번 잡아가지고 십이 대 살았으니까 이백사십 년이라. 산마에. 그래서 내가 올릴 적에. 문화재 올릴 적에도 산마 독점 마을에 옹기 기록이 삼백 년이라고 우리가. 그러이 십이 년이니까 삼백육십 년이야. 저 사람들은 어차피 삼십 년 잡으니까. 삼백육십 년을 잡았는데. 하이튼 여 산마에 옹기 저런 거는 삼백 년이 넘었어. 그 문화재 저거 내가 오 대 했다 그러니 오 대는 백오십 년 했으니까. 그러이 그런 거는 사실상 그 사람들이 문화재를 지정시키면서 어느 하나 기준점을 만들어놨는 거지. 사실상 아무 의미가 없는 거야. 이 맥을 어떻게 하면 어떤 사람들이 이어 가느냐 그기 목적이지. 그거하고는 전혀 관계없다니까.

🔳 실제적으로는 아버지 때, 형님 계속 하신 거죠?

🔳 그렇죠 나는 그래 밖에 모르니까. 여덟 살 때 아버지가 돌아가셔뿌렸기 때문에 아버지는 저쪽에서 공장도 하시고 다 했거든. 그러이 그 공장이 있는 걸 나도 모른다니까. 형님들한테 들은 거밖에 없지.

또 불 때워가지고 식쿠는 과정이 있기 때문에 거의 거의 약 한 달 잡아야 되거든.

🔳 보통 다른 데는 불은 아무한테나 안 맡기잖아요

🔳 아무 택도 없지. 안 맡기지. 그거는.

🔳 그러면 계속 이제 요즘에는 일 년에 한 번 가마 굽는다 그랬잖아요 보통 한 번 구우면 주로 언제 구우시는데요?

🔳 거의 구 월 말 아니면 구 월 말에서 시 월달 고 사이에 굽는다. 시 월. 구 월 말에서 시 월 말. 어차피 옹기를 굽는 게 유약 넣고 불 때고 내는 과정이 거의 약 이십 일 이상이 걸려야 되거든. 그러이 고 동안은 또 불 때워가지고 식쿠는 과정이 있기 때문에 거의 거의 약 한 달 잡아야 되거든. 그래 잡아야 인제 가마에 드가가지고 불 때고 식쿠고 거기 다 나오는 시간이다 이 말이다. 약 한 이십 일 이상이.

🔳 가마에 쟁임하는 데도 시간이 오래 걸릴 거 아니에요?

🔳 맨 첨에 물건 잴 적에. 그렇지 물건 재는 거를 옛날에는 하루에 끝났어. 하루만에 끝났는데 그러니까 하루에 끝내니까 그거로 드갈 적에도 잘못 땠는 게 드갈 수도 있고 바쁘게 하니까. 이거는 애들 전부 다 불러서 우리 식구들끼리 삼 일 했어. 삼 일. 내는 게 하루만 하면 내는 건 오전에 다 해. 내는 건 암만 거머쥐도 관계없는 거는. 열 적에는 안 구운 상태는 잘못 하면 깨져뿌리고 몬 쓴다고 열 적에는 무조건 삼 일 정도 잡아야 한다고 그러이 한 여름에 더워서 못하니깐에 구 월이나 시 월이나 조금 선선해지면 그때 그렇게.

【문】 불은 한 며칠 정도?

【답】 거의. 거의 보름 땐다고 보면 돼. 그러이 인제 불은 뭐 곁에 있고 이러니까네 어차피 불도 저 사람하고 내가 둘이서 불은 한 번 지피면 보름 동안 끄면 절단나니까{안 되니까}. 밤낮으로 이래 교대 나가면서 그러이 불 다 때고 나면 거의 반 죽는다고 보면 돼.

【문】 가스나 기름은 그냥 하면 되는데…….

【답】 그렇지 그거는 장치만 딱 해놔뿌면 그렇지. 이거는 나무를 갖다가 다. 그러이 저번에 재났는 나무가 내 한 가마 땐 거 거의 다 없어졌다니까. 엄청나게 한다니까.

【문】 첨에 한 십오 일 정도 하면 초벌, 재벌 그런 과정이.

【답】 그렇지 그런데 고걸 우리가 애기하는 고유 인제 말이 인제 초벌구이(핌불), 고 담에 중불, 한불, 창불 카는 이런 네 가지 단계로 하는데 요롷게 생각하면 돼. 이 옛날에 이건 삼 일만에 불 다 껐다고 여기다가. 옛날 한 이십 년, 이 삼십 년 전에. 그런데 아까 애기한 거 똑같, 똑같은 위치야. 여덟 시간 굽은 거하고 보름 굽은 거하고 차이가 나듯이 삼 일만에 굽었는 거하고 보름만에. 맹 이 재래식 가마에 굽어도 삼 일만에 굽었는 거하고 보름만에 굽었는 거하고 또 차이가 난다고 그래서 고 한 단계 올라 가는 게 이 아가리가 이만해서 불을 인제 맨 첨에 나무 때가지고 시작해서 불을 때는데 이제 한 일주일 동안은 고 두 가지만 가지고 계속 때는 거라. 그 과정이 뭐냐 카면 우리 말로 핌불이라 키는데. 핌불. 우리 영덕말로 핌불이라 카는데 고게 어떤 과정이냐 카면 공기와 가마에 있는 습도를 제거시키는 기간이란 말이지. 고래가지고 가마에 있는 공기(습기)하고 고게 제거가 되면 그때부터 인제 나머지 일주일 동안은 매일 같이 불이 높아지는 거라 단계적으로 매일 같이 조금씩 조금씩 높아져. 그래서 높아지는 게 그래 때 때므로서 공기 접촉도 적고 탈나는 것도 확률도 적어지고 그만치 좋아지고 그래 고 단계를 굳이 인제 옛날에는 핌불, 중

불, 한불 이렇게 그냥. 굳이 이름을 짓자면 뭐 초불, 그러이 인제 초불 카는 게 우리 영덕말로 핌불이라 캐. 초불, 중불, 한불 요롷게 단계를 재워 놨다는 카는 거 밖에 없지. 그 내한테 단계를 전부 얘기할라 그러면 한 여덟 이상 단계가 있단 말이야. 불을 높이는 그 단계가. 그러니까 그 이름을 다 만들 수는 없잖아. 그러니까 초불, 중불, 한불.

問 보통 핌불은 도수는 한 얼마 되는데요?

答 도수? 도수 칼 것도 없다. 나무 장작 가지 한 요만한 거 요만한 거 한 두 가지로 굽는데. 그럼. 그렇지. 방에 군불 때는 거보다 더 작기 때문에. 그래 고런 아주 미세하게 그냥 불에 훈기만 올라가잖아. 그래가지고 굴 안에 있는 습도를 서서히 제거시켜. 한 몫에 많이 때면.

그래 옹기 옛날에 만드는 사람은 환갑 지내는 사람 별로 없다. 다 죽어 뿌고 뭐.

問 작업 하시면서 힘들었던 것은 없으세요?

答 가만 있어 그러면 맨 첨에 뭐라고? 힘들었던 거가, 기럼 이 일은 힘드는 게 한 두 가지가 아닌 거라. 어쨌든. 말로서 그 할 수 없어서 그런데. 이 과정이 지금은 그래도 옛날은 엄청나게 심해진 택이라. 이기 이 일이. 인제는 뭐 기계도 아까도 그 안에다 기계 봤제. 고 과정이 지금 뭐하는 과정이라 그러면 옛날에 이 흙을 갈아드가면 흙꾼이라고 또 따로 있었어. 전문적인 흙꾼. 응. 우리말로 흙꾼인데. 이 흙꾼이. 인제 고 지역적마다 다 틀린데 진보쪽으로 가면 흙꾼이 어떤 식으로 하냐 그러면 발로 밟는 게 아니고 매를 가지고 치는 게. 떡메. 이거 말로 떡메. 고 담에 쪽메라고 요렇게 가늘고 긴 게 있어. 쳐가지고 재끼고 또 치고 이런 과정을 여기 사람은 어떠냐면 발로 밟는 거지. 이걸 세 번 밟아야 돼. 재놓고 이만침 재놓고 땅바닥에 깔 때까지 쫙~ 또 밟고 또 밟고 하는 거야. 그래 밟는 그 과정이 진화가 돼가지고 아까 그 허리찌 그기 진공 기계야. 저

게 한 마디로 말하면 떡 빼는 떡골비 요론 기 똑같다. 똑 그 원리를 따라 가지고 그런 건데 저기서. 여기서 그런대로 갈아드가면 그 흙구데를 빡 밟는 거를 갈아났는 그 흙 자체를 거 다 집어여버리면 그 사람들이 열 번 밟았는 거보다 그 흙이 아주 부드럽게 짖이겨져가 진공이 딱 되가 쫙 나오는 거라. 인제 그 과정을 하는 거거든. 인제 옛날에는 흙을 흘꾼이 인제 밟아가지고 흘꾼은 흘만 딱 밟아주면 돼. 흘꾼이 밟아놔노면 흘을 맹 고런 식으로 널구는 사람은 그네꾼이라고 따로 있어. 그 사람이 흘을 널구는 걸 척척 널구는데 그걸 널구는 걸 처음에 와가지고 보면 그기 엄 청난 기술이거든. 고거. 딴 사람도 할 것 같지만 해 보면 사실상. 그렇지. 그런데 그네꾼들 유형이 두 가지가 있는데 이렇게 이렇게 비벼서 널구는 사람이 있는가 하면 그것보다 기술 좋은 사람은 이렇게 착하면 쫙쫙 빠 지는 거야 안 떨어지게. 그렇게 인제 널구는 사람이 최고의 기술을 요하 는 사람이고 그렇지. 이렇게 이렇게 비벼가지고 이것도 사실은 잘못 비 비면 한쪽이 넓적해지는 거야. 똥그랗게 비벼지는 게 이것도 기술을 요 하는 거거든. 그래 이런 것도 쫙 꺼놓고 하고 인제.

⊞ 내 일도 내가 지금 만약에 문화재를 받았지만 옛날물레 옹기 만들라 카 면 못 만든다. 힘이 들어 만들 수가 없어. 그래서 지금 전기물레 하는. 고 옆에 내 일하는 고 작업칸 아깨 사진 찍는 데 있제? 고 내 일하는 작업칸 이고 고 옆에 혹. 떡. 옛날에 물레는 그렇게 했는 거야. 그리고 저짝 번에 이 한 개 위에 저거 위에 뚝 걸러가지고 고거로 인제 건덕물레라고 고 깔아놓고 인제 작품 같은 거 만들 적에. 그러니까 인제 그 내가 드가는 왼손 편에 물레 하나 있제. 바닥하고 똑같이. 그기 원래 옛날에 우리 옹 기 만드는 물레. 고렇게 깎는 거라. 근데 이짝 편에 물레가 이래 땅 위에 쭉 올라왔는 거 하나 있제. 그걸 건덕물레라 카는 기라. 우리말로 그러 니까 인제 그기 건덕이라 카는 게 그 그거 뭐야. 국어사전 찾아보면 무 슨 뜻을 표하는지 몰라도 우리 내 생각에는 그기 건덕이라 카는 게 그냥

우에 그 땅 위에 건처럼 그냥대로 둥그렇게 앉아있다 카는 그 뜻으로 우리가 인제 건덕물레라 그러거든. 그래서 저 물레에서는 순수하게 발로 차고 내가 인력으로 다 돌려야 되는 거를 전기물레는 전기가 돌려지니까 힘이 덜 들지. 만약에 내가 지금 큰 단지를 하는데 큰 단지 그 장거리를 하는데 내 이 왼쪽 다리 타거든. 도자기하고 또 우리 옹기하고 틀려. 도자기는 우리 역순으로 돌아간다. 도자기는 오른발로 차는 거야. 우린 왼발로 차잖아. 우리는 이렇게 시계 반대 방향으로 돌아가고 도자기 만드는 거는 시계 방향으로 돌아가는 거야. 그거는 뭐 하긴 그 사람들이 배우기를 그래 배워 그렇지. 맹 맹 똑같이 옹기도 이거 시계 방향으로 돌려가면서 만드는 사람이 또 있어. 왼쪽 빠르기 쫙 퍼지거든. 그렇게 만드면. 그래 그런 과정이 지금은 저래 전기물레도 저거 꼽아노니까 만들지. 만약에 지금 옛날식으로 만들라 그러면 참 문화재는 내삐리기 아까워도 아를 불러가 니가 하라 카면 하지. 내 힘으로서는 인제 물레 돌려가면서는 몬 하는 기라.

📑 그렇지 그래 이게 옛날에는 우리집에 저저 큰 단지 저게. 아까 단지 중에서 최고 큰 거 한 개 있는 거 봤나. 그 속에 있는 거. 바깥에 요 재놨는 거. 그래 옛날에 우리가 인력을 그냥 통상 팔 수 있는 단지가 최고 큰 게 대두 스무 말 드가는 게 최고 큰 거야. 지금 리터로 칠 것 같으면 약 사백 리터. 그걸 어디에 사용하냐 카면 술도가에 그 양조장에 사용하는 거거든. 그런 거를 만드는 과정이 어떻게 만드냐 카면 그냥 걸러서 빚어서 카는 게 아니라 함부래 말루는다. 그래 내가 전에 만든 거 요 지금 물로 저 같은 거 리터로 잴 같으면 백 리터에서 백이십 리터 요런 것도 숯불을 너가지고 말란 거야. 단지 하나 갖다가 숯불을 숯불 위에서 걸어놓는다고 건조하는 시간이 오래 걸려서 그런 게 아니라 만들 적에 밑에서 어느 정도는 겉으로 바짝 말룬 게 아니고 맨 첨 흙으로 우리가 이렇게 만지면 눌리면 눌려질 수 있는 그런 그 습도를 만들어가지고 만들어야

되는데 그걸 가지고는 큰 걸 이만치 올리면 내려앉아 다니까. 그래가 밑에 어느 정도 습기가 빠지겠끔 말라야 되는 거야. 이렇게 되는 그 과정이 지금은 내가 인제 숯을 구해가지고 만들고 그러지만 옛날에는 거다가 뭘 가지고 했냐면은 옛날에는 숯이 없었는 거야. 그래 나무로 가지고 불을 피워가지고 말루는 거야. 한 마디로 얘기해가지고 하루점들{하루 내도록} 단지가 원 타원형으로 되어있는데 뒤에도 이렇게 불 피우고 최고 바닥에 이건 고정된 불이제. 불을 피우고 단지 안에도 불을 너노면 숯불인데. 숯불이 아니고 나무 불인데 타원형이 근데 항상 아가리가 이렇게 쏘잖아. 사람 이래 엎드려서 거 단지를 보고 옹기를 만드는데 이 연기가 구십 프로쯤 내 절으로{곁으로} 다 오는 거야. 그래 옹기 옛날에 만드는 사람은 환갑 지내는 사람 별로 없다. 다 죽어뿌고 뭐. 그래서 그나마도 나는 내가 일을 하면서도 그때는 비싸도 숯을 사갖고 했고 안 그러면 내가 직접 산에 가가 참나무를 비가지고 와가지고 숯을 구웠는 거야.

"아이고 사장님 왜 이리 문을. 이리 더운데 문을 닫았노." 카면 문을 열어놓으면 옆에 있는 흙이 마르기 때문에 문을 닫을 수밖에 없는 거야. 🈭 그런 식으로 만드는 과정이 그런 식으로 옛날에는 이 공장이 옹기공장이 이렇게 건조한 공장이 없다. 옛날에 옹기공장 하나 드가면 습도가 왜 글냐 그러면 이렇게 건조하면서 내맨치로 기술적으로 콱 몇 도씩 해가지고 말루면 괜찮은데 그 공장 안 자체에 습도가 어느 정도는 있어야만이 이 옹기와 배합이 되는 거야. 그러이 이 옹기는 너무 빨리 말라뿌려도 큰일 나는 기라. 그러니까 항상 습도 많은 곳에서 일하면서 그 연기하고 엄청 그러니께 그 사람이 오래 되게 살 수가 없는 거야. 그런 과정이 옹기 만드는 사람 같은 최고의 불이익을 당했는 거고 또 이 일도 이게 딴 사람 보기엔 와가지고 구경하는 사람 보면 야 기술적이고 참 뭐 별 머를 힘들겠나. 엄청난 힘이 드는 거라. 여기 드와가 일을 하면 겨울에도 일하면 땀나는 거야. 그래 오히려 이렇게 농사 짓는 사람들은 어데 바깥에 바람도 불고 이런 데서 이러지만. 딱 밀폐된 데. 내가 여름에 한 여름에 예를 들어 저 안에 공장문 닫아뿐다. 그래 그 사람들 내 보고 "아이고 사장님 왜 이리 문을. 이리 더운데 문을 닫았노" 카면 문을 열어놓으면 옆에 있는 흙이 말르기 때문에 문을 닫을 수밖에 없는 거야. 그럼 뒤에서 선풍기만 틀어놓고 옆에는 집. 정확하게 흙에는 바람이 안 가도록. 그렇게 해놓고 작업을 하는 거야. 그래 이 작업하는 조건이 그래 딴 데서는 기계로 찍으니까 그 뭐 전혀 그런 거하고 관계없지 그래.

문 네~.

답 이 수작업 하는 게 요즘은 그래도 내 끝은{같은} 경우에 인제 하루 나가서 일하는 과정이 어데 아침 먹고 나가면 오전에 세 시간 아니면 네 시간. 오후엔 공식으로 두 시간만 일하면 일 안 해. 끝이야. 오후 네 시 되면 내 작업은 나머지 할 거 다 끝난다고 결국엔. 이 옹기 만드는 사람이 옛날에 지금부터 한 이십 년 전만 하더라도 하루 작업시간이 몇 시간 하냐 카면 가을에 최고 많이 할 적에는 이십 시간. 가을 같은 요즘은 옹기 대목이 없지. 옛날에는 가을에 김치 담글 때 되면 옹기가 마~ 어마어마하게 많이 나가기 때문에 밤낮으로 일해야 돼. 그때는 무조건 하루 일. 옹기 만드는 사람이 그 봉급 때가 이기 뭐냐 하면 일당제가 아니고 우리말로 돈내기이라 카는 거. 옹기 한 개 만드면 얼마. 이렇게 돼 있거든. 그러니까 많이 만드는 사람은 많이 벌고 그러니까 일 많이 하는 놈은 많이 벌고 일 안 하는 놈은 적게 벌고 그러이 하루에 그때 일단 하마 지금 칠 것 같으면 양력으로 한 구 월달 정도 되면 야간 작업 드간다. 밤 열두 시까지. 그래 하루 스무 시간 일한다 카면 이 노동일이 어데 걸어다니면서는 일 하나. 이래 이거 만드는 사람이 항상 앉아서 일하니까 하장을 힘을 몬 쓴다니까. 그러이 나도 그 일을 삼십 대까지는 그렇게 했다니까. 그런데 우리 어차피 내가 이 공정을 시작허고부터는 일꾼들 썼으니까 나는 그런 큰 일을 하진 않았지 않았는데.

㉧ 이 일을 하는 게 옹기 만드는 과정. 작업도 그만치 딘데다가{힘든데다가} 마지막에 어쨌든 간에 불을 때고 나면 불 땔 때마다 내가 그러잖아. 내가 오늘하고 오늘하고 때려치운다고 몬 배기는 거야. 그래 늦게는 굴 안에 옹기가 벌겋게 달아있다. 달아있는 게 우리가 인제 불 보는 구멍이 한 요만히 딱 이래 놓으면 재구덩이 딱 깨가 딱 재껴놓고는 통 안에 딱 들바다보면은 요 구멍에 통 안에 들바다보면 통 안에 옹기가 안 보이는 거야. 늦게 자를 쳐가지고 안에 그 정도로 한 덩거리 뿐이야. 벌겋지 그러면. 그면 고개 좀 그러고 안 그러면 저걸 보고 물수건가 얼굴 좀 닦고 그래 서로 들바다보면 옹기가 보인다. 그 정도로 보름동안 물론 잠은 집 사람과 교대교대로 조금씩 잤다 카더라도 사람이 그냥 딴 일하면서 잠 덜 자는 거하고 이거는 엄청나게 틀리. 항상 불을 들바다보기 때문에 사람이 그만큼 눈에 피로가 그만치 딴 일하고 틀리게 많이 온단 말이야. 늦게 마치기 내일 또 마친다 카면 오늘부터는 인제 불이 커지니까 들바다보면 그냥 사람 왔다갔다 한다니까. 뭐 옹기도 없는데 이래 들바다 바람 불어가지고 불이 이래 감아 들어가면 옹기가 슬 지가 걸어올라 가는 것 같은 기분에. 그러치 의하면 이 눈이 내 눈이 옳지 않다는 얘기다. 그런 과정이 한 마디로 우리 어른들 말로 몸에 중기를 다 뺀다는 얘기거든. 그만치 힘드는 일이야 이게. 그래서 이 힘드는 거를 전부 다 생각한다면은 어느 이 세상 사람들 사실 힘 안 드는 게 어디 있노 사업하는 사람도 힘들고 다 힘들겠지만은 유독 이것만은 힘도 들고 정신도 들어가야 하고 여러 가지 복합적 문제가 들어가야 되거든.

그래 가가 날 위한다고 뭐라나면 "아이고 사장님 마, 사장님 그렇게 힘드는 일을 고수하고 오셨기 때문에 이렇게 쉽게 문화재를 받았는 거고."

㉧ 사실 그 도자기 같은 거는 또 하나 도자기를 만드는 사람은 옹기를 못

만든다. 도자기 만드는 사람은. 그런데 옹기를 정상적으로 옹기 만드는 사람도 분류가 여러 가지겠지. 아주 잘하는 사람, 특수하게 잘하는 사람, 대강 하는 사람, 아주 잘 못 만드는 사람. 여도 이 옹기 내가 옛날에 거기술자 쓸 적에도 같은 품 주는 거 아니야. 고 분류대로 등급을 매겨가지고 품 준단 말이야. 잘하는 사람들 돈 더 주고. 옹기를 정상적으로 만드는 사람은 도자기를 다 만들어내. 근데 도자기 만드는 사람은 옹기 못 만든다. 왜 그러냐면 옹기 만드는 과정하고 도자기 만드는 과정하고 그런 게 사실 도자기는 백자나 청자나 그건 사실 하나의 작품이고 그런 거지. 옹기에서부터 이 먼, 맹 외국에도 질그릇이 있단 말이야. 외국에 보면 맹 옛날에 그 하도록 지금도 영화 같은 데 보면 흙을 찔찔 요래요래 붙여가지고 대강 굽어가지고 이 물 떠다묵고 그랬는 그런 식으로 옹기에서부터 질그릇이 진화해가지고 옹기가 됐고, 옹기가 진화해서 자기가 됐는 거야. 그래가지고 도자기가 맨 첨에 나왔다 카는 건 말이 안 되는 소리거든. 옹기를 만들 줄 아는 사람이, 옹기도 만들다보니 참 이쁘게 만드는 것도 있고 흙도 구운 사람들, 그 중에서 특수했는 사람이겠지. 흙도 보니까 이상하. 좋은 흙이 나오고 이러니까, 청자 나오는 흙이 있고 백자 나오는 흙 다 틀린다. 청자 만드는 흙으로 가지고 백자 암만 굽어도 백자 안 나와. 왜 그러냐면 어차피 안에 흙까지 비치기 때문에 유약을 암만 발라도 안 된다니까. 그러니까 옛날에는 지남철이 어디 있어 지남철이 없었잖아. 그래서 옛날 백자는 보면 이 표본에 이 이 백자 요기 표번에 가만{까만} 점이 딱딱 있어. 이기 전부 철분이야. 요즘은 그 백자흙을 수구려가지고 퍼낼 적에 저저 구중물이 흘러 내려오면 이 밑에다 굵은 특수 지남철처럼 씨구다 딱 놔놓고 철분이 싹 다 끄내려요. 그래서 옹기도 마찬가지야. 옛날 옹기보다 요즘 옹기가 좋다 카는 이유가 그만큼 옹기 하는 사람들도 자꾸 인제 진화가 되다보니까 조금 더 인제 곱게 만들고 싶고 더 이쁘게 만들고 싶고 이래가지고 이래가지고 요 정도로 이쁜 옹기가 나왔다 싶지. 도자기도 마찬가지라. 옛날엔 기계가 없으니까 전부 다 옛날엔 그렇다 카더라. 씹어서 맛을 보고 흙을 선택을 했는 거야. 그 사람들만의 또 그런 노하우가 있었겠지. 그런데 요즘 기계가 있으니까 맛볼 이유가 없지. 고대로 쫙 걸러내버리면 끝나니까.

🏷 그러니까 도자기 하는 사람들은 어느 예를 들어서 이렇게 되는 타이틀을 하나를, 내가 어떤 거를 만들다 카는 요런 거 작은 거야. 한 봉, 한 봉이는 만들기는 만들겠지. 어느 정도 이렇게 만들면은 하나를 목표를 딱 정해놓으면 그 사람들은 예를 들어서 한 초벌, 아예 말라가지고는 새로 닦고 닦고 만드는 거야. 그 사람들은. 그런데 옹기 하는 사람들은 한 번 만들면 끝이야. 밑에서부터 쫙~, 단지 만들면 단지, 시루를 만들면 시루 한 번에서 끝내지. 두 번 손을 댈 수가 없는 게 옹기라. 그래서 그 도자기를 하는 사람이 옹기를 배우러 온다. 조금이라도 그 사람들은 배우기가 쉽지. 허리 허리 손에 익어 있으니까. 옹기를 조금이라도 배워가면 그 사람들은. 물론 도자기 하는 거 이래 본인이 문화재 같은 거 받은 사람들은 본인이 다 그림도 옇고{넣고} 글도 쓰지만은 때로는 또 그 뭐야 서예가들이나 미술가들 불러가지고 작품을 만드는 사람이 있거든. 있는데 그 심지어 도자기 하는 사람들이 우리집도 그렇고 진보에도 그렇고 옹기 하는 사람들이 와가지고 자기들이 원하는 형, 가닥, 크기 만들어가지고 초벌구이 해가지고 팔아가지고 납품하라 그런다. 내한테도 왔다갔다. 내가 만든 거가지고 그거를 가격이 이거는 어마어마하게 몇 천 배에 예를 들어서 도자기 같은 거 작품 한 개 만약에 굽어가지고 옳게{괜찮은} 작품 나왔다 그러면 지금 몇 억짜리가 있다. 최소한도 좀 괜찮다 카면 천만 원, 다음에 백만 원 이런 식이고

🏷 그러이 이래 내 작. 그 작년 아니제. 몇 년 전이야 문화재 마지막 심사 받을 때 대구 갔는데 그 저거 문경서 두 사람이 도자기 그 문화재 심 심의를 받으러 갔는데 마지막에 둘다 두 사람 다 못 받고 가면서 가져왔는

그 작품들 다 싣고, 그 한 개 내 눈에도 참 그 미경이다 카는 게 있더라고 "그 얼만교" 카니까 팔천만 원이더라고 그때 가격. 나는 옹기를 팔천만 원 치를 차에다 실으면 일 톤 트럭에다가 열다섯 대를 실어야 팔천만 원. 그래서 인지 그 내가 같이 갔던 직원들 내 쫌 기분이 허탈하더라고 그래 가가 날 위한다고 뭐라냐면 "아이고 사장님 마, 사장님 그렇게 힘드는 일을 고수하고 오셨기 때문에 이렇게 쉽게 문화재를 받았는 거고 저 사람들 저 문화재 받았는 거 카면 문화재 참 받기 힘들다. 그래서 어쨌든 간에 그거하고는 인제 차이가 어차피 그거는 관상용이고 작품으로 들어가는 거, 물론 요즘은 도자기 용기 있잖아요. 쟁반 같은 거 고런 건 있지만. 일단은 첨부터 저 도자기라 카는 거는 어디 인근? 같은 저장했는 저장품이고, 그 참 보관 나놓고 보는 이런 거였지. 우리 생활에 뭐 나물도 무쳐먹고 된장 담아 이런 건 안 했거든. 첨부터 그거는 틀렸기 때문에, 그러나 인제 그 사람들의 말도 일리가 있는 게 문화재 심사위원들 하는 얘기가 옹기는 지역마다 한 지역에 한 명씩은 문화재 신청하는 사람들 다 만들어줘야 된다 이기라. 그래 내가 왜 그러냐 물으니까 도자기는 맥을 잇지 말아도 고가, 고가품이기 때문에 그 후계들이 이어 나간다는 거라. 그렇고 도자기는 그렇게 힘드는 일이 아니니까. 도자기는 고 자체는 불 때는 거밖에 없어. 요만한 거 만드는 거하고 요만한 거 만드는 거하고 단지 한 개 치는 거하고 이거는 비교를 할, 아예 할 필요도 없는 거고, 그 정도로 힘이 드는데 예를 들어 흙도 마찬가지야. 도자기 흙을 만약에 우리 저 밲에{밖에} 저거 마당에 흙 있제. 저거. 저만치면 그 사람들 십 년 써도 저거 다 못 쓴다. 흙 몇나 돼. 그런데 옛날에 내가 한참 만들 때는 저만치를 일 년에 열, 저게 열 개가 있어야 일 년 쓴 거야. 지금은 저게 내 일 년 성량이다. 저걸로 한 가마 하니까. 그거 한 개 차이면 내가 엄청난 힘을 힘의 차이가 나는데, 이기 도자기 만드는 그 그 사람들 자체를 만드는 거와 이거 저거 흙, 그 사람들 한 가지 불 때는 그 사람들도 마찬가지야. 근데 단 불 때는 것도 그 사람들은 도자기를 이렇게 옹기만큼 시기를 오래 할 필요없어. 도자기는 작기 때문에 요거는 요렇게 작은 거는 이 가마 해도 하루만에 불 맞춰도 돼. 안 깨진다니까. 근데 내가 불을 여게 보름동안 때는 거는. 어디까지 얘기하다 말았노 인제는 마 잊어뿐다.

딱 한 번은 우리가 인제 내가 불을 피우다가 불을 때다가 굴이 세 통이 하마 달았어. 굴이 세 통이 달았다

문 아까 듣다 그랬는데 초벌 굽는 게 아이 말룬다하고 같은 말이에요?

답 그렇지. 근데 초벌 카는 거는 요새 인제 이거 뭐야 방송용이고 인제 저래 놓으니 표준어로 쓰났지. 우리 여기는 우리 영덕 우리말로는 우리 쓰는 말은 초벌이라 카는 게 그냥 핌불이라 칸다 핌불. 그니까 핌불이 무슨 뜻이냐고 내가 얘기해보니까네 핌불의 뜻이 알 것도 없이 불 피우다, 처음에 피운다 그냥 불 피운다 그래서 핌불이라.

문 아까 그래서 도자기와 옹기 가치 등 여러 가지 면에서 보면 작업하다 이런 점이 굉장히 힘들고, 작업할 때 얘기하셨어요

답 심지어 그거 인제 한 가지만 내가 얘기를 해주께. 불 피우다가. 얼마냐 카면 잠이 첨에 딱 한 번은 우리가 인제 내가 불을 피우다가 불을 때다가 굴이 세 통이 하마 달았어. 굴이 세 통이 달았다 카는 얘기는 불 안에 벌거이 흙이 전부 다 벌거이 달았는 거야. 그게 달았는 과정에서 밤에 불을 때다가 어차피 인제 밤에 불 땐다 카면 열 한, 두 시까지 저 사람도 저 사람 두 시에 교대한다 카면 낮시간 동안 내가 세 시간, 네 시간 자구로 해준단 말이야. 그런데 한 열한 시 정도 되가지고 그러이 이 불 때면서 절대로 머리를 땅에 눕히면 안 돼. 그래 인제 의자도 갓다놓고 뭐 궁디 다뿌니께 의자 앉아가지고도 그냥 딱 이래 앉아있어야 되지. 뒤로 기대면 문제가 생기는 게 그 시간 잠들었다 부렸다 카면 그만큼 손 들고

자뿌는 거야. 그래 그만침 큰불에 자다가 아차 싶어가 딱 깨니까 그 굴, 굴통 안에 그 나무 불씨하고 나무 드갔는 거하고 엄청나게 많은 그게, 그게 하나도 없이 다 삭아부렀다. 그러면 최하 내가 세 시간을 잤다는 얘기거든. 실컷 자뿌렀지. 뭐 절단났는 거야. 그래서 만약에 그때 이거 일꾼들 또 부를, 전에는 우리집 이것도 솔직히 일꾼들 내하고 교대하거든. 남을 맡겨놓으면 문제가 생긴다는 얘기가 만약 내가 불을 껐는 게 아니고 우리집 일하는 사람 일꾼이 껐다 그럼 옹기 더 절단내뿌는 거야. 주인이 언제 나올지 모르니까 빨리 그 속도로 그 불 그만치 키워놔야 된다 이기지. 절단내뿌는 거야. 근데 어차피 내 옹기니까. 어차피 옹기는 어느 정도 한 두 통까지는 어느 정도 탈은 나도 새로 피움부터 새로 시작하는 거야. 그걸 인제 고 불까지 잡는 시간이 최소한이 열 시간이 걸리는 거야. 천천히 올려가지고 인제. 그래 그래가지고 잡아놓니까 그래도 굽어내니까 앞에 한 세 통 정도는 그래도 어느 정도 한 오십 프론 그래도 금도 가고 탈이 나도 나머지 오십 프로는 다 건져낼 수 있었다 얘기야. 그기 인제 내가 하느냐 남을 맡기느냐 그런 걸 결정하는 거야. 그게 차라리 야단을 맞더라도 "아이고 마 사장님 카던지, 내가 어데 잠들 어뿌고 이랬는 거 내가 나중에 불이 더 낮아졌으면 그래가지고 꺼져부렸기 때문에 새로 지피는 과정입니다." 카면 속은 상해도 "그랬냐." 그러쿰 사람이 백 사람 중에 그래 한 사람이 있거든. 우선 주인이 나오기 전에 퍼뜩 이 불을 원래쿰 시켜놔야 되잖아. 알지. 그래 우선 나중은 그 사람이 얼마를 따지면 나중에 더 문젠데 돈이 엄청나게 차이 나뿌니까. 더 문젠데도 사람 심리가 우선 고 고때 고 위기를 빨리 빨리 모면하려고 퍼뜩 올려뿐다니까. 그래 그런 과정들하고 그 힘드는 힘들고 어렵고 이거는 밤 새도록 얘기해도 다 몬 한다. 그 내려온 경위는. 대강 지금 인제 가장 옛날에 힘들었던 거는 야간작업하면서 또 그때는 야간작업 어디 할 적에 요즘에 전기가 어딨노 그 중에 그래 그나마도 괜찮은 집에는 호야불 카는 게 있다. 호야불.

전기. 전기로 인제 진화된 거지

📋 호야불이 뭔데요?

📋 호야불 모르제. 너거는 아직 호야불 몰라. 뭔 불이냐 카면 호롱불 같은 데다가 우에다 유리를 얹어놓으면 불이 그만치 더 밝아진다고 했다. 고 게 호야불이고 고 담에 고보다 더 인제 밝은 게 뭐냐면 간드리불이라고 있어. 카바 이거 저 가스가지고 가스 돌 가스를 집어여가지고 쓰는, 옛날 에 그 뭐야 저 탄광에 인부들, 텔레비전에 보면 나오제. 이거 머리에 그 거 그냥 쓰고 요만치 어데 불 이래 또 나오는 거. 그거 간드리불 카는. 고거 해가지고 반사지 붙여가 쓰고 그래 그런 어두운 그 전에 호롱불 쓴 거다 호롱불, 그러니 비나.

📋 호롱불 다음에 간드리불, 그 담에 전기?

📋 전기. 전기로 인제 진화된 거지. 그래 거 아마도 도자기 만드는 공장은 어차피 흘, 흙으로서 빚는 그릇이기 때문에. 인제 유일하게 도자기하고 옹기하고 비교를 하면 도자기 만드는 공장은 이렇게 클 필요가 없어. 당 연하지. 전부 다 작품 자잘하니까. 도자기 만드는 건 공방이라 그러지. 그걸 보고 공. 공장. 이것도 옹기도 이거 옹기공장이란 소리 잘 안 한다. 딴 사람들이 와서 옹기공장이라 그러지 우리가 와서는 옹기도막이라 그 런다. 옹기도막.

옛날 공장엔 공장에 한 번 연기가 차버리면 그런 연기 하루 점도록 있다.

📋 도막? 그거는 인제 뭐라는 뜻인데요? 옹기도막이라는 건

📋 옹기를 만드는 막이다. 그래 그 공장이라 카는 그 저거를 거창한 말을 쓸 수 있을만큼 이게 공장답게 졌는 게 아니다 말이다. 그래도 우리 공장엔 그래도 내가 그 전에 보자 삼십 년 조금 넘었네. 그래도 현대식이라 아

주 구미공장처럼 최고 잘 지었는 거야. 이게. 물론 경상도에 가면 현대식으로 요새 이거 뭐야 저거 저 저 거 머라 그러노. 조립식 그거 뭐야. 판넬 가지고 인제 졌는 집도 있지만. 옛날엔 우리 공장이 거의 뭐였냐 그러면 사실 또 그렇게 해야 하고 팬담 쳐가지고 이거 우리 공장도 팬담인데 팬담 쳐가지고 이 색깔을 걸쳐놓고 흙을 알매를 쳐가지고 우에다가 짚을 가지고 이겨야만이 옛날에 산마에 딴 데 그래 지났는 공장이 겨울에 드가면 안 언다. 그만큼 뜨시니까. 옛날에 나무가 어딨나 난로가 어딨나 그 정도로. 그 후에에 매 저거 한 내 옹기 빼고 그래도 한 십 년 후에 그래도 그때 난로가 딴 데 너놓고 군용 군대 가면 군대에서 쓰는 난로, 폐품. 폐기처분 해가 나오는 거 있다니까. 그런 거 좀 구해 쓰고 이러지. 난로라는 게 없어노니까. 그냥 아침에 겨울 같은 춥을 적에는 아침에 춥을, 겨울에 춥을 적에 일하러 나가면 우선은 이 시간에 춥우니까 나무 웬만한 거 어데 잘라가지고 공장 안에 모다놓고 한쪽에 손 잡아 일해. 그러니까 모닥불 피웠는 연기가 어디를 가겠어. 예를 들어 현대식으로 잘 지었는 공장에 같은 것도 문을 열으면 통풍이 잘 되니까 빠지긴 잘 빠져. 옛날 공장엔 공장에 한 번 연기가 차버리면 그런 연기 하루 점도록{내도록} 있다. 빠지도 안 한다. 그런 열악한 환경 속에서 일했고 요새 그거에다 요새 일한 거 참 옛날에 비하면 신사지.

문 이 작업이 눈을 계속 보고 그렇잖아요. 그래서 시력이 나빠지신 거 아니에요?

답 특별하게 시력 나빠진 기는 공장에 어두운 곳에서 일해서 시력 나빠진 게 아니고 이거 굴 때메{때문에} 나빠진 거다. 천차 천이백 도 되는 안에 열기가. 그래 그거는 그 정도로 이 뚜껑 막아놨는 기 그 정도로 잠깐 열었다가 잠깐 닫을 거 같으면 예를 들어서 그것도 멀리서 이래 이 정도라도 여유 보고 볼 것 같으면 눈에 시력을 안 뺐길 수가 있는데 여기서 보면 분명히 요만한데 보이는 게 고 안에 옹기도 요만한 세 요만치밖에

안 보이는 거야. 거의 이 구멍에 봤다 카면 거의 저테까지 가는 거야. 그
래 인제 항상 그때도 안경을 써야 해. 안 쓰면 눈이고 눈썹이고 뭐이고
다 타뿌니까. 그 안에 안 속에서 나오는 열이 나오니까. 이래 이래 이거
가까이 가봐야 그 안에 통 속에 옹기가 다 보이는 거야. 그래 그 놈을 보
통 우리 그 최종 마지막에 천이백 도 올라가는 그 과정을 때는 기간이
약 한 열다섯 시간에서 이십 시간이 된다. 계속 들바다봐가지고 계속 보
면서 저쪽에서 스면 내가 들바다보고 그러이까 저쪽에서 딴 사람이 쓰
는데 최종 옹기가 녹았나 안 녹았는가를 판정을 하고 넘어가는 거는 내
가 결정을 해야 되는 거니까. 그래 늦게 그놈 자꾸 들바다보면 그걸 딱
들바다보다가 바깥에 이래 인제 딴 사물을 볼라 그러면 안 빈다니까. 그
만큼 그러니까네 내 눈 나빠진 거는 그 불 때메 나빠진 거야. 전혀 일하
는 거하고는 별 차이가 없지. 별 관계가 없지.

문 찜질방 같은데 사람들이 일부러 몸을 그러잖아요. 그러면 오히려 눈도
좋아진다는 얘기가 있는데 저것도 사실 보면 세라믹에 뭐 몸에 나쁜 건
없잖아요.

답 나쁜 건 전혀 없지. 단 그니까 우리가 지금도 그러잖아. 옹기를 딱 넣고
불 때고 나고 마지막 몸에 있는 노폐물 빼내는 과정이 딱 하루 있어. 옹
구{옹기} 내는 날. 옹구 내는 날 어떤 데는 이거 귀찮아서 오랫동안 시
쿼놨다가 완전히 시쿼난 뒤에 내거든.

문 이제 옹구 내는 날은?

답 옹구 내는 날은 전에는 한참 그 상인들이 와가지고 물건 빨리 내달라고
바쁘고 이럴 적에는 우리가 이래 옹기를 가가지고 몸을 손을 딱 쥐면 민
손으로{맨손으로} 몬{못} 쥘 만큼 뜨겁다. 그때 내거든. 한 통 딱 꺼내고
나면 한 통 꺼내는 시간이 약 한 십 분에서 십오 분이야. 한 통 꺼내 가
라면 온 몸 다 젖어뿐다. 그러면 확 그거 한 두 번 빼다 터득해보니까 그
때는. 그래 그때 우리는 우리 직업적으로 그걸 옹기를 내고 드가는 귀찮

은 느낌이 이기 땀 나는데 카고 이러는데 알게 모르게 오히려 그때 순수한 흙이단 얘기라. 저 굴이. 그러니까 그 굴 속에 열기. 옹기도 전부 흙에서 만든 거야. 그 옹기의 열기. 그 열기를 받아가지고 흘른 땀이 오히려 내 몸에 있는 그 몸에 쌓였던 노폐물을 따로 그것도 그 지금 생각해 보니까 그게 조금은 그래도 도움은 안 됐나. 그래 이거는 옹기 굽어놓으면 주위에서 그거 좀 줘가지고 찜질 하자고 숯 한 대를 다 저거 되는데. 그럼 좋고 말고지.

문 그래서 눈이 불 때문에. 그게 보니까 가마 있잖아요. 돌 같은 거 두 개씩 얹어놨잖아요. 눈처럼?

답 그기 옹기 보는 구멍이야.

문 예 그렇죠. 두 개씩 왜 놔뒀죠?

답 두 개 있는 거 봤는데 밑에 있는 건 못 봤구나. 그런데 통상 그게 두 갠데 옛날에는 고게 세 개 있었어. 세 개 있었는데 고게 저거한다면 옛날엔 두 가지 과정이 그 저거 기능을 가지고 있는 건데 하나는 나무를, 첫째는 나무가 나무를 꼽는 거. 고 담에 불을 보는 거. 옹기가 녹았나 안 녹았나 안 그러면 옹기가 넘어가 달리나 뭐 휘달리나 이 자체를 보는 두 가지 기능이야. 하나는 옹기를 보는 기능을 하는 거고 하나는 나무를 집어넣는 안에. 그 구멍이야. 절로 불을 보기도 하고 불을 때기도 하고 저거 통통마다 하나, 둘, 셋, 넷, 다섯 개씩이다. 나중에 이 굴아가리 통 앞에 좀 열렸제. 그자. 고거마다 앞에 또 한 개 만드는 거라.

문 그러면 보는 것도 있고 만약에 한 구멍으로 열기가 적다 그러면 나무를 집어넣는단 말이에요?

답 그렇지. 좀 미숙한 데 있으면 다 집어드가는 거야. 그때마다.

문 보는 구멍을 뭐라 그러는데요?

답 우리 저 구멍을 보고 통상 우리가 부르는 그 이름이 창구멍이라 창구멍.

문 그거 나무 넣는 구멍도 나무 때는 구멍도 창구멍?

答 그래. 이름은 똑같다니까.

問 보거나 나무 때거나. 음. 그 이제 보면 옹기 이거 작업할 때 옹구 작업할 때 예를 들면 쓰이는 도구, 종류가 있고

答 아까 그거 사진은 몇 가지 찍었노 그래 그 내 작업할 적에서 시간 되면 갈쳐주께. 우리 통상적으로 고 함{한 번} 적어 보래이. 내가 부르는대로 아까 그 굴에 그기 인제 글자 그대로 방망이. 그기 인제 바닥 치는 거거든.

한 개는 보드랍은 거는 감재비 카는 거고 조금 억센 거는 까만 거 고거는 물갖이라 그러고.

問 그거는 이제 흙을 놔두고 방망이를 쳐가지고?

答 그렇지 그래. 단지 최고 밑바닥에 있제. 고거 만드는 고거만 만드는 기구라. 고거는 방망이. 고 담에 부채. 고 담에 고거 돌못 우리 여기 말로 돌못 카기도 하고 도개 카기도 하고 고 요래요래 동그란 거 봤나? 못 봤제? 봤나? 고 조쪽 물레 조짜 기다란 왼쪽 편에 담긴 건데. 동그란 거 있으면 요렇게 해가지고 동글동글한 거. 돌못 카기도 하고 도개 카기도 하고 고 담에 근개. 근개 적었나? 고 담에 가새칼. 그 담에 물갖. 물갖. 고 담에 고거도 두 가지거든. 인제 그냥 물갖이 감재비 카는 게 고 담에 마지막에 시야개 하는 건데. 고 두 가지고 그리고

問 감재비 카는 게 있고 물갖이 있다구요?

答 그래 요거는 인제 물갖 카는 거는 우리 보통 무명, 전에는 무명 가지고 하는 건데 요새는 그게 천으로 만드는 거라. 그게. 그게 천으로 만드는 게 있고 울산 같은 데는 가죽 가지고 한다. 소가죽 가지고 그런 게 그거 요거는 인제 뭐냐 카면 감재비 카는 거는 마지막에 마무리 작업하는 건데 곱게 전을. 마무리 작업하는 건데 에 이거는 통상 뭐라 카냐면 어른들 중절모자 있제. 중절모를 가지고 고 끊어가지고 고 단 고 아까 니 그 그 뭐야 거다 사진 찍는데 둘다 요렇게 걸쳐져 있는 거 있제. 고게 한 개

는 보드랍은 거는 감재비 카는 거고 조금 억센 거는 까만 거 고거는 물 갗이라 그러고 좀 매끄럽고 조맨치 생긴 거 고게 인제 어른들 중절 모 자 끊은 기다.

문 그면 물갗이 아무래도 거친 거네요?

답 그렇지.

문 시야개는 뭔데요?

답 아니 아깨 요 감재비 요게 시야개 하는 거라. 이거 이거 일본말이잖아 이 게. 마지막 마무리 하는 거. 그리 고게 가새칼 카는 거는 고기 있지요 가 새칼. 가새칼은 뭐하는 거냐 하면은 옹기를 다 만들고 마지막 밑에 바닥 에. 바닥 옆에 바닥과 몸살 붙은 거 고거 고걸 인제 싹 닦아내고 깨끗하 게 닦는 과정을 가새칼이라 한다.

문 그니까 바닥하고 몸이 이제 붙었잖아요 흙에

답 그래 맨 첨에 붙었는 거 고걸 조금 음풍듬풍하게 옹기 만들 적에 걸어놔 가 그래가지고 옹기를 다 만들고 나면 고거 배당에 깨끗하게 깎아내고 인제 그걸 갖다가 고것도 맹 일종에 고게 인제 최종 마무리 작업 드가는 기다.

문 바닥하고 몸을 정리하는 거네요

답 응응. 그리고 근개 카는 거는 옹기 만드는 과정에 몸살을, 옹기 유형을 유 형도 만들고 옹기 형도 만들고 몸매를 아주 그러니까 곱게 다듬어주거든.

문 옹기 몸을 예쁘게 다듬어주는 거고

답 그리고 인제 여 도개하고 부채 카는 거. 요거는 두 개가 같이 겸해가지고 옹기 몸살을 딱 같이 안에 여가지고 인제 바깥에 부채는 안으로 도전에 같이 치면서 옹기 몸을 풀어주는 거라니까. 요렇게 때려가지고 팽팽하게 만드는. 느슨한 거를 팽팽하게 만들어준다니까. 인제 아예 부채질하고 둘 부채질 해가지고 고런 두 개가 같이 작업을 하는 거라. 인제.

문 그러니까 인제 우리 부채는 밖에서, 그리고 도개는 안쪽에.

답 그래서 안에서 같이 치는 거지.

문 예를 들어 왼손은 도개를 잡고, 부채는 오른손을 잡고 같이 돌려가면서 단단하게 해준다는 거죠. 그래가지고 첨에 한 번 할 때는 아이부채질. 두 번하면 두벌부채질, 그 담에 또 다른 거는 아까 우리 했는 거 방망이, 부채, 그 담에 도개, 근개, 가새칼, 물갖, 그 담에 감재비 요까지 했거든요

답 그렇지 그렇지. 그게 전부 다다. 그럼.

문 대신 흙에 관한 명칭이라든지 작업 명칭은?

답 그래 인제 이 옹기 만드는 인제 총 과정이 맨 첨에 인제 산에서 흙 타는 거부터 계산 되면 산에서 흙을 채취해야 되거든. 일차 산에서 흙을 채취해서 와가지고 싣고 들어오면 저 뱄에{밖에} 지금 해난 기 이차 과정이야. 저게 산에 물을 먼저 줘가지고 며칠 부까준{붇게} 난 다음에 삽을 가지고 넘구코 밟으면서 돌을 제거하고 저게 이차 과정이라. 그 담에 삼차 과정이 조기서 인제 로라에서 흙을 갈아가지고 안에 갖다가 인제 공장 안에다가 재는 거라. 재놓으면 고 담에 사차 과정이 아까 그거 진공 기계에서 나오는 흙, 까치 빼는 거단 말이야. 흙까치. 고 사차 과정까지가 흙까치, 흙을 까치를 빼가지고 내곁에 갖다놓으면 지금 요 과정이 인제 내가 옹기 만드는 과정이란 말이야. 맨 첨에 바닥치고, 탈 함 타리고, 몸살 오래 붙고, 그거 인제 그것도 밑에 큰 거 같은 경우는 한 벌, 두 벌, 세 벌, 네 벌까지 서로 사울래{쌓아올려} 가면서 마지막에 전 잡고 해서 마지막에 전 잡고 마무리 작업하는 게 고거 인제 옹기 만드는 과정이 제 인제 오차 과정에 들어가고 그리고 인제 옹기를 만들어가 들어내놓으면 저 안에 인제 건조시키는 거 있잖아. 안에 건조가 되면 옛날에 저걸 전부 다 바깥에서 말랐다 말이다. 근데 여는 안에 말라놓으니까 옛날엔 바깥에 말룰 때는 태양이 뜨니까 계속 하루 점두록{내도록} 돌려줘야 된다니. 안 그러면 한쪽에는 허옇게 씨뿌고{되버리고} 한쪽에는 안 마른단 말이야. 저 안에는 돌릴 이유는 없이. 공장에서 말루니까. 아예 말르면

엎어. 저거를. 엎어서 바닥을 쳐내라야 돼. 그래가지고 바닥을 쳐내루고
난 뒤에 유약을 바를 시기가 되면 인제 전분을 친단 말이야. 전분을 쳐
가지고 아까 저쪽 편에 전분 쳐가지고 엎는 거. 엎어가지고 깎는 거 봤
제? 고게 옹기로서는 마지막 만들어서 말루는 마지막 단계야 고게. 그래
고거는 재놓고 재놨다가 한 가마를 내가 인제 큰 거에서부터 만들어 내
려온단 말이다. 그래 만들어 내려오는 옛날에는 약 한 가마에 적어 드가
는 게 큰 거에서 작은 거까지 뚜껑 전부 다 약 한 육천 개가 드갔어. 저
게 그래 요즘은 내 혼자 하니까 그렇게 많이 할 수 없어. 요즘은 한 삼천
오백 개에서 한 사천 개. 그래 고 과정을 다 만들어가지고 저거만치로
구 월달까지 옹기를 만드는 거야. 옹기를 계속 만든다니까. 계속 만들면
서 구 월달 되면 그래 조그만한 거는 사실 얼마 안 말라도 관계가 없기
때문에 거 요거 만들 때 되면 저 큰 거는 싹 다 말랐는 기라. 다 건조가
다 되는 기라. 그러면 인제 굴로 인제 이동이라 인제. 가마로 이동해가지
고 재가지고 삼일 동안 물건 내가지고 불을 지피면 그때부터 오 일, 십
오 일까지 죽는 거지. 그래 말, 말로 하면은 간단하다니까.

問 이것 좀 갈쳐주세요. 아까 바닥치기 흙 고르고 이런 거 있잖아요. 그 담
에 바닥치기. 그 담에 뭔데요?

答 아 옹기 만드는 과정? 그래 맨 첨에 어떤 어째 바닥부터 형을 잡아놔야
될 거 아니가? 그자? 바닥친다. 제 고 과정이 일차 바닥친다. 그 담 두 번
째 타름 타르기. 타름 뭐고 카면 흙을 가지고 옹기, 옹기 만들면 몸체를
인제 잡아올라 가야 되는 타름 타르기. 요렇게 인제 얇은 거 하고 싶으
면 얇게 두껍은 거 하고 싶으면 두껍게. 인제 내가 타름 타르기 인제 옹
기를 이렇게 인제 이렇게 타름 타르면서 그 바닥을 쳐난 데서 쌓아온단
말이야 이렇게.

問 아 우리 떡가래처럼 빼놓은 거, 그거를 바닥했는 데서 이렇게 붙인다는
거예요?

답 그렇지. 그래 타로 올라오는 거야. 타름 타는 거. 그기 제 이차 과정이라. 그래 고게 끝나고 하면 인제 이거 부채하고 돌못을 가지고 인제 때려가지고 몸을 고른단 말이다. 그럼 그 과정이 최하가 조매난 단지라도 두 번을 해야 돼. 밑에 한 번, 우에 한 번. 근데 큰 단지 같은 경우는 한 세 번 네 번 정도 한단 말이다. 그러면 인제 몸 고르기, 안에 또 타름 탈아가지고 또 몸 고르코 또 타름 탈아가지고 마지막에는 휴대가 잡히면 전자 만들거든. 우리 전자. 단지 아가리. 그걸 잡는 거야. 인제. 그거를 잡아가지고 인제 다시 두 벌 붙여 놔가지고 몸을 고르코 옹고{옹기} 형태가 다 인제 완성이 되면 마지막에 아깨{아까} 가새칼라 가지고 밑에 인제 다듬어가지고 마무리 작업하는 거 있지. 고 옹기 만드는 과정은 고거라.

문 그 두 벌 부치기. 전 잡고 난 뒤에 두 벌 붙이기 그건 뭔데요?

답 전을 맨 첨에 부쳐가지고 한 번 붙이기. 그자 요거는 놔놨다가 다음에 직접 봐야 돼. 내가 암만 설명해도 이거는 내가 설명이 안 되기 때문에 직접 만드는 걸 안 보면 설명이 안 돼.

문 그니까 아가리 전 이래 붙이잖아요. 위에다 입구쪽에 붙이는데 그걸 왜 두 벌 붙이기가 되는지 모르겠네. 한 번 하고 나서 다듬고 나서 더 꼼꼼히 붙인다는 거예요?

답 아니 아니 그게 한 번에서 단지를 다 해 올릴 수 없는 게 팔이 안 자려가{닿아}. 내가 팔이 자려갈{닿을} 수 있는 만큼만 쌓아올려 가는 거야. 팔이 자려가는 만큼, 그러니까 어쨌든 단지가 우리 팔이 길이가 길어봤자 몇 센치 되겠노. 그니까 팔 길이도 다 하면 어차피 우리 내려갈 수 있는 팔이 요까지 밖에 몬 내려가. 이게 접혀가 이래지기 때문에. 그러이 우리가 한 한 한 단계씩 만들 수 있는 옹기가 요 높이 이상 못 맨들어. 요거 만들어 요까지 형태를 잡아놓고 또 다시 타로를 탈아가지고 또 두드려가지고 또 잡아올라가 또 잡아올라가야 되고 그래 그 과정은 니가 나중에 내 인제 내하고 연락이 되가지고 내가 작업하는 날에 오면 대강 고래만 적어놓으면 '아 요렇게 해가지고 전 잡고 두 번 부채질 하구나'고 형태는 내인테{나한테} 안 물어 봐도 스스로 알게 된다고

문 그러면 뭐 그 우리 보면 그런 거 있잖아요. 나무 나무 판자 모양으로 되가지고 그 가에 다듬는 도구 있잖아요 나무 판자 얇으리한 거. 가에 다듬는 거. 가에 성형하는 거. 그건 뭐라 그러는데요 나무 판자 요렇게 생긴 것도 있고 요런 거.

답 요거 요렇게 생긴 거 말하는 거가. 요게 근개야 근개. 고게 고걸 인제 물건 딱 돌아가지고 그지? 돌아가면 고거도 인제 근개가 안근개가 있고 바깥근개가 있어.

문 아 종류에 따라서 안에 쓰는 게 있고 바깥.

답 아니. 전부 다 안에하고 똑같이 써. 그게 어떻게 쓰냐 하면 안에 거는 안에 거는 요렇게 생겼단 말이다. 응. 요거 손잡이거든. 안에 꺼는{거는} 거의가 요렇게 생겼어 요렇게. 요렇게 생겨야 옹기 자체가 이렇게 타원형이기 때문에 요게 옹기 몸살이 되지는 거야. 그래 바깥근개는 통상으로 생겼는 게 밑에 한쪽에는 조금 더 길지. 요렇게. 요게 인제 요렇게 밑에 잡혔는 거단 말이다. 그래 요걸 안에 쥐고 요걸 겉에 쥐고 옹기 몸살을 요 형태로 갖다붙이면서 쫙. 그럼 옹기는 계속 돌아가니까 안도 골아지고 밖에도 골아지고 깨끗하게 골아지고

문 그럼 이 면을 써요? 바깥에는

답 바깥에는 요 면을. 요 면이 옹기에 붙여지고 요거는 요 면이 또 옹기쪽에 붙는 거.

문 그럼 옹기가 이렇게 이래 돼 있으면 요쪽에 대가지고

답 그렇지. 그렇게 돼지.

문 그 담에 우리 여기는 가래가 나오잖아요. 흙가래가. 흙가래 나오면 자르는 건 물론 기계로 하는데 옛날 같으면 자르는 기계 도구가 또 따로 있잖아요

답 옛날에는 그걸 자를 일이 없었다. 어떻게 하냐면 그 사람은 쫙~쫙~쫙~ 쫙~ 이래 하는 사람도 있고 이래 막 쳐가지고 널구는 사람도 있으면 그 사람 지 형태대로 내가 지가 들보기{보기에} 너무 기면{길면} 세 번을 접는 거야 이렇게. 두 번을 접어가지고 잘못 하면 옛날에 절대 끊는 게 없었어. 그 사람. 옛날에는 절대로 끊는 게 없었지. 그 사람 그네꾼들이 널굴 실력대로 하는 거라. 아주 길게 널굴 기술을 가진 사람은 세 번째 로 접어가지고 갖다가 옹기 만드는 사람한테 갖다주고 두 번 접는 사람 은 두 번 접어가지고 그것도 한 번도 접는. 접을 수 있을 만큼 길게 못 넘구는 사람은 아예 뭐 요만하게 요렇게 비벼가지고 고대로 들고 갖다준 다. 지금 저게서 나오는 거는 기계에서 나오는 거는 철사 가지고 딱 땡 겨뿌면 끊기게 돼. 고렇게.

문 그럼 우리 있잖아요. 아까 타름 타기 있잖아요. 타름 타기 이거 예를 들 어 다른 말로 우리가 뭐 따리쌓기라든지 타래쌓기 이런 말은 안 써요?

답 경상도는 그런 말이 없어. 경상도는 그냥 전부 다 타름 탄다 그러지. 아 마 이 말은 경상남북도 영남에는 거의 전부 통일되는 말이야.

문 그 담에 우리 받침대 있잖아요 약간 건조시킬 때 올려 놓는 받침대, 나 무로 사각형. 그거는 뭐라 그러는데요 받침대 그거는

답 그거는 그거는 이름이 별로 없다. 여기서 우리 쓰는 거는 네모 반딱하게 작은 거는 장기판. 그렇지 장기판 같이 고만하게 이래 생겼으니까. 그리 고 저쪽편에 길게 지어졌는 거 있제. 그거는 그냥 빤데긴기라. 빤데기 가 져온나 그러지 뭐. 통상적으로 그래 인제 요런 것도 장기판 카기도 하고 어떤 사람은 송판 가져온나 카고 여러 가지 자기 부르고 싶은 거 부르는 거지.

문 그 담에 다른 말 없어요? 그냥 평소에 쓰시는 말로 하면

답 특, 거기서 요기서 인제 작업 동향. 옹기 만드는 작업도구는 그기 인제 다 됐는 기고 그 담에 지금은 거의 사용을 안 하는데 흙 져낼 적에 인제

그 저거 떡메. 떡메하고 쪽메하고 그리고 옛날에는 또 우리도 쓰다가 지금은 안 쓰는데 옛날은 흙을 빚으는{빚는} 나무 삽이 따로 있었다니까. 나무를 가지고 삽 그치{같이} 만들어가지고 왜 그러냐면은 물을 찍어가지고 흙을 이래 뒤섞어서 밟으면 나무에는 잘 안 붙잖아. 흙이. 지금은 전부 다 사용 안 하고 옛날에는 인제 고런 것만 옛날에 여기, 여기도 쓸 수 있었던 게 우리는 어디가 쪽메라던지{쪽메라든지} 요거가. 요거는 우리 영덕에서는 안 썼다니까. 영덕에는 쪽메가 없고 영덕에는 거의 인제 떡메만. 이거는 나중에 안에 공장에 흙 이래 갖다재고 높은 자리 사람 못 올라가니까 가새 그거를 마르지 말라고 좀 뺀질뺀질하게 한다고 인제 내려가 공군다고 떡메라. 그렇지. 가새 공구는 거지. 이거 쪽메 카는 거는 진보에서 저쪽에서 쓰는 건데 이거는 흙 밟기 대용으로 사용했는 거라. 흙 밟는 거. 흙 밟는 거 안 하고 쪽메를 가지고 쳐갖고 했단 말이다.

문 흙 삐지는 삽 있잖아요. 그거는 이름을 뭐라 그러는데요?

답 아 요거 요 인제. 그래 이게 그냥 우리는 그냥 저거 나무삽 가지고 그런다니까.

문 아 나무삽. 지금은 안 써도 옛날에는 썼던 거는. 떡메, 쪽메, 그 담에 나무삽

답 그러고 인제 또 우리 여기는 안 썼지. 진보쪽에는 가면 흘깨끼칼이라고 있어. 흘깨끼낫. 낫. 그기 어떻게 생겼냐 그러면. 우리 여 낫 있지. 거 짝에 그 낫인데 우리는 요렇게 요렇게 자루가 있잖아. 이거는 그거의 배 정도 그거를 이만치 양쪽에 자루가 다 있어. 이래가지고 흙을 깎는 거야. 그렇지 그렇지. 그기 인제 어떤 우리 저테는 이거 전혀 사용이 안 됐는데 이거 어떤 하는 과정이고 하면 흙에 들어있는 돌을 골라내는 과정이라 그게. 얇게 짝 이래 잡으면 걸리니까 걸리면 주서{주어서} 내뿌고{내버리고} 또 얇게 삐져 내다가 걸리면 주서{주어서} 내뿌고{내버리고} 이러지. 요즘에서 요거하고 요거하고는 우리 영덕에서는 사용 안 하는 거.

그렇지 부채질도 이렇게 종종종종 많이 해줘야 되지만 이렇게 근개질을 오래 해줘야 옹기가 인제 고정되지. 이게 아주 고리게 믹였는 사람이 그 사람이 옹구 잘하는 사람이라.

답 지금 여 뭉쳐있는 게 옹기단지 바닥. 바닥을 뭉쳐놓는다니. 이기. 이기 인자 옹기 인자 처음 시작하는 바닥치는 거거든.

문 이거는 바닥치는 거 다른 이름 없어요?

답 그냥 이거는 뭐 딴 이름 없이 그냥 바닥치는 거라. 지금 이거 바닥치는 이걸. 이거는 통상 우리 저런 거는 쪼대흙이라 카기도 하고 영덕 여기서는 그냥 이 쪼대흙이라 그래. 근데 그 인제 뭐야 저거 표준어로 저런 물량 치이가 넣고 이런 거 지금 고령토라 고령토. 그냥 이거 쪼대흙이라. 그양{그냥}. 방망이.

문 요거는 뭔데요? 도구 이름?

답 근개. 그렇지. 쇠근개. 요건 나무근개. 요렇게 생긴 건 전부 근개. 부채. 응. 그래 요건 인자 그냥 가새칼이라 카기도 하고 밑가새 카기도 하고

문 저런 흙찌끄레기는{흙찌꺼기는} 뭐 다시?

답 저거 새로 인제 기계 여가지고 새로 저. 안 굽었는 거는 다 쓸 수 있다. 지금 이걸 우리는 지금 현재 여 바닥을 쳐가지고 타름 타른다 이러는데. 이 전라도에 가면 쳇바쿠타름이라고 있어. 쳇바쿠타름이 뭐. 뭐냐고 기러면{그러면} 이거를 이래 놔가지고 놔놓고 이 방망이 가지고 통통통통 친다니까. 이렇게. 넓적하게. 쳐가지고는 어 다 이래 갖다가 눙그렇게 붙인다니까. 그렇게 하고 그래 그거 하는 사람들은 여거 와가 일을 못 하지. 그런 사람 일은 안 시킨다니까요. 지금 내가 이거 하고 있는 게 타름 타르는 기다.

그리고 그거 그 쳇바쿠타름 그 정도로 이래 통통 두드려가지고 여가 죽 갖다놓는 거하고 인제 이렇게 타른 거하고는 이게 붙는 과정이 하마 이래 엄청나게 차이가 나잖아.

문 고거는 이제 좀 붙이기 위해서?

답 그렇지. 그렇지. 좀 부치고 울퉁불퉁한 거 이쁘게 다듬기 위해서.

문 그럼 계속 올리는 거는 계속 타름 타른다 그래요?

답 그렇지. 그렇지. 지금 계속 인제 타름. 어느 시기까지 타름을 탈아놓고 고 담에 부채를 가지고 인제 부채칠하고 돌이 없어갖고 쳐가지고 몸을 고르코 인제 성형을 해올라 가고 있단 말이다. 인제.

문 이거는 기계물레 아니죠?

답 이거 기계물레다. 수작업으로도 되고 전기는 인제 가장 힘을 요하는 거 할 적에는 전기를 돌리고

문 이 물레 이름은?

답 그냥 물레다. 이거는 인제 통상 그냥 물레로 쓰는 거지. 그래 옛날 저 물레가 우리 오리지날 그 그 발로 차는 물레고 그것도 맹 물레라.

문 이 흙과 흙을 붙일 때 특별히 도구를 사용하지 않고 손으로 다 하네요

답 그렇지.

문 요 안에 뭐 붙이는 작업. 그건 따로 명칭은 없구요? 흙을 다시 한 번 붙이는 거는

답 이거 원래 옛날에 내가 할 적에는 딴 사람들은 옹기 만드는 사람들이 안에 이거 원래 이거 안 한다. 이게. 안 하는데. 이거를 쓸데없이 시간이 걸리차나{걸리잖아}. 시간이 걸리는데. 나는 내가 내 물건을 만들기 때문에 우리 말로 이거 인제 밥을 잘 먹었나 못 먹었나. 밥이 참 고리게 먹었나 이걸 얘기하는 거거든. 그래 옛날에 옹기 잘 만들고 못 만드는 사람들은 단지를 큰단지를 요만한 걸 차노면 손을 밑에 속에 여가지고 착 올라온단 말이다. 대구포가 드갔다 나왔다 하는 거는 옹길 잘못 만늘었는 거야. 요리하게 올라오는 사람 보고 조각이라 칸다. 참 일 잘하는 사람 보고 조각이고 참 밥을 고리 먹였구나. 그래 인제 남의 집에 품 파는 사람들은 요거 한 개에 전번에도 내가 얘기했지. 이거 이거 봉 봉 봉급자

도 아니고 일당제도 아니고 요거 한 개 얼매. 큰 거는 또 한 개 얼매 이렇게 가격이 매겨져 있거든. 빨리 만들어야 돈을 벌 거 아니가. 그래 내 끝은{같은} 경우에는 인제 빨리 만드는 게 목적이 아니고 한 개라도 잘 만들어서 소비자한테 공급하기 위해서는 따믄따믄 이게 버릇이 되뿟따{되어버렸다}. 그래가지고 그렇지. 그렇지.

문 아무래도 이러다 보면 시간이 많이 허비되고

답 그렇지.

문 굉장히 요 쪼대흙이 카는 게 물렁물렁한가 봐요

답 응. 그래 이기 종치기 일하는 사람들이 손이 잘 안 트는데 언제가 트냐 하면 이 흙을. 흘에 성분이 그렇거든. 이 큰단지 이런 데 말랐잖아. 그쟈. 이 봄에는 요즘 그래 이런 데는 막 살결이 험해진다니까. 험해지다가 자자한 그륵을{그릇을} 하면 또 싹 곱아져. 왜 글냐 그러면 온 손에 항상 물이 묻어져 있기 때문에. 만지만 하면 절대로 손이 안 트거든. 그래 큰단지 하면 손이 좀 억세졌다가 잔 거로 카면 또 손이 요구리하게 곱아진다니.

문 근데 항아리는 볼록해도 우선은 일직선으로 올리는가 보죠?

답 그렇지. 이래가지고 인제 저 부채로 가지고 두드려. 부채질을 하면서 인제 이거 몸을 꺼낸다니까. 조금 있으면 인제 부채질 해가지고 몸을 꺼내고 고 담에 나중에 근개 가지고 근개로서 몸살을 고르면서 말. 이 저 가다를 낸다 카이끼네.

문 이게 흙이 저래 두껍게 빼는 거를. 사실 항아리는 사실 그만큼 두께 아니잖아요. 늘리기가 좋아서

답 그렇지. 그렇지. 이거는 기계로 빼놨기 때문에 딱 일정하잖아. 옛날에 이것도 인제 옹기 만드는 사람이 자기 저거에 따라서 저걸 흙까치를 저거보다 굵게 쓰는 사람이 있고 저것보다 더 가늘게 쓰는 사람이 있다니까. 그래 옛날에 수작업으로 막 늘굴 적에는 저거보다 굵게 쓰는 사람은 그 인제 그네꾼 보고 더 굵게 늘어달라 카고. 저것보다 가늘게 쓰는 사람.

뭐 그 쓰는 사람은 저것보다 더 가늘게 늘궈달라 카고 이랬다.

문 요 받쳐앉는 거 이거는 이름 뭔데요?

답 말. 그렇지. 높아지는 고 간격대로 조금씩 조금씩 인제 높은 걸 잡고 앉아야.

문 말이 몇 개씩 있겠네요

답 요거 이거 단지 한 개 만들려 그러면 보통 한, 조그만 건 두 가지. 큰단지 같은 건 세 가지 정도 차이가 나지.

문 왜 요런 거 있잖아요. 넓이도 재고 그러던데 요게 다 고 도구예요?

답 고 정금대. 고거는 인제 바닥. 인제 요거 같은 경우에는 바닥. 요거 있는 거에는 전부 다 바닥하고 아구. 요기 있는 거는 전부 키정금. 바닥하고 아구하고 똑같아야 되거든. 그래야. 그래 바닥 아구가 조금 더 커야지. 왜 글냐 그러면 아구가 바닥보다 조금 더 커야. 요렇게 얹혀야 이게 굽으면 붙어뿐단 말이야. 따기가{떼기가} 숩다니까{쉽다니까}. 요게 똑같이 요렇게 얹혀뿌면 나중에 따면 이 전이 떨어져뿐단 말이야. 그래 바닥에 여게 얹히면 요렇게 얹히야지. 그렇게 요거 할 적에 이 밑에 바닥은 나중에 끊어내문 요 바닥하고 똑같은데 이 위에 아가린 요만치 더 넓혀야지. 그렇지. 그렇지.

문 아 그거는 흙 마를까봐 그러세요?

답 유. 이거는 흙 말라뿌면{말라버리면} 안 된다 말이다. 고 찍을라고? 찍을라 카믄{하면} 전부 다 다 꺼내놓고 찍어라. 그랄래{그럴래}? 이 전부 다 차례대로 크기가 다 틀린다.

문 안 그래도 정금대가 아귀에 쓰는 건지 밑에 쓰는 건지 위에 쓰는 건지. 이건 뭔데요?

답 요거. 요거는 돌못. 돌못 카기도{하기도} 하고 도대 카기도 하고 그래 이거 가지고 인제 같이 부채질한단 말이다. 이렇게 해가지고 지금 찍지 마라. 이건 지금 찍으면 지금 타름 탈아놔야 하는데 나중에 두드려 거의 다 올라왔을 때 고정시켜 줄게.

㉑ 이 작업 이름이?

㉓ 요 작업이 인제 몸을 고르는 작업이다. 타름을 타뤘으니까 지금은 울퉁 불퉁하잖아. 이걸 두드려가지고 몸을 고르코{고르고} 있다.

㉑ 그니깐{그러니깐} 면을 일정하게?

㉓ 그렇지 그렇지.

㉑ 근데 돌못도 그렇고 부채도 그렇고 이래 거칠거칠하잖아요. 표면이. 근 데 거친 게 더 나아요? 매끈매끈한 거보다

㉓ 이게 지금 가만 있어봐. 조금 더 두드려놓고

㉑ 이 작업할 때는 더워도 선풍기도 제대로 못 틀겠다

㉓ 그러이. 응. 추운 거는 뭐 난로 피우면 되고 이렇지.

㉑ 추울 때는 오히려 이게 좀 마르는 게 더 빨리 마르는 게 좋죠?

㉓ 응. 오늘 그래 오늘 니가 왔으니끼네 문을 열어놓지. 원래 문 안 연다. 문 을 열문{열면} 시원키는 얼마나 시원코 좋노 이런데 이런 기 너무 빨리 말라뿌리잖아{말라버리잖아}. 그렁께{그러니까} 문을 닫아놓고 이 뒤에 선풍기가 부르면서 그래 이게 빠져나간다. 선풍기 바람이 디여가.
그러니까 이기 왜 울퉁하게 파냐 그러면 붙지 말라고 매끄리하면 붙어 뿌잖아. 그래 이거는 항상 이렇게 파여져 있고 이거는 지금 조금 뭉개져. 이게 얼마나 오래 됐냐 카면 사십 년 됐는 거다. 원래 요렇게 이렇게 전 부 붙어있었단 말이다. 붙어있던 게 워낙 손 잘 돼가 지대로{저절로} 닳 가가지고 이거 이거 나이테가 지금 다 앙칼하게 다 튀어나왔잖아. 이게 인제 부채가 이것도 나이테가 지금 물에 자꾸 이래가지고 삭아가지고 한 쪽에도 이래 됐는데 한쪽은 요렇게 마무리 약간 하고 요건 도드리하고 요건는 아이부채 할 적에 붙지 말라고 요건 두벌붙이 할 적에 매끄리하 게 두들릴라고 한쪽에 이런데 더 깍을 수 없으니까네 천상 이래가지고 이런 자국이 나있을 적에는 그 대신 내가 이걸가지고 윽수로{억수로}

더 많이 근겨있는. 그래 근개질을 많이 하니깐 옹구에도 좋은 거야.

문 부채질을 많이 하는 것보다 근개질을 많이 하는 게 좋아요?

답 그렇지 부채질도 이렇게 종종종종 많이 해줘야 되지만 이렇게 근개질을 오래 해줘야 옹기가 인제 고정되지.

문 아 원래 이게 부채도 한쪽은 거칠고 한쪽은 매끈매끈하고 그면 거친 거는 아이부채질 해가지고, 매끈매끈한 건 두벌붙이 할 때 쓰고

답 그렇지 그렇지.

문 보니까 돌못은 밖으로 쳐내고 부채는 안으로 잡고 누르고

답 그럼. 그래 그게 인제 아구가 오랜 그게 원래 안 맞으면 안 되거든. 옹기가 자꾸 조금씩 조금씩 벌어지제. 그자.

문 이것도 몸살 돋우는 거예요?

답 그럼. 자 찍어라. 낮게 해줄까?

문 안이 두들두들하네

답 그렇지. 요요요 뻐꿈뻐꿈한 게. 이거를 왜 이거를 파났냐 하면은 붙기도 덜 붙어라고 이렇지만은 요렇게 해놔야 아깨{아까} 안에 이래 타름 타면서 자국이 남는 거 있제 그쟈. 그게 깨끗하게 돼야 돼. 그렇지. 요거는 안근개. 요거는 바깥근개.

문 안에 쓰는 거 밖에 쓰는 거 다르네요?

답 이것도 근개다. 이것도 동그란근개. 이거는 인제 내 손이 닿지 않는 곳에 그래서 하는 거다.

문 손이 닿지 않는 곳에 안에 모양에 틀을 할 때?

답 응응. 이서는 지금은 사용되는 게 아니거든. 요런 식으로 사용되는 게 아닌데. 나중에 아까 이거 올라가잖아. 그쟈. 올라가믄{올라가면} 내 손이 안 들어 안 들어간다. 밑에까정{밑에까지}. 이래 있으니까. 내 손이 내 손이 여기까지는 못 닿는 곳이잖아. 이게 안 자려 가는 곳에 이럴 때 쓰는 기다.

문 근개 이름이 뭐예요?

답 우리말로 그냥 동그란근개라 칸다. 동그란근개. 그냥 이거는 생긴 그대로 쓴다.

문 요거는 작업 이름이?

답 이게 지금 우리가 서린다 그러는데 이게 원래는 옛날에 여기다가 부채질을 해야 되는데. 부채질을 해야 되는 거를 사람이 힘이 드니까 이래 물로 서려가지고 이제 근개 힘을 그 대신 아깨{아까} 내가 그랬잖아. 말이 근개가 좋다고 근개를 그래. 근개. 그래 원래 잔그릇 쓸개질을 할 적에 하는 긴데. 잔그릇를 할 적에. 이거를 갖다가 옹기를 써린다. 옹기를 써려서. 그래서 인제 점마들이 굳이 저거를 따진다 그러면 이거를 옹기 고르는 게. 여기서부터 쫙 타라 올라오거든. 그래 울퉁불퉁한 게 인제 이걸해 올라오고 나서 울퉁불퉁한 게 한 개도 없어져뿐다.

문 안에 요 천 그게 그거죠? 중절모

답 그래 그래. 아니 아니 이거는 저. 옛날에 그래 뭐라 그랬냐 카면 그거야. 목화솜 있잖아. 목화섬{목화솜}. 무영. 무명. 명 친다 그러다가 지금은 뭐냐 그러냐면 골 뺀다 그런다. 골 뺀다. 옹구까정{옹기까지} 골 뺀다 그런다.

문 이거는 이름이 뭔데요?

답 물갖. 그래 이 물갖은 천 가지고 하는 사람들이 있다. 그래 저 가죽 가마 하는 사람들이.

문 가죽은 안 쓰시고?

답 그래 하마 배우기를 첨부터 가죽을 안 배웠기 때문에. 가죽은 부드럽거든. 그렇기 때문에 가죽 가지고 쓰는 사람들은 또 이걸 가지고 못 쓴다니깐. 몸에 착착 감기거든.

문 요게 안근개. 바깥근개.

답 저걸 인제 근긴다 그러거든. 근기면서 인제 옹기틀을 성형을 잡아 올라간다. 몸살은 인제 곱게 쟁반 다듬으면서 다듬으면서 옹구 가닥을 인제 같이 만들어간다. 이게 진짜는 인제 그 몸이 아주 참말로 곱게 천이 한 개도 자국 없이 할라 그러면 발로 인제. 빨리 돌아가야. 이게 빨리 돌아가면 어떤 현상이 일어나냐면. 요 이 현상이 일어나. 이 현상이. 이거 아주 발로 차면서 요 정도 속력으로 차면 돌이 한 개도 없어. 이걸로 굽어 내가지고 도들한데 이게 하나의 무늬도 될 수 있지.

문 이 작업은 뭐라는데요?

답 요거 지금 빗가슨다 카는데. 요게 굽이라 카는데. 이거. 근데 아예 빗가셔놓고 옛날에는 이걸 빗가새 없이. 옛날에 돈을 많이 벌고 싶을 적에는 아예 빗가새는 게 없었어. 아예 옹구 다 만들어놓고 ?? 내 문제니까. 요것도 가새 놓고 가닥을 인제. 내 물이 뭐냐면 싹.

그래 그래. 그래 이걸 많이 할수록 옹구가 야물어진다.

이게 옛날에 옹구를 잘하고 못하고 하는 사람들은 옹구를 일반적으로 못하는 사람들은 바깥부채질 하는 자국이 있어. 여기 지금 부채질 하는 자국이 한 개도 없제. 이렇게 만드는 사람이 없어. 이걸 옳게 못 긁어가지고 부채 자국이 그대로 있는가. 이 손으로 쳤을 쩍에 이등짜리다. 그래 이런 것도 예를 들어서 내가 여물게는 만들겠다. 두드려가지고 바닥에 있는 거로. 그거 지금 그러니까 인제 내니까 이런 데 할 때 앉을 수도 있잖아. 그걸 널러리하게 닦아주는. 닦아주는데 만약에 남이 할 적에 영 안 닦아주고 유약 없이 해버리면. 그기 그렇게 유약이 철수한다고 고급 정도는 되니까. 카바는 카바는 되는데. 그래도 이거는 내 꺼니까 한 개까지 소중하게 닦아버린다니까. 그래 인제 남이 만들었는 거하고

문 이건 안 닦아도 되는데 인제 깨끗하게 할라고 특별하게 작업명이 있는 게 아니고

답 그렇지. 그렇지. 그래 인제 남이 만든 거하고 내가 내 물건 만든 거하고 그건 상식적이제. 그쟈.

문 근데 요건 아까 방망이고 요건 뭔데요?

답 고것도 맹 일종의 근개 택이야. 여기서 문때는{문지르는} 종류는 전부 다 근개야. 그리고 안에 문때는{문지르는} 건 안근개. 바깥에는 그냥 바깥근개도 굳이 그냥 이름을 대자면 바깥근개라 이런데 그냥 근개라.

문 이건 특별하게 가르치는{가르키는} 명칭은 없구요?

답 없지 없지. 우리가 부르는 명칭은 따로 없어.

문 고 담에 요거 쪼대흙인데 동그랗게 만 거 이거는 뭔데요?

답 요래 말았는 거. 아니 이거는 이름이 없어. 그냥. 이거는 이 흙 가지고는 흙까치. 그렇지. 길이 갖고 그렇지. 흙까치라 그래.

문 보통 하나 만드는데 시간은 얼마 걸리는데요?

답 요거 같은 거. 그냥 요런 거 한 사십 분. 그러니까 인제 일이 얼마나 나이 묵고{먹고} 줄었냐 그러면 옛날에 내가 이십 대 때 이거 한 개에 십오 분, 이십 분이면 만들었어. 인젠 안 그런다. 이걸 하루에 보통 그때는 사십 개 오십 개 만들었다고

문 그래도 그때보다 작업량이 줄긴 해도 약간 꼼꼼하거나 그런 건 훨씬 더 하지 않나요?

답 그렇지. 이젠 돈이니까. 그래 지금은 돈이라 카더라도 그래 할 수 없는 게 체력이 안 따라주잖아.

문 손으로 이 카는 건 뭐라는데요?

답 요거 지금 타름을 탈았잖아. 그쟈. 타름을 타면 옛날에는 이것도 타름을 탈아가지고 이걸 안 했다. 안 하고 부쳐가지고 두들면 이기 다 없어져. 없어지는데 그래 없어지기보다는 맹 내 물건을 하니까 요것도 요렇게 고 이시매잖아. 아깨 저렇게 하는데. 타름도 목이 올라오는데 고게 이시매를 요래 닦아주고 하면 더 견고하게 된다.

문 이시매?

답 그렇지. 이시매. 그렇지 선을 묻어주는 거잖아. 묻어주는 거니깐 그냥 해

가 패는 거하고 요렇게 묻어놓고 패는 거하고 고것도 우리가 상식적으로 차이가 난단 말이다. 그럼.

문 요거는 뭔데요?

답 그거 부엌재다. 요래 붙지 말라고 그러는데. 아니 떨어지라고 그런 건데. 저건 부엌재가 아이면{아니면} 안 되는데 우리 유약에 부엌재 성분이 들어가지고 그래 저거는 우리 유약하고 같이 어우러져도 절대로 해가 안 돼. 맹 저걸 가지고 저 물에 개가지고 우리 약도 하고 밥 타가지고 만들었는 게 저저 유약이란 말이다. 그렇기 때문에 여게 밑바닥에 쓸 수 있는 거는 저 부엌재 아니면 딴 걸 만약 썼다 그러면 이 재가 저 어물로 저 거저 흘러들어갈 거 아니가. 저 치다보고 절로 드가뿌렸다{들어가버 렸다} 카면{하면} 옹구{옹기} 색깔 절단난다.{큰일난다}

문 보통 이거 타름 탈 때 이런 타름이 몇 개 들어가는데요?

답 요기 들어가는 게 밑에. 그래 요거 조거 또 요쪽 번에 꼭지 안 들었는 거 하고 또 틀리거든. 크기가 틀리니까. 요거 같은 건 밑에 다섯 타름. 우에 네 타름. 전부 다 아홉 타름. 조쪽 번에 저저 꼭지 안 들어갔는 거 조거 같은 거는 밑에 여섯 타름 우에 네 타름. 열 타름. 그래 큰 단지 같은 거 는 스무 단지 넘게 들어간다니까. 응응. 그러니까 인제 그 기계로 찍었는 거와 이 수작업으로 했는 그 차이가. 기계로 어떻게 했냐면 흙이 이만침 {이만큼} 인제 꾹나 카는 게 이만침 안 야문단{야물다} 말이다. 기계로 찍는 거는. 물렁한 거를 가지고 두 개를 만드는 거야. 요만침{요만큼} 만 들고 가가 틀이 있단 말이다. 석고 틀이 있는데. 요만침{요만큼} 한 개 만들고 요 우에 끼 한 개 만들어가지고는 어느 정도 굳으면 우에 거를 또 꺽어여가지고 붙여가지고 씩 건지뿌고{건져버리고} 치우는 거라. 그 러니까 그게 견고할 수가 없지.

문 그럼 이쪽 부분에 금이 되게 많이 가겠다

답 그렇지. 옛날엔 그런데 요즘은 그나마도 우에 꺼는 금마들 인제 머리를

썼는 거지. 옛날에는 생전 들고 옹기 할라고 가다가 뚝 떨어지고 밑에
보면 어디 가뿌고 없어. 그리고 옹기를 굽었는 거를 가지가다가 어디 툭
부딪히면 뚝 떨어져버리고. 그런데 요새는 그래도 우에 그렇게 만들고
요렇게 세모지게 요렇게. 밑에는 요 밑에 요거 거는 요렇게 만들어가 끼
우는 거야. 요렇게. 그렇지. 요래 져가 요만침 끼워가지고 하니까 그래도
옛날만큼은 덜 떨어지지.

🔲 그래가지고 근개질을 할 거 아니에요?

🔲 그래. 마지막에 근개 요거 요거 있으면 요거 근개질을 하지. 그럼.

🔲 어깨 걸치고 하면 편해요?

🔲 이거 어깨를 안 걸치고 긴 거를 손에서 전부 다 하면 손에 걸리잖아. 팔
에. 팔에 걸리거든. 어차피 어깨 걸쳐가지고 이래 타름 타르다 보면 또 이
렇게 이렇게 주로 오다가 여가 턱 걸쳐져가지고 마지막에 인제 내려가뿌
고 그렇지 밑에는 여거 다 걸치지. 우에는 다리에다 걸칠 수 없으니까.

"보소 보소, 그 왼쪽에만 가져가는 것이. 양쪽으로 맞춰가소." "아 나는
발이 짝째기기 때문에 나 이거 가져간다."

🔲 근데 돌리는 발은 고무신을 신으면 좀 나아요?

🔲 이건 고무신 안 신으면 안 된다. 그래가지고 내가 옛날에 옛날엔 그 이
고무신을 시장에 가면 그냥 리어카로밖에 팔겠나. 온 시장에 가면 리어
카 리어카에다가 고무신 막. 그런대로 왼쪽 오른쪽 맞춰가지고 팔고 댕
기는 게 아니고 그거를 어디 공장에 가지고 잡아왔는가 우옛는가{어떻
했는가} 한테{한 곳에} 너가지고{넣어가지고} 팔고 댕기는데 있었어.
나는 가면 일부래 왼쪽에만 두 개 사오는 기라. 그렇지. 왼쪽에만 내 발
에 맞는 거 사가지고 그 뭐야. 그 신 주인이 "보소 보소, 그 왼쪽에만 가
져가는 것이. 양쪽으로 맞춰가소" "아 나는 발이 짝째기기{짝짝이기} 때
문에 나 이거 가져간다." 난 오른쪽이 필요없잖아. 오른쪽은 슬리퍼 하

나. 딴 거 신으면 되는데 그니까 이놈을 요게 옛날에 물레를 차면 어디가 닳냐 그러면 이건 지금 물레가 쇠물레잖아. 그니까 여가{여기가} 닳제. 옛날에 저 나무물레 받치는 거는 딱 여게밖에 안 받쳐. 여게만 받잖아. 여기는 안죽{아직} 한 개도 안 닳는 새 건데 여기만 그래 여기만. 그래가지고 우리. 여 물레가 다르니까 안쪽에 닿잖아. 그래 옛날에는 얼매나 돈의 개념이 철저했으면 고무 있제 고무. 예를 들어서 저런 고무다이라든지 안 그러면 주부{튜브} 같은 거. 그런 거 삐져가{잘라가}. 잊어버리면 양말이 골터진단 말이다. 터지면 그런 걸 요만치{요만큼} 삐져가지고{잘라가지고} 그때는 본드 있지. 본드 탁 붙여가지고 떼가지고 썼다. 그런 세월도 있었다. 그렇지. 한쪽에만 있으면 되니까.

답 이거 내 밑에 문때는{문지르는} 거 있거든. 두 번을 문때는{문지르는} 이유가. 이게 인제 전 잡는 곳이거든. 이거를 아죽{아직} 이게 참 우리말로 골라야 된단 말이다. 이게 안 고리면 한쪽이 두껍다든지 한쪽이 두껍고 한쪽이 얇다던지{얇다든지} 이랬다 그러면 요래 되가지고 만약에 굴을 뗄 적에 수중에 똑같이 녹아가지고 눌리는데 한쪽에 이렇게 한쪽에 두껍으면 얇은 쪽 무조건 내려앉게 되있제. 그렇기 때문에 인제 옹기를 그 전에 만들. 우리집에 일하러 오는 사람 오면 내가 그 사람들 그 옹기 만드는 걸 테스트 하지. 맨 첨에 할 적에 옹기를 딱 돌려놓고 내가 밑을 선 밑에 딱 잡아가 돌아가면서 딱 잡아놓는단 말이다. 잡아와 가. 이게 아주 고리게 믹였는 시람이 그 사람이 옹구 잘하는 사람이라.

문 이제 또

답 요기 인제 아이부채질 하는 기다.

문 이게 잘 그렇게 되면 소리가 쨍하다

답 응. 인제 단지 소리 나제.

문 작업할 때 무슨 작업하는 게 젤{제일} 힘드는데요?

답 저 자 바깥에 있는 흘작업.

문 아. 저 흘작업. 이래 뭐 치대고 뭐 이런 게

답 그래.

문 고 물 축이는{적시는} 거는 왜 축이는데요{적시는데요}?

답 붙잖아. 자꾸. 이 이게 그 넘어지기 부채하고 마르니까.

문 아까는 좀 세게 하고 지금은

답 요건 좀 고르는 기지.

문 아 두들두들한 면이 아니고 좀 매끈한 면으로

답 그렇지. 그렇지.

문 그래서 살살. 이렇게. 그래도 안은 두들두들하게 하고

답 그렇지. 그거는 지금 근기면 이거는 근기는 나중에 안 되는. 이 작업. 지금 잡는 게 전이라 그러거든. 이게 인제 나중에 이 전을 확 풀었을 적에 이걸 인제 돌아가게 만드는 사람이 옹기를 정상적으로 만들어. 그래 이게 못 만드는 사람이 이 전이 똑바리{똑바로} 안 돌아. 이걸 이 전을 얼마나 잘 돌리냐 그 사람이 몬 만드는 사람하고 취급되잖아.

문 전에 뭐 요쪽 면에도 하고 안쪽도 하고

답 그래. 이 안테다리가 없으면. 안쪼다리가{안테다리가} 맹숭하게{민민하게} 요래 길쭉하게 안테다리가 없으면. 이 안테다리는 옹구 전에 힘을 주기 위해서.

문 안이 요 면 말하는 거예요?

답 그렇지. 그렇지.

문 안쪽다리. 요거는 바깥쪽다리

답 바깥. 거는 인제 예쁘게 할라고

문 작업할 때마다 쓰는 근개가 다 달라요? 부위마다?

답 응. 그렇지. 요건 인제 요건 쇠를 가지고 인제 아이 인제 좀 부들부들한 거 있잖아. 그걸 좀 없게 하기 위해서 아무래도 쇠가 더 낫다. 지금 지금은 인제 몸살을 지금꺼정{지금까지} 몸살을 고르기도 하고 그 담에 가

다도 놓고 형. 틀도 잡고 요 요게 근개가 왜 항상 왜 일냐면{이러냐면} 부위가 빨리 돌아가면 빨리 돌아갈수록 곱게 나 있어.

손이 하다가 손이 떨려뿌면 조금 위로 올라갔다가. 근데 그게 보통사람들은 그 잘 못 찾는다.

문 두께 이래 나왔는 두께가

답 지금 지금은 형에서 여기 전부 그거 지금 못 쓰는 거야. 나중에 다 묶어가지고 다시 이래 흙 갈 때 새로 갈아들어야지. 이렇게 커야. 요 바닥을 요만큼 더 커야만이. 바닥이 너무 이래 그래 나중에 요렇게 된다. 요렇게 돼야만이 나중에 칼을 대가지고 자른다. 안 그러면 이걸 만약에 똑같아뿌면{똑같아버리면} 칼을 대면 전.

문 요렇게 똑같이 이게 이게 바닥이라 치고 나중에 요렇게.

답 그렇지. 지금 인제 마무리 성형할 적에는 이걸 잘해야 옹구가{옹기가} 잘 나와.

문 마지막. 쇠근개를 깎나?

답 쇠근개를. 이것도 깎아놓기는 깎아놓는데 쇠근개는 이것보다 더 많이 깎아놓는다. 쇠로 기본적 깎는 것보다. 어쨌든 마지막 마무리는 마무리라. 팔이 안 자려가면. 아니 아니. 저 밑에까지 다 내려. 밑에까지 다 내려. 무리하는 긴데. 우리는 특별하게 물이 그냥 물이 아니고 자기 옹기 만드는 사람 지 취향에 맞춰가지고

문 요것도 그러면

답 고건 흙까치인데. 이건 좀 그거하잖아. 마지막 마무리를. 요 입구를 매끄리하게 하기 위해서. 요 중절모자 있제. 중절모자야.

문 쇠근개가 지나가면 나무근개를 빼요?

답 그렇지. 쇠근개는 깎아낼라고 하고 나무근개는 입구에 곱게 깎을라 카는 거고

問 근데 이게 위도 올라갔다가 약간 내려갔다가 요런 거 같네요

答 손이 하다가 손이 떨려뿌면 조금 위로 올라갔다가. 근데 그게 보통사람들은 그 잘 못 찾는다.

問 아 그래요? 저 올라갔다 내려갔다 표시가 나길래

答 응. 이게 마지막은 인제 꼭지 다는 마무리 했드마{했던데}. 인제 마지막 손질이거든.

問 이걸 꼭지라 그래요?

答 응. 뭐 근데 일반 그 소비자들 오면 이걸 손잡이라 그러는데. 우리는 꼭지. 꼭대기. 꼭대기.

問 그 안에는 휘어질까봐 잡아주는 거예요?

答 그렇지. 그렇지. 안즉{아직} 무르니까. 이 몸이 안으로 드가지 마라고

問 약간 고 위로 하는 건 이유가 있어요? 위쪽으로 요렇게 올리잖아요?

答 어떻게? 요렇게? 그래야 손에 잘 걸리지. 이게 일직선으로 되면 아무래도 손에 잘 안 걸린다.

問 딱 보면 요 손잡이 달아야 될 데고 알아요?

答 그래. 워낙 오래 했으니까. 그 옹구가{옹기가} 지금 이거 만들었제. 이거 만들었는 거 저거를 저울대 올리믄{올리면} 거의 차이 안 난다. 흙이 무게가. 그기 인제 사십 몇 년 동안 했는 노하우가 거의. 지금 내 할 때마다 저거 정금대를 대제. 사실은 정금대를 안 댄다. 안 대는데 이것도 인제 내가 내 혼자 일하고부터 습관이 됐는 거야. 한 개라도 똑같이 하자. 근데 거의 이걸 안 대도 안 대도 그냥 쫙 만들어도 아 몇 타름 타른다는 게 있기 때문에 거의 똑같애. 손에 익어져 있기 때문에.

問 아까 천 갖고 들었잖아요. 고 작업을 뭐라는데요?

答 고 작업이 아니고 맹 들어내는데. 고 천을 들보라 그런다. 들보 저저 전부 걸렸는 거 전부 들보라. 크기에 따라서 전부 그게. 이게 크기에 따라서 다 인제 아주 긴 거는 큰단지 들어내는 거고 작은 거는 작은 단지 들

어내는 거고 보자 인제 밥 먹으러 가자.

문 이래 놔둬도 돼요?

답 점심 묵고{먹고} 와가지고 하믄{하면} 된다.

문 가마도 설명해 주세요. 가마에 쓰는 도구라든지 이런 거 있잖아요

답 응.

순수한 우리말로는 핌불, 그걸 한 일주일 동안 때고 나면 고때부터 요걸 인제 네 가지, 다섯 가지 세 가지고 초중불, 고 담에 중불, 고 담에 한불, 고 담에 창불, 요렇게 사 단계로, 핌불까지는 전부 오 단계 되는데, 말이 오 단계지 내가 불 때는 그 단계로 치면 십. 십 단계도 넘는다.

답 설명할라 그러면 요 앞에 있는 옹기 있제. 그쟈. 여 지금 이게 요게 지금 뭐고 카면 옹기 앞에 고우는 곰돌{고움돌} 카는 기거든. 이게. 그러니 이게 십 도 십오 도 정도 경사가 져 있기 때문에 단지를 수평해가지고 딱 놓으면 앞에 고아줘야 되거든. 그러니 이기 전부 다 고아주는 거야. 요거는 앞곰돌{앞고움돌}. 앞에 꺼는 최고 큰 거. 이거 조금 작으면 옆곰돌{옆고움돌}. 고 담에 또 요고 있는 요거는 작은 돌 카는 요고는 최고 뒤에. 약 땅에 붙었는 고 뒤에 고게 다 양쪽에 갖다 딱 고우는.

문 아, 경사면을 채우기 위한

답 그렇지 그렇시. 그리이 껄국에 최종 단지 한 개에 곰돌이 다섯 개가 드가 있다.

문 아, 이런 큰 거 작은 거 합쳐시

답 그렇시 그렇지. 그러니 뒤에 경사가 이래 있으면 뒤에 붙었는데 외관에 고 이래 공간이 작잖아. 작으면 요런 기 드간단 말이야. 옛날에는 이런 거 전부 사용 안 하고 요거하고 요거 세 개만 사용했어. 그래 고래 사용하는 거와 내가 요거를 찍어가지고 양쪽에 뒤에 고아보니까 또 인제 우리 국 먹는다 카는 기 있는데 요걸 안 됐는 자리에는 밑이 더 쭈그러질

확률이 돼 있더라니까. 왜 그러냐면은 받아주는 힘이 넓으면 넓을수록 그 힘은 더 세게 되니까. 좁으니까. 그래 요걸 대. 그래서 요걸 요건 요걸 바치는 데도 대한민국에서 내 하나밖에 없을 기라.

문 큰 거는 이름이 다시 한 번 뭐라구요?

답 앞곰~돌{앞고움돌}. 앞고움돌{앞고움돌}. 요거는 옆고움돌{옆고움돌}. 그렇지 그렇지. 요걸 앞에 고우고 고 담에 요롷게 옆에 고우고 요건 최고 뒷곰돌{뒷고움돌}. 그리고 내가 요서 부르길 그냥 쪼매타고{조그맣다고} 짜개돌 칸다. 그러고 나면 고렇게 재고 나면 굽는 막고, 그 담에 여기서부터 불을 지피기 시작하면 아 한 일주일 동안은 이 이거 일 년밖에, 일 년에 한 번씩밖에 안 굽으니까, 이 굴 안에도 습도가 지금 현재 땅 바닥에하고 지금 이 굴 밖에 물도 나고 이러기 때문에 습도가 꽉 차 있거든. 그러이 굴 자체에 습도와 옹기 자체에도 인제 큰단지 저런 거는 습도를 싹 다 연에 베풀어 가 다 제거했는데 요래 자잔한 거, 요만한 거는 현재 덜 말랐거든. 만들었는지 얼마 안 되 가. 고런 옹기 몸살에 있는 습도를 싹 다 제거하기 위한 불이 일주일 동안 때는 거야. 그러이 그걸 우리 말로 인제 핌불. 그래 흔히 하는 요 인제, 표준 용어로 쓸 적에는 초불, 뭐 중불 카고 이러는데 우리 말로 이러는, 순수한 우리말로는 핌불, 그걸 한 일주일 동안 때고 나면 고때부터 요걸 인제 네 가지, 다섯 가지 세 가지고 초중불, 고 담에 중불, 고 담에 한불, 고 담에 창불, 요롷게 사 단계로, 핌불까지는 전부 오 단계 되는데, 말이 오 단계지 내가 불 때는 그 단계로 치면 십. 십 단계도 넘는다. 왜 그러냐 카면 나는 옛날에 우리가 여기서 보통 삼 일이나 사 일만에 불을 마칠 적에는 핌불, 중불, 한불, 창불 이래 네 단계로 마마 구별했는데, 내가 지낸 거는 거의 열두 시간마다 불을 조금 조금씩 열두 시간 되면 조금 조금씩 또 열두 시간 되면 조금 조금씩 이러면서. 그 단계수를 정식 단계수를 칠 것 같으면 한 열 단계가 넘는다. 그러이 그 열 단계를 다 이름을 다 지을 수 없기 때문에 그냥 알기 쉽게 핌불, 초중불, 한불, 창불 다섯 가지. 크게 다섯 가지 그러면 하는 기지.

問 창불이 뭔데요?

答 창불이 뭐냐면은 옛날에 이런 나무를 창소를 하기로 했어. 이 이 소나무 긴 거를 갖다가 길게 무조건 기술자들 있거든. 여기서 나무가 저 건너까지 갈 수 있도록 긴 나무를 가지고 이리로 집어옇는{집어넣는} 거야. 이리로. 요새는 거의 그거는 안 하지. 왜냐면 그걸 하고 나니까 옛날에는 그 나무에 재가 앉아가지고 옹기가 엉망개판이 되뿌는 거야. 그래서 그건 안 하고 인제 이 앞으로 걸어봐. 그러나 어쨌든 창불은 창불이지. 지금도 그 그 불은 왜냐그러면 창불이라 카는 거 통통마다 때가지고 가는 걸 창불이라 그래. 그러이 창불이라 카는 거는 우리 말로 하는 경우 창구멍이라 카거든. 창구멍. 그래 우리 뭐 집을 짓거든 창문이랑 똑같은 역할을 하는 건데 이거는 뭐냐하면 나무도 뗄 수 있는 구멍이 되고 또 옹기가 어느만큼 녹았나. 혹시나 옹구가 넘어가지는 않나 이거를 보는 구멍이니까 인제 창구멍이라고 그러이 일로로 구멍을 땐다고 창불이라고 그러이 여기 있는 그 이름들은 거의 다 글자 그대로 생긴 그 자체대로 얘기하는 거야. 그럼.

근데 저거는 지금 현재 저렇게 바른다. 벽돌을 가지고. 근데 전에는 이래 큰 백돌을 온 장을 가지고 발랐는데.

問 그대로 얘기해 주시면 되요. 중간에 철 같은 게 들어가 있는 거는요?

答 어데{어디}. 안 드가{들어가} 있다. 아 이거 흙이다 흙. 이거는 구멍이 떡 돼가지고 돼가 있기 때문에 이건 아~들이 장난친 거야. 저렇게 갈라진 데는 저게 나중에 불 뗄 때도 이만치{이만큼} 갈라진다. 이만치{이만큼} 갈라질 때에 사실 뜨거워서 그렇지, 이만큼{이만큼} 갈라졌을 적에 이런 무성한 흙을 가지고 쫙 이래 발라가지고 이래 이거 벌어졌잖아. 벌어지면

사이 딱 집어너뿌면{집어넣어버리면} 나중에 이거 씨가 쫙 갖다 붙어버려. 붙어부는데{붙어버리는데} 저건 지금 그 불이 달아있을 적에는 저게 벌러질 정도 됐을 적에는 저거 녹 올라간다니까. 열기 때문에. 그러이 그렇다니까. 그러이 이 옹기가 달았을 적에는 이만치 벌어졌다가 이게 구 식어뿌면{식어버리면} 다시 저 갖다 붙어뿐다{붙어버린다}. 그러이 그 자체가 왜 글냐 그러면 흙은{흙은} 녹으면 흙이 준다는 얘기거든. 주니까. 주는 건 즉 말해 서로 물고 땡긴단 얘기거든. 이 옹기가 터지는 이 원리가. 요 맨치로 생길 때 요만치 째져있지. 이기 자체가 앉으면 절대로 옹기가 탈날 째질 일이 없단 말이야. 요만츰{요만큼} 째. 요만큼 째졌다 그러면 이게 이 흘 자체가 안즉{아직} 같으면 굽어내도 맹 고만치만{고만큼만} 째져있어야 해. 근데 이 흘 자체가 한 이십 프로 이상 줄어뿌니까{줄어버리니까} 자꾸 이쪽 번에 서로 줄기 위해서 자꾸 물고 땡긴단{당긴다는} 얘기야. 댕기니까 여가 한 군데 틈새 있는 거는 이만큼 벌어져. 그래서 이 옹기가 탈난 이유가 이게 우리가 이거 만들어 만들 때부터 굽어낼 때까지에 주는 게 약 한 이십오 프로 이상 줄어. 그래 주. 안 줄면 탈날 일이 없지. 전부 다. 이기 지금 만약에 생길 때 이 정도 내가 옹. 지금 만드는 게 이 정도 됐다면 굽어내면 줄거든. 그만침{그만큼} 돼.

문 이거는 뭐라고 하는데요?

답 아 요거는 이 맹 이거 가지고 이거 굴 박았는 거야. 이거. 굴 만들 적에 만드는 벽돌인데 요거 있는 거는 이거 인제 옹구를 다 안에다가 인제 재면 나중에 요래 막아야지. 굴문 막는 백돌{벽돌}. 그러이 굴문도 막고 요 벽돌 이거 저거 뭐야. 요 벽돌 여{여기} 있잖아. 요 봐라. 안 더닌 거 있잖아. 우리가 이거를 보고 더닌다 이러거든. 가새 흘 바르는 거를. 근데 저거는 지금 현재 저렇게 바른다. 벽돌을 가지고 근데 전에는 이래 큰 백돌을{벽돌을} 온 장을 가지고 발랐는데. 온장을 가지고 이거 이거 전부 다 타원형이잖아. 이래 이래 돌아가는데. 하나에 돌아가는 굽이가. 둥글다 보니까 굽이가. 이걸 가가지고 박. 박는 거보다는. 조래 반 장씩. 내가 일부러 찍은 거거든. 집에서. 반 장씩 찍어가지고 박아놓으니까 더 굴이 견고하더란 얘기지. 그래서 지금 이거 지금 이거 고쳤는 열 통들을 전부 다 요렇게 작은 걸 가지고 발랐어.

문 흙 바르는 거 뭐라구요?

답 굴 더넌다. 이런다.

문 저거는 더넌다 안 그래요?

답 저거는 지금 한 개도 안 더넜단 얘기지. 고거는 알 저거대로 그대로 놔났는 거고 그러이 왜 그러냐 그러면 이 큰 벽돌로 찍었을 적에는 이렇게 안 더니면 안 돼. 안 더니면 바람이 타는데. 왜냐 그러면 물건 추우니까 쫙쫙 갈라지는 확률이 굉장히 많은 그런데. 저렇게 작은 걸 가지고 해놓으니끼네 저거 봐라. 이시매도{처음 해도} 지금 갈라진 데 별로 없지. 그만침{그만큼} 견고한 거야. 엄청나게 낫지. 그래서 지금 내가 새로이 하는 건 전부 다 작은 벽돌로 지가지고

그리고 인제 사단지, 오단지, 육단지, 꿀단지 이런 거를. 인제 꿀단지 같은 건 열 개가 한자리.

문 옹기도 크기 따라서 명칭이 좀 다르지 않나요?

답 그런데 기억 이제 명칭은 있는데 어쨌든 단지가 단지는 단지인데. 우리가 이름을 가지수는{가짓수는}. 단지를 가지수는{가짓수는} 지금은 안 하는네 옛닐에는 최고 큰 게 뭐냐면은 술독이었어. 술독 그건 보통 우리 이십 말 정두 드가는 거. 리터로 따질 것 같으면 이백 리터 정도 그런 거는 고 단지 안에서는 술독이라 그랬고 고게 보통 우리가 쓰는 거는 인제 단 말짜리부터 그냥. 말로 계산해 가 단 말, 서 말, 두 말, 말 반, 한 말. 그걸 가지고 내가 인제 명칭을 바꿔가지고 오두, 삼두, 이두, 일두 고 담에 짝. 그러니 우리가 인제 이름을 왜 붙였났냐 그러면 그 용량도 있겠지만 지금

사실 그 용량이 지금 다 틀려거든. 지금 옛날에 그 우리 두 말 드간다 카는 그 두 말짜리가 지금 현재 물이 한 열 말 정도 드간단 말이야. 진짜 갖다대면. 근데 그게 왜 그렇게 이름을 지었냐 그러면 인건비를 줄이기 위해서. 그러이 조거 같은 경우는 인제 부리짓기는 삼단이라 그러고 맹토끼단지라 카고 이러거든. 근데 조게 세 개가 한 말짜리 한 개. 조거를 세 개 만들면 한 말짜리 한 개 만드는 인건비가 나가는 기라. 그래 요거 같으면 네 개 한자리거든. 그래서 원래 인자 한자리, 두자리, 세자리, 네자리, 다섯자리. 고 담에 짝이라 카는 거는 두 개가 한. 한자리란 말이야. 그리고 인제 사단지, 오단지, 육단지, 꿀단지 이런 거를. 인제 꿀단지 같은 건 열 개가 한자리. 그러이 육단지는 글자 그대로 여섯 개가 한자리. 고런 인제 고유의 이름이 있고 단지는. 단지는 고런 이름이고 그 담에

문 그럼 한단지는 한 말?

답 그렇지 한자리 카는 거는. 한자리 카는 거는 옛날에 맨 첨에 수십 년 전이 옹기를 내가 할 적에는 거의 한자리짜리가 한 말 드갔어. 한 말 드갔는데 이기 자꾸 인제 커지다 보니까. 그러이 인제 이 이거를 옹기공장도 여러 공장이 있다보니까. 경쟁 우예{어떻게} 되노{되겠나}. 딴 공장 조금 더 키우고 똑같이 자리 받고 모두쿰 똑같이 키워야만이 맹 경쟁이 되다보니까. 그러이 자꾸자꾸 키우다보니까 인자는 두자리짜리가 물 열 말 정도 드가는 기라. 그러이 인제는 뭐 자리라 카는 이름은 사실상 별로 의미가 없지. 왜 그러냐 그러면 인제는 자리로 물건을 파는 게 아니고 내가 만드는 옹기는 한 개에 얼마씩. 인제는 이거 하마 가격이 정해져 있다. 그러이 옛날에 썼던 이름이 다 카는 거 뿐이지. 지금은 아무 의미가 없어져뿌렸지{없어져버렸지}.

문 옛날에 썼던 이름 좀 가르쳐 주세요

답 그러이 단지를 인제 고게. 내가 인제 애기해 준 고게 전부 다고 그거 외에 이런 걸 최근에 나와서 만들었는 거 이기 생수단지거든. 요런 거 요

런 거 구멍 뚫혀가 저짝 편에 가면. 요요 구멍 뚫버놨는 거. 요런 거는 인제 뭐 최근에 인제 한 몇 년 전에 인제 여기다가 인제 수도꼭지 끼워 가지고 인제 물단지라. 생수 인제. 요즘은 약수 같은 거 같이 담아놓고 그러이 인제 여기는 즉 말하자면 정수가 되는 거니까. 자연 정수가 되는 옹기기 때문에. 그래서 인제 저런 거고 요런 거를 제외한 건 요거는 소주고리{소줏고리}에. 이거 지금 안동소주 있제. 안동소주 문화재 받았잖아. 안동소주는 여기다 안 하면 문화재 회수해 지고 가뿌는{가버리는} 거야. 안동소주는 여기서 짜는 거야. 여기서 불 때가지고 이거를 수증기 받아가지고 이거를 물 나오는 거. 그게 안동소주야. 순 곡주.

문 소주고리요?

답 소주고리. 요건 소주고리. 요런 거는 원칙적으로 치면 옛날에 이게 뭐고 카면. 초단지야. 초단지. 식초단지. 식초단지를 더 크게 해가지고 지금도 맹 이거 뭐야 이거 뭐야. 저거 감식초 같은 거. 묽게 해가지고 환자들. 여기다 이만치{이만큼} 많이 담아놓고 발효시키도록 빼면. 옛날에 우리 어른들 식초 담가묵는. 그렇지 요게 옛날에 맹 초단지 아니라. 요거는 정식으로 초단지. 요거는 아가리가 없어져버렸는데. 요거는 동장군. 옛날에 우리 그 인분 가지고 치는 똥장군. 이거는 저거를. 그러이 요거는 지금은 이 단지가 그 일본놈들이 와가지고 내한테 맞추러와가지고 내가 견본으로 만들어준. 요게 인제 외인단지. 외인 저 포도주 발효시켜주는 단지. 옛날에는 요거 비슷하게 생겼는 거 요게 요만침{요만큼} 올라온 게 있었어. 요거보다 더 쏘고 요게 뭐냐 그러면 소주통자야. 소주통자. 소주통자 카는 게 뭐고 카면은 옛날에는 신선소주 나오고 이럴 적에는 유리병에도 소주를 담았잖아? 이렇게 말떡이로{말 단위로} 옹구단지에다가 한 말씩 파는 단지가 있었다니까. 그래서 그거를 보고 소주통자라 그래. 요런 걸 보고 소주통자. 그 다음 옹가지. 떡시루. 콩나물시루. 그리고 그 담에 인제 대형. 아 저까지 가기 크겠다. 대형 고 이름은 인제 고 정. 작은 건 고 정도고 뭐이냐면 툭실이. 요런 걸 보고 인제. 우리 말로 여기서는 우리가 고향에 쓰는 거는 툭. 툭. 툭. 툭시리었는데 원래 인제 우리 고향말로 뚝배기 카는 거라. 뚝배기. 우리는 여기서 툭시리라 그랬고 고 다음에 고 다음에 올라가면 인제 최고 큰 대형 버리 카는 게 있단 말이다. 버리 카는 건 저저 여. 여게 이 밑에 꺼는 밑에 꺼는 떡시루었단 말이다. 밑에가 구멍이 뚫혀있는{뚫려있는} 거는 떡시루. 고 담에 구멍이 안 뚫혀있는{뚫려있는} 거는 버리.

그러이 요게 인제 요 단지가 다섯 개에 한자리란 말이다. 그러이 오단지. 요 단지는 네 개에 한자리라서 사단지. 요 우리말로 중단지라 카거든.

문 그러니까 한자리라는 거는 네 개가 합쳐져야 한 말?

답 그렇지. 아 고렇게. 그래 인제 네 개 합쳐져서 한 말이 아니고 네 개가 합쳐졌는 게 한자리 품을 준다는 기지. 이기 한자리 카는 게 아까 내가 만들고 있는 거 있제. 고게 한자리야. 우리말로 한자린데 그러면 요런 거는 네 개를 만들어야만이 조거 한 개 만드는 품을 줬는 거야. 그러이 요거 네 개와 조거의 가격이 똑같다. 파는 데도 거의 비슷하다. 고렇게 생각하면 돼. 인건비 나가는 것도 똑같고 우리가 일반 소비자들한테 파는 것도 조금의 차이는 있어도 우리도 좋고 나쁜 게 있잖아. 조금의 차이는 있어도 인제 거의 근사치에 간다. 이 단지가 옛날에 단 말짜리였다. 단 말. 이기 사십 년 전 내가 만들었는 그건데. 사. 요게 단 말인데. 이때만 해도 이기 단 말이 넘게 들어갔다고 여 같으면 지금만 해도 물이 열 말 드간다. 여기에 지금 물이 한 단 말 반. 요게 현재 지금 우리집에서 만들었는 거 중에서 요거, 요거, 요거, 요거 네 가지가 요거, 요거 띠 두 개 둘렀는 게 요게 우리집에서 최고 큰 거야. 이 이상 더 큰 거는 만들 수는 있는데 같이 들어내고 같이 이렇게 해줄 그 머냐 뒤에 일꾼이 없어서 못 만든다. 그렇지 이건 내가 만든 거지. 그러이 옛날 옹구와 지금 옹구의 차이가 왜 지금 옹구는 그래도 이 전통식으로 굽어도 요렇게. 색깔은 어차피 이거 내가 새로 개발했는 색깔이지만 요래 맨지리한데{매끈한데} 이건 왜 그러냐 하면 이게 바로 그때 창솔나무를 때가지고 그렇단 말이야. 이게 전부 다 나무재야. 재. 이로서{이로써} 이거는 인제 창구멍으로 우에다 등에다가 나무를 꼽으면 일회적이기 때문에 이거를 방지하기 위해서 위에다가 나무를 하나 박는다. 그러이 그때 자체는 재물도 유약도 지금처럼 두껍게 안 발라져 있었단 말이다. 육안으로 봤을 적엔 그렇지. 얇잖아. 그지? 이거 봐라. 안에 몸살이 다 들어있다. 이런 경우는 이래 재물을 쳐놓고 누가 가다가 실제로 옷 가지고 문때가{문대가} 다 닦여져 버렸다. 하마 요 봐래이. 맹 옹 흙이단 말이다. 그러이 예전 옹기와 지금 옹기의 차이점이 이런 옛날에 사십 년 전에 만들던 옹기들이 이렇게 나왔는데 그러이 한 백 년 전엔 이거보다 더 모 했겠지. 뭐. 이렇게 하던 게 진보 진보돼가지고 지금은 옹기가 지금 요렇게 여러 가지 나온다.

문 지금 나오는 건 다 이 색이에요?

답 그렇지 우리집에 나오는 건 거의. 아니 전부 색깔이 똑같진 안 하지. 똑같은 가마에서도 나온. 이렇게도 나온다. 이건 우야냐면 불이 엄청나게 세게 만들어부려{만들어버려}. 그래 불에 따라가지고 색깔의 차이는 고 다 그렇지. 내가 정식으로 받았는, 내가 필요한 온도를 맞았는 옹기 저게 저렇다. 저게 세게 만드는 까맣게도 나오고 그러니끼네 저 가마에서 굽는 옹기는 천차만별의 색깔이 나온다.

문 저런 큰 거는 단지 이름 따로 없어요?

답 그냥 우리가 부를 적에는 두 말자리. 이두단지. 이두단지 카기도 하고 단지는 특별한 고유의 이름이.

문 저거는 뭔데요? 저 크다란 거. 뚜껑 같은 거? 저 구멍이 뚫혀있으면{뚫려 있으면} 떡시루 그건가요?

답 고거는 고 밑에 거. 밑에 거 밑에 좀 높은 거 있제. 저게 구멍이 뚫혀있으면{뚫려있으면}. 구멍이 뚫혀있으면{뚫려있으면} 시루. 떡시루. 안 뚫혀있으면{뚫려있으면} 버리. 저 위에 거는 저 정도만 되도 저걸 보고 뚜껑이란 소리. 저거 원래 뚜껑이야. 저 저런 뚜껑을 저렇게 큰단지에다가 엎는 뚜껑이란 말이야. 뚜껑인데 저게 뚜껑을 뚜껑으로 사용할 적에는 뚜껑이고 저걸 옛날 지금도 그 테레비에 보면 '여섯시 내 고향에 보면 옛날 제시한다고 저런 옹가지 같은 거 음식 같은 거 담지. 그러면 저게 뭐냐 그러면 너리기 칸다. 너리기. 버리와 너르기에 차이점은 좀 높으고 낮다. 인자 고런 고런. 너리기. 응. 버리는 좀 높으고 저거는 이름이 두 가지가 되는 거지. 왜 그러냐 그러면은 제껴놓고 사용할 적에는 너리기고 엎어놓고 사용할 적에는 뚜껑이지.

혀 짤은 사람들은 깨끼. 혀 긴 사람은 까끼.

문 저거는 왜 그러는데요?

답 저거 저거. 유약 거르는 체야. 저게. 옛날에는 여기에다가 인제 저기서 막 흘하고 재하고 젓어가지고 돌 끝은{같은} 거 앉후코{가라앉게 하고} 인제 위에 황토물만 걸렀는데 여기다가 걸렀다. 여기다가 여기다가 여 보드랍운{보드라운} 체. 여 보드라분{보드라운} 체에 걸렀는데. 지금은 이 체를 너무 시게{세게} 해가지고 지금 이거 뭐고 카면 이거 아줌마들 한복 입는데 안에. 속. 속치마 있제. 씨. 저건 이 체보다 차라리 더 미세하고 이게 보드랍거든. 지금 이걸가지고 사용한다. 한 마디로 얘기하면 저. 여그 있는 체들은 저 뭐야. 재물을 거르는 체. 이걸 전부 일반에 우리 가정에서 사용하는 체야. 그냥 체지 뭐. 그렇지. 신{센} 체는 그냥 신{센} 체. 저거는 좀 걸리고

문 얼개미가 네모난 거예요?

답 아니 아니. 고 여기 있네. 이것도 맹 저거 저거 바꾸는 체거든. 이거 이거. 이거도 다 우리인테{우리한테} 필요하단 말이다. 이것도 재를 이었을 때 재 속에 그 뭐야 숯 같은 거 있기 때문에. 그거를 인제 걸러낼 적

에. 인제 여기.

문 그 다음에 저건 네모난 건 쳇다리 놔둔 거예요?

답 아 그래 저거는 인제 체를 언추기 위한 양쪽에 두 개. 체지. 맹 쳇다리야. 맹 저 안에 아까 우리 재물 칠 적에. 내가 또 갖다여.

문 삽 같은 거는 저기 저렇게 있는 거는?

답 삽을 가지고 가는 재 없는 거란 말이야. 그게 맹 삽이야. 그렇지.

문 이거는 뭔데요?

답 요거는 맹 이게 쳇데. 아 체란다. 이거 저거 쳇다린데. 저거는 가운데 얼핏 보면 양쪽에 요렇게 되어있잖아. 요거는 아주 잔 거 할 적에 맞추는 거. 잔단지는 아가리가 요만하기 때문에 조 쏙 빠져뿌잖아. 이게 넓으니까 그지. 그래서 아주 잔단지 출{할} 적에 필요한. 맹 요것도 쳇다리에.

문 요거는?

답 요거는 우리 그 공뚜껑이라고 공뚜껑은 이기 안 봤나? 요 요게 어데 얹혔는 건고{거고} 하면 아까 내 만들던 거 있제. 고거 아구에{아가리에}. 아구에{아가리에} 요걸 딱 언추고{얹히고} 요 위에다가 또 단지를 한 개 놓는 거야. 요걸 우에 아깨{아까} 가새{가} 요 째겼지. 요거를 생 거를 만들어가지고 고기다 맷돌씩 언차놓고{얹혀놓고} 철사로 가지고 째는 거야. 이걸 왜 째냐 그러면 이거 있어야만이 안 그러면 이거 없으면 그대로 딱 이래뿌면{이래버리면} 안에 공기가 안 들어가. 밀폐되뿌지{밀폐되버리지}. 그지? 요기 있으면 그대로 불이 드가 속이 익어라고

문 구멍은, 세 개 뚫는 이유는요?

답 네 개를 뚫으면{뚫으면} 아구가{아가리가} 돌아갈 확률이 있어. 그래서 세 개만 뚫는다. 두 개만 뚫으면{뚫으면} 좋은데 두 개만 뚫으면{뚫으면} 안에 화기가 들어가는 확률이 또 적더라고 그래서 요번에 실험은 해 본 결과 두 개는 화기가 너무 적게 들어가고 네 개는 하나, 둘, 셋, 넷 네 개를 뚫으니까{뚫으니까} 아가리가 돌아가디라고 돌아가기 때문

에 세 개만.

문 공뚜껑을 맞추는?

답 그렇지. 공뚜껑 가슬{가를} 이걸 불 들어가는 화구가 들어가는 입구를 째는 하나의 도구라. 저게. 저. 저거는 특별한 이런 명칭이 없다. 옛날에는 이걸 이것도 갤라 그러면 이런 걸 가지고 쨌다니까. 흙을 한 대씩. 이게 뭐고 카면 옛날 격식에 속에 종. 이거 저거 돌아가는 강철 저거야. 그걸 요거를 요렇게. 요렇게 접어가지고는 손 넣고 이 손에 장갑 쪄야지. 이래가지고 한 개씩 콕콕 찍어가지고 물을 냈는데. 한 개씩 하니까 너무 저래가지고 몇 장씩 동 장 놓고 그래가지고 찍는 거야.

문 같이 쌓아놓고 공두껑 만드는.

답 응. 응. 요거는 지금 뭐냐 카면 굽까끼. 아까 아까 그 유약 바른 거 전 부친 거 있제. 전 부쳤는 거 마른 거 엎어놓고 받아. 받아가 가새 유약을 깎아줘. 안 깎아주면 유약이 묻었는 거 유약 묻었는 거 붙어뿌면 그거는 옹기가 깨졌으면 깨졌지. 그냥 절대로 안 떨어져. 그래서 고걸 나중에 떨어지라고 양쪽 가새하고{가하고} 단지 전하고 붙는 자리를 유약이 없도록 제거시켜 주는 굽을 깎는다고 굽까끼. 굽깨끼.

문 어떤 거 쓰시는데요?

답 근데 그거는 지금 부르고 싶은 사람이 그러겠지. 혀 짤은{짧은} 사람들은 깨끼. 혀 긴 사람은 까끼.

문 보통 가마에 가마에 따라 부르는 명칭이 다르고 이런 건 없는가? 가마의 위치나 안이나 이런 거에 따라서

답 그거는 전혀. 그거는 전혀 없고 요거는 우리말로 표준어로는 개량굴. 우리말로는 노부리굴. 그래 저거는 표준말이고 뭐 우리말이고 간에 대포굴. 대포가마. 저거는 대포가마 그러냐면 대포알맨치로{대포알처럼} 아무것도 없다. 쫙 그대로 통과돼 있어. 저 그래 저 가마가 일로 진화가 됐다. 그래서 옛날에는 저 가마에서 굽다가 저 가마에는 굽으니까 실패할 확률

이 참 많은 거야. 그래서 이 가마는. 불은 저 가마로 때면 거저 먹기라. 거저 먹긴데 이거 이 가마에 창불을 땔 경우에 그게 시간이 배 걸려. 저건 다섯 시간 여섯 시간만 하면 되는데 이건 보통 열두 시간에서 열다섯 시간까지. 이 서서히 녹카{녹여서} 올리는 기라. 이 밑에서 불을 십사 일 동안 땡겨{당겨} 올려가지고 마지막에는 옹기를 색깔을 내고 인제 익훌{익힐} 적에는 한 통씩 한 통씩 차례대로 인제 넘어가는 기라.

근데 가마봉이 이렇게 높고 이런 건 이유가 있어요?

우리 요렇게 보면, 앉아가지고 보면. 이 간격도 크기도 높이도 중간에 가면서 크고 뒤가 또 작고 앞이 또 작아. 이거 왜 그러냐 그러면 앞에 한 세 통 정도는 여기서 워낙 씬{센} 화기가 올라가기 때문에 실패할 확률이 참 많데이. 이 앞에서도 그래서 다치더라도 이 한 통만 디잖아. 그래서 요건 작게 나가 이번에. 가장 옹기가 잘 나오는 데 가운데 한 여섯, 일곱 통이 가장 잘 나오거든. 그래서 고기는 좀 크게 바라놓고{만들어놓고}. 저 뒤쪽에 왜 또 작게 바라놓냐면{만들어놓냐면} 마지막에 불 때고 나면 사람이 막 쓰러지는 거야. 한 통씩 빨리 단축시킬라고 시간을. 보통 여 가운데 같은 데 어떤 때는 두 시간씩 그렇거든. 최고 마지막 통에는 한 시간에 그냥 사십 분씩만 때도 그래 마지막에 그 사람 일하다가 있잖아. 뭘 하든지 저녁에 시간을 전부 지엽어가{지겹어가}. 특히 노년에 막 죽을라 그리기든. 붐두 마차가지라. 한 보름 때고 나면 빨리 마치고 싶어가 미치는 기라. 그런 그건 아무런 이유도 없어. 그거 방지하기 위해서 끝에 작게 박아놨는 거라. 그래서 앞 뒤는 크고 아. 앞 뒤는 작고 가운데는 크다.

크기에 따른 명칭은 따로 없고?

없다. 없다. 그냥 첫째 번. 둘째. 셋째. 고대로 순번대로 그렇게.

가마 안에 부르는 이름은 따로 없나요?

없다. 인제 안에도 보면 한 칸 사이에 요 구멍이 다섯 개씩 있어. 고걸 창살. 살창구멍이라. 살창구멍. 고 안에 고거는.

저거. 저거 가지고 가가지고 요렇게 깎아준다 말이다. 요렇게 깎아줘야
만이 나중에 요기 앉힐쓸 적에 떨어. 떨어. 떨자먹을 수 있는 거라.

📖 우리 아까 유약 잿물 치고 말루는 거는? 처음에 말루는 거와 그 다음 과
정 설명을 해 주세요

📖 그니까{그러니까} 그거를 보자 어떻게 돼. 그게 원래 지금은 여기서 말
랐지만. 옛날엔 전부 다 밖에서 말랐거든. 말랐는데. 그거를 말루는 명칭
은 없고 그냥 순서대로. 순서밖에 없어. 인제 옹기 기술자가 옹기대장이
인제 옹기를 만들어가지고 뺄을{밖에} 만약에 밖이나 안이나 물에서 들
어냈다. 그쟈. 물에서 딱 들어내면 옛날 긑으면{같으면} 여기서 긑으면
{같으면} 태양을 보면 어차피 태양쪽은 더 마르잖아. 그자. 마르니까. 최
소한도 네 번을 돌려줘야 돼요 이래 놨다고 이렇게 돌려뿌면{돌려버리
면}. 어차피 이거는 덜 마르니까. 그자. 차례 차례 네 번을 돌려주고 난
뒤에 인제 엎는 거라 인제. 내 안 지금 같은 경우에는 아무도 돌릴 이유
가 없지만 안에 안에니까. 그대로 똑같이 마련해. 그래 놔났다가 전이 어
느 식으로 말랐다가 인제 내 이번에 봤을 적에 아 이 정도면 엎을 때가
됐다 싶으면 엎는 거라. 엎으면 바닥을 눌러야 돼. 이 바닥을 안 눌리면
옹기가 이 자체가 기계로 찍었는 단지는 절대로 바닥을 칠. 이걸 널룰
일이 없다. 지대로{제대로} 이 기계로 찍었는 거는 워낙 많이 줄기 때문
에 바닥에 가늠하도록 지대로{제대로} 내려가 버려. 말루면. 근데 이 손
으로 말루면 티 올라온다. 그래 올라오면 이래 나는 이래 안치가 안 되
잖아. 그러니까 인제 세우는 걸 만들어가지고 엎아가지고{엎어가지고}
바닥을 치는 거라. 바닥을 바닥을 치고 난 뒤에 어느 정도로 인제 바닥
을 요게 인제 그 아까 내 재 뿌린다 그랬제. 바닥에 떨어져갖고 재 뿌렸
는 게 인제 완전 하. 하얄 정도로 되면 고게 인제 재물을 치십시오 카는

신호라. 고러면 인제 고때 아까맨치로{아까처럼} 재물을 치고 똑같은 거지. 재물을 치고 난 뒤에 또 전이 엎을 때가 되면 또 엎는 거라. 고 담에 엎어가지고 우에 바닥이 맹 또 고렇게 그 재가 하얗듯이 재물 칠 때 됐다 카는 고런 식으로 신호가 오면 굽까기{굽깎이} 있제. 저거. 저거 가지고 가가지고 요렇게 깎아준다 말이다. 요렇게 깎아줘야만이 나중에 요기 안찰쓸{안쳤을} 적에 떨어. 떨어. 떨자먹을{떨어질} 수 있는 거라. 그거는 아까처럼 붙어뿌면{붙어버리면} 이거는 깨져도 저거는 안 깨져. 그래서 엎어 여 깎아놓고 난 뒤에는 이걸 재껴가지고{뒤집어가지고} 저기다 갖다 전부 다 공장 안에 동개는{차곡차곡 정리하는} 거야. 그때부터 인제 건조시키는 과정이지. 고게 순서.

📑 건조도 왜. 지난번에 보니까(다른 것과 마찬가지로). 아이건조. 두벌건조 이런 말 없나요?

📑 아니 아니. 건조에는 어차피. 옛날에는 사실 큰 단지를 전부 다 건조시킬 시간이 없단 말이다. 한 달이면 한 굴씩 해뿌니까네{해버리니깐}. 덜 말리면 그대로 엎어 집어넣고 이제는 내 혼자 하니까. 자동으로 최소한 저거는 맨 첨에 만들었는 거는 최소한 육 개월 동안 저 공장 안에 있으니깐 싹 다 제거가 되는 거지. 그래 고걸 이걸 옹기 말라가지고 드가는 거는 그냥 재물 친다 카는 이런 거 뿐이지. 말루는 과정은 특별한 이름. 이름은 없지. 그거는.

📑 말룽고 그 담에 뭐 한 얼마 정도 말룽고 저렇게 가는데요?

📑 그러니까 지기는 얼마 정도 말뤄서 가는 게 아니고 내가 옹기 한 가마를 다 만들어야 돼. 저기 들어. 저 가마 속에 꽉 찰 수 있는 한 가마를 만드는 기간 동안은. 먼저 만들었는 그러니까 이 굴. 큰 옹기는 두껍단 말이야. 요 작은 거는 얇고 그러니까 두꺼운 것부터 먼저 만들어. 큰 놈부터 먼저 만들어야만이. 인제 요런 거는 사실 뭐 좀 덜 말라도 부러 드가도 별로 탈날 일이 없기 때문에. 큰 게부터 만든 이유가 그거부터 빨리 그

습기가 없도록 말라야 되기 때문에 항상, 만드는 것도 큰 기부터{것부터} 만드는 게 쉽지만은 어쨌든. 오늘 이 시간에 한다 카더라도 만약에 한 달만에 물건이 들어간다 카더라도 저거는 한 달에 날랐단 얘기야. 그 쟈. 그런 의미라. 저거 큰 거 겉은{같은} 거. 보통 지금 같은 거 내 겉으면{같으면} 한 가마를 만드는 시간이 하루도 안 놀고 하면 오십 일을 만들면 한 가마가 돼. 저거는 가마 속에 다. 그러면 약 한 사천 개를 만드는데. 하루 하면 이틀도 쉴 수 있고 그러니까 어쨌든 간에 내가 일을 시작해가지고 물건을 낼 수 있는 달까지가 육 개월에서 칠 개월에 한 가마 만들어. 시간이. 그래 인제 만드는 시간이 아니라 만들어가지고 굴에 여가지고 굽어내가지고 완전히 이렇게 나오는 시간이 약 칠 개월. 그래 겨울 한 오 개월은 놀고 그래 겨울에는 일 안 하지.

문 저기 가마에 옹기 말룬 거를. 옹구{옹기} 넣는 거를 뭐라 그러는데요?

답 그냥 가마에 옹기 넣기라.

문 그 다음에 뭐 또 다른 건 없습니까? 다른 거 뭐. 깜빡하신 거나.

답 특별한 건 없다. 내가 얘기한 건 거의 전부 다. 다음. 담에 한 번 더 올 거가? 담에 한 번 더 올 적에 그때 또 이게 또 한 몫에 다 안 나온단 말이다. 고때{그때} 또 이래 생각해 보면 또 요번에 또 못했는 얘기가 또 특별한 건 다 했어. 혹시 또 못 했는 거 있으면 고때{그때} 생각해가지고 또 새로.

전부 다 인력으로 떡메 가지고 쪼끔이라도 쳐가지고 바깥에서 가공해가지고 흙을 밟아가지고 그네꾼이 손수 늘가가지고 내 옆에까지 딱 갖다주면 그때부터 내가 옹기 만드는 과정.

답 이거는 예전이나 지금이나 물레 내는 거는 똑같애. 물레만 인제 옛날에 이거 옛날에는 순전히 수작업을 발로만 인간적으로 차가지고 했고 그러니 옛날에는 술독 같은 거 이런 거 한 되그로 스무 말, 스물한 말 같으면 요새 리터로 따진다 그러면 한 오백 리터. 이래 되구로 내가 물레를 차 가지고 몬 만드는 거라. 여기서 돌려줘. 그 밑에서 돌려주는 사람 그 사람 반 죽는다.

문 아 돌려주는 사람을 뭐 특별히 가르키는?

답 없지. 그거는 그냥 인제 그 내 뒷일 하는 사람들. 흘꾼이나 그네꾼들이 이렇게 돌려주는데 고것도 인제 재미난 요즘식 같은 에피소드 재미난 이야기꺼리가 뭐고 카면. 내가 내저테{내한테} 맘에 들 적에는 그 돌릴 사람 힘 좀 덜 들게 해주고 저 뒤에 저 물레 돌리는 사람 내 맘에 안 든다 카면 괜히 기분이 옛날이나 지금이나 너거들도 마찬가지잖아. 거 기분 좀 안 좋은 날 있제. 반 죽는 거야. 그 반 죽는 게 그냥 전번에 내가 애기했지. 안근개랑 배깥근개를{바깥근개를} 그냥 대량 인제 몸을 골구면서{고르면서} 안근개만 좀 바깥으로 꺼낼 때는 안근개만 좀 배끝으로{바깥으로} 쫙 내밀고 배끝{바깥} 끝에 바깥근개는 형식적으로만 살짝 대주면 자기들은 돌리기 쉽단 말이야. 근데 꽉 물어뿌거든{물어버리거든}. 양쪽에 같이. 그래 그기 대열석으로 몸을 낼 적에는 안근개는 전방에서 가고 배깥근개는{바깥근개는} 뒤에서 따라 가면서 몸을 인제 내는데. 마지막에 골고루 이렇게 공군다니깐. 이 이렇게 엑스자로 이렇게 붙어가지고 그래 인제 쫙 붙어야지 몸이 골아지거든. 야물게 골아지거든. 이거를 시송일씬 내저테{내한데} 맘에 안 들면 내저테{내한테} 붙어뿌는 거라. 둘이서 돌려도 안 돌아기. 그래 그 사람들이 그러잖아. 좀 힘 센 사람들이 와가지고 하도 밑에 돌리는 사람이 힘이 드니깐 제가 한 번 돌려줄게요 딱 돌리면 그런 사람들은 바로 또 내가 버릇을 뜯어고치지. 꽉 쥐고 있으면 우리 고 장수는. 어떻게 이렇게 두 손으로 맨 첨에 지가 자칭 힘 쩨나 쓴다 카는 사람인데 이래 두 손으로 돌려도 힘이 들어 못 돌리는 거로 발로 스무스하게 돌리는. 그래 내가 발로 돌릴 적에는 그렇게 힘 들게 하는가. 그렇게 안 하는 거지.

문 예예.

답 그래가 옛날하고 지금하고 옹기 만드는 도구는 물레는 똑같애. 물레는 똑같고 인제 단지 뒤에는 흘 가공하고 그런 그거는 옛날하고 조매{조금} 틀리지. 그래 나도 나도 한 이십 년 정도 됐나. 흘을 가공했는 거를 사가지고 와야 돼. 여 사람들이 일꾼들이 갑자기 뭐 농촌에 이래 젊은 사람들이 없어지고 이러니끼네 사람들 사기가 귀찮아가지고 내가 저 포항에 저 안강 카는데 가면. 포항 지나가지고 경주 안강 카는데 가면 지금도 공장 있어. 지금도 거기서 만들었는 흘을 가공했는 걸 가지고 전국 대학교에 다 공급한다니깐. 대학교 도예과 같은 거. 도예과가 필히 아니라도 애들 초등학교 같은 거 애들 쓸라고 그런 거를 그 역도 저거 납품하고 그 담에 순수한 도예과 같은 데는 도자기 하는 수배{수비} 있는 그런데 해가지고 가가지고 이십 키로씩 딱 묶어파는 지금도 판다. 그 사람 맨 첨에 드갈 때는 이 옹기 공장을 위주로 해가지고 시작을 했는데 지금은 오히려 대학교 납품하는 게 첨에는 돈이 더 되지. 왜냐면 대학교 납품하는 고저테{고 곁에} 보내는 가격하고 레벨이 아니라. 어마어마하게 다르거든. 나도 거기서 사다가 하다가 거기서 사서 하면 옹기의 흘의 질이 나쁘다 말이다. 그걸 이따만한{이만한} 로라에 가니깐 이만치{이만큼} 풀어놓고 하니깐 돌이 너무 많아서 물건의 제품이 옳게 안 나오니께 나도 한 일 년 거 갖다 썼을 기라. 쓰다가 치아뿌고{치워버리고}

문 네~.

답 옹기를 만드는 그 만드는 거는 가공하는 거나 유약 바르는 거나 모든 저거는 내가 배웠을 때하고 뒤에 흘 이래 내놓고 하는 거 그기 똑같다. 재물 받드고 이런 거도 오히려 지금 재물 받드고 이런 거는 옛날보다 더 정밀하게 받지. 전에는 그 보통 우리 체에다 저 전번에 봤지. 그야말로 파는 체 있잖아 그지. 만들어서 파는 그 체에다가 했는데 요샌 내가 직접 체를 따로 만들어가지고 아주 그 쫌쫌한 천을 가지고 오히려 그런 거를 더 인제 맨들거든{만들거든} 더 정밀하게 하고 그 다음에 인제 요런 지금 인제 그 불 때는 과정만 딴 거는 거의 다 똑같다고 봐야. 불 때는 과정만 옛날보다 인제 나무가 워낙 풍부하니깐 요샌. 옛날엔 뭐뭐 솔직히 나무가 없어서 노다지 산에 가가 도벌하고 전부 불법이지 뭐. 그러이 그 엄밀히 따지면 옛날엔 그래가지고 더 물건이 그 좋게 안 나왔다고도 봐야 되고 왜냐면 나무가 없으니깐. 나무를 풍부하게 땔 수가 없어. 지금은 예를 들어서 내가 더 오래 때기 싫어가지고 안 때지. 나무 뭐 연료에다 나무는 얼마든지 구할 수 있으니깐. 옛날과 지금과 다른 건 고 고 차이점 뿐이라. 단지 인제 흘일 하는 것만 다르고 내가 인제 그렇지 저거 뭐고 그네꾼들 저거 인제 굳이 따진다 그러면 흘 가공해가지고 인제 내가 만들 수 있는 흘까치를 내 옆에까지 갖다주는 고 과정은 옛날하고 완전히 백팔십 도로 달라. 옛날엔 전부 다 그건 수작업이었고 전부 다 인력으로 떡메 가지고 쪼금이라도 쳐가지고 바깥에서 가공해가지고 흘을 밟아가지고 그네꾼이 손수 늘가가지고 내 옆에까지 딱 갖다주면 그때부터 내가 옹기 만드는 과정. 그런데 지금 그 과정이 전부 다 기계로 다 해. 단지 인제 바깥에 우리 저 바깥에 달아났지. 고 과정만은 옛날하고 똑같애. 맹{그대로} 삽 가지고 흘 골라내면서 돌 골라내면서 넘가가지고 밟고 고 과정만 똑같지 그 외에 공장 안에 들어와가지고 사람 발로 흘을 밟고 흘까치 넘구는 거는 고 과정은 전부 다 기계로 다 해. 고것만 틀린다고

문 물레도 옛날하고 조금 다르지 않아요?

답 조금 다른 게 아니라 옛날엔 완벽한 수작업으로 발로 다 차는 물레였고 지금은 인제 좀 힘이 덜 드는 거는 내가 발로 차면서 하고 이러는데 바닥을 차고 바닥을 가샌다던지{가샌다든지} 이런 거는 이래 맹 다리로 가지고 물레로 차면서 하고 가장 힘드는 거는 옹기를 가공. 마지막에 인제 성형해 나갈 적에 고 때는 힘이 드니깐 저기 인제. 그러니 전기와 수

작업을 병행할 수 있는 그 저거 물레를. 그니깐{그러니깐} 도자기 물레는. 도자기 만드는 물레는 돈이 사실 돈이 얼마 안 한다니깐. 지금 보통 한 오 육십만 원 주고 사. 그런데 그거를 내가 우리가 왜 하냐 그러면 도자기 흙을 이만한 거를 우리 예를 들어서 머리만한 거를 아주 고르게 이겨가지고 딱 쳐놓고는 쭉 허리 뽑아올리면서 뭐 작은 거는 그걸 한 개에다가 열 개도 만들 수 있고 이렇게 많이 만들 수 있거든. 한 번 딱 쳐놓으면. 그런데 그 사람들은 모타에{모터에} 돌아가면은 완전히 만들 수 있단 말이야. 지금 그 테레비. 그거 테레비에 나오는 거는 사실 그게 화면용이라니깐. 지금도 그 도자기로 문화재 받은 사람들 보면 발로 차가지고 해? 이래 방송용으로 나올 적에만 발로 차지. 저거도 나이 육십 칠십 된 노인이 그거 차가지고 할 수 있는가? 그렇게 이렇게 만들었다 카는 거만 방송용으로 보여주지. 거 가면 전부 전기물레로 다 해. 그거는 우리저테{우리한테} 안 되는 게 그쪽 편에 같은데 타름이라 타는 거 봤제? 이게 안 된단 말이다. 왜 안 되나 그러면 그걸 모타로써{모터로써} 벨트 줄을 걸어놨기 때문에 전기를 딱 여뿌면{넣으면} 돌아가는데 전기를 딱 꺼부리면{끄면} 벨트 줄이 딱 끊겨가지고 안 돌아가. 지금 내 물레 이거는 모타가{모터가} 안 돌아가도 전기를 꺼부려도{꺼버려도} 물레는 도는 거야. 내가 차면 돈단 말이다. 고런 거. 옹기 맨드는{만드는} 거하고 도자기 맨드는{만드는} 거하고 고런 장단점이 다.

문 그럼 옹기 만드는 물레는 이름 뭐라 그러고 도자기 만드는 물레는.

답 그거 두 개 다 똑같은 물레다.

문 아 그래요 근데 옛날 우리 왜 도자기 만드는 거에 참 옹기 만드는 물레 그 물레를 발물레라 하는 사람도 있던데 어떻게 쓰시는데요?

답 그게 발물레라 카는 게 발로 차니깐 발물레라 이기라. 우리집에 지금 그런 물레 두 개 있잖아. 그게 인제 발로 차니깐 발물렌데 괜히 그 사람들이 이름을 쟀는기{지었는기}. 근데 도자기 만드는 물레하고 그 옹기 만드는 물레하고 똑같은 물레는 물렌데 도자기 만드는 물레는 작다. 작고 높으고 봤는지 모르겠다. 도자기 만드는 물레는 넓이가 요 정도밖에 안 된다니깐. 요 정도밖에 안 되고 이 높이가 이렇게 높거든. 요만큼 높으고 응. 옛날부터 도자기 만드는 물레는 지금 현재 내가 현재 만들고 있는 물레 있제. 그런 식으로 딱 위에 걸어놨는 게 도자기 만드는 물레라. 옹기는 지금은 내가 이렇게 큰 독을 안치니깐 저 인제 맹 땅 위에다 저래 그러지만 나는 옛날 이 스무날 스물다섯 되면 술독 같은 거처럼 이 물렌 내가 못 만들어. 내가 키가 안 자라가서{닿아서}. 그러니깐 옹기 만드는 거는 항상 물레 위에 팔이 이 땅하고 공장에 바닥하고 똑같이. 이 짝{이쪽} 편에 그때마다 왼쪽 편에 있는 거 봤제? 그렇게. 그런데 아니면 큰 단지는 못 만들어. 지금 여 되면 이거 건덕물레. 우리 이 마을엔 건덕물레라고 그래. 옛날에도 옹기공장에도 건덕물레라 카는 게 있었어. 장거리 갈 적에는 거 항상 거 내려앉는데 앉아가지고 일하기보다는 큰 단지 고거 내롱코{내려놓고} 그 담에 작은 단지 요만한 거 요런 거 만들 적에는 고럴 때 만들 적에는 건덕물레 만들어가지고 아무리 사람이 덜 덥잖아. 그 좀 높은데 앉은 거하고 낮은데 앉은 거하고 그러니깐 지금 현재 우리집에 최고 많이 드가는 단지가 저게 한 백이십 리터에서 백 리터에서 백이십 리터. 그것도 지금 저 물레 내가 팔하고 억지로 달린다니깐. 이 물레하고 건덕물레하고 인제 고 차이점이 지금 내가 거 우에 거도 사실은 집에서 내 손으로 제작을 해가지고 내 몸에 딱 내 발과 내 키에 맞도록 고 자로 마그하고 해가지고 만들면 큰. 옛날 같으면 큰 물레는 큰 옹기는 불가능하지만 그래도 어느 정도는 큰 거 만들 수 있을 겁니다. 이거는 사가지고 하는 거기 때문에 하마 저기서 고정시켜 딱 사뿌려{사버려} 놔뿐{놓아둔} 거기 때문에 더 이상 이 저거는 매가지고 서로 끊고 여서는 숨굴 수가 없잖아요. 저 팽 돌아가야 되는데. 저거 더 이상 큰 거 만들어가지고 내줄 사람도 없어. 안 되니깐.

그러니 단지가 특별한 게 장거리 내노면 조금 이름이 틀리는 게 있는데

네. 그 참 그 왜 그 옹기 인제 작업 일 가지고 있잖아요. 그 만드실 수 있는 거 있잖아요. 어른이 만드실 수 있는 거요. 그게 뭐 종류가 한 몇 가지 정도 되는데요?

근데 지금 내가 만들고 있는 게 어. 단지 이 저 뭐야. 거 저 한 작, 오단지, 육단지, 팔단지, 구단지. 단지가 단지 종류가 한 열 가지 종류라. 이 거는 물 담는 그 용량에. 용량이 조금씩 조금씩 틀리거든. 그래가지고 한 열 가지에서 단지 종류가 열 가지에서 세수단지. 뭐.

단지 종류 그 하나하나 좀 얘기 좀 해주십시오

그러니 단지가 특별한 게 장거리 내노면 조금 이름이 틀리는 게 있는데 우리가 부르는 거는 옛날식으로 부르면 두 말짜리부터 단 말이지. 두 말 짜리. 두 말짜리 카는 게 내가 부르는 건 내 저거 장부에 적어논 건 이두, 일점오두, 일두. 그래 요게 두 말, 말 반, 한반. 그래다고 연에{아직도} 짝단지. 저번에 그랬지. 우리 여 고유에 돈을 받을 적에 한자리, 두자리, 세자리 이렇게 나가는 거. 그래 짝단지 카는 거는 지금 한 말, 두 말, 말 반, 한 말 카는 건 두 말 카는 건 두자리 카는 기라. 말 반은 한 개가 한 자리 반. 한 말 카는 거는 한자리다. 요거는 정확하게 나왔는데 고 담에 짝 카는 거는 두 개. 고 담에 우리가 삼. 삼단지라 카기도 하는데 토끼단 지라 그래. 요런 건. 토끼단지라 카는 기 세 개 한자리. 중단지는 네 개 한자리. 그래 오단지라 카는 건 글자 그대로 다섯 개 한자리. 육단지 있 고 팔단지 있고 요건 전부 다 고 개수 육이면 육 여섯 개 팔이면 팔. 고 담에 꿀단지 카면 전문적으로 꿀만 담는 토종꿀만 담는 고건 열 개 하는. 고건 꿀단지. 그러면 가끔 가다가 이거는 특별한 주문이 들어와야지 인 제 하는 거지. 조쪽에 있는 옆에 꽂아났는 조거는 지금 부황단지라 카는 기다. 지금 이거 부황 있제 이거. 이게 사실은 지금 그때는 부황 그거 아 무런 그거. 저건 좋다고 의학 과학 과학쪽으로 좋다 카니 좋은 거지만

문 지금은 유리처럼 이런 거 있잖아요 그런 거 주로 하잖아요

답 그래 이거 빽빽 이래 해가지고 하는 거. 우리집에도 그거 있어. 있는데 옛날 인제 요즘은 그냥 우리가 그거 하니깐 뒤에 많이 아픈 데는 혈이 시커멓게 뽑아나오고 나도 저사람 내한테 해주고 저사람 내가 해주고 아들하고 그런데 좀 많이 그런데 심하게 적색깔 나오면서 많이 나오는 거는 예를 들어서 어깨라든지. 적게 나온 곳은 안 아픈 곳이다 이런데. 옛날에는 우리가 어른들이 요즘 같으면 신경통이고 옛날엔 담 걸렸다. 담. 소리 들어 봤나? 어른들한테. 비오는 날 되면 결리고 이러거든. 이럴 적에는 뭘 했냐 그러면 특히 또 어디 가다 발목 같은 거 꼬불쳐가지고 막 발이 막 퉁퉁 붓지. 부으면 경락 카는 게 있어. 침 맞는단 말이야. 저 가지고 그걸 맞을 적에 필히. 저 저기 옹기 옛날 같으면 부황단지라 그랬어. 옹기단지 저 작은 거에다가 한지를 불을 딱 붙여였는 거야. 붙여가지고 딱 여가지고 고 한지가 다 탈동 말동 딱 고 직전에 여다가 딱 붙어뿌면 딱 붙어뿌지. 왜 그러면 그 안에 연기가 있고 그걸 탄산가스라는지 뭐라는지 모르겠지만 그 압 때문에 이걸 쫙 빨아 겨. 이거는. 나중에 그 어느 시기 되가지고 꿍~ 하면서 저치며 떨어지면서 이 안에 피가 항금 고이. 그러니 어혈을 뺀다 이거야. 그 저 부황단지 가지고 그래서 저 단지가 원래 원래 부황단지라. 옛날에. 요즘 인제 저거가 연구해가지고 개발해냈는지 뭐 이런 거 가지고 공기 가지고 쪽쪽 짜여가지고

문 그것도 색깔 나던데요 어혈 같은 거

답 그렇지 그것도 일단 그거 좋으니깐 안 만들었겠나. 그런데 그게 원칙은 저게 부황단지란 말이다. 그래서 서울에서 이번에 내한테 맞추러 와가지고 "요즘 이 양반아, 부황 파는 게 가짓수도 여러 가지고 좋은 게 이만한 것도 요만한 것도 있고 요만한 것도 있고 좋은 게 많은데 왜 그걸 안 하고 그러느냐?" 그 사람은 옛날식을 아는 거라.

문 아무래도 저런 게 몸에는 더 좋겠죠

답 그럼. 그래가 이번에는 그 스무 개를 맞춰가지고 자기가 가지고 그래 저 런 거. 그러고 생수단지. 또 요즘 뭐 또 저거 옛날에는 요즘 인제 사람들 이 안에 유약 처리를 하지 말고 재물{잿물} 처리를 하지 말고 굽어주면 그 인지 머야{뭐야} 쌀단지 같은 거 한다고 쌀단지 요거 나가거든.

문 아 근데 왜 재물을 안 쓰는데요? 거기는?

답 근데 그 사람들 말이겠지. 재물을 안 치면 아무래도 안에 유약을 바르면 재물을 바르면 아무래도 좀 뺀질뺀질하잖아. 뺀질뺀질한데 안에다 재물 을 하나 쳐뿌면{쳐버리면} 밥이 주거든. 재물 치면. 그러니깐 아무래도 공기가 좀 더 잘 안 통했음. 그 사람 말도 말이지. 그거는 뭐 담아먹는 사람 얘기니깐. 공기는 더 통한다니깐. 유약을 바르는 것은 즉 말하면 물 이 새지 말라고 바르는 거니깐. 저걸 그래가 내가 그러면 차라리 앞, 뒤 로 한 개도 바르지 말고 하는 게 안 낫나. 그런데 저 재물을 쳐도 아무 이상이 없는 거야. 쌀단지는. 옛날에 우리 전부 다 저거 나오기 전에 전 부 다 우리 쌀독이 전부 다 옹기였지. 인제 쌀뒤지{쌀뒤주} 카는 거는 나락{벼} 그거는 나락{벼} 그거 뒤지였고{뒤주였고}. 그건 쌀을 안 쪘는 나락을{벼를} 담은 게 뒤지고{뒤주고}. 일단 방앗간에 가 가지고 정미소 에서 쌀나락을{벼를} 쪄고 하면은 그때부턴 독으로 들어가는 거야. 뒤주 에 놔놓는 게 아니고 뒤주에 놔노면 오만 벌거지 다 들어가는데 안 되 지. 그러니깐 고런 거하고 저러면 단지가 한 열 단지 종류는 열다섯 가 지. 고렇게 되고 뚜껑 종류는. 맹 똑같에. 단지가 열다섯 가지면 뚜껑도 열다섯 가지야. 그렇지. 안 그러면 전부 다 틀리니깐{다르니깐} 고기에 올라가는 뚜껑이 전부 다 따로따로 구별이 되있다.

문 그럼 예를 들어 이두 단지. 이두 단지 뚜껑 이렇게 불러요?

답 아 고거는 인제 우리가 부르는 게 있지. 여기서 우리가 인제 형개라 부르 는데. 그냥 형개라 카기도 하고 내가 인제 부르기 좋게 이름을 져놨는 게 일형개, 이형개, 삼형개, 사형개 이렇게 하는 거고 그리고 여거 우리가 통상적으로 부르는 거는 아래{어제} 번에 내가 얘기 안 했나. 이주 큰 거는 너르기. 뭐 짝뚜껑 하고 이렇게 부르는 이렇게 된다고 그거 외에는 거의 요거는. 요것도 맹 일부터. 너르기도 한 개 두자리짜리가 있어. 왜냐면 단지 한 개 두자리짜리씩. 거기서부터 시작해가지고 한 개 한자리짜리도 있고 짝뚜껑 카는 거는 글자 그대로 맹 두 개가 한자리. 그 담에 삼형개, 사형개, 오형개. 세 개 한자리, 네 개 한자리, 다섯 개 한자리, 여섯 개 한자리. 뚜껑은 열다섯 개 한자리짜리도 있고 스무 개 한자리짜리도 있거든. 쪼만한 거 요만한 거.

☐ 그러면 예를 들어서 삼형개, 사형개 이래요?

☐ 그렇지.

☐ 행개예요?

☐ 그렇게. 응 우리는 여서 행개라 그러지. 그래서 저 울산으로 가면 이름이 그쪽으로 가면 뭐 쪽지비, 파래기. 뭐 별 희한한 이름 다 있다. 우리가 영덕 부르는 이름하고 틀리거든{다르거든}. 그러고 고 가지수가{가짓수가} 거의 비슷하고 고 담에 인제 뭐 떡시루, 옹가지, 버지기, 콩나물시루, 동이.

☐ 동이?

☐ 물동이. 옛날에 우리 우리들 전부 다 물이고 담을 때. 동이 이런 거 나오기 전에는 맹 옛날엔 전부 다 그 옹개{옹기} 같은 그 물 받아가 고 물동이 식으로 이 요즘 바께쓰 식으로 만들어놨는 그런 옹기에다가 물을 길고 댕겼단 말이다. 그런 거를 전부 다 인제 뭐 소주고리라든지 이런 거 인제 놔난 고게 한 열 가지. 총 내가 여기서 거의 만들어내는 게 현재도 그저 한, 두 개씩 그 구석으로 주문해가지고 만들고 이래 만들어낼 수 있는 게 저런 호롱병이나 저런 작품을 있잖아. 순수한 옹기 종류만 해서 나오는 게 세아리면 한 사십여 가지 정도 되고

☐ 그럼 만들 수 있는 걸 구체적으로 가르쳐 주세요

답 그래 지금 내가 얘기했는 걸 이걸 가지고 빼가 들어뿌면 고거 구체적으로 싹 다 나와있어. 이게 내가 얘기했는 거 그 외에 아까 단지 만들었는 열다섯 가지 종류. 왜 맹 뚜껑도 그렇게 내려온다 그랬제. 그러고 이런 큰 인제 그 큰 거 인제 너리기, 버리. 뭐 이런 거 인제 그걸 제외하고는 맹 떡시루 같은 거도 옛날에는 요즘은 떡을 그렇게 저거 전부 다 뭐야 떡집을 가가지고 떡집을 가가지고 해뿌니깐 별 거 아닌데 옛날에 집에서 떡을 할 적에는 옛날에 예를 들어서 종갓집 같은 데는 저 밖에 있는 저 거 떡시루 봤제 그자. 큰 거. 맹 그런 데다 떡 잡숴. 그러니깐 떡시루도 큰 떡시루. 작은 떡시루. 요즘 필요한 거는 떡시루 만들은 거는 거의 요만한 거. 한 쌀 한 반 되 들어갈 수 있는 거. 그리 요즘은 저 떡하는 기 거의 별로 없을 거야. 전에는 가끔은 있겠지. 전에는 이게 어디서 최고 많이 내는 조그만한 떡시루에는 저 무당들 있지. 굿 하는 사람들. 그 사람들 고대로 거기 다 쪄가지고 얹하가지고{얹져가지고} 불당 그냥 가버리는 거야. 고런데 그냥 일회용으로 고렇게 쓰는 게. 요즘 뭐뭐 무당 떡집 사가지 집에서 하겠나. 그래서 지금 정성을 옳게 드리는 그 집들은 자기집에서 직접 떡을 짓잖아. 그래서 떡시루.

문 떡시루도 크기에 따라서 명칭이 다른 건 없구요?

답 그렇지. 그냥 우리가 우리는 그냥 저건 한 개가 떡시루 같으면 한 개가 세자리짜리도 있어. 고 용어 따르는 거지. 그냥 똑같은 떡시루야. 그렇다 보니 저거 뭐 일형개 떡시루. 이형개 떡시루. 큰 떡시루 작은 떡시루 이러진 않으니깐. 그냥 우리는 그냥 떡시루라 해가지고 상인들한테 팔 적에는 소비자들테서나 소비자나 상인들한테 팔 적에는 한 개 얼마짜립니다. 세자리 용어로 나왔는 거니깐 예를 들어서 한자리에 만약에 오만 원 같으면 이게 십오만 원짜리다. 요렇게. 하는. 특별한 딴 이름은 없고 그러니 고 외에 인제 만드는 거는 음 옹구{옹기} 단지하고 뚜껑 외에는 아까 얘기했는 떡시루. 옹가지. 버지기. 동이. 고 담에 그 콩나물시루. 그래 옹가지가 맹 똑같거든. 옹가지도 큰 옹가지가 있고 요만한 옹가지 있고, 요만한 옹가지 있고 요만한 가지. 그 담에 우리가 하는 말로 네 개 한자리짜리는 이름이 또 있어. 고걸 보고 살사구라 그래. 살사구.

☐문 다시 한 번요?

☐답 살사구. 왜 그 이름을 붙였는지 나도 몰라. 어쨌든 간에 고걸 보고 네 개 한자리짜리 고게 인제 살사구가 어드{어디} 어든데{어디에} 가장 많이 쓰노 카면 요즘은 저 고동재 같은 동동주거든. 동동주를 담아가지고 고게 살사구로 불리는 이름이야. 그래가지고

☐문 그것도 되게 특이한 거 같애요. 다른 지역에는 또 그래 쓰는.

☐답 아니 없지. 그렇지. 그런 거를 딴 데를 가면 고거를 뚝배기 카는. 큰 뚝배기, 작은 뚝배기 카기도 하고 그리고 또 우리 유고 마을은 인제 진짜 우리 뚝배기 있잖아. 된장. 국그릇 정도 되는 거. 고걸 보고 우린 툭시리라 그래. 왜 툭시리이라 캤는지 그건 나도 모르겠고 요걸 툭시리라 그러고 밥공기 뭐 이 밥공기만한 이런 거 옛날에 사실은 안 했다. 지금은 인자 옹기가 없어지고 인제 조금 인제 귀해지니깐 무공해 그릇이다. 숨 쉬는 그릇이다 이러니깐 소비자들이 와가지고 인제 밥공기하고 국그릇하고 고거를 한 세트를 해가지고 만들어주쇼 해가지고 그래가 만드는. 그러니끼네 고런 거는 그냥 뭐 밥 담으니깐 밥공기다. 그 옛날에는 그런 게 무슨 잔으로 나갔냐 그러면 맹 동동주잔으로도 나가고 막걸리잔으로도 나갔어. 우리가 어릴 적에 그래도 막걸리 파는 사람들 거의 가면 옹기그릇다 막걸리야. 그렇게. 그러면 거의 이름이 다 나왔어. 고 외에는 특별한 게 살사구. 고 외엔 특별한 게 없지. 그래 그렇께{그러니까} 뚝배기는 딴 데 우리가 대한민국 그냥 통상적으로 뚝배기잖아. 뚝배기보다 작은 거 카고 아무데다가 장만을. 고걸 우리 영덕만 툭시리라. 지금까지 툭시리라 그랬다. 맹 뚝배기라 카기도 하고 뭐 주발이 카기도 하고 했는데 우리 옹기 공장에서 내려온 여기 영덕만의 용어는 툭시리라 그래.

囷 근데 딴 데는 주발이라 카기도 해요?

嗒 그래 주발이라 그래. 그래 이름이. 옹기 이게 이름이. 가는 곳마다 다 틀린다니깐.

囷 예 그러니깐 재미있죠 오히려. 가는 데마다 다 똑같으면 재미가 없잖아요 사는 것도 그렇고

嗒 그 옹기 형태도 다 틀리고 저 북부로 올라가면 옹기 형태가 자꾸 인제 옹기가 곧아지는 거야. 이렇게.

囷 아 날씬해지는구나.

嗒 근데 그거는 날씬하다고 볼 수 없지. 아주 멋대가리가 없는 거지. 그거는 왜냐하면 바닥과 아가리가 너르고 몸체가 그냥 조금만 요렇게 나왔지. 전혀 나왔는 게 없고 고 담에 뚜껑도 지금 현재 찻잔 담아다니는 그걸 우리는 촌에서 옛날에 오봉이라 그러는데 요즘 그 뭐라 그러지. 그런 식으로 높이가 요만큼 똥그리한{둥근} 거 있지. 그게 경기도쪽으로 올라가면 그게 뚜껑이야. 그래서 왜 그러냐면 거기는 몸체가 없으니깐 우리맨치로{우리처럼} 뚜껑을 저래 만들. 좀 오물하고 요래 만들어가지고는.

囷 이렇게 안 한다는 거죠?

嗒 그거 단지에 올라서는 똑 무슨 삿갓등 비슷한 거. 안 맞으니깐. 그걸 고대로 단지 아가리 넓고 고것만 조금만 나왔으니깐 바닥에 내려놓고 요만치 내려가면 또또 거시기. 그런데 왜 우리는 대한민국에서 최고 옹기가 그 참하고 뚜껑도 참하는 기라 우리 영덕 지방에 경상도에 옹기는 뚜껑을 우리말로 후뚜리 사용했을 때 말이다. 단지 뚜껑도 사용할 수 있고 재끼면{뒤집으면} 예를 들어서 세숫대야도 할 수 있고 조금 큰 거는. 고 담에 조금 작으면 거기다가 재껴가지고 뭐 예를 들어서 옛날 같으면 요즘은 그런 기 워낙 좋은 거 많지만 거기다가 나물도 무쳐가 물{먹을} 수 있고 또 그것보다 조금 작은 거는 국수도 퍼가지고 집에서 별 그릇 없이 아깨도{아까도} 뭐 뚜껑도{뚜껑도} 없이 옹기 뚜껑에다가 이만한 뚜

껑에다가 국수 또 담아묵고 또 그날 또 엎어놓으면 뚜껑이라. 다용도로 사용할 수 있는 기 이 우리 영남지방의 옹기고 단지 중에서는 최고 또 참한 기 이쪽 단지가 최고 참한 기라.

경상북도에서는 옹기공장은 이야기하면 영덕만 해도 엄청나게 많은데 영덕만 해도 우리군에서 있었는 거는 경상남도에 전체 있는 옹기공장 보다 더 많았단 말이다.

문 그면 저 남쪽은 어떤데요?

답 그래 남쪽 지방의 그 옹기가.

문 그건 더 뽈록합니까{볼록합니까}?

답 아니 그 얘기하고 비슷해. 비슷한데 그거를 인제 그 요즘 기계화가 됐다 보니깐 여기만치 볼록할 수가 없지. 기겐 너무 볼록하면 찍기 나쁘고 또 불에 드가면 힘 쓰는 것도 있고 이렇기 때문에. 그래 경남지방 옛날에는 경남지방 여기 사람 내려가기 전에 경남쪽에도 옹기공장이 있었는데 지 금 그 울산광역시 울주군에 그 옹기 때문에 옹기 특허마을로 받았는 동 네는 거 뿐이야. 저 울주에 온양군 고산리 카는 데가 거 뿐인데. 그기에 위 맨 처음부터 시작했는 사람들이 우리 영덕 우리 동네 사람이야. 그러 이 우리 동네 사람이 거 나가 있기 때문에 가다가 여하고 비슷할 수밖에. 여기 사람이 거 가서 거 원주니깐 그러니 딴 데 그 부근에 고산이나 양 산이나 저쪽 편에도 옹기공장이 있었는데 거기 사람들도 막상 거 울산 온양면 고산리가 최고 옹기가 번창해져가지고 거 와 보니깐 자기네들이 지금까지 만들었는 거보다 영덕사람이 즉 말해서 경남에 울산 와 가지고 만들었는 옹기가 그거 더 참하고 더 멋이 있으니깐 그 옹기가 어짜피{어 차피} 그쪽에선 부산에 최고에 많이 팔리는 곳이니깐. 부산에 그거 물건 이 내려가니깐에 저거하고 레벨이 안 돼. 그러니 여기 따라갈 수밖에.

문 그러면은 뭐 어차피 여기에서 계신 분이 울주로 가셨다잖아요. 옹기 그

마을을.

탑 그렇지. 그렇지.

문 근데 왜 가셨을까요? 여도 사실 작업도

탑 돈도 그렇고 파는 그 공급을 할 수 있는 그곳이 여기도 그때 제주도 사람들이 와가지고 제주도서 배 가지고 와 옹기 사가지고 가는 거야. 그래 여기서도 제주도 가져가는데 예를 들어서 울산도 더 가찹잖아{가깝잖아}. 물류비용이 덜 들단 얘기거든. 그리고 그때만 해도 지금부터 한 보자. 사십 년 한 오십 년 정도 안 됐겠나. 울산 그 00씨 나가 여기서 지금 안 해도 경북 카는 거 대구 뿐이었지 포항도 그때는 아주 조매난 소도시에 불과했는 거야. 오히려 포항보단 경주가 그래도 명색이 그래도 뭐 그 신라시대에 그 수도니까 거가 그래도 좀 사람이 더 많이 산다 그랬지. 울산이 부산에 대는 게임이 안 됐지. 인구별로도 따지면 그러니 그때는 경남에 옹기공장은 경남. 경북이 야튼{아무튼} 전국에서 내가 알기로는 이건 뭐 어떻게 정확한 기억이 없는 거니깐 몰라도 전국에서 경상북도만큼 옹기공장이 많은 곳이 없어. 지금까지 내가 대강 그 내력을 한 번 훑어보고 경기도 긑은데{같은데} 그만치{그만큼} 서울하고 넓은데 옹기공장이 몇몇 몇 군데 없다니깐. 지금은 기업화가 되었지만. 그러니깐 여기 경상북도에서는 옹기공장은 이야기하면 영덕만 해도 엄청나게 많은데 영덕만 해도 우리군에서 있었는 거는 경상남도에 전체 있는 옹기공장보다 더 많았단 말이다.

문 그렇데요. 역사적인 기록 보니깐 여기가

탑 그러니깐 여기서 파는 거보다 그 사람들 오히려 우리보다 한 번 앞에 가는 사람들. 돈이 없으니 거기에서 옹기공장을 채리자. 그래 여기 사람들 자기가 전부 다 데리고 가가 채렸다{차렸다}. 그래가지고 여기 사람들 십여 명 데리고 가가지고 옹기공장 지어가지고 손수 지어가지고 거서 돈 없어요. 그 사람이 딴 짓만 안 했으면 그 사람은 죽고 그 사람 밑에 일했는 사람이 그 공장을 받아가지고 옹기공장을 했는데 그래 옹기공장 하는 사람이 사실 공부 많이 했는 사람들 아무도 없다고 공부 많이 하면 옹기 할 일이 없지. 딴 거 하지. 이래 나가는데 자기 벌이는 것으로는 하루에 한 달에 돈이 얼마 들어오는지 계산이 안 나왔어. 그만치{그만큼} 많이 벌었다고 그때는 울울 울산광역시 되기 전에 그냥 울산시. 시였을 적에 울주군이었지. 맨 처음에. 울주군이었다고 울산시로 승격하고 울주군은 떨어지고 지금은 또 인제 울산광역시고 광역시 울주군으로 편입을 시켰는데 그때 그 저거 뭐야 그 이 일을 시작하고 그 사람이 자동차를 가다가 울산 가다가 걸렸다. 저 온양면 옹기공장 이사장 차라 카면 통과 다 했어요 그만침{그만큼} 옹기 해가지고 그만침{그만큼} 돈을 많이 벌었거든 경찰들 이만치{그만큼} 많이 줬다는 거거든. 근데 그 옹기 안 하고 딴 거 하다가 다 말아버려가지고 지금 지금 알거지 되뿌렸는데. 그러니깐 그런 내가 알기론 그 사람이 야튼{하여튼} 옹기공장을 해가지고는 한 몇 년만에 그만쏙{그만큼} 그 사람만큼 돈 많이 벌은 사람이 없어. 한 달에 십일조를 육백만 원씩 옛날에 한 이십 년 전에. 이, 삼십 년 전에 십일조를 육백만 원씩 했으니 계산이 나오제.

문 그렇네요. 근데 많이 벌어도 어쨌든 별로 안 좋다니깐. 이게 돈을 많이 번다고 사실. 그러면 인생이 다 편안한 건 아니니깐.

답 그 사람이 아니 그 사람이 옹기공장만 했으면 자기는 평생 가만 앉아가지고 매일 같이 하루에 백만 원 써도 다 못 써. 본인이 안 충만한 거라. 딴 사업하다가 자기 모르는 사업하다가 그래 마 부도가 나가지고 그래 되뿌렸는데. 그래서 거기는 어차피 경남도 지금 딴 데는 별로 그렇게 크게 하는 데가 없어. 그러니깐 울주군 온양면이 그 옹기점이 특구로 지정이 됐지. 지정이 됐는데.

문 그런 것 같애요 부산이나 이쪽도 별로 그런 건 없고 고쪽 지역에만 유독.

답 저 옥천 같은 데도 그 어데더라? 00가 나오는 데가 어데고 거기는 처음부터 기업화로 했다. 처음부터 돈 있는 사람이 기계화로 어마어마하게. 거는 공장 차리는 데만 해도 십억이 넘게 들어 차렸다 카니 거는 솔직한 말로 기업이라. 옹기공장 채릴 때 옛날에 채릴 적에. 채릴 적에 한 천만 원만 하면 채릴 수가 있었어. 그니깐 이건 옹기공장이라 안 카고 옹기막이라 카거든. 그니깐{그러니깐} 인제 이 울산 같은 데는 지금은 거도 전부 다 기계화가 됐지만 그래도 여러 사람이 한 마을에서 하니깐 집단에 하니깐 옹기마을로 지정이 된 거고 지금 그래서 전국에서 한 마을에 집단으로 여러 사람이 저만침{저만큼} 많이 하는데 울산밖에 없어.

단지 큰 거는 만들기 쉬운데, 요거 손가락밖에 안 들어가는 이거를 근데 거의 근사치에 가도록 비슷하게 만들어야 된다는 거야.

문 울주는 몇 사람이 하는데요?

답 지금 한 여섯 집인가 일곱 집인가 이 정도 될 거여. 여섯 집인가 일곱 집인가 되는데. 그 집들이 어데 내맨치로{나처럼} 일 년에 한 굴씩 하느냐 하면 거기도 한 집에 보통 일 년에 백 차 이상씩 한다고 최하로 근데 그 사람들 백 차 이하씩 나와서 안 돼. 전부 다 기계로 찍어서 기계로 전부 다 하는 거기 때문에.

문 손으로 하는 사람이 없습니까 거기에?

답 딱 한 사람이 있지. 그 사람 아니 엄밀히 따지면 여 신일성씨도 작년 재작년부터 한쪽에는 기계로 찍고 한쪽에서는 수작업으로 인제 하고 이러는데 거 인제 문화재 때문에 기계화는 문화재 그거는 격조가 있어서 안 되고 수작업으로 한 사람은 고 형은 그리고 동생은 옹구대장이. 거는 사실 지금까지 기계는 안 해. 순전 수작업을 한다니까.

문 원래 사실 그렇잖아요 돈이 좀 안 되더라도 예술하는 사람들은 뭐 돈 바라보고 하는 게 아니라 그런 목적으로 해야 되는데.

답 그래. 돈 때문에 하면 내 이거 해내는 거 모 한다. 때려치웠지{그만뒀지}.

🔲 그렇죠. 사실 돈 때문에 하루에도 계속 작업해야지. 이래 놀 시간이 어디 있습니까. 계속 그거 백 차씩 해야죠

🔳 돈 때문에 하게 되면 내가 지금 여게도 예를 들어서 기계를 놔가지고 굽어내도 문화재청에서 말 안 해. 왜냐 그러면 나는 그 사람들도 하라 그런다 왜 그러냐 그러면 문화재를 받았으니깐 맥만 이어라 이기라. 맥은 이어도 당신도 묵고 살아야 되잖아. 당신도 묵고 살아야 되니깐 할 수 있으면 옹기는 최소한 일 년에 한 가마는 굽어라. 굽어야 인제 옹기공장 만드는 공장에도 계속 이거 돌리고 하루에 몇 개씩을 하더라도 골병 들어가 안 죽을만큼은 하되 돈 되는 건 따로 하십시오. 자기들 그런다니깐. 돈 되는 건 하쇼 이러는데. 근데 그거는 인제 내가 그러지 "이 양반들아 돈 되는 거 우야냐{어떻게 하나}?" 내 몸이 그러면 어데 분신술을 써가지고 "세 개는 만들면 한쪽에는 옹기 만들고 한쪽에는 기계가지고 찍고 그럴 수 있잖아." 이러는데 근데 저쪽에는 또 그러지. 그러지 말고 한쪽에는 기계식을 공장을 따로 지어가지고 일꾼들 여가지고 그래가지고 그쪽에서 팔어. 나는 귀찮아. 여기 신경 내가 죽을 지경인데 뭐 돈 더 번다고 그래 하노

🔳 근데 애가 들어오면 가능한 거지. 애가 들어오면 큰 거는 뭐 안 찍고 이러더라도 생활 도자기 같은 거. 내 지금 군에도 여 세트라던지{세트라든지} 만들어가지고 좀 납품하시오 군에서도 일 년에 손님들저테{손님들한테} 선물로 나가는 것만도 일, 이백 점만 나간다니깐. 나가는데. 그래서 내가 수작업을 커피세트를 예를 들어서 이백 점을 만든다 그러면 이 커피를 왜 그것밖에 안 되냐 그러면 아무리 그래도 차라리 큰 거는 오히려 쉬워. 단지 큰 거는 만들기 쉬운데 요거 손가락밖에 안 들어가는 이거를 근데 거의 근사치에 가도록 비슷하게 만들어야 된다는 거야. 이거를. 그래서 단지 이런 같이 생겼는 식으로 아가리가 쏘고 요렇게 단지 이렇게 나오고 이건 오히려 비슷하게 만들라 카면 거의 딴 사람들 나올

적에 내 꿀단지 만들라 그러면 어떻게 기계로 찍었는 같다 이러는데. 요게 아무리 똑바로 요렇게 되있잖아. 커피잔 같은 건. 이런 거는 불가능하니깐 특별한 손님 접대 줄 수 있는 거 한 열 세트에서 스무 세트는 내가 만들어주고 그 나머지는 기계로 찍어야 된다. 그런 식으로 해가지고 맹 기계로 찍으면 돈 저래 많이 줄테니깐 그런 식으로 받아라 이러니끼네{이러니까}. 임마들 와가지고 추진한다 그러는데 아직까지 소식이 없어. 소식이 없는데 어짜피{어차피} 그게 추진이 되면 그 인제 그릇이 그렇게 되고 고런 거가 인제 애가 들어와가지고 결혼해가 들어와가지고 인제 체험실도 짓고 저게 되면 내 작업장 맹 저거대로 놔놓고 체험실은 한쪽 공간에다 그거는 공간 많이 필요한 게 아니끼네{아니니까} 그 공간에다가 맹 기계 놔가지고 찍어가지고 생활도자기로 그런 식으로 그런 식으로 그런 게 즉 말하자면 군에서 이런 게 나올 수 있다 이거지. 그래 여기는 울산 같은 데면. 저 옥천이 충청도제?

옥천이 충청돈지. 하이튼{하여튼} 경기도 가는 쪽이니깐.

거 하이튼{하여튼} 그 그 하이튼{하여튼} 경계점이잖아. 거기에 신일토기 나오는데 그런 데는 딱 한 사람이 하거든. 한 사람이 하는데 신일토기 같은데 거기는 전국에 대리점이 다 있다니깐. 경북에 대리점이 여 두 군덴데 요요 상주아 요거 하나하고 대구에 하나하고 일 년에 수백 조씩 받아가지고 저거가 일반 여그 옹기 파는 사람들한테 공급해준다고 대리점 우야노 카면 그러니깐 거기는 어마어마하게 기업이지. 그런 덴 독단적으로 하고 그 외에는 지금 대구에서 내맨치로{나처럼} 이래 예를 들어서 문화재 받은 사람들 자기들 식구끼리 일 년에 한 두 번씩 하는 사람들 제외하고는 한 집에 많이 안 들었어. 그래서 뭐 인제 도자기 같은 골동품 경주는 많이 하지. 옹기 만드는 사람들이 지금 골동품 쪽으로 가는 사람들이 많다. 우선 첫째 힘이 덜 들고 돈이 더 되니깐. 골통품{골동품}. 그래 경주쪽에도 지금은 인제 도자기가 어느 정도는 활성화가 됐는데 저 뭐 여주 이천만큼. 여주 이천은 국내에서 최고 큰 거 도자기 집단으로 알고 있는데. 경주쪽에 그 도자기 문화점으로 내려가보이{내려가보니} 엄청 많이 들어왔는데 그래 경주쪽엔 골동품이 되게 많다니깐. 별 희한한 거 다 만들지. 옛날에 옛날에 우리들 골동품 해가지고 돈 끌었는 사람들이다. 근데 그 사람들 사기쳐가 돈 벌어도 관계없어. 왜냐면 전부 왜놈들이 상대로 받아내는 거기 때문에. 일본놈들 상대로. 지가 만들었는 것도 한 백 년 전에 만들었다 그러고 팔아묵고

거는 글자가 없어도 거의 깨졌는 그릇 질그릇을 보고 임마들이 안다 말이다.

문 아 그니깐 골동품은 보통 어떤 거 만드는데요. 옹기 만드시는 분들이 만들면요

답 옹기 만드는 사람들이 골동품을 만들면 그건 거저 묵기지{먹는 거지}.

문 어떤 걸 주로 하시는데요? 그 만드는 거는.

답 그러니 글자 그대로 옛날 거 그릇. 질그릇이라니깐. 옛날 그릇.

문 아 질그릇 이런 거 만드는 거예요?

답 아 그거는 마 한 마디로 얘기하면 가다라고 한 개도 없는 거지. 그런 거 만들어가지고 황토 속에다 한 이십, 이 년씩 묻어버린다니깐. 요새는 왜 놈들 안 속을 기라. 그자.

문 그렇겠죠 아 그래가지고 이거 이십 년 됐다.

답 옛날엔 이십 년. 이, 삼십 년 전만 해도 어마어마하게 그래가지고 팔았다니깐. 어쨌든 점마들 돈이 있는 놈들이니깐 옛날 오래된 그릇이라면 좋아하잖아. 근데 금마들 지금 현재 단지 팔아묵을라 그러면 감정가 얼마짜리 안 팔릴 걸. 감정사들은 귀신 같이 알아낸다. 감정사들은 그릇만 봐도 딱 알고 몇 년도 꺼다 카는. 거는 글자가 없어도 거의 깨졌는 그릇 질그릇을 보고 임마들이 안다 말이다. 그러이 그사람들 팔라 그러면 감장사 그러면 이거는 한 삼십 일밖에 안 됐다 그러면 값어치가 없는 거지.

저거는.

▣ 그러면 집에 놔둬야겠네요. 어쩔 수 없이.

▣ 그렇지. 그러면 금마들 어차피 인제 그런 거를 골동품 종류를 문화재 받은 사람 하나도 없어. 하이튼{하여튼} 그래. 나도 그래 경주 같은 거는 그런 사람들 위주로 한 한 두 사람 문화재를 줘가지고 전승이 인제 되는 게 좋다. 근데 왜 이제까지도 내 생각은 그래. 그게 아직 돈이 된다니깐. 그것도 고가품이라.

▣ 아 돈이 되니깐 문화재로 인제 지정하는 게.

▣ 아무래도 내 같이. 저거도 세월이 흐르면 주겠지. 주는데 어차피 고가품은 그 절대적인 저 대대적으로 내려오면서 이 뭐야 저 도자기 같은 거로 사실 도자기 문화재 받은 사람들은. 저번에 저 직접 보지는 못해도 텔레비전엔 봤는데 도자기 만드는 기술은 엄밀히 따지면 아무것도 아니야. 도자기에 그림 넣고 글 옇고{넣고} 내가 봤으면 그 사람 어느 쇠에다 어느 미술값보다 더 그 사람들 미술가들 흙에 와서 그림 그리라 카면 저래 못 기린다{그린다}. 그 사람 서예가들이 이 이 종이에다 써라 카면 쓸 수 있을지 잘 쓰지만은 저거는 붓이 옳게 안 드간단 말이다. 흙에 저거. 내 땅 속에 묻는 타임캡슐인가 묻는 거. 그거 영덕 한 자에 글씨 쓰는데 백원 돌라 이러던데 한 개에 그때 하이튼{하여튼} 몇 천 원치. 한 이천 원치 있을 걸. 스무 자가 넘었는데 임마들 공무원들 서이 가가지고 그때 단지는 한 이만 원씩인가 이래 했을 거야. "사장님 이 그림 우리가 써가지고 우리 술 받아묵고 우리가 쓰면 안 됩니까?" "아이구 그래 귀찮다 그래 너거 쓰라" 이러니께 한 개 쓰고 딱 못 쓰고 "아이고 사장님 못 쓰겠다." 못 쓰지 저거는. 안 그래도 흙 속에 전부 미세한 돌이 다 있단 말이야. "그래 못을 쓸래" 이러니끼네 "못은 씁니다." "못을 요래 갈아가지고 끝이가 뾰족하도록 해가지고 손잡이 연필만치 굵다랗게 해가지고 써봐라" 이러니 그래 딱 쓰니깐 이런 종이 같으면 붓으로 쥐면 지가 나간대

로 그냥 내려가잖아 그자. 파야 되니깐 어차피. 파가지고 내려가야 되는데 하다가 중간에 돌 생겨뿌제{생겨버리제}. 돌이 딱 걸리면 가다가 요래 끄야{그어야} 될 거 욜로{요기로} 가뿐다{가버린다}. 안 되지. 못 쓰지. "내 쓰는 거 보고 야 참 이거는 명필이시다." "이게 명필이가. 흙을 내가 아니깐 어느 지점에 가면 이거 조금만 싹 걸리면 아 이거 돌이구나 싶으면 또 살짝 들어주고 댕기고 이래서 그렇지. 너거맨치로{너희처럼} 글씨 쓰듯이 너거 장부 적듯이 쫙 댕기니깐 그게 이 자 쓸라 그러면 오 자 되뿌고{되버리고} 별 희한한 자 되지 안 되지 그래." 그래 똑같다니깐. 도자기 만드는 사람 거는 돌은 없어도 저래 꺼끌꺼끌한 데다 글씨를 쓸라 그러면 그거 썼는 그 사람은 아예 거기다 글도 쓰고 그림도 옇기{넣었기} 때문에 하마 그 사람 통달했는 사람이기 때문에 막 붙을{붓을} 말아가지고 그러지만은 서예가들 써가지고 못 쓴다.

問 맞아, 부드러운 데 쓸 수 있어도

答 그래 그거 아주 좋은 거는 그 사람들 한 점에 몇 천만 원 이러는 거는 그 사람들도 우리나라에 최고 서예가들 불러가 써. 그래 쓰면 그래 누가 썼다 카면 낙관 찍고 다 하잖아. 그건 도자기니깐 최고의 서예가가 썼다는 그 그 사람의 가치. 그림 그림 넣으면 또 어느 미술가가 그렸다는 그 사람의 낙관하고 같이 두 사람의 낙관이 들어간단 말이야. 그 청자를 만들었으면 청자 만들었는 사람의 낙관. 미술 그렸으면 미술 그린 사람의 낙관. 당연하게 그서는 눌이 고가 카는 기 될 수밖에 없는 그런 기 되는 거지.

인제 아주 큰 게 저런 거는 인제 그 큰 버리 카고 맹 고런 이름인데.

答 인제 아주 큰 게 저런 서는 인제 그 큰 버리 카고{하고} 맹 고런 이름인데. 그 외에는 일, 이, 삼, 사, 오, 육, 칠, 팔, 구는 없고 십. 십오 행개.

問 아 그면 일단지, 이단지 해서.

答 그니 저거 그면 일두, 이두, 삼두, 사두 이렇게 나오제. 그사. 난지는. 저

거 한 개가. 저 뚜껑은 한 개가 한자리 같으면 일행개. 저기가 한자리 같으면 이행, 삼행, 사행, 오행, 육행, 칠행, 팔행, 구행 없고 십행, 십오행.

문 아. 그면 행거라 그래.

답 그래. 행개.

문 행개. 아 저 뚜껑을 보고 행개라 그래요? 아 그면은 우리가 일두짜리 단지가 있으면 저거는 일행개 이러고 그 담에 이두짜리라면 이행개 이러고 그 담에 우리가 구단지라는 게 없다라는 거잖아요

답 그래 단지도 구단지는 없지.

문 구단지도 없고 그 담에 구행개도 없고 이 말씀이시죠. 그 담에 저 아주 큰 거. 뚜껑 저거는 큰 버리.

답 아니 저거는 짝뚜껑. 두 개 한자리. 그렇게 인제 일행개. 원래 일행개. 저 거도 보고 이행개라 그러는데 저 이행개겸 아까 단지 토끼단지하고 삼단 지하고 동일한 물체라 그랬제. 그쟈. 저것도 마찬가지로 이행갠데 짝뚜 껑이라 그러고 뚜껑 글자 그대로 단지뚜껑이지.

문 그면 사단지가 우리 중단지였잖아요. 사행개도 하고 그 담에 그거는.

답 사행개는 딴 말이 없어. 그냥 사행개. 오행개. 육행. 칠행 그러지.

문 그면 저거는 토끼행개라고도 하고 그면은 하이튼{하여튼} 버리는 종류 가 큰 버리밖에 없어요?

답 그렇지. 한 가지밖에 없지.

문 아.

답 버리 버리하고 틀리치{틀리지}. 버리는 이렇게 좀 이렇게 조금 깊고 이 런 거를 버리라 그러고 저거 아주 큰 건 너리개라 그런데이{그런다}. 넓 다고 글자 그대로 넓다고 너리개라.

문 아 그렇구나. 그 담에 또 뭐 빠뜨린 거는.

답 그거 저번 얘기했지만 문어 잡는 단지라. 문어집단지.

문 근데 그거를 줄여서 그냥.

답 문어단지. 단지를 이렇게 아가리 엮어가지고 바다에 딱 던져 여놓는단 말이야. 근데 이 문어란 습성이 배만 부르면 무조건 구멍만 있으면 들어가버려. 배 부르면. 지 배 부르면 절대로 점마들 안 돌아댕겨{돌아다녀}. 바위고 뭐고 하이튼간{하여튼간} 구멍만 뻐꿈하면 들가뿌는{들어가버리는} 기라. 그러니깐 단지가 들어가면 이렇게 눕게 되있단 말이다. 단지가 잘 안 앉거든. 이래 눕혀놓으면 막 그 구멍으로 들어가버려요 들어가 배 고플 때까지 나와 안 나와.

문 그면 배 불러야 되네요

답 그러이 잡는 거야. 그리고 뭐 말처럼 저래 못 댕기제{다니지}. 그러면 그 안에서 지 잡으려 하는 거 툭 꺼내가지고 먹어버려. 우리가 어떨 때 잡으면 달구지. 우리는 옛날에 그랬다 카이까{하니까}. 저거 저거 파는 사람 보고 순 도둑놈이다. 달구지 상자에 지랄 띠가지고{떼가지고} 저거 팔아먹어뿌고{팔아먹어버리고} 산 우리저테{우리한테} 판다는 거 아이야{아니가}. 달구지 딱 비가{베가} 팔아먹은 거는 표시가 나고 달구지가 요롷게 딴 딴 거는 이만하잖아. 그자. 이만한데. 한 요만치 한데 끄티기{끝} 요만치{요만큼} 말린 게 있어. 지 뜯어먹어{뿌린먹어버린} 기라. 뜯어먹은 거 끄티기{끝} 좀 우리 말로 상처가 아물었는 거 안에서 자꾸 살아나오는 기라. 인제. 그거도 며칠 있으면 여물어서 막 나와뿌린다{나와버린다} 연체동물이 그렇단 말이다. 그래 그게 최고 맛있는 문어가 옹기단지에 들어와서 잡혔는 거 최고 맛있다. 그게 최고다. 옹기단지 저 수백 미터 깊은 바다에는 못 넣거든. 수압 들어가면 바로 터져뿌리거든{터져버리거든}. 그릇도 뭐 가짜여. 그저 한 수압 오 메타 십 메타 들어가.

1.2. 옹기

질그릇26)과 오지그릇27)을 통틀어 이르는 말로 일반적으로 찰흙으로 만든 독그릇을 가리킨다.28) 그러나 근대 이후 질그릇의 사용이 급격히 줄어들면서 오지그릇을 지칭하는 말로 바뀌게 되었다. 이를 '옹기'라고 하는데, 이 지역에서는 '옹고, 옹구'라고도 부르며 한자로는 '甕, 瓮'을 나타낸다. '옹(瓮)'이라는 단어가 문헌에 처음 보이는 것은 『삼국유사』이다. 기이편 혜공왕조에 '천구성이 동루 남쪽에 떨어졌는데 그 머리가 독처럼 생겼고 (至二年丁末 又天拘墜於東樓南 頭如瓮)'라는 내용으로, 하늘에서 떨어진 유성의 크기를 항아리에 비유한 것이다. 조선 후기의 문헌인 『육전조례(六典條例)』의 공전에는 국가에 상납되는 옹기의 이름이 다양하게 기록되어 있다. 규모에 따라 옹기는 '대옹, 중옹, 소옹'으로 구분하였으며, 시루(甑)도 '대증, 중증, 소증'으로 나누고 있다. 이 외에도 장군을 장본(長本)으로, 옹기솥은 소탕(所湯)으로 그 밖에 화로, 와등, 약탕관 등이 기록되어 있다.29)

이처럼 우리의 역사와 함께 한 옹기는 우리의 생활과 관련한 생활용기로

[사진 119] 옹기

---

26) 진흙만으로 반죽해 구운 후 잿물을 입히지 않아 윤기나지 않는 그릇을 말한다.
27) 질그릇에 잿물을 입혀 구워 윤이 나고 단단한 그릇을 말한다.

서 우리의 생활 속에서 늘상 볼 수 있는 것이었다. 그 결과 지역에 따라 입과 목, 몸, 키의 모습이 다른 옹기가 나타날 뿐만 아니라 그 지역마다 사용하는 용도와 명칭도 차이가 있어 지역에 따른 언어의 특색을 찾아볼 수 있다.

조사지역인 영덕지역의 옹기는 다른 지역에 비해 배가 많이 나오고 키가 크며 입이 좁은 것이 특징인데 이러한 특징은 언어에서도 잘 나타나고 있었다.

1.2.1. 관용 표현

1) 옹기 관련 표현

(1) 국 먹는다

고움돌을 사용하지 않은 자리에 있는 옹기의 밑이 쭈그러진 것을 '국 먹었다'라고 한다. 옹기의 바닥이 일정하지 않아 옹기의 밑판이 고르지 않게 된 것을 말한다.

(2) 밥을 고리 먹이다

옹기가 균일하게 올라온 모양새를 가리키는 말이다. 잘 만든 옹기를 '밥을 고리 미셨구나'라고 표현한다.

(3) 대구포가 들어갔다 나갔다 한다

옹기의 전 부분이 좁지 않고 크고 넓게 만든 것을 말한다. 포가 들어갈 정도로 전 부분이 넓게 만들어졌다는 말로 잘 만들지 못한 옹기를 비유적으로 표현한 것이다.

---

28) 국립국어원, 『표준국어대사전』, 두산동아, 1999
29) 황헌만 · 이영자 · 배도식, 『옹기』, 열화당, 2006.

1.2.2. 구성

1) 부분 명칭

옹기는 크게 '바닥, 몸, 전'으로 나우어진다. 이 중 몸은 다시 '목, 어깨, 배'로 구분되며 여기에 '꼭지'가 붙을 수 있다. '전'은 '안테다리'와 '바깥테다리'로 나눌 수 있다. '몸' 위에는 경우에 따라 자배기 형태의 '뚜껑'을 덮는데 이 뚜껑을 뒤집어 용기로 사용하기도 한다. 옹기는 전체 구성 중에서 전을 가장 중요하게 생각한다고 한다. 전의 크기를 적당하게 하는 것이 옹기를 만들 때 가장 신경을 쓸 부분이라고 할 정도로 전의 넓이와 모양이 중요하다.

(1) 전

옹기의 위쪽 가장자리가 조금 넓적하게 된 부분을 말한다. 옹기의 입구를 가리키는 말로 '전', '시욱', '입구 테두리'가 있다. 이 부분을 속되게 '아구, 아가리'라고도 부르기도 하고 사람의 입과 비슷한 기능을 한다고 '입'이라고 부르기도 한다. 옹기의 전 부분은 안쪽과 바깥쪽의 모양을 다르게 만드는데 안쪽은 몸 부분과 자연스럽게 연결되도록 만들고 바깥쪽은 뚜껑이

[사진 120] 전

나 천을 고정시키기 위해 볼록하게 만든다. 이때 옹기 안쪽의 테두리를 '안테' 또는 '안테다리'라고 말하고 바깥쪽을 '바깥다리'라고 말한다.

옹기에서 입 언저리 부분인 전 부분은 옹기의 모양새 뿐만 아니라 실용적인 면에서도 중요하다. 그래서 이 부분을 좁지 않고 크고 넓게 만든 것을 잘 만들지 못했다는 의미에서 '대구포가 들어갔다 나갔다'한다고 표현하기도 한다. 이 말의 뜻처럼 옹기는 안에 내용물을 담아 보관할 수 있어야 하는데 포가 들어갈 정도로 전 부분이 넓게 만들어져서 보관용기로 적당하지 않다는 말이다.

(2) 몸

옹기의 바닥과 전을 제외한 부분으로 불룩한 부분을 말한다. 이 명칭에

[사진 121]
옹기의 부분 명칭

[사진 123] 몸

서도 알 수 있듯이 옹기를 우리 신체에 비유해 말하기도 하는데 옹기의 가운데 부분을 우리의 신체 부위 중 배와 모양이 유사하다고 해 '배'로, 전바로 밑 부분을 '목'으로, '목'과 '배' 사이의 부분을 '어깨'로 부른다.

옹기를 사람의 몸에 빗대어 하는 말로 또 하나가 '몸살'이다. '몸을 이루는 살' 또는 '몸에 붙은 살'을 말하는 것으로 옹기의 표면을 말한다. 옹기를 만들 때 '몸살은 인제 곱게 쟁반 다듬으면서 다듬으면서 옹구 가닥을 인제 같이 만들어간다'라는 표현을 사용하는데 이는 옹기가 고르게 잘 올라왔음을 가리킨다. 그래서 옹기의 몸이 매끄럽고 모양새가 이쁘다는 의미이다.

이 외에도 모양새가 잡힌다는 의미로 '마지막에는 휴대가 잡히면 전자 만들거든'라는 표현을 하는데 여기서 '휴대'는 옹기의 전체 모양 또는 생김새를 말한다.

[사진 122] 몸살

(3) 뚜껑

옹기는 옹기의 쓰임새에 따라 뚜껑을 만들기도 하고 뚜껑 없이 사용하기도 한다. 보통 물동이와 같은 경우는 단지 뚜껑 없이 그냥 만들고 장류나 술류를 보관하는 단지는 뚜껑을 만들어 안의 내용물이 부정 타거나 해

충에 쓰는 것을 막았다. 이러한 뚜껑을 용기로도 사용했는데 이를 '너리기', '버리'라고 한다.

(4) 바닥

옹기의 맨 밑 부분을 말한다. 다른 말로 밑 부분에 위치한다고 '밑'이라고 부르기도 한다. 옹기를 만들 때 이 바닥이 몸과 제대로 연결되지 않으면 바닥과 몸이 떨어지거나 몸을 지탱하지 못하기 때문에 처음 타래를 올릴 때 주의를 기울여야 한다. 바닥은 옹기를 구을 때 유약을 바르지 않는 유일한 부분이다.

(5) 꼭지

그릇에 붙은 볼록한 손잡이를 가리키는 말이다. 일반적인 옹기는 꼭지가 옹기 몸에 달려있지만 뚜껑이 있는 옹기의 경우 때에 따라 옹기뚜껑에 꼭지를 달기도 한다. 모양은 손잡이 모양으로 물건을 들 때 사용하는 용도로 보여지지만 실제로는 장식 역할의 용도로 사용된다. 그래서 몸에 비해 꼭지를 작게 만들거나 손잡이의 역할과 상관없이 귀모양으로 해서 붙이기도 한다. 이 지역에서는 '꼭지'를 다른 말로 '꼭대기'라고도 부른다.

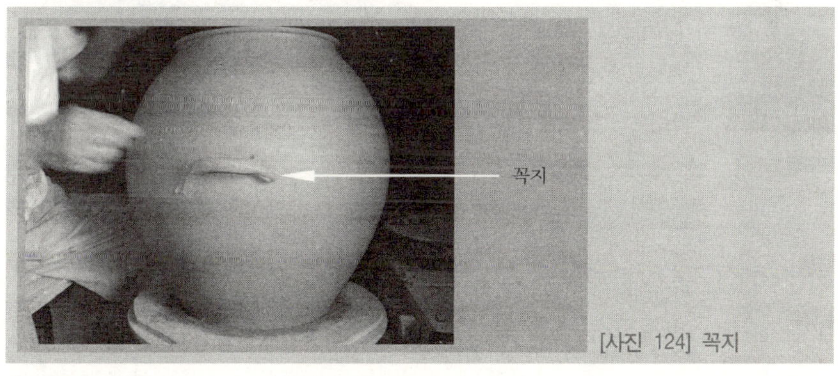

[사진 124] 꼭지

1.2.3. 도구

1) 보조 도구

(1) 고움돌

가마에 옹기를 넣을 때 옹기가 기울어지거나 쓰러지지 않도록 고정시키기 위해 사용하는 돌로 초벌이 된 것을 말한다. 가마의 높이가 일정하지 않기 때문에 사용하는 것으로 어디에 괴냐에 따라 명칭이 달라진다. '괴다'의 경상도 방언형인 '고우다', '고다'의 명사형에 '돌'이 결합한 합성어로 '고움돌' 또는 '곰돌'이라고 한다. 이 지역에서는 [고움똘] 또는 [곰똘]이라고 발음된다.

고움돌은 옹기 소성 시 어느 쪽에서 옹기를 고정시키냐에 따라서 명칭이 달라진다. 앞쪽에 넣어서 옹기를 고정시키는 것을 '앞고움돌', 뒤쪽에 넣는 것을 '뒷고움돌', 옆에 넣는 것을 '옆고움돌'이라고 한다. 이 중 고움돌(앞고움돌, 옆고움돌, 뒷고움돌)을 넣고도 옹기

[사진 125] 고움돌

의 균형이 안 맞을 경우 작은 돌을 넣어 고정시키는데 이를 '짜개돌'이라고 한다. '짜개'는 '짜개다'에서 온 말로 '큰 돌을 쪼갠 것의 한쪽 정도로 작은 돌'이라는 의미를 지닌 말이다. 이는 '짜개다'의 어근에 '돌'이 결합한 형태로 고움돌의 종류 중 가장 작은 고움돌이다. 보통 각각의 고움돌은 어느 위치에 넣느냐에 따라 명칭이 달라졌는데 '짜개돌'은 이와는 다른 형태로 말하고 있는 것이 특이했다. 각각의 고움돌은 그 기능의 차이로 인해 모양과 크기가 달랐는데 이들의 크기는 '앞고움돌, 뒷고움돌> 옆고움

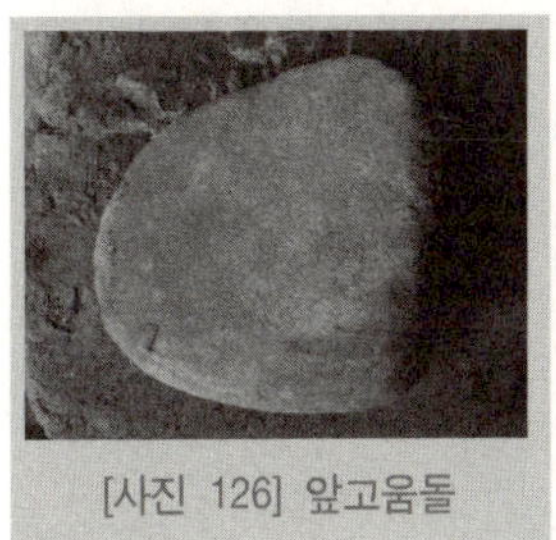
[사진 126] 앞고움돌

[사진 127] 옆고움돌

[사진 128] 짜개돌

돌> 짜개돌'의 순이었다.

(2) 말

큰 옹기를 제작할 때 옹기장이 앉아서 옹기를 만들 수 있도록 옹기와 옹기장의 키를 맞추는데 사용하는 것이다. 나무로 만든 네모난 상자 모양으로 큰 옹기를 만들 때는 옹기가 사람의 앉은 키보다 커 몇 개의 말을 겹쳐 사용하지 않으면 옹기 안쪽을 정리할 수 없다고 한다.

[사진 129] 말

(3) 쳇다리

유약작업을 할 때 옹기를 유약에 담근 후 옹기 몸에 흐르는 유약이 떨어지도록 옹기 밑에 걸쳐놓는 기구를 말한다. 큰 옹기를 잿물 칠 때는 가운데 구멍이 난 쳇다리를 사용하고 작은 잔단지를 잿물 칠 때는 나무 판자 모양의 쳇다리를 이용한다. 이는 큰 옹기의 경우 구멍이 나지 않은 쳇다리를 사용하면 옹기 안의 잿물이 빠지기 않기 때문에 이를 쉽도록 하기 위해 구멍이 난 쳇다리를 사용한다. '쳇다리'는 '체'와 '다리'가 합성한 말로 보통 술이나 장 등 국물이 있는 것을 체로 거를 때 받는 그릇 위에 걸쳐서 체를 올려 놓는 기구를 말하는데 유약작업에서도 그 명칭을 그대로 사용하고 있었다. 유약도 술 등과 같이 액체의 형태를 지니고 있을 뿐만 아니라 사용하는 용도의 유사성으로 인해 쳇다리로 부르는 것으로 보인다. 그러나 예전에 부엌에서 사용하는 쳇다리가 'Y'나 '井'의 모양새를 띤 반면 옹기작업에 사용하는 것은 긴 형태의 'ㅁ'자 모양을 띠고 있었다. 옹기

[사진 130] 쳇다리

[사진 131] 쳇다리에 언치기

[사진 132] 쳇다리에서 잿물 건조

는 잿물을 친 후 쳇다리에 걸쳐놓은 후 잿물이 건조되면 건조장으로 옮겨 다시 한 번 건조시킨 후 소성작업을 한다.

(4) 공뚜껑

가마 안에 옹기를 재놓을 때 사용하는 도구로 옹기 위에 옹기를 더 얹어 소성할 수 있도록 하기 위해 만든 것이다. 옹기 위에 공뚜껑을 얹은 후 그 위에 옹기를 더 얹는다. 공뚜껑은 옹기가 겹쳐질 때 터지는 것도 방지하고 화기가 잘 들어가도록 하기 위해 사용하는 것으로 화기가 잘 들어가게 하기 위해 가장자리에 구멍을 뚫는다. 이때 정확한 크기를 위해 나무로 된 공뚜껑판을 이용해 재단한 후 초벌하면 '공뚜껑'이 완성된다.

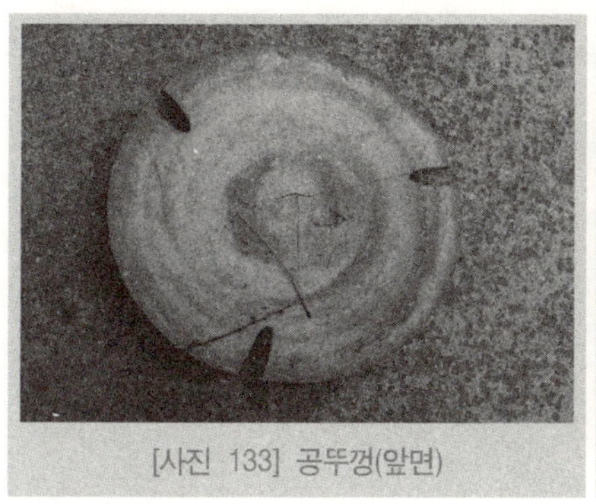

[사진 133] 공뚜껑(앞면)

[사진 134] 공뚜껑판

(5) 들보

옹기의 성형과정이 끝난 후 건조하기 위해 건조실로 옹기를 옮기는데
이 때 사용하는 천을 '들보'라고 한다. '들다'라는 동사에 '보자기'를 의미하
는 '-보'가 결합한 형태이다. 주로 광목으로 된 천을 사용하며 이 천 위에
옹기를 싼 후 양쪽에서 사람이 들어옮긴다.

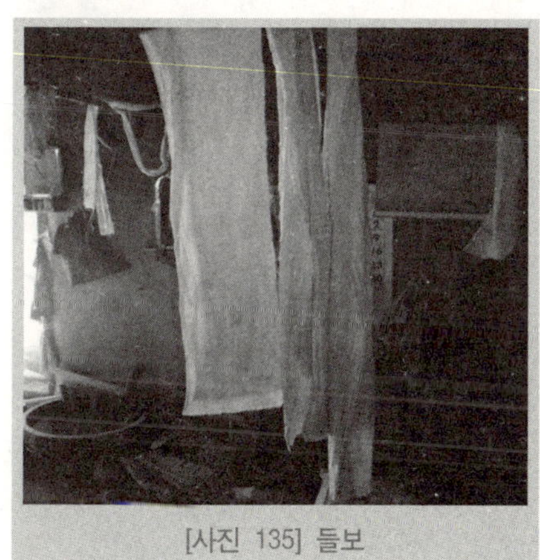

[사진 135] 들보

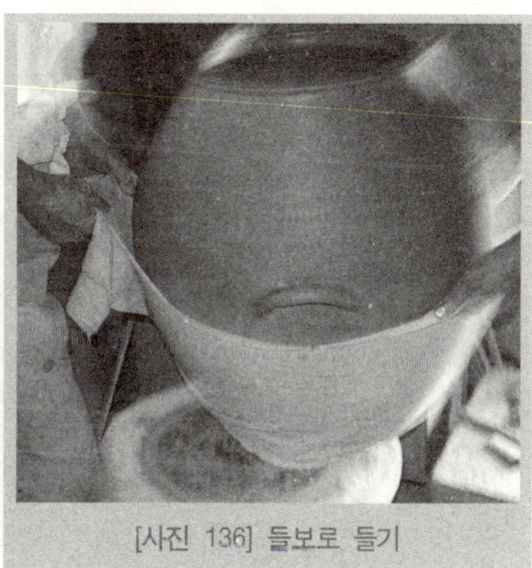

[사진 136] 들보로 들기

(6) 송판, 장기판

가마에서 옹기를 건조하거나 이동할 때 옹기를 받치는 판을 부르는
명칭은 두 가지가 있다. 하나는 '송판'으로 소나무를 가르키는 '송(松)'과

‘판'의 합성어로 소나무를 켜서 만든 널빤지를 가리키는 말이다. 또 다른 하나는 ‘장기판'으로 옹기를 운반하는 판 중에 작은 판을 가리키는 말이다. 모양이 장기판의 모양과 닮았다는 데에서 연유한 말이다.

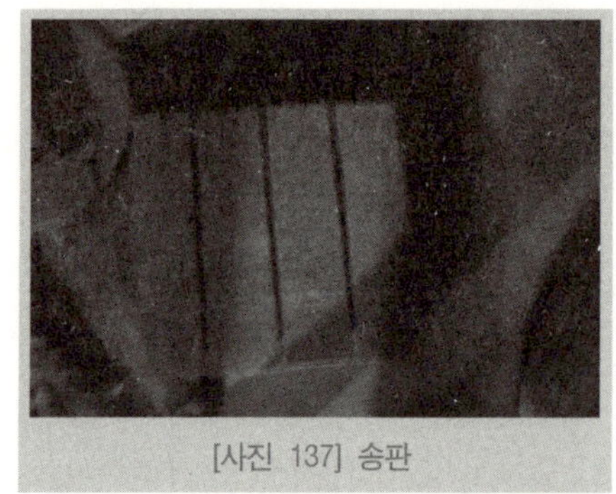

[사진 137] 송판

(7) 호롱불, 호야불

호롱에 켠 불로 예전에 야간 옹기작업을 할 때 사용했던 보조 도구이다. 옹기작업을 할 때 빛이나 바람이 있으면 흙이 빨리 마르기 때문에 예전부터 어두운 곳이나 야간에 작업을 많이 했는데 이 때 호롱불은 중요한 도구였다고 한다. 이 호롱불 외에도 호롱불에 유리를 얹어 사용한 불이 있는데 이를 ‘호야불'이라고 말한다. 이는 호롱불 위에 유리를 얹어 호롱불보다 더 밝다.

(8) 흙벽돌

가마의 입구를 막는 벽돌로 흙을 재료로 하여 만든 벽돌이다. 보통의 벽돌보다 크며, 불에 굽지 않은 것을 사용하나 소성작업 과정에서 자연스럽

[사진 138] 흙벽돌

[사진 139] 흙벽돌로 막은 굴 아궁이

게 구워진다. '흙벽돌'은 다른 말로 '흙'의 한자어 '토(土)'를 사용해 '토벽돌'이라고 말하기도 한다. 보통 소성작업 때 굴 아궁이를 막는데 사용한다.

2) 제작 도구

(1) 쪽메, 떡메

흙을 고를 때 사용하는 도구로는 '떡메'와 '쪽메'가 있는데 이들은 모두 흙 밟기 대용으로 사용한 도구로 흙을 고르는데 사용한다. 이들 중 쪽메는 긴 나무토막의 중간에 구멍을 내어 자루를 박아 만든다. 쪽메는 떡메에 비해 길고 가는 모양을 지녔다. 그래서 다른 지역에서는 모양이 곧다고 '곧메'라고 부르기도 한다. 제보자에게 떡메와 쪽메의 차이를 물었을 때 '쪼삣한 거는 쪽메고 뭉퉁한 거는 떡메지'라고 이야기하는 것으로 볼 때 '쪽메'는 '가늘고 뾰족하다'는 의미를 지니는 경상도 방언 '쪼삣하다'에서 연유한 것으로 보인다.

[사진 140] 쪽메

[사진 141] 떡메

쪽메에 비해 길이가 짧고 넓게 생긴 것으로 떡을 칠 때 사용하는 도구와 생김새가 유사한 것은 '떡메'라고 한다. 다른 지역에서는 이를 '뚝메'라고 부르기도 한다. 굵고 짧은 나무토막의 중간에 구멍을 뚫어 긴 자루를 박아 쓴다. 떡메와 쪽메는 기계화로 인해 지금은 거의 사용하지 않는다고 한다.

(2) 파래기

채취한 흙을 고르는 도구로 이 도구를 이용해 자갈이나 돌을 골라낸다.

(3) 흘깨끼낫, 흘깨끼칼

흙을 고르는 도구로 낫과 비슷하나 길이가 더 길며 손잡이가 양쪽으로 있는 것이다. 보통 건아꾼이 쌓여있는 흙덩어리를 잘라서 쓸 때 사용하는 도구로 흙덩어리를 두께 0.2~0.3 센티미터 정도로 얇게 깎아낸다. 이 외에도 쌓여있는 흙덩어리의 불순물을 제거하기 위해 흙덩어리를 얇게 저미는 데에도 사용한다. 용도는 칼로 사용하나 모양이 낫과 비슷해 '흙깨끼낫'과 '흙깨끼칼'이라는 명칭이 모두 사용되는데, 이 지역에서는 '흘깨끼낫, 흘깨끼칼'로 부른다. 이 말은 '흙'에 '깎다'의 명사형 '깎기'가 붙은 후 '낫'이나 '칼'이 결합해 만들어진 말이다.

(4) 씬 체, 얼개미, 잿물 거르는 체

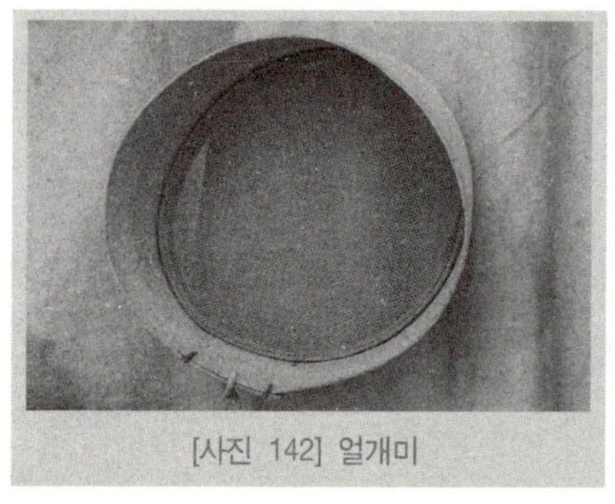

[사진 142] 얼개미

[사진 143] 잿물 거르는 체

체는 용도에 따라 두 가지로 나눌 수 있다. '씬 체'는 흙을 고르는 도구이고 '얼개미'와 '잿물 거르는 체'는 잿물을 거르는데 사용하는 도구이다. '씬 체'는 체의 구멍이 크고 발이 센 체를 말하는데 이를 이용해 돌을 골라내는 데 사용한다. 체 중에 구멍이 커 얼금얼금한 것을 '얼개미'라고 말한다. 유약이 덩어리가 되면 옹기의 표면이 거칠게 나오는데 이를 거르는 체이다. 주로 유약을 거를 때 사용해 다른 말로 '잿물 거르는 체'라고 하기도 한다. 잿물은 구멍이 큰 '얼개미'로 먼저 거른 후 '잿물 거르는 체'로 다시 한 번 걸러낸다.

(5) 굽깨끼

시유를 한 옹기 바닥에 잿물이 있으면 소성 후 기물과 기물이 떨어지지 않으므로 이를 방지하기 위해 사용하는 도구이다. 옹기 바닥에 남아있는 잿물을 '굽깍이'를 이용해 제거한다. '굽을 깎는다'는 의미에서 만들어진 말로 '굽'에 '깎다'가 결합한 후 명사형어미 '-이'가 붙었다. '굽까끼' 또는 '굽깨끼' 모두 사용되고 있었다.

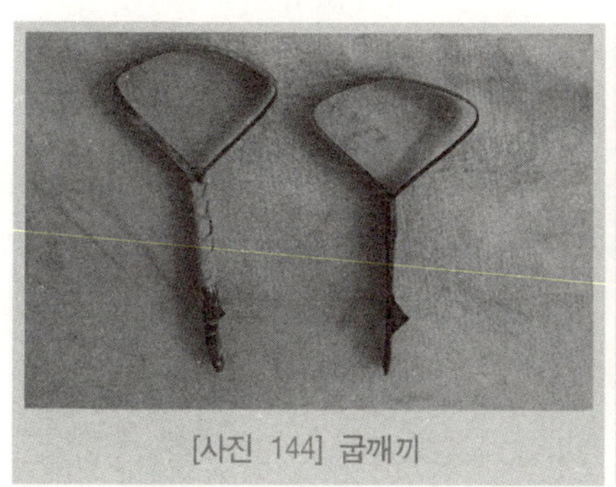

[사진 144] 굽깨끼

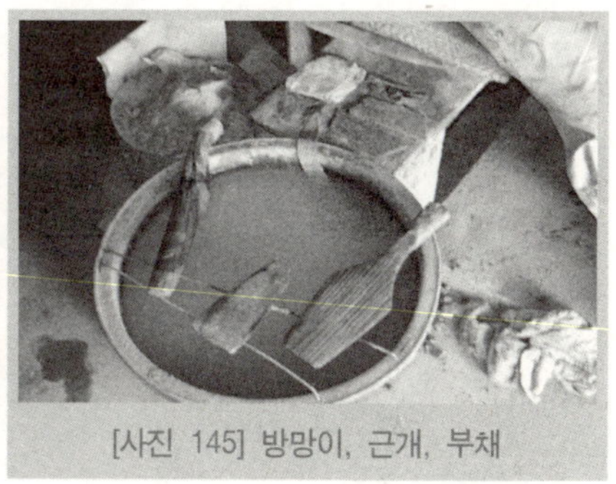

[사진 145] 방망이, 근개, 부채

(6) 방망이

옹기 몸이 될 타름을 쌓아올린 후 타름과 타름을 붙게 할 때 사용하는 도구이다. 방망이로 옹기 몸을 두드리면 몸살도 붙게 될 뿐만 아니라 옹기 몸도 튼튼하게 된다. 일반적으로 우리가 사용하는 방망이와도 모양에서 차이가 있었는데, 길이는 짧고 둥근 모양이나 바닥이 평평하다. 이 평평한 면을 이용해 두드린다.

(7) 부채

옹기의 표면을 두들겨 다지는 도구이다. 타름을 올린 뒤 안쪽에는 돌못을 대고, 바깥쪽에는 부채를 두드리면서 옹기의 몸을 다진다. 다른 말로 '수레'라고도 한다.

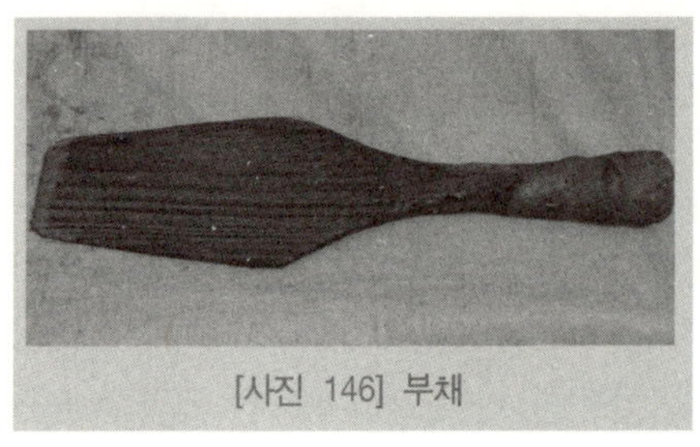

[사진 146] 부채

(8) 돌못

부채질을 할 때 안을 단단하게 하는 떡살처럼 생긴 도구로 옹기의 안쪽을 단단하게 만들어준다. 오른손은 부채를 잡고 왼손에는 돌못를 잡고 옹기벽을 고루 두들기는데 이때 사용된다. 돌못의 울뚱불뚱한 바닥을 '도드

[사진 147] 돌못

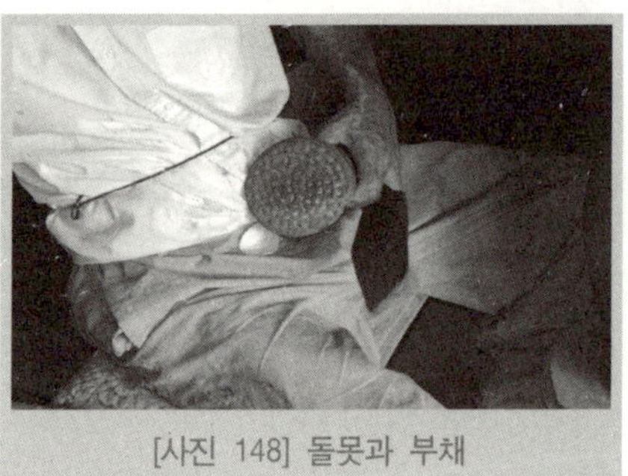

[사진 148] 돌못과 부채

리하다'라고 표현하고 있었는데 부채질을 할 때 흙과 도구가 붙지 않도록 하기 위해 표면을 고르지 않게 만든다고 했다. 주로 둥근 나무에 밑에 홈을 판 것으로 '돌'과 '못'의 합성어이다. 이를 부르는 말로 '돌못'과 '도개', '도전'이 있으나 주로 '돌못'을 많이 사용하고 있었다.

(9) 밑가새

옹기의 바닥 부분을 다듬는 '가새칼'을 말한다. 나무 재질로 가늘고 길

[사진 149] 밑가새

[사진 150] 가새칼질(전)

[사진 151] 가새칼질(후)

며 끝이 뾰족하게 생겼는데 이를 이용해 옹기 바닥 언저리에 있는 전을 처리한다. '밑가새' 또는 '가새칼', '밑가새칼'이라고 한다.

(10) 동그란근개, 꼬그랑근개

손바닥 정도 크기의 쇠판 또는 나무판으로 옹기 몸살을 정리하는데 사용하는 도구이다. 근개의 재질이 무엇이냐에 따라 '쇠근개'와 '나무근개'로

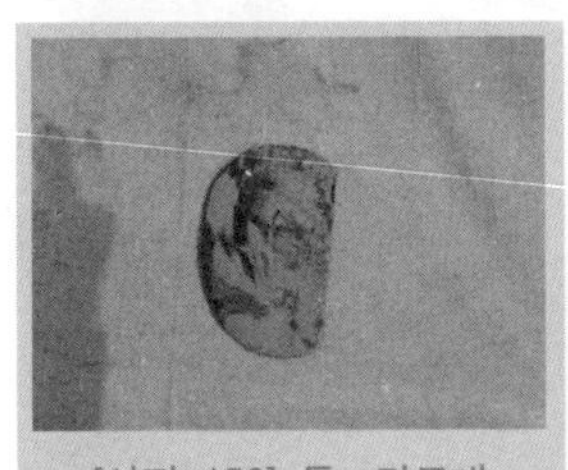
[사진 152] 동그란근개

[사진 153] 쇠근개

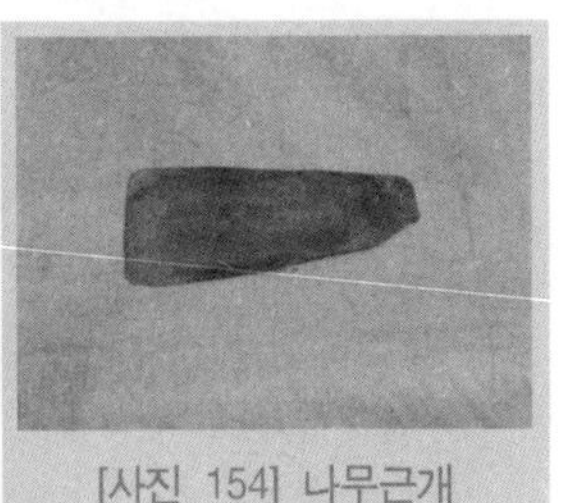
[사진 154] 나무근개

나누어지고 모양에 따라 '동그란근개'와 '꼬그랑근개'로 구분된다. 또 안쪽을 다듬느냐 바깥쪽을 다듬느냐에 따라 '안근개'와 '바깥근개'로 나누어진다. 이 중 쇠로 만들어졌나 나무로 만들어졌나 또 안쪽을 다듬냐 바깥쪽을 다듬냐에 따라 다시 '쇠안근개', '나무바깥근개'로 명칭이 세분화된다.

일반적으로 근개는 모양이 네모난 것과 둥근 것이 있는데 옹기의 안쪽을 다듬을 때 사용하는 것은 둥근 모양의 근개를, 바깥쪽을 다듬을 때 사용하는 것은 네모난 모양의 근개를 사용한다. 바깥근개와 달리 옹기 안쪽

의 형태를 다듬기 위해 둥근 모양을 하고 있는 근개를 '동그란근개'라고 하고, 이를 다른 말로 '안근개', '쇠근개'로 부르기도 한다. '근개'는 [긍개], [금개]로 발음된다.

[사진 155] 근개칼

[사진 156] 꼬그랑근개

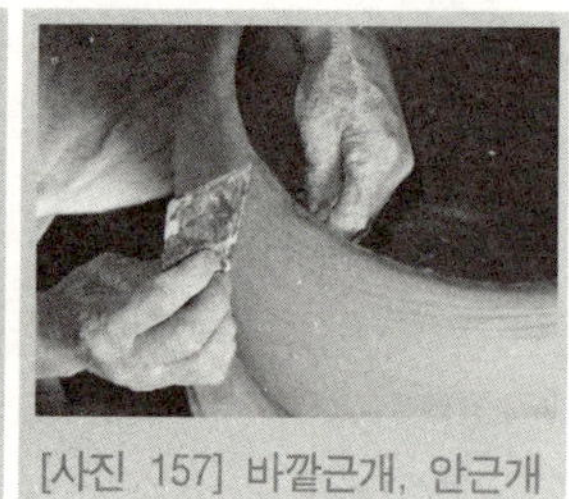

[사진 157] 바깥근개, 안근개

(11) 물갖

옹기 성형을 할 때 표면을 다듬어주는 도구를 '물갖'이라고 한다. '물갖'이라는 말에서 알 수 있듯이 예전에는 부드러운 가죽을 이용해 만들었지만 지금은 천을 이용해 만든다. 마무리 작업을 할 때 사용하는 '시아개'와 '감재비', '물찌게' 등도 물갖의 종류에 포함된다. 보통 근개질 후 '시아개'

[사진 158] 물갖

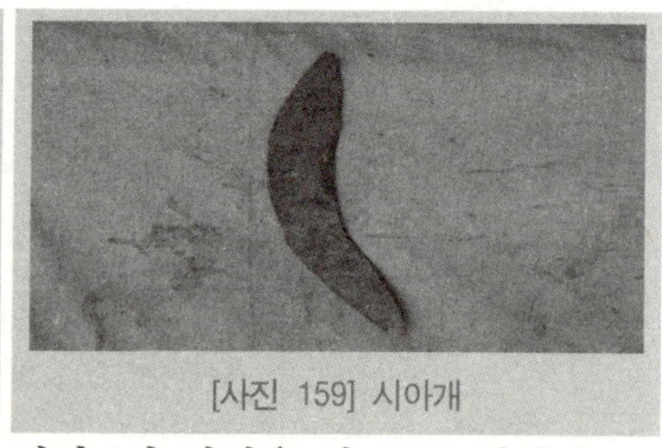

[사진 159] 시아개

나 '감재비'를 이용해 마무리 작업을 한다. 이 작업을 각 도구 명칭에 '—질'을 붙여 '시아개질', '감재비질', '물찌게질'이라고 한다. 이 지역에서는 '물갖'을 '물갖' 또는 '천물갖'이라고 부르고 있었으며 때에 따라 '물갖'을 '물가죽'이라고 부르기도 했다

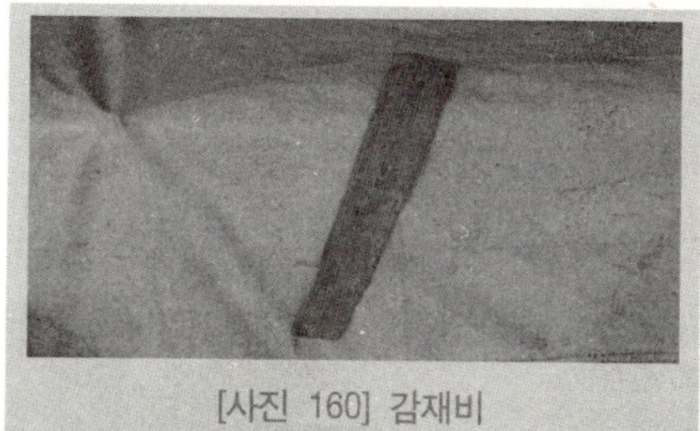

[사진 160] 감재비

[사진 161] 물찌게

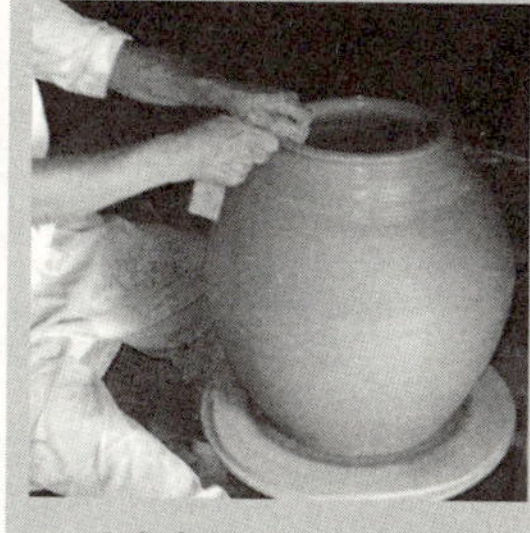

[사진 162] 시아개질

[사진 163] 감재비질

[사진 164] 물찌게질

（12） 전기물레, 발물레

물레는 크게 만들어진 재질에 따라 '나무물레'와 '쇠물레'로 나누어지고, 물레를 돌리는 동력에 따라 '전기물레'와 '발물레'로 나누어진다. 예전에는 나무로 만든 발물레를 이용해 옹기를 만들었고 최근에는 쇠로 된 전기물레를 이용하고 있다. 이 '나무물레'는 다른

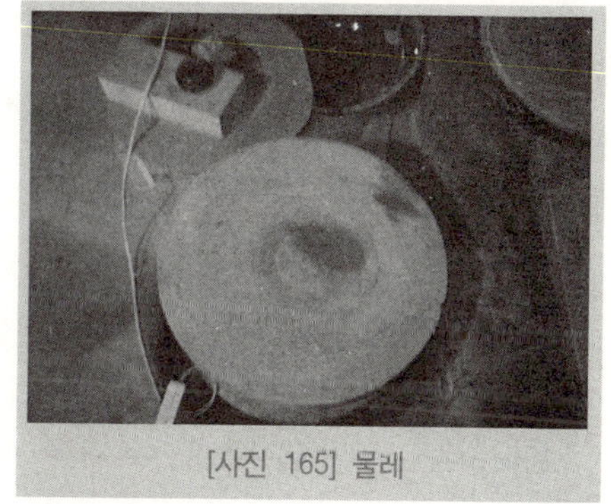

[사진 165] 물레

말로 '건덕물레'라고도 한다. 지금의 물레는 물레가 바닥보다 높이 올라와 있지만 예전에 사용했던 건덕물레는 바닥 밑에 두어 옹기가 높이 올라오더라도 작업하는 것이 가능했다고 한다. '건덕물레' 외에도 '발물레', '나무물레'라고 부르며, 예전에 사용했다고 '옛날물레'라고 말하기도 한다. 쇠물

레 중 전기의 힘을 사용하여 돌리는 물레를 '전기물레'라고 말한다.

(13) 바닥정금대, 키정금대

넓이와 길이를 재는 도구를 '정금대'라고 한다. 정금대는 옹기 바닥의 넓이를 측정하는 '바닥정금대'와 옹기의 높이 즉 키를 측정하는 '키정금대'가 있다. 때에 따라 옹기의 높이가 제대로 올라왔는지를 측정하는 키정금대로 옹기의 용량을 가늠하기도 한다. 일반적으로 옹기 바닥과 옹기 전의 넓이가 비슷해 옹기 바닥 대신 옹기 전 입구를 재는 것으로 넓이를 측정한다.

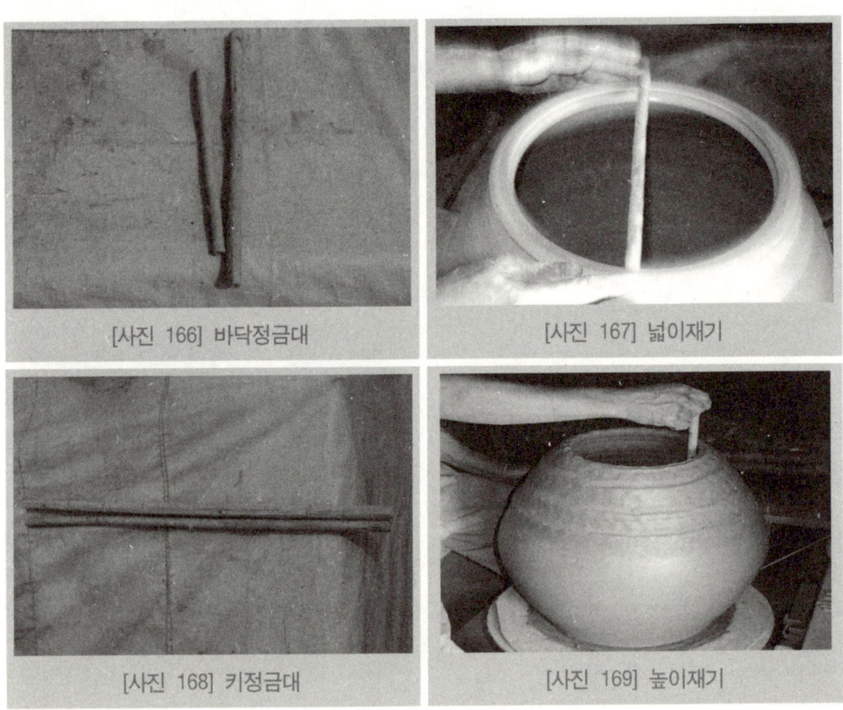

[사진 166] 바닥정금대

[사진 167] 넓이재기

[사진 168] 키정금대

[사진 169] 높이재기

(14) 허리찌

손으로 타름을 타지 않고 기계로 흙가래를 뺄 때 사용하는 기계를 가리키는 말이다. 흙가래를 '흘까치'라고도 부르기도 해 '흘까치 빼는 기계'라고 하기도 한다.

[사진 170] 허리찌

1.2.4. 재료

1) 유약

(1) 잿물

옹기의 겉면에 광택이 나도록 하고, 고온에 견딜 수 있게 덧씌우는 물이다. 부엌재와 흙가루를 이용해 만든다. 재를 이용해 만들었다는 의미에서 '잿물'이라고 말하며, [잳물], [재물]로 발음된다.

[사진 171] (젓기 전) 잿물

[사진 172] (젓기 후) 잿물

2) 흙

(1) 약토

유약을 만들 때 들어가는 재료 중 하나이다. 재 외에 들어가는 것으로 천수답의 흙을 말한다.

(2) 쪼대흙

옹기작업을 하기 전에 반죽을 하는 찰흙을 말한다. 경우에 따라 흙꾼에 의해 채굴된 생질을 말하기도 한다. '쪼대흙'을 다른 말로 '태토', '옹기토', '찰흙'이라고 하기도 한다. 때에 따라 찰흙을 '고령토'라고 부르기도 하는데 이는 주로 도자기의 재료로 사용되는 흰색 또는 회색의 진흙을 말한다.

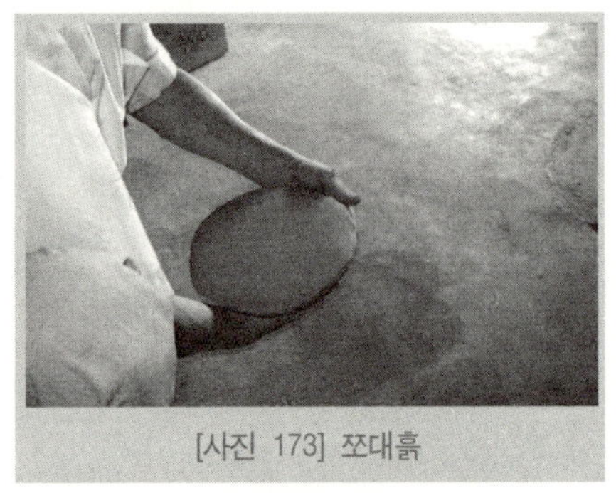

[사진 173] 쪼대흙

(3) 흘까치

옹기 성형시 필요한 것으로 흙을 가래떡 모양으로 빚은 것을 말한다. 예전에는 사람의 손으로 흘까치를 늘렸으나 지금은 기계를 이용해 늘리고 있었다. 길게 늘인 '흘까치'를 '흙가래' 또는 '타름'이라고 말하기도 한다. 그래서 흘까치를 쌓아올리는 작업을 '타름질' 또는 '타름 탄다'라고 표현한다.

3) 나무

(1) 창솔

창구멍에 넣는 불쏘시개를 말하는 것으로 주로 소나무를 사용한다. 옹

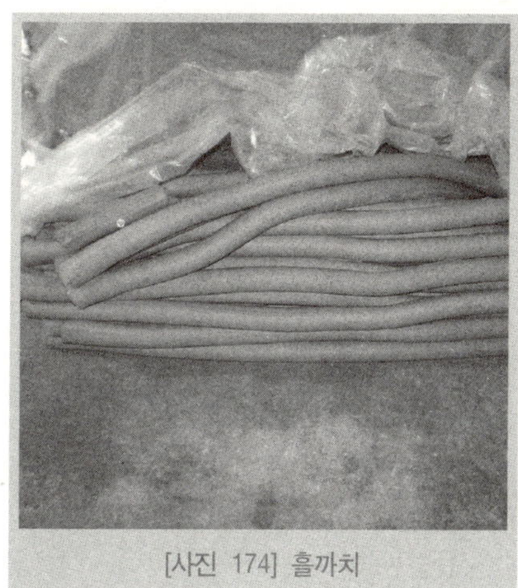

[사진 174] 흘까치

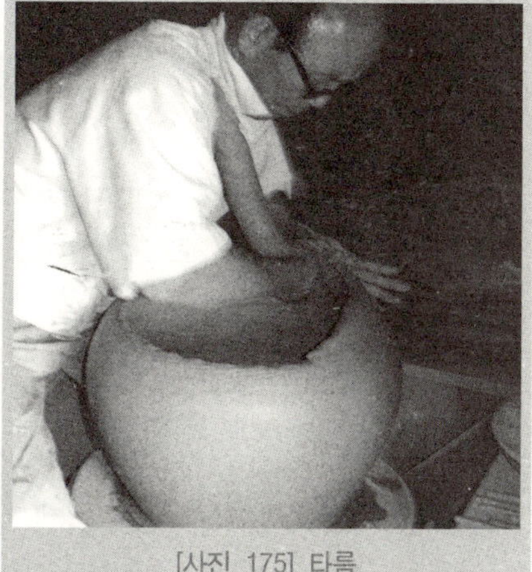

[사진 175] 타름

기를 구울 때 가마 안의 온도를
더 높이기 위해 창구멍을 통해 넣
는 긴 소나무로 창구멍을 나타내
는 '창'에 소나무를 가리키는 '솔'
이 결합한 형태로 보인다. '창솔'을
다른 말로 '창소', '창솔나무'라고
말하기도 한다.

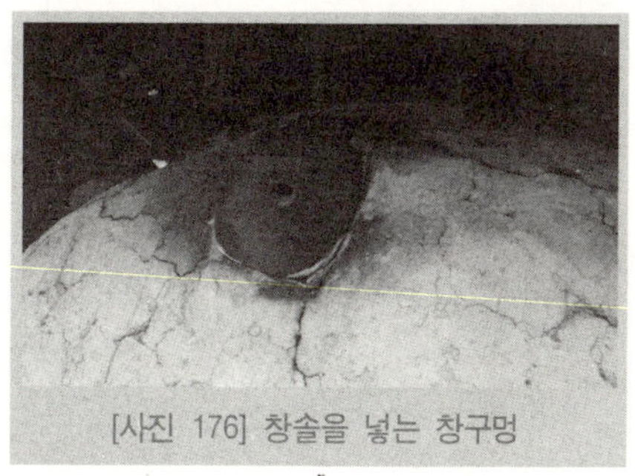

[사진 176] 창솔을 넣는 창구멍

1.2.5. 장소

1) 제작 장소

(1) 대포가마, 노고리굴

옹기를 굽는 가마를 '굴'이라고 한다. 굴의 명칭은 크게 두 가지로 부른다. 지금은 사용하지 않지만 예전에 사용했던 가마로 가마봉이 없이 일자로 뚫려있는 '대포가마'와 지금 많이 사용하는 가마에 봉이 있는 '노고리굴'이 있다. 대포가마는 굴의 모양이 긴 일직선으로 되어있어 그 모양새가 대포와 유사하다고 해서 생긴 말이다. 대포가마는 가마가 구분 없이 긴 일직선으로 되어있다 보니 열 손실이 많아 옹기가 잘못 나오는 경우가 많았다. 그래서 현재 개량해서 만든 굴이 '노고리굴'이다. 가마마다 봉이 있어 열 손실도 막을 수 있을 뿐만 아니라 불 조절을 잘못 해도 가마마다 통제할 수 있어 최근에 개량해서 만든 것이라고 한다. 개량해서 만들었다는 의미에서 다른 말로 '개량굴'로도 부른다. 개량굴의 가마 봉우리를 세는 단위인 '봉'과 '통'은 가마의 크기를 나타낼 때 '몇 봉이다' 또는 '몇 통이다'로 표현할 때 쓰인다.

[사진 177] 노고리굴

[사진 178] 굴

　불의 상태를 보거나 창솔을 집어넣는 굴의 구멍을 '창구멍'이라고 한다. 소성작업을 위해 보통 한 가마에 5~6개의 구멍을 뚫어놓는다. 예전에 쓰던 대포가마나 현재 사용하는 노고리굴 모두 창구멍이 위치하나 노고리굴에 더 많은 창구멍이 있다. 대포가마는 굴의 특성상 창구멍을 일직선으로 두고 있고, 노고리굴은 둥근 굴의 모양으로 인해 창구멍을 앞, 뒤, 옆 방향에 둔다. 이 구멍을 다른 말로 '창살' 또는 '살창구멍'이라고 부르기도

[사진 179] 대포가마(겉)

[사진 180] 대포마가(안)

한다. '살창구멍'은 [살창꾸멍], [살창구멍]으로 발음된다. 이 창구멍을 막는 것을 '창놀이'라고 하는데 이 창놀이는 옹기굴의 앞에 위치하느냐 뒤에 위치하느냐에 따라 '뒤창놀이'와 '앞창놀이'로 부른다.

[사진 181] 창구멍, 창놀이(개량굴)

[사진 182] 창구멍(대포가마)

굴의 입구를 나타내는 부분을 '굴문' 또는 '통아가리'라고 하고 옹기굴에서 장작을 때는 곳을 '불통'이라고 한다. 불을 때는 아궁이의 입구를 '불통아궁이', '불아궁이', '화구'라고 말하기도 한다. 굴에서 아궁이의 역할이 중요한데 그래서 굴을 '불통굴'이라고도 한다. 굴에 불을 땔 때 '굴문'을 막기 위해 '흙벽돌'을 사용해 가마봉을 막는데 이를 '통아가리 막는 벽돌'이라고 한다.

(2) 옹기막장, 점촌

날그릇 즉 옹기를 만드는 작업장을 '옹기막장, 옹기공장, 옹기도막'이라

[사진 183] 불통

[사진 184] 통아가리 막는 벽돌

고 하고 이러한 '옹기막장'이 모여
서 이룬 마을을 '점촌(店村), 점마
을'이라고 한다. 제보자는 '예전에
우리 마을에는 16지표가 있었어'
라는 말을 했었는데 여기서 '지표'
는 '옹기막장'을 세는 단위이다.

[사진 185] 옹기막장

1.2.6. 제작품

1) 옹기

　도자기가 장식적인 그릇이라면 옹기는 사용하는 용도에 따라 또는 만
드는 사람에 따라 실생활에 맞게 만든 실용적인 그릇이라고 할 수 있다.
이러한 옹기는 주로 부엌과 곳간, 장독대 등에 놓이는데 그 공간에 따라
사용하는 용도가 달라졌다. 그 결과 보관용, 운반용, 제조용, 생활용, 민간

신간용 등으로 나누어 볼 수 있다.[30] 옹기의 명칭도 이러한 용도와 관련되어 달라졌는데 무엇을 담고, 무엇을 제조하고, 운반하고, 또는 어떤 생활용도로 쓰이냐에 따라 명칭이 달라졌다. 또 옹기는 생활용품의 하나로 그 크기에 따라 용량을 측정하기도 했는데 이로 인해 크기나 용량에 따라 명칭이 달라지기도 한다.

(1) 보관 또는 저장용

옹기는 주로 발효식품인 장류나 김치를 저장하는 용기로 또는 쌀을 보관하거나 물, 술 등과 같은 액체류를 보관하는 용기로 사용되었다. 장류나 김치, 물을 보관하는 것은 '단지, 항아리'로 부르고, 술 등을 보관하는 것은 '독'으로 부르고 있었다. 이 중 쌀과 장류, 김치를 담는 옹기는 안에 유약을 바르지 않은 채 구워 안의 내용물을 보호하기도 했다. 장독대에서 장류를 보관하는 것은 '장단지'라고 말하고, 추운 겨울에 매 번 장을 뜨러 가는 것을 피하기 위해 장을 담기 위해 만든 그릇을 '장그릇'이라고 한다. 이중 '술독'은 술을 보관할 때도 사용하기도 하지만 술을 담글 때도 사용한다.

옹기로 만든 그릇을 '질그릇'이라고 말하는데 이는 잿물을 덮지 않고, 진흙만으로 구워 만든 그릇으로 겉면에 윤기가 없다는 의미이다. 이 질그릇에는 '너리기, 버리, 버지기, 옹가지'가 있다. '너리기'는 둥글넓적하고 아가리가 넓게 벌어진 것을, '버리'는 좁고 깊은 그릇으로 옹기로 만든 그릇 중에 가장 큰 것을, '버지기'는 버리와 비슷한 것으로 자배기보다 소금 깊고 아가리가 벌어진 큰 그릇을, '옹가지'는 둥글넓적하고 아가리가 쩍 벌어진 아주 작은 질그릇을 말한다. '옹가지'는 다른 말로 '옹배기'라고, '너리기'는 다른말로 '너리개'라고도 한다. 이들은 모두 단지 뚜껑과 비슷하게 생겼으며 주로 음식을 담는 용도로 사용한다. 이들 중 크기가 큰 것은 '크다'는 어휘를 붙여 '큰 버리'라고 했다.

---

30) 이 구분은 황헌만, 이영자, 배도식(2006)에 따른 것이다.

이 외에도 꿀을 보관하는 '꿀단
지'가 있는데 '꿀단지'와 같이 작은
단지를 '잔단지'라고 하고 작은 기
물을 '잔거리'라고 한다.

(2) 제조용

옹기는 음식을 만드는 도구로
주로 사용되었는데 대표적인 것이
'시루'이다. 시루는 떡이나 쌀 따위
를 찌는데 쓰는 '떡시루'와 콩나물

[사진 186] 단지

[사진 187] 버리　　[사진 188] 버리(앞)　　[사진 189] 물단지

[사진 190] 소줏고리　　[사진 191] 소주통자　　[사진 192] 빠끔시리

을 키우는 '콩나물시루'가 있다. 떡시루는 둥근 질그릇으로 모양은 자배기
와 비슷하고 바닥에 구멍이 여러 개 뚫려 있다. 콩나물시루 역시 둥근 질

[사진 193] 떡시루(앞)

[사진 194] 떡시루(밑)

그릇으로 만들지만 떡시루보다 통이 가늘고 길며 바닥의 구멍 수도 적다. 시루는 [시류] 또는 [시리]로 발음된다.

이 외에도 소주를 내리는데 쓰는 '소줏고리'와 식초를 만들 때 쓰는 '촛단지'가 있다. '소줏고리'는 재래식 증류기로 오지그릇을 위, 아래 두 짝을 겹쳐서 만든다. '소줏고리'를 이용해 만든 소주를 담는 것을 '소주통자',

[사진 195] 콩나물시루(뒤)

[사진 196] 아가리 없는 똥장군

[사진 197] 촛단지

'소주통자' 또는 '소주뚱자'라고 부른다. '촛단지'는 식초를 담아 보관해 두거나 식초를 만들 때 이용하는 단지이다. 식초를 '초'라고 부르는데 여기에서 만들어진 말이다. 이 외에 찌개 따위를 끓이거나 설렁탕 따위를 담을 때 쓰는 오지그릇을 '툭시리'라고 하는네 다른 지역에시는 '뚝베기', '주발'이라고 한다.

(3) 운반용

옹기는 물이나 술 또는 분뇨를 옮기는데도 사용했는데 안에 담기는 내용물에 따라 명칭이 달라진다. 가장 대표적으로 많이 사용하는 것은 '물동이'이다. 물동이는 물을 담아놓고 먹는 옹기단지로 물을 긷거나 임시로 물을 담아두고 먹는 것을 말하고, 물을 넣어 보관하는 단지는 '물단지'로 달리 부른다. 이 외에 분뇨 등을 담아 운반하는 '똥장군'이 있는데 이는 논이나 밭에 거름으로 사용될 분뇨를 옮길 때 사용한다.

(4) 기타

옹기는 쌀이나 장류 등을 담는 큰 단지부터 작은 꿀단지에 이르기까지 다양한 크기로 만들어졌는데 이를 옹기장들은 용량과 크기에 따라 명칭을 달리 불렀다. '자리'는 용량과 품의 기준으로 사용되었는데 한자리는 1말을 의미하며 용량에 따라 '한자리, 두자리'로 말한다.[31] 예를 들어, '두자리'가 '한자리' 품을 받을려면 두 개를 만들어야 하는 것으로 한 말의 이분의 일의 용량과 품을 가리킨다. 용량을 나타낼 때는 '자리'가 '두'의 개념과 거의 같이 사용되었는데 그래서 '한자리'는 '일두' 또는 '일두단지'로 부르기도 한다. 이 중 '이두'를 '짝두, 짝, 짝단지'라고도 부르기도 하고, '삼두'를 '토끼단지'로, '사두'를 '중단지'라고 부르기도 하는 것이 특이했다. 또 '사두' 중 동동주를 담는 것을 '살사구'라고 표현하고 있었다. 이 외에도 단순히 용량과 크기를 의미하는 숫자에 '단지'를 붙여 '이단지, 삼단지'라고 부르기도 한다.

각 '자리'마다 뚜껑이 있는데 이를 '형개'라고 한다. '형개'도 '일단지' 경우 '일형개', '이단지'의 경우는 '이형개'라고 한다. '형개'는 '행개'로 말하기

---

31) 원래 한자리는 한 말을 나타내었으나 옹기공장끼리의 경쟁으로 인해 두자리가 물 열 말이 들어간다고 한다. 사실상 자리가 용량을 나타내는 것은 별로 큰 의미가 없고 현재는 명칭을 나타내는 표현으로 쓰이고 있다. (이를 반영해 '자리'는 띄어쓰지 않고 붙여썼다.)

도 하며 이를 줄여서 '행'이라고 하기도 한다.

말	자리·두·단지	형개	참고
1	한자리, 일두, 일단지	일행, 일형개	한 개를 만들어야 한자리 품을 받을 수 있는 단지 또는 한 말이 들어가는 단지로 한 말이 들어간다고 '단 말자리' 또는 '단말'이라고도 함
1.5	일점오두	일점오형개, 일점오행	한 말 반을 담을 수 있는 단지
2	두 말자리, 이두, 이단지, 짝	이형개, 짝뚜껑, 이행	두 개를 만들어야 한자리 품을 받을 수 있는 단지로 한 말의 이분의 일
3	세자리, 삼두, 삼단지, 토끼단지	삼형개, 삼행, 토끼행개	세 개를 만들어야 한자리 품을 받을 수 있는 단지로 한 말의 삼분의 일
4	네자리, 사두, 사단지, 중단지	사형개, 사행	한 말의 사분의 일로 한자리 품을 받을려면 네 개를 만들어야 하는 단지. 중간 정도의 크기의 단지. 살사구(동동주를 담는 것)
5	다섯자리, 오두, 오단지	오형개, 오행	다섯 개를 만들어야 한자리 품을 받을 수 있는 단지로 한 말의 오분의 일
6	여섯자리, 육두, 육단지	육형개, 육행	여섯 개를 만들어야 한자리 품을 받을 수 있는 단지로 한 말의 육분의 일
7	일곱자리, 칠두, 칠단지	칠형개, 칠행	일곱 개를 만들어야 한자리 품을 받을 수 있는 단지로 한 말의 칠분의 일
8	여덟자리, 팔두, 팔단지	팔형개, 팔행	한 말이 되려면 여덟 개가 모여야 되는 단지
10	십두, 열자리32)	십행개, 십행	작은 단지의 종류 중 하나로 한 말이 되려면 열 개가 모여야 되는 단지

(5) 그 밖의 제작품

의료용으로 사용되는 '부황단지'와 '약탕기' 등도 옹기로 만들었는데 옹기로 만든 것이 효능이 좋아 아직도 한의원에서 주문이 들어오기도 한다고 한다. 이 외에도 어기구 발달로 요즘은 사용하지 않는 '문어단지'가 있다.

---

32) 구단지는 존재하지 않아 '구단지', '구행개'에 관한 명칭은 없다고 한다.

[사진 198] 일두　　　　[사진 199] 삼두　　　　[사진 200] 사두

바다에 문어단지를 넣어놓으면 문어가 여기 들어와서 산다고 해 '문어집단
지'라고도 한다. 잘 들어가는 문어의 속성을 이용해 문어를 잡기 위해 고안
한 것으로 문어단지를 긴 줄에 매달아 바다 속에 가라앉혀 두면 된다.

1.2.7. 행위

1) 제작 행위

옹기제작 기법에는 원형의 점토띠를 한 단씩 쌓아올려 원통을 만드는
'똬리기법', 가래떡처럼 길게 뽑아 나선형으로 쌓아 올라가는 '타래기법',
넓다란 판장 형태로 원형을 만들어 올려 놓는 '체바퀴타래기법'[33] 등이 있
다. 백광훈은 큰 옹기를 만들 때는 '똬리기법'을, 보통은 '타래기법'을, 잔
단지를 만들 때는 점토띠를 쌓지 않고 손으로 원하는 형태의 모양을 쭉
빼올리는 '쓸개질'로 옹기를 만들고 있었다. '체바퀴타래기법'의 경우 물레
를 돌려가면서 타름을 쌓는 것을 말하는데 이곳에서는 '체바퀴타름'이라

---

33) '체바퀴타래기법'은 '쳇바퀴타래기법' 또는 '체바퀴타래기법'으로 말해지고 있는데 '체바
쿼', '체바쿠'로 말할 때는 'ㅅ'이 첨가되지 않았다.

고 말한다.

(1) 흘작업

옹기를 만드는 작업 중 가장 기초가 되는 작업을 '흘작업'이라고 한다. 옹기의 재료가 되는 '흙 고르기'와 '성형작업'이 여기에 들어간다. 먼저 흙을 고르는 작업인 흙가래를 뺀다. 이를 흙가래를 의미하는 '골'을 사용해 '골 뺀다'로 표현한다.

다음으로 '바닥치기'를 한 후 '물레를 탄다'로 들어간다. 쪼대흙을 바닥에 친 후 다시 한 번 방망이로 물레 위에서 치기를 한 후 '타는' 작업을 한다. '타다'는 행위를 나타낼 때 두 가지 의미로 사용되고 있었는데, 첫 번째는 물레작업을 하는 것을 말했고 두 번째는 흙을 '캐다, 채취하다'의 의미로 말하고 있었다.

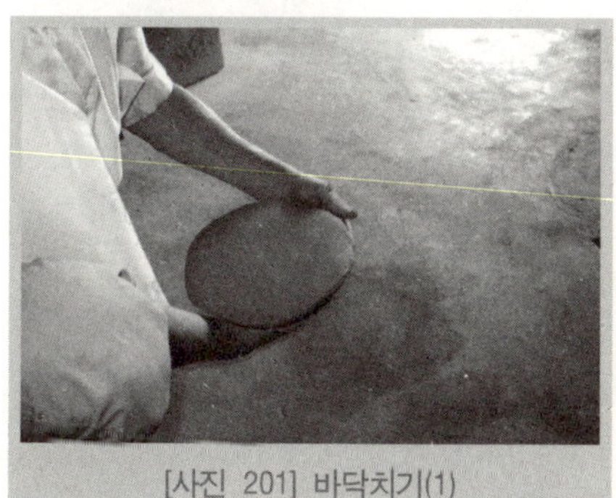

[사진 201] 바닥치기(1)

[사진 202] 바닥치기(2)

바닥치기가 끝나면 옹기 몸을 만드는 흙가래를 길게 늘이는 '타름'을 만든다. 타름은 크게 세 가지로 나누어지는데 '밑타름, 중타름, 웃타름(윅타름)'으로 구분된다. '밑타름—중타름—웃타름'의 단계를 거치는데, 이중 '밑타름'은 가장 밑에서 타는 타름으로 첫 번째와 두 번째 타름을 말한다. '중타름'은 타름을 탈 때 중간에 들어가는 타름을, '웃타름' 또는 '윗타름'은 가장 위에서 타는 타름을 가리키는 말이다. 타름을 또 세분해서 가리키기

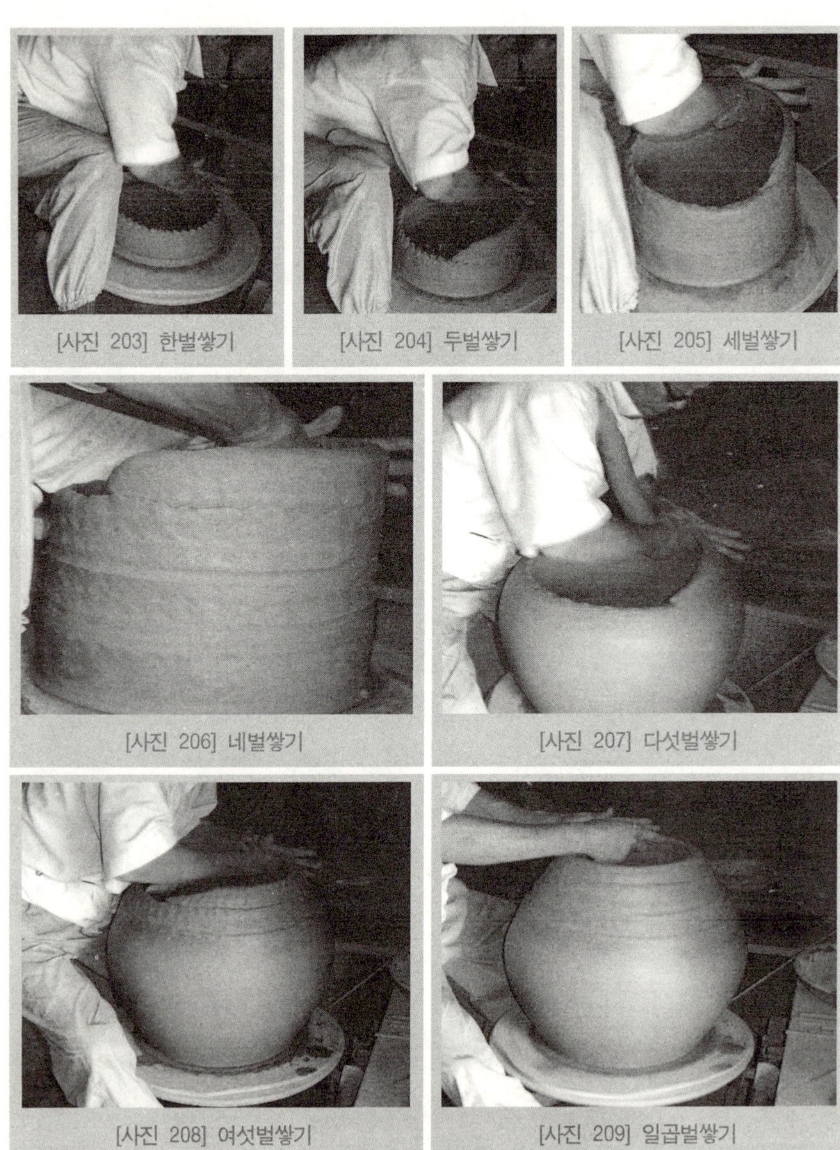

[사진 203] 한벌쌓기　　[사진 204] 두벌쌓기　　[사진 205] 세벌쌓기

[사진 206] 네벌쌓기　　[사진 207] 다섯벌쌓기

[사진 208] 여섯벌쌓기　　[사진 209] 일곱벌쌓기

도 해 다섯 번째 올리는 타름을 '다섯타름', 여섯 번째 올리는 타름은 '여섯타름'이라고 말한다. 첫 번째 타름을 쌓는 과정을 다른 말로 '한번붙이

기, 한벌쌓기, 한벌붙이'라고도 표현하기도 한다.

〈타름 타기〉

이렇게 흙가래를 쌓아올리면서 옹기의 모양을 만들어 가는 일을 '타름 타른다, 타름 탄다, 타리다'라고 표현한다. 타름의 높이는 그릇의 크기에 따라 다르지만, 대개 타름 하나가 80cm~100cm 정도의 길이를 가진다.

타름을 탈 때 물레를 돌리면서 옹기의 표면을 단단하게 방망이로 치는 것을 '쳇바쿠타름'이라고도 한다. 이 모습이 마치 쳇바퀴를 돌리는 것과 같다고 해서 붙여진 말이다. 이때 물레를 돌리는 것을 '물레 치다'라고 표현한다.

일반적으로 옹기는 타름을 타면서 몸을 만들지만 작은 기물의 경우 타름을 타지 않고 만들기도 하는데 이를 '쓸개질'이라고 한다. 흙을 만지면서 쭉 뽑아올리는 작업을 가리키는 말이다.

(2) 부채질

부채를 이용해 옹기를 성형할 때 바깥에서 옹기의 몸을 다듬는 것을 '부채질'이라고 한다. 옹기에 처음하는 부채질은 '아이부채질, 아시부채질'이라

[사진 210] 아이부채질

[사진 211] 바깥부채질

고 하고, 바깥에서 옹기의 몸을 다듬는 과정은 '바깥부채질'이라고 말한다.

(3) 근개질

근개를 이용해 옹기의 몸을 성형하는 작업을 말한다. 옹기의 몸을 다듬는 과정을 '근긴다, 근기다'라고 표현하거나 '빗가새다'라고 표현하기도 한다. '빗가새다'는 '가시다'의 경상도 방언형에 '빗다'의 '빗'이 결합한 형태로, '어떤 상태가

[사진 212] 근기다

없어지거나 달라지다'는 의미를 지닌다. 사전에는 '가새다'가 '물 따위로 깨끗이 씻다'는 것을 의미하기도 하는데 실제로 물을 이용해 옹기의 표면을 매끄럽게 만드는 행위는 '서린다'로 표현하고 있었다. '서린다'는 두 가지 의미로 사용되는데, 하나는 원래 부채질을 하는 대신 물로 근개질을 하는 것이고, 또 하나는 가마에 옹기를 차곡차곡 재는 것을 말한다. '서린다'는 '써린다'라고 표현하기도 한다.

(4) 전잡기, 전 잡다

입구쪽을 만드거나 또는 입구를 다듬는 것을 '전잡기' 또는 '전 잡다'라고 한다. 전을 만든 후 '정금대'로 전의 크기를 확인한 후 전 부분을 정리하면서 다시 한 번 전을 잡는데 이를 '시아개로 전 잡다'라고 한다. 옹기에서는 전의 모양과 기능에 따라 옹기의 가치가 달라지므로 이 전을 만드는 것이 아주 중요하다.

(5) 말룸

성형과정을 거친 옹기를 처음으로 말리는 것을 '말리다'의 경상도 방언형 '말루다'를 사용해 '말룸'이라고 한다. 완성된 옹기를 들보에 들어 한 켠으로 옮긴 후 말리는데 이때 처음 말리는 것을 '아이말룸'이라고 한다. '아

[사진 213] 시아개로 전잡기

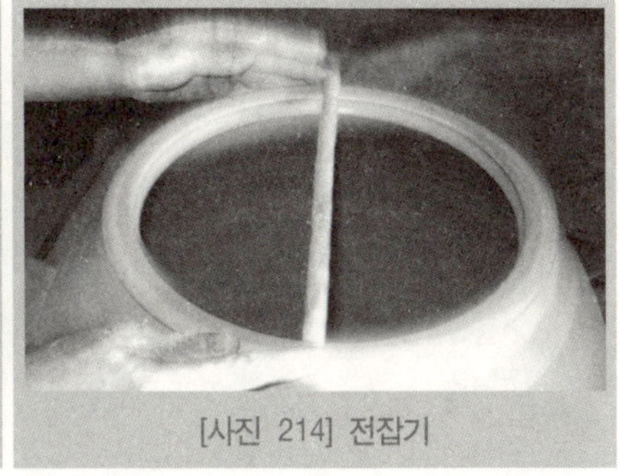
[사진 214] 전잡기

'이말룸'을 한 후 뒤집어 옹기의 뒷면도 말려준다. 옹기를 성형한 후 건조
실에서 건조를 하면 옹기 몸에서 마른 흙가루가 나오는데 이를 '전분'이라
고 하며 이를 제거하는 작업을 '전분치기'라고 한다.

[사진 215] 아이말룸(뒤집기)

[사진 216] 아이말룸

(6) 잿물치기

재로 만든 유약 즉 '잿물'을 바르는 과정을 '잿물치기'라고 한다. '잿물치
기'가 끝나면 쳇다리에 옹기를 엎어 옹기의 잿물을 건조시킨다. 옹기에 잿
물을 바른 후 가마에 넣기 전에 다시 한 번 옹기를 건조시키는데, 이때 옹
기를 재놓는 것을 '재다'라고 하고 가마에 옹기를 차곡차곡 재는 것은 '옹
기 서린다'라고 한다.

(7) 더닌다

가마에 불을 때면 가마에 금이 가는데 이때 흙을 이용해 가마의 구멍을

[사진 217] 잿물치기　　[사진 218] 잿물 친 옹기　　[사진 219] 재다

[사진 220] 쳇다리에 엎기　　[사진 221] 전분치기

[사진 222] 더닌 가마　　[사진 223] 더닌다

막는 것을 '가마 더닌다'라고 한다. '덧이긴다'에서 온 말로 '덧붙인다'는 의미이다.

(8) 소성

옹기는 도자기와 달리 초벌, 재벌의 과정을 거치지 않고 한 번에 15일 정도 불을 땐다. 옹기 소성 작업 시 몇 단계의 불을 피우는데 크게 '핌불—초

[사진 224] 핌불

[사진 225] 중불

[사진 226] 장불

중불-중불-한불-장불'의 단계를 거치며 불의 강도도 점차 더 세진다.

처음 피우는 불이라는 의미로 '핌, 핌불, 핀불, 피움'이라고 한다. 건조과정을 거친 옹기를 가마에 넣은 후 옹기를 완전히 건조시키기 위해 때는 불을 말한다. 보통 일주일 정도 핌불을 때는데, '핌불'을 다른 말로 '초불'이라고도 한다. 다음으로 때는 불을 '초중불'이라고 한다. '핌불'을 일주일 정도 때고 다음 단계에서는 초중불을 땐 후 중불을 땐다. 그 후 '한불, 큰불'을 때는데 가장 크고 센 불을 말한다. 마지막에 피우는 불을 '장불'이라고 하는데 가장 센 불이면서 가장 오래 피우는 불이다.

이 외에도 옹기를 만들어 구울 때에 가마의 창구멍에 소나무 가지를 넣어 때는 불을 '창불'이라고 한다.

1.2.8. 행위자

옹기를 혼자 만드는 경우도 있지만 대부분의 옹기막장에는 각각의 일을 분담해 옹기를 만든다. 그래서 그 일을 하는 사람을 부르는 명칭도 그에 맞게 불려졌는데 옹기대장을 중심으로 '흙꾼, 건아꾼, 그네꾼, 수비꾼, 옹기대장' 등이 있다.

1) 명칭

작업과정은 '흙작업→건아꾼작업→그네작업→성형작업→잿물작업→가마작업'으로 진행되며 이를 담당하는 사람도 작업 명칭에 따라 달리 불렀다.

(1) 흙꾼

흙을 밟는 사람으로 옹기를 만드는데 필요한 흙을 만들고 고르는 사람을 말한다. 태토, 수비일을 하는 사람을 말한다. 다른 지역에서는 옹기를 만드는 처음 과정인 생질, 생토를 다루는 사람이라는 의미에서 '생질꾼'이라고 한다.

(2) 수비꾼

생질꾼이 만든 흙을 체에 걸러 앙금 앉히는 일을 하는 사람을 말한다.

(3) 그네꾼

흙가래를 늘구는 일을 '그네'라고 하고 흙가래를 늘구는 사람을 '그네꾼'이라고 한다. 흙을 떡가래처럼 길게 늘려주고 빚어진 옹기에 잿물을 입히는 일을 하는 사람을 가리킨다. 생질꾼이 만들어놓은 고작더미를 다시 가공하기도 하는데 메질 등으로 생질작업 때 가려내지 못한 돌이나 잡물을 골라내며 건조시키는 작업을 한다. '건아꾼'을 말하는 것으로 보인다.

(4) 화부

가마에 불 때는 사람을 화부라고 한다. 예전이나 지금도 화부를 옹기대장이 겸하는 경우가 많다.

(5) 옹기대장

옹기공장에서 옹기와 관련한 일을 관장하는 사람을 말한다. '옹기대장' 중에서 가장 잘하는 사람을 '도대장'이라고도 한다. '도대장질 한다'라는 표현을 사용하기도 하는데 '옹기대장' 중에서도 아주 잘한다는 의미이다. 흔히 목수 중에 가장 잘 하는 사람을 '도목수'라고 하는데 여기에서 연유된 말이다. 그릇 모양을 만드는 성형작업과 한 가마 분의 날그릇이 모이면 가마 속에 서려넣는 일, 가마에서 구워내는 일, 일꾼의 임금을 결정하는 일 등을 대장이 담당한다.

옹기막장에서 일하는 모든 사람을 '일꾼'이라고 부르며 일이 많아 종일 일하는 사람 또는 그 행위를 '종치기'라고 한다. 그래서 '오늘은 종치기 했어'로 표현한다.

2. 유기장의 말

2.1. 생애 구술

―이남에서는 방짜라지 양대라면 또 몰라.

첫 번째, 가족 이야기

―농사를 참 짓는 가정에서 태어나서 열심히 그래야만 되는 줄 알고 살면서 그 인제 어릴 때부터 맘 속에 나는 절대 농사 안 짓는다.

🈑 선생님 살아오신 이야기부터 우선 해 주세요

🈯 거저게 저 박물관서 조금 얘기했지만은 조금 자세하게 얘기하믄은{얘기하면은}, 내가 본래 저 고향이 고향 이름이 출생지가 평안북도 정주군. 출생지는 덕언면이에요. 덕언면인데 우리 조상 대대로 인제 농사 짓는 집안에서 태어났거든요. 태어나가지고 어 우리 할아버지 때는 그때 지주 계층이었는데 저 우리 아버지가 삼 형제 중에 둘짼데 그때 옛날은 그 부

모가 땅을 다 노나줬어요{나눠줬어요}. 그래서 우리 아버지 몫에 돌아온 것을 우리 아버지가 조금 머리가 저 좋아. 좋으신 분이래서{분이라서} 그때 지금으로 하면 개간사업이죠 바다 이렇게 막아가지고 논을 맹글고{만들고} 그런 걸 손을 댔다가 실패했어요 그래가지고 우리 할아버지가 준 재산은 다 날아가고 또 빚도 지고 그래가지고 인제 에~ 어렵게 됐죠 인제. 그래가지고 부모가 재산 한 번 주고 두 번은 안 주는가 봐

[사진 227] 이봉주

요 인제. 거기다 또 인제 우리는 구 남매예요 아들이 일곱. 딸이 둘인데 그때는 구 남매 이렇게 되면은 유복한 가정이랬어요{가정이었어요}. 복 많은 사람이라고 남이 부러워할. 근데 그 면은 남이 부러워했지만 그 담에 인제 가난하게 되니깐 지주가 인제 소작으로 했거든요 소작농이 뭔지는 내가 설명해도 잘 알 택이니끼네{택이니까}. 그래서 인제 내가 어릴 때 그런 환경에서 인제 자라나면서리 인제 그래도 우리 부모님께서, 그 당시 국민학교 못 댕긴{다닌} 사람들 많았습니다. 국민학교 보내줘서 학교 댕겼는데{다녔는데} 물론 학교 갔다오게 되면은 뭐 집에 오게 되믄 부모님 따라서 그 김 풀게 해야 되고 농사 지내는 거 도와야 된다 말이죠. 소도 키워야 되고 국민학교 그런 시절 그렇게 보냈는데 특히 내가 지금도 그 기억에 생생히 남는 거는 지금 우리 내가 지금 가은 땅에 와서 살게 되니까네{되니까} 여기는 산골이라도 농사짓기가 상당히 좋은

데예요. 내가 인제 그런 데서 농사를 몇 살 때까지냐면 스물한 살 때까지 농사 일 했어요.

답 그런데 고기는 그 지역이 음. 비가 오면은 여간 고생이 되나나. 내가 월남 해서 보니께{보니까} 여기 물이 바로 옆에 있어도 높은 데 있으면 물을 퍼다가 딛고 그런 작업을 안 하더라구요. 우리 고향에서는 거 물이 암만{아무리} 높아도 높낮은 데서 물을 인제 퍼서 올려서 농사를 짓고 그랬어요. 그 표현을 다 할라면은 어마어마하게 힘든 표현이예요. 인제 물을 일 회식으로 한 번 이렇게 그 물 뭐 물 무장하라면 물길 사람이 올라가서 자꾸 걸어가며 돌아가며 물을 푸는 건데 그걸 세탁. 세탁이라 뭐냐면 맨 첨에서 퍼올리면 고 위에서 더 퍼올리고 기계 세 갤 놓고 퍼올리는 건 보통이요. 인제 그렇게 해서 뭘 말하냐면 물 거 옆에 없으면 못 퍼. 그냥 다행이 물이 옆으로 지나가는 물이 있다면은 그렇게 높은데도 물을 해가지고 어 벼를 심는다고 그런 식으로 하면 소작이라는 게 그렇게 힘들게 하고 비료 사다가 치고 또 김을 지금은 뭐 농사진 사람이 쉽게 해요. 그때는 뭐 재척도 매이고 김을 세 번 맸어요. 얼마나 힘들어요 그니깐{그러니깐} 여간 힘드는 농사를 참 짓는 가정에서 태어나서 열심히 그래야만 되는 줄 알고 살면서 그 인제 어릴 때부터 맘 속에 나는 절대 농사 안 짓는다. 왜. 그렇게 수고하면 수고한 보람이 있어야 되갓는데{되겠는데} 해마다 홍수가 나. 홍수가 니세 되면은 벼가 성장해서 어느 때에 홍수가 안 나면은 괜찮은데 어느 때에서 어느 때까지 고 새에 홍수 나서 물이 잼기면{잠기면} 벼를 못 먹어. 그걸 내가 잘 알아요 그래서 대부분이 흉년이야. 대부분이 흉년이야. 그러면은 제대로 소출을 한다면은 백 가마니 정도 생산이 되야 되는데 이게 다 홍수 되가지고 못 묵겠어{먹겠어}. 열 가마니. 한 십 분지나 한 이십 프로 고 정도밖에 안 나와. 그럼 그게 식량이 모지래{모자라}. 그럼 비료 살 돈 모지라지{모자라지}. 식량 모지라지{모자라지}. 그런 생활을 하니깐 이게 계속 한 삼 년

만 흉년 되게 되면은 아주 형편없어요. 그러니깐 아. 난 절대로 농사 안 짓는다. 왜. 우리 부모하고 농사짓는 걸 보니깐 고생 죽도록 하고 그 담에 인제 비 안 오면 물 없어서 농사짓는데 힘들고 또 농사를 재놔도{지어도} 홍수 되가지고 못 먹게 되고 그래서 이 어린 마음에 절대로 난 농사 안 짓는다. 그래서 국민학교 졸업맞고{졸업하고} 열두 살 열세 살 때부턴 외지로 나갔더랬어요{나갔었어요}. 그래서 인제 그 뭘 생각을 하게 되면은 남과 같이 더 좋은 학교 가가지고 공부 많이 해가지고 뭐가 되야겠다 그런 생각은 없고 단지 난 농사는 안 짓갔다{짓겠다}. 그래가지고 인제 농촌이고 시골이니 공부는 실력이 떨어지고 머리가 그만큼 안 돌아갔으니깐 또 우리 집에서 그렇게 고생해서 좋은 학교 보낼만한 환경은 또 못 되고 어떡하든지 나는 공장에 가서 인제 직장 생활하겠다. 인제 그런 마음이 깊은 뿌리 백혀{박혀} 있었어요

그 대장들이 뭐 선풍기도 없이 하니깐 그니깐 인제 손으로 부채를 인제 부채든지 맹글어가지고 가서 이렇게 부쳐주는 일을 한다고. 본인이 해래서가 아니고. 그 대장들한테 인제 선심을 쓰면 "너 좀 연습하라." 그런 기회가 닿을까 해서.

답 근데 이놈이 거기는 지금은 뭐 여기서 직장들이 많았지만은 옛날엔 여기나 거기나 직장이라는 게 없어요. 전부 농사짓는 기밖에 없다고 그런데 거 인제 우리집에서 삼십 리 떨어진 납청이라는 고을이 있거든. 납청. 고을 이름이에요 거기 가게 되면 인제 방짜유기공장이 많아요 방짜유기공장. 또 주물공장이 많고 그 산골에 한 삼백팔십 호 사는 건 전부 다 유기공장 아니면 고기{거기} 숯장사하고 쌀장사하고 고기{거기} 관계되는 업자들만 사는 고을이 하나 있어요. 거길 인제 일케{이렇게} 왔다갔다 하게 되면은 거길 가게 되가지고 방짜 옛날 그래가지고 일을 배우게 되면은 내 농사를 안 짓고 살갔다{살겠다} 하는 게 있는데 못 딜어가{들

어가}. 거기. 취직이 안 돼. 그때도 인제 드갈라면{들어갈려면} 적어도 빽이{백이} 있어야 되는데 빽이라는{백이라는} 거는 원대장이 뭐이{무엇이} 된다던가{된다든가} 그 공장 주인에 뭐이가{무엇이} 된다던가{된다든가} 드갈까{들어갈까} 나 같은 사람은 절대 드갈{들어갈} 길이 없어요. 그래서 인제 가서 연습 좀 해보자고 갔는데 그땐 선풍기 없거든요. 근데 그땐 여름 아주 더울 때는 그냥 물건이 딸리면{모자라면} 대장들이 웃통을 벗고 불 앞에서 그냥 메질하니까네{메질하니까} 얼마나 더워요. 그러면 그 대장들이 뭐 선풍기도 없이 하니깐 그니깐{그러니깐} 인제 손으로 부채를 인제 부채든지 맹글어가지고{만들어가지고} 가서 이렇게 부쳐주는 일을 한다고 본인이 해래서가 아니고 그 대장들한테 인제 선심을 쓰면 "너 좀 연습하라." 그런 기회가 닿을까 해서. 그런 그런 일이 있었어요.

📑 그런데도 인제 일할 취지가 기회는 못 얻고 해방이 됐습니다. 뭐 해방이 되기 전에 그 얘길 다 할려면은 나는 어 해방 되기 전에 일본 군사훈련도 받았는 사람이에요. 사 년제 군사훈련 받은 사람이에요. 북한에 인민군 훈련도 조금 받았구요 또 월남해가지고 국방 의무 다한 사람이에요. 나는. 그런데 거기서는 도저히 해방되가지고 그쪽에 정치하는 거는 내 어린 마음에라도 마음에 안 맞아. 농사 재놓게{지어놓게} 되면 소련군 그 추럭가{트럭가주고} 전부 실어 데러와가지고 배에다 막 실어가고 뭐 거기 하는 사람들이 지금이나 옛날이나 그 마땅치 않아. 그렇다고 내 큰 사상가는 아니지만 어릴 때부터 그런 생활은 싫어. 기계. 기계 같은 생활이거든요. 조직이. 그래서 인제 북한에는 이짜{이전에} 얘기했지만은 그 유기공장이 많은 고을이 있었는데 이남에도 있고 이북에도 있었지만 양대라 그래요. 여기서는 방짜라 그러지요. 방짜는 거기서 갖다팔았어요. 그 이남에도 방짜공장이 있었는데 방짜공장이 있으면 징, 꽹과리, 정도 만들고 이 유기는 거의 안 만들었어요. 이남에서. 그러니깐 해방되가지

고 김일성 저는 기회경제기{계획경제기} 때문에 방짜유기 하는 거는 다 몰수해뿌리고{몰수해버리고} 말았어요. 못하게 했어요. 그니깐{그러니 깐} 오랜 옛날부터 거기 스물두 개가 방짜유기가 있었는데 이남 여서 방짜라 표현하고 있는데 북한에서는 방짜라면 몰라요. 그래 양대라구야. 또 이남에서는 방짜라지 양대라면 또 몰라. 내가 표현을 여기선 방짜로 표현하고 있거든요.

문 그냥 쌤 쓰시는 말 그대로 쓰세요.

답 예. 그 방짜공장을 거기서 뭐 하게 되니깐 이남에 어떻게 되니까. 이남에 는 꼭 방짜유기 있어야 혼수감을 해가는데. 밥그릇만 가진 않거든. 대야 유기 필수품이거든. 거 이남에 주물을 한 밥그릇은 많이 있었지만 양대 는 없었다 이 말이야. 방짜는 없었어. 그래서 다 했는 사람이 그쪽 사람 이었는데 이미 서울에 와서 행상도 하고 보부상. 보부상이라 그러죠. 지 구{지고} 대면{다니며} 팔고 했는 사람이 서울 가서 정착해가지고 아 북한에 가서 이렇게 삼팔선 넘으면서리 조금씩 갖다팔면 안 되잖아요. 그러니깐 그분이 인제 북한에 있는 대장들을 많은 사람들을 다 인제 탈 북시켜가지고 여기 후암동에다서리 덕산가 얻고 세 하나 얻어가지고 거 서 양대 맹글기{만들기} 시작했어요. 나는 해방되고 빨리 오고 싶은데 우리 어머니가 인제 우리 아버지가 사십육 년도 세상 떠나서. 인제 아까 이야기했죠 구 남매. 애들은 많고 노동력은 없고 그러니깐 인제 못 가게 했는 거에요. 인제. 자기 어른네들만 두고 가면 어떡하냐고.

문 몇 째신데요. 선생님. 몇 째십니까? 구 남매에서.

답 내가 둘째. 남자로선 둘째. 그니깐{그러니깐} 농사를 그때는 내가 스무 살, 스물한 살 되니까네{되니까} 그 많은 농사를 내가 전부 다 소로 논 도 갈고 소타기도 잘해요. 소구루마. 소도 끌고 댕기고{다니고} 해서 그 많은 농사를 내가 몽땅 다 치웠거든요. 우리 형님이 한 분 게시는데 그 분은 인제 병원에 가가지고 병원 기술 배운다고 가있고 집에 농사일은 내가 다 인제 맡아서 했거든요 근데 여기 이남에 와보니깐 인제 뭐 돈. 인건비 줘가지고 하는 농사 있는데 거기선 그거 없어요 전부 다 자기네 손으로 다 소유하죠 품앗이 있어도 뭐 인건비 주는 농사 지내는 건 몰랐어요 일은 참 많이 했죠 농사 일 많이 하고 그래서 농사 일에는 내가 아주 누구 못지 않게 많이 했고 인제 그러다가 어 사십육 년도 사십칠 년도 월남해야 하는데 그땐 삼팔선 넘기 힘들었거든요 일천구백사십팔 년 되니깐 그 담에 인제 북한에서 지원병 아닌 지원병 모집이에요. 지원 병 아닌 지원병. 나는 원치 않지만은 용군을 지원병 해가지고 모집을. 그 때 벌써 6·25전쟁 준비할 때에요 그니깐{그러니깐} 우리 어머니한테 또 한 가지는 어머니가 왜 못 가냐면은 한 가지는 삼팔선 넘다 총 맞은 사람이 많거든요. 그 당시. 지금 탈북자나 거의 같애. 그니깐{그러니깐} 인제 우리 어머니깐 안 되니깐 내 마음은 그래도 어머니 허락을 받았어 야지 해서 일 년, 이 년 그다지 사십팔 년도 돼서 가딱하니 군대 뽑히게 된 거야 인제. 그래서 어머니 보러 내가 삼팔선 넘다가 총 맞아 죽으나 군대 나가서 전쟁 총 맞아 죽으나 그게 그거 아니냐 그래서리 허락을 받 아가지고 일천구백사십팔 년 십이 월 팔 일 삼팔선 넘은 날이에요

두 번째, 방씨와의 인연 이야기

―그때는 평생에 가장 내 맘 속에 행복을 안겨준 날이라고 지금도 생각 해요.

🔲 예. 그래가지고 인제 서울에 그 다 아무개가 방짜공장을 이미 채려고{차 리려고} 한단 얘기는 좀 들었더랬거든요. 그래 오자마자 거길 물어 물어 찾아갔어요. 찾아가니깐 어 그 양반이 반갑게 고향 사람 왔다고 해주고 그래가 인제 "누구 아느냐", "누구 아느냐." 재차 물어보니 확실하니깐 "딴 데 절대 가지 말고 오늘부터 여기 같이 나랑 먹고 자고 여서 일하고

있자." 근데 내가 지금 말이 내가 지금 쉽지. 그 당시 환경은 어 북한에서 그 월남할 적에 돈도 없잖아요. 내 앞에 송아지 한 마리 그 당시 오천원 들고 팔아가지고 고걸 노자를 가져왔거든요. 서울까정{서울까지} 왔는데 노자가 다 없어졌잖아요. 옷도 없고 삼팔선 넘으면 몇 번 도망치고 붙잡히고 하니까네{하니까} 옷은 가져온 거 다 없어지고 신발도 없고 그렇게 하고 왔는데 당장에 십이 월달인데 오늘 날 도와줄 사람 없으면은 여관이라도 들어가 자야 되는데 여관 들어갈 돈도 없어. 그니깐{그러니깐} 내 마음은 초라하죠 인제. 그래도 어 나는 본래 우리 부모님이 또 크리스챤이요. 그래도 내가 어떻게 잘못 되갓나{되겠나} 걱정되고 그렇진 않았어요. 젊어. 나이도 젊었고 그니깐{그러니깐} 뭐가 되리라 하고 서리 고 인제 중간 얘기 다 할라면은 거 성경책에 보게 되면은 그 이스라엘 백성들이 외국에 나올 적에 보게 되면은 그 사람들 막연하지만은 다 길이 열렸거든요. 자기는 몰라도 수단이 없어도 이거와 마찬가지로 인제 그 탁창여네 집을 찾아간 데까지도 얘기할 게 많은데 찾아갔는데 그 양반이 난 어데 가 묵을 데도 없고 잘 데도 없고 돈도 없는데 막연하잖아요. 특히나 서울인데 객지에 나가지고 근데 그 양반이 "인제 딴 데 가지 말고 나랑 같이 먹고 나와 같이 자고 여기 있자" 하니까니{하니까} 그때는 평생에 가장 내 맘 속에 행복을 안겨준 날이라고 지금도 생각해요. 만약에 그 양반이 그렇게 안 했어도 죽 굶이죽지는 않갓지만{않겠지만} 더 어려움을 당했겠죠 그래가지고 고기서{거기서} 인제 한 달 동안 두 달도 안 됐을 거예요. 첨에 올 때 무슨 일 맡기냐 하면은 고기{거기} 와서 일한 사람들 전부 다 납청 사람들이 월남한 지가 얼마씩 안 돼. 가니깐 인제 자기 고향 소식들 듣겠다고들 날 상당히 반가워합디다{반가워하더군요}. 그래가지고 그 탁창여 그 사람이 인제 사람 시켜서 남대문시장서 옷도 갈아입히고 밥도 맥이고{먹이고} 잠도 재워주고 이랬는데.

🔳 어 양중에는{나중에는} 어 그 집안에 그 아들이 셋이고 딸이 넷이랬는데

{넷이었는데} 그 사람들 전부 다 대학 나오고 뭐 교수고 박사고 지금 그래요. 나보다 나이 어린 것들이 많거든. 어. 근데{그런데} 그것들은 아버진데 돈 타다 쓰는 것만 알지. 아버지 일한데 요만큼 도와주는 놈이 없어. 자녀들 가운데 보니깐. 난 아버지 앞에 서서 지금으로 말하면은 조수 관련 마찬가지죠. 근데 그분이 나를 그렇게 좋아하는 건 내가 본래 크리스챤 집에 태어났잖아요. 젊은 사람이 담배도 안 피고 술도 안 마시고 정직하고 여서 만약 일이고 뭐 안 되고 수금을 좀 갔다와라. 가게 되면은 가는 동안에 돈을 얼마 주게 되면은 거기다 메모를 다 하게 되거든요. 기차삯이 얼마다. 뭐가 얼마다. 오늘 점심은 대충 먹어 점심값은 제로고 지금 쓰고 남은 건 얼마다. 내가 대따바치고{알려주고} 했어요. 그건 내가 누구한테 공부해서가 아니고 내 맘이 그런 거예요. 그 양반이 나를 믿어요. 그니깐{그러니깐} 뭘 말하냐면 내가 그 사람에게 신용을 배우고자 노력한 건 아니고 내 본성이 그래요. 본래가 그러한 교육을 가정에서 자라났기 때문에 그래 노니끼네{노니까} 이 분이 자기 자녀들보다 나를 더 믿고 모든 일을 나한테 맡기는 거예요. 적은 일을 내가 그렇게 정직하게 했더니 그러니 이 양반이 나한테 큰 일을 자꾸 맡기는데 한 두 달 동안 하다보니깐 그 일한 사람들 그 한 달에 한 번을 계산 봐요. 일해 보니깐 내가 깜찍 놀래{놀란} 거는 북한 땅에서는 그렇게 배 고픈 시절을 보냈는데 하루 일을 뭐 노동할 일 자리도 없지만 그때 가서 하루 노동한다면은 쌀 한 되 정도 받으면 좋은 때예요. 근데 인제 김창규래는{김창규라는} 대장이 말이죠. 밤일도 낮에도 하게 되면 씰 두 가마니 값을 벌어요. 그 당시. 그니깐{그러니깐} 그 당시 그 방짜공장 원대장이 얼마나 인제 경기가 좋았나. 그면{그러면} 인제 그 당시 택시 운전수. 쎔방 하는 사람들이 또 그런데 그 사람들 한 달 벌 걸 일주일도 안 되고 다 벌어버려. 원대장이.

🔲 그니깐{그러니깐} 내가 지금까지 얘기했지만 농촌 그렇게 어렵게 살고

고생 많이 하고 열 평생 이래{이렇게} 지냈는데 또 북한에서 또 우리 어머니 나올 적에 동생들 위해서 절대로 위험한 일 하지 말라. 인제 그에 마음이 있기 때문에 돈 벌어야 되갓다{되겠다}. 그래서 인제 그 전에는 와가지고 아는 사람도 없고 갈 데도 없고 그래. 근데 인제 그 담에 와 있어 아니깐 고향 사람들이 왔는데 사는데 왔는데 거들도 다 누구 도와줄 형편 못 돼. 전부 다 꼭같이 어려운 형편이니깐. 그래서 어 대장을 해 보갓다{보겠다}. 이렇게 결심을 하고 그 담에 하루는 아주 큰 맘 먹고 탁방주한데{탁방주한테}. 탁방주라 그래요. 탁방주한데{탁방주한테} "나는 인제는 사환 일은 안 하굿고{하고} 나는 대장질을 배우갓다{배우겠다}." 그니깐{그러니깐} 그 양반이 나 보고 "미련하게 되면 자네 정신이 있나 없나 자네가 무슨 장사를 했대면{한다면} 내가 도와주겠지만은 그렇게 상놈의 새끼들 하는 걸 뭘 배워왔다 하느냐"고 인제 그래요. 그래도 그 양반은 그 마음 속에 상당히 지금 만족스러워서리{만족스러워서} 나한테 얘기했는 거예요. 그 왜 그냐면은{그러냐면은} 이작에도{이전에도} 얘기했잖아요. 원대장이 귀했거든. 북한에서 데려왔는 사람들밖에 없는데 이남엔 없고 근데 이 사람들이 와가지고 하루만 벌어도 한 달 먹을 거 나오니깐 일을 안 해 줘요. 일을. 기생집에 가서 술 마시고 그런 사람들이 대부분이야.

답 그니깐{그러니깐} 이 양반이 그 대장들한테 얼마나 마음이 상했으면은 속으로 '인제 저런 놈을 하나. (또 내가 좀 단단하거든요) 기술 배워주면은 어 그런 속을 안 썩갓다{썩겠다}.' 그런 맘을 먹고 이 양반이 말로는 상놈 하는 거 배우지 말라 그랬지만은 그 다음날부터는 그 양반 꼭 한복을 부리는데 노니나{놀거나} 태연하게 되면은 밤에도 내가 연습하게 되믄{되면} 이렇게 풍구질 불러주고 이거 혼자서는 못 해요. 도와주는 사람이 없으면 못 해. 고 담에 인제 원대장네가 왜 이렇게 힘들나 하면은 도자기 만약에 내가 배운다면은 혼자서 연습할 수 있잖아요. 흙도 파다가 이렇게 이론도 물론 되요. 나무 잘라 혼자서도 할 수 있어요. 이 방짜는 혼자 안 돼. 메질해 주는 채 풍구 불러줘는 사람 있어야 되고 집게 불러줘야 되고 적어도 일인 이역 해도 다섯 여섯 사람이 달라 붙을 때는 연습을 못 해요. 또 수티{숯}. 수티{숯}. 하루에 한 포, 두 포 해서 되는 게 아니야. 지금도 숯값이 비싸지만 그 당시도 숯을 몇 포 쓰게 되면 돈이 꽤 나갔거든요. 그런데 인제 원대장이 될라믄은{되려면은} 왜 힘드냐. 이게 혼자선 되는 게 아니고 밑천이 얼마 되냐면 이자 말한 대로 인제 도와주는 사람들 놔두고 숯값이 되야지. 숯값이. 그런데 그게 일 년에 일 년. 이 년은 이 년 하게 되면은 배울 수 있다 그런 자동차 면허는 한 달 두 달은 나오잖아요. 이건 그게 아냐. 이건 면허제도가 없고 기술을 배워가지고 내가 팔아먹을 상품 되도록 맹글어{만들어} 완성되야 이기 원대장 되는 거예요. 그렇지 않겠어요. 그 내가 십 년 동안 했어도 팔아먹을 수 있는 작품이 안 나오면은 그 헛고상{헛고생} 아니에요. 그러니깐 기약이 없다 이거죠. 기약이 없고 만약에 오랫동안 밑천 들여서 배울 만한 재본이{자본이} 있으면은 그 뭘로 배우갓어요{배우겠어요}. 그 당시. 그 그만두고 딴 거 배우고 가서 뭐 지금 하는 컴퓨터라던가{컴퓨터라든가}. 뭐. 딴 거 뭐 때문이갓어요{때문이겠어요}. 그런 환경 속에서 그걸 생각하게 되면은 내 수단 내 방법 가지곤 도저히 안 될 건데 쉽게 말하면 예수 믿는 사람 하나님이 도왔나지만은 팔자. 팔자 소관대로 하죠. 그 조건이 환경이 대장이 될라면은 자기만 기술 있고 열심히 해선 안 돼. 자기도 힘들고 열심히 했지만은 그 주변에 조건이 다 궁합이 되야 돼. 그런데 어. 그 원대장이 뒬라면은{될려면은} 인제 북한에서 그 자기 아들한테 대장간 능력이 있거든요. 그 몇 년 동안 하면 자꾸 하면 대장이 돼요. 아버지가 도와주니깐. 근데 난 그게 없잖아요. 아버지가 도와주는 것도 근데 그 탁창어에서 다행히 그런 능력이 이루어졌잖아요. 먼저 그런 대장들이 신용이 좋았으면 그런 꿈도 안 꿀건데 그놈들이 막하

게 그니까네{그러니까} 대장을 새로 키워줘야겠다는 싹 텄고 내가 또 하갓다{하겠다} 그랬고

네. 그렇겠네요

근데 이게 나도 몇 년 걸려야 되는데 십팔 개월 만에 원대장이 됐어요 그건 또 왜 그러냐하면 원대장이 맹글게{만들게} 되면 그거 콤파스나 자나 없거든요. 눈짐작으로 해서 딱 요렇게 맹글어놓고{만들어놓고} 이쁘게 맹글어놓거든요{만들어놓거든요}. 근데 내가 맹글게{만들게} 되면은 대야가 동그래야 되는데 삼각도 있고 사각도 있고 그래요. 서투니깐. 근데 그거를 누가 사가야지. 안 사가면 거 모를까. 깨트려서{깨뜨려서} 다시 녹여서 또 맹글고{만들고} 그러지 않겠어요. 그런데 거 이상하게 그 당시 그 대장들이 나 말고 인제 두 사람이 또 있었는데. 이 한강 이남에 전체 파는 거보다는 더 연안. 연안에 최동길이라는 사람이 있어요. 최동길이란 사람. 거 지금도 내 인상이 훤해. 다 돌아가시고 없지. 지금. 그 사람 한 사람이 사가는 게 한강 이남에 부산, 대구, 전라 전부 사가는 거 분량만큼 더 사가. 그 사람이 인제 한 달에 한 번이고 얼마고 오게 되면은 인제 가마다 현금을 딱 들고온다고. 오게 되면 창고 가서 자기가 전부 고르는데 이상하게 딴 사람 건 안 골라가고 내가 맹근{만든} 건 다 골라가.

아 삼각형이든 사각형이든.

삼각형이든 사각형이든 그건 안 봐.

그건 안 보고 그냥.

그냥 내가 이걸 어떻게 아는가. 다른 사람들 한 번에 싹 나오기 때문에 인제 너 근 너 근, 서 근 서 근 중량이 딱 고대로 있는데 내가 인제 잘할 줄 모르니 뭐 좀 잘라내고 또 하고 잘라내고 하니 작고 가볍다 말이야. 작고 인제. 근데 이 사람은 장사하는 게 조건이 인제 여기서는 한 근에 얼마 사가지만 갖다팔 때 한 개 무조건 넘기고 마는 거예요. 낫기만 한데 인제 그런 케이슨가 봐. 지금 양재산 땅에. 그래 그것도 내가 시켜서

한 것도 아니고 내가 맹근{만든} 거 팔아달라 내가 담배 사준 것도 아니
고 근데 그 사람은 오게 되면 내가 그 동안 해놨던 거 싹 다 사가. 그러
니 내가 또 맹글어야{만들어야} 돼. 내가. 인제 그러니깐 자꾸 맹글어야
지{만들어야지} 기술이 느는데 그 사람이 그걸 안 사갔으면 어땠을 거
같으냐. 내가 맹근{만든} 거 모양이 안 좋다고 안 사갔으면은 탁창여 암
만{아무리} 마음이 안 좋아도 자기 재산 한도가 있지. 빚을 내다가 해서
할 수 없잖아요. 팔아먹지 못할 거 누가 사갔어요. 그런데 이 영감도 수
지맞은 거야. 인제. 연수 가면서리 그 못 쓰지도 않고 그 사람이 다 사가
고 인제 그래드랬는데{그랬었는데} 내가 정말 딴 사람 믿으면 곧이 안
듣지만 십팔 개월 만에 기록을 맹글었어{만들었어}. 십팔 개월 만에 대
장 나밖에 없다.

문 보통은 한 얼마 정도 돼요?

답 십 년 동안 해도 못 되는 사람이 많아. 그니깐{그러니깐} 평생 원대장 못
되고 죽지. 그러니깐 인제 주로 된다 그러면 인제 자기 아버지가 대장이
라던가{대장이라든가} 자기 삼촌이 대장이라던가{대장이라든가} 그 밑
에 가서 일하서리 간간히 배워서 오 년이고, 육 년이고, 십 년이고 하다
서리 인제 그 웃대야 죽으면 마지 못해서 원대장이 되는 게 보통이예요
나 같은 사람은 이건 정말 특수한. 이건 인제 정말 원대장이 참 어렵게
됐죠 물론 그 동안에 또 대장 배우년서리 인제 또 구박 받고 내가 다
큐멘터리 한 테잎이 있어요. 누가 표현을 잘했더라구요. 그렇게 대장이
되고 나니깐 이놈의 6·25사변이 나더라구요. 일천구백사십팔 년 십이
월달부터 와서 일했는데 사십구 년, 오십 년 그니깐{그러니깐} 한 십팔
개월 만에 6·25사변이 났어요. 그래서 그때 후암동에 있었는데 부대들
이 출동하게 돼서 우리는 ‘아 인제 고향 가겠다 박수치고 이랬는데 거기
서 안 됐잖아요. 그래가지고 다 버리고 그 한강 이남을 어예 드갔는데
{들어갔는데} 그 서울 탈출 못하고 간 거야. 끊어져가지고 서울서 시가

지 하는 거 다 겪고 또 9·18 수복 할 때도 몇 번 붙잡혀서 죽을 뻔하고 그런 지금은 다 얘기할려면은 내가 책, 글을 쓰고 있어요. 몇 년째 쓰고 있다고 고걸 자세히 얘기하긴 그렇고

아 그래가지고 인제 어 9·18 수복이 되지 않았어요. 수복 되기 전에도 난 가만히 있지 않았어요. 인제 죽을 뻔하면서도 붙잡혔던 도망치고 하면서도 자전거 타가지고 쌀장사도 하고 인제 그랬어요. 탁창여 노인하고 둘이서 그렇게 지내다가 1·4후퇴 했잖아요. 그래서 무조건 십이 월 말 때 나는 한강 철교 밑으로 인제 월남했어요. 1·4후퇴 때 미리 그때. 그니깐{그러니깐} 그때 중공군이 넘어온단 소리 듣고 그 담에 인제 대구 가서 좀 있다가 또 제주도꺼징{제주도까지} 가서 또 인제 좀 있다가 거기서 인제 군대 갔죠 인제. 수도사단에. 군대 생활하면서도 참 우리 할 제 내가 군번이 팔팔인데 팔팔군번이 많이 죽었어요. 뭐 북진 하고 그럴 때도 많이 죽었지만 그 휴전선 이렇게 근 다음에 그때 많이 죽었습니다. 뭐 고 수도고지 그런 거 백마고지 그런 거 주인이 몇 번씩 바꾸잖아요. 거길 제가 참전했어요. 그랬다가 인제 제대해가지고 도로 인제 탁창여에 드가가지고 원대장을 했죠 해다가{하다가} 한 이 그때 제대해가지고 나와서 요새는 갈 길이 집이 지금 얼마 전까진 있었는데 밤낮 일 해가지고 조선기와집. 조선기와집이라면 알죠 저 인제 한와. 한와. 옛날 한옥 고걸 하나 샀어요 내가. 무일푼 해서 제대해가지고 와서 일 년 농안 싸게 냄겨주고{넘겨주고} 인건비 받아가지고 집을 하나 샀더란 말이에요. 그만큼 원대장은 벌이가 그때 좋았어요 그렇게 지내면서 그 담에 에 또 저 가정도 이루고 자녀들도 또 낳고 그렇게 살면서 공장을 몇 번 옮겼어요.

그 맨 첨에서는 탁창여에 있더랬는데 그 양반하고 나하고 뭔가 틀려서가 아니고 그때 그 양반이 인제 일하는 사람들 인건비 전부 다 다운시키려고 했는데 나는 자네는 돈 달래면 다 줄테니깐 그러니깐 여 이남에 인제

거 시골에 징, 꽹과리 맹그는{만드는} 사람 데리다 쓰게 되면 반에 반 값도 안 인건비 안 될 그 데려다 쓸. 그 양반이지 오산인거지. 오산. 근데 그 납청에서 데려왔던 사람들 생각해 보세요. 내가 원대장이 됐는데 그 사람들 나 일 배웠 적에 다 내 꼬봉{대장} 노릇 하면서 일 배워줬던 사람들인데 지금은 내 밑이. 그 당시 밑이지만은 본래는 다 전부 다 나보다 좀 선배들이거든. 근데 그 탁창여씨가 나한텐 은인인데 뭐 두 말 할 것 없이 은인이죠. 근데 그 양반을 배신하자면은. 배신 안 하면 배신하지 않고는 그 밑에 사람들 다 실업자지 어디 가서 노동판에 공사하는 그때 그것도 없어. 월남한 사람들이 많아가지고 거 진짜 굶어야 돼. 진짜. 그 담에 길바닥에 지게나 지고 그래야 될 사건이니까네{사건이니까} 그 당시 참 갈등이 심했습니다. 그러나 나는 탁청여씨 은인일 뿐이지만은 내 콤비. 그 콤비들을 굶어죽게 할 순 없어. 그래서 내가 인제 독립해서 나온 거예요. 거서. 나와가지고 그때 일이 될라니깐 그 당시 한 달 쓸 돈이 계약금 내려면 내가 뭣 해야돼. 한 달 쓰고 나서 만 원, 그렇게 주불로 인제 계약해가지고 시작한 거예요. 내가. 고게 일천구백오십칠 년이에요 벌써 공장 시작한 지가. 일천구백오십칠 년 됐으니깐 지금 공장 지금 차린 지가 한 오십 년. 오십 년 공장. 경영도 하고 일도 하고 인제 그렇게 되면서 인제 조그만 규모는 작지만 그때부턴 계속해 온 거죠. 인제. 그래서 고만큼 얘기하고 고 동안에 뭐 좀 빠진 거 있으면.

문 예. 그 쌤님. 아까 왜 운전수 하고 뭐 쌤빙. 쌤방이 뭔 말이에요?

답 땜방? 아. 쌤방. 선반 선반. 선반 왜 기계 깎는 그 당시는 그 일본말이 쌤방이라 가지고 우리나라 선반이라고 나사 같은 거 쇠질 깎잖아요. 그러니깐 기계 선반이라구요. 선반.

문 선반. 아 쌤방이 아니고 선반. 그니깐 운전수랑 선반이 많이 벌었다.

답 그 당시는 인제 보통 흔한 게 그것들밖엔 없었거든. 귀했어요. 그것도 직장이란 게 없었으니깐 그 당시. 그런데 그것들이 그래도 그 당시는 인제 돈을 내보단 많이 벌고 운전수 마누라는 거기 시집 가기 좋은 자리고 선반 기술자도 결혼하기 좋은 상대. 쉽게 말하면 좋은 직종이 됐다 이 말이죠. 근데 그런 사람이 돈을 잘 버는 축에 들어도 원대장이, 한 달에 버는 거 한 주일도 안 되서 다 벌어버려. 그만큼 원대장의 벌이가 많아.

문 그면 선생님 맨 첨에 그 탁창여신가. 그 분 공장에 들어갔잖아요. 들아가서 그면 선생님 맨 첨에 하신 일. 하신 일 그냥 단계가 있을 거 아니에요 원대장 하기 전에. 어떤 단계 거치셨어요?

답 근데 내 체격이. 이거 내 하나 줬나. 안 줬나? 이 책에 보게 되면 인제 이 담에 요거 아르켜주면{알려주면} 자세히 요거가지고 가서 봐요. 요기 이래 보면요 원대장이 그때는 인제 월급이 아니고 대야를 하나 맹글었다{만들었다}. 그러면 무조건 일하기 나쁘나 좋으나 저거를 무조건 달아. 달아 한 근에 얼마야. 한 근에 주인은 인사권. 또 이 재정권. 재정을 할까요 월급 주는 거. 이 원대장이 다 해. 원대장이 다 해서 "이 자식이 일 못해. 이놈 나가." 그러면 나가야 돼. 주인이 "안 돼." 그래도 안 돼. 원대장의 권한이라요. 대체적으로

문 모든 일에는.

답 그러고 인제 월급을 이 사람이 더 주고 사장하잖아요. 그때는 원대장이 그걸 하는 거요. 주인은 무조건 한 근에 백 원 주는데. 백 원은 백 원, 천 원짜리 고 계약한대로 주면은 이 사람이 거 인제 집 줄고 앞망치 있고 가질대장 있고 겟대장, 겟망치, 센망치, 안풍구, 밖풍구, 재질풍구 인제 이 대충 이렇게 계급 있거든. 나는 여기 드갔어요{들어갔어요}. 풍구질.

문 풍구질을 하셨구나.

답 풍구도 안풍구, 밖풍구 이건 많아. 맨 첨에 드가면{들어가면} 이거밖에 못 배와{배워}. 인제 풍구질하는 거는. 요기 드가가지고{들어가지고} 나는 여기서 어 바로 이로 뛰어 올라갔어.

문 아 이쪽에 암~ 것도{아무것도} 안 하시구요.

답 예. 이건 그니깐{그러니깐} 이건 웬만 건 다 하지. 인제. 이건 내가 전문
이 아니고 여서 단번에 이걸로 배왔지 뭐.

문 보통 그런 경우가 잘 없지 않습니까?

답 뭐 그렇지. 대개 자기가 벌어먹으며 해야 되니깐 대충 인제 이런 거. 가
질 이런 거 오 년, 십 년 하다가 이걸 배우는 게 있는데 나는 인제 앞망
치, 가질, 겟자 이런 거 안 배우고 이거는 웬만큼 뭐 하면 되는 거니깐
이 이건 사람 시키면 되는 거고 바로 여기 뛰어올란 거야. 이게 인건비
를.

답 이작 얘기한 것 중에 뭐 물어볼 거 있어?

문 아뇨 쌤. 얘기 잘 들었구요 뭐 무슨 얘긴 지는 다 알겠습니다. 그면 쌤
잠깐 일 보시고 또 바로 십팔 개월 만에 이렇게 가셨단 말씀이시죠

답 그럴까?

세 번째, 방짜 만드는 이야기

—대장은 집게 잡고 그걸 인제 돌려가며 이렇게 대주면은 따로 메질하
는 녀석은 자꾸 인제 두드리고. 풀무하는 놈은 계속 풀무 불고.

문 선생님 왜 유기 만드실 때 있잖아요 유기 재료. 그리고 도구. 제작 방법
하고 왜 신생님 만드시는 제품들. 뭐 이런 뭐 이런 것들에 관해서 말씀
해 주세요

답 어. 그 인제 내가 얘기하게 되면 필요없는 건 다 빼버리고 거 필요한 거
난 해고{하고} 또 양중에서{나중에} 모지란{모자란} 거 또 물어보면 내
가 얘기해 주고 아까도 내가 얘기 좀 했지만은 본래 북한에는 양대라
그리고 이남에서는 방짜라 그래야 되고 그래서 그 전에 양주동 박사가
한 사전에 보면 양대가 맞더라고 인제 양대. 양대가 맞는데 지금 새로
나온 사전에 보면 그걸 못 찾겠더라구요 인제 고걸 밀하는 거고 나도

이게 태어나기를 그 유명한 납청이라는 데 세계적으로 그런 동네가 없
어. 그걸 몰르고{모르고} 우리가 살아온 거죠. 예를 들어서 고런 박물관
에 보게 되면 거 방짜유기들이 있거든요. 그게 거의가 다 고려장에서 파
나온 것들이지. 그래 깨끗이 보전된 거는 거의 내가 못 봐. 나는 못 봤어.
근데 그러게 되면은 그 동안에 천 년 동안 시대가 흐르면서 어떠한 곡절
이 있었는지 그건 내가 모르고. 다만 그 천 년이 됐건 안 됐거나 그 학자
들은 그 무슨 문헌들을 보고서리 더 아주 옛날부터 우리나라에 방짜기법
이 있었다. 인제 내가 그거는 내가 말을 못하고 나는 피부로 느끼는 거
는 천 년은 되지 않았겠느냐. 고려장에 이미 거서 출토됐으니깐.

탑 그런데 지금도 이문스러운{의문스러운} 거는 평소에 하면서리 천 년 전
에 그러면 합금비를 어떻게 맞췄겠느냐. 지금도 이따 얘기 자세히 하겠
지만은 방짜유기라 하면은 그날도 얘기했지만은 동이 동이 칠십팔. 석이
이십이. 고걸 딱 정확하게 내리야 되거든. 딴 거 이물질이 가도 안 돼. 아
깝다고 딴 데 집어너면 몽땅{모두} 다 결단나는데. 근데 천 년 전에 우
리 조상들이 분석하는 시설도 없었는데 어떻게 합금비를 맞췄느냐. 고기
수수꺼끼예요{수수께끼예요}. 어떤 사람 "아 자꾸 이렇게 해보고 저렇게
해보고 해서 된 거 아니겠느냐." 그런데 그거는 어 어떠한 확실한 그 목
표가 있어가지곤 이렇게도 해보고 저렇게도 해보겠지만은 그게 전무한
상탠 그걸 인제 못하는 거예요. 그거 하나 수꺼끼{수수께끼} 남구요. 또
하나는 그 지금이야 뭐 교통이 발달되가지고 비행기도 올 수 있고 배도
싣고 그 당시 어 먼 옛날 그 당시 그게 주석이 어떻게 그 말레이시아서
이까지 왔느냐. 지금까지 그 우리나라에서는 주석. 석이 생산이 안 되거
든요. 긍께{그러니까} 그 한 가지 천 년 전부턴 우리나라도 그러한 무역
계통이 있었을 것 같다. 인제 학자들은 인제 그렇게 얘기하는데 인제 그
두 가지가 수수꺼낍니다.{수수께끼입니다} 고건 어느 사람이 지금 옛날
사람들이 하나도 없기 때문에 수수꺼끼로{수수께끼로} 남구요.

문 그렇겠네요

답 고 담에 하나 방짜유기에서부터 얘기한다면은 저는 본래 여행가도 아니고 여행될 만한 그러한 여유있는 사람도 아니에요 다만 이 방짜유기에 대해서 관해기{관하기} 때문에 여러 나라 댕기면서{다니면서} 같이 일도 해보고 특히나 미국엔 터키사람들 와서 살았잖아요 팔십일 년 팔십이 년인가 몇 번 되면 일했구요 중국엔 수없이 일해면서리 일해봤구요 중국에는. 거기 뭐 가서 제작을 들어가지고 수없이 일해서 중국 갔다오니깐. 또 다른 나라에도 뭐 몇 군데 나가서 일은 안 했지만은 가서 연구하고 이렇게 했는데 문헌을 봐도 그렇고 어떤 학자들한테 대화를 해도 그렇고 먼 옛날부터 현재까지 방짜유기 기법만큼은 우리 조상들만큼 훌륭히 가진 나라는 없어. 거는 전문가들. 유기에 대해서 상세히 아는 사람들 이해가 가지만은 보통 사람들 서양문화가 발달됐으니끼니{발달됐으니까} 그게 될지만은 뭐 우리나라 사람들 그러잖아요. 인쇄활자. 무슨 그 인쇄술이 우리가 앞서 있었다. 뭐 도자기가 앞서 있었다. 그러잖아요 우리가 앞서 있었는데 일본놈들이 도공들 잡아갔다 그런 얘긴 많이 듣잖아요. 근데 이 방짜유긴 그보다 더 더 그 뭐랄까요. 그 기능이 발달돼 있었다. 이렇게 생각하는 거예요. 나 한자{혼자} 얘기예요. 일본놈들이 도공은 잡아가서 이렇게 했지만은 그 녀석들이 방짜유기꾼도 데려갈 가능성도 있다. 또는 안 된다 이거지. 고건 콤비가 적어도 열셋 명씩 열한 명 이래야 되는데 해다 해다{하다 하다} 한 놈만 아파서 죽던가{죽든가} 하게 되면은 그건 못하는 거 아니여. 그니깐{그러니깐} 감히 도자기 기술은 뺏어갔지만 우리 조상들의 방짜유기법은 누구도 못 뺏어갔다. 건{그건} 나 혼자 주장하는 거예요

답 그리고 유기 우리 조상들이 식 식생활 문화랄까요 밥그릇 문화. 밥그릇. 숟가락 뭐 있잖아요 잘 알잖아요 지금도 세계 뭐 몇 분지 많은 사람들이 숟가락문화가 없어서 손고랑{손가락} 식으로 먹는 거 우리가 보잖아

요. 근데 우리 조상은 적어도 천 년 전에부터 이게 밥은 숟가락 먹고 반찬 젓가락 쥐어먹는 그런 문화가 우리 조상이 갖고 있고 일본문화가 언제 여행 갔을 때 그 가이드가 젓가락문화를 삼십 분 이상 떠들어대서 속으로 우리한테 너희 멀었다. 인제 내 그랬죠 근데 또 저희 어 연세대학교. 연세대학교 거기 윤홍근 박사가 있어요 교수. 그 사람이 인제 일본 가서 공부할 때 나한테 와서 여러 날 인제 연구하고 간 사람인데 그 당신 일본사람이 치바대학에서 그건 또 일본사람들이 집요하더라구요. 그 사람이 논문을 보게 되면 전세계적으로 이 옛날부터 지금까지 우리나라 조상들처럼 이 음식을 고루고루 칠첩반상 있잖아요. 고루고루 해먹은 사람도 없고 뭐 미국놈 되는 사람들은 암만{아무리} 잘 먹는데도 편식 아냐. 대개가 다. 근데 우리 조상들은 그래도 반드시 뚜껑 덮은 문화는 우리나라 조상밖에 없데요. 칠첩반상에 뚜껑 다 있잖아요. 근데 일본놈이고 거 칠첩반상도 없지만은 그 중국놈이나 서양놈이 먹어도 접시그릇이나 먹고 내서리 뚜껑 덮어서 이렇게 양반행세 하나도 없잖아요. 그 얘기하게 되면은 어느 면으로 봐도 우리 조상들이 유기문화는 앞서 있다. 맹그는{만드는} 법에도 그렇고 사용하는 데도 그렇고 인제 그렇게 말할 수 있어요

문 아. 네.

근데 인제 아까 맹그는{만드는} 공정을 또 좀 얘기를 하게 되면 맹그는{만드는} 거는 아까 얘기했지만은 구리 그 칠십팔 주석이 이십이 정확하게 저울에 달라서{달아서} 요걸 해서 용햏{용해를} 해. 용해. 인제 지금은 흑연도간이래 그래서 흑연도 맹그는{만드는} 게 흑연도 잘 안 났거든요. 그래서 저걸 어 여러 일반들이 알기 좋게 할라면은 그 쇠를 끄내서{꺼내서} 그냥 쇳덩어리를 만들어. 쏟아가지고 판에다가. 쇠판에다가 붙게 되면 인제 바둑모양이래서 바둑이라고 그래요. 바둑처럼 일궈가지고{일구어가주고} 그 담에 그 놈을 불에다 달가서 반드시 불에다 안

달그면은{달구면} 그 유리처럼 깨져. 어 깨진다고 유리처럼. 그니깐{그러니깐} 불에다가 달궈서 또 인제 옛날엔 재차 늘려야 돼. 또 늘려야 돼. 또 그럼 식어. 식으면 깨져. 그래서 또 다 식기 전에 또 불에 달구고 또 늘르고 수 백 번 수 천 번 반복해서 그런 공정을 거쳐서 그릇을 맹근{만든} 게 방짜유기예요. 방짜유기.

問 선생님, 조금 더 세밀하게. 얘기해 주셔도 괜찮아요. 만드는 과정. 조금 더.

答 우선 인제 대체적으로 고렇게 만들고 그러면은 인제 고걸 쓸려면 인제 뒤에 테이프 같은 거 양중에{나중에} 보고 쓰면 되는데. 인자{인제} 저울에 합금을 정확하게 달라서{달아서} 덩어리 쇳덩어리 만든다 안 그랬어요. 그리고 앤{맨} 첨에 네림질이라 그래. 불에 달궈가지고 그거 인제 몇 개 망해가지고 지금은 연료가 다양하지만 나 배울 때까지는 목탄으로 만들었거든. 불에 달궈서 고거 인제 내려면 인제 집게가 있어요. 집게도 공구가 인제 여러 가지니깐 네림질 할 때는 네림질집게라고 따리{따로} 있어요. 대장이 네림질집게 갖고서리 왜 거 떡을 치게 되면 메질하면 메질만 하게 되고 밑에서 자꾸 이렇게 돌려내고 그러잖아요. 그거 일단 또 대장간에서 보게 되면은 이렇게 메질하는 놈만 있고 또 대장 이게 그 그런 모양이에요. 대장간에서 그 흔히 보니깐 잘 알 거예요. 인제. 대장은 집게 집고 그걸 인제 돌려가며 이렇게 대주면은 따로 메질하는 녀석은 자꾸 인제 두드리고 풀무하는 놈은 계속 풀무 불고 그면 식으면 또 원래 뇌주는{놓아주는} 놈 있어요. 원래 놓게 되면은 또 인제 벌겋게{빨갛게} 단 거 있어요 미리 달켜논다고{달구어놓는다고}. 풀무 불고 달켜논{달구어놓은} 거 있으니깐. 그걸 또 바닥에 내려놓고 또 이제 반복해서 크기가 맞을 때까지 계속 해야 돼.

問 그면은 풀무 하는 사람은 뭐라고 하는데요? 풀무 이렇게.

答 맨 첨에는 제질풍구라 그래. 풀무. 아까 그렇게 풀무도 세 가지야. 제질풍구. 안풍구. 밖풍구. 음. 쇠 녹일 적에는 밖풍구가 불고 바깥으로 불고

문 그 담에?

답 또 이 다음에 인제 그 네핌질한다 그랬지? 그런 거 할 적에 인제 안풍구라 그랬어. 그 담에 제질이랜{제질이란} 거는 인제 내가 맨 첨에 드가서{들어가서} 했던 거예요. 풀무 이렇게 불게 되면은 이케{이렇게} 다 맹글어{만들어}. 대충 맹글었다면은{만들었다면은} 성형. 예를 들어 망치로 다듬어서 뭐 전등 맨들고{만들고} 손잽이도{손잡이도} 만들잖아요. 그거 인제 제질풍구라 그래요. 그니깐{그러니깐} 고것을{그것을} 상세하게 낼려면 이 책이 있다 내가 얘기한 대로 다 보세요. 네핌질 해가지곤 그걸 인제 동그랗지만 길게 되면은 조금 불뚝불뚝 나온 놈들이 있어. 또 터지고 잘라버린 놈들도 있고 그럼 불에 달궈가지고 거 협도라 그래. 일반은 작두라 그러는데 협도라 그래. 고걸 특수하게 고기만 쓰는 작두를 맹글거든{만들거든}. 손. 불에 달궈주면{달구어주면} 대장이 딱 한 손을 잡고 돌아가면서 요렇게 작두질한다고. 그면 인제 동그래{동그랗게} 되는 거야. 이거는 처음부터 끝까지 콤파스도{컴퍼스도} 없고 자도 없고 그냥 사람이 이렇게 해가지고 내가 한 글자를 맹글었다면{만들었다면} 잘라놓고 한 글 딱 나오게 이만큼 쓰는 거이{것이} 되야 돼. 그면 인제 네핌질해서 바둑을 하면 이렇게 동그랗게 자르잖아요. 저울에 달라 보게{달아보게} 되면은 조금씩 틀려요. 조금씩. 한 십오 몇 씩 틀린다고 인제. 그면은{그러면은} 그 한 개씩 갖고 늘리는 게 아니고 어떤 때는 아홉 개 열 개. 열 개를 어느 정도 얇아지게 되면은 이렇게 열 개면 열 개. 한 개면 한 개. 그림책 보면 다 있어요. 이렇게 잡아가지고 늘려뜨려야 돼. 근데 이게 또 우리 조상들이 그런 기술이 있지. 내가 구십 년 대에 중국에 가면서리 중국 방짜공장하고 기술교류하러 갔더랬는데 내 꽹과리 선물 가져왔거든. 내가 무형도장 있는데 모여가지고 말이죠 고래{그래} 어떻게 만들었냐 이거야. 그놈도 원대장인데. 근데{그런데} 자기네들은 고렇게{그렇게} 얇게 늘릴 기술이 없다 이거야. 한 개만 갖고 했으면 그렇게 얇게 못 늘려. 근데 우리 조상들은 그렇기 때문에 한 개씩 늘리지 않고 여러 개를 해가지고 빨리 식지도 않고 고루고루 종이처럼 얇게 돼.

문 그니깐 여러 개를 겹쳐서 이렇게. 메질을 하는구나.

답 그렇게 함으로써 얇게 늘릴 수 있어요. 얼마든지 얇게 늘릴 수 있어요. 근데 그 중국 사람들이 원대장들이 그걸 처음 보니깐 이상해졌다 이거예요. 그니 우리 조상들이 지위가 그거 말고도 할 게 많아요. 그럼 인자 거 다 기억이 되간지{되는지} 모르겠지만은 네핌질 한 바들{바둑} 동그라이{동그랗게} 잘라서 저울에 달라서{달아서} 글라{그리고} 다 냄겨가지고{넘겨가지고} 그러면 열이 내렸잖아. 재는 무거운 거 앵 고{그} 짝이래. 그렇죠 앵 근처에는 조금 더 클 거 아니에요? 앵 소자는 조금 작아지고 고렇게{그렇게} 발란스를{밸런스를} 맞춰요. 그래가지고 대야를 맹글래면{만들려면} 대야처럼 높이 책통드로 맹글고{만들고} 꽹과리면 꽹과리 조금한 거 해가지고 요렇게 해고 인제 여러 가지 종류를 그걸 우김질이라고 그래. 네핌질 다 하면 우김질이란 것이 어 이잔{이전} 적에 있는 대로 여러 개 붙잡아가지고 완전히 늘리는 거야. 네핌질은 숩게{쉽게} 말하면 초벌로 늘리는 거고 우김질은 완전히 늘리는 거야. 완전히. 고{그} 담에 세 번째 냄질이라고 있거든. 냄질이 뭐이냐면{무엇이냐면} 아까 내가 열 개 수도 하고 열한 개도 한다 했잖아요. 그렁께{그러니까} 전부 다 인제 한 쇳덩어리가 딱 붙어있어요. 그러면 뒤조이라는 놈을 인제 쇠꼬쟁이 맹근{만든} 게 있어요. 그걸로 인제 불에 달궈가지고 인제 쑤셔가지고 다 인제 분해시겨.

문 하나 하나씩?

답 그렇지. 그러니깐 인제 열 개 했으면 열 개. 도려내는 거지. 다 인제 분해시키니깐.

문 우선은 붙어있으니깐 이거를 뒤조이로 떼는 거.

탑 다 눌러가지고 이렇게 한다고 고 담에는 인제 다시 또 인제 밤을 아까 네핌해가지고 술가리를{수가리를} 덜 했지만은 그게 인제 높이가 조금 밥상처럼 이렇게 된다고 그럼 고것을 협도로 다시 불에 달궈가지고{달구어가지고} 동그랗게 짧게 잘라버려. 여기가 본래는 이래 나온다고 땡그라이{동그랗게} 잘라버린다고 달궈서.

문 협도로 이렇게 자른다는 거죠. 고건 뭐라는 건데요. 그 과정은요

탑 어 그것도 우개리. 냄질이라 그러죠 우개리. 우개리. 냄질.

문 냄질요?

탑 냄질 다음에.

문 냄질?

탑 우개리. 냄질. 협도질 다음에. 우개리 협도질이라고 우개리 협도질.

문 협도질. 냄질.

탑 협도질이나 냄질이나 내나 같은 거예요. 어 고{그} 담에 인제 모양이 어 이래 보게 되면은 첨에는{처음에는} 인제 책받{책받침} 같은 거 놓게 되는데 대야는 이렇게 돼 있죠 징은 어케{어떻게} 돼 있어요 징이 요렇게 돼 있지. 똑바로 올라갔지. 그러면 인제 징은 그 담엔{다음에는} 닥침질이라고 있는데 불에 달궈서 내놔노면 어 우리는 꼭 여주사람이 닥친다고 여주사람이 뭐 사람이 조금 한다고 여주사람 해서 불에 딱 달궈서 내려놓게 되면 꼭 같은 동작으로 잡아댕긴다고{잡아당긴다고} 이렇게. 걸구{그렇구}. 고걸{그것을} 닥침질이라 그래.

문 닥침질이요. 그니깐{그러니깐} 잡아당긴다구요? 불에 갖고 와서 약간 몰랑몰랑하니깐 이걸 당겨서.

탑 여러 사람이 꼭 같이 당기면.

문 좀 늘어나겠네요?

탑 그렇지. 책받구처럼{책받침처럼} 고래{그래} 된다고 책책책 책이 요렇게 돼 있잖아. 맨 첨에 맨들{만들} 때 쭈글쭈글하거든. 그렇지. 분해할

때 다 쭈글쭈글했던 거 반등이{반듯이} 다 풀린다고 그래가지곤 에 고 게{그게} 조금 바꿨네. 닥침질이 고{그} 담에 가는 거야. 닥침질을 한다 는 게.

📖 아 냄질 다음에 닥침질이라고

📗 아 냄질 한 다음에 냄질부터 하고 닥치야것네{닥치야겠네}.

📖 근데 아까 우개리라고 하셨잖아요. 우개리라는 건 이게 구불구불하게.

📗 아 그거 인제 열 개 한 걸 다 인제 분해해놨잖아요. 그걸 우개리라 그래. 우개리.

📖 아 열 개 낱개로 분해했는 거. 그니깐{그러니깐} 이 동그랗게 매끌하지 않는 그걸 보고 우개리라 그러는 거죠.

📗 저 완성되기 전 그 담에{다음에} 우개리로 돌아가.

📖 아. 완성되기 전에 인제 두들두들한 면요. 아. 그면 열 개 이렇게 있으면 그거 하나 하나 다 우개리라고

📗 우개리.

📖 아 하나 하나. 그 담에 닥침질 담에{다음에} 인제 이거 잡아당기고

📗 닥침질 다음에 아까 제질풍구 얘기 했잖아요. 고 풍간 간다고 오늘은 아 니고 양중에{나중에} 일간에 가서 보면 실감이 날 거요. 거 고게 인제 제질간에 가게 되면 꼭 풍구를 하지만은 고기선 인제 대야를 열 개 올라 가지고 궁친은 쓱 나가고 어 뭐 가지고 칼날 내가지고 위험하면 또 이 렇잖아요. 고걸 닥침 제질간에서 고걸 보고 하는 거예요. 붉은 줄로 다 타가지고 성형이라 그래. 성형. 제질이라 그러지. 지금 현대말은 성형. 제질.

📖 아 그니깐 원래는 예를 들면 이렇게 돼있는 거를 조금 더 이렇게 모양을 잡는 거죠. 이렇게.

📗 그래서 닥침질 해도 완전 모양 안 나오잖아요. 제질할 때 부분 재단해가 지고 완전 모양을 내는 거여.

문 아. 예 알겠습니다. 그면 인제 성형을 하고

답 고 담에 인제 그걸 담금질이라 그래. 담금질. 담금질이라는 거는 지금 상태까지는 불에 달가서{달구어서} 이렇게 휘둘렸잖아요 요거 인제 담금질이라고 그러는데 이것은 뭐이냐면 새빨게 달카서{달구어서} 지금 완전히 모양이 다 됐거든. 그래서 불에 완전히 달궈가지고{달구어가주고} 찬물에 집어넣는 거 담금질이라 그러는데.

문 예예. 찬물에 인제 넣는 거. 물에 담는다. 물에 담근다 그러잖아요

답 물에 집어넣는다고 어려서 이 대장간에서도 왜 벌거이{벌겋게} 내잖아요. 그거랑 마찬가지로 불에다 담그면은 그 대장간에서 허나 낫은 불에다 방지하면 쇠가 강해져요. 칼이 이게 안 들다가도 담금질 하기 위해서 갈게 되면 그게 강철이 돼서 자유로워진다고. 요건 반대야. 요건 담금질에 강한데 불에 해서 물에 담금질 하게 되면 쇠가 연해{연하게} 돼.

문 오히려 연하게 되는구나.

답 고것도 인제 보통사람들은 몰라. 그 담에 고걸 아무리 똑바로 매끈하게 요렇게 성형을 했어도 이게 담금질 하게 되면 변형이 가게 됩니다. 이게. 좀 삐둘어{삐뚤어} 돼. 삐뚤어 돼. 과정에서. 그러면 고걸 망치로 이렇게 불에 안 달쿠고{달구고} 찝어서{집어서} 똑바로 잡는 거를 배림질이라{벼름질이라} 그래. 배림질{벼름질}.

문 배림질{벼름질}. 그니깐{그러니깐} 뭐 망치를 불에 달구는 게 아니고 그냥 인제.

답 불에 달구지 않고 그 담에 불에 못 들어가.

문 그냥 그냥 두들겨서 인제 휘어진 것을 바로 잡는 거를 벼름질.

답 배름질이라{벼름질이라} 그리고 고 담에 인제 가질. 고 담에 인제 가질이라는 거는 껍데기가{껍데기가} 순하잖아요 깎으면 그렇게 해면 저렇게 되는 거예요

문 이거보다는 원래 껍데기가 좀.

탑 저저 검은 게 있잖아.

문 검은 게. 아. 이거는 뭐로 벗기는데요. 이 껍질을.

탑 저저 저거로 일한 데 나가 보면 알아. 저거 다 그릇 다 여기 있는 거 껍질 벗겨서 하는 거예요. 가질이라 그래.

문 이거 사람 손으로 벗기진 않을 거 아니에요.

탑 옛날에 거 사람이 발로 돌려줬는데 지금은 전기 만지면 기계 돌려줘요. 그럼 사람이 인제 바위 따라 강한 쇠로 이렇게 대면 대 껍질을 벗게 돼요.

문 그면 예전엔 사람이 발로.

탑 발로 돌려줬는데 지금은 기계가 발달했으니 기계로 돌려주면은 사람이 갖다{가져다} 이렇게 깍죠.

문 그 기계 이름이 뭐라 그러는데요.

탑 가질.

문 아니요. 그 옛날 발로 돌리는 기계.

탑 놋그릇. 가질틀. 가질틀.

문 그면 요즘 돌리는 그것도 가질틀이라 그래요?

탑 아 지금 노꼬루라 그래. 노꼬루.

문 놋그릇이요?

탑 노꼬루. 근데 일본말이야.

문 노꼬루요?

탑 예. 노꼬루.

문 이거 노고루는 손으로 돌리는 거죠?

탑 아니야. 아니야. 노꼬루는 기계로 돌리는 거. 저 있다 공장 한 번 가보세요.

문 이거는 기계로 노꼬루로 돌리고 그렇게 되면 요렇게 나온다는 거죠?

탑 그면 인제 완성되는 거예요.

문 그러면 선생님. 저기 맨 첨에 우리가 구리하고 주석 넣잖아요. 이 넣을 때 구리 칠십팔 주석 이십이 이렇게 넣잖아요. 그 저울 있잖아요. 다는 저울. 무게. 그 저울은 이름 뭐라고 합니까?

답 그냥 저울이지 뭐야. 그건 일반 저울 쓰는 거니깐.

문 일반 저울 쓰는 거니깐. 아 여긴 특별하게 다른 저울 쓰는 건 아니고

답 예. 옛날엔 그렇게 사용을 매고 다 했잖아. 옛날엔 그거밖에 없어요 근데 지금은 매지 않고 그냥 앉은망저울이라 고지{하지}.

문 앉은망저울요?

답 아 지금은 저 그 옛날엔 그런 게 없고 사람이 인제 쌀 담을 때도 쌀을 몽둥이 매고 달랐거든{달았거든}. 그때는 그런 거밖에 없었지만 지금은 앉은망저울이라지만은 그냥 흔히 보잖아요. 쌀집에도 있고 다 있잖아요

문 그면{그러면} 예전엔 우리 사람이 했던 이 저울은 이름 뭔데요?

답 그것도 저울이라지 뭐야.

문 그냥 저울이라 합니까. 아 예 알겠습니다. 그러면 우리가 뭐 네핌질 하구요 그 담에 우김질. 냄질. 그 담에 협도질 닥침질. 그 담에 제질. 담금질, 벼름질, 가질 이렇게 되면 완성이 되는 거네요

답 거기다 더 늘{넣을} 수 있는데 그 닥침질 해가지고 인제 간수칠이라고 있어. 간수칠.

문 예. 닥침질 다음에

답 간수란 거 뭐냐면 소금 짠 거 있죠 짠 물.

문 간수질이요?

답 간수. 간수를 이렇게 바른다 이 말이야. 거기다.

문 아 간수는 왜 바르는데.

답 간수.

문 예. 왜 바릅니까? 소금물에.

답 거 '상도' 여서{여기서} 보게 되면 간수가 나오잖아. 우리 고향. '상도' 거친 게 거 배에 전부 다 우리 고향 동네고 거기 연출한 것도 얼굴 보이는 건 탈랜트고{탤런트고} 안 보이는 건 우리 사람들 연출한 거예요. 그게.

그래 거기 보게 되면 간수 해창 간수 사러간다. 간수가 뭐이냐면 소금 창고 쌓노면은{쌓아놓으면} 소금이 거서{거기서} 물이 주르르~ 흐른다고. 그게 간수야. 두 번 맹그는{만드는} 거야 그 물이. 거 칠을 하면 쇠거 형질이 좀 달라져. 그 칠을 함으로써 그게 덜 꼬이고 그 담에 쇠질이 더 유해진다고. 그래서 꼭 쓴다고.

문 아 쇠가 좀 더 유하게 되기 위해서 쓰는 거. 예. 그러면 재료는요 선생님. 우리가 구리하고 주석 외에는 딴 거는 전혀 안 들어가겠네요.

답 드가면 절단나지{큰일나지}. 금이 나오는데 조금 너면{넣으면} 모를까 암만{아무리} 좋아도 많으면 나뻐{나빠}.

네핌질 할 적에 집게를 잡아 사람이 돌려 뜨거우니깐 이걸 네핌질집게라 그래요. 요걸.

문 선생님. 도구 있잖아요. 도구 좀 설명해 주세요. 도구.

답 도구를 다 설명할라면은 이따가 요거 보는 거 좋을텐데.

문 근데 저희가 선생님 음성을 다 녹음을 해서요 말씀 좀 해주세요.

답 도구는 맨 첨에 드간{들어간} 게 인제 무슨 저 풍구가. 옛날엔 인제 풀무가 있어야 됐고 시금은 후앙이라고 있죠. 전기로 돌리는 게 있는데 고긴{그건} 바람 내는 수단이고 고 담에 아까 저 그 음 독 안에다 쇠를 녹여 가지고 물을 푼다 그랬잖아요. 그래서 요게 인제 요건 내나 쇠여. 쇠판이야. 그걸 얘기하면 한 데다서리{곳에다} 붙게 되면 바둑이 되는 거예요. 그러면 저 바둑을 불이 달궈{달구어} 내리면 모루이다{모루에다} 놓고 때려야 되잖아. 이건 모루고 그럼 여기다 이 쇠를 풍구 가서 달굴려면 집게 있어야잖아. 이건 안풍구집게. 이렇게 길게 이렇고 그 담에 인제 네핌질 할려면 메가 있어야 되잖아요. 네핌질망치. 쇳망치{쇠망치}. 안망치{앞망치}. 겟망치. 이케{이렇게} 망치도 조금씩 인제 구조가 조금 다르고 그건 게 사람이 떡 틀려면{칠려면} 떡메. 나무때기로 하잖아요. 이거 쇠 할라면{할려면} 쇠로 인제 쇠로 만들었구요. 그 담에 인제 네핌질 할 적에 집게를 잡아 사람이 돌려. 뜨거우니깐 이걸 네핌질집게라 그래요. 요걸.

囲 아 돌리도록 돼 있네요.

固 음. 고 담에 아까 내가 인제 네핌질집게라 그랬고 협도라 그랬지. 협도질. 쇠로 한다는 게 이러한 장소는 이렇게 앉도록 돼 있거든요. 이건 여긴 쓰는 건 협도가 인제 이런 형태를 했다 그 내용이구요. 그 담에 아까 네핌질 다 해가지고 바둑도 잘르고{자르고} 다 지나갔잖아요. 그 담에 인제 우김질 해야 된단 말이에요. 인제. 집게가 초잽이. 중잽이. 함잽이. 이케{이렇게} 그걸 뭘 말하게 되면은 첨에는 좀 작은 집게 내오고 그 담에 중간 거. 이거 봐요. 여러 개 곧 잡으니깐 집게는 크지 않겠어요?

囲 아 그렇네요. 그럼 초잽이가 젤 작고 중잽이. 함잽이가 더 크고 이렇네요.

固 예. 여기 사이즈도 다 나와있어요. 예. 함잽이 여기 있네요. 함잽이. 크잖아요. 맨 첨에 바둑이 넓적하니 자꾸 떠니끼네{떼내니까} 이래 되지 않았어요. 그죠 여러 개. 고 담에 그 담에 공구가 인제 뭐. 우김질 아까 네핌질도리미랬잖아요. 네핌질 할 적에는 조그만 거 하니끼네{하니까} 고여 집게 입이 작았지만 우김질 할 적에는 이게 좀 크지 않았어요. 이게 좀 커요. 여 사이즈까지 내가 기록해 놨거든요. 그 담에 요거 인제 앞망치가 사용하는 집게라는 거는 원대장이 이게 집게를 돌려주고 늘려놓고 하지만은 그 앞에서 삐뚤어나면 바로 잡아줘야 되고 거기서 조수질 해야 되니깐 앞망치가 항상 이 집게를 갖고 있다가 일하는 거예요. 고 담에 우김질이 다 끝나고 인제 냄질 한댔잖아요{한다고 했잖아요}. 냄질. 벆에{밖에} 인제 분해시키는 게 인제 규조라 그래. 규조이. 이건 이렇게 해가지고 수가리{술가리} 된다 그랬죠 그 담에 인제 거 닥침질 할 적에 이 망치가 또 어디가. 우김질하고 네핌질 할 때 쓰던 망치가 열 사람이 세게 차고 댕긴다{다닌다} 그랬잖아요. 이게 닥침질 하는 망치고

問 이거는 그냥 닥침질 할 때 쓰는 망치가 뭐라고 하는데요?

答 닥침망치. 닥침망치. 어. 요거 양중에{나중에} 요거 책으로 쓸라믄은{쓸려면은} 요걸 다 하세요 보고 더 자세히 낼래면{낼려면} 나는 인제 그 냥 규조이다. 망치다. 내가 죽은 다음에 누구 잘 쓰이도 않거든요 그런 망치라면 맹글지{만들지} 못 해. 고 요거 두께가 얼마. 기럭지가{길이 가} 중간에 얼마. 다 적어놨다고 내가. 그 담에 인제 그 제질공구 있지. 제질. 제질까지 가면 집게가 이런 식으로 생겼다고 인제. 일반 집게가 달라고{다르고}. 제질망치. 망치도 보통 망치도 달라요 망치 모양도 이 렇게 돼있고 바닥망치. 이거 인제 옆에 같은 거 일종에 이렇지만 바닥에 는 요롷게 생긴 걸로 딱 닦여진 거예요

問 아 바닥에 댄 거. 그렇겠네요

答 그 담에 인제 아까 물에 담근다 그랬잖아. 담금질 하고 나서는 그 담에 불에 안 담그고 그냥 때리는데 요거 인제 요거 오목한 데 요런 데 때리 는데 요롷게 공구 따라 맹글고{만들고} 가운데 때리는 망치는 그냥 황 새망치 기다랗게{길다랗게} 인제 이렇게 하고 또 조런{저런} 망치는 반 반한 거 때릴 때 때리는 거고 그러면 인제 그 우김질 벼림질 다 끝나면 은 가질까지 넘어간다 그랬잖아요 가질까지 넘어가게 되면 머릿목{머리 목}이라고 있어. 나무때기로 인제 이렇게 하게 되면은 놋그릇으로 아까 사질틀이라 붙여져기지고 여기 그림 보면 한 개 어디 있을 거예요 여기. 그렇게 해가지고 여 엄새라고{엄쇠라고}. 어 나무거든. 그 깎을라믄{깎 을라면} 여기다 대고서리{내고서} 엄쇠를 갖다서리{가주고서} 뺑둘러 {빙둘러} 박아. 그래야 돌 가지고 도망을 안 간단 말이야. 이게.

問 근데 선생님. 이 두들기는 부분은 이쪽입니까?

答 아니 아니 빼족한 데.

問 빼족한 데를 이렇게 두들긴다는 거죠

答 깊으니깐. 그래 이거 엄쇠. 아 질나무. 이것도 인제 공구의 일종이에요

그 담에 칼대라고 사람이 인제 깎을라믄{깎을라면} 이 쇠붙이 이 강한
걸 붙여가지고 이렇게 생겼다 그 내용이고

문 칼대는 종류에 따라서 다른 이름은 없구요. 선생님.

답 음. 거 있지. 그냥 평칼. 또 인제 고비칼이라고 있어. 요 요런 고비칼이라
그러고

문 평칼. 고비칼은, 이런 거는요. 선생님.

답 그건 일반칼이여 그건. 요걸 인제 다 요렇게 길게 떼붙여야 돼요. 요렇게.

문 야. 그러면은 이거는 선생님.

답 그것도 엄쇠라 그랬지. 여기 붙여갈 적에 조그만 거는 조그만 거 박고 큰
거는 큰 거 박고

문 아 요거는 작은 거는 큰 거로 박고 이거는 가에.

답 거 인제 요거를 박을라면 망치로 때려박는 거. 이거는 풍구.

문 요즘에는 풍구 안 쓰시고 딴 거 쓰시는.

답 안 쓰지. 후앙. 그냥 전기 내면 그냥 팬이라고 그러지. 왜 전기를 내면
왱~ 돌아가면서리{돌아가면서} 인제 바람을 내주잖아.

문 그건 선생님은 뭐라 그러시는데요 후왕이요?

답 후왕이라 그러지.

문 후왕요

답 후왕도 일본말이래서{일본말이라서} 선풍기라 쓰면 돼. 선풍기.

문 괜찮습니다. 왜냐하면 선생님이 쓰시는 말을 하시면 되겠습니다.

답 지금 현재 사람들이 일본말이면 저거 구분 없이 쓰는데 요게 요게 내지.
아까 용해 할라면{할려면} 에~ 이 인으로 열 열로 넣고 요거 독 안이야.
그런데 요거 요 안에다 납하고 구리하고 너가지고{넣어가지고} 녹인데
야. 고 담에 이거 다 할라면{할려면} 내가 조금 시간이 많이 걸리는데
아까 저 바둑을 짤려면{자를려면} 이 협도 이래 자르면 돼. 이게 삐쪽삐
쪽해지거든. 그 동그라게 나오댔잖아{나왔잖아}. 요것도 인제 땜. 지금은

산소용접 그런 거 없어. 인제 군사 때 조상들 다 했어요. 그 담에 바둑 내는 것도 아까 내 저울에 다른다{단다} 그랬잖아. 무거운 놈은 거장나고{고장나고}. 그 담에 인제 그 당시는 에~ 나만큼 공부한 사람도 드물어. 글 공부 안 했기 때문에 이름 삼{석} 자도 못 쓰지. 대충 그 사람들이 이렇게 쓰면 다 알아봤다고 이렇게. 요거 가위 요렇게 한 거는 네, 네, 너를 쓰는 거야.

문 아 네 네 근을.

답 한 근, 두 근 쓰는 걸. 요 봐 요렇게 썼잖아.

문 아 그렇네요. 한 근, 두 근, 세 근, 네 근 고 담에 이제 우리가 다섯 근 할 때 요렇게 표현하고 아. 근데.

답 그니깐{그러니깐} 그 자기만 알아보면 되니깐 그 놈들이. 옛날 사람 자기 말고도 다른 방법으로 쓰고 자기만 알아보니깐. 이건 서 근 닷{다섯} 냥이란 얘기고 그지. 이건 서 근 넛{네} 냥. 그때 그 그것보단 지역에 내가 참 아쉬운 건 요거 하나는 아까 땜질 한다 그랬지. 불에 달궈가지고 이거 두 덩이로 내잖아요. 그리고 인제 똑바로 앞망치가 내주지 않으면 똑바로 이렇게 올라와야 되는데 이렇게 쇠로 박히게 된다고

문 아 무슨 말이지. 이거 이렇게 되겠네요. 이렇게?

답 이거 닥침질 하는 모션이고 이거 담금질 하는 모션이고 요거 제질하는 모션이고 인제 얘기 다 한 거죠? 이거 뭐를 버림질 하는 거고 여 가질여다 박았잖아. 다 여기. 깎을라고

문 아까 앞에. 예.

답 이선 요강에 대해서 할라면{할려면} 이거 따루{따로} 해야지 오늘 피곤해서 못 하고 요강은 그 꼭 기록을 냄겨야{남겨야} 되는데 그냥 이거는 누구도 지금 서론만 얘기 좀 하고 쉬야 돼. 지금은 그 그 작근. 계량. 하는 것을 저울에 지금 젊은 사람들은 일 키로 이 키로만 알지. 뭐 한 냥쯤 여들{여덟} 냥{냥} 그런 거 생소할 거야. 듣긴 들었어도 거기에 구체적

인 건 몰라. 근데 나 일 배울 때만 해도 우리나라 본래 근은 지금 육백 그람이라잖아. 그거 왜 그렇게 되는지 알죠? 그 육백 그람을 왜 그러냐맨{그러냐면} 여러 날 한 거를 통일시킨 건데 정부에서 그거를 못 쓰게 하니깐 그 육백 그람 한 근이 된다고 인제. 근데 그 옛날엔 모르지만 일본 왜정 때는 측관. 삼십 센치 아니면 한 관, 두 관. 백 매, 이백 매. 그래 샀는데{했는데} 우리나라는 측관은 안 썼어. 본래. 일본날 합병하기 전에는 어 여른{여덟} 냥 한 근. 여들{여덟} 낭{냥} 한 근 옛날 저울이 다 있어요. 지금도 여들{여덟} 낭이면{냥이면} 백육십 매. 일본놈들은 백 매가 한 근이라면 우리 조상들은 그 백 매가 백육십 매야. 백육십 매가 우리 한 근인데 그 일본놈들이 측관을 강제로 쓰라고 그래가지고서리 혼용해가지고 쓴 거여{거야}. 게 근래까지동{근래까지도} 고 기간이나 고추 같은 거 다르게{달게} 되면은 여들{여덟} 낭{냥} 한 근 썼어. 최근까지도 우리까지도 법으로 혼동이 가니끼네{가니까} 그 쓰지 말라 그래가지고 키로만 써라. 안 쓰면 벌금 문다. 벌써부터 그래 내려오면서리{내려오면서} 지금도 근도 있고 관도 있고 다 있어요. 그런데 나 일 배울 때만 해가도 방짜유기나 소고기 고추. 이거 전부 다 관으로 통일돼 있었지. 인제 근으로 여들{여덟} 낭{냥} 한 근으로 통일돼 있었지. 백 매 이백 매 쓰질 않았다고 키로도 안 썼고 내가 그 시절에 일을 배웠기 때문에 나꺼징만{나까지만} 알지. 내 후에는 누구도 아는 사람 없어.

🈳 뭐냐먼은 자 한 근에 음. 뭐 천 원이라 하게 되면은 여른{여덟} 냥 한 근이니깐 천 원 이렇게 계산하면 되잖아. 근데 이게 한 근 반. 한 근 반이 되면 일점오가 되잖아요. 근데 한 근 반 하면 일점오가 되는데 한 근 일 근 놔면{놓으면} 일점오 하면 안 돼. 안 맞죠 그 이해하기가 상당히 힘들 거예요. 내가 말은 해도 그래서 내가 이거 국립박물관 민속박물관에 거 연구관한테. 학예연구사한테 이걸 내가 얘기를 해줬는데 이해가 안 되니까네{되니까} 그거를 발표 안 했어요. 근데 이거는 앞으로 이것이

필요가 없어요. 우리가 배울 필요도 없고 이걸 알아야 될 필요도 없어. 그러나 한 시대 우리 조상들은 요거만 썼던 게 있다는 거는 알아야 돼. 그래서 기록은 냄겨놓는{남겨놓는} 게 좋겠다 이거요. 그래 나는 지금도 일은 육이요 이는 이일이요. 삼은 일팔조 사에 이요. 이렇게 이래서 열 수까지 다. 어예 되 지금은 조금 잊어버렸지만은 그 당신{당시에는} 이거 전부 다. 국민학교 가서 산수 배울려면 구구단 어야{외워야} 되잖아. 그거이 장사할라면 이 구구단 모르게 되면 장사를 못하게 돼. 왜 못하냐 되면{못하게 되냐면} 어 내 볼펜이 하나. 일은 육이요는 뭐냐면은 십육 분지 일이야. 이게. 십육 분지 일. 여른{여덟} 냥 다 하게 되면 여는 육이요 공 육이요 곱하게 되면 이 천이 된다고

🔳 아 육이오 곱하면 십육. 육이오에 십육을 곱하면 이게 된다는 거잖아요. 아 무슨 말인지 알겠어요

🔳 그니깐{그러니깐} 인제 장사하는 놈이 말이여 전부 다 수판 가지고 놀아 먹었는데 근데 인제 한 근 반. 일점오가 뻔하게 그랬잖아. 합금법 책 썼는데 그걸 개 놈을 읽어가지고 한 근 여들{여덟} 냥{냥} 한 근 반이랐는데{반이었는데} 일점오로 계산해서 그땐 왜 자꾸. 합금법도 책을 냈는데 잘못 냈어요. 그런 사람은 암만{아무리} 자기가 공부 많이 했어도 전문가한테 이런 것을 검증 받았으면 실수가 없는데 자기가 실수가 지금도 몰라. 말 안 해주기 때문에 몰라. 그것도 말 해줘야 될 필요도 없고 말해야 좋아하지 않을 거고 근데 이거 옛날 근을 지기 적어도 거론할라면은 한 근이라는 개념을 머인지{뭐인지} 알고서리{알고서} 인제 글을 써야 되는데 근데 보통 거 십진법을 이렇게 생각해가지고 한 근 반. 한 근 반 하게 되면은 한 근 반 일점오 하게 되면 요걸{요것을} 육이오. 한 근 하고 반. 고렇게 생각하기 쉽잖아요. 여기에서 한 근 반은 여기서 이까지 한 근 반이야. 이렇게 하고 여덟이 반이야. 이게.

🔳 그렇겠네요. 십육이니깐 반이면 팔 되야 되니깐. 한 근 반이면 오백. 오

천 키로

답 그러이 일종이 반이게 되면 일점오 하고 곱하면 돼. 맞지? 그러면 예를 들어서 대야 한 근에 얼마여. 한 근에 천 원이고 천 원짜리야. 천이백 원도 있을 수 있잖아요. 천이백 원이라 하게 되면은. 천이백 원에다가.

문 한 근 반이니깐.

답 아니. 한 근 반이면 일점오는 맞아. 근데 한 근 반이면 일점오면 맞지만은 이게 어 일점오도 맞어. 딴 건 다 안 맞아. 요건 맞지? 그지? 요건 일점 한 근 반. 그러면 인제 한 근 여들{여덟} 냥이면{냥이면} 반이니까 요런데 인제 일곱 냥{냥} 하면 안 맞잖아. 인제. 맞추기 힘들잖아. 요건 하게 되면 한 근에 천이백 원이라 하게 되면은 한 근하고 한 근하고 어 두 냥이면{냥이면} 일이오공 요렇게 해서 곱하게 되면 나오지 않겠어요 한 근에 천이백 원. 요렇게 하면 답이 딱 나온다고 그런데 이걸 한 근 두 냥이다{냥이다}. 그면{그러면} 한 근은 천 원 하게 되면 바로 나오는데 두 냥은{냥은} 이거 어떻게 해. 두 냥은{냥은}. 이게 십 분지 이가 아니란 말이야. 두 냥이{냥이}. 그러면 한 근이래면{근이라면} 천 원이래면{원이라면} 천백이십오 원이야. 근데 요걸 요걸 다 닐어보고{읽어보고} 유심히 보게 되면 만약에 그렇게 되면 수학을 이렇게 힘들게 해야 돼. 힘들게 해야 돼. 인제. 닷{다섯} 근 엿 냥{여섯 냥}이라는 값은 얼마냐. 닷근 여순{예순} 하게 되면은 다섯 근 값은 인제 어 친이백 원 천이백 원 고 나오고 다섯 냥에{냥에} 엿 냥{여섯 냥} 값. 여순{예순} 여거 아니야. 삼칠오공.

문 그니깐{그러니깐} 선생님 말씀은 요걸 외우면 우리가 이게 뭐 여섯 근이다. 요 가격이 이게 나오면 괜찮은데 안 그러면 우리 한 근에다 곱하기 해서 천이백 원 이렇게 계산을 해야 된다 이거죠 힘들다 힘들다는 거죠 옛날에 오히려 이렇게 계산을 했던 게 편하게 계산이. 이게 훨씬 더 정확하다는 거잖아. 그 전에 한 근이 우리는 육백 그람인데 정확하게 따지

면 육백 그람이 아니고 육백이십오 그람이다. 아 그걸 이야기하면서 이
게 더 정확한 계산법이라는 걸 말씀하시잖아요. 아 무슨 말인지 알겠습
니다. 그 담에 그 열여섯 근이면 만 키로요

답 여 열 낭{냥}.

문 아 열여섯 근.

답 열 낭{냥}. 옛날 저울은 지금처럼 저런 저울이 없었고 막대기로 이렇게
돼가지고 여기다 끼우는 게 있어. 끼우는 게 인제. 여기다 매다는 거 있
고 요렇게 됐었고 그 담에 줄이 하나 있고 줄이 하나 있었다고 그 담에
추가 노끈을 해가지고 이만하게 했다 왔다갔다 했는데 이 저울눈이 어케
{어떻게} 하게 되면 한 근이래면{근이러면} 거서 뚱글랭이라 그래. 인제
이게.

문 저울눈을 뚱글랭이.

답 응. 이렇게 있으면 요렇게 요 안에 하나 둘 요게 요게 네 낭{냥}. 한 개
가 네 낭씩이야{냥씩이야}. 요기서 요까지 네 낭{냥}. 요기서 요것도 네
낭{냥}. 네 낭{냥}. 그 담에 여덟 낭이{냥이} 되잖아요

문 아 그러니깐 열여섯 낭이니깐{냥이니깐}. 그니깐 무슨 말인지 알겠어요
그니깐{그러니깐} 요기 요기 다 네 개씩 되있으니깐 열여섯 인제 근이
되는 게.

답 여기 한 근이야. 또 이렇게 해놔서 한 근.

문 예. 알겠습니다. 그면{그러면} 선생님 요기는 추라 그러고 요거는 뭐라
그럽니까?

답 거 인제 불건 달러면 끼워야 되잖아.

문 요거는 이름 뭐라고 하는데요

답 그건 모르겠어요

문 요거는요

답 건 줄이고 손잽이{손잡이}.

🔲 손잽이고요{손잡이고요}. 아 요거는 똥굴리.

🔳 우리는 똥글랭이랬어. 똥구리. 똥글랭이. 둥근. 다 무식한 말이지. 둥근 근이라 그래. 둥근 게 여러 냥{냥} 한 근. 근데 합금은 안 그랬거든. 합금은 그냥 이렇게 지금 키로처럼 그렇게 돼있지. 일본놈들 쓰던 거. 지금 키로로 통용화 되는 건 좋은 현상인데 근데 그게 오래 간다구. 근데 요거는 나 일 배울 때까지는 통용되고 그 이후로는 일절 아는 사람도 없고 옛날 사람들 연구하는 사람들 아무도 몰라. 누구도

🔲 그면 선생님 우리가 한 근에 육백 그람이다 이렇게 얘기하는 거 있잖아요. 그거는 일본사람들이 그렇게 한 거예요?

🔳 한 근에 육백 그람. 아니 일본사람들이 합금을 했으니깐. 거 우리 사람들은 전 우리 거 있잖아요. 그니깐 백육십 매. 백육십 매 한 근이다 인제 우리가 이렇게 이름 붙이논{붙여놓은} 거지. 일본놈들은 백육십 매고 그런 간에 그놈들은 합금을 써서 백 매만 쓰란 거야. 백 매만. 관 한 관.

🔲 그니깐 백만.

🔳 한 관. 한 관. 백 매가 열이면 한 관 아니여{아니야}.

🔲 예. 알겠습니다. 네.

🔳 요거는 인제 요건 대충 듣고 이 담에 인제 시간 두고 오다가 되새겨 보게 되면 요건 앞으로 배울 필요도 없고 공부해야 될 필요도 없지만 한 시대 우리 조상들은 적어도 장사하게 되면 이거는 전부 다 지금 국민학교 댕겨가지고{다녀가지고} 구구단 하고 이러잖아요. 이건 장사한 사람은 필요에 있었다고. 다 머리에.

🔲 아니 이런 것도 다 필요하잖아요. 우리가 배울 필요는 없지만 기록으로 남겨둘 필요는 있죠.

🔳 내가 그 얘기하는 거죠.

근데 이게 단계가 많아요. 열 단계라 하게 되면 열 단계가 다 합리적으

로 해야지. 고 중간에서 한 파트가 뭣을 조금 잘못 놓게 되면은 거 한 걸 다 다시 하게 돼야 돼.

🐊 내가 인제 토율날하고{토요일날하고} 일율날{일요일날} 우리가 일을 안 하거든요. 또 일율날은{일요일날은} 교회 가고 하지만 토율날이{토요일날이} 내가 가장 조금 시간을 낼 수 있는. 어떠한 때는 잠깐잠깐 하는 건 되는데 가만 시간을 삼십 분 한 시간 계속 이렇게 하면 현장 일이 안 되기 때문에 그래서 내가 수율날은{수요일날은} 와도 한 삼십 분밖에 시간을 못 낸다는 것은 죙일{종일} 앉아서 계속 작업이 아니고 아침에 일찍 일어나서 내가 할 작업을 하고 고 담에는 내 할 일만큼 하고도 가만히 앉아있지 않고 저 하는 파트라 그러나. 뭐 이렇게 조직이 여기도 하기도 하고 저기도 하고 아래 뻔에{번에} 하잖아요. 근데 이게 단계가 많아요. 열 단계라 하게 되면 열 단계가 다 합리적으로 해야지. 고 중간에서 한 파트가 뭣을{무엇을} 조금 잘못 놓게 되면은 거 한 걸 다 다시 하게 되야 돼. 그렇기 때문에 평생 하면서도 어 의사전달이 잘 안 된다던가{된다든가}. 또 생각하는 것이 다르다던가{다르다든가}. 그래가지고 지금도 잘못 되는 일이 왕왕 있어요. 그래서 전에 일을 하고 오후에도 거의 가만히 이렇게 상쉐에 앉아있거나 그렇게 못해요. 그래서 어저께{어제} 수율날은{수요일날은} 꼭 내가 또 붙으면 안 될 일이 있고 토율날은{토요일날은} 또 현상일을 특별힌 일 아니면 안 하니깐

🐊 그거 말구요. 오늘은요. 제가 인제 몇 가지 적어왔는데. 우선 방짜에 대해 선생님이 말씀하신 것처럼 조직이 굉장히 많잖아요. 기기 보면 구성원이라든지. 그 구성원이 하는 일. 이거 우선 설명 좀 해주십시오

🐊 저번에 얘기해서 중복될 지 모르겠지만 우선 우선 얘기핼{이야기할} 것이. 어 여전히 내가 얘기를 했을 거야. 중복됐어도 거기서부터 시작해야 될 것이 옛날에는 반드시 숯불로 했어. 숯도 아무 참숯 이런 거 안 되고 솔나무숯이야 됐어. 그거 왜 솔나무숯이야 되냐 그 원인 왜 그러냐 그거

애기 다 핼려면{할려면} 시간이 많이 걸리지만 불이 우리 생각하면 참숯도 불을 쓸 거 같은데 그렇지 않아요. 참숯도 인제 불로 쓰면 탁탁 튄다고 여게. 그러면 여기 다 끼어서 여기 다 이렇게 살이 그거 돼요. 또 그 담에{다음에} 인제 부스러져요. 또 솔숯은 안 그래요. 인제 그냥 불이 세고 어 이렇게 쇳덩어릴 이렇게 안 하게 씀방{쓰면} 이렇게 해도 암튼{아무튼} 참숯처럼 부서지는 성질이 거의 없어요. 그래서 가장 합리적인 것은 솔나무숯이 아니면 일을 못 해요. 인제 그랬댔는데{그랬었는데} 어 그 솔나무숯 때면 육십 년 초까지 했다 그랬잖아요. 내가. 근데 그 솔나무를 그 박정희 대통령이 육십 년대 정권을 정치할 때 그 덕분에 우리나라가 산림 애호할 때 부자 됐죠. 그때. 북한에다 비교하면 우리나라가 그거 부잡니다. 그때 박정희가 강력하게 에~ 나무에 나무 이파리 때도 못하게 했다고 그러지. 그렇게 되니깐 숯이 없으니깐 일을 못하게 됐잖아요. 그러니깐 인제 연료 대체. 그걸 인제 기름으로도 해보고 탄으로도 해보고 그 연료 대체가 지금 이렇게 온 거예요. 그 육십 년대 이전에는 수백 년 오랜 세월동안 석유로 많이 했더랬어요. 근데 인제 그런 애길 왜 하냐 그러면은 숯불로 하게 되면은 꼭 숯불로 해서가 아니라 인원 구성이 우선 풀무지기 해야 됐단 말이에요

답 인제. 그것마나 아니고 많은 것이 이제 일하는 제도가 다른 분야도 그렇지만 이 유기 분야에도 많은 변혁이 왔어요. 방법이. 뭐 전통기법을 그대로 한다고 하더라도 어 뭐 풀무 사람이 달라들게 되면은 인건비가 하루 돈이 많게 나가잖아요. 근데 전기후앙이라 그땐 없었지만 지금은 이제 팬이라고 스위치만 누르면 확~ 돌아가면 바람이 이렇게 부는 거보다 더 잘 나온단 말이야. 인제. 고 담에 숯을 숯을 안 쓰고 연료 대체 쓰니깐 어 지금 기관차 돌게 되면은 옛날엔 숯으로 땠어요. 불 들어갈 적엔 그냥 새까만 숯을 땠다고 그 담에 또 육십 년대에 디젤엔진이 나와가지고 어 대니깐{때니깐} 아 연기도 안 나고 더 성능이 좋잖아요. 그와 마찬가

지로 연료 대체도 되고 그니깐{그러니깐} 그때 인원구성하고 지금 인원
구성하고는 달라졌다. 그땐 아직 바람 관계. 열. 불 고 달쿠는{달구는}
열로 고{그} 담에[다음에} 또 뭐가 달라졌냐면은 옛날엔 반드시 우리 조
상맨츠럼{조상처럼} 메질할 때는 늘르는{늘리는} 방법을 썼어. 그렇죠?
손으로 이렇게 해야만 쇠가 늘어났지 우리 조상들은 거 도무지 다루는
방법이 없었다고 그러나 현대에 와서는 포항제철처럼 로라로 막 달궈서
{달구어서} 확 밀잖아요. 또 그거 말고 이제 대야 부속 들어갈 것들은
주물로 만들 것들 있거든요. 그거는 쇳덩어리 이렇게 시벌겋게{시뻘겋
게} 달궈가지고{달구어가지고} 함마를 공기 함마를 탁탁 두드리고 그러
거든요. 이 그런 거 그런 것을 조금씩 조금씩 전부 다 우리가 현대에 그
거를{그것을} 도입해가지고 또 이제 옛날에 여 그 한 십 전. 한 십 센치
되는 거 계란만침{계란처럼} 동그란 것도 동그란 거 자르면 전부 다 불
에 달궈가지고{달구어가지고} 숯더라 그래. 작두라 그래. 작두. 손으로
잘라졌다고 동그랗게. 이 지금은 그것도 아주 큰 건 몰라도 웬만한 건
전부 다 작두로 자르지 않고 플랫이라고 있어요. 이제 그 기계 공부하는
사람들 다 잘 아는데 플랫으로 여 이제 그 다다이{많이} 맹글었다버려
{만들어버려}. 그러면 옛날 손으로 짜르는{자르는} 것도 중요하다고 볼
수 있지만은 그것보담{그것보다} 더 정밀하게 나온다고 이제 그렇게 모
든 것이 그 시대가 언제 적에 변화되냐. 육십 년대 이전엔 전부 옛날식
이야. 대체적으로 육십 년대 그 있잖아. 얘기한 대로 인제 박정희 대통
령 해서 연료 관계 이런 거 했을 때는 기법이 점점점점 달라졌던 것이
많이 달라졌어요.

답 그런 거고 이 방짜유기를 하나로 맹글어놓게{만들어놓게} 되면 조직이
구성이 열한 명이 됐거든. 거기 뭐 이름이. 원대장이 있고 앞망치 있고
가질. 네핌가질. 풍구. 안풍구. 바깥풍구. 칼갈이. 이제 지금 생각하게 되
면요 내 이 책에 보면 다 있어요 책 내 하나 줬을 거예요 그죠? 이 책 보

면 다 있어요. 여 이름이 다 있어요. 근데 거 지금 사람들은 그 열한 명 무엇이 다 필요한가. 거 이름을 붙이질. 못 붙어요 모른다고 옛날엔 모르니깐. 그러나 그때는 한 점. 한 방짜점 한 점이라 그래. 한 품이. 할려면은 열한 명이 해야 그게 인제 됐다고 근데 지금은 꼭 같은 징이나 꽹과리나 유기 놋그릇 맹근다{만든다} 그러면은 좀 차이는 있지만 일인이 역하고 또 이 풀무 같은 거 안 불고 또 이 메질하는 거 세 놈이 때리는데 지금은 그 놈 필요없어. 기계로 갖다 발로 그냥 안에 밟으면 쾅쾅 때리고 조금 밟으면 가만가만 때리고 거 사람 일이 더 일하기도 능력이 많을라 그래. 그래서 육십 년대에 이남에 있는 징공장 사람들이 다 문을 닫게 된 원인이 여기 이남 사람들은 기술 떨어졌거든요. 내가 그 기계로 다 하니끼네{하니까} 밤 새도록 여섯 명이서 여섯 개 같은 거 맹글어요{만들어요}. 늘리는 거 늘리는 작업을. 나는 점심 먹기 전에 백오십 개 늘려버린다고 그마만큼{그런만큼} 인제 자리가 나게 되니깐 인원 구성이 본래는 열한 명이 나게 되는데 지금은 에 이제 기계도 그러고 일인이 역도 하고 그래가지고 다섯 명 내지 여섯 명이면은 뭐든지 맹글어요{만들어요}. 다섯 명만 돼도

문 지금 지금 인원은 예를 들어서 원대장. 이렇게 지금 어떤 인원이.

답 지금은 한다 하게 되면 인제 망치꾼은 없어도 되니깐. 응. 그 원대장 있어야 되고 원대장은 있어야 되고 원대장 인제 그 늘리는 것도 하고 재는 것도 하고 다 하니깐. 그 담에{다음에} 앞망치도 있어야 되고 앞망치. 원대장. 앞망치. 그 담에 가질대장. 어 그 담에{다음에} 인제 그 쇠 녹이는 것도 일인이역 하니깐 그 담에{다음에} 인제 그 조수라고 하면 지금으로 조수죠. 옛날엔 풀무꾼이라는데 지금은 조수지. 인제. 그거 다섯 명이면 맹글어낼{만들어낼} 수 있어요 아주 특수한 거 말고 이제 이제 아주 내가 박물관에 기증한 거, 한 개가 구십팔 키로 나가게 되면 혼자서 못 들잖아요. 그러니 들어나르는 사람이 있어야 되니 그거 내외하

고 웬만한 거는 어 사람이 혼자서 들게 되면 왔다갔다 하게 될 정도면 다섯 명 여섯 명이면 충분해요

문 그 들어나르는 사람들은 또 뭐라고 부르는 그 있습니까. 예를 들면.

답 근데 옛날엔 그렇게 일부러 들어날라야 하는 큰 건 못했고 그때는 사람이 그런 거 할 계획을 세울 수 없었어요 그때. 그냥 옛날 거 같으면 징 요만한 거 한 개 하면 닷{다섯} 근 여{여섯} 근짜리 그거만 할 줄 알았지. 이렇게 큰 거 작품 할 때는 구상 자체를 못 했다구요 또 두 번째는 그때는 공구. 시설이 좋지 못 하기 때문에 이렇게 큰 거는 그 사람들이 할라고{할려고} 계획을 아예 생각을 못 했다구요 그니깐{그러니깐} 인제 내 세대 와가지고 내 세대 와가지고 인제 이 사람들 얘기한대로 오랜 세월동안 지내오다가 열여덟 채. 또 공구. 행거질 하는 거. 로라질 하는 거. 또 이렇게 큰 거 맹그는{만드는} 거. 불에서 뭐 달구는 거. 내 세대에 와가지고서리{와가지고서} 다 변한 거예요

문 근데 선생님 아까 메질꾼이 세 명이 필요하다 그랬잖아요 예전에. 그러면 메질꾼도 이름이 다 다릅니까?

답 다 있지.

문 어떻게 다른.

답 앞망치. 센망치. 겟망치. 그래요 근데 거 여기 책 보면 있어요 앞망치 위치가 있고 센망치 위치가 있고 겟망치 위치가 있고 어기 책에 다 있다구요

문 아 예. 그러면 그 구성원 중에서 요즘에는 다섯 명. 여섯 명 이렇게 필요하다 그랬는데 그러면 나머지 사라진 것들은 예를 들면 제질꾼이나 이런 것들은 다 사라진 겁니까?

답 그렇지. 칼갈이가 있었는데 칼갈이. 이제 지금은 그 발트라 그러면 지금 우리가 지금은 발트라 그러거든요 저거 강한 쇠. 칼은 이걸 못 깎아요 강철이기 때메{때문에}. 아주 특수한 강철로 요걸 깎아내거든. 근데 그

게 아주 쇠가 강하기 때문에 고거 한 번만 가공하게 되면은 놋그릇은 몇 갤 깎으면 되요. 근데 옛날엔 그런 강철이 없었기 때문에 그냥 줄쇠라고 있었어요. 그걸로 하기 때문에 게다가 한 개 깎을라면 그 칼이 인제 부엌칼도 그렇잖아요. 쓰게 되면 무긴다{무디다} 그러잖아요. 그 이유가 아니라 이건 쇠를 쇠를 깎으니깐 조금만 깎으면 이렇게 안 깎아져요. 그러면 자꾸 이거 인제 갈아줘야 돼. 숫돌에다가 이렇게. 그래 그 사람 평생 이것만 먹고 해서 여기다 굳은 살이 베여 있는 거야. 이 사람. 근데 그 칼갈이가 꼭 있어야 되고 칼갈이. 칼갈이가 있어야 되는 거는 지금 사람들 칼갈이가 뭣이 필요하나 이렇게 생각하지만 옛날엔 칼갈이 없으면 일을 못 해요. 가질대장은 인건비가 비싸고 칼갈이는 싸거든. 그러면 인제 어 예를 들어서 가질대장이 자기가 갈아서 할 수는 있지. 기술은 있지만은 이 사람이 인건비가 백 원이라면 이 사람 오십 원짜리라 하게 되면 백 원짜리는 백 원짜리 일만 하지 않겠어요 백 원짜리가 오십 원짜리 일 하면 안돼 그래서 칼갈이가 반드시 필요하게 되고 또 그래서 인제 거기서 필요없게 된 것이 풀무꾼. 손 이렇게 했잖아요 거다가 필요 없잖아. 지금. 그냥 스위치만 내리면 바람이 나오고 바람이 적게 나오게 하고 바람이 발로 앉아서 이렇게 봐요 세게도 나오고 또 인제 때리는 것도 그냥 옛날엔 세 놈이 때렸잖아. 세 놈이. 세 사람이 때리건{때리거나} 둘이 때리건{때리거나} 상관이 없는데. 그 새뻘갖게 나는데 거 아주 쇠를 달쿠는데{달구는데} 시간이 걸리잖아요. 인제. 그 죽도록 달쿼놨는데{달구어놓았는데} 요게 금방 식어버려. 식은 담에{다음에} 때리면 깨져. 그러다고 짧은 시간에 많은 효과를 낼려니깐 혼자 때려도 되지만 혼자 때리게 되면 셋이 때리게 되면 세 번만 잘 달쿼놓으면{달구어놓으면} 되거든. 이 고 담{다음} 이치예요. 그래서 그 메질꾼들이 없어졌잖아. 메질꾼이라고 그렇게 또 깎잖아. 깎는 거 놋그릇이. 깎는 거는 대장 혼자서리{혼자서} 발로 못하니까니 또 그 돌려주는 사람이 따리{따로} 하나 있었어요.

문 아 그 사람은 뭐라 합니까? 선생님.

답 고거 인제 사람들이 고것만 하는 게 아니고 네핌질 했어. 이제 보통 메질하고 같이. 메질 메질하고 센망치가 주로 했어. 센망치.

문 아 센망치꾼.

답 센망치꾼이 메질할 때 같이 있잖아. 늘릴니깐 고 담에{다음에} 인제 안 할 때 가서 인제 가질했단 이거 죽~{쭉~} 늘리고

문 아 예. 그러면은 메질꾼 사라지고 칼갈이 사라지구요 풀무꾼 사라지고 고 담에 인제 그 가질할 때.

답 가질대장은 꼭 있어야 되고 가질대장 옛날이지만 꼭 있어야 되고 원대장은 있어야 되고 앞망치하고 센망치하고 하나 있어야 되고 가질대장 있어야 된다 그랬지. 가질대장. 원대장. 앞망치. 가질대장. 적어도 한 사람 정도는 되고 인제 그 원대장, 앞망치. 반드시 해야 되고 또 쇠 녹이는 사람 한 명 있어야 되고 요거 또 없어도 되고 있어도 되고 그래요 그러나 인제 이 하나 인제 고기서 조수죠 다섯이면 충분해요 지금도

문 선생님 쇠 녹이는 사람 뭐라고 하는데요?

답 옛날엔 겟대장이라 그래요. 겟대장. 지금은 겟대장이라 안 그러고 용해하는 사람이라고 부르죠 용해사.

문 용해사라고

답 용해. 옛날엔 겟대장이라고 그랬어요 그 사람은 옛날에 겟대장. 여기 책 보면 다 있어요 그거는 지금과 지금 사람들이 여기서 십 년, 이십 년 했는 사람들은 내가 했는 거 실감이 안 나요 이 책을 읽어봐야 옛날 이렇구나 이렇게 되지. 이 책 안 읽어보고는 옛날에 조직에 대한 거나 그 사람이 무엇을 뭐 하는지 그걸 몰라요

문 제가 좀 보고 오긴 왔습니다.

답 거 인제 겟대장이란 역할은 지금은 재료가 월급 아니에요 한 시간에 얼

마. 한 달에 얼마. 이렇게 나가잖아요. 옛날엔 그게 없었어요. 만약에 도급이 되니깐 원대장이 한 달 또는 그만큼이나 전부 기록을 해놨다가{해놓았다가} 어디론가 물건 넘기는{넘기는} 게 까다로운 것 같잖아요. 만약에 시간이 노력이 열흘이 간다 그러면 어디론가는 하기 쉬운 거 있거든. 반대로 시간이 안 가는 게 있어요. 그래도 뭐 인건비. 시간 조금 모은 거나 큰 거나 그거 따지지 않았어. 무조건 나오게 되면 근으로 달아서 그날 몇 근. 몇 근 됐고 고게 한 달 되게 되면 고것이 옛날 아주 옛날엔 근래 와서 한 달 그러지. 나 배울 적에. 그 이전에는 한 달이 아니고 어 오 일마다. 인제 오일장 아니에요. 내일이 장날이라게 되면 오늘 거 전부 다 인건비 계산해주는 거예요. 옛날엔 오 일 했고 지금은 인제 한 달에 한 번씩 계산하는 거예요. 지금처럼 말하면. 어 내가 지금 하는 얘기가 인건비 분배를 인제 조를 달라가지고 하는 거기 때문에 지금도 그거 그것만 해도 저 내 매 번 얘기했어. 지금 이거는 누가 해줄 작근법이라고 그러지 않았나. 작근 근이야. 근이. 지금 몇 키로 얼마 아니고 몇 근. 이렇게 되가지고 한 근에 공장 전체가 배분이다 이러면 원대한테 거 돈을 맡기면은 원대장이 전부 다 이렇게 노나주는{나누어주는} 거예요. 옛날 사람들 그랬어요. 지금 사람들 이해가 안 가지 지금 사람들은.

문 그때 오일장마다 근을 달아서 그걸로 임금을 계산을 한.

답 그렇지. 만약에 오일장도 인제 시간마다 날짜가 다 다르잖아요. 내일 장날에 하게 되면 오늘 저녁에 전부 다 인건비를 정리해주는 거예요. 내일 장날 장날 뭐 술도 사먹고 밥도 쌀도 사먹고 그러라고

문 그니깐{그러니깐} 보니깐 원대장이 백을 하면 겟대장은 오십. 뭐 이런 식으로 되있더라구요. 그러면 근을 그렇게 나누는 거네요 근 해서 이렇게 나누는 거네요

답 그렇지. 만약에 인제 대장 원대장한테 주면 백 근을 줬다하면 백 근 곱하기 얼마 인제 주면 일 년에 한 번 얼마 주게 되거든. 그러면 곱하기 얼마

씩 주면은 원대장이 고 밑에 내 얘기했죠 거의 다 인사권. 또 인건비 관계를 거의 다 원대장이 관리했어요 그러면 만약에 원대장이 백 원 벌었다. 백 원 벌었다 하면 고 밑에 사람은 오십 원 벌었어요 고 오십 원 번 게 인제 앞망치. 가질대장. 겟장{겟대장} 되면 고놈하고 고 밑에가 또 있고 칼갈이 같은 거 메질꾼 같은 거는. 고기에 또 반. 거 이십오 원 되죠 맨 밑에는 십 원. 내가 그 십 원 수당 받은 사람이에요. 제질꾼. 들어온 게 그거밖에 할 줄 모르거든. 그건 인제 대장의 십 분지 일밖에 안 되는 거 생각하면 되는 거예요.

문 선생님 그리고 그 담에 풍구도 지난 번에 보니깐 선생님 맨 첨에 풀무질 하셨던. 풀무질 하셨던 풍구 있지 않습니까. 그것도 종류가 여러 가지였던 것 같은데. 예전에 사용한 거.

답 어 그 돌아가신 선생님께서는 나한테 신신당부 하신건데 그분들은 한 건만 알지 이 실질적인 거 모르잖아요 그니깐{그러니깐} 인제 자주 나한테 들려 훌륭한 사람인데 그 사람이 육십 년대에 인제 그 문화재보호법을 제정한데 중추 역할을 한 분이에요. 선생이라고 그 양반이 늘 들러가지고 인제 나한테 내가 풀무 내가 써놨다구요 글 써놨다구요 요새. 대장간 있잖아요. 대장간. 대장간에 쓴 풀무하고 또 우리 양대장 방짜공장에서 쓴 풀무하고 좀 달라요

문 예. 안 그래도 좀 그런 것 같더라구요

답 여기다 근데 그 사람이 꼭 그걸 이 담에{다음에} 후대 알려주라 그래서 내가 기록을 해놨다고

문 예. 근데 저희는 선생님이 실세로 말씀하신 것도 보고 이것도 참고하고 이래야 되니깐 선생님 말씀해 주십시오

답 풍구는 옛날 대장들은 수족관에 납 때면 불이 이렇게 세지 않아도 되거든요 그거는 풀무 돌리는 거 봤죠 요거는 바람이 강한데 한 군데 나가게 되있어. 가운데로. 예 고건 좀 약해요 바람이 이렇게 가가지고 이렇

게 가기 때문에. 어 방짜라고 쓰는 것은 바람이 요쪽에서 함마 요쪽에서 함마 크게 바람 나가는 구멍이. 풍구 이래 당기면 이래 나가고 밀게 되면 이래 나가고 그래가지고 바람이 샜죠 양대장은. 특수하게 지금도 만약에 풍구 맹글라면{만들라면} 저는 그렇게 맹그는데{만드는데} 대장간에 쓰는 것처럼 못 맹글어요{만들어요}. 중국 사람들 풀무도 대개가 그 인제 가운데로 들어가서 한 군데로 나오게 되있는데 뭐 큰 차이는 없겠지만 그러나 최대한으로 바람을 쎄게{세게} 해야 되니깐 아 우리 방짜점에서 하는 풍구가 합리적이지 않냐 그렇게 생각했고 그 담에{다음에} 우리 아들이 지금 없어. 그런데 우리 중국을 자주 왔다갔다거려요 중국에. "어디 가냐?" 인제 나한테. "개가죽 사러간다." 그래요 개가죽은 뭐냐면 장구 있잖아요 장구. 개가죽.

문 개가죽이 젤 좋다고

답 그 개가죽 사러간다 그래서 내가 "뭐 그 가게 되면은 그 중국사람들은 털 빼지 말고 거 한 장 사갖고{사가주고} 오라 그랬지. 두 장만 사갖고{사가주고} 와라." 그랬더니 거 "개가죽 뭐 할라 그러냐?" "거 풍구에 쓸라니." "풍구에 왜 써요." 그러는데 모르니깐. 거 그 사람들 지금 일한 한 삼십 년 동안 했거든. 우리 아들도 근데 거 개가죽을 내가 왜 사는지도 몰라. 그래서 내 풍구에 사람들 이거 내가 풍구 살 적에 와서 안양공장 안양 있거든. 거서 일하는데 "인제 평소 카피해놔라." 내 이랬죠 거 방짜 일 하는 지금 젊은이들은 맨날 후앙만 써봤지 이 풍구는 안 써봤기 때문에 고 풍구에 관한 구조도 모르고 맹글{만들} 줄도 모르고 또 우리 아들 보고 내가 "개가죽 사오면은 나한테 와서 봐라 했죠" 저 옛날 조상들이 뭐한데 마찬가지지만은 왜 거기 개털을 싼지 모르지만 개털을 싸면 바람이 세게 나와요 개털을 싸면. 가운데 인제 이게 궤짝 같은 데 있잖아요 그 가운데 인제 가운데 딱 나올 적에 하나 왔다 이렇게 하면 바람이 이리 몰아나가고 이렇게 하면 몰아나가거든요 그러면 이게 가운데 이렇게 생겼잖아요. 이렇게. 이 가운데 뜯어보면은 여 딱 막혀 판자가 있다고 가운데 손잡이가 달려있고 그러면 이 판자가 이래가지고 이 안에 공기가 있는 달려나가고 이 밀게 되면 이 안에 여기서 이만큼 공기 찼잖아요 이거 쏵 밀게 되면 확 나가고 그러는 거예요. 그니깐{그러니깐} 가운데 있는 거 이다 판자. 고건 딱 맞출래도 안 돼. 바람이 새서. 조금 있으면 샌다고 이 털을 하면 안 새거든.

문 아 털을 하면 바람이 안 새니깐 바람이 더 세게 나오는구나.

답 그렇지 바람이 새면 거 일 못 하지.

문 근데 그게 왜 소가죽이나 이런 것들도 국내에서 구하게 되면.

답 아 소가죽은 안 돼. 가죽은 안 되고 개털.

문 아 털이 있어야 되구나.

답 그니깐 중국사람들은 뭐뭐 쓰냐면 닭털 있잖아. 닭털로 잘 꾸메서{꾸며서} 한다고 근데 닭털은 우리는 거 인제 너무. 중국사람들은 맨날 인건 비 싸고 그러니까네 그런데 우리는 안 되고 개. 가죽을 털 있는 걸 이렇게 딱 씌워놓으면 그게 아주 바람이. 그래 생각을 해봐요 옛날 그보다 더 큰 에밀레종 같은 거 있잖아요 그렇죠 그것도 옛날 그런 식으로 했던 거예요 풍구도. 그때 후앙이 어디 있어요

문 그러면 선생님 예전에 쓰시던 그 풍구 있지 않습니까. 그러면 풍구는 종류 이류이 몇 가지가 있는데요

답 그런 그 풍구라 그러지. 무슨 풍구의 종류는 없어. 그니깐{그러니깐} 제질풍구에 쓰는 거는 또 좀 크고 땜질이라고 있어요 조그만 거. 작은 거. 작고 큰 거 뿐이지 종류가 여러 가지 있다고 생각이 안 되는데요.

문 제질풍구 고 담에 땜질.

답 아아. 풍구는 그렇지. 풍구 규격이 큰 차이가 있어서가 아니고 용도가. 용도가 이 풍구는 인제 제질간에 놓는 풍구. 쇠 녹이는데 쓰는 풍구. 또 우김질하고 이 거서 하는 네 가지 정도가 있죠. 네 가지. 거 가봤죠?

문 아니, 아직 안 가봤습니다.

답 거 가봐요. 네 가지가 있습니다.

문 제질풍구. 쇠 녹이는데 쓰는 풍구가 있고 우김질 할 때 쓰는 풍구가 있고 고 담에 하나.

답 땜질.

문 땜질할 때 쓰는 풍구가 있구요.

답 그니깐{그러니깐} 인제 그게 에 달른{다른} 것이 아까도 얘기했잖아요. 그 주물공장은 이남이고 이북이고 동네마다 거의 없던 곳은 없었지만 방짜 그런 건 흔치{흔하지} 않았어요. 근데 방짜건 이남에도 있었지만은 이남에 징, 꽹과리 정도만 맹글고{만들고} 북한에서 전부 그런 걸 해다 팔았다 그랬잖아요. 그런데 내가 월남에서 여기 일하는 거 보니깐 기술이 아주 많이 뒤떨어져 있어요. 발달되지 않았더라구요. 쇠 녹이는데도 기름 치는 것도 모르고 톱밥 치는 것도 모르고 오니깐. 근데 여기 사람들은 풍구 하나 있었어요. 하나가지고 다 해. 그니깐{그러니깐} 능률이 안 나지. 거 뭐 우리가 볼 때는 웃었지. 이래 장난질한 것처럼.

문 그래서 징이나 꽹과리밖에 못 만들었구나.

답 예예. 징이나 꽹과리 그 하나면 또 돼. 여러 개 맹글{만들} 필요없어. 하나 늘르는{늘리는} 게 일이지. 우린 늘르는{늘리는} 게 아무것도 아니거든. 그냥 제질간에도 있어야 되고 용해간 따져야 하는데 용해도 거기 따라서 조금 해서 할 일 없으니 핸{한} 거 아니야. 하나 있으면 다 되거든.

문 선생님 그러면 아까 쇠를 녹일 때 톱밥도 필요하고 기름도 칠해야 한다 그랬잖아요. 그건 어디다가 하는 건데요?

답 현장에 가보면 아는데 쇳물을 끓이면 끓이면 덩어리를 맹글게{만들게} 되잖아요. 인제. 덩어리 맹글면{만들면} 바둑이라고 여기 보면 있잖아요. 여기 쇳물을 붓게 되면 쇠판이 있잖아요. 밑에. 그릇이라고 쇳물들을. 밑에다가 돼지기름을 발라야 돼. 안 발르면은{바르면은} 문제가 생겨.

문 돼지요?

답 돼지기름. 지금은 비계

문 아 돼지기름을 발라야 되구나.

답 응 발라야 되는 거야. 안 발르면{바르면} 문제가 발생한다고 또 인제 톱밥을 뿌려. 풀 적에. 그 이남 사람들 톱밥 뿌리는 거 몰라. 다른 나라들 내 용해하는 거 딴 데 가서도 톱밥 뿌리는 거 우리 조상들. 그 전세계적으로 방짜기법이 몇나 안 되는데 그 중에서 가장 기술이 발달되있는 거는 우리 조상들이 발달되있는 거. 그건 알아야 돼.

문 그건 그렇죠. 세계에서 사실 이런 그릇이 흔하지 않잖아요.

답 흔하지 않는데 뭐 중국놈들이 꽹과리 맹그는데{만드는데} 재작년에 가서 연구 발표하는 거 봤더랬는데{봤었는데} 거기 있는데 지금도 그놈들은 옛날식으로 그냥 이 이 이거밖에 모르고 숯도 모르고 숯도 열대지방에 여러 숯들 메꿔놓고 하더라구. 근데 그놈들도 인제 그 기름친 건 다 같더라고. 기름 바르는 거. 이남에는 기름 바르는 거 몰라. 이남에는 또 애초에 이남에 와보니깐 쇠판도 아니고 돌로 인제 오목하게 해가지고 하더라고 이남은 아주 아주 발달이 늦게 된 거예요 근데 전통적으로 따지게 되면 오히려 더 알아줘야 되지. 응? 우리 쇠판에다 물 붓는데 쇠판 없이 돌에다 붓고 지금 다 인제 나한테 배워간 사람들 있잖아. 거의 다 잘해 인제.

문 선생님 그러면 톱밥은 왜 뿌리는데요. 톱밥은.

답 톱밥도 그 전에도 인제 그런 질문은 많이 받았어요. 왜 뿌리는지 나도 모르겠다고 전 우리 조상들이 배워서 뿌리기 때문에 뿌리지 않으면 문제가 생기는 거야.

문 그러면 쇳. 인제 우리가 그릇 있잖아요 쇳판에. 쇳판에 그 용해된 쇳물을 놓고 그 담에 뿌리는 겁니까?

답 이거 붓는 과정에서. 불{부을} 적에. 쇳물 불{부을} 적에. 인제 저 과학자들 그 금속 그 공부 박사님들 있잖아요 그런 분들이 우리 방짜에 대해서 많이 연구를 하거든. 근데 결론은 우리는 어떻게 이해를 하게 되면은 톱밥을 치게 되면 눈으로 보여요 우리 육안으로 보인다고 이게 쇠가 아무리 발갛게{빨갛게} 잘 되었어도 이 쇳물이 곧 안에 순식간에 식어 버리는데 식으면 아무래도 매끄럽지 못하거든요. 톱밥을 치면 톱밥이 이게 열이 쎄다고{세다고}. 그게 소나무톱밥을 하게 되면 그 쇳물이 그냥고 불에 의해서. 그래서 우리는 어 그니깐{그러니깐} 열이 식는 걸 방지해주는 거 말이지. 열을 가열시켜 주는 걸로 우리는 이해하고 있다고 지금도 우리는 육안으로 보이기 때문에 톱밥을 안 치게 되면은 쇠가 걸죽히 나와가지고 거칠게 되는데. 요걸 치게 되면은 그냥 뭐라고 표현을 해야 될까. 그냥 계란처럼 발갛게{빨갛게} 넣게 되는데 거 안 치면 거칠하더래요{거칠던데요}. 근데 그 이남 사람들은 거 치니깐 그걸 인제 쇠를 깎아서 그렇게 쓰더라고 말도 못 해.

문 아 무슨 말인지 알겠습니다.

답 근데 그 지금 과학자들 말은 그게 쇳물 불{부을} 때 어 산소 뭐 산소를 태운다 그러던가. 뭐. 산소 무슨 데. 영어도 모르고 그 사람들 말하는 거 이해를 못 하지. 저러나 그 사람들도 거 톱밥을 치야만 방짜 만드는 결론은 마찬가지야. 우리는 과학 뭐 그 숫자적으로 왜 쳐야 되나 그건 모르고 선조들한테 배웠기 때문에 고렇게{그렇게} 해면{하면} 되고 고렇게{그렇게} 안 해면은{하면은} 문제가 생기니깐 그렇게 하는데 과학자들은 고 뭐 때문에 원인이 어드래서{어떻해서} 이렇게 된다. 그건 다 나와 있어.

문 아 그니깐{그러니깐} 톱밥에 의해서 톱밥이 쇳물이 뜨거우니깐 인제 이게 거칠지 않게 부드럽게 계속.

답 그 있잖아. 가열시켜줘. 톱밥을 치면 거 불이 나잖아요 톱밥을 아주 팔딱거리게 넣게 되면 막 불이 붙어요. 그면{그러면} 고게 인제 고 열이 세다고 또 그니깐{그러니깐} 고게{그게} 쇳물에 발가져서{빨개져서} 나오는데. 그걸 안 하게 되면 이 꼭지 밀어. 깎아야 된다고

문 그면{그러면} 선생님 톱밥에 있는 재가 쇳판에 거 들어가고 그러지 않아요?

답 아니 뜨지. 다 뜨지.

문 그러면 무슨 말인지 알겠습니다.

답 하나도 안 섞여요

천상 합리적이게 깜깜할 적에는 좋았죠. 불일 할려면은 어두운 데서 해야지 햇빛이 들면 말도 못 해.

문 그러면 그걸 쓰는 이유를 알겠습니다. 그리고 선생님 예전에 작업했는 거랑 요즘 작업이랑 차이가 많이 나잖아요. 사실 우리가 요즘 작업은 지금 볼 수가 있지만 예전 작업은 사실 선생님 같은 분 아니면 보질 못 하니깐 그런 거에 대해서 얘기해 주세요

답 그래서 저. 음. 거 테이프도 있고 책도 있거든요. 그걸 보게 되면은 문화재청에서. 문화재청에서 우리 같은 사람 다 죽게 되면은 옛날 그걸 보존하기 위해서 예산 써가지고 일 년에 다 모다서{모아서} 일 년에 몇 사람씩 해서 고 인제 촬영을 하고 영상을 다 해놨어요. 해놨는데 내가 나도 책을 다 갖고 있는데 에 그걸 보게 되면 옛날 기법을 볼 수 있죠. 그리고 또 인제 시 월 며칠까지 고 보호재단이라고 있어. 문화제보호재단. 거기서 또 시 월 이 달 며칟날{며칠날} 동안에 와서 뭐 이렇게 일하는 거 인제 보여달라 그러면 쇠 녹이는 거 나오죠 거 수요기획이라고 봤었죠 필름.

문 아뇨 제가 티비는 잘 안 봐서. 근데 지난 번에 그 얘긴 들었습니다. 생명의 그릇이라고 나왔다고

답 거기도 좀 나와있고 가장 정확한 거는 인제 문화재보호재단에서 거 완전

히 현대식 여러 전깃불도 못 쓰게 하고 뭐 함마도 못 쓰게 하고 완전히 옛날 복장도 옛날. 그 일하는데 모시옷 옛날 전부 그 해가지고 전부 다 거 영상을 다 해놨어요.

문 선생님 함마는 뭔데요. 함마요. 함마

답 함마는 인제 공기함마라고 공기함마는 인제 이게 망치라고 그러죠. 함마라고 그래요 보통 그래요 공기함마. 거 대장간에 지나가게 되면 땅땅 땅땅 때리게 되잖아요. 그것 다 함마 종류.

문 아 인제 망치 종류. 큰 거 하게 되는.

답 메질 하게 되는 함마여.

문 근데 선생님 제가 기록영상 문화재청에서 나온 거 그건 보더라도요 선생님 우선 또 말씀 좀 해주십시오. 예전 작업을.

답 예전 작업은 인제 글쎄요 그때 옛날은 낮에는 이래 불을 거의 안 했어요. 옛날은 새벽에. 새벽에 뭐 한 시나 두 시 이때 나와가지고 불을 펴가지고{피워가지고} 어차피 불에는 안. 꼭. 어두울 때 새벽에만 나와서 했어요 그러면 인제 날 밝을 때까지는 불 이거 다 하고 아침에는 뭐하냐면 인제 그걸 벼림질이라고 있잖아요 또 그거 깎는 거. 그런 거나 아침에 하고 일찌감치 다 중간에 쉬고 그렇게 한 원인을 왜 이렇게 밤에만 했느냐. 근데 우리 저쪽 가보게 되면은 낮에 일하거든요 우린. 어떻게 했냐면 이런 방짜. 까만 걸 쇠 다 해가지고 깎아놓고 있잖아요 옛날에는 뭐 그런 그물도 없었지만은. 천상 합리적이게 깜깜할 적에는 좋았죠 불일 할려면은 어두운 데서 해야지 햇빛이 들면 말도 못 해. 지금도 근데 지금 겁도 없이 티비 뭐 촬영한다고 오게 되면 그 카메라맨 하는데 인제 말 노상해도{계속해도} 그놈들이 몰랐으니깐 야단칠 수도 없고 말이죠 그래가지고 그 밝으면 안 되는데 다 비추고 말이야. 그러고 인제 나가면 그래가니끼네{그래가니까} 한석봉이 어머이처럼 해서는 못 하는 거예요 인제. 그 담에{다음에} 인제 불에 달쿨{달굴} 적에도 고거 순식간에 한다고 안 달케{달게} 되거든. 저놈들은 뭐 카메라 찍는다고 더 더 오래 있으라니깐. 자꾸 인제. 그게 안 맞어요 모르는 사람하고 그러니깐 인제 애초에 얘기한 대로 새벽에 나와서 인제 그 불일 해서 네핌질하고 우김질하고 제질 다 하지 않았어요 어 그러니깐 인제 날이 새게 되면은 불일은 거의 안 해요. 안 하고

탑 아까 얘기 좀 하다 말았는데 인제 겟대장이라는 파트가 있는데. 지금 겟대장이 없어졌어요 그놈은 뭘 하게 되냐면은 아까 얘기하다가 고걸{그걸} 잊어버렸단 말이에요. 고걸{그걸} 얘기할라다{이야기할려다} 말았는데 대장이 월급이 아니고 자기 맡은 거 다 하게 되면은 한 달에 얼마다 주게 되거든요. 근데 이 사람은 담당이 뭐냐면 쇠 용해. 녹인 거. 고거 하고 고 담에 고 원대장 옆에서 제질하게 되면은 인제 그 땜이 자꾸 나. 지금 와서. 땜 나면 고걸 분사 땜 때줘야 돼. 고 둘만 하게 되면은 이 사람은 뭐 넘이{남이} 하는데 나가 놀아도 누가 제지를 안 받았어요

탑 근데 고런 것이 실감이 안 날 거요. 근데 인제 박성이라는 사람이 일등. 그 겟대장 곁에서 일등이고 석병지라는 사람. 내가 같이 일한 석병지라는 사람 나보다 나이가 많은 사람 들어왔어. 근데 이 석병지는 맘은 좋은 영감인데 아이들도 많고 근데 기술이 이거야. 그때는 왜 그런지 몰랐는데 지금 생각하게 되면은 그 사람은 경력은 많아도 박성만큼 지혜가 없어. 지혜가. 그니깐{그러니깐} 내가 얘기했잖아요. 이놈은 쇠 녹이가지고{녹여가지고} 일할 때 빵구 나면 다 때줘야 되잖아요 그 빵구를 가게 되면 그날 뭐 지금 산소용접 그렇게 때는 거 아니야. 고걸 전부 다 갖다 칼로 고 옆을 긁어내치고 그걸 고 옆에다 올려서리 그걸 뭐 말이 다 여기다 여기 기록된 얘기여. 고걸 다 다듬어가지고 분사실에서 또 땜쇠를 좨서{쪼아서} 긁어가지고 갖다놓고 그걸 육안으로 봐가지고서리{봐가주고서} 거 녹을라 하는 순간에 물을 쳐서 때는 거예요 근데 그 일은 땜이 안 나면 일 안 해도 돼. 땜이 나면 그냥 아침부텀{아침부터} 밤 새도록

원대장 같이 옆에서 때줘야 돼. 근데 인제 그 박성. 겟대장 이놈 영감은
좋게는 둘 다 가졌는데도 맨날 붙어서 땜 때느라고 이 불쌍한 정도야.
이 박성은 그게 아니야. 맨날{매일} 하고서리 그때 때 사지주단 나갔어.
그때는 해방되가지고 미군 사지주단이라고 그거 있었다고 국방색. 고거
딱 입고 뭐 양 몇 시간 왔지. 그때 카고서리{하고서} 맨날{매일} 술만
먹고 그런다고. 그니깐{그러니깐} 박성은 쇠를 잘 녹이니깐 땜이 안 나.
쇠를 잘 녹이니깐. 근데 그것도 그때는 겟대장이가 필요 있었는데 내 세
대 와가지고 왜 없애버렸나. 고걸 체득했거든. 왜 땜이 나느냐. 그니깐
{그러니깐} 늦게 하는 거야 인제. 잘 하느라고 시간을 걸리니깐 안 되더
라 이거야. 이게. 고열로 하더라도 고걸{그걸} 쇠를 땔 적에 기법을 적당
히 치면서 잽싸게{재빠르게} 이렇게 고 말로 표현 못 해. 암만{아무리}
방짜가.

団 원광식이라고 있어. 여기 진천 가면은 종 맹그는{만드는} 인간문화재가
있어. 고것도 한 맡은 둘이 없어요. 이 친구도 가 보게 되면은 어 그 큰
종 이런 것들을 맹글잖아요{만들잖아요}. 큰 종. 근데 그 그거만 만들 줄
알았지. 방짜에 대해서 몰라. 근데 내가 하는 기{게} 인제 불쌍해보여서
인제 나한테 인제 도와주라는 거야. 뭘 받았냐. 그냥 큰 거 하니끼네{하
니까} 아들이 거 금속 박사과정 밟고 있어요. 그니깐에{그러니깐} 기계
가 발달되가지고 이 숯들을 맷돌이라고 재는 기계가 있어요. 그 나는 우
리 아들 대학 나왔다고서리 자기가 와서 도와준다고 기 기계를 가지고
와서 재주는 거예요. 그 종은 좀 식어도 괜찮고 너무 고열 안 해도 되거
든요. 근데 그건 돼. 우린 안 돼. 그 사람 자꾸 와서리{와서} 날 도와준다
고 진천서 일부러 와가지고 해가지고 안 되는 것이 꼭 같은 합금에 꼭
같은 열 도수를 올리고 꼭 같은 시설 놓고 해도 숙련감 안 하게 되면 못
써. 쇠. 그 왜 그러냐. 이 숙련감 고런 몸에 배가지고 영감이나 직감적으
로 고렇게 삶이. 먼저 번 탁 이렇게 감아지잖아요. 본능적으로 그 정도

숙련감이 되야 돼. 그러지 않고서리{않고서} 꼭 자기가 뭐이{무엇을} 숫자적으로 한다고 몇 도 재봐서리{재봐서도} 그 안 되요.

문 그니깐{그러니깐} 숙련이 되야지. 숙련 안 되고 그냥 정확하게 한다고 해서 되는 게 아니라는 거잖아요.

답 안 돼. 안 돼. 그니깐{그러니깐} 그 내가 우스운 얘기 조금 할게요. 팔십 일 년도에 그 보스턴에 고기장이 그렇게 가보고 싶어도 못 갔더랬는데{갔었는데} 나는 왜 방짜 일하기 때문에 방짜 다른 나라에서 어떻게 하는가. 그걸 보기 위해서 인제 보스턴에 인제 가더라고 보게 되면 신불 있잖아요. 그게 방짜거든요. 미국에는 인제 특수하게 하나밖에 없어. 그 미국사람들이 아닌 터키사람들이야. 그게. 가보게. 갈 길이 없어. 오랜 세월. 비자도 만들어야 되고 그리고 지금은 당신네들 우리 요즘 말로 여권도 되고 비자 되고 하지만 칠십 년 말 팔십 년 여권도 내기 힘드니깐 비자는 더욱 안 됐어요. 가보고 싶은데 내가 인제 신학대학에 단기교육 프로그램 있어요. 그 목사, 장로들 가는데 같이 갔다가 그놈들이 말 안 해도 우리 친구 목사 딸이 미국말을 잘해. 그래서 우리나라서 방짜 기술자가 왔다. 그러니깐 그 사람들이 믿어주질 않아. 그때만 해도 지금은 미국 나라 외국 나라 있는 거 한국 사람들 많지만은 그 뉴욕에서 보스턴까징{보스턴까지} 거기 네 시간 버스를 타고 오고 가는데 몇 번 나가도 한국 사람들. 동양 사람 얼굴을 못 봐. 그 당시는. 그니깐{그러니깐} 인제 거기 가서 일을 우리 목사님이 하니까네 그 사람들이 오래서{오라해서} 갔더랬어요{갔었어요}. 그래가지고 내가 거 가서 현장에 가서 일 했어요. 하는데 통역 데려갔어. 이틀 있다서리{있다가} 가버렸어. 가요 통역 내쫓아버려. 돈이 아깝어서{아까워서} 내쫓아버린 게 아니고 통역이 필요없다 이거지. 통역이 있으면 더 다른 거 같으면 옆에서 통역하면은 즉석에서 예 그런 거 이러잖아. 이놈은 그게 아니야. 아 이거 이 저 지금 이게 다 달았다. 내리가자{내려가자}. 그러면 이 사람들 다 달았다 내리가지{내려가지}. 그 시간이 안 되서 안 되는 기야. 그럼 그놈들도 기술자고 나도 기술자니깐 외국사람들 하니끼네{하니까네} 달았으면 그냥 내려오면 자기들도 내려야 되는 줄 알고 또 이렇게 때리더라도 식어서 때리면 안 되는 줄 알고 이 통역은 필요없어. 이거는.

문 그렇죠. 몸으로 바로 아니깐.

답 뭐냐면 이거 바로 숙련공이야. 어. 이 과학적으로 몇 도 됐으니 재가지고 이만큼 됐습니다. 내려줘. 그런 사람들 그게 안 되잖아요. 그런 걸 얘기하는 거예요. 숙련공이 되야 되는 거지. 숙련공이 안 되면은 아무리 이상 공부 많이 해도 여긴 필요없다. 그런 얘기할 수 있죠.

문 그렇죠. 그냥 직접 딱 눈으로 보여주면 그게 되니깐 그렇겠네요.

답 그렇죠? 거 지금 쇳물 내 붓는 것도 그 영감 친구 와가지고 재보고 천삼백 도 됐습니다. 그럼 그걸 갖다서리{가주고서} 온겨갖다{옮겨가져다} 또 붓는 과정에서 식어버리거든요. 예예. 또 갖다붓는데 접전에{직전에} 톱밥을 잽싸게{빠르게} 딱 맞춰 쳐줘야 되는데 이놈 톱밥을 치면 되는 줄 알고 냅따{재빠르게} 쳤다. 다 필요없다 이거야. 거 순간순간 다 맞아야 되거든. 그래서 있다가 옛날 거 기법을 더 실감할려면 다 보여줄테니깐 고거는 돈 벌기 위해서 시설하는 게 아니고 고거 시설하는데 거 건물이 일억 이상 먹었어요. 고기. 근데 고거 나는 목적이 그 기법을 백 년 이백 년 오랫동안 보존하기 위해서 하는 거거든요. 인제 그걸 보면은 왜 풍구가 네 개여야 되느냐. 그것도 알게 되구요. 그냥 봐서는 몰라. 내가 설명해주게 되면은 이거 네찜 놔서도{놓아서도} 고기{그게} 조금씩 달라. 멀{뭘} 여기 놓고 여기 놓고 여길 놓을 걸. 매 번 이동할 수 없잖아.

인제 요강 시집갈 적에는 요강 없이 시집 못 갔대는 얘기가 있을 정도 랬는데

답 그 방짜기법 가운데 요만한 거는 더하지만 내 이렇게 해서 이십만 원 삼십만 원 배운다 그래도 방짜요강 있잖아요. 방짜요강 맨드는{만드는} 기법은 오랫동안 기록에 냄겨놔야{남겨놓아야} 돼. 전 세계에서 요강 만드는 금속공학 하는 사람들이 요강 맹그는{만드는} 기법을 얘기하면은 전부 다 깜짝 놀래. 지금도 그래요. 지금.

문 선생님 저번에 요강도 말씀하셨는데 대야도 말씀하셨는데요. 대야도 대야. 세숫대야 같은 거. 이것도 굉장히 힘든 공정이라고 말씀하셨는데.

답 힘들어도 그 요강만큼 힘들진 않아요 또 그 대야는 웬만하면 저 설명해서 이해가 되는데 요강은 그냥 설명해서 이해가 안 되는 부분이 많아요 내 그거 대충 얘기했기 때문에 그러는데 그게 금속하는 사람 은이나 금 같은 거 동 이런 거는 인제 놋그릇 아무렇지 않게 지르면 되거든요 가능하죠 가능해요. 금속 하는 사람 다 해요. 방짜는 그게 아니잖아요. 강철이에요. 강철인데 이게 만약에 내가 이런 거 기록을 안 해놨다 그러면 뭐 백 년 안쪽에 그것 갖다놓고 연구하는 사람 이 어떻게 맹그는지{만드는지} 풀 수가 없을 거예요. 못 푼다고 못 못 그 금속 같은 거. 요강 맹그는{만드는} 거 어떻게 맹그는지{만드는지} 모른다고

문 쌤 그러면 요강 만드는 그 과정이나 기법 있잖아요. 그걸 잠깐만 좀 설명해 주시겠어요

답 아까 벤에 얘기했을텐데 만약에.

문 요강은 설명 안 해주셨어요

답 그래서 인제 요강은 첫째 주물할 때 가끔은 꼭 같지만은 중량을 거기 적당한 중량. 대개 방짜 합금 정도는 드가야{들어가야} 되요 요강은 큰 기 있고 작은 거 있는데 거의 다 큰 거 썼어요. 옛날 요강은 전부 다 일케{이렇게} 큰 거 쓰면은 인제 그 당시는 인제 물론 얘기했잖아요. 우리 그 화장실 문화가 옛날은 반드시 밤에는 요강에다 소변 보고 그랬지. 밖에 나가서 안 나갔다가 그것도 있다가 나가서 거름하고 그랬잖아요. 그리고 또 두 번째 원인은 며느리하고 시부모하고 요강 같이 쓸 수 없었잖

아요. 그래서 인제 요강 시집갈 적에는 요강 없이 시집 못 갔대는{간다
는} 얘기가 있을 정도랬는데{정도였는데} 중량을 대개가 늘근{늘린} 합
금 바닥을 보게 되고 우선 늘릴 때 요강이 아귀가{아구가} 좁게는 못
눌러요{늘려요}. 그니깐{그러니깐} 인제 밖에서처럼 이래{이렇게} 높으
게 인제 늘른다고{늘린다고}. 자꾸 질러{찔러} 너가지고{넣어가주고}
고거 인제 기술적 문제지요. 될 수 있으면 그냥 이렇게 가운데 얇게는
못 쓰잖소 그러니까네{그러니까} 위에 쇠 같은 값이 얇게 쇠를 맡겨가
지고서리{맡겨가주고서} 이만큼 될 동안. 그것도 계산도 안 되는 거 아
니고 그날 누가 뭐 길로 여길 자꾸 때리게 되면 이렇게 되도록 두께가
비슷하게 되갓다{되겠다}. 그러한 감각 속에서 인제 그렇게 맹글어놔요
{만들어놓아요}. 맹글어놓게{만들어놓게} 되면 고걸{그걸} 내 숯불 펴
놓게 된다 그러잖아요. 고걸 인제 메질해가지고 망치를 불에다 감아서
부분적으로 가서 때리고 부분적으로 달코{달구고} 때리고 그래요. 한꺼
번에 못 다 때려요 그래가지고 인제 어느 정도 매끈하게 이쁘게 맹글어
가지고는{만들어가지고는} 그걸 인제 엎어놔요. 엎어놓고 숯불을 놓고
서리{놓고서} 집게로 다 돌리게 되면은 어떻게 될꺼여{되겠어요}. 수가
리는 들어간 지 금방 달고{달구고}. 위에는 안 달잖아요{달구어졌잖아
요}.

문 수가리라는 거는 이렇게 뒤에 뒤집어서 이쪽 부분 말하는 거죠? 요게 수
가리죠?

답 요게 수가리야. 요게 수가리. 그리고 요게 인제. 요거 인제 다 뒤집고 불
위에다 놓고서리{놓고서} 저번 내가 다 있는 거 다 있는데 요렇게 돌리
거든요

문 그니깐{그러니깐} 예를 들면 요렇게 뒤집어서 요렇게 요렇게 돌린다는
거잖아요 이렇게 더들더들한{울뚱불뚱한} 부분을 수가리 요부분을.

답 요만큼만 새빨게{새빨갛게} 난다고 이렇게. 밑으로 고걸 인제 집게로

딱 잡아가지고 이건 또 큰 거 집게가 아니고 여러 개 집게 여러 개 있다고 쉽게 말하면 인제 이렇게 딱 집어가지고

閊 요. 집게는 이름이 뭔데요? 선생님.

㴺 고 인제 가서 보여주께{보여줄게}. 그래 그걸 갖다가 찬물에 어떻게 여기만 담궈야 돼.. 여기만.

閊 아 입구만.

㴺 여기만 조금 담궈야 돼. 그러면 소리가 쩌렁쩌렁한다고 그러면 여기 어떻게 되냐 하면 인제 맨 첨에 인제 이랬던 놈이 한 번 하게 되면 요게 인제 요렇게 된다고 요렇게. 고 담에 또 올려놓고 여길 또 달궈졌어요 두 번 하게 되면 요게 요렇게 된다고 요렇게. 이거 인제 한 세 번 정도 하면 다 되거든. 요렇게 되면 인제 이게 인제 과정에서 요렇게 되거든. 일정하지 않다. 그러면 작두로 불에 감아가지고 뺀 걸로 여길 잘라버려. 어만큼{얼마만큼}. 그러면 요거를 인제 불에 달궈가지고{달구어가지고} 요거를 패게 되면 어떻게 되겠어요 요렇게 될 거 아니에요 요렇게. 여길 여길 잘라버리고 여기 남았잖아요. 요걸 불에 달궈가지고{달구어가지고}. 방짜유기 요렇게 두드리는 거. 요것도 마찬가지. 요만큼 잘라버리고 요건 요렇게 되면 요렇게. 그래가지고 인제 열처리. 불에 담궈가지고 망치로 두드리면 다 되는.

閊 예. 선생님 이게 위에만 잔물 있잖아요. 굉장히 차가운. 냉각 저기 냉수에 담그는 이유가 이게 불에 담구면 더 물렁물렁해지니깐. 더 물에 담그면 더 물렁물렁해지니깐 요거 오므리려고{오무리려고} 그러는 거예요?

㴺 아니 요거 하는 거는 오므리려고{오무리려고} 하는 거고 다 해가지고 전체 담궈요. 전체 담궈가지고 전체 달궈가지고 지금 요거 수가리 요거 달구는 거는 이거 물에 요거 찬물에다 담그면은 이게 줄어들어. 줄어. 줄어들라고 담그는 거지.

閊 그리고 선생님. 선생님이 사실 만드는 게 제가 박물관에도 한 두 번 가보

고 그랬는데요 작품 종류가 굉장히 다양하더라구요 우리가 보통 생각하면 놋그릇 이러면 밥그릇, 국그릇, 숟가락 이렇게만 생각하는데 굉장히 다양하던데 선생님이 만드신 그 작품의 종류 있잖아요 종류별로 설명을 해주세요 어떤 거.

종류를 다 설명할려면은 그게 뭐 작품 하나도 대, 중, 소 뭐 요강도 뭐 작은 거 있고 중간 거 있고 큰 요강 있고 뭐 주물로 된 것도 있고 종류가 꽤 많을텐데요

예. 꽤 많은데 사실 그런 거는 여기도 잘 안 나와있고 사실 그래서 우선은 선생님이 살아계시고 선생님이 만드신 거 이런 것들을 저희가 다 음성으로 좀 담아서 이렇게 책도 사실 낼라면 그런 게 필요하지 않습니까.

그거 다 거길 뭐 책을 쓰던가{쓰든가} 해야지. 할려면 인제 논문이 되니깐 그래서 하죠 주로 제가 많이 만드는 것이 대야. 양푼. 대야도 인제 몇 종류 있어요. 큰 거 있고 인제. 그 목강대야. 조그만 거 있어요 조그만 거. 여자들 목욕하면 화장품 갖고서리{갖고서} 왔다갔다 하는 거 있거든요 또 민대야라고 있어요. 민대야. 민대야는 먼저 번에 얘기했지만 우리 조상들이 그걸 보게 되면은 여자들이 지금 보면 목욕탕. 몸 닦는 기술이 다양하잖아요. 대중목욕탕도 있고 옛날에 그런 거 없었단 말이에요. 없었어요. 그래서 인제 여자들이 특히나 인제 매일 그 하체 씻었는데 농촌에서는 몰라도 그리고 부잣집 뭐 임금님 뭐 이런 사람들은 여자들이 다 몸 깨끗하고 그러잖아요. 그렇게 되면 인제 대야는 옆에게 준다고 그랬잖아요. 준다가 없어요. 그래 우리 아들이 이번에 그거 내가지고 상 탔는데. 민대야라고 지금 사람들 젊은 사람들 모르죠 거기다가 물을 담궈놨다가. 그 전에 물을 담구는 건 우리 인제 나온 거 있잖아요 박종현 교수가 논문 쓴 거 있잖아요 거기 보면 줄기다 주는 거. 대야에다가. 거기다가 그면 여자들이 그때 우리나라가 발달된 것이 여자들이 어느 부분이 다 인제 깨끗해야 되잖아요 그래 거 물을 담아놓게 되면 거의 다 죽어.

그니깐{그러니깐} 거기다가 인제 여자들의 하체를 닦고 또 인제 딴 데는 방에 놔뒀다가 쓰지. 옛날에 우리 부모님도 마찬가지지만은 이 머리가 이렇게 참빗으로 빗으면 이가 이렇게 붉은 게 떨어져. 그럼 여기다 이렇게 이렇게 이를 시벌건{시뻘건} 거 인제. 우린 그렇게 살았어요. 거기서 그런데 대야 종류까지 내 말하는 거야. 그러니깐 얘기했죠 일반대야. 목강대야. 민대야. 그거 더 할려면은 어른이 나와서 어른이 목욕시키는 대야도 있지만 그건 특별한. 특별하게 있고 대야 종류는 그만큼만 하고 그 담에 양푼도 이제 백이양푼이 있었습니다. 젤{제일} 큰 기. 백이양푼이라는 거는 안동 지나서.

問 백이양푼요?

答 백이양푼이라 그래. 백이. 나도 왜 백이라는지 몰라요 우리집에 다 있어요 박물관도 다 있고 백이양푼이 있고 뭐 말양푼 있고 또 뭐 소 소 소 대야 지금 소소 여러 가지예요. 큰 거도 있고

問 근데 우선 이름이 있는 거 선생님이 말씀해 주세요.

答 양푼은 인제 거 이름이 인제 백이양푼하고 말양푼. 이거는 인제 소양푼. 고 정도 하면 되겠죠 양푼은 그렇고 요강도 있죠 일반 그 방짜요강이고 그 담에 타고라고 있어요. 조그만 거.

問 타고요?

答 양반들 츰{침} 받는{뱉는} 거 타고라 그래요 또 가마 타고 갈 적에 쓰는 또 요강 또 조그만 거 있는 거.

問 고 요강은 이름이 뭔데요. 가마 타고 다닐 때 쓰는 요강은.

答 글쎄요. 고거는 갑자기 그걸 가마 타고 나니는 요강은 따로 있어요 조그만 게.

그 방짜로 하게 되면은 싹싹 버리고 해봤자 암만 베어도 덧나지 않거든.

問 그러면 선생님 다음에 가르쳐주세요 이름이 생각이 안 나시면.

탑 그 요강만 했고 놋상 있구요. 어북장반. 이것도 놋상 있는 거. 어북장반
이라고 있었어요. 어북장반.

문 어북장반요. 아 놋상의 종륩니까? 어북장반은?

탑 놋상 종류예요. 어북장반이라고 피난민들이 많이 했죠 어북장반은. 고
담에 놋상 담에 동이. 놋동이라고 그러죠 놋동이. 그것도 대, 중, 소 쓰
는데. 놋함지. 놋버치.

문 놋부치요?

탑 놋버치. 버치.

문 버치요?

탑 그 옛날에 왜 토기 버치 많이 썼잖아요. 지금은 다라이 같은 거 했지만
옛날엔 그 집집마다 버치 많이 썼잖아요. 버치. 토기.

문 토기.

탑 그 토기예요 버치가. 근데 그 방짜로 맹글어{만들어} 썼다고

문 그니깐{그러니깐} 인제 토기로 만든 이걸.

탑 옛날엔 그거 토기로 했는데 그건 전부 방짜로 했었다고 버치. 고것도 인
제 뺏돌이라고 조그만 걸 썼다고 고것도 다 버치 종류고

문 그면{그러면} 토기 버치. 고 담에 뺏돌. 이게 다 버치 종류고요

탑 아 토기 버치 안 쓰고 놋버치라 쓰면 돼.

문 놋버치. 고 담에 뺏돌. 이건 버치 종류구요

탑 그 담에 인제 그릇 종류가 밥통 있잖아. 밥통. 밥통도 대, 중, 소로 썼는데.

문 그면 대밥통, 중밥통 이런 식입니까? 선생님.

탑 고 담에는 인제 그릇 종류로 가지. 인제. 그릇 종류로 그릇 종류로 가면
은 그 수없이 많은데요. 밥그릇, 국그릇, 물대접, 물대접 받침, 간장종지,
반찬그릇, 탕기, 김치보, 수저, 젓갈, 반상 종류는 인제 그만큼만 하구요
고게 반상 드가는 것들이거든요 그 담에 제기 종류. 제기. 제기 방짜 제
기접시. 그것도 대, 중, 소 평기. 평기 있고 접기.

문 접기요? 접기는 뭐예요 선생님?

답 그 이제 제기 보면 이만한 쇠판대긴데. 이것도 평기고 접기는 인제 생선 같은 거 있잖아요. 그걸 놓는 걸 접기라 그래. 모양 길쭉한 거 있어.

문 아 평기는 이런 거고 접기는 조금 더.

답 사각이고 사각이고 고 정도 써놓으면 되고 어. 그 담에 인제 거 삼가 이런 것들은 주물유기 쓰지 말고 그런 거 있어. 술잔. 술잔받침. 아까 냉면기 썼죠? 냉면기부터 쓰면 되요 또 합. 합 그릇이지. 합. 그것도 대, 중, 소 쓰면 되고 또 옥바리.

문 선생님 옥바리 그러십니까. 옥식기 그러십니까?

답 옥식기는 꼭지가 없고 옥바리는 꼭지가 있고 그래.

문 아 똑같은 계통인데 옥바리는 꼭지가 있고

답 물론 다른 것도 다르지만은. 음. 제가 옛날조는 그 정도 쓰면 되고 지금 새롭게 쓰는 건 많아요. 그런 건 가치가 없잖아요

문 선생님 이런 건 뭔데요?

답 그건 좌종.

문 선생님 보니깐 좌종이나 운나 이런 것도 다.

답 운나도 있고 좌종. 그리고 징, 꽹과리 지금 다 방짜예요

문 그럼요 제가 박물관에 가보니깐. 운나라든지 그 담에

답 그 짝은{쪽은} 거 가서 안내하면 안내해.

문 근데 그거는 이렇게 이런 유리 안에 있어서요 사신을 찍으면 이게 반사가 되구. 거기 설명해주는 분보다는 선생님이 훨씬 더 잘하시니깐.

답 아이구. 징. 꽹과리.

문 그 담에 보니깐 선생님. 종도 보니깐 좌종 같은 것도 종류가 많더라구요. 이런 것도 있구요 이렇게.

답 고 주물종이야. 곰보종. 조그만 거.

문 예. 곰보종도 이제 그 좀 검은 게 있고 그 담에 뭐 또 이렇더라구요. 예.

고 검은 거는 선생님 뭐라 그러는데요?

답 그 인제 그것도 바라. 제금{자바라}. 바라. 그쪽은 악기예요. 제금{자바라}.

문 제금. 예. 음 그면은{그러면은} 선생님이 만드시는 악기는 좌종. 운나. 바라. 제종. 그 담에 징. 꽹과리. 이렇게 만드십니까?

답 악기는 그렇고

문 그 담에 선생님 요즘에는 잘 안 만드시지만 예전에 선생님 만드셨던 제품 같은 거 이런 거 없으십니까? 요즘에는 사실 수요가 없어서 안 만들지만 예전에는 이런 것도 우리가 방짜로 만들었다. 이런 건 없으십니까?

답 아 그 저기 그 대야로는 지금은 극히 크게 사가는 사람만 사가고 옛날에 가장 많은 게 대야, 요강 젤{제일} 많이 팔렸어요. 그 담에 그 옛날 쓰지 않는 게 또 있어요 옛날 안 쓰는 게 인제 저 그 삭도라 그러나. 백호라 그러지. 순전히 머리 깎는 거 백호라 그러잖아. 그 어떻게 이름이 삭도라 야 맞을 꺼야{거야}. 백호라는 거는 이 머리를 스님들 아마 이렇게 하얗게 깎는 거. 스님들이 하는 내용을 보니깐 그 도루꾸{면도칼} 옛날에 깎는 거야. 지금. 뭐 옛날에 그거 없었거든. 그니깐{그러니깐} 지금 그 국립박물관 가게 되면 옛날 그 스님들 쓰는 거 그게 방짜야. 그 많이 만들어 놨어. 없을까봐. 자기가 일 대 일로 맹글어놨다고{만들어놓았다고}. 그 방짜로 하게 되면은 싹싹 베고 해봤자 암만{아무리} 베어도 덧나지 않거든. 면도칼 그 딴 거 베면 덧나요 자고 일나서. 방짜는 안 덧나.

문 그면은{그러면은} 예전에 스님들 쓰는 삭도 백호 만드는 삭도 삭도를 방짜로 칼처럼 만드는 쓰는.

답 칼이지.

문 이렇게 해서 이제 머리를 그렇게 한다. 아. 그런 것도 있고 또 다른 것도 없습니까?

답 글쎄요. 방짜로 하는 거는. 주물로 하는 것들은 있는데 방짜 맹그는{만드

는 거는 그렇게 흔하지 않아요

방짜유기라 하면은 그날도 얘기했지만은 동이 동이 칠십팔. 석이 이십이. 고걸 딱 정확하게 내리야 되거든. 딴 거 이물질이 가도 안 돼.

📧 그면 선생님 다음에 또 생각나시면 말씀해주시구요 아. 왜 또 다른 선생님이 사실 보면 방짜 하시는 분도 제가 책을 보니깐 조금 계시더라구요 근데 선생님이 물론 가장 인제 방짜 쪽에서는 인제 선두에 계시는 분인데 선생님만의 어떠한 특별한 비법 같은 거 없으십니까? 다른 사람들과 달리.

📧 비법 같은 건 없고 비법은 우리 조상 대대로 고대로 했는데 그건 자기가. 자기가 얻어서는 내 밑에 나간 놈들이 저기 그 나쁜 놈들이지. 그 징을 금징이라고 금을 썼다 해서 돈을 막 많이 받고 한 놈 있어요 조금 넣으면 괜찮은데 많이 넣으면 되지도 않고 소리도 안 나고 에~ 비법이란 게 딴 게 없어. 이건 가장 좋은 게 그 종류가 합금에 의해서 정품대로 하는 것이 비법이지. 자기가 잘하겠다. 딴 거 섞는 게 절대 좋은 게 아니여. 그게 비법이라면 그 아주 정통적으로 고대로 하는 것이 그거 좋은 거고 아. 꼭 내가 저 지금 여서 거국적으로 앞으로 정리를 해야 되는데 옛날 사람들은 아는데 지금 사람은 잘 몰라. 근데 지금 이게 알다시피 칠십 년대 말까지는 아주 다 없어지고 나 같이 비련한 놈만 이걸 붙들고 있었다고. 나는 이게 전통 뭐양인가. 국가적인가 뭐 그건 모르고 살았어요. 옛날에 저기 김종태라는 사람이 날 불러내가지고 "당신 인간문화재 됐어." 그래서 "인간문화재 뭐하는 거야?" 내가 물어봤다고 그랬는데 전 전적에 알고 보니깐 정부에서 이 기술이 다 없어지니깐 그걸 도전할라고 인제 지정했는 거더라고 그랬는데 북한땅 에서는 인제 내 그 다 얘기했을 거야. 인제. 사십팔 년도까진 전부 몰수해버리고 그때부터 지금까지 북한에 방짜가 없고 이남에서는 그 덕분에 다 거 없어지고 북에서 탈주

하는 사람이 인제 탈북시켜 줘가지고 나도 갈쳐줘서{가르쳐주어서} 인제 총체적으로 하는 건데.

답 안타까운 건 뭐냐면은 그렇게 다 없어졌다가 '상도' 무슨 티비 하는 '상도'. '대장금' 뭐 이런 것들이 인제 우리가 연출하고 했어. 하고 또 아셈회담 만찬 할 적에 우리 거 갖다쓰고 좋다고 내다썼는데 왜 좋은지 모르고 나도 일하면서 몰랐는데 저거 어 대학에 박종훈 교수가 고 전부 다 거 실험을 해가지고 저기 있는 거 다 자료 해줬던 그릇들이에요. 저게. 그래서 여기 있는 거 대장금이 주고 뭐 공연하니 주고 무슨 뭐 어디서 그거 나오지 않았어요. 그러니깐 너도 나도 어중이 떠중이 할 것 없이 내 밑에 있는 놈들 나가서 공장 채리고{차리고} 이렇게 해서리 거의가 방짜 할라면{할려면} 복잡하고 구성원도 있어야 되고 그니깐에{그러니까} 거의 다 주물로 하는 거야. 주물로 간단하게. 주물로 해가지고는 전부 다 방짜유기로 팔아요. 백 프로가. 지금 왕십리 남대문 말할 것도 없고 백화점 어디 가도 주물로 하는 게 범람했어요. 근데 내 이름 가지고 방짜유기 해가지고 갖다파는 거하고 방짜유기로 안 하고 전부 다 방짜유기로 팔아요. 근데 절대 그게 아니에요. 거 팔십 년도에 뿌리깊은나무라고 알려 모르나{알려나 모를려나}. 대한주식회사하고 뿌리깊은나무가 판매유기 판매 발받침 하고 있는 사람들인데. 그것들이 해판 때 내가 그 말을 했었죠 우리. 저 뿌리깊은나무가 판매하는 사람이 나왔어. 그거 가짜로 내버렸다고 인제. 가짜거든 전부 다. 거 백 프로 방짜 아니에요 이거 전부 주물이예요. 이거. 근데 나 같은 사람이 넘{남} 장사하는데 가가지고 이거 어떻게 방짜가 가짜라고면 그거 안 된다고 그러겠어요 이제까지 가만 있는 거예요 그러나 내가 죽을 내에 알고 있을거니끼네{거니깐} 언젠가는 발표하고 죽을 거예요. 내가. 근데 그거는 이작에는{이쪽에도} 이걸 알켜줘야{알려줘야} 돼.

답 그래서 요거 김천에 가면 인제 그 지방문화재 그 징장이라 있어. 김일이라고 있고 또 거창에는 또 그것도 지방문화재 이연무라고 있어요. 그것도 징장이에요. 근데 징장이라도 방짜유기랑 같은 거거든. 근데 그 녀석이 저번에 만나가지고 내가 그런 게 아니에요. 그래. 뭐가 아니냐. 그 아무개 교수가 이거 저 내 글 쓴 거 봤다 그래. "쓴 거를. 주물을 해서도 합금이 똑같은 방짜라 그랬다." 이런 얘기야. 내가 한심해서 내가 말이야. "너 그 그 교수가 유기에 대해서 전문가냐. 니가 전문가냐?" 물어봤어{물어봤어}. "아~ 유기에 대해선 내가 전문가죠." "야 이놈아, 니가 전문간데 그놈한테 니가 전문간데 그놈한테 네가 잘못 쓴 거 가지고 그것이라고 그러냐." 내가. 그래서 내가 문화재 그 담당국이죠. 그 우리나라 문화재법이 칠십, 육십 년대 발생되가지고 일천구백팔십이 년도에 정부에 예산 들여가지고 유기에 대한 조사를 시켰어요. 전문원. 문화재위원 있어요. 김종태하고 연합되가지고 전국 돌아다니게 되면 전부 조사를 시켰어요. 이기 유기 누가 하고 저기선 누가 했고 안성에선 누가 했고 그 전수를 누가 했고 여기 다니게 되면 기법이 뭐뭐고 이건 주물유기 이렇게 하고 어떤 데는 방짜유기 이렇게 하고 조사보고서에서 이제 거기서 이제 방짜유기에 대한 기법. 방짜에 대한 정의를 딱 해놓고 또 주물유기. 안성에선 대표적인 주물유기. 어떻게 어떻겐데 주물유기다. 이렇게 해서 보고서를 확실하게 해놨어요. 내가 그 그래서 내가 문화재청에다가 요 며칠 전에 사실 공문 띄웠어. 내가 인세 죽을 때가 되어서 인제는 발표를 하겠다 이 말이야. 문화재연구소란 놈늘한테 몇 번 내가 말했더니 핵심도 없어. 그래서 인제는 청장한테 내가 등기를 보냈어. 내가 얘기하면서리 내가 밝혀야 되겠다. 문화재연구소에서 이거를 내가 고치라 해도 안 고치니 이거는 내가 주물유기 고것보다는 반방짜. 그게 엉터리라고 인제.

🈁 아 주물보다는.

🈳 반방짜. 그거는 인제 가짜야. 그게. 그래서 내가 인제 그것을 거 왜 그랬

냐면은 문화재연구소에서 공문이 왔는데 우리가 하는 것은 후대에 가르키고{가르치고} 교육자만 쓰고 전 세계 홍보자료 쓰기 위해서 거 자기네가 영상을 해서 또 책자를 내서 할 테인디{텐데} 거 사용한다면 승인서 도장을 찍어다 공문이 와서 그래 내 안 한 내 못 한다. 내 가짜하고 진짜하고 같이 평가를 하고 싶지 않기 때문에 나는 안 한다 거부하고 나 난 그렇게 보내고 말았어요. 이건 내가 앞으로 죽기 전에 해야 되요. 그러니깐 지금 아주 방짜라는 것은 내 보고서에 나와있어요. 내가 그냥 한 게 아니고 몇 년도에 정부 예산 들여가지고 누구누구 위원 해가지고 어 문화재보고서 넣고 그거 제출해서 문화재위원에서 통과된 책이 있어요. 그것이 뭐냐면 유기에 대한 족보나 마찬가지란 말이야. 그 족보라 이거지. 옛날에 몇 백 년 몇 천 년에 대해서도 그런 정리를 낸 것이 없는데 고런 시대에 와가지고는 다 없어진 걸 가지고 고거 종이를 딱 냈다고 그래서 내가 걸릴 것이 하나도 없어요. 거짓말을 내가 밥통 싸는 것도 아니고 그래서 이 담에 글 쓴 사람들이 방짜유기는 뭐이고 주물유기는 뭐이냐. 뭐 어떠니. 주물로 한 건 주물이야. 그런데 그 김일이라는 녀석이 그러면 합금을 똑같이 했는데 그거는 뭐냐고 그건 상철이야. 옛날부터 주물공장에서 방짜로는 통이 안 됐어.

📁 상철은 뭔데요?

📖 상철은 좋은 쇠를 가지고 상철이라 그래. 좋은 쇠.

📁 아 좋은 쇠.

📖 그러니깐 방짜라는 것은 정확한 합금에 의해서 불에 달궈서 열간단조해서.

📁 단조요?

📖 단조라는 게 저거 망치 때리는 게 단조라 그래. 단조라 써야 되는 것이 늘려 두드리고 써야 된다 그러면 우리가 걸려. 왜 그러냐 하면은 옛날에는 낼로만 뗄 줄 알았지만 지금은 늘려면 늘려도 떼지만 다른 방법으로 늘거든. 그건 방짜야. 내 말은. 그게 주물이야. 만약에 책에서 쓴 표현을

뭐냐면은 내가 말한 거 표준 삼아야 돼. 왜냐면은 내 평생 했고, 어. 또 어떻게 하면 해도 그걸 보고 얘기하기 때문에. 그니깐{그러니깐} 앞으로 글 쓴 사람들이 방짜유기하고 주물유기에 대한 정의는 분명하게 해야 된다는 것을 머리에 두고 해야 될 거예요.

문 그면{그러면} 선생님. 주물 자체는 아예 그렇구요. 그면{그러면} 아까 합금을 똑같이 하면 그거는 상쇠라 그래.

답 상철. 상철.

문 상철이라 그랬잖아요. 근데 합금은 똑같이 하되 그 사람은 단조로 해서 한 게 아니고 그면 어떻게 만든 건데요?

답 주물로 한 거죠 주물로 하는 거는 뭐 무슨 양은을 섞어도 되고 아연을 섞어도 되고 무슨 고철. 거기도 주물이 다 되요. 쇠가 처음에 나쁜가 그렇기 때문에 거 틀린 거죠

문 그면 반방짜는 선생님 합금이 똑같은데 사실은 거기도 반방짜니깐 단조를 조금 했다는 말 아닙니까?

답 그니깐{그러니깐} 인제 반방짜라는 표현은 보고서에다가 보고를 왜 했냐하면은 반방짜라는 것은 동남아에서 장사하기 위해서 최근에 붙은 이름이다. 이렇게 써놨어요. 절대 가짜야 그거는. 반방짜라 그런 게 아니고 궁구르옥성기라고{궁그름옥성기라고} 이름이 있어야 돼. 그건 궁구르옥성기지{궁그름옥성기지} 다른 거는 주물 떠서 하면 했는데. 그때 그 뿌리깊은나무에서 장시하기 위해서 그 조작을 쓴 거예요 그게. 그거 난 분명하게 자신있게 얘기한다고 거 김종태 보고서 쓴 사람도 나한테 그렇게 죽기 전에 얘기하고 죽기 전에 나도 공적기 써야 돼. 공적기 다 세웠어. 그니깐 내가 확실하게 근거를 가지고 이런 얘기하는 거예요 내가 죽으면 이런 얘기 할 사람도 없고 내가 인제 좀더 있으면 더 주는 거. 국가보물 있잖아. 국가보물. 하는데 우린 국가 예산 하는 데서 내가 맹근{만든} 것이 오백 년 전에 온 바다에서 건졌다고 그렇게 해석한 것도 있어

요. 내가 지금 말 안 하고 있어요 근데 고것도 내가 죽기 전에 다 발표하고 죽을 거예요

문 그런 거는 굉장히 문제가 되죠 선생님.

답 그렇죠

문 그거는 보물로 해놨지만.

답 국가. 국가에서 지정한.

문 근데 어떻게 그렇게 근거없이 보물로 지정됐는지.

답 그니깐{그러니깐} 안 간다 그랬어요 가봤대자{가봤자} 거 공 지금 현대 공부하는 사람들이 뭐 이렇게 해가지고 되면은 가치만 줄어버리기 때문이지. 우리가 말하는 고쳐지는 거 하나도 없기 때문에 안 가요 이 제대로 할려면 아마 인제 인간문화재라든지 국가중요문화재 있잖아요 지방문화재. 그 가운데 유기 가운데서 누가 한다 그러면은 유기장이 한 사람이 거기 참고적으로 자문을 받아야 된다고 일절 그거 없어요 요번에 저기 전수문화재 알지? 몰라도 국가 뭐서 하는 거 있잖아요 먼저 저번에 그 시상식 했어요 난 안 간다 그랬는데 그 전날부터 막 오래서{오라고 해서} 갔더랬는데{갔었는데} 그것도 잘못된 거야. 작년에는 우리 제자는 진짜 방짜기법으로 했고 한 명은 제가 안 했고 방짜기법으로도 안 했는데 그놈은 몇 십만 원 몇 백만 원 상 타먹고 진짜 기법이라는 거는 낯선 데서.

문 그면{그러면} 심사할 때.

답 심사할 때.

문 이거를 선생님 같은 분이 한 분씩 들어가서 그래야지. 아니면 보통 사람들 구분이.

답 그 내 말이 그 말이야. 내가 나 심사위원도 하고 심사위원장도 해봤는데 심사위원장 해도 별 소용없는 것이 그 만약 방짜나 방짜유기는 넘만큼{남만큼} 특별히 안다 하지만 암만 금속이라도 장도 칼 맹그는{만드는}

놈 했다 그러면 나보고 하면 장도칼 맹그는{만드는} 놈만큼 내가 모르
거든. 그렇죠? 맹글었다{만들었다} 하게 되면 여기에 전공하는 사람 영
감 가서 해야 되지. 이거 나 그냥 뭐 할 게 뭐 교수네 무슨 뭐네{무엇이
네} 한 사람 쓰는데 누구 되냐 말이에요. 또 그 왔다고 해서 금합이라 가
입하면 이십만 원씩 줘요. 나는 그게 다 잘못됐다 이거예요. 그건 정말로
그 유기에 대해서 심사할려면 그 유기도 한 수십 명 금속이 들어오거든
요. 그러면 일차적으로는 거기에 딴 거 놀라먹어{나누어먹어}. 대통령상
주던지{주든지} 국무총리상 주던지{주든지} 요건 다른 문화서 해도 요
거 요게 방짜냐 주물이냐. 당신 암만{아무리} 공부 나만 많이 했어도 주
물 나만큼 못 골라요. 그러니깐 그런 걸 개입해야 되는 거고 또 인제 또
국가문화재나 지정문화재 있잖아요. 그것도 핼라{할라} 그러면 그 분야
한 사람한테 자문을 받아야 돼. 저놈이 본래부터 인제 공부하던 놈이냐.
저놈이 기술자냐 아니냐. 난 벌써 나보다 손만 봐도 알아. 손만 봐도 일
했는 놈은 벌써 손이 나타나. 이걸 억지로 하루 아침에 이걸 맹글지도
{만들지도} 못 하고 평생 해야 이렇게 되는 거여. 곱게 할라{할려고} 그
래도 곱게 하지 못 해요.

🔲 그러니깐 그것뿐만 아니라 사람의 또 성품. 우리 업계도 이 못된 놈들 있
어요. 좋은 사람들 많지만 세상에는. 아주 놈의 피만 먹는 놈들 있다고
요. 그런 놈들 기술이 암만{아무리} 좋아도 시키면 안 돼. 그래서 이것들
도 다 할래면은{할려면은} 꼭 이봉주가 유기라면 유기는 내 말 들으세
요. 그거는 아니고 최소한 자문 한 번 받아야 되는 거지. 그게 조금 아쉬
워요. 지금 이 시대가. 그러고 내가 지금 공적비 해서 여 십일 월달에 공
적비 하나 세웁니다. 전문위원 문화재 그 조사해 많이 한 분들 있어요
돌아가셨어요. 다. 공적들을 십일 월달에 또 우리 공적비 하나 세워요
그래 그런 사람들한테는 정말로 저 뭐랄까. 자기 사명감에 의해서 배가
고프면서 그때 교통 나쁘게 되면 뭐 오십 리. 육십 리 산으로 막 돌아다

니고 어떤 데는 공비. 공빈줄{공비인 줄} 알고서리{알고서} 또 감춘 줄 붙드니라고{붙잡는다고} 그런 고생을 많이 한 사람들이에요. 그런 사람들이 지금 없어요. 지금은 그냥 가만 앉아서 그냥 나쁘게 얘기하면 다는 아니지만은 그냥 자기 어떤 선물이나 챙겨줘. 돈이나 주게 되면 의논해서 이런 사람들 꼭 좀 있어요. 그래서 좀 그게 안타까워요. 그게 다른 거는 고만두고{그만두고}. 내가 지금 여기 기록을 냄겨놔야{남겨놓아야} 되는 거는 방짜유기하고 주물유기의 개념은 확실하게 글 쓴 사람들이 해놓지 않으면은 지금 어쩔 수 없어요. 그래서 인제 에 앞으로 어떻게 해놔야{해놓아야} 되는가. 그래 내가 궁구르옥성기{궁그름옥성기}. 반방짜라는 거는 저쪽에 갔다. 그러면은 내 손으로다가서리{손으로} 해놨어요. 고 두 번째는 곧 또 할 거요. 인제. 내 죽기 전에는 다 할 거요.

요 술갈이를 요 공고루 해가지고 오목하게 해가지고 콩콩해서리. 궁구름옥성기야. 궁구르는 게.

답 예. 선생님 우선 말씀을 간단히 해주시면 궁구름옥성기는.

답 궁구름옥성기는 그 책에 보게 되면 몇몇 있는데 궁구름옥성기는 안성유기처럼 주물로 일단 하게 되면은 지금 기술이 발달되가지고 오목식기도 인제 주물로 하지만 옛날에 기술이 발달되있다 캐도{해도} 오목식기를 못 했거든요. 그니깐{그러니깐} 어떻게 하냐면 주물이란 거 이렇게 하는 거야. 인제 볼똑하게{볼록하게}. 쉽거든. 뺐다 끼웠다. 일단 이걸 해가지고 그래가 불에 달궈가지고{달구어가지고} 요 술갈이를{수가리를} 요 공고루{골고루} 해가지고 오목하게 해가지고 콩콩해서리. 궁구름옥성기야. 궁구르는 게. 요게 에 이렇게 벌려든 걸 아구리를 좀 궁구름옥성기라는 게 이게 진짜 이름이고 반방짜는 장사를 해먹기 위해서 임시로 해논 거다 이거야. 지금 반방짜라 해가지고 지금 반방짜를 내가 왜 강의를 하게 되냐 하면은 그거 전부 다 해서리{해서} 비록 나 같이 해당되는 것이.

어 책을 봤나.

답 주물로 해가지고 이거 옛날에 오목한 거 했는 거 주물이 기법이 없거든. 지금은 기술이 발달되가지고 한 번에 요렇게 오무라들게끔{오무라들게 해야} 주물이 나오거든요. 그래가지고 그걸 전부 다 방짜로 팔았으니께{팔았으니까} 그 전부 다 속인 거죠 뭐. 근데 내가 자꾸 강조하는데 다른 사람들은 두, 세 번 얘기해도 기사 그걸 그냥 보통 생각으로 안 써요 상당히 중요한 건데.

문 그니깐{그러니깐} 요 부분만 사실 어떻게 보면은 방짜의 기법을 이용한 거고 사실 이 밑에는 그대로니깐 그래서 반방짜로 이름이 원래 돼 있었는가 보죠?

답 원랜 그렇게 해야 반방짜라고 이름이 붙이는데. 그것도 안 하고 그냥 주물로 해버린 거라니깐.

문 아. 그러면은.

답 그러니깐 내가 뿌리깊은나무는 방짜가 아니라 그건 가짜다. 그런 거고 또 지금 반방짜 그 하면 박물관에 사실도 앞으론 깨버려야 되요 가짜거든 그게. 그 사람이 지금 소송에 걸려있어요 지금 근데 나한테도 몇 번 찾아왔더랬는데{찾아왔었는데} 그런 짓거릴 안 해야 되는데 그건 인제 기술문제가 다르지. 기술만 그건 소송 그런 거 따지는 게 아니고 기술문제를 후대 교체를 하고 뭐 세계에 홍보한다고 했는 것을 그런 식으로 하면 안 된다 이거지. 그 사람이 잘못한 게 아니라 그것을 집행한 사람들이 잘못한 거예요 문화재청 관리가 잘못한 것이고 그 저 안희숙 교수가 지도한 거거든요. 안희숙 교수 그때 그거 나보다 젊은 사람이니까 여자요. "당신 왜 그렇게 했느냐" 그러니깐 "아 선생님 못 하는 거 어떻게 하겠어요" 못 하는 거. 못 하는 거 어떻게 하느냐 이거야. "그러면 이 사람아 그게 힘들면 나한테 좀 도와달래서라도{도와달라고 해서} 제대로 할라{할려고} 그래지{그러지} 뭐냐." 내 그랬죠. 지금 강조한 건 지금부터 끝까지 첫째는 방짜유기에 대한 개념. 주물유기에 대한 개념. 그것은 글로는 분명히 해야 되고 또 그 담에 인제 보고서 쓰는 게 나왔으니깐 반방짜란 이름은 본래 없었어요. 반방짜는 이름이 자체가 없었는데 보고서에 보게 되면은 뿌리깊은나무에서 상업적 목적에서 붙인 이름이다 이렇게 기록이 돼 있어요.

問 그러면 선생님 말씀하시는 거는 이 세 가지가 분명히 다르고 이러니깐 고걸{그걸} 용어의 개념을 분명히 해돌라{해달라} 이 말씀이시잖아요. 그러니깐 제가 정리하면서 고게{그게} 차이점이 이렇게 있다고 정리를 하겠습니다. 그렇게 하면 저희가 나중에 사전이 나오면 요 차이점이 있다는 게 나오니깐요.

答 사전이 중요한 거지. 한 마디로.

問 근데 그렇다고 해서 이게 사실 시중에 등장하는데 이름을 게재를 안 하면 그냥 사람들이 생각할 때는 이게 다 똑같다고 생각할 거거든요.

答 자 내가 그런 얘길 안 해주면 사전에 아마 이것도 방짜. 이것도 방짜. 저기 저 금속. 금속 계통이지만은 음. 연음에 가게 되면 그 홍대. 그 미술 교수가 있어요. 그 교수가 오래 됐어. 공과대 책에 났는데 방짜로 맹글{만들} 수 있는 기물 이름을 썼는데 아까 불러줬잖아요. 거기다 쓰는 거 화로, 촛대, 향로, 뭐. 담뱃대. 뭐 하여간 전부 다 방짜 작품이라 써놨어요 근데 그게 그런 것이 만약에 이쪽에{이쪽에} 뭐야. 저거 기록에 들어가면 안 되잖아요 그런 것이.

불 담는 거는 방짜유기는 불이 한 번 열 받는다 하면 유기도 깨져버려.

問 그러면 선생님. 화로나 담뱃대 뭐 이런 거는 다 방짜 아닙니까?

答 백 프로 주물이에요 이거 방짜로 만들면 안 되는 거예요 백 번 주물로 하면 안 되는 거예요. 백 프로 방짜기법으로 하면 안 되는 안 되는 원인이 있어요. 옛날부터.

문 그니깐{그러니깐} 방짜기법으로 아예 만들 수도 없는 그런 건가 보죠.

답 방짜기법이 거의 맹글{만들} 수가 없고 또 맹글면{만들면} 안 돼. 또 맹글{만들} 수 있는 것도 있어요. 그 방짜래는{방짜라는} 거는. 화로 불 담는 거 아니에요. 촛대도 불 담는 거 아니에요. 불 한 번 갖다대면 깨져나거든. 방짜는. 주물은 불 아무리 대도 안 깨져.

문 아. 화로나 사실 이런 거는 불이 들어가니깐 불 담으면 인제 깨지니깐. 아 그렇겠네요. 그니깐{그러니깐} 깨지지 않는 자체가 방짜가 아니란 말이네요. 아 그렇네요. 사실 어떻게 보면 만들었는 제품이나 이런 것도 선생님이 딱 명확하게 이거 이거 내가 이렇게 만든다고 이렇게 얘길 안 하면요 저희가 언뜻 생각할 때 저도 잘 모르잖습니까. 그니깐{그러니깐} 그것도 된다고.

답 그니깐{그러니깐} 인제 "촛불을[34] 하면 안 된다." 이렇게 하니까네{하니까} 안 된다 하면서 "왜 안 되냐?"고 나한테 물어보니 왜 안 되냐 물어보니 전에 내가 얘기한 거는 불 담는 거는 방짜유기는 불이 한 번 열 받는다 하면 유기도 깨져버려. 그래서 그 화로나 이런 건 본래부터 방짜로 이게 맹글어진다{만들어진다} 그러더라도 그 비싼 거 불 한 번 닿아서 짱~ 깨지게 되면 안 맹그는{만드는} 게 낫잖아. 화로 자체는 맹글{만들} 수 있어도 방짜로 하면 안 돼.

문 그렇죠. 좀 실용적인 목적으로 사용하는 거니깐 그렇죠. 이왕이면 오랫동안 사용해야 되니깐. 그니깐{그러니깐} 만들 수는 있지만 어떤 실용적인 목적에는 맞지 않는다 이 말씀이죠?

답 실용적인 것보다 그거는 어. 쓸데없는 거예요. 해서 깨깨 깨선 주면 안 되갓어요{되겠어요} 안 되잖아요. 어떤 사람은 내가 어북장반이란 게 뭐냐 하면 놋상 있잖아요. 당연{당연히} 높은데 이러니깐 요만{요만큼} 낮

---

34) 촛대를 잘못 표현한 것이다.

아요. 그 인제 책 탁상 위에다 놓고 먹는 거거든요. 냉면도 놓고 평양에 있는 거요. 여기 서울 가보게 되면 냉면집 가면 어북장이라고 메뉴가 있는데 어북장 진짜가 아니에요. 전부 다 인제 그냥 여기 사람들 맞게 전골 그런 거 해서 먹는데 그 어북장반이라는 거는 옛날부터 그 찬 거에 드가는{들어가는} 거지 밑에 불 대는 게 아니거든요 여기서 어북장반을 나가게 되면 전골하면 밑에 불 뜨끈뜨끈하게 대서 하는데. 그 어북장 아닙니다. 그거는. 근데 그래서 내가 옛날 애기에요 육십 년대에 영등포에서 사는 사람이 어북장 스무 개 해달라 그래서 내가 어북장반을 해줬어요. 해줬는데 그 사람들이 가서 며칠 못 쓰고서리{쓰고서} 다 인제 못 쓰게 됐어요. 나 보고서 애당초에 불 댄다고 내가 안 해줬는데. 상식적으로 어북장반은 불 땐다고{댄다고} 생각 안 하고 줬어요 그니깐{그러니깐} 어북장반은 방짜로 이 원을 해서 해 먹어야 어북장반인데. 이남에서는 어북장반이라는 거서리{것이} 그거다서리{그것에다} 불을 해서니 그럴 함정이 못 되잖아요

문 아 원래 어북장반은 이렇게. 밥상 위에다가 이기 조그만 덧상이 있고 보통은 인제 차가운 거. 냉면이라든지.

답 어. 냉맨{냉면}. 또 뜨거운 거 물 뜨거운 걸 뭐서 먹어도 이게 불 때면 안 되거든요 거기다 인제 뭐 친한 사람들끼리 냉면 이렇게 사리 넣고 육수물 넣고 거기 뭐 소고기 편육 넣고 배도 넣고 여러 가지 넣어요. 맛있게. 그게 인제 어북쟁반인데{어북장반인데}. 지금은 이남에는 어북장 이게 돌아가신 ?? 임금 같이 맹글라고{만들라고}. 무던히 애쓸라고 못 찾아서 여기 많이 찾는데 안 돼.

문 아 그렇구나. 우리 보통 신선로라는 거 있잖아요 신선로. 그게 인제 불 때어서 많이 먹는데 그런 건 다 주물이겠네요

답 예 주물. 우리가 신선로 하면 안 할라 그래요 주물은 하도 해달래서 인제 그 주물로 하면 어떤 사람은 방짜유기장 했으니까네{했으니까} 방짜

를 알고 있다고요. 아니라 안 돼. 방짜기법은 안 돼.

답 아 선생님이 만드시기는 하는데.

문 우리 공방에서 맹글자{만들지}. 고건 내가 고 기술자가 아니야. 신선로 는. 그러나 인제 무공해 쇠지. 쇠는. 알잖아요. 지금 현재 박정희 교수가 발표해가지고 어. 누구가 저기 그 이종석 선생은 지금도 내 논문 갖고 있어요. 주물유기해서 밥그릇 맹글어파는{만들어파는} 사람은 살인행위 라고 써놨어요. 논문에. 옛날에는 전부 다 인체에 해로운 그런 성분이 있 거든요. 알면서도 그거 해 팔아먹는 사람은 살인행위라는 거예요. 음식 담아먹는 거는 방짜유기여야 되요.

우리 제자들더러 전깃불 없이도 계속 가느냐. 그래 되면 여기다서리 새 끼 같은 거 해서 불 붙었을 것 부었을 거다 이러는데 "색유로 했을 거 라." "이놈아, 옛날에 석유도 없을 때에 어떻게 하느냐?" 근데 아는 놈 이 하나도 없어요.

문 그 다음에 선생님 저기 요즘에는 선생님 사용하지 않는 도구 있지 않습 니까? 요즘에는 사용하지 않는 도구. 예를 들면 예전에는 풍구나 이런 거 사용하셨는데 요즘에는 안 사용하잖아요. 그런 거처럼 예를 들면 망 치라든지 집게라든지 이런 것 중에도 옛날에는 사용하셨는데 요즘에 사 용하지 않는 도구. 그런 것 좀 말씀해 주세요.

답 저기 인제 가봐요. 가보고 시간 많이 걸려요?

문 아 그렇진 않고

답 그럼 다 하고 가던가{가든가}. 거 가게 되면 거기 가게 되면 그런 것들이 다 있어요. 가서 보구 얘기하고 인제.

문 아 그럴까요. 그러면 선생님. 도구에 뭐 어떤 부분명 있잖아요. 예를 들 면 이 도구에 부분 명칭 이런 것도 그면{그러면} 조금 있다가 설명해 주 시겠어요. 그러면 선생님 저쪽에 가까요{갈까요}.

답 제대로 딴 데 빼놨어요. 너무 낡아서. 요것도 인제 대장간 쓰는 거예요 요게. 요게 저 양대장 풍구는 어떻게 하냐면 이 바람이 연으로도{여기로도} 나가고 저기서 연으로{여기로} 요렇게 해놨거든요 근데 이거는 인제 여기서 이렇게 얽혀가지고 이렇게 나갔잖아요 전부 다 지금 이런 거 들랐는데{들렸는데} 이게 만약에 저기 개가죽으로 싼 게 판대가 있거든요 그 안에 바람이 있잖아요 바람 잘라져. 밀게 되면 전부 쏙 다 나가고 또 이 안에 이물 들어가잖아요 딴 데 여기 막으면서리 쏵 드밀어{들어밀어서} 다 나가고 이캐{이렇게} 하는 거. 이거 쇠 녹이는 거고 용해. 요거 도가니고

문 도가니고 이거 용해하는 거구요?

답 물판이 다 없어졌구나. 쇠물판 위에다 놓고 붓거든요 그 담에 인제 요거. 요것도 풍구가 우리가. 이것도 왜 그러냐 하면 인제 불이 확 오르잖아. 그러면 이거 타거든. 그래서 여다 놔두고

문 아. 그러면 여기에는 이게 제질풍굽니까?

답 이건 제질. 아니 아니 우김질 우김질.

문 여기는 우김질. 저기는.

답 저긴 용해. 쇠 녹이는 거. 용해. 쇠 녹이는 거.

문 요건 제질풍구. 요건 용해풍구구요. 그 담에 여기는 뭔데요 쌤.

답 아 요거 인제 그 우김질. 우김질 하는 데라고 여기다 우개리 올리는 거 아니에요 그래 여기서 여기 앞망치. 겟망치. 센망치. 여기서 대장이 돌려주면 때려주지. 망치.

문 아 여기 위에다 올려놓구요 그러면 쌤 요게 요 위에 올리는 거 있잖아요

답 쇠요 그거.

문 쉰데 요게 모룬가요?

답 모루.

문 요게 모룬가요. 그러면 쌤 앞망치. 겟망치. 센망치는 모양은 다 똑같습니까?

조금 틀리지. 요건 동그랗게 고건 고렇게 생겼잖아.

요거는 어두운 데서 작업하니깐 요게.

불. 같은 거고 근데 이게 이렇게 해놨지만 이짝에{이쪽에} 옛날엔 전기 불이 없었거든. 이거 내가 인제 오다가다 아까워서 이게 쌀때요{쌀대요}. 이거 뭐하는 거냐 하면 이거 불이 있어도 요측에는{요쪽에는} 오가거든 이거 안 보이거든요. 그러면 우리 제자들더러 전깃불 없이도 계속 가느냐. 그래 되면 여기다서리{여기다} 새끼 같은 거 해서 불 붙었을 것 부었을 거다 이러는데 "색유로{석유로} 했을 거라." "이놈아, 옛날에 석유도 없을 때에 어떻게 하느냐?" 근데 아는 놈이 하나도 없어요. 근데 우리 조상들은 에~ 저 이짝에{이전에} 내가 얘기했잖아요. 골 같은 거 빼가지고 여기 일하니깐 대게 되면 저절로간에{저절로} 환하게 비춰. 전부.

아 저 싸리나무가 때면.

그러니깐 그건 다 인제 내가 책에 다 기록을 해논 거야. 그래서. 이제. 요거 인제 제질간. 왜 따르냐면 이거 집게고 저런 주물 한꺼번에 하나씩 하는 게 아니고 여러 개쏙{개씩} 하거든요. 그걸로믄{그걸로} 이놈을 잡고 이카게{이렇게} 되면 이것도 저기다 쓰는 건데. 이카게{이렇게} 되면 이게 멀어야지. 저거 소통하는 이거 해가 하여간 저거 못 해. 저까지 부어도 그래서 요기다가 이걸로 인제 쓰이고 닿거든. 이게.

이거는 이름이 뭔데요?

함잽이.

함잽이. 아. 근데 굉장히 크네요.

그만침{그만큼} 커야지 안 크면 안 돼.

이것도 그면{그러면} 함잽이. 함잽이에요?

이건 중잽이. 요건 초잽이.

책에 있는데 이 정도로 큰 줄 몰랐습니다.

아 이게 옛날은 큰 걸 못해서리{못해서} 연장이 이렇게 좋은 게 없어. 쇠가 강철해져서 생각해봐. 여기다가 한 삼십 근 오십 근짜릴 불에 닿도록 달궈가지고서리{달구어가지고서} 해버리면 쇠가 나중에 구부러져서 안 되잖아요. 요거 다 이름이 있어요. 망치. 지금 다 쓰는 거예요. 책 보면 다 있거든. 요거 인제 도래미집게. 요거 네핌도래미. 요건 제질망치. 요건 바닥망치. 요건 꼽댕이. 요거 제질집게 이름 다 있는데.

문 꼽댕이요?

답 꼽댕이 꼽댕이.

문 꼽댕이는 뭐하는 건데요?

답 특별한 의미는 없어요. 달쿨려면{달굴려면} 인제. 이렇게 해가지고 이렇게 하는 거거든. 요강하는 건데 요거 한 번 해놓은 거예요. 요거. 본래 요랬는데{이랬는데} 이게 물다말고 주는 게 요랬다고 지금. 요거 제질소통.

문 제질소통이요?

답 예. 또 요거는 땜소통.

문 땜소통.

답 보게 되면 소통이 다 다르잖아요. 그지? 그래서 인제 옛날 우리 양대동 방짜점은 전부 다 꽁{꼭} 이게 눠야{있어야} 된다고{된다고}. 이남에선 이거 하나갖고 다 했어요.

문 그러니깐 저기는 우김질소통이고 요건 땜소통. 요거는?

답 용해.

문 용해소통이고 저기는?

답 저 제질.

문 제질소통이구요. 예. 그리고 선생님. 여기에 쓰시는 것 중에 도구나 뭐 이런 것 있으면 설명 좀 해주십시오

답 뭐를?

문 이 뭐 이런 것들 선생님 도구라든지 이런 거 설명 좀 해주십시오

답 전부 이것도 다 이제 땜 때는 거 지금은 쇠를 잘르기{자르기} 때문에 땜

을 많이 안 하지만은 이 갈라지는 게 나오거든. 땜 때는 게 있을텐데. 저
기에 있나.

문 아 땜판.

답 그 이 안에서 인제 숯을 달면{달구면} 빨개{빨갛게} 달거든{달구어지거
든}. 그러면 인제 해달라고 인제 여기가 갈라졌다. 그러면 여기에다가
요기 딱 고정시켜 놓고 밑에 불이 새뻘겋잖아요 그럼 여기에 숯을 놓게
되면 여기다 빨대로 호~ 불어. 불게 되면 요게 녹자마자잉{녹자마자}
순간적으로 여기 물에다 물이 착지해버려. 그렇게 땠었어 그때는.

문 이거는 판이 이름이.

답 땜판.

문 땜판이고 이거는 선생님. 이거는 우리 보통.

답 그건 우기리라{우개리라} 그러는데. 우기리{우개리}.

문 뭐 이런 것도 다 쓰시는 도굽니까?

답 이건 도구가 아니고 이건 납이요. 납. 부속.

문 그리고 선생님 이건 빨대요? 빨대로 불어서?

답 예예. 그러다가 지금 안 쓰는 거 얘기 했잖아요 풀무도 안 쓰고 또 이
가질틀 안 쓰잖아.

문 아 이거 가질틀이에요?

답 이걸 여기다가 부착시켜가지고 이걸 혼자서 돌리는데 혼자서 힘이 모지
라면은 옆에서 이게 돌려주고 발로 돌려서.

문 이거 발로 합니까. 선생님?

답 예. 올라가.

문 발로 이렇게 합니까?

답 그럼. 올라앉아서. 여기 앉아서.

문 아 그렇네요 여기 놋쇠 트는 거.

답 여기 다 촬영해서 다 기록해놓은 거예요. 이게.

문 선생님 이건 뭔데요?

답 그거 지금 다 안 쓰는 거예요. 옛날 쓰는 거. 머리목.

문 머리목이요?

답 예. 박물관 다 있지요

문 머리목 이건 뭐 큰 거 작은 거.

답 큰 거, 작은 거 있고

문 머리목은 뭐 하는데 쓰는데요?

답 그러니깐 여 인제 그러잖아. 여기다가 큰 놈도 있고 작은 놈도 있으니깐 여기다가 붙여놓고 더러 끼워놓는 거예요 여기다가. 큰 놈은 큰 거 끼우고 작은 놈은 작은 거 끼우고 지금 안 쓰는 게 이것도 안 쓰는 거고 저런 것도 다 안 쓰는 거고 그리고 인제 풀무도 안 쓰는 거고 또 이거 땜판 다 필요없는 거고 땜판 솔직히 다 필요없는 거예요

문 쌤 여기에 있는 연장은 이건 뭔데요?

답 이건 인제 남은 것들이에요. 써도 되고 안 써도 되고 이건 별로 안 쓰는 거예요. 인제 요긴한 건 저쪽에 다 있고 여 인제 칼대. 깎는 거 맹글다 {만들다} 말고 여기다 써. 이건 없어도 되고 있어도 되고 이런 거예요

문 그 담에{다음에} 쌤 요게 바둑.

답 바둑 맨 첨에{처음에} 요 요기 바로 요기고

문 아 맨 첨 나온 바둑이.

답 그 담에{다음에} 늘르년{늘리년} 서 서렇게 되고

문 아 저렇게 되구나. 그 담에{다음에} 쌤이 예를 들면 무슨 이렇게 여기 뭐 그 무슨 간이 다 있잖아요 소통 속에다 넣고 그 담에{다음에} 하면 요렇게 요렇게 모양이 되는 거죠 대야처럼 위로

답 아 이게 저걸 불에다가 자꾸 땜을 늘르면은{늘리면은} 저렇게 되는 거예요 첨에는 하나씩 아니에요. 요기. 이걸 자꾸 때려서 늘르게{늘리게} 되면은 하나 때리고 하나 하면 이거 분해하면 여러 개 되잖아요 맹그는

{만드는} 과정. 그 담에{다음에} 인제 이거 분리하는 과정에서 찌그러지 잖아요. 그러면 불에다 달궈놓고서리{달구어놓고서} 인제 잡아댕기다가 {잡아당기다가}. 이거 요새{요사이} 하는 거예요. 다.

문 그 담에{다음에} 여기는 인제.

답 요 철에 물 담그는 물통. 옛날에는 쇠통이 없었잖아요. 그래서 요기다 하 지.

문 그 담에{다음에} 이거는 우리가.

답 작두. 협도

문 예. 협도고

답 이것도 지금은 있다면 쓰긴 쓰는데. 옛날엔 여기다 놓고서리{놓고서} 맨 날{매일} 썼는데 지금은 있어도 되고 없어도 되고 그래.

문 쌤 요거는 또

답 머루{모루}. 이건 앞망치. 요요요 요기다 놓고서리{놓고서} 인제 담금질 해가지고 벼림질하는 거.

문 조 모루하고는 다르게 생겼네요.

답 다르죠

문 아. 그 담에{다음에} 선생님 조렇게 되가지고 요렇게 조금 더 올라왔잖 아요. 이건 어떤 거.

답 요강 가는 거. 요강 하는 거.

문 요강을 그럼 저기서 해가지고 조 상태에서 이게 물통에 담궈가지고 위에 부분만. 수개리 부분만.

답 아까 얘기했잖아요. 이거 숯불이 싹 올라오잖아. 인제 이렇게 했는데. 없 어졌구나. 옛날엔 많이 했는데 지금은 이렇게 안 하잖아요. 그래 요기서 인제 불이 자꾸 올라오게 되면 이게 걸리거든. 이렇게. 다 달개{달구게} 되면 이거 집어넣으면 이거 여서{여기서} 집어넣는 거야. 요렇게. 요렇 게 해서.

문 그니깐{그러니깐} 이 집게가 그 뭐지.

답 예. 그 집게가 여기서 가볍게 만드는 게 있어요. 자꾸 일하는 놈들이 자꾸 쓰고 가서. 됐죠 이제.

문 그 담에{다음에} 이거 숯 이거.

답 솔나무 숯.

답 여기 여 근처에 통솔하는 원대장이 점주야. 전대에 쓰죠 점주라 그랬고 방주라 그래. 방주는 이 이 공방에 이거 지금 말하면 사장이여. 그 주로 인제 밤에 일한다 그랬잖아요. 여기서 하게 되면 이 사람들이 뭐 훔쳐갈 수도 있고 또 제대로 좀 안 좋은 일이 있을까봐 그래서 이따금 방주 저 기서 밤에 여 얼굴도 내다보고 닫고 그러거든요. 그게.

문 저 문 이름이 뭔데요?

답 저게 문 이름은 내가 모르겠지만. 옛날 방주가 꼭 여기서 기거를 했다고

문 방주가 점주하고 똑같은 말입니까?

답 아니요. 점주는 일하는 원대장이 점주고, 방주는 그 그 사장이야. 지금 말하면.

문 네 알겠습니다.

답 그 저 창문이라고 써. 일반적으로 창문이라 하잖아요.

문 근데 창문치곤 되게 작고

답 고건 고 인제 감독하기 위해서 내보내는 거예요.

문 예. 알겠습니다.

답 혹시 갖고 있어요? 없어요?

문 저는 있어요 선생님

답 양주동박사.

문 옛날 국어사전

답 내가 옛날에 있을 때 그게 없어져가지고 다른 사전에는 없는데 양주동박 사 그 사전에는 그 양대가 뭔지 있다고 양대. 양대.

문 한 번 볼게요. 요즘에는 사전이 워낙 잘 나와서 요즘 사전만 찾으니깐.

답 아 지금 나온 사전엔 없어요. 양대.

문 양대가 결국 그거지 않습니까. 방짜지 않습니까?

답 양대가 뭐냐. 찾아보게 되면 가장 좋은 유기. 아마 그렇게 돼 있을 거예요.

문 국어사전. 양주동박사

답 양대. 유기에서 인제 찾아보던가{찾아보든가}. 양대라는 거. 유기에서 양대라는 게 있어요. 다른 사전엔 내가 옛날 것 그새 갖고 있었는데 오래동안 그 좀 참고말로 찾을게 책을 우리 아들네 줬고 그거 갖고 있으니 한 번 찾아보세요. 그래서 이북에서는 양대라 그라지{그러지}. 방짜라그러면 몰라. 여기선 방짜라 그래야지. 그 방짜 말 쓰면서 방짜나 양대나그런 거 찾아보세요.

문 네, 네, 알겠습니다. 그면{그러면} 제가 다음에 찾아서 오께요{올게요}.양대하고 방짜하고 예 알겠습니다.

답 그래서 인제 모처럼 그걸 만든다니깐 다른 건 몰라도 분명하게 그 방짜유기. 주물유기. 또 인제 반방짜라는 건 그것도 쓰라고 보고서 내용도 쓰고 요거 보면은 그거 보게 되면 결론이 반방짜는 그 뿌리깊은나무 상업적 하기 위해 최근에 지어진 이름이고 반방짜라는 건 공정은 인제 거기나와있어요. 거기 안성유기처럼 안성유기처럼 주물로 해가지고 그 담에{다음에} 여 거 아우리를{아귀를} 오목하게 만들기 위해서 하는 고 공굴로 하는 것이 그것이 궁그름옥성기야. 근데 지 책 쓰는 어자가 지금문제가 안희숙 교수가 내가 그 시정했거든. 장경희하고 둘이 왔데. 장경희 담당이 아니고 사진 담당이고 그래서 암만{아무리} 교수가 내가 안한 그거 얘기예요. "근데 거 보고서대로 안 했느냐?" 그래도 우리 국가에서 첨으로{처음으로} 유기를 해 조건을 마찬가지로 맹글은{만들은} 거그것도 개인이.

네 번째, 방짜 이야기[35)]

−금년에 약혼을 해서도 요강, 대야가 품절되서 못 사게 되면은 또 해 묵어서 시집가야 될 정도로. 그만큼 방짜유기가 필요한 시절이 있었어요.

무슨 그 잘은 몰라요 그러나 인제 오늘 주어진 시간이 얼마나 되든지 하는 대로 하겠습니다. 평생 이랬기 때문에 말을 얼마나 하겄느냐{하겠느냐} 하게 되면은 고 잡지사나 신문지 기자대로 하게 되면은 계속 애기해요 거 애기 계속 하나 하게 되면은 밤 새도록 못 다 하거든요 그면은 {그러면은} 인제 그 사람도 그래요 내가 인제 죽을 나이가 가까우니깐 할 수 있는 애기는 다 해놔야 여러분들이 이 다음에서 거 기억이 되고 거 전설이 될 것 같아서 애길 많이 한다 인제 이렇게 애기합니다. 어. 그 니깐{그러니깐} 인제 인자{인제} 저의 고향이 어디고 일천구백사십팔 년 월남했고 그런 애긴 다 했는데 저는 본래 옛날 여기 연세 되신 분들 여러분 계시는데 저희가 어린 시절 그때는 거의가 농삿집 아들이지. 무 슨 뭐 이렇게 다른 직업이 별로 없었지 않았습니까. 저도 농삿집에서 자 라나가지고 국민학교 댕길{다닐} 적에도 학교 갔다 와서 빼놓고는 와서 밭 매든가 소 먹이든가 하는 그런 생활을 스물한 살 때까진 했습니다. 그래서 내가 농삿일을 잘해요 근데 인제 그러면서 왜 인제 방짜유기 길 을 들어섰는가. 그런 걸 질문을 많이 받는데 저희 사는 데는 금년에도 거기 소식을 들으니깐 비가 많이 와가지고 우리 거 달촌바위라 있거든 요 거 다리 져가지고{지어가지고} 나무가 있는데 세맨{시멘트} 콘크리 트 떠나가지 안 그랬댔는데 금년에 비가 너무 와서 그 세맨{시멘트} 다 리 다 떠내려가고 또 인제 곡식은 물론이고 풀. 이런 것도 다 떠내려가 고 쟁기고{잠기고} 그래서 먹을 게 없다. 인제 좀 도와달라 그런 소식을

---

35) 네 번째 이야기인 '방짜 이야기'는 제보자가 방짜에 대한 설명을 한 후 몇 명의 조사자가 돌아가면서 붙는 형식으로 진행되었다.

체가{제가} 제가 들었습니다. 우리 고향은 죽도록 농사를 하게 되면은 해마다 홍수가 져요. 근데 그때만 지금 더가 돼요. 왜냐면 지금 산이 나무가 하나도 없기 때문에 민둥산이기 때문에 비가 왔다 하면 홍수가 난대요. 그래서 어릴 때부터 맘 속에 어떤 맘 속 있었냐면 '나는 절대로 농사 안 짓겠다{짓겠다}. 부모가 농사 지니깐{지으니깐} 따라서 하지만은 절대로 안 짓갔다{짓겠다}.' 그래서 인제 우리는 직장이랜{직장이란} 거 뭐 있겠어요. 거 정주 거기는 뭐 옛날 어디나 다 그랬죠. 무슨 공장에 지금토록 많았어요. 또 자동차 운전 배우고 그럴 일도 없었잖아요. 근데 인제 초창기 뭐였냐면 우리 고장 고기서 집에서 삼십 리 가게 되면 납청이라는 고을이 있는데 면소재지예요. 근데 고기 가게 되면 옛날부터 지금까지 방짜유기 공장만 스물두 개가 있었습니다. 내가 인제 고것을 상상도 인제 우리 고향 사람들 앉아서 이렇게 그랬는데 밥그릇 맨드는{만드는} 주물공장. 숟가락공장 거 말구요. 이 방짜공장만 스물한 개 두 개가 쭉 온 그런 고장에서. 그런 고장 세계 어디 가서도 못 찾아요. 한 고을에 이 방짜공장이 스물 몇 개 있는 고장이 못 찾아요. 근데 일하게 되면 그놈의 그 공장에 가서 일 배우고 싶은 게 만날{매일} 굴뚝 같은데 그 공장에 드갈{들어갈} 수가 없어요. 왜냐하면은 그 공장을 드갈라면은{들어갈려면은} 그때 무슨 돈을 받아요. 가서 그냥 그땐 전기가 선풍기도 없었어요. 불 없이 일하게 되면 부채질하고 비유를 맞춰주고 그러면서 좀 배울래도{배울려고 해도} 안 되요. 거기 가서 일 배울려면은 거기 대장이나 주인의 조카나 친척이 좀 되야 거기 가서 일 배우기 때문에 그 고향일 적에는 거기 가서 일할 궁번이{군번이} 좀 못 됐어요.

답 못 됐다가 아 그 해방이 되니깐 삼팔선이 갈라졌지 않습니까. 아 갈라지니깐 북한엔 인제 그 김일성이가 정치할 때 기획된 게맨서리{것처럼} 방짜공장을 전부 다 못 하게 했어요. 지금까지 그때부턴 그 방짜기법이 없어진 것이 지금까진 북한에는 방짜가 없습니다. 그 어떠한 친구는 평양 갔다고 해서 방짜 뭐 사왔다고 하는데 가져와서 자랑하는데 그 방짜 아니에요. 아연합금 주물한 거 그런 것들이래요. 또 작년하고 재작년하고 북한의 인간문화재법하고 문화재 인간문화재법하고 아 작품 교류전이 있었어요. 덕수궁에서 한 번 하고 그 담에 역사박물관에서 작년에 했는데요. 설마 북한에서도 인제 유기를 많이 가져왔어요. 한 오십 점 이상 가져왔어요. 고걸 우리한테 보여준다고 절 보러 고걸 중국 땅에다 놓고 우리나라에다 갖다주면서 가치가 없는가. 여 와서 평갈{평가를} 좀 주물 가서 평가는 했는데 방짜는 하나도 없고 오직 주물인데. 그래서 이게 좋친{좋지는} 않아도 우리나라 법하고 비교되지니깐{비교되니깐} 가져가래서 인제 구했습니다. 전시가 끝난 담에는 거기 있는 것은 북한에 방짜 몽땅{모두} 우리나라에서 고걸 다 인제 인수해가지고 교정을 한다가지고 다른 거는 고기 다른 분야로 갔지만. 다른 박물관으로 갔지만은. 고 유기는 저희가 거 전수교육관이라 가지고 저희가 다 갖고 있습니다. 거 보게 되면은요. 숟가락이고 밥그릇이고 보게 되면 멀쩡하고 우리 거보다 번쩍하고 좋아보여도 그것은 다 방짜가 아니에요. 주물이에요.

탑 이상 말씀한 대로 삼팔선이 완전 북한 땅에는 그 방짜가 그냥 다 없어졌잖아요. 근데 해방되기 전에는 이북 이남에 없었거든요. 그때 요리{이렇게} 나이 드신 분은 알 거예요. 유기문화 어느 정도 발달되겠다 하게 되면은요. 가정 가정마다 놋그릇이 있었지. 딴 게 뭐 있었어요. 그때 스덴도 없고 양은도 없고 놋그릇만 있었잖아요. 그런데 또 시집갈 적에는 반드시 요강하고 대야하고 해가지고 가야 됐단 말이에요. 지금 생활 구조가 어 그때보단 달라져 있기 때문에. 요강 없으면 안 되요. 시집가는 색시가 그 당시는. 지금은 뭐 수세식 변소도 있고 공중변소도 있고 다 있지만은. 그 당시 우리 생활풍속은 대야하고 요강하고 시집가는 색시가 꼭 갖고 가야 되요. 그래서. 잘 아시잖아요. 금년에 약혼을 해서도 요강, 대야가 품절되서 못 사게 되면은 또 해 묵어서{지나서} 시집가야 될 정도로. 그만큼 방짜유기가 필요한 시절이 있었어요. 우리나란 그랬어요. 그런데 이게 어 방짜유기라 하는 것이 인제 고거 인제 먼저 얘기해야 되는데. 조금. 방짜유기. 이남에서 방짜유기라 해야 알고 우리 고향에서는 방짜는 몰라요. 여기서는 양대라 그러면 잘 알지 모르지만 양대가 뭐인지 몰를{모를} 거예요. 사전이나 푸여야{펴야} 알지. 양대가 뭐인지 몰라요. 북한에서는 그 용어가 어 양댑니다. 양대. 방짜유기라면 모릅니다. 북한에서는. 지금도 옛날과 마찬가지고 저도 여기 와가지고 한글 하는 사람이 여기 표시가 방짜로 썼으니깐. 또 저런데 전문위원들이. 방짜. 방자라 썼는데 방짜라 그러데요. 방짜가 뭐냐 나는 그것도 몰라요. 규정 지워주기를 방짜라 그래서 이남에서는 방짜라 압니다.

답 그래가지고 인제 어 북한에 이짝{이쪽} 그랬잖아요. 북한에는 방짜가 이걸 대야, 요강 이걸 많이 했는데 이남에도 방짜공장이 있긴 있었어요. 뭘 맨들었나{만들었나}. 징, 꽹과리. 이거 그 사람들 다 와버렸어. 징, 꽹과리 만드는 거 우리 집안 선수예요. 그것도 인제 방짜기법으로 하거든요. 징, 꽹과리. 근데 그래 우리 고향에서는 징, 꽹과리는 안 맹글어{만들어}. 안 맹글어{만들어}. 이남에서는 징 꽹과리만 맹글고{만들고} 또 유기는 안 맹글어{만들어}. 그러니깐 같이 하는 사람이 북한에서 그걸 내다팔고 이랬는데 삼팔선이 맥히니깐{막히니깐} 혼숫감 구색이 안 맞아. 밥그릇만 지는 장사꾼이 아니라 대야, 요강하고 같이 놓는 주인만 장사가 그기 안 되는. 그땐 유기가 많았거든요. 그니깐{그러니깐} 같이 하는 사람이 어떻게 맘 먹었냐 하게 되면 북한에 그 다 뭐 드겠어요. 대장들을 거의 다 탈북시켰어요. 6.25 나기 전입니다. 저는 일전구백사십팔 년도 십이 월달에 왔지만은 그래 그 당시 북한에 있는 기술자들 다 내려왔어요. 이남으로. 그래가지고 처음에는 용산 후암동이라는데 고기서 하이튼{하여튼} 덕산 가갖고 빌려가지고 고기서 양대를 맨들어서{만들어서} 즉 말하면 오랜 세월동안 안 하던 대야, 요강이 남한에도 생산되기 시작한 거예요. 그래가지고 양대공장. 방짜공장이 서울에도 한 네, 다섯 곳 있을 거예요. 또 일시적이라면 진천도 갔었어요. 우리도 대전도 한 번 갔었어요. 일시적이나마. 그니깐{그러니깐} 여기서 제가 분명히 말씀 드리는데 해방 전에는 방짜가 이남, 이북에 다 있었지만은. 아주 먼 옛날에는 난 몰라요. 내가 살아있는 동안에는. 북한에 징, 꽹과리 같은 방짠데도 안 했어요. 물론 기법이 조금 같긴 같고 대등소등이었거든요. 합금도 똑같으고 또 이남에서는 웬일인지 하긴 그럴 수밖에 없는 이유가. 그 얘긴 이 시간에 다 못 하구요. 양대 대야, 요강 이런 거는 일절 여서{여기서} 손 뗄 궁리 안 했기 때문에 북한에서 삼팔선 맥히니깐{막히니깐} 거기서 자동적으로 거기 있는 대장들을. 그렇잖아요. 맨 첨에 그 양반이 궁지물 죄다{모두} 팔고 그랬어요. 그러다가 인제 그게 되겠어요. 삼팔선이 맥혀가지고{막혀가지고}. 그래서 이남에다 예를 들어서 양대라는 것이 방짜라는 것이 그 기법이 오늘날까지 전수되가지고 대구에 방짜박물관도 생기게 된 겁니다. 인제 고만큼 말씀드리구요. 여러분들이 인제 아시는 분들은 다 잘 아세요. 그래도 이왕 말할 바에는 제가 아 기본부터 한 번 말씀 드릴랍니다. 두 번짼 제가 인제 소개를 했지만은 유기에 종류에 대해서 말씀드리겠습니다.

방짜에 대해 초에 말했고. 주물유기 말했고. 또 인제 반방짜라는 건 본래 그 이름이 반방짜가 아니고 궁구름옥성기란 것이 중한 기.

답 본래는 아 그냥 놋그릇. 뭐 유기 하면 다 우리 옛날 조상들 밥그릇이나 뭐이나 다 그냥 아 유기라 그랬지. 통틀어 유기라 그랬죠. 옛날 사람들 아는데 지금 점점 시대가 변해가서리 다 이전만큼 모릅니다. 그래서 유기는 우선 여기 아까 영상물에도 나왔지만 방짜유기. 주물유기. 반방짜. 그런데 첫 번째. 제가 방짜유기부터 말씀드리겠습니다. 방짜유기는 우선 합금의 정확해야 됩니다. 동 몇 프로에 몇 프로 기록이 있으니깐 양쪽에

살펴보세요. 합금이 조금만 틀려도 안 되요. 인제 우리가 어떨 때 보게
되면 농촌 할머니들 와가지고 우리 딸 시집가는데 "이 대야 이거 좀 잘
써달라." 그러면서 인제 일하는 사람들 주인 안 보는데 와가지고 덧돈을
내줘요. 그러면 그 할머니가 몰라서 그러거든요. 더 저거 주석 소비되는
게 비싸요. 지금은 좀 다르지만 그때는 구리가 데워노면{데워놓으면} 석
같은 철은 그렇게 안 썼어요. 한 열 배는 비싸 이 말이에요. 그니까{그러
니까} 거 할머니들 비싼 거 많이 너면{넣으면} 좋을 줄 알고 우리 딸 시
집가는데 주인 몰래 좀 잘 써달라. 예를 들어서 그러면 대장장이들이 몰
라서 도로 내줬어요. 안 되거든요. 안 되는 거 받으면 되겠어요. 옛날 사
람들 어느 정도 순지가 있거든요. 그 뭘 말하냐면은 방짜유기는 합금 비
율이 꼭 같애. 정확해야 되고 또 거기 가서리 주물하던 그 도가니라고
쓴 물 준다고 거 쓰면 안 되요. 만약에 우리 주물 이만한 도가니가 이래
백방짜리도 있고 이백 키로도 한 번 용인하는데요. 우리 옛날 밥 담아먹
던 밥그릇 있잖아요. 그거 한 개 정도를 거 집어넣게 되면은 나머지 거
다 못 쓰게 되요. 못 씁니다. 못 쓰게 되면 왜 그냐면 색깔 때메{때문에}
못 쓰는 게 아니라 색깔도 나쁘겠지만은. 알다시피 인제 쇠똥을 맨들어
가지고{만들어가지고} 불에 달궈서 계속 늘리잖아요. 방짜. 대충 그렇게
설명할 수 있어요. 방짜는 종류별로 합금을 해가지고 쇠똥을 만들어가지
고 불에 날궈서 계속 늘려서 맹그는{만드는} 게 방짜 그기예요. 근데 인
제 나쁜 쇠가 만약에 그 이 밥그릇에 모르겠지만은 양은이 가장 나쁜데
요. 양은 저 병뚜껑 같은 거 옛날에 나왔어요. 몰르고 그거 하나 그 안에
집어넣으면 그 쇠는 몽땅 다 못 써요. 쇠가 아까워서 요만침{요만큼} 깨
뜰어서{깨서} 다른 데 조금 섞어 쓰거든요. 그 쇠 또 못 써요. 얼마나 정
확하고 얼마나 까다로운지 몰라요. 방짜유기 그러니깐 그래서 그 방짜를
이유는 내 모르겠지만은 방짜를 하게 되면은 그만큼 까다롭습니다. 다시
말씀 드립니다. 방짜유기는 합금에 불에 달궈서 늘려서 이렇게 맹그는

{만드는} 것이 방짜유기다. 인제 이렇게 말씀 드릴 수 있구요 그니깐 {그러니깐} 맹그는{만드는} 기법을 다 하게 되면은 한 가지만 해도 시간이 많이 걸리니 고거는 난중에 간간히 조금 얘기하구요

🔳 주물유기. 주물유기는 요기는 아는 사람은 그냥 그냥 들어두세요 이건 합금이 상관이 없어요. 쇠가 좋고 나쁘고 정확하고 그 아무리 상관이 없어요. 주물하는 거는 뭐 아무 쇠를 했다 녹여서 물을 끓여서 아까 저 물 봤죠. 흙으로 다져가지고 요 물건을 안에 거다서리{거기다} 거 요렇게 해서 거 안 하게 내용물 빼내가지고 공간이 생기잖아요. 고 안에 쇠물 {쇳물} 집어너면{집어넣으면} 주물유기예요. 그 까꾸로{거꾸로} 되는 겁니다. 인제 주물유기는 그렇게 하는 거고 한 가지 더 말씀드리는 거는 우리 조상들이 밥도 암만 먹고 밥그릇들 많이 굴러댕기는{굴러다니는}. 고물상 하는 그렇게 많이 났는데 지금도 조금씩 했어요 그거는 거의 거의 방짜가 없습니다. 제가 이 박물관 하다나 그런 걸 천 개, 이천 개 모아봤어요. 밥그릇을. 근데 거기서 방짜가 하나 둘 있을까 말까 그래요 그니깐{그러니깐} 거의 없는 걸 봐야 그래요 이 또 방짜를 필요가 없었습니다. 그때는. 왜냐면 지금은 과학자들이 자꾸 이렇게 해가지고 주물유기는 인체에 안 좋다. 이렇게 인식이 되니까네 그렇지만 그 당시는 인체 해가 가는지 그걸 몰랐거든요 어떤 학자는 이종석 그 분 돌아가셨지만 논문이 계셨어요 주물유기를 맹글어{만들어} 파는 자는 살인행위를 하는 자다. 이렇게 기록을 해놨습니다. 그래 우리 조상들이 쓰던 그릇은 뭐 다 나쁘다는 것도 있지만 쇠를 잘 쓴 것도 있어요 근데 대체적으로 주물유기기 때문에 그걸 인체에 나쁜 연구결과 알려져가지고 그래가지고 낙후되는 거를 지금 학문하는 사람들이 다 인제 그 분석해가지고 인제 발표하고 인제 그런 게 있습니다. 그럼 제가 대충 방짜유기하고 주물유기하고 말씀드렸구요 인제 반방짜라고 또 있습니다. 반방짜. 근데 이 반방짜라는 거는 이거 갖다놓고 지금 논란이 많습니다. 이게 일천구백팔

십삼 년도 팔십이 년 팔십일 년 고 해 정부에서 예산. 그 전엔 문헌이 없었어요. 근데 어 오랫동안 인제 거 유기에 대한 문화가 많이 발달이 돼 있었는데 인제 우리나라에서도 문화재제도가 들어와가지고 이걸 인제 중요무형문화재. 아시죠 국가에서 중요무형문화재고 지방에서 또 그렇고 지방에서 하는 무형문화재. 인제 그렇게 구분이 돼 있습니다. 그러다 국가에서 중요문화재 했냐 하면은 유기기법이 그때 다 없어졌. 거의 다 없어졌어요. 거 어떻게 칠십 년 육십 년 때부터 칠십 년 때 한 이십 년 간은 유기 맹그는{만드는} 사람. 거의 다 하나도 없이 다 없어졌어요 육십 년. 어 육십일 년도 박정희대통령이 인제 산림애호법 하면서리. 거 지금으로라도 나무가 울창하잖아요. 박대통령이 다른 분야로도 훌륭하지만 그건 정말로 잘했는지 몰라요. 산 마당 전부 다 나무가 잣나무고 이건 옛날엔 꿈도 못 꾸던 거예요. 근데 이거 박정희대통령이 살림을 애호한다 해가지고 산림 애호법을 해가지고 산에 가서 나무도 보고도 못하고 나무 짤라 때지도 못 하게 하고 숲도 물론 못 가게 하고 근데 설상가상 하고 인제 에 연탄을 또 보급했거든요. 나무 못 때게 연탄을 보급했잖아요. 농촌꺼증{농촌까지}. 그니깐{그러니깐} 연탄 하게 되면 잘 알잖아요. 뻘개잖아요 금방. 그니깐 다 없어졌더랬는 데 이게 방짜유기하고 주물유기만 모든 사람들이 지정되갓다{지정되겠다} 했는데. 그 당시 여러분들이 아실런지 몰라요. 옛날 여기도 갖고 있는 사람이 있을 거라요{거예요}. 뿌리깊은나무라는 인제 거 판매회사가 있었습니다. 여기 아마 뿌리깊은나무 거 반상 갖고 있는 사람도 있을 꺼구요 또 대왕주식회사서 판매해가지고 낙천기 꺼 갖고 있는 사람도 있을 겁니다. 많이 보급됐으니깐요. 근데 이거 뿌리깊은나무에서 처음에는 절 보러와서 해달라는데 제가 거절했어요 그거 나 조그만 거 안 한다고 그래가지고 이거 윤재덕이란 사람 시켜서가지고리{시켜가주고} 했는데 선례 저서{저기서} 했는 얘기지만은 인제 그분들 돌아가시고 제가 지금 얘기도 실례될 거 없겠지요. 거 뿌리깊은나무에서 산 거 방짜그릇이라고 샀을 거예요 아마 지금도 농 안에 깊숙이 내놓는 사람들 있을 겁니다. 그거 방짜 아닙니다. 백 프로가 주물유기예요 그거는 내가 왜 지금 그런 얘기하냐 그러면은 뿌리깊은나무 그 기록. 그 조사보고서에 나와 있어요. 뿌리깊은나무에서 상업적 목적을 위해서 반방짜를 이름 지었다. 이렇게 기록돼 있습니다. 기록돼 있고 누가 믿어도 제 말 하는 게 아니가 팔십일 년. 팔십이 년에 그 전문위원. 국가 예산 그렇게 졌던 분이 조사보고서에 그렇게 돼 있어요. 그 당시 보통 상식으로 그건 안 되야 되는데 지금도 그땐 옛날 아니에요. 그니깐{그러니깐} 미쳤단 이 말씀이죠 그래가지고 뿌리깊은나무에서 나온 거는 반방짜가 아니고 본래는 궁구름옥성입니다{궁그름옥성기입니다}. 궁구름옥성이가{궁그름옥성기가} 명칭인데. 그때 뿌리깊은나무에서 장사하는 목적으로 반방짜라 했는데 에 그거는 기법이 어떻게 났냐 그러면은 아까 주물유기 제가 말씀했잖아요. 옛날에는 기술이 없어 그래 요렇게 주물 못 했거든요 지금은 요렇게 주물로 다 해요 근데 인제 이렇게 번떡한{번질번질한} 거. 이런 거만 주물했거든. 그럼 요걸 아구를 요렇게 오물리니끼네{오므리니까} 아까 여기서 봤죠 거 조금 나왔습니다. 군구를 아구를 요래 오목하게 대놓고 인제 부리나케 누르게 되면은 쇠 나쁘면 안 되긴 안 되요. 재료가 좋아야 되요 궁구름옥성기예요{궁그름옥성기예요}. 그게. 거 인제 그 유기 종류에 대해서 말하는 가운데 방찌에 대해 초에 말했고 주물유기 말했고 또 인제 반방짜라는 건 본래 그 이름이 반방짜가 아니고 궁구름옥성기란{궁그름옥성기란} 것이 중한 기.

깨끗하게 닦아쓰면 아 이 집 딸은 이거 정말 부모님 이거 부지런한 것을 딸이 배웠갓다. 아무리 그릇이 많아도 이건 개밥그릇도 식구들 굴렀다 이러면은 여자들 거기 장가갈 때 이 집은 개념없이 이건 여자가 못 쓰갓다. 그마만큼 우리나라는 유기문화가 많이 발달돼 있었습니다.

답 제가 유기에 대해서 세 가지 애기했구요 고 담에 제가 뭘 애기 할라면 인제 연세가 많이 드신 분들은 뭐 제가 말 안 해도 잘 알지만 어 또 지금 신세대 사람들은 요것도 하나 듣는 게 좋겠다 해서 제가 애기할 준비를 조금 했습니다. 유기에 인제 뭐 이름 역사라 하면 거창하겠지만 유기에 내려온 내력을 조금 애기할라 그래요 어 여러분들 우리 박물관 특이하게 옛날 거가 위주가 아니고 어 방짜유기 거의 다 현재 지금 작품으로 여기 장식돼 있어요. 근데 다른 박물. 저기 국립박물관. 뭐 무슨 대학박물관 많이 들려보게 되면은 유기만이 아니고 도자기도 있고 옷도 있고 여러 가지 다 있는 게 그 우리 박물관인데. 그 박물관에 가서 보게 되면은 저는 딴 데는 몰라도 그 쇠붙이 있는데 유심히 보게 되요. 그 가보게 되면은 거의 다 거기 무슨 마상배다. 숟갈이다. 뭐 밥그릇이다 이렇게 있는 것이 거의 다 이게 지금처럼 잘 소장된 게 아니고 인제 고려장에서 파내온. 땅 속에 있다 나온 흔적이 느껴져요. 그렇기 때문에 학문한 사람들 더 옛날부터 우리나라에 방짜가 있었다 이러는데 저희 같은 경우는 그 학문을 모르고 피부로 느끼는 건 고런{그런} 쇠가 뭐 출현을 안 됐다 하지만은 천 년은 봐야 되지 않겠는가. 유기의 역사가. 그래 거 고려장에서 나온 거 인제 그런 거 봐서 그 옛날에 생각을 해서 지금은 뭐 거 재료는 구리는 우리나라서 생산된다 하지만 아주 옛날엔 모르겠어요. 현재까진 옛날이나 지금이나 그 석이라는 거는 우리나라에는 없거든요. 그래서 지금도 평생 땅 어디까지면 말레이시아산을 갖다써요. 석이. 말레이시아산만 갖다쓰고 있습니다. 그러면 거 천 년 전에 거 어떻게 가져왔다던가. 학자들이 그거 논란이 있는 거예요. 중국을 이렇게 왔다. 어떤 사람은 배로 통해서 왔다. 뭐 또 어디로 돌아간 김정태 같은 분은 방짜가 옛날 우리나라가 더 발달이 돼 있었기 때문에 무슨 뭐 옛날 문헌을 보게 되면은 중국에서 우리나라 놋쇠를 공출해라 뭐 그런 게 있다 그러면서리. 중국

보담도{중국보다도} 우리나라가 더 방짜가 먼저 더 발달되 있다 그런 걸 주장하는 사람이 그거는 제가 여기서 애기할 거리가 못 되요 다만 우리나라 유기의 역사는 적어도 천 년 이상 됐대는{됐다는} 것을 피부로 느낀다는 것을 제가 말씀드리구요 아 그 지금처럼 유기가 흔하진 않았어요 유기가. 제가 자랄 때만 해더라도{하더라도} 놋그릇이 비싸기 때문에 그렇게 흔하게 놋그릇 많이 못 샀어요 쌀을 몇 말 팔아 요 구리 하나 얻을까 한데 다만 비싸도 이게 시집, 장가 시집갈 적에는 꼭 밥그릇하고 요강하고 사가지고 간단 말이에요 그래가지고 유기문화가 많이 발달됐더랬던데. 아시다시피 대동아전쟁 때 나이 든 사람은 목격을 했을 거예요 건 우리가 내놓은 게 아니고 애국심이 우러나서 낸 게 아니고 무기 맨든다고{만든다고} 일본사람들이 거의 강제 강제로 인제 공출해 갔잖아요 다 뺏어간 거예요 돈 준 것도 아니구요 우리가 우리 세대에서 그런 일이 있었던 겁니다. 그렇게 오랜 세월 동안 몇 대 동안 몇 대 할아버지 몇 대 할아버지 올 때 마당{마다} 인제 그 그릇을 해오게 되면은 그 그시 망가지던가{망가지든가} 되갔는데{되겠는데} 뭐 백 년 가도 닦기만 쓰기만에 만일 십 대 살았다면 그 집에 밥그릇 한 그릇씩만 해도 열 벌 있었을 거 아니에요. 그때는 어느 정도 발달되 있었냐 되게 되면 결혼수 혼사를 할라면은 남자들은 몰라도 여자들은 짬을 내가지고 거 부엌문을 가서 얼우봤데요{열어봤데요} 부엌문을. 부엌문을 얼우보게{열어보게} 되면은 그 집에 놋그릇이 얼마나 이렇게 쌓여있나. 그거 보게 되면 아 이 집에서 정말 가문이 오랫동안 훌륭하게 갑니다. 또 그릇 많아도 안 돼. 거 가보게 되면 느닷없이 들여다보게 되면 거 많은 것을 어느 정도 관리를 했는가. 깨끗하게 닦아쓰면 아 이 집 딸은 이거 정말 부모님 이거 부지런한 것을 딸이 배웠갓다{배워겠다}. 아무리 그릇이 많아도 이건 개밥그릇도 식구들 굴렀다 이러면은 여자들 거기 장가갈 때 이 집은 개념없이 이건 여자가 못 쓰갓다{쓰겠다}. 그마만큼{그만큼} 우리

나라는 유기문화가 많이 발달돼 있었습니다. 발달돼 있었는데 일본 대동아전쟁 때 일본사람들이 그 무기 맹근다고{만든다고} 몽땅 다 뺏어갔지 않습니까. 어떤 사람들은 물에다 감춰서로 땅에 파묻는 사람도 있고 인제 그런 일이 있어서 그래도 한동안 유기도 없었다가. 해방이 되고 나니깐 그냥 그 낙천 게 유기 하나 얻어살라믄{얻어살려면} 빽이{백이} 있어서 샀어요. 그래서 우리 어머니도 자기 사돈 사돈 되는 사람이 거 유기 방짜유길 맹글었거든요{만들었거든요}. 그래서 거 한참 어려울 때 우리 어머니가 거기 가가지고 빽이{백이} 있으니끼네{있으니까} 거 대야도 사오고 요강도 갖다쓰니 행상 있잖아요. 했다가 인제 장사하는 걸 제가 같이 좀 돕기도 그런 일 있었어요. 그런 시절이 있었습니다. 그래가지고 해방되고 나니깐 그냥 없었던 게 갑자기 많이 못 맹그니깐{만드니깐} 그렇게 붐이 일어가지고 해드랬어요{했었어요}.

탑 그런 게 있었는데 두 번째 유기에 대한 수난은 언제냐 그러면 아시다시피 아까 제가 얘기 조금 했지요. 이것은 뺏아간 게 아니고 우리 자신들이 전부 다 갖다버렸어요. 고물상에다 버렸어요. 그냥. 스덴{스텐} 나오고 양식이 좋은 거 나오니깐 어 할머니들이 자기 일 같던 그 많은 거 구찮거든{귀찮거든}. 닦기도 구찮고{귀찮고}. 가게 와가지고 그냥 스뎅{스텐} 밥그릇 하나 둘만 주게 되면 상당히 기분이 좋아서 가는 그런 시절이 있었어요. 여기 나이 많은 분 다 곰감 다 이래 *끄덕끄덕*하시네요 참 옛날 얘기니깐 괜찮죠 그래서 그랬는데 그때 그래도 인제 우리나라에서 그 놋그릇이 나와가지고 그게 다 어디로 갔냐 하게 되면은요 아 거의가 다 육십 년대 박정희대통령이 우리나라에 달라를{달러를} 벌어주기 위해서 인제 각 과에 있는 사람들이 공예품. 저도 같이 일했어요 공예품이라고 있어요. 옛날 보게 되면은 뭐 이 놋그릇 별로 촛대도 맹글고{만들고} 벽걸이도 맹글고{만들고}. 장식용. 어. 장식용이라 그래야 되것네요{되겠네요}. 우리나라 저 사람들은 옛날 주문받으면 뭐 열 벌, 백 벌 맡으면은 일 많이 맡은 걸 생각하는데 아 그 미국 갔다왔다서리. 거 우리 돌아가셨어요 그 분이. 내가 인제 조금 뭐이 되요 사 이사촌 그래 되는 사람인데. 이 사람이 가서로 그냥 뭐 몇 만 개. 뭐 몇 만 개. 그러니깐 공장이 갑자기 커가지고 하청 주고 뭐 그래도 경쟁업체는 그런 시절이었습니다. 우리 놋그릇이 전부 다 오랜 세월 동안 있던 거 그거 고물상 나가가지고 그게 다시 녹혀가지고 그릇은 완성되 안 만들고 그걸 준부{전부} 다 공예품. 장식용 그걸로 해서 거의 다 미국 그때 수출하게 되고 달라 들이게 되는 그러한 역할을 좀 했어요 그런 시절이 있었습니다.

탑 에. 그러면 인제 유기가 아시다시피 그때 다 없어졌다가 어 정부에서는 가만 보니깐 인제 이게 안 되갖고 이게 이게 유기 쓰는 사람도 없고 배우는 사람도 없고 이거 기법을 보존해야 되것다{되겠다}. 우리 유기기법이 훌륭하잔{훌륭하자는} 인식이 되가지고 보존해야 되것대서{되겠다 해서} 천구백팔십일 년. 팔십이 년도 아까도 얘기했지만은 정부예산 들여가지고 전문위를 방방곡곡 들어서리 경주고 전라도고 대구고 경기도고 안 된 데가 없이 이 년 동안 댕기면서리{다니면서} 조사보고를 했어요 조살보골 해가지고 어 그 정부 그 문화재위원해서 해가지고 이건 국가문화재로 지정해야 되것다{되겠다} 해서 유기장을 셋을 아까 만들어서 아까 방짜유기, 주물유기, 반방짜 그랬잖아요 근데 방짜유기는 미국에서 나온 수출품이기 때문에 무조건 이건 해야 된다 주장을 해가지고 고건 일사천리로 된 거예요 고 담에 주물유기는 어 안즉도{아직도} 살아계십니다. 김문수라는 분이 계세요 연세가 저보다 열 살 위예요 지금 그 양반이 전부 다 그 자녀들이 일하고 살아계시는데 안성에는 옛날부터 방짜유기가 없었어요 주물유기만 있죠 그래도 이것이 안 될 건데 그 사람들이 그래도 그 유기에 대한 그 할려면 안성유기가 옛날부터 유명했기 때문에 누구 하나 시켜야 된다 이래서 인제 김문수 선생이 인제. 저하곤 상당히 가깝게 지내고 있습니다. 그 분이. 그 담에 반방짜는 문제가 좀 있었지만 내가 여기서 아까 얘기한대로 아 고게 조금 애매하지만은 지금까진 그 반방짜. 또 주물, 방짜 이렇게 세 개가 팔십삼 년도 유 월달로 지정됐던 걸 제가 말씀 드립니다.

우리 안식구가 길에 나가 길 옆에서 호떡장사도 하고 그랬어요. 그러면서도 제가 이 유기는 붙들고 계속 했어요. 팔자소관인가 봐요.

탑 그러니깐 앉아서. 마이크가 좀 낮아서. 아 제가 그럼 우선은 제가 할 수 있는 얘기 다 하게 되면은 고 담에 좀 여러분들 좀 있었다가 혹시 여러분이 요구하신다면은 서로 대화. 그릇은 어떻게 보관해야 되나 뭐 그런 질문도 많이 받거든요

네 번째는 지금은 현재 현재를 말해서. 현재. 현재는 어떻게 하게 되면은 아까 쭉 얘기하게 되다 보면은 유기를 대동아전쟁 땐 이랬고 육십 년 때는 이랬고 칠십 년 때는 다 없어졌다가 다시 이렇게 국가에서 지정한 거는 유기가 많아서가 안 되고 이 기술은 없어져서는 안 되갓다{되겠다} 하고 인정이 되가지고 핸{한} 거거든요 근데 가만 있으면 지금 인제 국가문화재도 예능인이 있고 공예분야가 있거든요 인제 공예분야에서 지금 문화재로 살아있는 사람이 한 오십여 명 되요 맨 첨에 그렇게 많지 않았어. 하나하나 발굴해서 오십여 명 되는데 어 머 지금 어드로{어떤} 분야는 막 못 살겠데요 이 사람이 그냥 자기 그 옛날 그거만 하니까네 뭐 물건 팔리지도 않고 뭐 그냥 제자들 키우니끼네{키우니까} 안 되고 정부에서 인제 백만 원쓱{원씩} 줘요 근데 그거 가지곤 안 되갓다{되겠다} 그런데 유기도 가만 있었으면은 이것도 배고프고 인제 할 수 없을 거예요. 제가 박물관 염두 이거 작품들 못 했을 거예요 근데 저는 그때부터 평생 동안 딴 사람 유기 다 그만둬도 저는 이걸 붙잡고 있었어요 상당히 고생 많이 했습니다. 고생 다 한 얘기를 하게 되면은 시간이 많이 길러요 고생 많이 했어요 우리 애늘 국민핵교{초등학교} 댕길{다

닐} 적에 노트도 사줘야 되고 연필도 사줘야 되고 고렬{그릴} 때에 어려
움을 당했기 때문에 우리 안식구가 길에 나가 길 옆에서 호떡장사도 하
고 그랬어요 그러면서도 제가 이 유기는 붙들고 계속 했어요 팔자소관
인가 봐요 내가 남처럼 공부를 많이 했다던가{했다든가} 우리 부모님들
물론 재산이 많았다면 나도 그만뒀어요 근데 나는 학문도 못 했고 물려
받은 재산도 없고 돈도 없고 그니깐{그러니깐} 천성이 너무나 힘들게
배웠기 때문에 정말 그 배운 거 얘기 다 할려면은 한이 없습니다. 일 배
울 적에 고생을 생각하면요 그 너무나도 힘들게 배운 걸 섣불리 그만둘
수 없어. 근데 솔직히 해서 방짜유기고 주물유기고 백 프로 밥그릇 맹글
고{만들고} 없어. 여러분들 여서 그 당시 칠십 년 때 밥그릇 누가 하나
샀어요 숟가락 하나 샀어요 전부 다 고물상으로 나가고 말았잖아요 그
런 녘에도{시절에도} 저는 내가 어떤 사명감이 있어서가 아니고 그래도
그릇 안 팔면 징, 꽹과리 맹글고{만들고} 팔아먹고 이렇게 해가지고 인
제 끝고 나왔는데. 저는 이렇게 생각해요 노력은 노력을 했기 때문에 유
기가 새롭게 인식이 된다. 이렇게 생각.

탑 제가 잘해서 이런 게 아니라 시대의 흐름에 따라가지고 여러분들 저 연
속극에 여러 가지 봤겠지만 '상도'라는 거 봤을 꺼예요{거예요}. '상도'라
는 영화가 연속극이 있었거든요. 거 '상도'래는{'상도'라는} 거 영화 배경
이 저희 고향이에요. 납청입니다. 거기. 바로 바로 우리 고향이 납청이에
요. 그 배경이. 그래서 해상 뭐 나온 집이 전부 다 우리 동네예요 거기
가. 근데 그거 할 적에 거기 또 그릇을 너무 좋아서 우리 고향을 배경을
해가지고 어 그 연속극을 한다 그래서 제가 여기 있는 그릇. 트럭으로
세 트럭을 빌려줬어요. 트럭으로 그 의정부 그쪽에 그 세트장 있는데 어
처음에는 그런데 빌려주는 처음 빌려줬는데. 그냥 그 '상도' 그 산이 뭐
야 논문을 읽어보니깐. 우리 고향을 배경으로 해서 특히나 여 방짜유기
를 매긴다{한다} 해가지고 너무 좋아서 그걸 세 트럭. 양중에{나중에}

엠비씨에서 제가 감사장도 받고 여러 가지를 받았지만은 많이 잃어먹었어요. 많이. 잃어먹었는데 그 담에 할 적에는 좀 덜 잃어먹었어요 그 잃어먹은 것이 그런 건 모르고 그 갈 때 사람이 여러 명쓱{명씩} 왔다가는 거 거 어캐{어떻게} 안 잃어먹겠어요. 그 책임자가 너무 열심히니께{열심히니까} 우리 변상도 안 받고 저거 왔는데. 거 '상도' 할 적에 또 그 얼굴 보여준 거는 탈랜트들이 와서 하고 얼굴 안 보인 거는 우리 제자들이 가서 연출하고 그랬어요. 그랬는데 상도가 그때 그 인기가 있어가지고 많은 사람들이 우리가 선전비 안 내고 방짜유기에 대해서 많이 알려졌습니다.

[탑] 고 담에 또 연속극에 또 '상도' 말고 뭐냐면 '대장금'이라고 있었어요. '대장금'인지 그거 난 보지도 않았어요 '상도'는 첨부터 끝까지 봤지만은 대장금 우리 고향하고 상관 없어서 그릇은 빌려줬지만 내가 잘 안 봤는데 근데 그것도 인기가 있어가지고요. 그 담에 다른 영화감독들 훌륭한 사람들은 와가지고 그릇을 빌려달라 그렇게 되면은 하나하나 전부 다 해서 인제 사진 찍고 영상 이렇게 해서 빌려줬기 때문에 많은 사람 알려졌다. 이렇게 생각되구요

[탑] 또 한 가지는 여러분들 아실려나요. 저희 아셈회담이란 게 이게 각 나라 그 대통령 정치 대표자들 아셈회담이란가 봐요. 아셈회담. 또 청와대 부시대통령 내외 그 만찬할 때 전부 다 우리 그릇 빌려썼어요. 우리가 줘서 그런 게 아니고 와서 사정 사정하기 때문에. 그래서 인제 좀 고통은 좀 받았습니다. 날짜 맞춰야 되고 그 사람들은 그냥 뭐 붕아빵{붕어빵} 맹그는{만드는} 거 떡 찍어나오는 줄 알고서리 이렇게 이렇게 해달라 그랬다서리 말이여. 며칠 있다가 몇이 와가지고 아 그게 아니고 이렇게 이렇게 해달라. 그래 말이야 제가 평생동안 주일날 일허본{일해본} 적이 없어요. 그래서 주일날도 일혔어요{일했어요} 제가. 예. 그런 고통이 있었지만 그러나 저희는 그걸 다 했습니다.

답 근데 이것을 저는 그런 것도 다 내가 어떤 수단이 있어가지고 교섭해서 한 게 아니고 내 뜻이 아니야. 그거 다 하늘의 뜻이라 생각해요. 내가 이 것을 유기를 그만큼 선전할려면요. 내 재산도 없지만은 재산은 아무리 많 대도{많아도} 그거 팔아가지고 그만큼 선전 못 될 거예요. 그러나 이것 은 자동적으로 자기들이 와서 사정을 해서 이거 선전을 해준 거 아닙니 까. 물론 물건도 좀 잃어먹고 고통도 좀 받았지만은 일하느라고 또 인제 제가 또 한 가지 고 전에부터 팔팔올림픽이라고 있었잖아요. 팔팔올림픽 때 그때 그 발아일 사십일 전에 사백 상을 기증했더랬습니다. 그것도 원 해서가 아니에요. 가서 교섭해가지고서리 그쪽에 올림픽 준비원에서 그 회의해서 부탁해서리 해준 거예요. 사백 상을. 고 해줄 때도 그때나 지금 이나 목적이 그 올림픽 그 온 사람이 세계에서 다 오기 때문에 우리나라 사람들. 우리나라에도 방짜유기 문화가 있대는{있다는} 것을 알리갓다는 {알리겠다는} 거 욕심 그거 하나 갖고 했습니다. 거 돈 하나도 받지 않았 어요. 또 해달라고 어떠한 뭐 점심 한 그릇 얻어먹은 것도 없구요 근데 그 마음은 어디서 드냐하면 제가 팔십일 년. 팔십이 년 은 저 미국에 터 키사람 와가지고 방짜공장 한다 그랬어요. 거기 가서 인제 거 타지에 개 발멤버로 가가지고 일을 좀 했어요. 근데 그때는 지금은 미국이나 서양이 나 가게 되면은 한국사람들 많이 볼 수 있는데 그때는 한 세 시간, 네 시 간 차 타고 가도 한국사람은 일본놈도 하나도 만날 수도 없는 때예요. 그 때가. 근데 그때 가서 보니깐 우리나라는 우리나라 문환 무시해버려. 그 당시만 해도 지금은 우리나라 그렇진 않습니다. 그때는 팔십일 년도 올 림픽도 안 할 때거든요. 그래 우리나라 방짜기법을 알게 되면 거 전부 다 우리나라는 대동아전쟁은 일본이나 중국에서 자게 나오지. 한국에 문화 가 어디 있느냐. 이렇게 인정하게 됨 내가 애국자는 아니더라도 분하거든 요. 아 그래도 방짜유기라 하면 내가 누구한테 지지도 않고 난 이렇게 했 는데 분개하거든요. 그래서 올림픽 때 조건이 내가 기증한 거는 올림픽

온 사람들한테 골고루 다 나눠줘라. 그런 조건 하나만 갖고 했어요 이건 내가 일일이 와 하냐면 난중엔{나중에는} 그게 이뤄지지 않았습니다. 상 탈 놈만 남아있고 상 못 탈 놈은 다 인제 비행장에 가버리기 때문에 못 주갓다{주겠다} 이래요. 인제 그래서 팔팔올림픽 부대라고 있어요 보관한 테가. 양중에{나중에} 일이 처리가 목적대로 안 됐지만 그래 제가 목적 달성한 하나 두 가지가 중에 하나는 많은 사람들이 그 방짜 한국에 있다는 것을 제가 알렸습니다. 인자{인제} 그러면은 더 있겠지만은 팔팔올림픽 때 노력했죠 고땐{그땐} 제가 알릴라고 했고

탑 고 담에 아셈회담이나 부시대통령 만찬이나 또 이런 거 연속극 그런 거는 그 사람들 와서 사정해서 빌려줬지만은 사정은 이렇게거나 저렇게거나 나는 돈 한 푼 없지만 돈 한 푼 안 들이고 많은 사람들 알려줬습니다. 이러다 보니깐 인제 어떠한 현상이 일었냐면은 어 이게 놋그릇이 그저 그런가 보다 이렇게 했더랬는데 이게 뭐 부시대통령 와가지고 이때까지 되면서리 자기가 대접을 젤{제일} 받아먹었다 그런 얘길 들었구요 아주 좋은 얘길 많이 들었거든요. 그래서 아 제가 한 가지 이것도 제가 아마 이거 유기를 아마 이거 또 분석하고 이렇게 할라믄{할려면} 그런 수단도 없어요 제가. 누구한테 어느 박사님한테던지{박사님한테든지} 이걸 좀 연구해서 발표해 주십시오 그런 수단도 없어요

탑 저는. 그런데 이것도 제가 아니고 아까 얘기했죠 '상도' 뭐 그런 거 했겠지만은 그것도 하이튼{하여튼} 감독이 쫓아와가지고 이게 그냥 넘으면 안 되겠다. 해서 저 보고 제가 다 해줬습니다. 놋그릇도 해주고 주석도 해주고 동으로만 해주고 자룐 다 줘 분석하는 거죠 연구하는 자료 그것만 해줬어요 제 돈 안 들이고 제가 해줬단 거 제 돈 해줬어요 그래 나머지는 연구비는 저 안 드갔어요{들어갔어요}. 근데 이게 어 여러분들이 많은 사람들이 봤을 꺼야{거야}. 이거 내 이거 하나만 필요하다면 여러분들 첨엔 '생명의 그릇'이라고 인세 중앙방송서 나샀더랬는데 그게

너무 좋으니깐 케이비에스에서 중앙방송에서 합작해가지고 수요기획으로 나갔습니다. 이게. 수요기획으로 나갔는데 어 참 그 사람의 팔자는 시간문제라요. 어 그 내 돈 들이고 그렇게 선전하면 가당토 않은데 어 박정현 교수팀에서 이게 학교는 어. 학교가 예 난중에{나중에} 제가 설명하도록 하겠습니다. 그 팀에서 이걸 전부 다 인제 요게 고거요. 분석을 해보니깐 그릇에다 서리 스뎅그릇{스텐그릇}, 방짜그릇, 도자기 게 세 개 다 놓고서리 그 대장균을 몇 만 마리 가지 내놨는데 어떠한 어느 정도 시간 났다보니까네 우리 그릇 났는 거는 대장균이 몽땅 다 죽었다. 인제. 아 이건 나머지 몽땅 살아있다. 이런 식으로 제가 부탁해서 한 게 아니고 고기서 학문한 사람들이 전부 다 이렇게 발표를 했어요 또 생화를 꽂아놓고 방짜그릇에는 어쩌고 다른 그릇엔 몇 시간 가고 발표를 했어. 여기 다 본 사람들도 있을 거예요. 이렇게 해노니깐 여 수요기획 한 다음날부터는요. 우리가 한 이십 한 달 일을 못 했어요. 일을 못 했나 왜 못 했냐 하면 그 그렇게 사람들이 옛날엔 방짜유기에 대해서 그렇게 뭐 해야 뭐 그냥 선물하게 조금 사가고 뭐 관상에 조금 사가고 이랬는데. 그땐 그게 아니야. 서울서 부산서 다 한 몫에 몰려 들어가지고 파출소도 일 못하고 시청서 일 못 했데요 사람들이 놓아서 "납청유기 어딨냐"고 물어보기 때문에. 그래서 제주도 포장군이나 이런 데서 일하는데 일을 못 했어. 사람들이 꽉 모여서. 그런 일이 한 번 있었어요 이게 내가 무슨 애기를 하냐면은 그러한 유기가 오랜 세월 동안 대동아전쟁 거치고 거 인제 육십 년 때 고런 고통을 거치고 그래 오다가 이게 팔십. 천구백. 아 이천 년도 이천 년 삼 년도 이때 이런 것이 그 연구팀에서 발표하니깐 많은 사람들이 알려졌습니다. 지금도 모른 사람도 있지만은 많이 알려졌어요 납청유기 뭔지 몰랐거든요 안성유기 알아도 납청유기 아는 사람 없었어요 그래서 인제 그때는 심지어 우리 읍장이 저 와가지고서리 아침에 그릇을 사러왔어요 나가는데 "아유, 읍장님 왔냐?" 이러니까네 "서울에 있는 사람이 지금 그 방짜유기 좀 몇 개 사노라고” “아 내려와 사면 되지 왜 그냐{그러냐}” 그러니께 “내려가는 동안 다 팔고 못 살까봐.” 그랬다고 이만큼 인제 긴박하게 그 공감 가진 거예요 지금 옛날 사람들과 달라서 몸에 좋다라면은 뭐 딴 거 다 재껴놓잖아요{뒷전이잖아요}.

탑 인제 그래가지고 제가 거 문경에 거 지금 공방 해논 게 한 사만 평 되는데 좀 무게 있습니다. 제가. 나이 들어가지고 친구들 다 말렸어요. 거기다 실패하면 어카냐고{어떻하냐고} 그래서 그 몇 년 며칠 동안 다 갚아버렸어요 제가 본래 작품은 지금도 많게 갖고 있습니다. 지금은 저는 돈이 욕심 안 나요. 그냥 작품만 많이 갖고 있어요. 인제 뭘 이런 얘기 와하냐면{왜하냐면} 아 우리 유기가 고 고려서부터 내려올 땐 이렇게 내려왔고 대동아전쟁 때 이렇게 내려왔고 해방되가지고 이랬고 그 담에 현대 와가지고는 많은 사람들이 알려져가지고 다시 인제 유기에 대한 사랑을 받는다. 인제 그런 얘기를 하기 위해서 이래 길게 얘기를 드렸습니다. 혹시 여러분들 지금 한 시간 제가 얘기한 지 한 시간 거의 되어가요. 시간이 빨리 가요. 혹시 어 제가 인제 얘기할라 되면 인제 유기에 대한 관리에 대해 많이 물어보거든요. 어떻게 써야 되냐 말야 옛날 기왓당{기와장} 어쩌고 그런 애길 하는데 고런 얘긴 준비는 좀 했는데 여러분들이 고걸 마저 할려면 조금 쉬었다 하는 기 어떤가. 화장실도 갔다오고

옛날 우리 자랄 때는 우리 부모님 보면 농사 지을 때는요. 밥도 안 먹고서리 그냥 먹고서리 그냥 놔두고 일하러 나갔지. 그거 다 닦아서 놔두고 가는 거 못 봤어요. 지금 사람은 아무리 바빠도 식사 끝나게 되면은 다 닦아서 놓고 쓰잖아요. 그렇게만 쓰게 되면은 괜찮습니다.

문 시작하겠습니다.

탑 저 혹시 방짜 유기 저 전 그런 걸 몰라요. 홈페이지라 하나요. 저거 그 컴퓨디로 보는 거요. 고 할래면 저희는 안 했는데 저희 자녀들이 인제

해놓은 게 있어요 여기 이것도 다 되가 있구요 고거 인제 할래면은{할려면은} 이 사람 보고 물어보면은 난중에{나중에} 가르쳐주께요 우리 측은 부러{일부러} 홈페이지 가는 방법 그 좀 안 알려준 사람 알려주라구요 우리 측근 보고 물어봐가지고 저 제가 으 두 시부터 한 오십 분 이렇게 말씀을 드렸는데 한 분도 저한테 뭐 더 크게 얘기해라 좀 더 그 얘기 하나도 없기 때문에 그냥 그 상태로 얘기하겠습니다. 으 지금 으 여섯 번째는 마지막입니다. 인제. 요거 조금 하고 나서 개인적으로 인제 저한테 물어본 사람이 몇 분 있는데 제가 다 그 얘기 일단 다 하고 그래도 시원치 않으시면은 인제 질문하는 시간을 시간이 허락되는대로 계속 할테니깐요. 모처럼 이렇게 모였으니깐 시간을 좀 느긋하게 내가지고 저는 오늘 딴 일을 못 해요. 천상 요기 이것밖에 이것만 하고 가면 되거든요 아. 유기에 대한 관리에 대해서 인제 말씀드리겠습니다. 이 관리에 드가기{들어가기} 전에 어 우리 인제 우리 뭐 여기 연세되는 분들은 미안하지만 젊었을 때 웬만한 거 말할려면 첨부터 내가 무슨 얘기를 의도를 첨에도 끝까지 알고 하는데 얘기하다 보게 되면 내가 무슨 목적을 이해하기 시키기 위해서 막 잊어버리고 이런단 말이에요 그래서 잊어버리기 전에 생각날 적에 한 마디 할라 카는{할려고 하는} 게 있어요 저번에 거 요새 신문에 보게 되면은 어느 기자가 이렇게 썼어요 가짜가 진짜보다 더 인제 활개친다는 그런 기사를 내 읽어봤어요 그게 뭘 이겠다는 거는 그런 게 딱 이번에 광주 비엔날렌가 거기 거 정감독 많은 뿐만 아니고 그러한 일이 세상에 얼마든지 있다 이런 얘길 하는 거죠 그런데 그렇지 않아요. 광주에도 보니까네 진짜 박사학위 가진 사람들이 여러 사람 했는데 다 캔슬 당하고 가짜 박사가 저 됐었잖아요. 그런 거 보면은 개인한테는 저희가 좀 미안하지만은 그런데 거기만 국한된 게 아니구요 유기에도 이제 그런 게 지금 돼 있습니다.

답 제가 오늘 유인물 둘을 드렸는데요 바쁜게{바쁘니까} 다 읽어보시지 마시고 요거는 이 박정현 교수 제가 몇 번 만나봤는데요. 이 사람 논문을 해가지고 국제적으로 나가가지고 이게 외국에서 이거 많이 요청이 들어온답니다. 저 이 연구 뭐냐 논문을. 요건 집에 가서 읽어보면 되구요. 또 그 담에 또 하나 정도 더 있어요. 요건 뭐냐면은 방짜와 주물의 정이라고{정의라고} 아깐 얘기 다 한 거지만은 제가 요거부터 하고 넘어가겠습니다. 방짜는 요건 인제 요게 제가 하는 얘기가 아니구요 이 책에 보게 되면 요요 정부에서 아까 얘기한 대로 조사보고 했는데 다 돌아가셨어요. 예용해. 김종태 이분들이 어 정부예산 갖고서리 유기를 또한 방방곡곡 조사해서 기록해논 건데 그렇다 보면 결국 이거는 오랜 역사 동안 우리 유기가 있어도 문헌이 없었거든요. 예? 다른 거는 농사짓는 게 그렇잖아요. 농사짓는 건 누구나 짓는 거기 때문에 뭐 이렇게 논문 발표하는 거 그런 것도 없이 벼도 심고 뭐 콩도 잘 진행되는 것과 마찬가지로 유기는 조상들이 해긴{하긴} 해도 어떠한 문헌에 이렇게 기록을 해놓은 게 없었데요 근데 이분들이 처음으로 우리 정부 차원에서 기록으로 내논 겁니다. 그러면은 저는 그렇습니다. 이것이 이 글이 유기에 대한 족보다. 누가 가타부타 하더라도 이게 족보다. 이제 그래서 인제 요거 하나는 인제 거 논문 발표한 거기 때문에 이거는 그냥 집에 가서 시간나는대로 읽어보면 되구요

要 요거는 오늘 모처럼 이꺼징{이까지} 차 타고 오셔서 한 시간 두 시간 시간을 소모했는데 딴 거는 다 몰라도 요거 하나는 꼭 여러분들이 기억하고 가세요. 요건 확실히 이봉주가 얘기한다면은 뭐 믿을 수 있겠죠 우리 저 그래서 우리가 전통 유기 기능보존이란 게 하나 주어지게 되어있어요. 이건 뭐냐면 전통기법이 자꾸 변질되면 안 되니깐 이걸 보존하기 위해서 우리 그 단철명의자 해서 명의를 했는데 거기서 이것이 결정된 겁니다. 이것이 결정되고 그 사람들이 소개를 그쪽에 한 게 아니고 그 오랫동안 이게 인제 저 중국에서 조사보고서가 나왔지만은 지금 아까 가짜

가 진짜보다도 활개친다는 게 뭐냐면은 지금 주물유기 하는 사람들이 백 프로 주물인데 주물생산 해가지고 방짜로 팔아요. 또 사다 파는 사람도 주물유기 싸구려 사다가 방짜값 팔아요. 그렇다고 이봉주가 그걸 떠들어 대면은 밥그릇 싸움한달까봐{싸움한다까봐} 이럴 수도 없고 저럴 수도 없고 그냥 지나가는 거예요. 근데 여기 특히나 인제 이쪽 사람들은 거거 봉화유기. 거기 인제 많이 가까워 그런데 봉화유기 그분들은 다 사람들 이 괜찮아요. 괜찮아도 그분들이 그기 아니라 누구든지 그 주물. 그 백 프로 주물이라도 방짜유기라고

탑 근데 여기 대구에 백화점 오는 사람들이 한 분 왔어요. 대구 아줌마들이 우리 문경 물건 사러왔던 사람들이 인제 와서 우리 거 보고 우리 설명서 여기 붙여놨거든요. 이자 여기 있는대로 방짜는 어떤 게 방짜다. 반드시 정확 합금이래서 열간단자 하는 것이 방짜다. 요렇게 얘기했더니 그분들 이 얼굴들이 아주 주구락붉그락한 거예요. "왜 그러냐?" "백화점에서 좋 다고 해가지고 잔뜩 샀는데. 살 거 다 샀는데 인제 살 일도 없는데 속았 다." 이제 이거예요. 그래서 사람들 "얼마 주고 샀느냐?" "그거 다 비싸게 방짜값 다 주고 샀단 말이에요." 그래서 언젠간 우리는 백화점이고 그리 고 물건 장사이고 몰라요. 돈 주고 팔기 때문에 모르는데 백화점 갔다 그래요. 그래서 내가 물어봤어요. "당신네들 거 주물로 했으면 싸구려 사 왔으면 삼분의 일 값도 안 됩니다. 값이. 몇 분지 일밖에 안 되요" 그러 면은 싼 거 사서 좀 싸게 팔고 그러면 욕 안 먹지. 그러면 왜 여러 사람 들 이렇게 골탕 먹이냐. 그 사람들 하는 얘기가 그 값을 싸게 샀다 해서 싸게 먹히면 하나도 안 사는 거예요. 하나도 안 사더래요. 그것도 우리가 이해가 가는 거예요. 그러니깐 그렇게 되면은 그래도 내 꺼라고 주물하 거든요 알다시피 여러분들 저의 현재 작품들 가지고 있는 사람들 있을 거예요 뿌리깊은나무 갖고는 뚜껑마저 다 요거요거 다 맞습니다. 저희 들은 머{뭐} 그래요. 칠첩반상에 그리 요기나게 되면 뚜껑이 여남매고

다 똑맞는데 그렇게는 노력은 하지만 속아가지 않아요. 어떤 놈은 너무 크고 작고 그 그런 줄 알아야 되요. 근데 이게 거 지금 무슨 요새 거 지금 재판에 지금 결의되가 있습니다. 지금 소성하고{소송하고} 있습니다. 민사재판들 하구서요. 민사재 인제 딱한 것이 자기 이름만 빌려주고 여서 돈 받고 저서 돈 받고 저 그런 걸 가지고 뭐라 그러는 영화가 있지요 뭐 저 어. 그 자기 명예 빌려주고 돈 받는 그거 일반화 되있는 게 있고 이 유기는 그래선 안 되는 거 아니겠어요. 이봉주가 한 거는 이봉주 적어도 최선도 저희가 제작한가지 딴 데가 그냥 돈 받고 그래서 안 되잖아요. 지금 재판이 결의되 있습니다. 아까 내 얘기했잖아요. 그것도 법을 잘 아는 사람 같으면은 그 사람 골탕 먹일 수 있어요. 왜 주물은 주물에 주물을 장점을 살려가지고 주물을 팔게 되면 썩 괜찮은데 주물을 가지고 백 프로 방짜라고 저한테도 그 어떤 판매원자가 전화를 해가지고 한참 설명해요. 그 당시. 방짜 이 지금 기술자 다 죽고 지금 연세 많은 아무개 하나 남아있는데 돌아와서 살아보래요. 저 보러. 그런 여운이 딴 거는 다 몰라도 여기 늘려보게 되면은 요거는 몇 돈에서 몇 돈까지 조사보고에서 국가에서 정해놓은 건데 방짜유기는 뭐뭐가 방짜유기다. 주물유기는 뭐뭐가 주물유기다. 반방짜는. 근데 이 사람들은 쇠를 방짜유기 썼다고 그 방짜가 쇠 이런 게 아니거든요. 옛날 주물방짜 썼을 땐 그런 게 없거든요. 그렇기 때문에 이 조사보고서 보게 되면은 방자는 뭐뭐가 방짜다. 이 다 기록이 되있어요. 그걸 인용해서 요렇게 해놨는데 오늘 딴 건 다 몰라도 방짜유기는 뭐이고 주물유기는 내가 아까 한참 다 얘기했잖아요. 그렇기 때문에 이 담에도 유기를 보게 되면은 방짠가 주물인가 물어보세요. 물어보게 되면 양심적인 사람 같으면 주물은 주물유기라고 그럴 거예요. 고렇게 아시고

답 아. 또 한 가지 더 말씀을 드리자면은 유기에 뭐 관리도 하고 뭐 또 인제 유기가 왜 좋나 그런 얘기도 일 수 있고 인제 그런데 아 제가 뭐를 하나

더 얘기할라 그러거든요. 제가 요 박정현 교수를 만나서 뭘 일을 했냐 하면요. 그 부엌에 가보게 되면 그 행주. 칼도마. 냉장고 안에도 그 대장 유포하고 그 사람은 인제 과학하는 사람이기 때문에 뭐 그래서 이 사람이 무슨 특허 낼라고 주방에 쓰는 그 해다 칼도 만들어주고 칼도 해주고 내가 다 재료를 만들어줬어요. 지금 그 연구하고 있어요. 그니깐{그러니깐} 아 도전에 뭐 인제 학생들 뭐 식판에 식중독 걸렸다. 이런 말도 없애지게{없어지게} 그러면은 아 이거 연구발표 해야 되것다{되겠다}. 그래서 지금 그 내가 그래서 그거 한 번 물었어요. 그럼 내가 질문을 받을 때 주물로 한 것도 그 학군만 방짜유기 해가지고 똑같이 하면은 그 효과가 있느냐. 그런데 자기가 그런 질문을 많이 받는데요. 자기는 주물유기에 대해서 실험을 안 해봤기 때문에 난 그런 거는 모른다. 인제 답변을 안 한다 인제 그래요. 무조건 방짜유기만 자긴 방짜유기에 대해서만 말한다. 이렇게 얘기를 했구요. 그 다음에 생활{생화를} 여기 꽂아놓고 여기 꽂아놓고 이래 되면은 방짜는 여러 날 들어가느냐. 근데 그 사람 말은 이 꽂을 때 끝자락을 있잖아요. 짜르자마자{자르자마자} 이 대장균이 들러붙는데요. 그래가지고 이 영양분이 올라갈래도 왜냐함{왜냐하면} 대장 이제 이 균이 묻어가지고 못 올라가기 때문에 그건 금방 죽고 이건 균이 다 죽었기 때문에 이제 더 오래가 산다. 그런 얘기합디다. 근데 여러분들 다 실험한 사람들 실험 다 받아가지고 물건 사는데. 그 방짜 안에 가서리 야채나 고기, 육류 그거 담아서 냉장고 넣는 거하고 그냥 넣는 거 하게 되면은 확실히 구분이 됩니다. 훨씬 더 오래 갑니다. 고건 인제 박 교수님 박 박 박정현 교수가 인제 얘기한 거에 좀 더 보충해서 인제 그렇구요.

아. 요기 있군. 한 가지 더 제가 요거 관리 같은 거 이래저래 이십 분 동안 얘기한 거는 여러분들이 아마 질문시간에 그런 시간이 아깝. 쉬는 시간에 했는데 요거 닦는 거. 지금도 기와짱가루{기와장가루} 빻아서 이렇

게 해잖아요. 그거 말 안 해도 다 알잖아요. 옛날 뭐 때가 되면 이렇게 닦지 않았어요. 물론 옛날 같이 아연이나 연합금 했는 거는 별 수 없어요. 그거는 인제 심하게 닦아야 되니깐. 여기 방짜 유기는 거 질이 질이 다르잖아요. 질이. 질이 다르기 때문에 평상시 쓸 때는 그냥 집에서 퐁퐁인가 뭐 그 해서. 옛날 우리 자랄 때는 우리 부모님 보면 농사 지을 때는요. 밥도 안 먹고서리 그냥 먹고서리 그냥 놔두고 일하러 나갔지. 그거 다 닦아서 놔두고 가는 거 못 봤어요. 지금 사람은 아무리 바빠도 식사 끝나게 되면은 다 닦아서 놓고 쓰잖아요. 그렇게만 쓰게 되면은 괜찮습니다. 스뎅이나{스텐이나} 사발도 여러분이 쓰신다면은 쓰고 나게 되면 눈으로 보기에 이상한 거 썼다 딴 거 쓰게 되면은 꼭 이래 담궈놨다가 퐁퐁에 닦아서 넣는 걸 알고 있습니다. 그렇게 쓰면 괜찮구요

🈯 만약에 조미료 많은 걸 담아놨다던가{담아놨던가} 말이죠. 야채. 농약 묻은 야채를 담아놨다던가{담아놨던가}. 그런 거 있어가 죽습니다. 죽게 되면은 그 씨꺼머이{시꺼멓게} 되잖아요. 얼룩진 거. 그 퐁퐁으로 안 되요 그럴 땐 어떻게 하냐 하면은. 연탄에 쐬이면 특히나 더 하죠 그거 걱정하지 마세요 방짜는 잘 닦아집니다. 그럴 때는 내가 그걸 안 가져가. 안 가져가도 알잖아요. 집에서 거 주방수세미 있잖아요. 딱딱한 거요 파랑 것도 있고 뭐 벌건{벌겋} 것도 있고 그래요. 깔깔한 놈. 물 무치지 말고 퐁퐁도 발르지{바르지} 말고 그냥 이렇게 문지르세요 손에 힘 주금 줘서 문지르면 그냥 뽀애 됩니다{뽀얗게 됩니다}. 그래서 그거 해본 사람은 새미가{재미가} 나서 그 재미난데요. 색깔이 죽었는데 걱정했는데 깨끗하게 됐다고 그러구요. 고 담에 인제 오랫동안 안 쓰고 나두면 저희는 안산에서 이쪽으로 이사왔는데요 이사 온 요인이 딴 것도 있지만은 왜 문경을 왔느냐 하면은 안산에는 그 수여공단 공단 안에 드갔거든요 자꾸 '간데 간데'도 내 그런 얘기할래도 내가 시간 안 되서 안 가요. 내가 피닌을 어딟 번째 쫓겨 나가지고 거 안산 갔드랬어요{갔었어요}. 어 일

곱 번. 근데 인제 거기서 내쫓지 않고 거 살게 되면 우리도 해놓게 되면 이쪽 산에서 다 빨개{빨갛게} 돼. 눈에 보면 산이 말짱한데 거기선 화학 공장도 있고 이렇기 때문에 물건이 자꾸 빨개져 벌써. 근데 문경 와서는 일 년 이 년 동안 그대로 놔둬도 닦을 필요가 없어. 근데 내가 미국에 전 세계 여러 번 갔는데요. 그 공기 좋은 도회지 가게 되면은 배 타고 두 달 갔지요. 배. 짐이. 가서 전세계 일주 두 달 세 달도 하거든요. 닦지 않아 요. 특히나 거긴 습도가 없기 때문에. 근데 문경도 미국에 내가 그 전세 기만큼은 못해도 공기가 좋으니깐 그릇을 그냥 일 년 놔둬도 전시장에서 닦을 필요가 없는 거예요. 다시 말하면 나쁜 공기에 접하지 않으면 변하 지 않는 겁니다. 변하는 거는 인체에 나쁜 거이 공기가 쏘인다던가{쏘인 다든가}. 음식물이 묻는다던가{묻는다든가} 그런 건 변해요.

🈳 근데 어떤 사람 어떤 사람 나한테 또 전화로 또 내가 자기보다 나이 또 젊은 사람인 줄 알고 욕하는 사람 있어요. 예. 난중에{나중에} 다 끝난 다음에 "당신 지금 연세가 어떻게 됐어." 자기가 물어보다 그래. "내가 지금 나이가 육십 몇 살인데 이딴{이러는} 거냐고" 막 그렇게 구박을 하는 사람입니다. 숟가락 선물 받았는데 이 시꺼매졌다는 게. 내 속으론 '저 녀석은 어데 부지런하지 못하게 닦지 않고 안 생각고 저러고 있구나' 욕이 나가지만 '아이~ 그래도 그러면 안 돼.' 그카지{그러지} 말고 "일단 버릴까요?" 이러더라고 "버리지 말고 그럼 벌릴{버릴} 바엔 나한테 보 내라." 그래 인제 보냈어요 그래서 내가 저걸 닦아서 보내줬어요 그래 가지고 "내가 당신 지금 연세가 몇이야." 이러니끼니{이러니까} "내가 육십다섯이라고 말이야." 그래서 "내가 지금 팔십이 넘었네 이 사람아." 그랬더니 깜짝 놀라더라구요. 근데 이게 자기가 게으른 거. 어떤 사람 와 가지고 뭐 저 그릇 살 적에 닦기 귀찮은 건. 그건 자기 게으른 건 표시 나는 거예요 옛날 거는 그런지 모르지만 지금 나는 방짜유기는 안 그렇 습니다. 이 방짜유기는 관리하는 거는 닦는 거는 밥 먹고 반드시 시간

없으면 물에 나선 그 이튿날 닦아도 상관없어요. 닦지 않고 뭐 저 음식점에서 했는 것들이 그런 것들이 많은데 그 밥 음식 팔다가 그런데 술 한 잔 먹고 노닥거리다가서리 아홉 시 되면 여자들 빨리 간다고 닦지 않고 놔두잖아요. 그거 그렇게 쓰면 안 되요. 암만{아무리} 바빠도 닦을 시간 없으면 물에 담궈놨다가 그 담에 인제 시간 날 적에 닦으면 되요. 그렇게 관리하세요. 그리고 이작에{이전에} 얘기한 대로 험하게 된 거. 뭐 개스가{가스} 쐈었다던가 머 그런 문제가 있고 또 이거 새 거 사다놓게 되면 밥자국 자리 반드시 납니다. 거기가. 근데 여기서 담아서 먹고 금방 닦으면 괜찮은데 밥을 담아서 나는데 남편이 아 예상보다 늦게 나온대던가{나온다든가} 이러면 조금 시간이 걸리잖아요. 그러이 밥자국 자리가 나요. 근데 요것도 몇 번만 그러고 나면 질이 된다고 질이 되면 그런 거 없어요. 닦아가지고 우리는 평생 놋그릇만 쓰니깐요 닦아서 그냥 갖다 오픈했다 쓰지. 막 그 안 해요. 얼룩지는 건 없습니다. 그 관리하는 것은 만약에 제기 같은 건 대개 일 년 있다 머 일 년에 몇 번 꼴 쓰는데요 그럴 때는 다 말른{마른} 상태에서 이 공기만 통하지 않으면 절대 변하지 않습니다. 고렇게 아시구요

방짜는 혼자서 못하는 거고 여러 사람이 하는 거다. 그리고 우리가 쓴 거 이봉주 작이라고 거의 안 씁니다. 거의 다 이봉주 공방 공방 써놓 거예요.

닦는 법은 이래가지고{이렇게} 말씀드렸고 고 담에 내 인제 요런 걸 이야기 해야되는데 옛날은 아까 내가 저 불에다 가가지고 인제 밀려서 맹글었다{만들었다} 이러지 않고 단조라 그러잖아요. 단조 밀려서. 포항제철에도 로라 밀거든 단조라 그래요. 대장간에 가거든 호미나 낫 대부분 단조라 그래요. 늘려서 맹근다{만든다} 이거예요. 근데 저 어든{어떤} 사람은 전화 와가지고 "아 거~ 이봉주 선생 기 손으로 만든 작품이냐?"

인제 그래요. 그래서 제가 어이가 없어서 그냥 몰랐으니깐 그때 "거 뜨거워서 손으론 못 맹급니다{만듭니다}. 거 꼭 불에 달궈서 시뻘겋게 달아야 맹글기{만들기} 때문에 손으로 맹근{만든} 건 표현이 잘못된 거구요" 어떤 건 공구로 맹근{만든} 거 있는데 공구를 맹그는데{만드는데} 거 여러분들 이 방. 아까 방짜하고 주물하고 얘기했는데 방짜가 원 자재 이름이 아니고 거 인제 원 단조 늘려서 맹글었다{만들었다}. 그니까{그러니까} 이 보세요. 옛날 나라 일 배울 적에는 반드시 바람을 낼라믄은{낼려면은} 우리집에 가면 이거 있어요 풀무가 있어요 풀무가 네 개 딱 해놨어요. 이래가 바람을 내야지 방법이 없었거든. 불 필려면요 숯이가 됐어요? 숯도 없어요 지금은. 그래서 요거는 후황을 갖다가 전기만 내놓게 되면 사람이 이거 하게. 지금은 아마 이렇게 풀무질 하며 맨들면{만들면} 미쳤다 그럴 꺼예요{거예요}. 지금 미친 놈이지. 이거 후황에다 더 넣으면 뭐이 다 나지. 그래서 그건 바람 내는 방법은 이렇게 하지 않고 후황을 돌린다 이거지요. 그것도 일종의 공부지요. 바람내는 거요 또 거 옛날식으로 하게 되면 꼭 숯으로 해야 되요{돼요}. 옛날에는 숯밖에 없었으니깐 숯을 한 거지. 지금은 기름을 내고 숯 안 해도 열만 가하면 되는 거예요. 벌겋게 달구면 되는 거니깐.

답 그러니깐 처음에는 어떤 사람은 숯이 없어서 문 닫는 사람이 많아요. 열에 생각이 안 나니깐. 계속 이렇게 저렇게 해보니깐 지름을{기름을} 넣이 해봉께{해 보니까} 더 좋은 거예요. 지름으로{기름으로} 열 달고 그래요. 또 내 일 배울즘{배울쯤} 반드시 이게 메질로 덥울라해서{더울라 해서} 오뉴월에도 삼복더위에도 그냥 뭐 선풍기가 있어요 뭐 있어요 전부 선풍기 딱 틀어놓으면 그냥 찬바람 나오죠 그냥. 그리고 그냥 이 메질 이거만 했는데 지금은 이렇게 할 것도 있어요. 메질해야 될 것도 있습니다. 그러나 메질로 하지 아니하고 늘리는 방법이 또 있어요 애야 함마라고 저 대장간에 근무하잖아요. 밤만 되면 대장장이 되면 땅땅땅 늘려가지고 저 저 함마라고 그래요. 한마 한마라고 그래요 그거. 또 요건 제가 이건 미국 가서 저 일하면서 고걸 보고 와서 맹글어왔는데요{만들어왔는데요}. 시뻘다{시뻘겋다} 그래가지고 옛날 숟가락 젓가락 하나 맹글라면{만들라면} 젓가락을 맹글라면{만들라면} 쇳물로 하나씩 구해야 되요. 쇳물을. 요렇게 요렇게 붓게 되면은 요 얼마나 허리 아프겠어요 할라면 붓고 쇳물 할려면. 해가지고 요거를 또 이렇게 또 늘려야 되고 이랬거든요. 손으로 가서. 저 숟가락 그렇게 안 해요. 요렇게 안 하고 이만한 거 쇳물 부가지고 거 포항제철 로라 있잖아요. 우린 조그마치만 큰 로라는 뭐 철판에 이만하게 불에 달궈서 늘어나면 되는 거 아니에요 매로 때리나 함마로 때리나 늘어나면 되는 거 아니에요. 그 방짜는 늘어나진 않거든요. 그래가지고 어떡하나. 또 옛날에 요만츰은{요만큼은} 인제 꽹과리 만들 적에는 요보다 더 작게 잘랐어요 이걸 늘려가지고 초불{초벌} 해가지고 요걸 내가 거 한 새 안 때리면 어떨 땐 천 개 자릅니다. 이거 작두로 그냥 콤파스 한 개로 동그랗게 자르고 그래요. 요걸 그냥 어백만 면에 이래 갔다 카면{하면} 짜놓게 되면은 거의 다 똑같게 나와요 또 목수로 봐선 혀를 두르죠. 목수는 자로 재고 이렇게 콤파스{컴퍼스} 대는. 그게 필요없어요. 망치하고 집게만 있으면 작두만 내리면 금방 댕강 잘라버리면 그냥 동그랗게 그만큼 숙련이 되가지고 했는데 그 기술 다 필요없어요. 지금. 고렇게 해낼 때도 있지만 그냥 지금 거의 다 기계 만드는 사람도 있겠죠 풀에서다 따개삐면{잘라떼면} 따뜻하게 되면 그냥 손으로 짜는 거보다 정확하고 그냥 뭐 손으로 짜는 거 암만 이봉주가 선수라서 한 시간에 오백 개 짜낸다 그러면 아마 십 분도 넘게 잘릴 거예요. 여기 딴에는. 그렇죠 근데 어러분들. 이거 삭두로 짜는 거하고 이거로 짠다는 게 질이 변될{변할} 수가 없잖아요. 방짜는 방짜 아니에요 늘려서 맹글고{만들고}. 또 늘리는 것도 이게 지금도 인제 징 깽과리는 거의 다 지금 공개 함마씩 때려. 로라 밀지 않고 때려. 로라로 아주 이

밀로 해댈 곳만 하고 밀로 안 해도 될 거는 그냥 공구로 늘려집니다. 또 이게 어드른{어떤} 사람은 원래 이제 밥그릇이 옛날에 이거만 했는데 이게 끄트머리오목지. 오목지잖아요. 요런 거 맹근 것도 내가 저 아까 얘기했잖아요. 뿌리깊은나무에다 내가 왜 안에다가 쪼그만 거 안 한다. 근데 이거 판매회사가 그 선용하로 대구사람이에요. 지금 중국가 있는데. 대광주식회사라고 그 사람이 나와가지고 판매회사를 차렸는데. 아니 이 놈을 그저 한 달에 마흔 세트 해주고 계약해주고 계약 다 받았는데 아이 할려니끼네{할려니까} 이게 안 되는 거예요. 푼값도 안 되는 거예요. 생각을 해보세요. 조그만 걸 늘려가지고 아무리 오므리 안 되는 거예요. 방법이 없어. 미안하지만은 맨 첨에 두 달 동안 산 사람은 고기 쉬는 방짜 하는 그 합금이 딱 맞지만 기법은 방짜 아닌 거. 횟수 두 달치 양으로 팔았어요. 그게 뭐 계속 노력해가지고 그것도 공굴 맹글어가지고{만들어가지고} 불에 갖다가지고 오무르도록.

탑 그니깐{그러니깐} 다시 말하면은 "그 손으로 이봉주가 손으로 맹글었나{만들었나}?" 아침에 우리 집으로 그런 전화가 왔어요. 그 그릇이 이렇게 왔는데 이봉주 작품이라는데 "이봉주 선생 혼자서 그렇게 많이 만들 수 있나?" 이렇게 또 질문한 사람이 있어요. 그래서 그 답변한 사람이 딴 거는 몰라도 방짜는 혼자서 못하는 거고 여러 사람이 하는 거다. 그리고 우리가 쓴 거 이봉주 작이라고 거의 안 씁니다. 거의 다 이봉주 공방 공방 써논 거예요. 그래서 나. 또 내 제자들이랑 같이 협동해서 만들거든요. 그렇게 맹글었는데{만들었는데} 혹시나 이봉주공방 쓴 데 샀다 카면{샀다고 하면} 아 이봉주 선생 혼자서 망치 써서 그렇게 하면 안 되요 원가 절감하려니깐 사람을 여러 사람 들이고 늘리는 사람 늘리고 망치하는 사람 망치질 하고 깎는 사람 조물질 깎기만 하고 그래요. 근데 이봉주는 뭐냐면 인제 그 대장쟁이{대장장이} 구성 용어에서 이야기를 해야 되는데 그건 좀 시간이 많이 걸리거든요. 그 원래 북한에서는 열한 사람이 한 조예요. 한 군이라지. 일본말로 이남이 지금 같으면 여섯 사람이 한 군 되구요. 근데 이 사람이 역할이 다 따로 있는데 어떤 때는 텔레비 방송국에서 촬영할 때 나는 원대장인데. 내가 원대장이 역할만 해주면 되는데 이 사람은 깎는 것도 날 보고 와서 깎으라 그러고 뭐 이 노끈 매는 것도 날 보고 와서 매라 그러고 "그 모르는 소리 하지 말라고 거 모르는 사람은 보지만 아는 사람은 웃긴다 그래 쑈한다고{쇼한다고}" 이봉주가 평생 같이 할 줄 모르는 것을 이봉주가 가서 깎는다고 만능 박사 아니야. 원대장은 원대장 대로 늘르는데 고 오야공정하는 것이 원대장이야. 그래서 인제 그거는 모면합니다. 그래 거짓말로 안 되니깐 그렇겠어요. 그래서 그렇구. 인제 고걸 여러분께 말씀드리는 거고 인자{인제} 내가 현재 지금 보관 닦는 법 고걸 갈켰구요{가르쳤고요}. 딴 건 다 몰라도 요거는 확실히 배워가라 그랬죠 주물유기는 뭐이고 방짜유기는 뭐인가. 이 담에 누가 물으면 큰소리 쳐도 괜찮습니다. 이거는 이봉주 혼자서 연구 발표했는 것도 아니고 이건 정부에서 족보 만든 것을 인용해서 해드린 겁니다. 제가 여기서 얘기 드갈려면{들어갈려면} 방짜유기가 왜 좋냐 뭐 그런 걸 얘기할려면 했지만은 시간이 너무 많이 갔기 때문에 혹시 괜찮다면 여러분들이 물어보는 것만 제가 좀 얘기하는 걸로 대처했으면. 질문 좀.

얼 두 대문 안에 처녀가 변하면 변했지 방짜는 안 변한다

답 예. 말씀하세요

문 방짜 카는 거 이거 머를 방짜라 카는 지 그거를 설명 한 번 해주세요

답 에. 제가 아까 말씀 느린 중에 북한에선 양대라 그러구요. 이남에서는 방짜라 그런다고 말씀드렸습니다.

문 뭐 따문에{때문에} 방짜라 그러는지.

답 내 그것도 아까 모른다고 그랬어. 나도 모른다고 그니깐{그러니깐} 옛

날 사람들이 조상 때부터 방짜라고 이름 붙여왔으니깐 여 인제 조사보고 한 사람들도 확실하게 방짜라고 쓰래요. 한문으로 방짜라고 못 쓰거든요 거 고유명사가 머입니까{뭐입니까}. 고유명사로 방짜로 통용하래요. 그러고 돌아가셨어요. 그런 얘기하고 며칠 있다가 돌아가셨어요. 권위있는 학자들입니다. 또 다른 말씀해 보세요.

문 예 말씀하세요.

문 방짜는 녹은 안 씁니까?

답 아 지금 말씀한 사람이 녹은 안 쓰느냐 이렇게 말씀했습니다. 방짜도 그 아까 얘기했죠 나쁜 건 녹납니다. 그게 일상생활에 쓰게 되든가 가만 두면 녹날 일이 없어요. 그러나 인제 박물관에서 보면 녹난 게 있거든요 거기 무슨 미원이나 저 여러분들 저 간장이요 간장. 간장을 장 종지에 담아서 외간장 하루 담아놔 보세요. 하룻밤 이상 나면 까매져요. 재래종 간장 열흘 놔둬도 괜찮아요. 뭐를 말하냐면 인체에 해로운 게 묻으면은 녹납니다. 쇠가 죽어요.

문 그러면 녹난 것도 아까 쌤이 말씀하신대로 샘 치대가 닦으면 깨끗하게 됩니까?

답 그렇죠 예. 괜찮아요 예?

문 흔적이 안 납니까? 녹 흔적이 안 납니까?

답 잘 안 들려요. 내가 귀가 좀 먹었거든요. 맨날 시끄러운 데 일했기 때문에.

문 그러니깐 나쁜 깃을 담아 색깔이 변했는데 그걸 닦고 나면 선생님 말씀하신 방법대로 닦고 나면 녹이 없어지는지.

답 예 없어집니다. 예예. 더 말씀하세요. 예.

문 지금 남한에 그 방짜유기를 유기를 만든 그 공방이 몇 개나 되있으며 그 분포가 어예{어떻게} 돼 있는지. 한 군데 뿐인지.

답 아닙니다. 지금 물어보는 것은 인제 옛날에는 이남에는 징, 꽹과리만 이남에서 만들고 방짜유기는 안 만든다고 그랬더랬. 그렇게 말씀했거든요 지금 질문 내용은 "이남에 우리 한국에 방짜공장이 하나만 있느냐 그 담에 여러 개 또 있느냐?" 이렇게 물어보셨습니다. 근데 그거는 본래는 저 혼자만 있었는데 그 담에 인제 매스컴 타고 또 인제 이렇게 되니깐 조금 인제 저희 같이 저희는 여러 가지 다 하거든요. 부분적으로 나가 하는 사람도 있습니다. 내 제자들 가운데서 좀 배워가지고 독립하겠다면 비우다가{배우다가} 나갔대면은{나간다면은} 안 나갔으면 좋겠지만 나갔대면은{나간다면은} 내가 연장 고르자면 세 사람 골라줬어요. 세 사람을 나가서 독립해갔다{독립하겠다} 그래가지고 집게, 물돌 그런 거 갖다 그 연장 안 골라주면 대장장에 가서 연장 못 맨들어요{만들어요}. 보고 맹글어야{만들어야} 되지. 그래 내가 인자 말씀드린 거는 규모의 차이는 있지만 방짜를 하는 사람이 또 그 사람이 방짜를 하면서도 주물을 하는 사람도 있고 그렇기 때문에 그 메이커를 믿지 않으면 고를 수가 없어요. 또 여러분들이 그 전문가 아니고는 방짜로 한 건지 주물기법으로 한 건지 그걸 분명하게 좀 어렵습니다. 지금. 다시 말씀 드립니다. 저 방짜공장이 저 혼자만 있었는데 매스컴 타고 또 이남에 징. 무형문화재 징 맹그는{만드는} 사람들이 있어요. 그 사람들이 근래에 와가지고는 그 밥그릇 맹그는{만드는} 것을 배워가지고 합니다{합니다}.

問 그런데 우리는 옛날에 방짜유기는 말입니다. 두드린 짜구가{자국이} 있고 두드린 짜구. 매끈하지 못하고 두드린 짜구가 있고 주물은 매끄럽게 나왔는데 요새 왜 주불로 해가지고 이런 짜구가 일부러 이런 짜구가 냅니까? 아니면 방짜로 해가지고 깎았다 합니까?

答 그건 말씀 드릴게요. 거 지금 안타까운 게 아까도 그랬지요. 가짜가. 내가 누구랑 얘기하는데 어떤 사람은요 좀 괘씸한 사람이 있어요. 아까도 말씀했지만 이봉주가 애국자가 되고 무슨 뭐 공헌을 하기 위해서 그런 게 아니라 난 나름대로 노력을 했지 않습니까. 뭐 바라도 기증하고 뭐 인제 여기도 저기도 매스컴 많이 타게 됐잖아요. 박정현 교수 연구한 데서 자료

다 이러니끼네. 내가 그로 인해서 많은 걸 가르쳐주고 놋그릇. 그니깐 박
정현 교수 인사했어요 당신네 연구 발표 하기 때메{때문에} 많은 사람
들이 유기로 인해서 밥 벌어 먹는 사람이 많이 생겼다. 앞으로 더 많이
생기게 연구 좀 잘해주쇼 그런데 이게 매스컴 타고 이러니깐 그니깐{그
러니깐} 방짜라고 파니 가짜 방짜죠 그죠 근데 이 사람들이 머랍니까
{뭐랍니까}. 이거이 유인물도 붙여가지고 또 이 사람은 분명히 주 주물
백 프로 주물하는 사람이거든요. 그것은 유인물에다 뭐라고 해놨냐면은
지금 유명인들 방짜라는 것은 그건 전통적이 아니다. 내가 할아버지 했다
는 것이 이기 전통적이다. 이기 더 좋은 거다. 뭐 그런 걸 가지고 이메일
돌리고 그래요. 근데 그걸 어떡해 때려죽이도 못 하고 법을 못 하고 뭔
말 하기도 아까 말씀드렸죠 만약에 그런 사람들 있어요. 또 저 주물로 요
망치자국 내기 위해서 요 그릇에다 망치자국 내거든요 그릇에다 인제 한
개를. 고거를 본을 해면은 더 백에 백 같이 똑같이 망치로 난 게 나옵니
다. 망치자욱으로{망치자국으로} 이렇게 손으로 난 게 방짜로 믿어도 안
되요. 그런데 아까도 말씀드렸잖아요. 그렇게 맹글은{만들은} 사람이 먹
고 살려니깐 오히려 진짜 방짜를 그걸 나쁜 거다. 전통 것이 아니다. 그렇
게 안 좋게 인제 선전하고 그런 사람들 있어요. 또 어데로 저희 꺼 작품
들 보게 되면 매끈한 것들 있거든요. 또 망짜{망치자국} 있는 것도 있고
매끈한 건 매끈한 대로 아까 말씀드렸잖아요 들리는 방법이 이 옛날에
하는 말로 그 어쩔 수 없지만은 매끈해가지고서리 어드는{어떤} 거는 망
치로 뚜드리가요{두드려서요}. 이 로라로 매끈하게 밀어가지고 이렇게
맹글게{만들게} 되면은 매끈한 대로 그냥 깎아요 그러고 더 좋게 해달
라 그러면 그렇게 해가지고 망치가지고 또 해요 그렇기 때문에 지금 제
가 여기서 말씀하고 싶은 거는 매끈하다 망짜가 있다 그거 가지고 하지
말고 이것이 단조기법인가. 단조기법. 주물기법이라면 단조 못하거든요
그렇기 때문에 단조냐 늘려서 맨드냐{만드냐}. 그매{그러면} 중화. 늘려

서 만들면 중화해야만 되거든요 제 그 답변이 그만큼 되겠어요 다시 말
씀 드립니다. 망짜가 났다고 방짜가 아니고 망짜는 고 뽕기에다서리 배급
이 똑같이 나오는 걸요. 그렇게 했던 사람들이 있었습니다.

문 그러면 그렇게 방짜하고 주물하고 그릇을 봤을 적에 구별하는 방법이 있
습니까?

답 전문가 아니고는 조금 어려울 겁니다. 예예 말씀.

문 모양이라든지 형태는.

문 지금 현재 유인물 보고 그 하지만 동이 칠십팔 프로 주석.

답 석이 이십이 프로

문 주석이 이십이 프로 인데 만약 동을 팔십 프로를 하고 주석을 이십 프로
하면 이 두들기면 어떤 현상이.

답 이 늘어나지도 않구요 강제로 늘르면 이렇게 쭉쭉 갈라집니다. 잘 늘어
나지도 않고 이렇게 다 갈라져요

문 그런데 저 저가 여기 와서 보고 집에 가서 대야하고 양푼이하고 두들겨
가 만드는 뭐 방짜와 같은 것을 있는데 닦아보니깐 두 가지가 색깔이 틀
려요. 대야도 대야 색깔하고 그 담에 양푼이 색깔하고 그기 똑같이 닦았
는데 색깔이 틀리는데.

답 양푼이 얼마나 큽디까{큽니까}?

문 제법 이만하죠

답 근네 이제 그 양푼이도요 옛날 장사꾼들 주물로 핸{한} 게 있거든요 대
야도 주물이란 게 우리 박물관에 하나 있어요. 고건 하나는 방짜쇠고 하
나는 방짜가 아닐 수 있습니다. 고건 제가 보지 않고는 아니다 기다{맞
다} 얘기는 못 하겠지만 색깔이 닦으면 거의 같이 나와야 합니다. 방짜
색깔이 나와야 합니다.

문 그런데 저 생각은 색깔이 틀린다 카면 이기 비율이 틀린 게 아니냐. 반드
시 이십이 프로 해야만 된다 카는{하는} 거. 만 이십 프로 해가지고 되

는 가능성은 없습니까. 주석이.

답 이기 이십이 프로하고 고거 주고 가지 않으면 맹글{만들} 수가 없어요. 속일 수가 없어요. 그래서 옛날 속담에 '열 두 대문 안에 처녀가 변하면 변했지 방짜는 안 변한다' 그런 속담이 있습니다. 그때 그 대왕주식회사 판매회사서 판매사원들 말 놓고 강의해가지고 갔는데 그런 얘길 했거든요. 근데 저 양중에{나중에} 질문이라고 하냐면은 아니 어 색이 안 변한다고 그랬는데 왜 변했나. 아 깜짝 놀랬어요. 저는 그거를 미처 계산을 못 했거든요. 그 열두 대문 안에 사람 맘은 변해도 방짜유기 이 질을 말하는 겁니다. 그 합금 비율이 틀리면 안 되요. 선생님 꺼{것을} 보지 않아서 내 말 몬{못} 하겠는데 그 색깔은 같아야 됩니다. 두 개가 다. 저 비율이 안 맞으면 방짜유기 못 만들어요.

문 여기에서 설명을 할라니깐 우리가 이 흔히 방짜는 망치자국이 났는 것이 방짜다. 그런데 방짜 이기 카면{하면} 그릇을 만들어논 데도 그릇 표가 어떤 데도 이십이 프로하고 굳이 칠십팔 프로 해가지고 그릇을 만들었다고 방짜에 속한다 그걸 설명하기가 상당히 곤란하다 아닙니까.

답 예?

문 설명을 하기가 곤란하단 말입니다. 그 그릇을 만들어놨는데 이거는 징이나 이걸 두들겨가 만드는데 요걸 방짜다 카는데{하는데} 그냥 그릇을 만들어놨는 것을 가지고 매끈한 것을 가지고 방짜라고 설명을 하기가 상당히 곤란하더라 이것이 말입니다. 그러면 그릇도 칠십팔 프로의 구리와 주석이 이십이 프로 들어갔는 고 그릇입니까?

답 예 맞습니다. 거 그릇하고 다 늘려서 맹글거든요{만들거든요}. 선생님 장종기 요만한 거나 밥그릇 요만한 거 뚜껑나 방짜 저희 그 낙관 찍힌 거는 저희 공방 낙관 찍힌 거는 그릇 종류는 거 합금에 어긋나면 맹글지{만들지} 못한 거예요. 전부 다 늘려서 맹글어요{만들어요}. 매끈한 거 보면 마찰인 거 보면 전부 다 방짜기법으로 한 거예요.

문 그러면 뚜껑은 그 그렇고 구리하고 없어도 거도 금이 갑니까?

답 예?

문 아 뚜껑은{뚜껑은} 저. 그릇도 구리에 올라가면 금이 갑니까?

답 예. 구리 가면 두꺼운 거는 좀 덜한데 얇은 거는 유리 좀 깨지지요 근데 저 그래서 그그 냄비 있잖아요 냄비. 근데 안 하는데 고게 자꾸 해달라 는 거예요. 쓴다고 많이 해달래요. 솥 같은 거. 냄비. 주전자. 주전자는 방짜기법으로 합니다. 근데 인제.

문 저기도 보이 떡시루맨치{떡시루처럼} 그래 돼 있는.

답 예?

문 떡시루맨치로{떡시루처럼} 그것도

답 떡시루는 그것도 방짜기법으로 맹근{만든} 거예요. 방짜기법으로 한 거 예요. 또 우리 구리 다 때운 거니깐.

문 선생님.

답 어느 분이 말씀했나요?

문 접니다.

답 예 말씀하세요.

문 저가 구멍이 좀 뚫어져가 소리가 깨진 소리 납니다.

답 뭐인데요?

문 징징. 징 여기 와 자꾸 치만{치면} 닳아가지고 구멍이 안 납니까. 때리면 츠르르 안 그렇습니까. 상당히 오래 되가지고 있는 그걸 저가 우예가지 고{어떻게가지고} 하나 갖고 있는 게 있는데 저 생각에 어떤 방법으로 선생님들 그런 기법을 갖고 계신 거다가 앞면이나 뒷면에 이래 뭐라 카 노{그러노}. 약간의 그 칠십팔 대 이십이로 된 합금을 양면에다가 붙이 가 때리가 속된 표현으로 땜방 쳐가지고 재활용할 수 있는지.

답 아 가만 있어봐. 지금 말하자면 어렵게 말씀했는데 때울 수 있냐 그 말 이니에요. 에. 재생할 수 있는가. 근데 한동안에는 맹글기가{만들기가}

이기 너무 힘드니까네 그런 거 다 때서 썼어요 옛날에는 군사 때문에 썼구요. 옛날엔 용접때기가 없었잖아요 군사 때면 말짱해요{멀쩡해요}. 근데 지금은 그렇게 할 필요가 없어. 다 깨버려요. 그건 없애버리고 새 거 사는 게 낫다고 그거 지금 선생님들 가전제품 옛날 같으면 옛날엔 텔레비전 하나 볼 수 있는데 텔레비전 고장나면 버리고 새 거 사 쓰잖아요 그와 마찬가지로 거 고치는 게 새 거 맹글{만든} 거보다 싸야 뭐 고치지 뭐 더 비싸게 물 거 뭐 하러 고쳐.

問 구리 칠십팔 프로하고 주석 이십이 프로 되면 놋쇠가 되는데.

答 방짜. 쇠.

問 예. 방짜 놋쇠가 되는데 놋쇠를 만들어놨는 옛날 우리 보면 그릇이 아주 품질이 좋다 나쁘다 카는{하는} 천차만별에 만별에 저 그릇이 저 품질이 나오는데 어째서 똑같은 품질이 안 나오고 똑같은 했으면.

答 예 알았습니다. 옛날 유기가 여러 가지 저 그 차이가 많았는데 왜 그러냐 그런데 고 지금 말씀하신 거는 방짜유기가 아니에요 천차 말한 건 주물 유기는 다 틀려요 특히나 전라도 쇠하고 경상도 쇠하고 차이가 이렇게 납니다. 되겠어요 알겠어요 방짜유기는 같애요{같아요}.

問 구리하고 주석하고 똑같은 비율로 섞었는데 우째{어떻게} 그래 차가 나오나.

答 방짜유기는 합금을 똑바로 옳게 하는데 주물은 그렇게 안 하거든요

問 비율이 틀린단 말이죠

答 틀리죠 다 틀리죠 인제 말씀하세요 저 목소리 큰 사람이 이긴다고

問 방짜유기는 구리가 칠십팔 프로고 주석이 이십이 프로잖아요 그런데 그 거는 그라믄 두드려 만들잖아요 두드려 만드는 게 왜 좋은 건지. 그라고 방짜유기는 칠칩팔 대 이십이는 인제 녹이 났을 때 완전히 다 똑같이 그 런 색깔이 나는지 고거 궁금합니다.

答 지금 내가 무슨 얘기했는지 아시구. 닦으면 서로 도루 색깔이 나나 아까 그거 물어봤죠 닦으면 방짜는 그 방짜는 백 년 묵은 것도 녹 났던 거도

닦으면 새 거 같이 되요. 그건 되구요. 그리고 또 하나 뭐 물어봤어요?

🈁 방짜유기 왜 좋은지.

🈁 아 왜 좋은지 여기 내가 해놨는데 시간이 너무 나가지고{지나가지고} 방
  짜유기의 장점 그걸 내가 뒤에다 해놨는데 제가 시간이 너무 나가지고
  {지나가지고} 제가 얘기를 안 했습니다. 그 이 어드레{어떻게} 지루하시
  면 그만하시구요. 이 분이 물어보는 건 개인 해줄 끼네{거니까} 가실 분
  들은 가시, 가고 더 들으실 분은 더 들으세요. 제가 좀더 앉아 있을테니
  깐요. 제가 말을 해갔어요{하겠어요}. 인제 가실 분들은 가도 되잖아요
  제가 고맙습니다. 하여간 여러분들이 예. 나 이렇게 여러분들이 많이 뭐.

2.2. 방짜[36)

  대체로 유기 제작의 기법에는 쇳물을 녹여서 그릇의 형태를 이루는 주
물유기(통쇠, 퉁, 鑄物), 놋쇠를 메로 쳐서 만드는 방짜(놋, 方字), 또 주물
과 방짜를 병행하는 반방짜유기(半方字) 세 가지가 있다.[37] 이 중에서 망
치로 놋쇠를 두들기고 펴서 모양을 만드는 방짜유기의 제작 과정이 가장
까다롭다고 한다.

  방짜는 일정량의 구리와 석이 합금된 상태로, 구리 칠십팔 프로와 주석
이십이 프로를 정확히 합금하여 용해한 후 만늘게 되는 기법이다. 방짜유

---

36) 이 책에서 '유기'라고 하지 않고 '방짜'라고 한 것은 제보자가 사용하는 말을 최대한 그
대로 표현하고자 하는데 그 의미를 두었기 때문이다. 또 일반적으로 유기라고 하면 반방짜로
만든 것도 포함시켜 말하기 때문에 이를 구별하기 위해 '방짜'라고 표현했다.

37) 옛밀에 '놋은 놋으로 때우고 퉁은 퉁으로 때운다'는 말이 있다고 한다. 이 말에서 알 수
있듯이, 유기와 주물을 엄격하게 구분해서 사용했다. 그래서 납청에서는 양대공장을 '놋점'이
라 했고 주물공장을 '퉁점'이라고 하였다. 반방짜유기라는 명칭은 최근에 만들어진 이름으로
뿌리깊은나무에서 상업상의 목적으로 붙인 이름이라고 한다. 본래 반방짜의 기법으로 만든
것을 궁그름옥성기라고 부르는데 이 말은 주물로 된 오목식기를 만들기 위해 궁그름대라는
공구를 이용해서 이를 방짜식으로 눌러서 그릇의 형태를 만들었다고 해서 붙여진 이름이다.

기는 용해된 금속괴(바둑)를 불에 달구어 메질(망치질) 또는 단조법으로 일정한 형태의 제품을 만들게 되는데, 예전에는 큰 양대, 즉 놋동이, 놋버치, 놋양푼, 놋요강, 놋주전자 등의 큰 그릇을 주로 만들었으나 지금은 각종 식기류 제품을 많이 만들고 있었다. 이러한 제품은 방짜의 제작 공정인 '용해−네핌질−우김질−냄질−닥침질−제질 및 담금질−벼림질−가질'의 8단계를 통해 만들어졌다.

이렇듯 방짜유기는 합금에서부터 제작 과정까지가 까다로워 한 두 사람만으로 할 수 있는 일이 아니다. 그러다 보니 놋그릇 하나를 만들더라도 일정한 인원이 조직적으로 작업을 해야 하는데 보통 방짜점에는 점주를 포함해 11명의 인원이 한 점을 이루어 작업을 한다. 방짜점의 모두 일을 지휘 감독하는 원대장[38]을 비롯해 앞망치, 겟망치[39], 센망치[40], 네핌대장, 겟대장, 밖풍구[41], 안풍구, 가질대장의 협동작업으로 방짜일을 할 수 있다.

2.2.1. 관용 표현

1) 방짜 관련 표현

(1) 놋은 놋으로 때우고 퉁은 퉁으로 때워야 한다

땜질을 할 때 동일한 성질의 것으로 때워야 서로 붙는다는 의미이다.

---

38) 일반적으로 원대장은 점주를 말한다. 그러나 때에 따라서는 대장과 점주가 다른 경우가 있는데 점주가 자본을 대주는 전주(錢主)인 경우도 있고 원대장이 점주인 경우도 있다.
39) '겟망치'와 '곁망치'를 혼용해 사용하고 있다.
40) 센망치는 모두 3명인데 주로 대장의 지시에 따라 곱돌 위에 바둑을 메로 쳐서 넓히는 역할을 하고 있다. 문화재관리국(1981)의 기록에는 '셋망치'로 기록되어 있지만 제보자는 '센망치'로 표기해 주었다.
41) 문화재관리국의 기록에는 '밭풍구'로 기록되어 있지만 이도 '밖풍구'가 올바른 표기라고 제보자가 바로 잡아 주었다.

여기서 '퉁'은 주물을 의미하는 것으로 방짜와 주물이 다른 성질의 것임을 말하고 있다.

(2) 열두 대문 안에 처녀가 변하면 변했지 방짜는 안 변한다

열두 대문 안에 있는(아무리 외부 환경과 차단된 환경이라도) 사람의 마음은 바뀔 수 있어도 방짜의 그 색과 그 질은 세월이 가도 변하지 않는다는 말이다. 방짜유기의 좋은 점을 비유적으로 표현한 말이다.

2.2.2. 구성

1) 부분 명칭

(1) 수가리, 아구

방짜제품을 만들기 위해 우김질을 할 때 그릇 모양으로 여러 겹이 붙어 있는 각각의 쇳덩어리를 우개리라고 하는데, 이 우개리의 입구 부분을 '수가리'라고 말한다. 또 다 만들어진 방짜제품의 입구는 '아구'라고 하는데 다른 말로 '군구'라고도 한다.

(2) 골대, 개머리판, 풍구뚜껑, 청덮개

방짜공장에는 '밖풍구, 우김질소탕풍구, 제질소탕풍구, 맴소탕풍구' 네 개의 풍구가 있는데 용도는 다르지만 구조는 거의 같다. 풍구의 크기는 보통 가로 120cm, 세로 80cm, 폭 24cm이다. 풍구는 판자로 덮여 있는데 이 중 위를 덮는 것을 '풍구뚜껑'이라고 하고, 풍구질을 할 때 미는 손잡이를 '골대'라고 한다. 풍구에서 중요한 것은 '개머리판'인데 풍구는 겉면은 판자로 짜고 좌우 상하 가장자리를 개가죽으로 싼 후 잔못으로 고정시킨다.

[사진 228] 제질간풍구

판자와 개머리판 사이에 개털이 바람을 막아주는데 이때 바람이 새지 않
도록 주의해야 한다. 이를 위해 풍구 안은 '청덮개'로 덮어준다. 방짜공장
의 풍구는 바람이 약하면 용해작업을 하는데 적합하지 않는데 위의 사진
에서 보는 것처럼 바람이 직선으로 통하고 두꺼비집이 있으면 바람이 세
다. 풍구는 밑부분이 닳아 파손되는 것이 많은데 이를 방지하기 위해 흑
연가루를 2~3일에 한 번씩 넣어준다.

2.2.3. 도구

1) 제작 도구

물건을 만들거나 고치는데 쓰는 기구나 도구를 통틀어 '공구'라고 한다.
망치와 풍구, 집게를 비롯해 유기 작업을 할 때 사용되는 모든 것을 총칭
한다.

⟨합금⟩

(1) 저울

방짜는 순수 구리 78%와 순수 석 22%를 정확히 합금한 후 용해해서 만드는 기법을 말한다. 이때 구리와 주석을 정확히 합금하기 위해 필요한 것이 '저울'이다. 합금의 양을 조절하기 위해 사용하는 낮은 저울은 '앉은 망저울'이라고 하고, 막대처럼 긴 저울은 '막대추저울'이라고 한다. 저울추의 저울눈을 '똥글랭이'라고 하는데 이는 저울눈이 둥글다는 데에서 연유한 말이다.

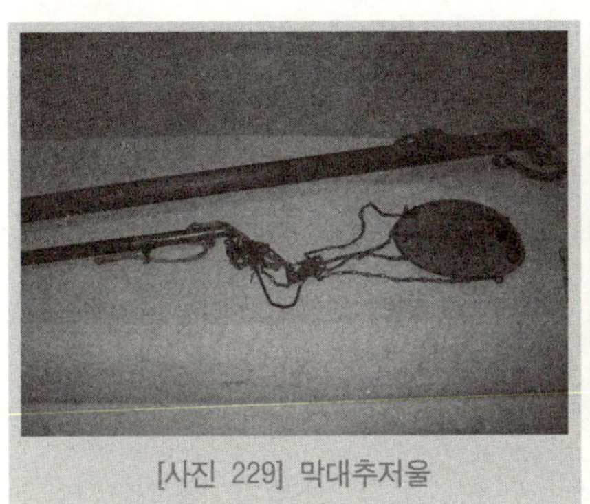

[사진 229] 막대추저울

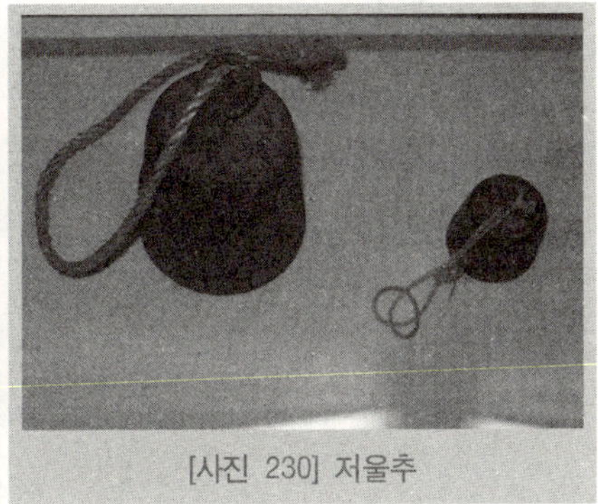

[사진 230] 저울추

⟨용해⟩

(1) 도가니, 도간

용해간에서 금속을 녹이는데 사용하는 용기로 크기가 다양하며, 재질은 일반적으로 흑연을 많이 사용한다. '도간' 또는 '도가니'로 말하며 용기의 재질로 흑연을 많이 사용한다고 해 '흑연도간'으로 부르기도 한다. 도가니는 쇠붙이를 녹이는 그릇으로 단단한 흙이나 흑연 따위로 우묵하게 만드는데 그 크기에 따라 다시 '큰 도가니'와 '작은 도가니'로 구분한다. 이 때

'큰 도가니'는 금속을 용해하는데 사용하고, '작은 도가니'는 용해된 금속을 퍼내는 용도로 사용한다.

(2) 도가니집게

용해작업 시 쇳물이 들어있는 도가니를 집을 때 사용하는 집게이다. 도가니집게는 그 크기와 종류가 다양한데 도가니 크기에 따라서 달라진다. 주로 작은 도가니를 노에서 꺼낼 때와 노 안의 쇳물을 퍼내어 틀에 부을 때 사용한다.

(3) 물판

도가니에서 용해된 쇳물을 성형 재료인 일정 모양의 금속괴(바둑)로 만들 때 붓는 주형 틀로, 쇳물의 양을 감안하여 알맞은 양을 적당한 크기의 물판에 부어서 사용한다. 물판은 '곱돌'과 '무쇠'를 말하는 것으로 이들을 모두 '물판'이라고 한다.

(4) 물돌, 물통

물을 담아두는 통으로 쇠를 담금질 할 때 사용한다. 우개리를 달군 다음 찬물에 집어넣어 열처리를 하게 되는데 이 때 이 물통을 이용한다. '물돌' 또는 '물통'으로 말한다.

(5) 고물게

도가니 속에서 용해된 쇳물 위에 뜨는 불순물을 거두어내는데 사용하는 연장이다. 긴 자루로 되어있으며 밑바닥은 넓적한 판모양으로 되어있다. 길이는 130~150cm에 무게는 3kg 정도이다.

(6) 소탕

방짜일이 이루어지는 각 작업 공간에 있는 화구를 '화덕' 또는 '소탕'이라고 말한다. 풍구로 바람을 넣어 숯으로 금속을 녹이거나 달구는 곳이다. 양대공장에는 보통 네 개의 소탕이 있는데 이곳에서 용해, 제질, 네핌, 메질 등을 한다. 그래서 이 소탕을 '용해소탕', '제질소탕'이라고 부르기도 한다.

(7) 풍구

바람을 내어 화력이 세지도록 하는 것으로 '풍구' 또는 '풀무'라고 한다. '풍구'는 방짜일에서 그 역할이 매우 중요하지만 지금은 사용하지 않으며, '전기후앙'이 이 역할을 대신하고 있다. 예전에는 풍구일을 하는 사람을 '풀무꾼'으로, 풍구일을 '풀무질'이라고 했다.

풍구에서 가장 중요한 것이 개머리판이다. 그래서 풍구 판자의 좌우, 상하 가장자리를 '개가죽'으로 싸고 잔못으로 고정시킨다. 판자와 개머리판 사이에 개털이 바람을 막고 밀어주는 역할을 해 바람이 밖으로 잘 나오도록 한다. 우리나라에서는 풍구에 개가죽을 씌우나 중국에서는 이를 대신해 풍구 안쪽에 '닭털'을 씌우는데, 풍구의 바람이 잘 나오도록 하는 데에는 닭털보다는 개가죽이 훨씬 더 좋다고 한다. 풍구는 보통 '안풍구'와 '바깥풍구'로 구분하는데 이중 용해간에서 사용하는 풍구를 '밖풍구', 또는 '쇠 녹이는 풍구'라고도 한다.

〈네핌질〉

(1) 메, 한마

단단한 물건이나 불에 달군 쇠를 두드리는 데에 쓰는 쇠로 만든 연장으로 자루가 길다. 유기를 만들 때는 다양한 망치가 사용되는데[42] 각 제작 과정에 따라 다양한 모양과 기능을 지닌 망치를 사용하고 있었다. 망치와 같은 의미로 '메'를 사용하고 있었는데, 어느 부분에 사용하는 망치냐에

---

42) 유기를 만들 때 사용되는 망치 종류에는 '앞망치, 센망치, 닥침망치, 제질망치, 바닥망치' 등이 있다.

따라 명칭을 달리 부르고 있었다. 예를 들어, '앞망치'의 경우 '앞망치메, 앞메'라고도 부른다.

'메'와 비슷한 용도로 사용하는 도구로 '함마'가 있다. '함마'는 '공기함마'라고도 하는데 주로 대장간에서 쇠판을 두들려서 늘리는 도구로 사용하는 것이다. 예전에

[사진 231] 망치

는 쇠판을 늘리거나 넓힐 때 '망치, 메, 함마'를 사용했지만 지금은 '로라'로 늘리고 있다. 로라의 사용으로 인해 망치꾼의 인원 감소가 생겼지만 작업의 정확성은 더 높아졌다고 한다.

(2) 네핌질망치

네핌질을 할 때 사용하는 망치로, 둥근 모양에 길이는 약 50cm이며 무게는 4~5kg이다. 주로 달구어진 바둑을 세게 내리쳐 넓이를 넓히는데 사용한다. 망치의 종류에는 닥침망치, 센망치, 앞망치, 겟망치 등이 있는데 네핌질 때 사용하는 망치는 '센망치'이다.

'센망치'는 둥글고 짧은 형태로 달구어진 바둑을 세게 내리쳐 넓이를 넓히는데 사용하는 도구이다. 가장 힘이 센 망치로 굵고 짧은 형태를 띠고 있으며 다른 말로 '센망치메'라고 부르기도 한다. 길이는 약 50cm이며 무게는 4~5kg이다.

(3) 모루

바둑을 네핌질, 우김질, 벼름질을 할 때 사용하는 강철로 만든 틀로 '모루' 또는 '모루쇠'라고도 한다. 화덕에서 달구어진 바둑을 둥근 쇠 위에 올려 놓고 때리는데 그것을 모루라고 한다. 제품의 형을 잡을 때 또는 꽹과

[사진 232] 닥침망치

[사진 233] 센망치

[사진 234] 앞모루

[사진 235] 모루

리의 소리를 잡을 때 사용하는 받침판이다. 모루는 [모루] 또는 [머루]로
발음된다.

(4) 협도, 작두

예전에 쇠판을 자를 때 사용했던 도구로 '작두'와 '협도'가 있는데, 이들
의 모양새는 서로 유사하다. 네핌 후 성형 재료의 불필요한 부분을 잘라
내는데 쓰는 기구로 네핌 외에 닥침질 후에도 사용한다. 크기와 종류는
어떤 곳에 사용히냐에 따라 여러 가지인데 가장 큰 것은 2m에 달하는 것
도 있다. 요즘은 작두나 협도를 대신해 '프레스'로 쇠판을 자른다.

(5) 집게, 도리미

물건을 집는데 쓰는 끝이 두 가닥으로 갈라진 도구로, 주로 우김질 때
사용하는 공구이다. 그 종류로는 초잽이, 중잽이, 함잽이, 우김질도리미
등이 있다. 집을 때 사용하는 것은 '집게'로, 돌릴 때 사용하는 것은 '도리

[사진 236] 집게들

[사진 237] 안풍구집게

미'로 표현한다. '도리미'는 다른 말로 '도래미집게' 또는 '도티미'라고도 한다. 물건을 '집는다'에서 '집게'로, '잡는다'에서 '잽이'(잡이)로, '돌린다'에서 '도리미'라는 명칭이 나왔다.

(6) 네핌도래미

네핌작업을 할 때 네핌대장이 양손에 한 개씩 잡고, 달구어진 바둑을 돌려줄 때 사용하는 집게이다. 보통 네핌도래미는 대략 길이는 50㎝에 무게는 1.2~1.5㎏으로, 바둑을 우김질 하기 전에 네핌대장이 사용하는 도구이다. '도래미'는 '도리미'라 하기도 하는데 그래서 '네핌도리미' 또는 집게라는 점을 강조해 '네핌질집게'로 부른다.

(7) 안풍구집게

안풍구 바둑을 달구어 낼 때 쓰는 집게로 그 길이가 긴 것이 특징이다. 이는 바둑작업 시 뜨거운 열기를 피할 수 있도록 하기 위해서이다. 그래서 앞의 집게 부분은 10㎝정도이지만 뒤의 손잡이 부분은 110~120㎝정도로 길다. 보통 무게는 1.2~1.5㎏이다.

〈우김질〉

(1) 초잽이

네핌질 후 여러 개로 겹쳐있는 넓혀진 바둑을 잡는데 사용하는 집게로,

초잽이는 중잽이와 모양은 같으나 크기와 길이가 다른데, 중잽이에 비해 길이도 짧고 크기도 작다. 보통 길이 110cm에 무게 6~7kg이 초잽이고 길이 120cm에 무게 8~9kg이 중잽인데, 집게 부분은 초잽이가 더 큰 것이 특징이다.

(2) 중잽이

네핌질 후 여러 개로 겹쳐있는 넓혀진 바둑을 잡는데 사용하는 집게로, 중잽이는 초잽이와 모양은 같으나 크기와 길이가 다른데, 중간 정도의 집게라는 말로 초잽이보다는 길이도 더 길고 무게도 더 무거운 것이 특징이다. 중잽이는 보통 길이 120cm에 무게는 8~9kg정도 나간다.

(3) 함잽이

우김질 할 때 사용하는 것으로 원대장이 왼발과 왼손을 이용하여 우개리를 잡아돌릴 때나 우개리를 불에 달굴 때 사용하는 공구이다. 중잽이와 모양은 비슷하나 크기가 다소 큰 집게이다. 길이는 약 135cm이며 무게는 12kg에 달한다.

[사진 238] 함잽이(아래), 중잽이(위)

(4) 겟망치

네핌질을 할 때 사용하는 망치로 앞망치의 왼편에서 센망치와 함께 달구어진 바둑을 늘이거나 넓히는 작업을 할 때 사용하는 망치이다. 네핌작업을 할 때 곁에서 사용하는 망치라는 의미에서 '겟망치'라고도 하고 다른 말로 '곁망치'라고도 하기도 한다.

(5) 앞망치

우김질 시 사용하는 망치로 각이 져있는 것이 특징인 망치로 '앞메' 또

는 '앞망치메'라고 부른다. 앞망치
를 제외한 닥침망치, 네핌망치, 우
김망치는 생긴 모양새가 서로 닮
아 있다. 앞망치는 보통 길이 약
50cm이며, 무게 4~5kg이다.

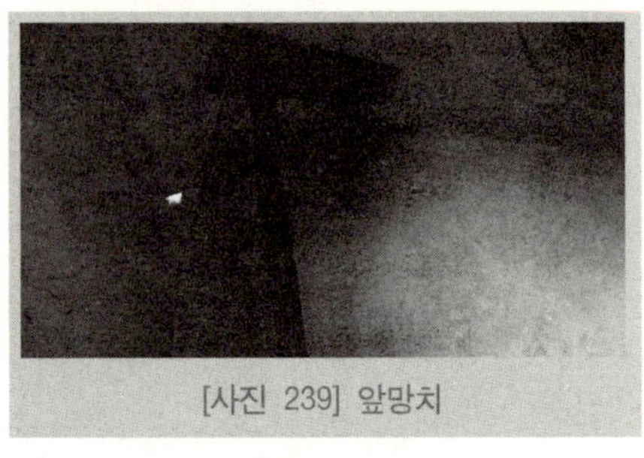

[사진 239] 앞망치

(6) 우김질집게

우김질할 때 사용하는 것으로 다른 말로 '우김질도리미'라고도 한다. 네
핌질이 되어 늘어난 바둑을 만들고자 하는 제품의 형상으로 만들 때 왼손
에는 초잽이나 중잽이를 잡고 오른손은 우김질도리미를 잡아 돌려주는데
이때 사용하는 것이다. 앞에 있는 메꾼들이 두들기기 좋게 잡아주는 집게
이다.

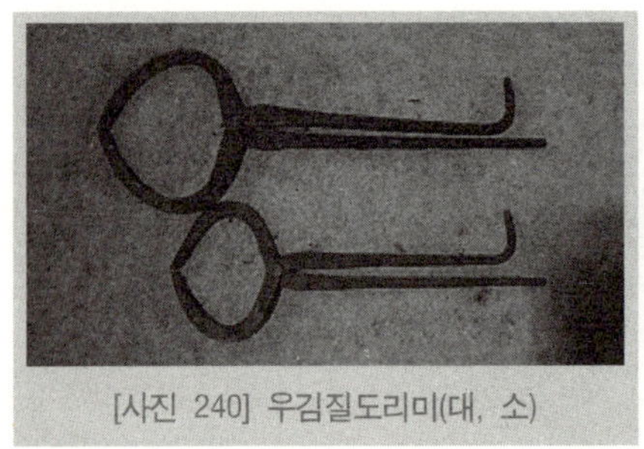

[사진 240] 우김질도리미(대, 소)

[사진 241] 제질집게

이 외에도 메질을 할 때 제품이 안으로 오그라지는 것을 막기 위해 사
용하는 집게를 '앞망치 집게'라고 한다. 이 외에도 전이 있는 기물을 잡을
때도 사용하기도 한다.

〈냄질〉

(1) 뒤조이

우김질이 되어서 겹쳐진 바둑을 분리시킬 때 쓰는 기구이다. 붙어있는

쇳덩어리를 분리시킨다. 분리시키는데 사용하는 '뒤조이'는 길이는 보통 40~50cm이며, 무게는 0.7~ 1kg으로 작대기 모양을 하고 있다.

(2) 꼽댕이

끝이 꼬부러진 것으로 우김질 된 여러 개의 바둑을 하나하나 떼어낼 때 사용하는 도구이다.

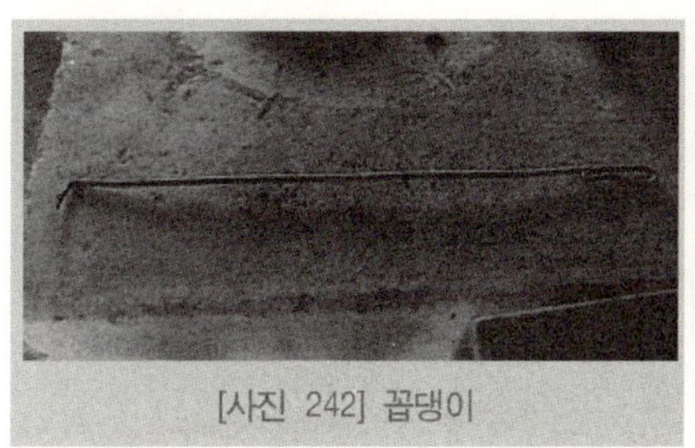

[사진 242] 꼽댕이

[사진 243] 뒤조이

〈닥침질〉

(1) 닥침망치

냄질이 끝난 우개리를 원하는 상태의 높이와 넓이로 둥글게 형태를 잡을 때 사용하는 공구로 여러 명이 제품을 가운데 놓고 둘러서서 닥침망치로 동시에 작업을 한다.

〈제질〉

기물을 성형하는 것을 '제질'이라고 히는데 이때 필요한 도구를 말한다. 제질할 때 사용되는 공구로는 '제질집게, 제질망치, 바닥망치'가 있는데 이들을 '제질공구'라고 하며 모두 기물 성형에 사용된다.

(1) 제질망치

성형작업 망치로 기물의 끝부분을 오무릴 때와 전체 면을 고르게 다듬을 때 사용한다. 성형작업을 하기 위해 끝부분이 바깥쪽으로 벌어져 있으며, 길이 25~35cm에 무게는 1.2.~1.5kg이다.

(2) 바닥망치

제질작업을 할 때 기물의 울퉁불퉁한 바닥을 고르게 하는데 사용한다. 망치의 끝부분이 바닥을 치기 편하게 굽어져 있다. 보통 길이는 20~30cm 이며, 무게는 1.5~2.5kg이다.

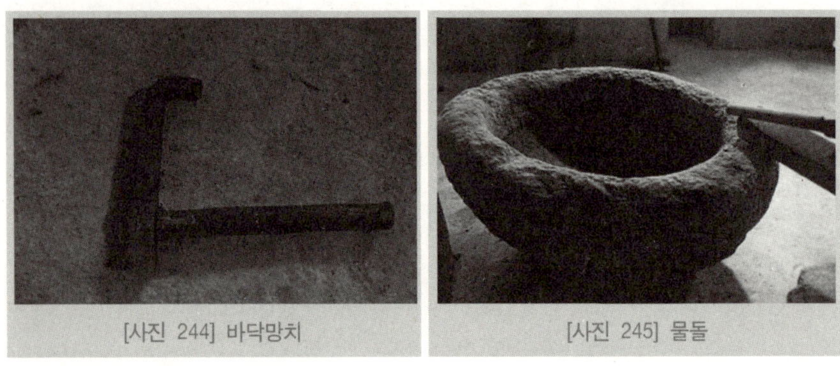

[사진 244] 바닥망치 　　　　[사진 245] 물돌

(3) 제질집게

제질작업 시 기물을 잡는 도구이다. 끝을 위로 말아올린 원형 형태로 길이는 60~70cm이며 무게는 1~1.5kg이다. 이중 집게 부분이 14cm이며 높이는 5cm이다.

(4) 제질소탕

제질작업을 할 때 제질간에서 사용하는 화구를 가리키는 말로 흔히 소탕이라고 한다. 이러한 소탕의 모양은 장소와 용도에 따라 조금씩 차이가 있다. 방짜점에는 네 개의 소탕이 있는데 용해간소탕, 우김질소탕, 제질소탕, 땜소탕이 있다. 각각의 소탕 위에는 바람을 내게 하는 풍구가 위치한다.

[사진 246]
제질망치, 바닥망치, 닥침망치(위에서부터)

[사진 247]
제질소탕

(5) 제질풍구

풍구의 종류 중 하나로 제질간에서 사용하는 것을 말한다. 방짜점에 있는 네 개의 풍구 중 하나로 손잡이 부분을 밀어 바람을 내는데 이것으로 제질작업을 할 수 있다.

[사진 248] 제질간풍구

〈벼름질〉

기물을 찬물에 담금질 하면 형태에 변형이 오는데 이 변형된 형태를 바로 잡는 작업을 '벼름질'이라고 한다.

(1) 구버니방치

기물 안쪽의 구석진 곳이 직각에 가까울 때 그 구석을 치는데 사용하는 망치로 가늘고 긴 끝부분은 구석을 다듬기 위해 둥근 모양을 하고 있다. 다른 말로 '주머니망치'라고도 한다.

(2) 황새망치

기물의 형태를 정확하게 성형하기 위해 안쪽의 제일 깊은 부분을 칠 때 사용하는 망치로 황새의 모양을 하고 있다고 해서 '황새망치'라고 한다. 그 크기에 따라 여러 종류가 있다.

(3) 조망망치

기물 겉면의 거친 면을 다듬는 망치이다.

〈가질〉

(1) 가질틀

가질 즉 성형작업을 할 때 가질틀에 넣어 유기의 표면을 긁거나 깎아내는 작업을 하는데, 이 때 사용하는 도구이다. 가질대장은 '가질틀'에 재료를 끼워 고정시키고 회전틀의 회전줄을 밟아 좌우로 회전시킨 후 칼대로 고르게 깎아낸다. 회전을 시키는 회전줄은 가질대장이 직접 밟아 회전시키기도 하지만 센망치꾼이 회전시켜 주기도 한다. 요즘은 가질틀을 기계로 회전시켜 사용한다. 이러한 가질틀은 다른 말로 '노꼬루'라고도 한다.

[사진 249] 가질틀(앞)

[사진 250] 가질틀(발위치)

(2) 머리목(머릿목), 엄쇠

기물의 표면을 고르게 깎는 가질작업에서 기물을 고정시키는데 필요한 둥근 나무통을 '머리목' 또는 '엄쇠'라고 한다. 엄쇠로 제품을 걸고 깎을 때 사용하는 머리목은 주로 포플러와 버드나무를 사용하고, 엄쇠를 이용하지 않고 직접 머리목에 제품을 고정시켜 깎는 경우에는 단단한 물푸레나무와 느티나무를 사용한다.

이때 기물의 크기에 따라 머리목의 굵기가 달라지는데 보통 '대, 소'로 구별한다.

꺽쇠모양의 한쪽 끝을 제품에 걸고 다른 한쪽은 머리목에 박아 가질을 할 수 있도록 고정시키는 기구를 '엄쇠'라고 한다. 고정을 시

[사진 251] 머리목(대, 소)

키기 위해 끝은 갈고리처럼 되어 있으며 길이는 머리목의 크기에 따라 10에서 30cm까지 다양하다.

(3) 칼대, 고비칼, 평칼

제품의 홈과 산화 피막을 깎아내 표면을 곱게 만드는 작업 공구로 깎는 정도에 따라 날이 다른 '칼대'를 사용한다. 칼대에 각기 다른 모양의 날을 지닌 '칼대날'을 끼워서 사용하는데, 칼대날 중 둥글게 휘어지게 생긴 칼은 '고비칼'이라고 하고 평평하게 생긴 칼은 '평칼'이라고 한다. 이러한 칼은 유기제품의 홈과 산화 피막을 깎아내 표면을 고르게 만드는 작업을 할 때 사용하는 것으로 깎는 면과 깎는 면의 고운 정도에 따라 평칼과 고비칼을 적절하게 사용한다.

(4) 줄쇠

칼갈이가 칼을 갈 때 사용했던 도구로 무더진 칼날을 다시 다듬는데 사용한다.

(5) 숫돌

칼갈이가 줄쇠를 가는 돌을 '숫돌'이라고 한다. 현재는 칼대에 절삭용 바이트덥을 붙여서 사용하지만 예전에는 줄쇠(탄소강)로 날을 만들어 숫돌에 갈아 사용했기 때문에 얼마 쓰지 않아도 날이 금방 무뎌졌다. 이러한 이유로 예전에는 가질대장이 가질작업을 할 때 그 옆에서 칼갈이가 칼대날을 쉴 사이 없이 갈아 가질작업을 도왔다.

(6) 가질망치

머리목에 엄쇠를 박거나 뺄 때 또는 머리목에 고정되어 회전하는 제품의 균형을 잡을 때 사용하는 도구이다. 가질망치는 길이 25~40cm에 무게는 약 1kg 정도로, 쇠는 둥글고 짧으며 폭이 좁은 것이 특징이다.

(7) 질나무

칼대를 이용해서 제품을 깎을 때 받쳐주는 지렛대 역할을 하는 나무를 말한다. '질나무'에 칼대를 대고 제품을 깎는다. 질나무는 끝 부분이 위쪽으로 향한 단단한 물푸레나무를 사용하는데 보통 길이 70cm의 나무를 이용한다.

〈땜질〉

(1) 땜소탕

땜질을 하는 화구 또는 땜작업을 하는 공간을 '땜소탕'이라고 한다. 보통 땜작업은 땜소탕 위에 땜판(정사각형의 철판)을 올려놓고 풀무질로 땜판을 가열하는 것으로 시작한다. 땜판이 빨갛게 달아 열이 오르게 되면 그 위에 숯가루를 약 1mm 두께로 깔아놓는다. 이때 미리 준비한 제품의 땜 부위를 뿌려놓은 숯가루에 닿게 올려놓은 후 움직이지 않게 고정시킨 다음 준비된 땜쇠를 땜 부위에 알맞게 붙이면 된다. 붙인 다음 다시 숯을 덮은 후 겟대장의 입바람으로 땜쇠를 녹여 구멍이 때워지게 만든다.

(2) 땜질풍구

풍구는 바람을 내 화력이 세지도록 하는 기구이다. 이 중 '땜질풍구'는 땜질할 때 사용하는 풍구로, 네 개의 풍구(밖풍구, 우김질 소탕풍구, 제질풍구, 땜질풍구) 중에서 가장 마지막에 위치한다. 크기는 제질풍구보다 작다.

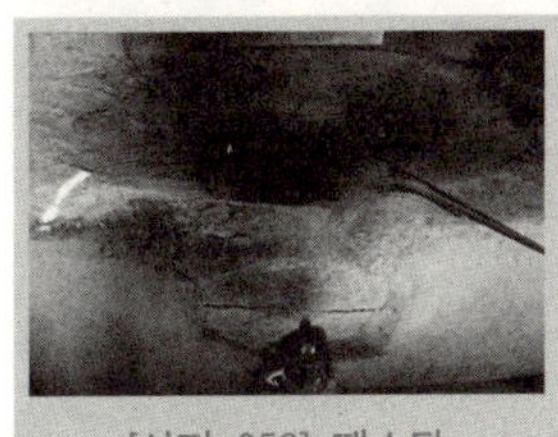

[사진 252] 땜소탕

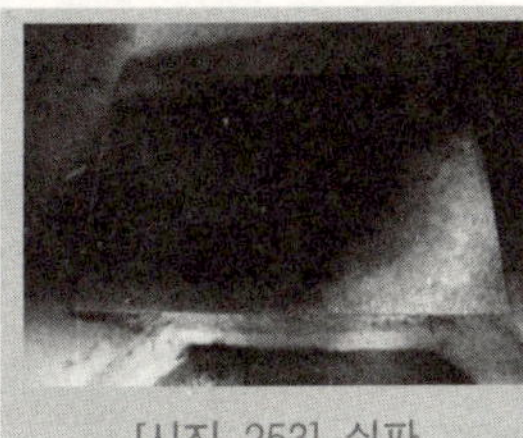

[사진 253] 쇠판

[사진 254] 소탕

(3) 땜판

땜질은 땜판이 발갛게 달아오른 후에 그 위에서 작업을 하게 되는데 이때 사용하는 철판을 말한다. 주로 소탕 위에 땜판을 놓고 작업하는 것으로 두께 12mm에 가로와 세로의 변이 30cm인 정사각형 철판을 사용한다. 땜작업을 할 때 사용하는 '땜판'은 쇠로 만들어진 판이라는 의미에서 '쇠판'이라고도 한다. 이 판 위에 숯가루를 뿌려 땜작업을 한다.

(4) 빨대

땜질을 할 때 겟대장이 입이나 파이프를 이용해 땜 부위에 바람을 불어주게 되는데 이때 사용하는 도구이다. 바람을 불어 땜쇠가 열을 받으면 쇠가 녹아 자연스럽게 구멍이 메워지게 된다.

(5) 싸리대

방짜일은 주로 밤에 어두운 공간에서 주로 하는데 이때 불이 필요하면 싸리나무대를 이용해 불을 피워 사물을 본다. '싸리대'는 다른 말로 '쌀대'라고도 한다.

2.2.4. 재료

1) 방짜

(1) 주석, 동

방짜유기는 22%의 주석과 78%
동이 들어가 합금과 용해의 과정
을 거쳐야 방짜유기가 될 수 있
다.[43) 이중 '주석'은 방짜유기의
재료 중 하나로 '석, 상납'을, '동'
은 우리가 흔히 아는 구리를 말하

[사진 255] 주석

는 것이다. 놋쇠 유기의 재료인 유철을 두들려서 만든 것을 '방짜', '놋쇠'
라고 한다.[44)

또 땜쇠 방짜의 땜 부분과 같은 질의 놋쇠 토막을 '땜쇠'라고 하는데 땜
작업을 할 때 같은 동질의 땜쇠를 사용해야 땜쇠가 기물에 붙을 수 있다.

(2) 간수

염전에서 추출되는 소금의 원액으로, 놋쇠를 무르게 하는 성질을 가지
고 있어 방짜작업을 쉽게 하기 위해 사용하는 재료이다.

(3) 돼지기름

돼지의 지방조직에서 나온 흰 색의 반고체를 정제한 기름으로 용해된
쇳물을 쇠판에 부을 때 붙지 않게 하기 위해 사용한다. 쇠판에 돼지기름

---

43) 고려시대의 놋쇠는 동 1근에 주석 2냥~4냥 4돈을 넣었으며, 1834년에 간행된 이규경의
『오주서종박물고변(五州書種博物考辨)』에서도 '놋쇠 1근을 만들려면 구리 1근에 주석 4냥을
넣는다'라고 하여 놋쇠가 동 80%와 주석20%의 합금임을 말하고 있다.
44) 상철은 방짜와 합금의 양만 같고 방법은 다른 것을 말한다.

을 바르면 바둑이 자연스럽게 떼어진다고 한다.

(4) 숯

나무를 숯가마에 넣어 구워낸 검은 덩어리의 연료로 유기를 만들 때 열을 내기 위해 사용한다. 유기를 만들 때는 소나무로 만든 숯만 이용하는데 그래서 이 숯을 '솔나무참숯, 솔나무숯, 솔숯'이라고 한다.

[사진 256] 솔나무숯

2.2.5. 유기 단위

1) 작근, 작근법

유기는 얼마 전까지만 해도 '작근법'으로 거래가 이루어졌다. 최근에는 유기제품의 단위를 킬로그램(kg)을 사용하지만 예전에는 유기제품을 '냥' 또는 '근' 등의 근량법으로 모든 거래를 했는데 이를 '작근법'이라 한다. 양대유기는 16냥 1근의 근량법으로 이루어졌는데,[45] 이 작근법을 이용해 유기 가격을 산성했기 때문에 유기 제작자들은 이를 초등학생이 구구단을 암기하는 것처럼 외워서 사용했다고 한다. 이 외에도 유기제작자들의 인건비를 산출할 때도 '1근×금액'으로 계산이 되었다.

'작근법'과 같은 말로 '계량'을 사용하기도 했는데, 이는 유기제품의 가치를 환산할 때 사용하는 단위로 무게나 근을 계산하는 것을 말한다. 현재도 이 단위를 사용하는 사람이 있기도 하지만 점점 사라져가고 있는 실

---

45) '한 근'을 백육십매라고 말한다.

정이다.

2) 전

지금의 센치미터(cm)와 같은 의미로 사용되는 단위이다.

3) 관

방짜유기를 세는 단위로 보통 '한 관, 두 관'으로 나타낸다.

4) 측관

'측관'은 일제시대에 사용한 양대유기를 측정하는 단위이다.

냥	단위	작근법의 예
1	0625	
2	1250	
3	1875	
4	2500	1근에 1200원이라고 가정하면 1근 1냥의 값은?
5	3125	
6	3750	
7	4375	1(1근)+0625(1냥)=1.0625
8	5000	1.0625×1200=1.275
9	5625	
10	6250	
11	6875	이는 일반적으로 1근×1200, 1냥 75(1200÷16)를 더한
12	7500	것과 같은 값이 나온다.
13	8125	
14	8750	
15	9375	
16	10000	

2.2.6. 제작 장소

1) 제작지

(1) 납청

조선시대부터 유기 제작으로 가장 유명한 곳이 평안북도 정주군 마산면 청정동인데 이곳을 사람들은 '납청(納淸)'이라고 불렀다. 이 마을 사람들은 대부분 유기업에 종사하거나 이와 관련된 일을 생업으로 삼고 있었다고 한다. 예로부터 이곳에서 만든 유기를 '납청 양대'라고 할 정도로 납청은 유기로 유명한 지역이다.

2) 제작 공간

(1) 양대장

방짜유기를 만드는 작업공간을 가리키는 말이다. 작업공간을 나타내는 명칭은 유기를 가리키는 말에 '점, 장, 공장'을 붙여서 부르거나 그냥 '공방'이라고 불렀다. 공방이라는 말은 유기를 만드는 공간이라는 의미 외에도 '○○○의 공방'이라고 써 유기제품의 출처를 밝힐 때도 사용한다.

'양대장'은 보통 네 개의 소탕이 있는데 '용해간, 네핌질간, 제질간, 가

[사진 257] 양대장

[사진 258] 양대 공방(새문)

질간으로 구분된다. '용해간' 옆에 있는 '새문'을 통해 주인은 일꾼이 일하는 것을 살펴 보았는데 이러한 주인을 '자본주, 점주'라고 한다.[46)

　'용해간'은 방짜에 들어가는 재료를 합금시킨 후 이를 녹이는 일을 하

[사진 259] 용해간 소탕

[사진 260] 용해간 풍구

[사진 261] 용해간 풍구(옆)

는 곳을 말한다. 용해시킨 재료를 망치를 이용해 네핌질하는 곳을 '네핌질간'이라고 하고 이 네핌질한 후 방짜의 모양을 완제품에 가깝게 성형하는 곳을 '제질간'이라고 한다. 기물 성형작업을 하는 공간을 말한다. 제질이 끝난 방짜는 모양을 다듬는 가질 작업을 하는

[사진 262] 제질간 소탕

데 이 공간을 '가질간'이라고 한다. 이 공간들을 거치면 우리가 볼 수 있는 방짜유기 제품이 완성된다.

(2) 숟가락공장

　예전에는 방짜만을 만드는 공장 외에 방짜숟가락과 밥그릇을 따로 만드는 공장이 있었는데 이를 말한다. 방짜숟가락은 방짜유기를 만드는 과정과 비슷하지만 부질, 가질 과정에서 조금 차이가 있다. 방짜숟가락은

---

46) 앞의 사진은 오른쪽부터 순서대로 용해간, 네핌질간, 제질간, 가질간을 나타낸다.

'합금해 놋쇠 붓기-숟가락총(총무디) 만들기-초바닥(숟가락의 입부분)
만들기-총메 쌓기-뼈금질-가도리-우김질-담금질-벼름질-가질'의
과정을 통해 만들어진다.

3) 그 밖의 공간

(1) 주물공장

주물유기를 만드는 곳을 말한다. 주물이라는 것은 쇠붙이를 녹인 쇳물
을 일정한 틀 속에 붓고 완전히 냉각시킨 다음 틀에서 꺼내어 표면과 세
부를 다듬어서 마감하는 것이다. 주물도 어떤 종류의 금속재를 어떤 비율
로 배합하느냐에 따라 '청동 주물, 황동 주물, 백동 주물, 무쇠 주물'로 구
분할 수 있다. 이러한 주물유기를 다른 말로 '붓백이유기'라고도 한다.

2.2.7. 제작품

주석과 구리의 정확한 합금으로 용해한 쇳물을 바둑으로 굳힌 후 불을
이용해 늘리고 두들려서 만든 것을 '유기'라고 하는데 이는 제기나 반상기
외에도 일상적인 용구에서도 매우 다양하게 사용된다. 방짜기법으로 만든
쇠를 북한에서는 '양대'라고 하고 남한에서는 '놋쇠, 방짜쇠'라고 한다. 이
러한 방짜기법으로 만든 것은 망치를 이용해 놋쇠를 늘리고 형태를 잡는
데 이때 생긴 망치의 자국을 '망짜', '망치짜'라고 하거나 '메'의 자국이라는
의미에서 '멧자국'이라고 한다. 이 멧자국을 통해 제작된 기물의 기법이
방짜인지 아닌지를 인식하기도 한다.

최근에는 방짜와 비슷한 의미로 '반방짜'라는 말을 주로 사용하는데[47]

---

47) 원래 반방짜라는 말은 없었고 뿌리깊은나무라는 회사에서 사업상으로 붙인 이름이라고

'반방짜'와 같은 의미로 예전에 사용했던 명칭은 '궁그름옥성기'이다. 그러나 이는 주물유기에 방짜 제작 기법을 절충한 것으로 주로 소형 식기류에 많이 사용했던 방법이다. 이러한 주물은 먼저 주물유기 기법을 통해 그릇을 U자 모양으로 만든 다음 여러 차례 불에 달구어 가면서 오목하게 판 곱돌 위에 놓는다. 그 후 '궁그름대'라는 공구로 유기의 끝 부분을 오목하게 방짜식으로 만들어 완성한다. '궁그름옥성기'라는 말은 '궁그름대' 또는 '궁구름대'라는 도구를 이용해서 방짜식으로 눌러 그릇을 만들게 되었다는 데에서 나오게 된 말이다.

[사진 263] 유기제품

[사진 267] 유기

1) 생활식기

(1) 제기그릇

제기로 쓰는 굽이 높은 접시를 말한다. 예전에는 제기로 유기나 목기를 주로 사용했는데 대부분 지역에서는 유기를 많이 사용했고 호남지역은 목기를 많이 사용했다고 한다. 제기는 일반 식기와 달리 그릇 밑에 4~5cm의 굽이 달려 있다. 제기접시의 종류로는 밥을 담는 반기(飯器), 국

___

제보자가 전했다.

을 담는 갱기(羹器), 탕을 담는 탕기(湯器), 국수를 담는 면기(麵器), 떡을
담는 병기(餠器), 적(炙)을 담는 적기(炙器), 채소 반찬을 담는 소채기(蔬菜
器), 간장류를 담는 장기(醬器), 생선이나 육류를 담는 어육기(魚肉器), 과
일을 담는 과기(果器), 포를 담는 포기(脯器)가 있다.48) 이 외에도 술과 물
을 담는 제기로 술병, 술주전자·술잔과 잔대, 물병·술상·퇴주그릇 등이 있
다. 이중 '편기'는 [편끼]라고 발음하기도 하는데 이는 사각으로 된 접시로
주로 떡처럼 넓고 편편한 것을 담는 그릇을 말하고, '적기'와 '소채기'는 좁
고 둥근 접시를 말한다.

이 외에 국이나 찌개 따위를 떠놓는 자그마한 그릇으로 모양이 주발과
비슷한 것은 '탕기'라고 하는데 '탕'을 '갱'이라고도 해 '갱기'라고도 말한다.
'탕기'는 [탕끼], '갱기'는 [갱끼]로 말하기도 한다. 국을 담는 그릇은 '국그
릇'이라고 하는데 보통 제사음식에 탕 외에도 국을 따로 올리는데 이를
담는 용기를 말하는 것이다. '탕기'와 달리 밥과 국을 담는 것은 '밥그릇,
국그릇'으로 표현했다.49)

(2) 합, 보, 기, 버치, 뺏돌

놋쇠로 만든 그릇을 흔히 '놋그릇'이라고 부른다. 이중 '합'은 음식을 담
는 놋그릇의 하나로 밑이 넓고 평평하며 위로 갈수록 직선으로 차츰 좁혀
지고, 뚜껑의 위가 평평하고 둥글넓적하게 생긴 그릇을 말한다. 크기에 따
라 대, 중, 소로 나뉘며 부를 때는 '큰 합, 작은 합, 중합, 알합'이라고 한다.
'작은 합'은 노인이나 어린이의 밥그릇으로, '큰 합'은 떡, 약식, 면, 찜 등
을 담는데 사용한다.

부엌에서 사용하는 유기제품은 그릇 안에 담기는 내용물에 따라 명칭

---

48) 이를 '유접자, 유찜접시, 유골접시, 편틀(편판), 적틀(적판), 포틀(포판)'로 표현하는 경우도
있다.
49) 지역에 따라 탕을 국으로 보아 '갱기, 국그릇'을 같은 어휘로 보는 경우도 있고 국을 '갱
기'라고 하는 경우도 있다.

을 달리 부르기도 한다. 김치, 물김치 등을 담는데 사용하는 오목한 그릇은 '김칫보'라고 하고, 냉면을 담아먹는 그릇은 '냉면기'로, 물을 담아먹는 그릇은 '물대접'으로 말한다. '김칫보'는 우리가 일반적으로 아는 '김치보시기'를 말한다.

또 그릇의 크기에 따라 '버치, 뺏돌'이라고 부르기도 한다. 아가리가 둥글고 넓적하게 벌어진 옹기그릇을 자배기라고 하는데 이보다 조금 깊고 큰 그릇을 '버치'라고 한다. 양 옆에 손잡이가 달려있는 것이 특징이다. 놋으로 만들었다는 의미에서 '놋버치', '놋부치'라고 하는 이 그릇은 버치 종류의 하나로 크기가 작은 것은 '뺏돌'이라고 한다. 이들의 크기 순서는 '버치>자배기>뺏돌'이다.

(3) 말양푼, 소양푼, 백이양푼

'양푼'은 음식을 담거나 데우는 데에 쓰는 바닥이 편편하고 높이가 낮은 둥근 놋그릇이다. 운두가 낮고 아가리가 넓어 모양이 반병두리와 비슷하나 크기는 더 크다. 보통 양푼 중에서 크기가 큰 양푼을 '말양푼'이라고 하고, 자그마한 양푼은 '소양푼'이라고 한다. 음식을 담거나 데울 때 사용하는 양푼의 종류 중 가장 큰 것은 '백이양푼'이라고 한다. 양푼은 크기 외에도 담는 내용물에 따라 명칭이 바뀌기도 하는데 술을 담는 양푼의 경우는 '술양푼'으로 말한다.

[사진 265] 술양푼

[사진 266] 말양푼

(4) 오목식기, 옥식기, 옥바리

밥그릇 종류에는 '오목식기', '옥식기', '옥바리'가 있다. '오목식기'는 위는 좁게 속은 오목하게 만든 놋쇠로 된 밥그릇으로, 여자나 아이들의 밥그릇으로 많이 사용한다. '옥식기'는 밥그릇과 국그릇을 말하는 것으로 밥그릇과 국그릇에 꼭지와 무늬 없이 둥글게 만든 것을 말한다. 옥식기 중 무늬가 없는 것은 무늬가 없다는 의미에서 '민무늬 옥식기'라고 부르기도 한다. '옥바리'는 여자용 밥그릇으로 밑이 좁고 배가 부르며 위쪽으로 갈수록 좁아들고 뚜껑에는 꼭지가 있으며 밑에는 굽을 달아 옥식기보다 조금 더 높은 것이 특징이다. 지름에서도 옥식기와 옥바리는 조금의 차이가 있다고 한다. 밥그릇 중에 끝이 오목하게 생긴 것은 '끄트머리오목지'라고 말한다.

[사진 267] 옥바리 식기

[사진 268] 민무늬 옥식기

(5) 마상배

중국 술잔의 일종으로 허리가 높은 술잔이다. 예전에 무사가 전쟁에 출전하기 전에 임금으로부터 하사된 술을 말 위에서 마시기 위하여 만든 것이라는 의미에서 '마상배'라고 한다.

이 외에도 '놋수저', '놋상', '놋동이'가 있다. 수저와 밥상, 동이는 앞에 '놋'을 붙여 사용하고 있었다. 이중 '놋동이'는 보통 모양은 일정하지 않으

[사진 269] 젓가락

[사진 270] 숟가락

[사진 271] 놋상

나 주로 둥글고 배가 좀 부르며 입구가 넓고 높이가 낮으며 밑바닥이 편편한 것으로 들기 쉽게 양 옆에는 손잡이가 달려 있다.

2) 악기류

(1) 곰보종

악기의 종류 중 하나로 좌종 중에서 곰보 모양을 낸 종을 말한다. 크기와 두께가 다른 각각의 종의 윗부분을 치면 서로 다른 소리를 내는데 이를 음악에 사용한다. '곰보종'이라는 말은 종의 표면이 '곰보'처럼 움푹 파여져 있다고 해서 붙여진 말이다. 이러한 곰보종은

[사진 272] 검정곰보종

색에 따라서 명칭을 달리 부르기도 하는데 겉면의 색이 검은 것은 '검정곰보종'이라고 한다. 보통 종교의식 때 주로 사용하는데 소리가 맑고 긴 여운을 남기는 것이 특징이다.

(2) 바라

놋쇠로 만든 타악기의 하나로 접시 모양으로 둥글넓적하고 배가 불룩

[사진 273] 곰보종

[사진 274] 곰보종

하다. 바라의 한가운데 있는 구멍
에 가죽 끈을 꿰어 한 손에 하나
씩 쥐고 두 짝을 마주 쳐서 소리
를 낸다. 주로 사찰에서 행해지는
불교의식에서 많이 사용한다. 다
른 말로 '제금, 바라, 발'이라고도
한다.

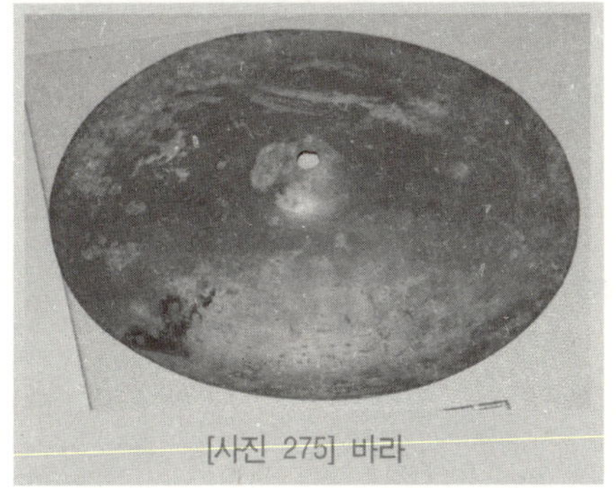
[사진 275] 바라

(3) 징

민속음악에 쓰는 타악기의 하나이다. 전이 없는 대양 모양의 악기로 울
한쪽에 구멍을 내어 줄을 끼워들고 헝겊으로 감은 채로 쳐서 소리를 낸
다. 다른 말로 '라, 금징'이라고 하며[50] 그 종류에 따라 '태징, 유라징' 등으
로 나뉜다.

(4) 운라

아악기류의 하나로 작은 징 여러 개(10개가 보통)를 나무틀에 매달아
놓고 나무망치로 치는 악기이다. 여러 개의 징의 모양은 모두 같으나 그

---

50) '금정(金鉦)'을 잘못 말한 것으로 보인다.

[사진 276] 징

[사진 277] 태징

[사진 278] 운라

[사진 279] 운라채

두께를 달리 해 음정과 음색을 다르게 했다. 음색이 맑고 밝아 경쾌한 곡을 연주할 때 주로 사용한다.

(5) 좌종

앉아서 칠 수 있는 종을 '좌종'이라고 하는데 맑고 투명한 소리가 특징이다.

(6) 편경

종 대신 꺾어진 모양의 경을 매
단 것을 '편경'이라고 한다. 습기나
온도의 변화에도 음색과 음고가
쉽게 변하지 않아 한 번 만들면
반영구적으로 사용할 수 있다고
한다. 소리가 맑고 깨끗한 것이 특
징이다.

[사진 280] 좌종

(7) 꽹과리

농악과 무악 따위에 사용하는
타악기의 하나이다. 놋쇠로 만든
작고 둥근 쇠판을 채로 쳐서 소리
를 내는 악기로 징보다 작다. 주로
농악에서 상쇠가 사용하며 이외에
굿에서 사용되기도 한다. 방언으
로 '깽매기, 깽쇠'라고 하며 다른
말로는 작은 악기라는 의미에서
'소금(小金)'이라고 한다.

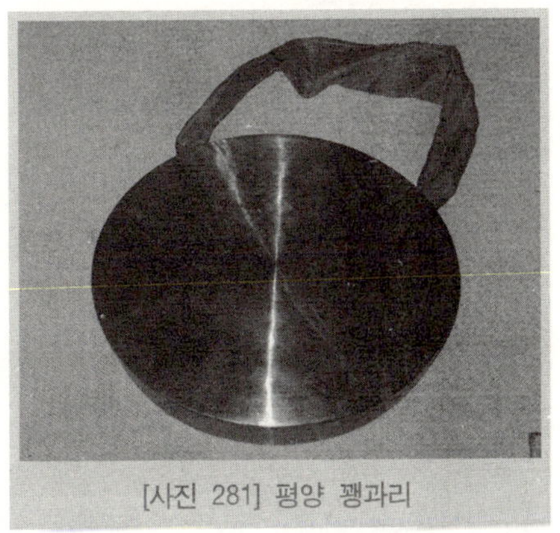

[사진 281] 평양 꽹과리

3) 기타 생활용품

(1) 놋함지

놋으로 네모지게 만든 함지박을 '놋함지'라고 한다. 높이가 좀 깊으며
밑은 좁고 위가 넓은 함지를 말한다.

(2) 대야

놋쇠로 만든 세수대야이다. 물
을 담아서 얼굴이나 손발 따위를
씻을 때 쓰는 둥글넓적한 그릇을
말한다. 대야는 '놋대야', '유기대야'
라는 명칭 외에도 '대야유기'라고
말하기도 했다. 유기로 만든 대야
는 예전에는 시집을 갈 때 반드시

[사진 282] 대야

가지고 가야 하는 혼수품이었다고 한다. 이러한 대야는 크기에 따라 명칭
을 달리 부르기도 하며 용도와 모양에 따라 명칭을 달리 부르기도 한다. 예
를 들어, 목욕을 할 수 있는 대야로 일반적인 대야보다 크게 만든 대야는
'목강대야'로, 여자들이 사용하는 것으로 뒷물을 할 때 사용하는 것은 '민대
야'로 말한다. 이러한 대야 중 크기가 작은 것은 '소대야'로 부른다.

(3) 삭도

중의 머리털을 깎는 칼로 놋쇠
로 만든 것을 말한다. 놋쇠로 만든
삭도는 일반적인 삭도와 달리 머
리에 상처가 나도 회복이 빠르며
살균효과가 있어 상처가 덧나지
않는다고 한다.

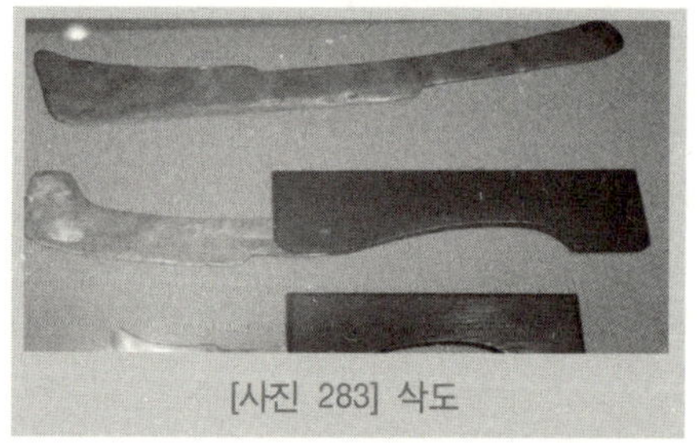

[사진 283] 삭도

(4) 반상

격식을 갖추어 밥상 하나를 차리도록 만든 한 벌의 그릇을 말한다. 쟁
첩의 수에 따라 3첩·5첩·7첩·9첩·12첩 등으로 구별하는데, 대접과 쟁
반 외에 모두 그릇에는 뚜껑이 있다. 보통 12첩은 궁중에서 임금님 수라

로, 9첩은 양반가에서 사용했으며 일반 가정에서는 7첩을 넘지 못했다고 한다. 가정에서 여름에는 사기 반상기를, 겨울에는 유기 반상기를 사용했다고 한다. 이중 주로 냉면과 같이 차가운 음식을 판 위에 받쳐 먹을 때 사용하는 상을 '어북장반, 어북장'이라고 한다.[51]

(5) 요강

방에 두고 오줌을 누는 그릇으로 작은 단지 모양으로 만든 것이다.

예전에는 혼수용품에 이 요강과 대야가 반드시 들어갔는데 그래서 수요가 많았다고 한다.

[사진 284] 요강

2.2.8. 행위

1) 제작 행위

(1) 용해

구리와 주석을 합금한 후 이를 불을 이용해 섞는 것을 '용해'라고 한다. 구리와 주석을 정확히 합한 후 용해한 쇠를 '쇳물'이라고 말하고 이를 불을 이용해 굳힌 것을 '쇳덩어리'라고 한다. 이 쇳물을 쇠판에 부은 후 나온 것을 '바둑'이라고 하는데 바둑의 모양과 닮았다는 데에서 연유한 말이다. 이때 '쇳덩어리'의 표면을 '쇠질'이라고 표현하고 있었다.

---

51) 화로 위에 사용하는 '어북장'은 방짜가 아니라 주물로 만든 것이라고 한다. 방싸에 열을 가하면 깨져 방짜로는 만들 수 없다고 한다.

바둑을 만들기 위해서는 도가니 속에 있는 쇳물을 물판에 위에 붓는 과정을 거친다. 이때 물판(쇠판)에 돼지기름을 발라 바둑이 된 쇠를 쉽게 떼기 위해 하는 행위를 '기름 치다'라고 말하고, 쇳물을 붓는 것을 '쇠판에다 붇다'라고 표현한다. 용해된 쇠를 다른 도가니로

[사진 285] 쇳덩어리

옮길 때 쇠가 더 식지 않도록 하기 위해서 톱밥을 뿌리는데 이를 '톱밥 치다'라고 한다. '톱밥 치는' 행위는 방짜 작업에서 중요한 온도가 내려가는 것을 막는 방법의 하나이다.

(2) 네핌질

용해된 쇳덩어리로 바둑을 만드는 과정으로 바둑을 늘여서 넓히는 과정을 '네핌질'이라고 한다. 안풍구가 달구어낸 바둑을 네핌대장이 빨리 받아 모루 위에 올려 놓으면 원대장은 집게로 바둑을 잡고 돌려가며 칠 곳을 지시한다. 이 때 센망치가 원대장의 지시에 따라 쳐서 늘이게 되는데 바둑이 어느 정도 늘어나면 달구어진 다른 바둑을 겹쳐 놓고 쳐서 넓히는 과정을 반복한다. 한 번에 여러 겹의 바둑을 겹쳐 놓고 치면 시간도 절약되고 전체적으로 두께도 고르게 된다고 한다.

예전에는 이처럼 바둑을 넓힐 때 망치를 이용했지만 지금은 롤러를 이용해 바둑을 균일하게 넓히는데 이를 '로라질'이라고 한다. 메를 이용해 쇠를 늘리는 것을 '늘르다'라고 하는데 이는 '늘리다'의 경상도 방언형이다.

물판에 돼지기름을 바른 후 그 위에 쇳물을 부어 만든 것을 '바둑'이라고 한다. 물판에 쇳물을 부어 만들어진 형태가 둥글넓적한 바둑알 모양과 같다고 해서 '바둑'이라고 한다. 바둑의 형태상의 모습이 '쇠똥'과 비슷하

[사진 286] 바둑

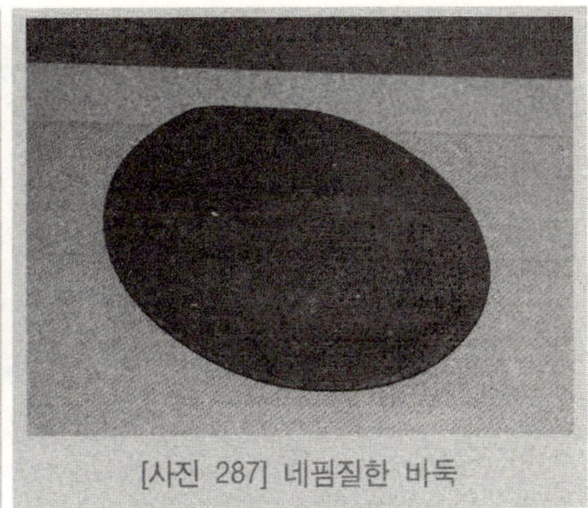

[사진 287] 네핌질한 바둑

다고 해서 다른 말로 '쇠똥'이라고 하기도 한다. 이 바둑을 성형해 원하는 모양의 방짜유기를 만들게 된다.

(3) 우김질

네핌질 다음에 하는 과정으로 몇 개의 바둑을 완전히 겹쳐놓은 후 메로 늘리는 과정이다. 안풍구가 모루 위에 바둑을 놓으면 앞망치, 겟망치, 센망치가 메를 내리쳐서 바둑을 늘리는데 이때 이미 늘려진 바둑을 10어 개 정도 겹쳐 다시 메로 늘리는 것을 '우김질'이라고 한다.

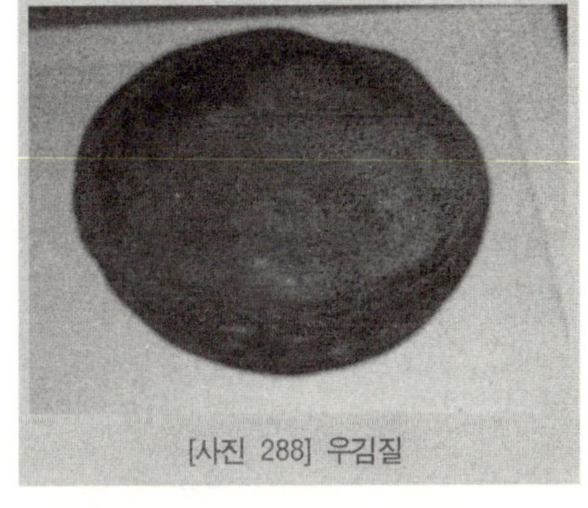

[사진 288] 우김질

바둑에서 완전히 늘려놓은 상태 즉, 우김질된 바둑을 '우개리'라고 말한다. 우김질된 바둑은 그릇 모양으로 여러 겹이 붙여있게 되는데 이 쇳덩어리를 하나씩 뒤조이로 분리시킨 것을 '우개리'라고 한다. 우개리를 처음 자르는 것을 '초불'이라고 말하는데 이는 '초벌'을 의미하는 말로 사용하고 있었다.

[사진 289]
우김질한 우개리

[사진 290]
닥침질한 상태

[사진 291] 가질한 우개리(위)
냄질한 우개리(아래)

(4) 메질

화덕에서 달구어진 바둑을 모루 위에 올려 놓고 때리는 일을 '메질'이라고 한다. 네핌질과 우김질을 할 때 바둑을 메로 치는 것으로 앞망치, 겟망치, 센망치가 담당하는 일이다.

(5) 냄질

우김질된 바둑은 그릇 모양으로 여러 겹이 붙여 있게 되는데 이 쇳덩어리를 뒤조이로 하나씩 분리시키는 과정을 말한다. 이때 떨어진 하나를 '우개리'라고 하며 이 작업을 '우개리질'이라고 한다. 떼어낸 우개리에 간수칠을 하면 다음 작업인 '닥침질'을 하기가 수월하다고 한다. 냄질을 할 때 차곡차곡 쌓여 있는 우개리의 모양을 '책받구'라고 표현하고 있었다.

(6) 닥침질

냄질이 끝난 우개리를 불에 달구어 형태를 바로 잡는 작업을 말한다. 여러 명의 닥침망치가 원하는 넓이와 크기로 만들기 위해 치는 일로 서로 같은 동작으로 잡아서 닥치며 바닥을 문지른다는 데에서 나온 말이다. '닥치다'의 명사형에 '-질'이 결합한 형태이다.

(7) 담금질

제질이 끝나 원하는 모양과 형태가 만들어지면 불에 달군 후 재빨리 물에 담그게 되는데 이 작업을 '담금질'이라고 말한다. '담그다'에 명사형에 '-질'이 결합한 형태이다. 불에 달구어진 쇠를 제질 후 담금질 하면 쇠의 질과 강도가 좋아지는데 그래서 담금질을 한다. 이때 물은 찬물을 사용하는데 찬물에 넣어야만 유기의 성질이 연해진다고 한다.

(8) 제질

닥침질이 끝난 기물을 계속 불에 달구어 가면서 성형하는 과정을 '제질'이라고 한다. 이때 '제질돌'과 '제질망치'를 이용해 기물 성형작업을 한다. 기물의 형태를 잡아가는 '제질'과 기물 성형을 하는 '가질' 작업을 다른 말로 '성형'이라고도 한다. 이는 '제질'과 '가질'이 형태를 바로잡고 원하는 모양으로 만드는 과정이기 때문이다. 또 제질할 때 매끄럽지 않은 부분을 잘라내는 것은 '재단'이라고 한다.

(9) 벼름질

담금질한 물체를 다시 담금질할 때 찬물에 넣으면 형태에 변형이 오는데 이 변형된 형태를 바로 잡는 작업을 말한다. 앞망치가 식은 상태에서 주먹망치, 황새망치, 바닥망치, 주머니망치 등을 사용하여 잘 펴주는 과정이다. '벼름질'은 다른 말로 '배림질' 또는 '대림질'이라고도 한다.

(10) 가질

벼름질이 끝난 재료에는 보통 산화된 피막이나 흠이 생기는데 이를 제거해 놋쇠 특유의 색이 나오도록 하는 과정을 '가질'이라고 한다. 보통 큰 기물을 가질할 때는 두 사람의 센망치가 교대로 가질 틀을 발로 돌려주고 곁망치가 옆에서 계속 칼을 갈아줌으로써 작업한다. 벼름질된 기물을 가질틀의 머리목(머릿목)에 끼워 엄쇠로 고정시킨 후 질나무에 칼대를 대어 깎으면 완성된다. 기물을 깎은 후 기물의 형에 따라 뒷면에 메자국을 남기기도 하고 다른 무늬를 넣기도 한다.

(11) 간수칠

놋쇠에 소금물을 바르는 것을 '간수칠'이라고 하는데 이를 해야 가질작업이 쉬워진다. 이 외에 네 핌질을 할 때나 여러 겹의 바둑을 늘릴 때 간수를 칠하면 들러붙거나 갈라지는 것을 방지할 수 있다고 한다.

[사진 292] 가질

(12) 땜질

바둑을 넓히는 과정에서 생긴 구멍을 같은 질의 놋쇠로 때우는 것을 '땜'이라고 하고 이를 붙이는 행위를 '땜질'이라고 한다. 제작 과정 중 제품이 깨지거나 구멍이 나게 되면 겟대장이 땜 부위에 맞게

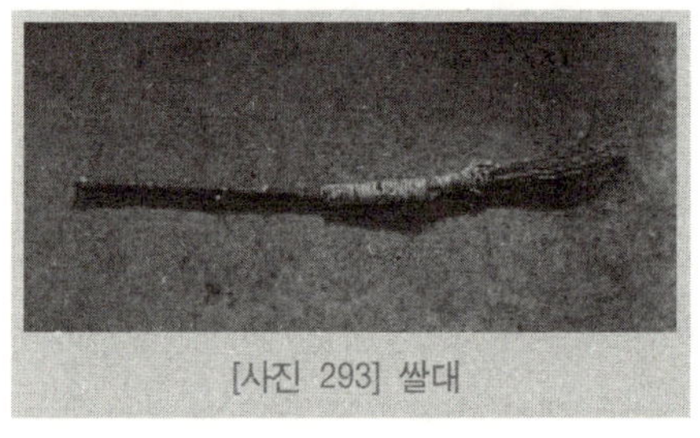

[사진 293] 쌀대

쇠를 붙이는데 이를 '땜쇠'라고 하고 땜질작업에 사용하는 싸리대를 '쌀대'라고 한다.

(13) 풍구질

소통에 불을 지피고 바람을 내기 위해 풍구를 돌리는 일을 '풍구질'이라고 한다. 화덕에 불을 피워 바둑을 달구는 일을 하는 사람으로는 '밖풍구'와 '안풍구', '제질풍구'가 있고 이들을 '풀무꾼'이라고 한다. 풍구질은 보통 처음 방짜일을 하는 사람에게 맡겨진다. 방짜일 중 메질을 할 때 옆에서 풀무로 바람을 내게 하는 일을 '풀무 불다'라고 표현한다.

(14) 작두질

협도로 바둑의 불필요한 부분을 잘라내는 일은 '작두질' 또는 '협도질'이라고 한다. 네핌질 후 보기 싫은 부분을 '작두' 또는 '협도'로 잘라내는 일을 말한다.

(15) 불일

'방짜일'을 달리 부르는 말이다. 방짜작업은 모두 각 장소마다 소탕이 있고 불 앞에서 하는 일이라서 이렇게 부르기도 한다.

2) 제작 방법

(1) 단조

불을 이용해 밀어서 만드는 것을 '단조'라고 말한다. 롤러를 이용해 쇠를 늘리는 방법도 단조라고 하는데 이처럼 금속을 두들기거나 눌러서 필요한 형체로 만드는 일을 가리키는 말이다. 열을 이용해 두드려서 만드는 것을 '열간단자, 열간단조'라고 부르며 이러한 방법을 모두 '단조기법'이라고 한다. 주물로 된 제품은 암틀과 수틀에 용해된 쇳물을 넣어 만드는 기법이므로 단조기법을 사용하지 않는다.

(2) 방짜기법

유기의 종류는 일반적으로 주물, 반방짜, 방짜유기로 나뉘어진다. 이 중 두들겨서 만드는 방법을 '방짜' 또는 '방짜기법'이라고 한다. 방짜는 78%의 구리와 22%의 석을 합금하여 용해한 후 만들게 되는 기법으로 용해된 금속괴를 불에 달구어 메질한 후 가질을 통해 일정한 형태의 제품을 만들게 된다.

(3) 주물기법

합금의 양이나 쇠의 좋고 나쁨에 관계없이 쇠틀에 용해된 쇳물을 넣어 만든 것을 '주물'이라고 한다. 주물유기는 제작 기법에 따라 '돌거푸집방법'과 '밀랍방법', '주물사방법'으로 만들 수 있지만 주로 쇠붙이를 녹여 거푸집에 부은 다음 굳혀서 만드는 '돌거푸집 방법'을 이용한다. 이렇게 만든 주물은 쇠의 좋고 나쁨과 관계없이 만들어 인체에 유해하다고 한다.

2.2.9. 행위자

1) 제작 인원

(1) 방짜유기꾼

방짜유기를 만들 때 필요한 사람으로, '앞망치, 겟망치, 센망치(3명), 네핌대장, 겟대장, 밖풍구, 안풍구, 가질대장' 등으로 이루어진다. 보통 한 점에는 11명에서 13명이 한 조를 이루어 일을 한다. 이처럼 방짜일을 함께 하는 사람을 묶어서 '군'이라고 말한다.

(2) 풀무지기

풍구(풀무)의 바람을 내는 일을 전담하는 사람으로 소통에 불을 지피고 잔심부름을 하는데 보통 처음 유기일을 배울 때 하는 일이다. '풀무지기'는 어떤 일을 하느냐에 따라 '밖풍구, 안풍구, 제질풍구'로 명칭이 나뉘어진다. 이중 겟대장의 조수 역할을 하는 자로, 용해작업을 할 때는 풀무 및 용해작업을 돕고 땜과 우김질 작업을 할 때는 조수 일을 하는 사람을 '밖풍구'라고 한다. '밖풍구'는 다른 말로 '바깥풍구'라고도 한다. '안풍구'는 원대장에 딸린 풀무꾼으로 화덕에 불을 피워 바둑 달구는 작업을 하며 우김질, 네핌질 등을 한다. 원대장의 조수 일을 하며 제질간의 풍구를 담당하는 사람은 '제질풍구'라고 한다. 이들의 주임무는 풀무질과 잔심부름이다.

(3) 겟대장

방짜작업에 쓸 재료를 판별하고 선택하여 이를 합금 후 용해하는 일을 전담하는 사람을 가리킨다. '겟대장'의 합금 능력에 따라 유기의 질이 좌우되므로 숙련된 기술을 지닌 사람만이 '겟대장'을 할 수 있다. '겟대장'은 이 외에도 제작 과정 중 생기는 구멍이나 틈을 땜하는 일을 하기도 한다. '겟대장'을 줄여서 '겟자'라고 부르기도 하고 용해하는 일을 담당한다고 해서 '용해사'로 부르기도 한다.

(4) 망치꾼

메(망치)로 쇠를 두드리거나 늘리는 일을 하는 사람을 말한다. '앞망치, 겟망치, 센망치'를 말하는 것으로 '망치꾼'을 다른 말로 '메질꾼'이라고도 한다. 망치꾼 중에서 '앞망치'와 '겟망치'는 망치꾼의 위치에서, '센망치'는 망치의 힘의 세기에서 나온 말이다. 이중 '앞망치'는 '앞망치 대장'을 가리키는 말로 원대장 앞에 앉아 바둑을 모루 위에 올려 놓는 역할과 뒤틀린 제품을 바로 잡는 일을 한다. '곁망치' 또는 '겟망치'는 앞망치의 왼편에 앉아 센망치와 함께 달구어진 바둑을 메로 쳐서 늘리는 작업을 하는 사람을 가리킨다. 곁에서 망치질을 하는 사람이라는 의미에서 '곁망치' 또는 '겟망치'로 말하는데 메질 외에도 가질대장이 작업을 할 때 칼을 갈아주는 것을 도와주기도 한다.

화덕에서 달구어진 바둑을 세게 쳐서 넓히는 센 힘을 요구하는 일을 하는 사람을 '센망치'라고 한다. '센망치'도 메질 외에 가질작업을 할 때 수동식 가질틀을 회전시키는 줄을 밟아 가질대장의 가질작업을 도와주기도 한다.

(5) 네핌가질

네핌질과 가질작업을 하는 사람을 '네핌가질'이라고 말한다. 이는 '네핌대장'과 '가질대장'을 아우르는 말이다. 원래는 이 일을 하는 사람이 엄밀히 분리되어 있었지만 현재는 기계화로 인해 두 작업을 겸해 이렇게 줄여서 부른다.

(6) 가질대장

제품의 마무리 작업자로 앞망치가 일을 끝내면 기물의 표면을 다듬어 완성하는 작업을 한다. 제작 과정 중 생성된 산화 피막과 흠집 등을 가질틀을 이용해 칼대로 깎아내 놋쇠 특유의 색을 내게 하는 작업이 '가질대장'의 주임무이며, 경우에 따라 닥침질을 하기도 한다.

(7) 대장

방짜유기를 만들 때 제작 부분에 따라 '원대장, 앞망치대장, 겟대장, 가질대장'의 대장이 있는데 이들을 가리키는 말이다. 그러나 일반적으로 대장은 '원대장'을 의미하며 다른 대장을 말할 때는 '○○대장'이라고 한다.

방짜일은 여러 사람과 함께 이루어지는데 원대장의 지휘 아래 전체 작업을 계획하고 통솔한다. 작업을 할 때 '원대장'은 화덕의 정면 왼편에 앉아 지휘하며 모든 제품의 기본틀을 잡는다. 작업과정 뿐만 아니라 제작원들의 품삯도 결정할 정도로 방짜일에 관한 모든 것을 '원대장'이 책임진다.

'원대장'이 하는 일로 주로 일꾼들에게 지시를 내리고 일의 진척이 제대로 되었는지를 확인하고 바로 잡는 것을 '오야공정'이라고 한다.

(8) 칼갈이

가질대장이 가질작업을 할 때 칼을 갈아 날을 세우는 일을 담당하는 사람이다. '칼갈이'는 작두의 칼을 갈아 쇠판을 자르거나 무더진 칼날을 바로 세우는 역할을 한다.

(9) 제질꾼

닥침질 후의 방짜를 제질메를 이용해 형태를 고르게 한 후 마무리를 짓는 사람을 '제질꾼'이라고 한다.

(10) 방주

원대장이 방짜 일의 전반을 관여하고 '방주'는 '점주'의 역할을 한다. 때에 따라 원대장이 방주가 되기도 하지만 대체적으로 방주가 따로 있는 경우가 많다. 이때 방주는 자본주로 볼 수 있는데 '방주'를 다른 말로 '점주'라고 한다. '점주'는 원대장이 하는 방짜일에는 관여하지 않고 일꾼들이 일을 하는지 안 하는지를 살피는 역할을 했다.

방짜유기꾼을 가리킬 때 그 사람이 담당하는 일로 사람을 지칭하기도 한다. 예를 들면, '가질꾼'을 '가질'이라고, '풀무지기'를 '풀무'라고 했다.

3. 대고장의 말

3.1. 생애 구술[52]

—아 그기 인제 아띠라 카는 거는 저 북이라 카는 거는

　첫 번째, 대고와의 인연 이야기

—이걸 가마이 놀긴 놀아야 되고. 근데 아깝도 아깝은 거 성한 거 내버
리 수도 없고

[사진 294] 김종문

문 그면{그러면} 선생님 그 애기 좀 해주세요. 선생님이 이쪽 계통으로 어
　떻게 인제 일을 하게 되었는지 살아온 이야기 좀 해주십시오

답 내가 이걸 시작한 거는 원래 웃대부터{윗대부터} 핸{한} 게 아니고요.
　에~ 스승한테 배워가지고 핸{한} 긴데{것인데} 내가 열일곱, 열여섯 살
　때부터 거 농악 이걸 하는 걸 취미가 있어가지고 백개{아무것도} 할 줄

---

52) 대고장 김종문의 조사를 하는 동안 치아가 없어서 그의 생애구술을 오랫동안 들을 수 없
었다. 그래서 다른 장인과 달리 '가족 이야기', '결혼 이야기'를 싣지 못해 아쉬움이 남는다.

도 모르는 거 따라댕기는{따라다니는} 거 명절마다 치고 하미{하면서}
따라댕기는데 구경댕기고{구경다니고} 이런데. 그때부터도 내가 여 만
들고 이래 하는 건 내가 이 손재주가 쫌{좀} 있었거든요. 손재주가 있었
는데. 그기 그기 인제 해방 전으로 올라가는데. 일제시대 때는 이걸 쳐질
{치질} 못 했습니다. 전부 일제 하에 있어가지고 전부. 해방되고 딱 나니
께{나니까} 전부 자유가 되니께{되니까} 각 동네마다 풍물을 하면서 다
장만해가지고 인제 참 명절 그때도 치고 무슨 회갑잔치도 치고 나름대로
에 치고 놀다가.

圄 이기 인제 가죽이라 카는{하는} 거는 오래 치면은 늘어지거든. 이게. 늘
어지는데 지금은 인자{인제} 원채 이기 인제 많이 발달되고 많이 알려
지고 안 그러면 뭐 인터넷이 뭐 뭐 카면서{하면서} 다 공장이 어디 있다
다 알 수 있거든요. 그때는 어데서 이기 나오는지 전혀 몰라가 시중에
가서 사가지고 왔으니. 거 한 번 사가지고 와삐리면{와버리면} 또 시중
에 거 산 데서 곤치가지고{고쳐가지고} 손 봐가지고 그래 쓸 줄도 몰랐
고 일단 사면 그기 끝나는 기거든. 가죽도 상하고 소리도 늘어져서 소리
가 안 나오고. 그래 어른들이 이걸 가마이 놓긴 놓아야 되고 근데 아깝
도 아깝은{아까운} 거 성한 거 내버릴 수도 없고 그래 무슨 의논한 기
이걸 일단 추릴 때 만들었어. 이때. 이걸 뜯어가지고 우리가 다시 한 번
조아보는 연구를 해보자. 카는{하는} 인제 동네 어른들 의논이 있었던
거야. 그때 내 나이로 거 히는데 거 고기 바로 명절 그치라{끝이라}. 노
는 준비를 해야 하거든. 그래 인제 그거를 그때 풀어가지고 다시 물에
불아가지고{불려서} 땡기{당겨} 조아가지고 해가 그래요 아 그기 인제
아띠라 카는{하는} 거는 저 북이라 카는{하는} 거는 저런 식으로 만들
어진다 카는{하는} 거는.

圄 아치요?

圄 아띠.

問 아띠.

答 우리 우리가 말하는 아띠.

問 아아.

答 북이라 카는{하는} 거는 저런 식으로 만들어진다. 물에 불아가지고{불려
서} 댕기{당겨} 조으면 소리가 난다 카는{하는} 거. 그래 힌트를 거서
얻었습니다. 그래가지고 거 인제 땡기{당겨} 조응께{조으니까} 소리가
난다. 그러다가 뭐 한 살 두 살 더 먹고 거 인제 내가 열아홉. 거. 열아홉
살에 6·25사변을 저 내가. 군대 갔다 나와가지고 인제 그때는 촌에 농
사를 조매쿰{조금} 짓고 촌에 있었거든요. 근데 농사짓고 있다가 농사도
작고 다른 인제 나이 거 가니끼네{가니까} 다른 직장도 구해가지고 나
가고 싶고 그래가지고 이모저모 알아 본 기 옛날에 저 북도 그래 한 번
해봤고 그 뭐 직장 구한다고 여기저기 댕기고{다니고}. 오만{여러} 데
다 댕기고{다니고}. 할튼{하여튼} 댕기고{다니고}. 그때 내가 제대하기
스물세 살 때 제대했는데 나와가지고 김천 우체국에 집배원도 해봤습니
다. 우편 배달로 해보고 하다가 결국은 인제 이거를 한 번 해봐야 되겠
다. 근데 하는 공장이 어딘가 알아야지. 그래가지고 이리저리 아는 안면
을 통해가지고 하다보니께{하다보니까} 대구에 평리동에 북 장구 만드
는 공장이 있다. 거 한 번 가봐라. 그래 거 아름아름으로 해가지고 내가
고향이 김천이거든요. 김천인데. 그 사람이 역시나 고향이 김천 사람이
라요. 이원. 이원석입니다. 이름이. 그래가 거서 드가가지고{들어가서}
배우기 시작했지요. 그 질로부터{길로부터} 계속 인제 저 니왔는데. 원
동기가 거서 나왔어요. 내가 농악을 좋아하고 인제 그렇다 카는{하는}
걸 뜯어가지고 해본 거 어른들 하는 걸 보고 힌트를 얻어가지고 이걸 한
번 해봐야겠다 카는{하는} 거 원 동기가 그겁니다. 예.

問 그래서 공장에 들어와서.

答 예. 그래가지고 거서 오래 있었어. 그 집에서 한 구 년. 있다가. 독립해가

지고 계속 인제 혼자 하지.

문 아 그 독립해서 그 뒤에 계속 혼자.

답 예.

문 그면{그러면} 스승이 이원석 선생님.

답 이원석.

문 그 분은?

답 그 분은 암으로 해가지고 일찍 돌아가셨고

문 원래 인제 또 북 만드는데.

답 북 만드는데.

문 그렇다고 문화재 이러신 거는.

답 그때는 문화재 이런 것도 생각도 안 하고 문화재 카는{하는} 것도 없었고 없었습니다.

문 손수 만드셨습니까? 아니면.

답 손수 만들었습니다. 예예.

아들 쪼매 저 더 클 때까지 좀 봐도~

문 아 그 분도 그래서 거기서 배워가지고 인제 나오셔서. 그면은{그러면은} 이렇게. 쌤도 이렇게 차리신 겁니까? 하나를.

답 예. 나와가. 그래 그걸 깊이 드갈라 카면{하면} 거 내가 그 공장에 드가가지고{들어가서} 하다가 거 선생님이 암으로 해가지고 일찍 돌아가셨어요 암으로 해가 일찍 돌아가지고{돌아가셔서} 거 스승 모친도 혼자고 그러고 보니게{보니까} 스승 부인도 혼자고 아들 남매가 삼 남매가 있었는데 초등학교 댕기고{다니고} 키가 조마쿰했었는데 {작았는데} 그래가지고 내가 그 집에 나올 수가. 거 선생 돌아가셨다 캐가지고{해가지고} 그 집에 나올 수가 없는 입장이 됐어. 고마{그만}. 그래 내가 물건 구입 다 해야 되고 팔러 내가 다 나가야 되고 주인으로 하다시피 내가

했거든요. 그래가지고 거서 한 육 년 동안 거 봐주고 아들 국민학교 드
가고{들어가고} 이래. 중학교도 큰 아는 중학교까지는 드가고{들어가
고}. 그래 보고 결국은 인제 혼자 해야 되겠다 카는{하는} 생각을 해고
{하고} 나와서 김천서 자리 잡아가지고 시작했잖아요. 시작해가지고 하
다보니께{하다보니까} 거 인제 스승 모친이 찾아왔어요. "자네가 일할
때는 (거 물건을 산 김에 그때는 다른 데 특별하게 납품하는 게 없었고
상점에 대주고 이런 거밖에 없었는데) 상점에 가져가면 일일이 하나쓱
{하나씩} 막 골래보고{골라보고} 재났는 거 빼내고 이게 장사 이거 모
{못} 하겠는데." 내 있을 때는 안 그렇거든요. 식구가 많아 이거 백 개면
백 개. 오십 개면 오십 개 카만{하면} 저 창고 갖다너뿌고{가져다 넣어
버리고} 끝나부리는데{끝나버리는데} 가니께{가니까} 그러키{그렇게}
막 거 캐서{해서} 세밀하게 캐사서{해서} 못 하겠으니까 와서 "아~들
쪼매{조금} 저 더 클 때까지 좀 봐도" 그래 거 물건 만들어논 거는 거
우리 거리 안 되가 여면{넣으면} 되니께{되니까}. 그거 팔 걱정은 안 해
도 됭께{되니까} 할마씨가{할머니가} 노인이 와서 카는데{하는데} 거절
할 수가 없는 기라요{거라요}. 그래가지고 또 내가 자기네 집에서 안 배
웠으면 자기한테 아들한테 배우고 이래 되도 그래가지고 거서 그때 또
재워버리고 가서 밥이나 하니 그 또 그 질로{길로} 가서 한 삼 년 봐줬
어. 삼 년 봐주고 거서 돈 좀 벌고 그 아들 크고 크니께{크니까} 마 그때
인제 완전히 그 집에서 손 놓고 그 집에 쓰던 인제 연장 같은 건 내가
가져와가지고 내가 독립해가 그 질로부터{길로부터} 내가 계속 혼자 지
금까지 하지요

문 혼자 하시면서 특별히 어려움은 없으셨어요?

답 어려운 거는 인제 첨에 그래 시작해가지고 김천서 하면서 촌에서 요걸
첨에 두 번이나 한 단계 내려와가지고 다시 하다 촌에서 또 다시 하다가
거래처를 내가 잘못 못 해가지고 그해 수금하는데 고마{그만} 땅마지기

있는 거 다 팔아묵따{팔아먹었다} 카니게{하니까}. 그래가지고 인제 워
낙 독립해가지고 떡 하는데 자본이 없어가지고 자본이 짧아가지고 거
인제 에로가 많았지.

문 아. 그러셨구나. 그면{그러면} 부모님 그때 다 돌아가셨을.

답 그래가지고 부모님은 촌에 있었어요. 촌에 인자 우리 어른은 아버지는
일찍 돌아가셨고 많이 내 어릴 때 돌아가시고 인제 어머니는 인제 촌에
계셨어. 인제 여 와서 내가 자리 잡아가 시작해놔놓고 거 인제 하면서
거서 촌에서 어머니 별세하시고 거 인제 가족 전부 대구로 이사 오고

문 아 그면은{그러면} 그때 인제 대주는데 자본이 없어서. 힘드셨고 그 뒤
에는.

답 자본이 없어서 인제 내가 인제 큰 힘을 못 썼지. 내 나름대로의 물건 단
가 같은 거. 이거를 뭐 얼매{얼마} 해야 한다도 이런 큰 소리를 못 쳘
{칠} 이리{이런} 입장이고 그래 자본이 없으니까 선불을 땡겨가지고
{당겨가지고} 물건을 해가지고 항께{하니까} 권리가 없는 기라야{거라}.
잘해도 돈 선불 주는 대개 잘해도 이런 식으로 했기 때문에 내가 물건
인상 같은 이런 걸 내 자유자재로 못 하고 하기 때문에 그러이 경제적인
타격을 많이 받았지. 일단.

문 그면{그러면} 지금은 사실 문화재를 받으신지 좀 되셨잖아요 그리고 나
서는 괜찮습니까?

답 지금도 뭐 큰 재미가 없어요. 원채{원래} 이거 인제 내 뿐 아니고 하는
사람들 많거든. 많이 늘어나거든요

문 아 그래요

답 그때 그때 내가 대구 시작할 때는 음. 내 하나, 둘, 한 두 사람밖에 없었
어요. 대구서. 그냥 지금은 뭐 많거든. 좀 내 밑에서 배운 아~들이{사람
들이} 나와서 또 하고

문 그렇지만 선생님처럼 문화재를 받진 않잖아요

🈺 예. 자꾸 그래 나가고 지금 뭐 뭐 내 밑에 배워서 나간 거 문화재 된 사람 있습니다. 안양. 안양시에 있는 아가 지금 문화재 된 지 올해 사 년짼가 됐어요.

🈴 아 그렇구나. 선생님한테 배워서 인제 문화재가 됐구나.

🈺 그래. 그렇기 때문에 지금도 그래 인제 지금 와서 쪼맨치{조금씩} 될라 캉께{하니까} 너무 인제 젊은 사람들 시작해가지고 너무 덤핑을 많이 해가지고 이기{이게} 가격이 올라가지를 못 해요.

국악기 소중하게 생각 안 하고 한 번 쓰고 내던져 버려뿌고.

🈴 그래도 선생님은 문화재니까 좀 그렇지 않습니까?

🈺 그런데 그기{그게} 한 가지 인제 잘못 됐는 게 뭐냐 그러면은 이게 인제 학교 선생들이나 대학 교수들이나 이거를 알아줘야 하는데 이거는 우리나라 국악기라. 소중하게 생각해야 되는데 소중하게 생각 안 합니다. 국악기 소중하게 생각 안 하고 한 번 쓰고 내던져 버려뿌고{버려버리고}.

🈴 아 보관이 잘.

🈺 마 예. 보관이라 카는{하는} 거 없고 무조건 하고 음질이 좋든지 나쁘던지{나쁘든지} 헐으면{싸면} 좋은 기라{거라}. 헐으면{싸면}. 예. 그런 면이 있기 때문에 문화재한다 캐가지고{해가지고} 뭐 근데 얼만데 딱 이건 비싸다. 안 하는 기라요{거라요}. 예. 한 개 쓰고 두 개 쓰면 되는데 아무따나{아무것이나}. 요새 연습해가 배우면 된다 카는{하는} 그런 거 그러 면이 있기 때문에 물건 인상이 잘 안 되요.

🈴 아 그래요. 그래도 수요는 좀 많은데 이렇게 좀 싼 거 많이.

🈺 예 예.

🈴 그래도 뭐 이제 우리가 국가에서 하는 행사나 뭐 이런 데 있잖아요 국립국악원이나 이런 덴 좀 다르지 않습니까?

🈺 그런데 드가는{들어가는} 거는 좀 가격을. 조금 대신에 물건도 잘 만들

어줘야 되고 가격이 인제 좀 낫지. 예. 실지{실제} 또 물건. 돈 좀 더 받고 물건 잘해주면요 오래 갑니다. 이거.

問 그렇죠

答 그저 일, 이 년에 끝나는 것도 아니고 삼, 사 년에, 오 년, 십 년까지 갑니다. 이게 물건.

問 장기적으로 보면. 현명한데.

答 장기적으로 우리가 오래 가요. 오래 가기 때문에. 그런 면도 있고 또 인제 국가행사 같은 거 이런 단체행사 있으면 예를 들어서 인제 풍물북 같은 거 저런 건 뭐 오십 개도 드가고{들어가고} 백 개도 드가고{들어가고} 한 몫에 마. 몇 십 개쓱{개씩} 한 몫에 들어가는데 한 몫에 들어가가지고 한 번 행사를 해뿌리면요{해버리면요} 그거로 끝내면 기양{그냥} 창고 안에 그냥 드가쁩니다{들어가버립니다}. 고마{그만} 뭐. 거 다음에 딴 행사하면은 새로 사거든요

問 참 안타깝네요

答 예. 그기 인제 젤{제일} 문제가 우리 인제 국악기를 다루는 사람들이 그거 하나가 참 잘못된. 중하게 생각해야 되는데 그기 흃거든{싸거든}. 헐은{싼} 거 한 번 쓰고 내뿌리뿌고{내버려버리고} 또 담에 새로 쓰고

問 이게 또 서양악기에 비해서 가격이 좀 저렴하니까?

答 아주 뭐 뭐 말도 못 하죠 서양악기 한 대에 몇 백만 원 몇 천만 원 하는 거 우리 악기는 뭐 뭐 몇 십만 원두 안 가요

問 그러니까 인제 또 그만큼 비싸면 우리는 또 가치를 해주고 이러니까.

答 좀 인제 비싸게 받고 가치있게 해주고 쓰는 사람들도 가치있게 생각하고 숭하게 생각하마{생각하면} 이기{이게} 물론 가격이 가치가 생기는데. 그걸 뭐 단순히 생각해가지고 이거 한 번 쓰고 내뻐리면{내버리면} 재 그거 하면 되지. 그렇기 때문에 비싼 걸 요구 안 하는 기라. 아무캐나{아무거나} 마 헐은 거면 됐다. 그기 인제 무슨 단체나 학교 같은 데서 인제

일제 인제 예를 들어서 농악팀으로 하나 구성을 한다. 그러면 이거를 악기 같은 거는 입찰을 하면 안 되거든. 이거는. 입찰로 하면 안 되니까.

㉃ 그렇죠 가치가 다르니까.

㉄ 입찰을 봐뿌리면{봐버리면}. 물건이.

㉃ 저렴하고

㉄ 아주 저렴하고 헗기{헐하게} 받는데 잘해 나갈 수가 없거든요 그래 그런 면이 이걸 좀 좀 알아줘야 된다 카니까요{하니까요}. 그래 그런 걸 모르니. 그 인자{인제} 그기 오백만 원. 천만 원 미만인가. 이상 되면 입찰을 봐야 되거든요. 그래 그것도 정. 거 정부에서도 천만 원 이상 되면 입찰을 봐야 된다 강제적으로 그래선 안 되는 기라. 그래 인자{인제} 예를 들어서 타악기면 타악기. 악기는 악기별로 하고 또 의상은 의상 하는 대로 사고 이래뿌리면{이래버리면} 옳은 물건을 사고 이래야 되는데 그기 안 되거든요. 왜. 이천만 원 이래는데 왜 따로 따로 천만 원 썼나. 그래 감사가 그런 식으로 나가서. 그기 인제 감사 하는 사람들도 잘못 됐고 거 사야 하는 사람들도 사는 사람들도 잘못 됐는. 그런 면에 있어서 악기가 우리나라 악기가 가치가 많이 없어졌어.

㉃ 사실은 이게 좀 대우를 받아야 되는데 서양악기보다는 우리악기가. 그래야 되는데. 우리나라 사람들이 또 좀 그런 면에서.

㉄ 근데 여 타악기도 우리나라 악기가 좋은 데도 불구하고 우리나라 악기는 몇 백만 원 하면 사는 걸 천만 원쓱{원씩} 이상 주고 안 사오니까. 사오는데 그게 그렇다 해서 수명이 좋고 하면 전부 사가고 지금 우리 도립. 도립 국악단에 그기 천 몇 백만 원인가 사가지고 대고 거. 지금 째졌거든요. 째져가지고 거의 무조건 하고 외제 카만은{하면} 좋고 우리 국산 카마{하면} 안 좋고 이런 사고방식이 멀리 떠나야 되는데 그기{그게} 안 떠나.

㉃ 그러니까 또 이런 일을 하시는 분들은 그런 얘기 들으면 마음이 굉장히

또 사실 안 좋잖아요. 우리 거 쓰면 되는데.

⊞ 그래 그것도 이런 이런 방법을 할 수 있는 기라. 우리나라 악기가 이런데 저 외제 악기는 단가가 이키{이렇게} 비싸다. 요런 식으로 우리가 만들어 줄 수 없나. 그기 공연히 일을 하면 되는데 그거 일을 없이 그대로 외제 카면{하면} 좋은 기라. 덮어놓고 그런 뭐. 그런 점이 안타깝지.

⊞ 그러면 쌤 왜 쌤한테 배운 그 안양에서 문화재 받으신 분이 있고 그 담에 또 대고장으로 해서 문화재 받으신 분이 많으세요?

⊞ 없습니다.

⊞ 그 두 명이.

⊞ 예. 그 사람 한 사람뿐입니다.

두 번째, 대고 이야기

–나는 아직까지 신재 카는 그런 거는 안 씁니다. 구재. 큰 건물 뜯은 거.

⊞ 어 그렇습니까. 그면{그러면} 쌤이 이제 그 사람은 쌤의 제자니까 그렇고 쌤이 젊은 사람들이 많이 이 일을 하지만 쌤만의 어떤 독특한 기법 같은 거. 이런 기{거} 있을 거 아닙니까? 그래도 나름대로 어떤.

⊞ 그렇죠. 나는 내대로의 기법이 있고 나한테 배워가지고 나간 사람들은 다 자기대로 하는데 그기{그게} 인제 나가가지고 거 배운 기법 그대로 쓰면 하지만은 그래 안 합니다. 안 하고 속도 막 빨리 해가지고 빨리 세 속 많이 내가지고 다른 사람들 저 사람 나 하나 팔 딴에 지는 두 개 세 개 맨들어가지고{만들어가지고} 헗기{헐하게} 숫자 많이 판다 카는{하는} 거. 그런 욕심 하나밖에 없기 때문에 물건이 질이 옳게 나올 수가 없어요. 예.

⊞ 쌤은 다른 사람하고 달리 나는 뭐 내 나름대로 어떤 아주 독특한 기법.

⊞ 예. 그런 거는 내가.

🔲 뭐가 있으신가.

🔳 예. 가만 있어요. 그거 인제 고 앞에 꺼{것} 얘기했지만은 딴 데서 하는
사람들은 북 여 통나무를 전부 신재. 수입을 해가지고 오는데 신재, 새나
무를 사다가 추지잖아요{하잖아요}. 원목을 따개노니께{잘라놓으니까}.
그기{그거} 적어도 그기{그거} 북 해가지고 쓸라면{쓸려면} 적어도 한
십 년 이상 이십 년 다 말라야{말려야} 되요. 말라야{말려야} 되는데. 불
과 한 이, 삼 년 많이 말라봐야{말려봐야} 이 삼 년. 한 이 년 동안 이래
말라면{말리면} 옳게 안 되거든요. 그걸 가지고 그대로 합니다. 그대로
하지만은 인제 나는 아직까지 신재 카는{하는} 그런 거는 안 씁니다. 구
재. 큰 건물 뜯은 거. 안 그러면은 여 이런 기{거} 오는데. 수입에 들어오
는데 기계 기계 같은 거 이런 거 인제 포장해가 들어오는 막 물건 이런
거 있습니다. 그런 게 몇 년쑥{년씩} 된 게 있고 저거 인제 건물 뜯은
거는 보통 삼십 년 이상 사십 년 다 넘거든요. 그기{그거}. 그걸 사다가
하지. 근데 그 대신에 그기요{그거요} 단가가 굉장히 비싸게 먹어요.

🔲 아 건물 뜯은 건데도

🔳 야. 비싸게 먹어요. 그래도 우리는 그걸 기양{그냥} 거저주고{공짜로}
가져오는 것도 아니고 그 나무를 장사하는 건 사야 되거든요. 사도 비싸
게 주고 사야 되고 또 이기{이게} 인제 오래된 나무 쓰려면 나무가 뚝
뚝뚝 갈라지거든요. 갈라졌는 거 인제 없애뿌리고{없애버리고} 성한 것
만 골라쓰고 하니께{하니까} 굉장히 몇 배 비싸게 치이요{들이요}.

🔲 그렇겠네요 잘라낼 것도 있고 그러니까. 그러면 선생님 또

🔳 그라고{그리고} 또 헌나무 집에 가서 사도 구재는 확실히 신재보다 비쌉
니다. 적어도 한 삼 배쑥{배씩}. 예.

🔲 그리고 쌤 구재를 쓰시는 게 선생님만의 어떤 기법이고 또 또 다른 거는
없으십니까?

🔳 그거 인제 기법이고 또 가죽은 내가 한우를 쓴다 카는{하는} 거 특징이

고 다른 건 안 씁니다.

문 또 다른 거 어떤 작업하시면서 다른 사람은 안 하는데 내만 요렇게 하시는.

답 고걸 인제 북을 조을 때. 조을 때 어느 한계쯤까진 조아야 되요. 지금 요즘에 딴 데서 다른 데서 하는 아~들 보면은 영 무조건 하면 시게{세게} 땡겨주면{당겨주면} 좋다. 시게{세게} 땡기면{당기면} 인제 조금 수명은 음질이. 조금 오래 가지. 오래 가는 반면에 음질이 안 좋아요. 씨게{세게} 땡겨버리면{당겨버리면}. 땅땅땅. 북이라 카면은{하면은} 어느 정도 북소리가 쿵쿵쿵 나야 되는데. 땅땅 시게{세게} 땡겨노니께{당겨놓으니까} 팽팽이 조여노니께{조여놓으니까} 이게 음질이 나쁘거든요. 이게 어느 한계선까지 땡겨줘야지{당겨줘야지} 그렇다고 덜 땡겨버리면{당겨버리면} 안 되고 어느 한계선까지 땡겨주면{당겨주면} 인제 북소리가 옳은 소리 나고 그라고{그리고} 나서 또 이 쳐져 늘어져부려요{늘어져버려요}. 그러면 다시 손 봐가지고 다시 불러가지고 해놓으면 또 참 진짜 옳은 소리가 나옵니다. 고런 식으로 돼 나가야 되는데 그런 방법.

문 한 번 땡기고{당기고} 또 한 번 더.

답 예 늘어졌을 때 한 번 더 땡겨주고{당겨주고} 하면 옳은 소리가 나와요 고런{그런} 기법을 해가지고 나는 써도 다른 데서 딴 사람들 하는 거는 그런 거 안 합니다. 일단은 한 번 맨들어놔 노버리면{놓아버리면} 그걸로 끝나버리고 예. 마 숫자를 많이 한다 카는{하는} 거. 대충 대충 만들어가지고 하는. 그래 나는 그런 식으로 인 하고 나무도 그런 실로 쓰고 가죽은 특히 한우 가죽으로 쓰면서 북 하나 하나 할 때 정성이 좀 들어가야 되는. 정성이 안 들어가고는 안 됩니다

문 그러면 쌤 이 뭐 북에 장식이라든지 요런 부분에서도 또 다른 사람하고는.

답 장슥{장식} 예. 될 수 있으면 다른 사람하고는 안 따라가지 인제.

문 차별되는 게 어떤 게.

답 예. 안 따라가지. 이 딴 사람은 예를 들어서 요런 못을 썼으면.

문 아. 요기 못이락 캅니까{합니까}?

탑 예. 요거 못이라. 요런 못을 썼으면 나는 요거보다 조금 틀린{다른} 방법 해가지고 인제 쓴다 카는{하는} 거.

문 아 요건 금{그럼} 밑이 뾰족합니까? 밑이.

탑 예. 밑이 뾰족한. 못이 다 있습니다.

문 아 그렇습니까. 요거 못은 종류가 뭐 있는데 선생님.

탑 못 종류도 이기{이게} 인제 이거는 스뎅이고{스텐이고}. 스뎅으로{스텐으로} 만들었는 기고 또 스뎅으로{스텐으로} 만들어도 헗게{헐하게} 헐은 게 나오는 기 있으요{있어요}. 막 덤빼이할라고{덤핑할려고}. 요거는 이중으로 해가 있습니다. 이중으로 싸가지고 못으로 붙이고 이기{이게} 두 개 되거든. 두 개. 한 개로 가지고 두꺼운 걸로 만들어가지고 구멍을 뚫어가지고 우에서 못을 막바로{바로} 친 게 있어. 그기 인제 젤{제일} 헗지{헐하지}. 그거 신죽.

문 신죽이요?

탑 신죽 카는{하는} 거. 노{녹} 안 나는 거 놋그릇 하는 거 노란 거. 그기 있고 거 신죽 중에도 몇 개 해가지고 나오는 게 있고 길다라서{길다래서} 오래 가도록 좀 보기 좋게 만들고 꽃 꽃 무늬도 있고 뭐에 별 희한한 게 다 있거든요. 그래 인제 될 수 있으면 안 따라. 남 안 따라 가가 만들어.

문 그면{그러면} 요런 단청이나 못 요런 데서도

탑 단층도{단청도} 역시나 다른 사람 단층{단청} 나온 거하고 내 나온 거하고 딴 사람하고는 조금 뭐이가, 용머리가 틀리도{달라도} 틀리고{다르고} 어디가 틀리도{달라도} 틀리고{다르고} 그렇습니다.

문 아 그렇습니까. 좀 다르게. 그면{그러면} 쌤이 주로 단청하는 그 주로 나는 용을 많이 한다든지 이런 단청을 많이 하시는 단청은 어떤 게 있는데요

탑 젤{제일} 마이{많이} 하는 게 인제 이기{이게} 옛날부터 이기{이게} 북에 인제 이거 용머리 여가지고{넣어가지고} 많이 했기 때문에 그래 용무

늬 넣지 말고 다른 거를 뭐 매화라던가{매화라든가}. 뭐 목단이라던가{목
단이라든가}. 거 인제 자기 요거 싫어하는 사람은 해돌라 카는{하는} 게
있는데 가끔 인제 그런 건 들어와요. 고러면{그러면} 인제 내 나름대로
고대로 인제 당장 칠해주는 거 그거지. 딴 거는 뭐 보편적으로 다 같고

문 그 다음에 선생님 그 뭐 여기는 나무나 가죽 이런 재료 외에는 딴 거는
안 쓰신다 그랬는데 그 외에 우리가 보면 이런 다른 이런 있잖아요 또
부가적으로 들어가는 이런 예를 들면 못 같은 거라든지 요런 거. 요런
것들은 뭐가 있습니까? 장식을 하기 위해서라든지 아니면 저 끈 같은 거
늘이잖아요. 농악 같은 데는 그런 거는 뭐라 그러는데요

답 저 농악북 만들면 그걸 인제 가죽으로 가지고 생가죽을 줄을 연결시켜가
지고 기다라이{길다랗게} 인제 거 인제 오리거든요. 줄을 떠요 줄을 떠
가지고 그게 저래 얽어매 쳐질 때 얽어매는. 저거 인제 저거를 내 특징
이라 카면서{하면서} 우리집백에{우리집밖에} 하는 게 없습니다.

문 줄을 저래 매는 거를 보고 뭐라 카는데요{하는데요}.

답 기양{그냥} 북 매는 기라{거라} 카지요{하지요}. 그대로

문 아. 저거. 저 줄은 뭐라 그러는데요

답 기양{그냥} 그양{그냥} 그대로 줄 그대로 씁니다. 가죽줄이라 카죠{하
죠}. 가죽줄.

문 가죽줄. 아 가죽입니까?

답 줄. 가죽입니다. 가죽줄로 기양{그냥} 얽어맨다 카죠{하죠}. 북 매미. 북
을 맨다 캅니다{합니다}. 저기 인제 손이 많이 가거든요 일일이 감으
줄 요래 고르게 똑 가위로 떠야 하거든요. 다른 데서는 저 북을 잘 안 합
니다. 순전 손으로 줄 떠가지고 땡기조으면{당겨조으면} 또 전부 손으로
다 땡기조아야{당겨조아야} 되거든요 힘이 많이 들거든요

문 그렇겠네요. 또 가죽이 끊어지면 안 될 거 아닙니까?

답 예. 안 끊어져야 되죠 이런 거는 그렇기 때문에 딴 데는 기계로 하는 거.

이것도 옛날에 손으로 했는데 기계로 땡기거든요{당기거든요}. 기계로 땡기는데{당기는데} 땡기면{당기면} 수월한 거만 하는 기고{거고}.

㈜ 저런 기{게} 오히려 손이 많이 가는.

㉠ 손이 많이 갑니다. 예. 그렇기 때문에 저런 거 잘 안 할라 카지{하지}. 그래 인제 거 북 저 인제 요 풍물북 중에는 대구에서 대구 뿐 아니라 전국에도 인제 다 퍼졌는데 날뫼북춤 이야기 들었죠 날뫼북춤에 북이 딴 데보다 북이 큽니다.

날뫼북춤만한 북이 다른 데보다 크고. 또 여서 김천에 가면 빗내 카는 농악이 있는데. 김천 빗내농악이 거가 북이 날뫼북춤보다 또 북이 더 커요.

㈜ 날뫼북춤.

㉠ 예. 날뫼북춤만한 북이 다른 데보다 크고 또 여서 김천에 가면 빗내 카는{하는} 농악이 있는데. 김천 빗내농악이 거가 북이 날뫼북춤보다 또 북이 더 커요 더 크고 그 북 저게 무형 보통 하는데 거도 날뫼북춤북이 있고 빗내농악 북춤북이 있고 진도에 진도북춤북이 따로 있어. 진도북춤이 따로 있고

㈜ 진도북춤이 있구요

㉠ 예. 또 밀양 카면{하면} 밀양북. 밀양북춤에 밀양북이 또 틀립니다{다릅니다}. 틀리고{다르고}. 예.

㈜ 또 뭐 그럼 북춤 추는 데가 꽤 많나요?

㉠ 예. 여 인자{인제} 진도에 경북으로 가서는 진도북춤. 또 여 대구로 와 대구 특징이 인제 날뫼북춤. 밀양으로 오면 밀양북춤. 여 농악으로서는 빗내농악 내 그게 있고 다 틀리고{다르고}.

㈜ 아. 빗내농악도 있고 그러면 또 그 다른 데는 또 없습니까? 대구 경북 말고도

탑 대구 경북 말고도 워 워낙 많지. 부산에 가면 부산 아미농악 카는{하는} 거. 거 거도 북춤을 하지. 거 거도 이름이.

문 아미농악 이것도?

탑 아미농악 카는{하는} 거. 거도 부산에 이름난 농악이 아미농악. 경북에서는 경북에서는 김천 빗내라 카고{하고}. 대구에서는 대구 비산농악이 있고

문 비산농악 음. 예.

탑 그런데 문화재 농악으로서 문화재 밟았는 사람들은 대구시에서 뭐 고산. 욱수 거 인제 전부 지정 다 받아서. 고산농악.

문 거 안 그래도 받은 사람도 꽤 많더라구요

탑 고산농악. 욱수농악.

문 이 날뫼북춤도 있고 고산. 욱수. 그 담에 또 뭐 이 이거는 공산농요

탑 공산. 공산농요

문 이것도 뭐 북춤 춥니까? 공산농요도요?

탑 거는 인제 그기{그게} 아이고 거는 북춤이 아이고 농요 농사 지을 때 농사 짓는 거 게.

좀 이래 우리 악기를 생각하면 좀 중하게 생각해줬으면 하는 거.

문 예. 쌤 또 뭐 오늘 뭐 잊어버린 것 중에 더 하실 말씀 있으세요?

탑 잊어버린 거. 뭐. 딴{다른} 기는 없습니다. 없고 아깨노{아까도} 이야기 했지만은 좀 이래 우리 악기를 생각하민 좀 중하게 생각해줬으면 하는 거. 그리고 아직까지는 모르겠습니다. 뭐. 우리 아들이 인제 후임으로 인제 지금 하고 있는데 돈을 못 벌어 그렇지. 내가 내가 살아서 돈을 못 벌이요{벌어요}. 돈을 못 벌이고 내 죽고 나면 저거 나름대로 무슨 계획이 있어가 할랑가{할려는가} 몰라도 지 내 죽고 나면 지가 인제 또 그 후임으로 문화재. 거.

문 받겠죠

답 받으겠지. 근데 지금 현재 봐서는 내가 많이 쉬운 내 하는 내 나름대로 하는 걸 아직까지 내 죽을 죽기 전에는 해야 한다 카는{하는} 거. 그걸 인제 거기 고집이 있거든. 그거대로 죽기 전에까지는 아직까지 내 고집대로 한다 카는{하는} 거.

문 따라주신다고

답 따라주는 건 인제 지가 알아서 해야지.

문 또 아드님 계속 했으면 하는 바람도 있지요? 사실은.

답 예. 그리고 또 해야죠 이쪽 안 되서 중간에 인제 탈퇴할 수도 없고 또 내가 해봐야 얼매{얼마} 오래 또 못할 기고 앞으로 보유자로서 이거 받아뿌면{받아버리면} 그것도 인정받아가 하고 지금 현재는 거저 거 한국 저 저저 연장. 한국 연장 명인으로 드가{들어가} 가입되가{가입되어} 있어요

문 아 그렇구나. 하여간 원래 아드님이 다른 일 하셨습니까?

답 원래는 첨에는 그거 했습니다. 대학교 나와가지고 물리치료. 물리치료사.

문 하셨는데 그만두고 인제. 아. 결혼하시고 그만두셨어요?

답 그렇죠 뭐.

문 아. 그렇구나. 결혼하시고 그만두시고 인제.

답 생각해 보고 다음에 또 그러면 또 또 생각나믄{생각나면} 또 인제.

인제 그 어부들이 만선이 되서 돌아올 때는 인제 기분이 좋아가 이거 북을 치는데 그 해풍으로 인해가지고 가죽이 늘어지니께

문 요즘 안 쓰는 북 중에 예전에 쓰던 거.

답 안 쓰던 것 중에는 뭐 지금 검고 카는{하는} 것도 요즘에 안 쓰고

문 검고요? 예. 검고는 이거 보통 어떨 때 주로 쓰는 건데요

답 그것도 뭐 궁중무용 할 때 거 썼다 카는데{하는데} 지금은 그른 기{그런 걸} 전혀 안 쓰니께{쓰니까}.

문 검고. 예. 그러고 예

답 거 인제 거 있는 거 절고 카는{하는} 거. 거 인제 관아에 쓰는 거고 모
듬북은 이건 개량. 일종의 개량북이니까. 전통으로 내려온 게 아니고 개
량북이고 풍물북은 인제 옛날부터 고대로 내려오는 거 하나도 변동없이
고대로 지금 하고 있습니다. 저 저래 지금 저 북을 많이 쓰는 데가 경상
도 지방을 젤{제일} 많이 써요. 저리 경기도, 전라도 지방은 많이 안 씁
니다. 경상도 전통 내려오는 게 경상도 사람들이 많이 쓰는 기고{것이
고}. 거 아깨{아까} 거 이 이것 사물북 카는{하는} 게 그 근본 아주 옛
날에는 이거 쐐기를 이래 꼬쟁이를{작대기를} 이렇게 안 하고 전나무
같은 거 나무꼬쟁이{나무작대기} 가지고 둥그리하이{둥글게} 여가지고
{넣어가주고} 했는데 이거를 어떤 사람들이 젤{제일} 많이 썼냐 하면은
그 어부들이 어부들이 인제 그걸 많이 썼다 카는데{하는데} 어부들이
어예{어떻게} 쓰냐 카면은{하면은} 해풍에 바닷물이 짜기 때문에 가죽
이 잘 늘어나거든요. 늘어나기 때메{때문에} 인제 그 어부들이 만선이
되서 돌아올 때는 인제 기분이 좋아가 이거 북을 치는데 그 해풍으로 인
해가지고 가죽이 늘어지니께{늘어지니까} 쐐기 꼬쟁이를 똑 굵은 걸 빼
내고 굵은 걸 가지고 마 때리쳐{때려쳐} 밀면 북이 이래 좀 조아지기 때
문에 그래 쐐기가지고 해변에 있는 어부들이 인제 많이 쓰고 이런데 지
금은 요새 아~들은 인제 사물용으로 사물북으로 많이 쓰고

문 그 담에{다음에} 쌤{선생님} 예전에 썼던 거 중에. 쌤 예전에 만드셨던
거. 요즘 또 안 나가는 거.

답 거 옛날에 만졌는 거는 요새 와서는 만져지지도 않고 옛날 함부로 뭐 안
쓰는 것도 만들어 볼 필요도 없었고 인제 전시 인제 작품 낸다고 인제
몇 가지 인제 옛날 걸 인제 있는 걸 안 잊어버릴라고{잊어버릴려고} 인
제 몇 가지 해본 기고{거고}.

문 그면{그러면} 작품 낼 때 요새 뭐 옛날 거 뭐 내셨는데요?

탑 지금 인제 요거 할 때 몇 가지만 했었어요. 이거. 삭고 카는{하는} 기{거}. 요것도 북이 삭고 카는{하는} 기{거} 요래요 삭고 카는{하는} 긴데{것인데} 요걸 요 우에 요기 인제 태양을 의지하는 거. 태양. 그래 인제 삭고 카는{하는} 긴데{것인데} 이거는 지금 쓰진 않거든요 안 쓰고 인제 이거 옛날 걸 함{한 번} 만들어본 기고{거고}. 또 이것도 지금 마 사용하지 안 하거든요 사용하지 않은데 그냥 작품 내기 전에 옛날 게 있다 카는{하는} 걸 골라서.

문 이거는 주로 이제 어떻게 사용하는 건데요? 굉장히 좀 특이하게 생겼잖 아요.

탑 예. 애는 애는 궁중에서.

문 궁중에서.

탑 예. 궁중에서.

문 그면{그러면} 검고 삭고는 다 궁중에서.

탑 예. 전부 궁중에서 무용하고 하는데 궁중에서 해. 일반 개인은.

문 그렇죠

탑 안 하고

문 예. 그 담에 쌤이 또 쌤이 아는 북 종류 있잖아요 그거 말고는 또 없습 니까?

탑 북 종류.

문 옛날에 어른들한테 들었던 거.

탑 옛날에 어른들한테 들었던 거는 당연히 옛날 어른들은 더 모르죠 이 책 자가 옛날에 아즉{아직} 참 음악이나 이래 전통적인 음악을 연구하고 하는 사람 이거 외에는 북이 어떻다 카는{하는} 거는 모르거든요. 우리 대체적으로 우리 국민들이 안다 카는{하는} 거는 그래 농악북 카는{하 는} 거. 풍물북 그거 한 가지밖에 모르지. 예. 그거 한 가지백에{가지밖 에} 모르고 다른 건.

문 쌤 또 북 종류 크기에 따라서 명칭이 달라지는 건 없습니까?

답 크기 따라서 명칭이 붙여주고 인제 좀 크게 하면 인제 무고 중에도 인제 대고 크다고 대고 이름 붙여가 쓰고 인제 자기들 나름대로 인제 거 쓰는 데서 이름 다 붙였습니다. 일정한 건 없고

문 그럼 작으면 뭐라 그러는데요. 무고 중에서 작은 건요

답 작은 거는 내나 기양{그냥} 뭐 작은 거는 기양{그냥} 보통 인제 승무. 승무라 카고{하고} 또 작은 거는 이 인제 여여 이기 인제 오고무. 북 다섯 개로 고쳤는 거 있거든요 그걸 인제 북이 다섯 개라 캐가지고{해가주고} 오고 또 인제 요거 시{세} 개는 놓고 친 다 캐서{해서} 삼고 삼고무 할 때 이기 인제 쓰고, 그런 기 인제 고래{그래} 고때고때{그때그때} 이름 붙였는 기{게} 무고 오고무. 삼고무. 그리고 이 한 개 그대로 자기 하나만 놓고 할 땐 고 승무. 승무북이라 카고{하고}.

문 그러면은 인제 크기에 따라서는 대고가 있고 또 그 다음에 중간 크기는.

답 예 거 인제 중간 크기 인제 승무북 중에는 중간 크기가 이게 오고무. 그게 젤{제일} 작은 기라{거라}. 작은 걸로 거 크게 쓰는 기{게}. 인제 그 담에{다음에} 삼고북이 크기{크게} 쓰고 더 변. 변동시키가지고 요런 식으로 인제 승무북을 쓰고 고 쓰는 사람들마다 취향에 다 이름 붙여가지고 고래{그래} 쓰고

문 그 담에{다음에} 선생님. 크기에 따라서 좀 종류 다르게 부르기도 한다 그랬잖아요 그면 크기 말고 또 다른 것도 다르게 부르는 거 있습니까?

답 다른 거 부르는 건 뭐 없습니다

문 크기 말고

답 예. 다른 거 부르는 건.

문 그면은{그러면은} 쌤이 아까 크기 말하는 거는 오고 삼고 그면{그러면} 오고가 더 크단 말씀입니까?

답 오고가 북이 다섯 개. 그니{그러니} 작죠. 그거는. 북이 작아서.

問 작고

答 다섯 개쏙{개씩} 쓰니께{쓰니까} 인제 북이 작고 그 담에{다음에} 오고무 카면은{하면은} 북 크기가 사십오 센치, 마 오십 센치 요 안으로 작은 거로 쓰고 그 승무북 카면은{하면은} 인제 보통 승무북 하나 카면은{하면은} 인자{인제} 오고무를 지나서 크게 인자{인제}. 구십 센치. 좀 저저 육십 센치 이상. 요기{요게} 육십 센치거든요. 육십 센치 이상. 그래 쓰는 거 인제. 고걸 인제 승무북. 크기 고 고걸로 가지고 표현하지요

問 아 그러면은 대고 있고 소고는. 소고는 있고 중고는 없습니까?

答 중고 카는{하는} 기{게} 있어요. 여기 보면 중고 카는{하는} 기{게} 있는데 거 인제 고 교방고 아깨{아까} 교방고 카는{하는} 게 있었죠 교방고에서 중고 카는{하는} 기{게} 인제 이거를 여는 우리 승무북 요골{요걸} 요대로 얹어가지고 놓고 하는 기{게} 승무북 쓰는데 중고 카는{하는} 건 이건 옆으로 세워가지고 아깨{아까} 무고 카는{하는} 거 있지 않습니까? 무고는 넙적하면서 크고 이거는 지름이 작으면서 통이 길게 그거를 중고라 카거든{하거든}. 중고 예. 중고라 카는데{하는데}.

問 아 그거는 인제 지름이 작으면서. 크고

答 예. 통이 크고

問 통이 크고

答 그거를 중고라 카는데{하는데} 그런 거는 또 요즘은 또 잘 안 쓰거든요 예. 그거는 자연적으로 통이 길면 높이가 높아져야 되거든. 그니께{그러니까} 불편한께{불편하니까} 잘 안 쓰고 인제 옆으로는 크고 통이 낮은 거. 고런{그런} 걸 말하죠

깎아내는 거. 그 인제 그거를 썼는데 그래 하면은 능률도 안 오르고 사람 힘들고

問 그 담에{다음에} 선생님 북 만들 때 도구 있지 않습니까? 도구. 도구는

뭐 어떤 거 쓰이는데요

탑 도구는 인제 대패. 거 쓰는 기{게} 대패. 톱. 음. 망치. 우리 인제 자주 할
때는 가위질 가야 되고 그거 긋는 칼. 인제 칼도 드가야{들어가야} 되고

문 뭐 이 칼이 또 명칭이 다르고 이런 건 없습니까?

탑 칼 명칭은 인제. 거 옛날에 쓰는 구두칼 카는{하는} 게 있었거든. 구두칼.
양화점에서 쓰는 이래 구두칼에 이래 있어요. 고거는 칼 카는{하는} 거
그걸로 쓰고 인제 가위는 뭐 그대로 가위 그대로 쓰고 망치이 쓰이{쓰
이고}. 망치. 인제 옛날 재래식에는 짜고도 있어야 되고

문 짜고요?

탑 예. 짜고 재래식 할 때는 짜고로 가 이래 이래 끝에 날 이래가지고 쫏는
{쪼는} 기{게} 있거든요. 짜고

문 짜고는 뭘. 끝에 날을 해서?

탑 날을 이렇게. 끝에 날이 이래 붙어가지고 이래이래 끝에 날이 있어가지
고 이랬어요. 옛날 이랬어요. 자루가 이래{이렇게} 되고 끝에 날이 그해
{그거}가지고 쫏아내는{쪼아내는} 거. 깎아내는 거. 그 인제 그거를 썼
는데 그래 하면은 능률도 안 오르고 사람 힘들고 하기 때문에 요새 그거
는 일절 안 쓰고 인제 기계로 가가지고 막바로 마. 나무키를. 이래.

문 그면{그러면} 대패. 망치. 짜고

탑 대패. 망치. 짜고

문 구두칼.

탑 인제 구두칼. 끌. 구멍 파는 거 끌. 그거 일절 다 있어야 되고

문 아 끌 쓰이고 그게 답니까? 그 외에는 쓰이는 거 없습니까?

탑 그거 말고는 딴 거. 소 짜고 끌. 망치. 끌. 가위.

몸통 아로 카는데. 그기 옳기 우리가 말하는 인제 여 북통. 몸통이라
카지. 몸통.

문 그 담에 선생님 왜 북도 보면 이런 부분에 따라서 이름이 다르잖아요. 이제 이런 부분은 이런 뭐. 요런 부분은 이런 뭐. 이런 이름이 있지 않습니까? 부분에 따라서. 요 치는 거는 뭐라 그러고. 요 가에는 뭐라 그러고 요 부분. 부분마다 이름이 뭐.

답 부분 부분은 인제 여. 부분 부분을 통을 만들어놓고 부분 부분을 이야기 하라 카면{하면} 이거 통면. 예. 요걸 인제 우리 말로 아로{아루} 카미{하며} 카는데{하는데} 요거 배가 나왔잖아요. 뽈록하니{볼록하니}. 여 통. 몸통. 대략 카면{하면} 몸통이라 카죠{하죠}. 요거를. 통. 몸통이라 카고{하고}. 예. 그러고 인제 요 가에는 가죽면에 여 단청하는 삼인옇다 카는{하는} 단층{단청}.

문 요거는 인제 단청이고 몸 아로요?

답 몸통 아로{아로라} 카는데{하는데}. 그기{그게} 옳기{옳게} 우리가 말하는 인제 여 북통. 몸통이라 카지{하지}. 몸통.

문 예. 몸통. 단청이고 요쪽 부분은 뭐라 그러는데요. 이런 부분은.

답 그 부분은 내나 인제 가죽 삼는 부분이기 때문에 특별한 부분 얘기는 없어요. 특별한 건 없어요.

문 그러면 요 그냥 치는 이 부분은 뭐라 그러는데요.

답 그걸 인제 쳐는{치는} 부분은 인제 가죽면이죠 면. 예. 가죽면. 면이라 캐가{해가} 마카{모두} 가죽면이라 카고{하고}.

문 그면은{그러면} 이거는.

답 면이 인제 여서 크기를 말하고 가죽면이 인제 육십씩이면 육십. 칠십이면 칠십. 요새는 센치로 카지만{하지만} 우리 인제 여 하는 거는 주로 인제. 척. 자로 가지고{자로 가주고} 많이 하거든. 한 자. 한 치. 두 치. 아직도 그걸 쓰고 있지.

문 그 담에{다음에} 선생님 채도 보면 북채가 있지 않습니까? 채도 보면 요런 부분은 이름. 요 부분은 이름. 뭐.

답 예. 고 채는 인자 고 사용하기 좋으라고 인제 거머쥘 자리는 좀 굵게 나
오고 맞는 자리 조금 굵게 나오고 고 담에{다음에} 주로 인제 젤{제일}
시게{세게} 치고 오래 치고 하는 사람들이 사물놀이 하는 사람들이 젤
{제일} 그 오래 치거든요 한 사십 분쓱{사십 분씩} 한 시간쓱{한 시간
씩} 이래 치기 때문에 이 안 빠지나가야{빠져나가야} 되거든요 고기{그
게} 인제 고 사물놀이 하는 아. 사람들한테 사물북에 맞는 채는 사물북
채 카미{하면서} 저게 따로 나오거든. 사물북채라 카는교{하는가}.

문 사물북채라 그래가지고

답 일반 보통 뭐 다른 북채 승무북채는 기냥{그냥} 앞 뒤 없이 똑바로 일반
보통 일반 보통채라 카고{하고}. 인제 농악북도 역시나 손잽이가{손잡이
가} 조금 굵습니다. 여 오래 칠라. 인제.

문 그면{그러면} 손잡이 굵은 부분은 뭐라 그러고 이 앞에는 뭐라 그러고
이런 거는 이름은 따로 없습니까?

답 고거는{그거는} 별도로 특별한 말 없어요

문 아 그런 말은 없구요{없고요}. 그러면은 인제 북도 뭐.

답 기양{그냥} 인제 기양{그냥} 손잡이. 인제 북채 중에 손잡이가 좀 굵게
해도 가늘게 해도 카는{하는} 기는{거는} 기양{그냥} 손잡이라 카지{하
지}. 손잡이. 예.

문 아 그면{그러면} 그 손잡이라 그러고 그 담에{다음에} 이거는 면. 이거
는 아루. 요런 부분은 뭐 테두리 요런 부분은 인제 뭐 별 명칭은 없고요

답 특별한 별 명칭은 없어요. 기양{그냥} 그 인제 말씀한 대로 그냥 테두리.
예. 그거 뿐이지.

문 근데 쌤 이런 것도 만드십니까? 이런 고깔 같은 이걸 뭐라 캅니까{합니
까}?

답 고깔.

문 고깔이라 그래예.

답 예. 그대로

문 아 고깔 만드십니까? 선생님이.

답 전부 옛날에는 이거 별 거 다 했어요. 고깔도 만들어보고 요 화관. 족두리도 이것도 하고 별 거 다 해봤습니다. 다.

문 그면{그러면} 옛날엔 뭐까지 하셨는데요 선생님.

답 내가 첨{처음} 시작할 때는 장고북으로{장구북으로} 시작했는데. 옛날 배울 때. 배울 때. 그걸로 시작해가지고 계속 북장구는 계속 하면서. 중간에서 인제 이거 인제 이기 한국무용. 모든 것이 다 활성화가 되가지고 한참 인기 좋았을 때가 있었어요 몇 년 전에. 그때 그 보자. 한 사십 년. 삼십 년. 약 한 사십 년 전에는 그 마 활성화가 된. 그때는 이래 족두리 만드는 공장도 특별히 없었고 그 인제 샘플 보고 거 집에서 그것도 인제 주문이 들어오니 그것도 맨들어주고{만들어주고}. 그래 하다가 사실 이것도 하고 저것도 하고 장사가 안 되요{돼요}. 그래 그거는 그때 치워뿌고{치워버리고} 계속 북만. 계속 하고

문 아 그면 요새 족두리나 화관 이런 건 안 하시고

답 그런 건 안 합니다.

문 그면{그러면} 요거는 인제.

답 요거는 주문. 이걸 인제 윤환이 되가{되어} 있잖아요 이 풍 북이 나가니께{나가니까} 저거 영화로이 농악북 나간다면 농악 그키{그게} 하나 한다 카면{하면} 저기 북도 있어야 되고 옷도 있어야 되고 전부 다 구색이 다 따라가야 되거든요 예예

문 옷은 선생님도 하시는 건 아니죠

답 그건도 우리가 하긴 안 하지. 그거 우예{어떻게} 다 하겠습니까?

문 어디서 가져.

답 제품 하는데 부탁해가지고 예.

문 쌤 저기 있잖아요. 저런 징이나 저기 뭐 저것도 북입니까? 징 옆에 시꺼

먼 거요.

답 저거?

문 저기 위에 맨 꼭대기 위에 새까만 거.

답 아 고 새까만 거. 고거 밑에 여 단상 위에 그려났잖아요. 고기{그게} 매나{마찬가지} 그겁니다{그것입니다}. 고기{그게} 인제 장식용으로.

문 아. 저거는 인제 실제로 쓰는 기{게} 아니고.

답 예. 실제로 쓰는 거 아닙니다.

문 저거는 장식으로. 아 그렇구나. 예. 아 이거는 또 저게 가죽을 저 늘리는 작업이 저건가 보죠?

답 이기 인제 건조하는 겁니다. 인제 줄인 걸 일단 인제 크기별로 크기별로 오리가지고{오려가지고}. 전부 쪽 안 오그라지도록{오그려지도록} 가새{가에} 쳐가지고 저래 인제 건조해가지고 놔뒀다가 그래 인제.

문 저기 약간 하얗게 저래 변하는 거. 누렇게.

답 저거는 암튼{아무튼} 고거는{그거는} 일단 만들 때 댕기{당겨} 조아버리면 똑같은 색까리가{색깔이} 똑같이 나옵니다.

문 아 지금은 저래도 저거는 건조되는 상황이고.

답 예예. 아무 상관없습니다. 고기 인자{인제} 저기 뭐냐하면은 땡기조아{당겨쪼아} 올릴 때 조금 더 늘어져서 저기 힘들게 나오거든요. 저기 저 부분이 어디냐 하면은 배 부분. 가죽 무른 부분. 거 인제 저래 노래이{누렇게} 저런 거는 인제 야문 부분. 고것 때문에 덜 땡겨져서{당겨져서} 그렇지. 일단 만들 때 딱 땡기면{당기면} 고래{그렇게} 땡기주면{당겨주면} 전부 노라이{노랗게} 똑같이 나옵니다. 예예.

문 저렇게 계속 치는 거는 왜 저렇게 계속 치는데요.

답 아 저거 인제 늘어질대로 늘어질대로 늘가지고{늘려가주고} 그래 만들어노면{만들어놓으면} 인제 수명이 오래 간다 카는{하는}. 예.

문 저걸 뭐라고 하는데요. 저런 작업을요.

탑 저 작업은 다른 그거 없어요 뭐.

문 그냥 계속 치면서?

탑 여 인제 쪼면서. 기계로 쪼면서. 인제 늘아주는{늘려주는} 기지{거지}.
가죽을 늘아주는{늘려주는} 기라요{거지요}. 예.

팔십팔 년도에 내가 개발해 만들었는 긴데 요 요즘 와서 인제 사물놀이
를 할 때 많이 쓴다고. 사물북이라 카지

탑 요고{요거}. 요거. 이제 뼈꾹한 이래 절에 인제. 저거 절에 인제 많이 했
는데 요새는 뭐 절일도 아니고 뭐뭐 어지간한 데는 무 뭐~ 시, 도 이런
데 하나쏙{하나씩} 다 해놓습니다.

문 그렇죠

탑 예. 이거는 법고라 카지{하지}. 그러이 우리가 또 부르기 좋게 여는{이거
는} 무늬 그래 있으니 용고라 카기도{하기도} 카고{하고}.

문 아 용고 캐요{해요}. 그면{그러면} 쌤 여서{여기서} 하시는 말하고 또
그거랑 다 가리키는 거.

탑 예. 사용하는 데 따라서 이기{이게} 다 틀려요{달라요}. 이거 절에 드가
면{들어가면} 법고거든요

문 절에는 법고 그 담에{다음에} 쌤이 쓰시는 거.

탑 우리 쓰는 거는 그냥 대북 아니면 용고 용 그림 그렸다고 용고

문 아. 대북 쓰시구요

탑 예예. 그래 인자{인제} 이거는 승무북. 이게 법고, 승무북 카미{하면서}
모양을 인제 요래{이렇게} 내가지고 무하는{무용하는} 사람들이 이런
식으로 쓰고 요거는 인제 그거 무곱니다. 그거 무고 무고가 있고 이거
관내에서 쓰는 기는{거는} 이건 관내에서 쓰는 건 거서는 대고라 카고
{하고}. 인자 원 이름은 교방고 무곱니다. 무용할 때 무고

문 예. 쌤 계속.

답 이것도 인제 이것도 승무북이지. 승무하는 긴데{것인데} 인제 변조해가지고 쓰기 좋도록 변조해가지고 만들은 기고{거고}. 요기{요게} 아까 야가는{이거는} 좌고 예. 요기 인제 용고 카는{하는} 기{게} 용고 이 저저 저저~ 취타. 앞에서 보면 행진할 때 쓰는 거.

문 쌤 요것도 용고라고 하고 요것도 이것도 용고라 카는{하는} 거죠

답 이것도 용고라 하는데. 이름은 이름은 부르기 좋게 그카고{그러고}. 인제 사용하는 사람들은 자기 이름대로 맞춰서 인제 승무북이라 카고{하고} 뭐 인제. 요거는 옛날부터 내려오는 좌고 용고 요거는 고대로{그대로} 사용한대로 이거 인제 이게 아깨{아까} 농악북 카는{하는} 저거. 풍물북. 풍물북이 카는{하는} 말. 맞습니다. 요거는 인제 소리북. 소리북도 인제 소리북 인제 창 할 때 쓰는 거. 요거는 가죽 그 통에다 전체가 가죽 싼 기고{거고}. 고거는 인제 개발핸{개발한} 거. 요새 사물놀이 카면서{하면서} 꼬쟁이{꼬챙이} 끼가{끼워가} 하는 거. 이건 팔십팔 년도에 내가 개발해 만들었는 긴데{건데}. 요 요즘 와서 인제 사물놀이를 할 때 많이 쓴다고 사물북이라 카지{하지}.

문 아 사물북이. 쌤이 다 개발하신 거예요?

답 예예. 요거는 팔십팔 년도

문 쌤 여기 있는 거 다 쌤이 개발하신 겁니까?

답 요거는 인제 그대로 전해 내려오는 고대로. 예. 개발품은 인제 이새 모듬북 카는{하는} 기{게} 있는데 난타. 난타 할 때 마카{모두} 쓰는 서. 그거 인제 모듬북 카는{하는} 거. 거 검고도 옛날 내려온 기{거} 이 뭐. 지금은 많이 사용하지 안 합니다. 이거하고 딴{다른} 거는 다 전부 사용하고 있지.

문 요거는 이름이 그냥.

답 절고

문 절에서 쓴다고

탑 아깨도{아까도}. 기양{그냥} 절에서 쓴다고 절고가 아니고

문 아. 절북 말하는 겁니까?

탑 절북이 아이고{아니고} 기양{그냥} 그 자체 이름. 이름 자체가 절곱니다. 예.

문 절고는 그러면 보통 어떨 때 쓰이는데요?

탑 내나{똑같이} 관현악.

문 아 이것도 관현악.

탑 관현악 쓸 때. 거.

문 또 선생님 또 북종류 어떤 거 있어요?

탑 거 인제 작은 거 이 이 소고 예.

문 예 선생님. 소고는 우리 보통 인제 이것도 농악대에서 많이 쓰이죠?

탑 농악. 농악대 할 때. 요 그 참 이 종류가 많은데 지금 대개 지금 금방 애기한 거는 써도 젤{제일} 많이 쓰는 기고요{거고요}. 이기 인제 소고 장고{장구}.

문 장고도{장구도} 쌤 많이 씁니까?

탑 장고도{장구도} 일종의 인제 북의 일종이 장고지{장구지}. 북의 일종이 장고지{장구지}.

문 이게 보통 장.

탑 장고라고도{장구라고도} 카고{하고} 장구라고도 카는데{하는데}.

문 아 장고, 장구. 예.

탑 장고는{장구는} 긴 장자를 써서 장고라 카고{하고}. 장고라 카는{하는} 거는 옛날 인제 이야기하는 건 인제 개 구자를 썼다는데 장구라고도 카고{하고}. 예.

문 아 장구 카면{하면} 개 구자예요?

탑 예. 요기 인자 아깨{아까} 이야기한 자고 요기{요게} 인제 용고 사물북. 이거는 이기{이게} 잘못됐는 기라{거라}. 이거는. 이거는 이거 만든 사

람이 이거는 지금 풍물북이라고 되가{되어} 있는데. 옛날에 우리 한국에서 전통으로 내려온 거는 이런 풍물북이 없거든요

문 예. 쌤 이거.

답 인제 아깨{아까} 거 무고 교방고 카는{하는} 게 무고고 북을 복판에 두고 돌아가면서 치는 게 무고

문 아. 교방고라는 말은 어디서 나왔는데요.

답 교방고라 카는{하는} 기 거 인제 내나{같이} 전통적으로 내려오는 기{거} 옛날 쓰던 말인데.

문 어디에서 쓰던 말입니까?

답 그러이 그 교방고라고 하는데 교방고라고 카는{하는} 뜻은 내 모르겠어. 난도{나도}. 이 인제 아까 거 절고 이거 징고 카는{하는} 긴데{것인데}. 이것도 이건 중국에서. 중국에서 들어온 기고요{거고요}. 이것도 그 이래 저래요. 요. 도고 이것도 그기고{그거고}. 옛날에 전부 나왔었다 하는 기라{거라}. 지금 와서 그것은 필요없어 안 쓰지.

이기 나무와 가죽인데 재료가요. 나무하고 가죽하고 두 가지 재료 가지고 북을 만드는데.

문 네. 선생님 뭐 그 만드는 일. 제작 과정 좀 설명해 주십시오 천천히 차근차근.

답 제작 과정은 이기 나무와 기죽인네 재료가요. 나무하고 기죽하고 두 가지 재료 가지고 북을 만드는데. 에 인제 그게 북을 만들려면은 각 나무로 따가지고{짜개서} 제조해가지고 검증을 오래 해야 되고 또 기죽도 틀을{털을} 뽑고 인제 가공 처리를 해가지고{해서} 말라놨다가 그래 하고 이라는데{이러는데} 나무 경우에는 이런 우리 이제 조막구만{작은} 이래 풍물북 같은 거 이런 거는 그저 뭐 생나무 따가지고{짜개서} 한 일 개월 내지 한 이 개월만 말루면{말리면} 인제 만들 수가 있는데 큰북 같

은 거 절북 같은 거 적어도 이 메타짜리 이 메타 오십 큰 거 이런 거는. 이거는 아 수십 년 수백 년을 지나가야 되기 때문에 이기{이게} 오래 걸려야 됩니다. 오래 걸려야 되는데 그 인제 지금 최소한도 나무는 건조될수록 좋거든요. 그 신재를 갖다가 일, 이 년 이, 삼 년 말라가지고는{말려서는} 고런{그런} 물건이 안 되지요. 그 인제 오래 가면 장기적으로로 가면 붙은 자리가 다 벌어지고 그렇기 때문에 인제 거 우리는 여 쓰는 거는 구재. 적어도 삼십 년 사십 년 된 구재. 그런 것만 모아가지고{모아서}.

📕 아 나무를요? 구재만. 그면{그러면} 나무는 보통 어떤 나무를 쓰시는가요?

📗 그 인제 큰 거 절북 같은 거 이런 큰북. 이런 거는 소나무를 쓰고 풍물북 같은 거는 농악북. 고거는 인제 미고{매고} 들고 만치게{만지게} 하기 때문에 오동으로 오동나무가 가볍고 음질도 개안코{괜찮고} 하기 때문에 오동나무로 가지고

📕 그래 농악북하고 풍물북하고

📗 풍물북이 인제 풍물북이 매나{똑같이} 농악북이거든. 우리 인제 옛날 우리가 말하는 건 전통으로 내려오는 건 풍물. 풍물이고 풍물북이고 여는 농악 카는{하는} 거는 인제 일제 할 때 일본사람들이 들어와가지고 만들어 논 기{게} 농악기라고 해놨고 그러니 풍물북이 맞지. \

📕 같은.

📗 예. 풍물북이란 말이 맞습니다.

📕 그러면 소나무나 오동나무 쓰시구요 그 다음에 가죽은 어떤 가죽을 주로

📗 가죽은 인제 보면 전부 거 소가죽이죠

📕 다 모두 소가죽.

📗 예. 소가죽입니다.

📕 소가죽에서도 어떤 부분.

📗 소가죽에서도 인제 인제 그기{그게} 요새 요즘은 그기{그게} 많이 들어

오는데 그 젖소 수입가죽하고 우리 한우하고 구분할라 카마{하면} 한우는 가죽이 자체가 야뭅니다. 야물고 에~. 또 성능도 좋고 인제 젖소가죽 같은 수입가죽은 가죽 자체가 물러요. 무르기 때문에 쭉쭉 많이 늘어져요. 많이 늘어지고 인제. 그렇기 때문에 젖소가 좀 잘. 우리는 약간이라도 안 씁니다. 되게{정말} 저가{제가} 급한 게 있어가지고 한 개 두 개 할랑가{할려는가} 몰라도 특히나 또 이런 내가 이름을 가있기 때문에 물건 할라믄{할려면} 마구잽이로{마구잡이로} 만들 수도 없고 예. 한우가죽 중에도 가죽이 인제 거 황소가죽하고 암소가죽하고 또 차이가. 황소가죽은 세포가 인제 거칠지. 세포가 많이 늘어나고 많이 거칠고 하니까. 이래 암소가죽은 세포가 잘거든요{작거든요}. 잘기{작기} 때문에 이기{이게} 인제 각자 더 야물고

문 아 오히려 암소가죽.

답 암소가죽이 낫지요. 나은데 큰 거를 할라 카면은{하면은} 가죽이 두꺼워야 하기 때문에 암소가죽은 그렇게 두껍지는 안 하거든요. 그래 큰 거는 별로라. 황소가죽을. 하이튼{하여튼} 황소고 암소고 간에 한우가 젤{제일} 낫습니다. 한우가죽이.

문 그러면은 뭐 가죽은 소가죽을 주로 쓰시구요

답 소가죽을 쓰고요. 예.

문 그럼 선생님, 맨 첨에{처음에} 만드는 단계부터 한 번 설명을 헤주세요 가죽.

답 거 인제 가죽을 다룰라 카면은{하면은} 지금 인제 소 집는 데서 가서 사와야 되거든요. 사와야 되는데 여는 뭐 한 장 두 장 맘대로{마음대로} 사질 못합니다. 또 옛날에는 뭐 한 장도 사고 두 장도 사고 했는데 지금은 큰 업체들이 전부 직접 입찰을 봐가지고 공장으로 바로 드가기{들어가기} 때문에 중간에 약간 힘들게 사. 그래 사가지고 저장해놓고 쓸라{쓸려고} 카면{하면} 일단 가죽을 안 상하구로{상하게} 염을 쳐야 됩니

다. 소금. 소금 쳐 재놨다가 그럼 다시 사용할 때는 거 인제 염. 소금을 있는 걸 전부 인제 제거시키 따라가지고 소금물 다 빼내고 거 인제 털을 뽑는 약을 써가지고 털 뽑고

문 그면{그러면} 쌤 염을 치는 과정이 있구요 염 친다 이러고 그 담{다음에} 빼는 건 뭐라 그러는데요? 쌤 뭐 그냥 여기서 쓰는 말로

답 우리가 쓰는 말로 염 쳐가지고 빼는 걸 가지고 인제. 거 탈수라고 여 우리 보통 보통말로 탈수라고도 하는데 거 인제 털 뽑고 염 지르고 그걸 다 뽑고 하는데는 타래. 석회물을 드갔는{들어갔는} 거를 뽑아내기 위해서 타래. 예. 타름. 인제 염을 뽑아낸다 카는{하는} 거. 그런 요양으로{용도로} 쓰지. 거 인제 타래라 카고{하고} 타래염을 뽑아낸다 카는{하는} 거. 그래가지고 타래하고 거 인제 털 뽑고 그라면은{그러면은} 인제 털 뽑을 때는 그기{그게} 드가거든요{들어가거든요}. 석회가 드갑니다{들어갑니다}. 횟가루. 예. 우리가 옛날 말한대로 횟가루. 석회라 카지요{하지요}. 그걸 써가지고 인제 털을 뽑거든요. 그걸 써가지고 재놨다가 하룻밤 지나면은 인제 털이 나오지요 그런 털 뽑으면 물에 돌리면서 그 타래라 캅니다{합니다}. 그 석회를 제거시키는데 고 타래 한 다음에 인제 또 가라는{가리는} 방법이 여러 가지 있어요. 뭐 여 저 또 유안도 쓰고 유안 비료 카는{하는} 거.

문 유안 비료

답 비료. 유안도 쓰고 과수도 쓰고 어러 가지 쓰는 용도 따라서 다 많이 쓰입니다.

문 응. 그러면은 그런 것들을 또 넣어서.

답 예. 다시 또 인제 물에 또 따라내야지. 인제.

문 그면은{그러면} 유안이나 염소나 이런 걸 써서 빼는 과정을 머라{뭐라} 그러는데요? 여기서 쌤이.

답 우리가 빼는 과정은 내나 거 저저 염수 카고{하고} 과수를 지른다{넣는

다} 카죠{하죠}. 과수를 지른다{넣는다}. 과수를 질러서{넣어서} 인제 탄다 카는{하는} 거. 또 유안을 지른다{넣는다} 카죠{하죠}. 인제. 유안을 약 믹인다{먹인다} 카는{하는} 거. 유안 질러가지고{넣어가지고}. 고런{그런} 식으로

圄 그 담에{다음에} 또 인제.

圄 고 인제 고 다 빨고 가서 타래해가지고 젤{제일} 마지막에 과수처리를 하는데. 과수 인제 처리. 과수 질러가지고{넣어가지고} 처리해가지고 난 다음에는 인제 가공 드갑니다{들어갑니다}. 북 만드는 걸로 드가는데{들어가는데} 거 인제 그거를 한 장 두 장 하는 거는 그냥 가공해가지고 바로 추진{처진} 걸로 바로 북을 인제 매도 되는데. 인제 대량 작업 할라 카면은{하면은} 그거를 해가지고 일단 건조를 해야 되요{돼요}. 건조를 해가지고 재놨다가 인제 작업할 때 북 만들 때 다시 인제 물에 불리가지고{불려가지고} 거 인제 가죽을 씌우거든요 통에다 가죽을 씌운다니깐. 예.

圄 그면 쌤 건조하는 그 과정을 뭐라 그러는데요?

圄 건조 내나{똑같이} 우리 건조 그 재료 말 그대로. 건조 예예. 건조한다.

圄 건조한다. 그 다음에 씌우는 거 보고는 뭐라 그러는데요?

圄 씌우는 거는 북 씌우기.

圄 북 씌우기 이러고 예예. 그러면 건조는 보통 얼마 정도 하시는데요?

圄 건조는 뭐. 요새 여름 날씨엔 비교할 수 없고 여름 날씨에는 마르질{마르지를} 안 하기 때문에. 잘 안 마르기든요 이게 속도가 있기 때문에. 아마 인제 봄 가을 날씨로 보면 한 이틀. 하루만 보면. 날씨 좋을 때는 봄에 하루만 해도 다 말르고{마르고}. 보통 한 이틀쓱{이틀씩} 봐야 되지.

圄 그렇게 해서 인제 씌우고

圄 건조해가지고 씌워놨다가 북을 만들 때는 다시 물에다 불려가지고 예. 불려가지고 물건 넘어할 때 그래 통에다 인제 씌운다 카죠{하죠}. 이걸

만드는 걸.

제 그면{그러면} 씌우시고 이런 장식 같은 것도 하고 고 담에{다음에} 옻칠도 하시고 이라잖아요{이러잖아요}.

답 칠하죠. 인제 거 그거는 인제 통에다가 통을 일단 저게 나무를 따개가지고{짜개서} 나무를 키운다 카죠{하죠}. 나무를 키운다 카는데{하는데} 여 제재한다 말로.

제 제재한다구요?

답 제재. 나무 따개는{짜개는} 걸 제재한다 카거든요{하거든요}. 요 요새 말로 제재하는데. 우리말로는 나무를 키가지고{짜개고}. 킨다{짜갠다} 카니께{하니까}. 키가지고{짜개고} 인제 건조한 다음에 인제 고걸 요 각을 졌습니다. 요거 붙이는데 요 동그리하이{동그랗게} 되도록 크기와 작기와 각도가 여 요새 말로는 십오 도 이십 도 각도가 있는데 그건 각도라 안 카고{하고} 우리가 말하는 거는 통에서 말하는 거는 살 잡는다 카죠{하죠}. 그거는 각도 잡는 카는{하는} 걸.

제 동그라이.

답 예 그 하는 걸 살 잡는다 카죠{하죠}. 살 잡아가지고 인제 붙이거든요 요게. 붙여가지고 그 담에{다음에} 인제 거 곱게 깎아가지고 깨끗이 곱게 깎아가지고 사포질. 빼빠 하는. 사포질이 고렇게{그렇게} 하고

제 사포질을 뭐라구요?

답 사포

제 사포질 아까.

답 빼빠. 요새 여 빼빠 카잖아요{하잖아요}. 빼빠. 이래 닦는 걸 빼빠 카거든요{하거든요}. 고래{그래} 인제 사포질 닦아가지고 그 담에{다음에} 인제 마무리 낼라{할라} 카면{하면} 니스하고 인제 옛날에는 그기 인자{인제} 니스 나오기 전에 이래{이렇게} 할 때는 그냥 인제 주는데 그걸 많이 썼어요. 거 통에다가 그 뭐고 기름 들기름. 들기름을 여{넣어} 발라

가지고 이래 손을. 지금은 니스칠 해가지고 인제 담에{다음에} 니스칠
하면 다 끝나는 기지{거지}. 고 담에{다음에} 인제 가죽 씌우고 고 전에
통을 만져가지고 딱 붙인 다음에 안에 가새 여여 안으로 인제 테가 드갑
니다{들어갑니다}. 속에. 요 나무로 테로 받친데 요거로 통을 보호하는
그런 것도 있지만은 안에 음질에서도 이기 영향을 미치거든요 요 안에.

문 음기에요?

답 음질 음질.

문 아아 음질에요.

답 예. 고걸{그걸} 이렇기 때문에 고 인제 음질갖다가 우리 안 카고{하고}
울음이라 카지요{하지요}. 우리가 쓰는 말로는 울음. 울음을 저 방지하
는데 울음을 울음에 영향이 있기 때문에 고거를 인제 울음테라 카지요
{하지요}. 울음테. 속에 그냥 테 여는{넣는} 거를. 울음테.

문 카면{하면} 울음테 말고 또 다른 테는 없습니까?

답 다른 거는 없지요. 통 고래 딱 만들면 안에 울음테만 딱 여가지고{넣어
가지고} 인제 그대로 씌우는.

문 울음테는 그면{그러면} 쌤 두 개겠네요?

답 여 넣고 여 넣고 양쪽에 다 넣죠 예. 통을 방지에. 수명에 방지도 할 겸.
이게 자꾸 줄어들거든요 나무가. 줄어등께{줄어드니까} 안 줄도록 방지
를 하면서도 그거 일단 울음에도 지장이 있거든. 그러이 울음테라고

문 이걸 안 넣으면 소리가 별로 안 좋고 그렇군요 좀.

답 줄어듭니다. 통이 줄어들기 때문에 가죽을 일단 땡기났다가{땡겨놓았다
가} 통이 줄으들면{줄어들면} 그 눕어져뻐리기{누워져버리기} 때문에.

문 아 맞네. 그렇네요. 땡땡하게 당겨줘야 줄지 않으니까. 그렇네요. 그면
{그러면} 쌤 여기 넣는 거나 저기 넣는 거나 똑같이 울음을.

답 똑같애요{똑같아요}. 양쪽에 똑같애요{똑같아요}.

문 그냥 울음테 울음테 이러니까.

탑 예 울으니깐{우니깐} 울으니깐{우니깐}. 그래 드가이{들어가니} 고것만 딱 여면{넣으면} 가죽 씌워가지고 조아 인제 팽팽하게 땡겨{당겨} 조으지. 땡겨{당겨} 조으는데 풍물북은 저 저거 인제 풍물북인데 가죽 절로 가죽 저거 인제 떠가지고 주로 인제 저래 얽어매가지고 건조만 하면 되는 거고 그 외에 다른 북. 절북 같은 거 이런 북은 인제 딱 땡기 조아가지고 여{여기} 못을 쳐고{치고} 싹 끊어내면은 여 가죽이 그런 가죽인데.

문 근데 선생님. 왜 우리가 이런 그림이라든지 이런 박는 거 있지 않습니까? 이런 거 철 같은 거. 이런 작업은 언제 하시는데요?

탑 요런 작업은 일단 요 북을 다 안 만들잖아요. 다 만들어 가지고 첨에{처음에} 땡길{당길} 때는 저거 기계로 가지고 세게 댕기거든요{당기거든요}.

문 아 댕겨놓고{당겨놓고}.

탑 예. 댕기가지고{당겨가지고} 건조해가지고 이걸 잘라내버리는 거라요 일단 속에 인제 여{여기} 안 줄도록 속 무슨 드문드문 쳐놔놓고 여 딱 잘라내고 인제 우에 요거 인자{인제} 박지. 인자{인제}.

문 음. 박고 그 다음에 그림은.

탑 예 그림은 인제 단순히 하면 되는 기고{거고}.

문 아. 그렇습니까. 그림 할 때 선생님 이거는 채색이나 이런 거 있지 않습니까? 이런 건 뭐 어떤 거를 주로 쓰시는데요?

탑 채색 이거는 인자{인제} 이거를 가지고 알료라 카는{하는} 긴데{건데} 인제 여러 가지 알료 채색이 다 이래가{이렇게} 있잖아요. 예. 뭐 푸른색 빨간색 채색. 이거는 요거는 절에 그 절 단청해놨는 거. 거 단청이나 이 단청이나 똑같애요{똑같아요}.

문 아 선생님 그면{그러면} 단청도 다 할 수 있는.

탑 지금 뭐 집에 우리 물건 팔고 하는 북 이건 단청은 내가 다 합니다.

문 아 그렇습니까. 쌤이 다 직접 그리시고 이러시는구나. 아 그러면은 쌤 이거는 요 자체를 단청이라고 합니까?

답 예. 여 그림 그리는 자체를 단청이라 하지요 단청. 그림 그린다 카마{하마} 안 카고{하고} 단청 칠한다 카는{하는} 기죠{거죠}.

문 아. 예예. 그러면 쌤 단청에도 종류가 있을 거 아니에요 예를 들어 이건 용무늬지만 저거는 꽃 같이 요런 것도 있고

답 아 예. 고거는 인제 취향에 따라서 인제 불교를 안 믿고 혹시나 인제 이거 용. 불교를 싫어하는 사람들. 안 그러면 특히나 신도들. 이런 사람들은 그 용을 필. 맞아카거든요{좋아하거든요}. 그런 사람들은 위에 꽃 같은 거 예 이런 거 또 취향 따라 해달라 카는대로{하는대로}.

문 그러면 용무늬는 단청 중에 무슨 뭐 단청. 뭐 이런 게 있습니까?

답 딴 없죠 다른 이름 없어요.

문 아 그건 아니고 전부 다 단청 칠한다.

답 예. 저짜{저게} 마 전체적으로 말하기를 인제 단청 칠한다 카는{하는} 기지{거지}.

문 아 그 담에{다음에} 선생님 왜 요런데. 손잡이 같은데 장식 있지 않습니까? 요런 건 뭐라 하는데요?

답 예. 요거는 우리가 보통 장식. 옛날 장식 여{여기} 쓰는 말 그대로 장식이라 기양{그냥} 쓰고 있어요 그냥 요걸.

문 아 장식이라고 그래요? 장식 이름.

답 일종의 장식이거든. 모양이거든.

문 다른 이름은 없구요?

답 다른 이름은 없어요

문 없습니까?

답 예. 인자 고건 인자 꽃무늬. 육각으로 된 거 인제 국화무늬. 뭐 요런 고거는 모양에 따라서 고거는{그거는} 있지. 국화무늬고 뭐든지.

자기 용도에 따라서 이름을 지가지고 거 승무하는 사람. 이거는 인제

승무북이거든요.

▣ 그면 쌤 여기서 만드는 북 종류는 몇 가집니까? 북 종류.

▣ 북 종류는 많습니다.

▣ 쌤 그 종류별로 설명 좀 해주시죠

▣ 북 종류는 옛날 전해내려 오는 것까지 다 할라 카마{하면}.

▣ 뭐 아까 풍물북. 이런 거. 예 옛날 전해내려 오는 거요

▣ 곳. 뭐. 화. 뭐 한정없고 대략 지금 요새 전해내려 와가지고 많이 사용하
는 기{게} 인제 절북부터 시작해가지고예 절북. 절북은 인제 절에서는
법고라 카고{하고} 우리가 말하는 거는 보통 이야기하는 거는 절북이라
안 카죠{하죠}. 절북이라 안 카고{하고} 자기 용도에 따라서 이름을 지
가지고{지어가지고} 거 승무하는 사람. 이거는 인제 승무북이거든요 승
무북. 인제 앉아서 관현악에 쓰는 거 앉아서 치는 거는 좌고 카는{하는}
거. 앉아서 치는 거. 좌고

▣ 관현악에서 앉아서 치는 거. 예예.

▣ 거 인제 절고 카는{하는} 게 또 있어. 절고

▣ 절고요 절고는 뭔데요 선생님.

▣ 절고도 내나 관현악에서 쓰는 긴데{건데} 거 반주용으로 쓰는 기제{거
제}. 절고 카는{하는} 게 있고

▣ 아. 반주용으로 치는 거. 그면{그러면} 좌고가 더 크거나 절고가 더 크거
나 크기는 좀 다르지예.

▣ 크기는 여 전부 일정합니다.

통이 안 줄도록 하는 방지도 되지만은 울음에 거거 영향을 받기 때문에
소위 울음테가 드가야만이 통도 야물고 소리도 좋고

▣ 이게 지금 오동나무거든요. 오동나무 요거는 보통 인제 전번에 얘기했다
시피 풍물북. 농악북 만드는데 가볍게 사용하기 위해서 인제 오동나무

사용하는데 이걸 인제 원목을 인제 전부 저장소서 따개가지고{짜개서} 필요한대로 기장하고{재단하고} 모든 걸 따개가지고{짜개서} 인제 건조 시키거든요. 그 인제 요기 오동나무. 작은 북 만드는 재료

문 아 큰 북은 오동나무고

답 큰 북은 거 절북 같은 데고 승무북. 큰 북은 오동나무 이기{이게} 무르거든요 가볍고 우시내{우선에} 만지긴 좋지만나은{좋지만} 그런 거는 통을 치고 이라니끼네{이러니까} 뿌서져요{부서져요}. 물러서. 그래 그거는 안 하고 그거는 인제 소나무 야문{단단한} 나무로 하고 요건 작은 북 풍물북 만들 때 이 오동을 주로 많이 쓰제{쓰지}. 가볍거든요 요기{요게}.

문 아 여기 있는 거 모두 다 오동나무.

답 예. 오동나무. 예. 거 인제 그러고 인제 큰 북. 인제 절북 같은 거. 승무북. 이 치고 하는 건 주로 그걸 많이 하거든요 가에 통 가슬{가를} 이 많이 치기 때문에 여문 나무. 소나무. 소나무 가지고 그런 걸 전부 만들어야지 잘 부서지질 안 해요 그렇기 때문에 소나무를 주로 많이 쓰고 가벼운 거는 오동나무를 쓰고 무거워도 괜찮은 거는 소나무로 쓰고 거 인제 재료를 우리 저런 데 오동은 저거는 저리 해놓고 파는 게 없기 때문에 직접 원목을 구입해가지고 집에서 짜개가지고 인제 건조를 하되 이런 소나무 같은 이런 거는 또 침목도 있고 구재도 있는데 침목 같은 거는 사가지고 건조하고 할라카믄{할라하면} 시간이 오래 걸리{걸려} 안 되요{돼요}. 오래 걸리고 또 최소한 그런 북 만드는 거는 적어도 십 년 이십 년 넘어야 되요 불과 뭐 한 이 년 말라가지고 욱신하게{깊숙하게} 말른{마른} 기 같애도{같아노} 속속들이 저 진이 다 빠지거든요. 그기{그게}. 그렇기 때문에 우린 구재. 이 헌나무. 요 건축물 뜯은 거. 이기 인제 보통 삼십 년 넘거든요 이거는 끝까지 어디까지나 보증하면서 합니다. 거 인제 고럭{그런} 거는 오히려 이게 구재가 신재보다 훨씬 비쌉니다. 한 삼

배 이상 비싸요. 그거 인제 그렇기 때문에 오래된 나무 가지고 그걸 인제 큰 북 같은 거는 만들고

문 이것도 나무가 소나무예요?

답 예. 소나무.

문 아 이거는 인제 헌집 같은 거 이런 거 헐은 거 이제 구재를 말하는 거죠?

답 예. 구재.

문 그럼 저런 거 인제 신잽니까?

답 신재. 저 약한 거 저거는 신재 아니껴{아닙니까}. 원목 사다놓은 거고

문 요거도 신재구요?

답 이거는 구재 아닌교{아닙니까}. 그 이런 거 인자{인제} 쓰고 용도대로 쓰고 다 나온 거 못 쓰는 기고{거고}.

문 아 짤라놓은{잘라놓은} 기구요{거고요}?

답 예. 짤라놓은{잘라놓은} 거. 못 쓰는 거.

문 금{그럼} 나무는 이렇게 종류가 답니까?

답 예. 나무는 뭐 두 가지 종류를. 돈 받는 게 두 가지 종류만 하면 되거든요

문 오동나무하고 소나무만 있으면 된다는 거죠?

답 예.

문 그 외에 나무는 예전에는 안 썼습니까?

답 예전에는. 예전에는 저런 오동은 별로 안 썼어요 별로 안 쓰고 예. 이거. 예전에도 여 소나무 가지고 순 지금은 인제 우리 국산나무가 지금 많이 없어졌잖아요 없어졌기 때문에 지금 수입은 많이 쓰는데 수입도 인제 소나무. 외송. 수입 소나무 같은 걸로 이런 거로 가지고 많이 쓰지. 옛날 부터 큰 북 하는 거 전부 소나무 했습니다. 소나무로 만들었고 다른 나무는 쓴 기{게} 없죠 더군다나 옛날에는 수입 카는{하는} 기{게} 없었 고 순 국산 소나무 가지고 그 중에도 참 좋은 기{게} 국산 소나무 중에

는 춘향목 카는{하는} 거 그거는 참 좋거든요.

☲ 춘향목이요?

☲ 예. 춘향. 춘향에서 나온 춘향목. 지금 지금 새로 많이 다 깎아묵고{깎아먹고} 지금 새로 인제 많이 양성하고 많이 키우고 있는데 그기{그게} 춘향목 나무 중에는 참 좋습니다. 그기{그게} 국산 소나무 좋고 세계 어느 소나무라도 비교하면 국 춘향목만한 나무가 없어요.

☲ 그면은{그러면} 예전부터 그면은{그러면} 소나무는 계속 쓰고.

☲ 예. 소나무는 계속 썼지요.

☲ 소나무 외에 다른 나무는.

☲ 다른 나무는 안 썼지요.

☲ 아. 예. 알겠습니다. 그러면 뭐 재료는 이렇게.

☲ 재료는 거 거기 하면 됩니다. 그하고{거하고} 인제 혹 가다 여러 가지 쓰는 게 또 있어요. 향나무도 인제 북통을 만들어가지고 쓰는데 그건 단가가 가격이 많이 비싸게 먹히. 주로 쓰는 건 어떤 사람이 쓰냐면은 혹 가다가 향나무 쓰는 사람들은 저거 보살. 예. 보살님들이 인제 고런{그런} 거 인제 산에 가지고 댕기면서{다니면서} 치는 거. 고런{그런} 거 인제 또 하 하지. 향나무 같은 거 또 하지만 또 대량으로 그거 안 하고 어쩌다 하는 기고{거고}. 주로 하는 기{게} 소나뭅니다. 소나무. 오동나무. 두 가지로 많이 쓰이지요.

☲ 고{그} 담에는{다음에는} 어떤 단계가 있습니까?

☲ 고{그} 담에는{다음에는} 인제 또 나무 원목을 따개가지고{짜개서}. 요 건조과정이지요. 건조 말리가지고{말려가지고}. 아무리 저것도 저 구재도 사놓으면은 한 번 더 해가지고 빛을 한 번 더 쐬가지고 한 번 더 말라야 돼. 그래가지고 통을 만들지요. 인제 제조하고 난 다음에 통을 쪽을. 오동나무는 요런 식으로. 요런 식으로 제조를 합니다. 요런 식으로 제조하는데 옛날에는 요걸 짜. 먼저도 얘기했지만 짜고가 많이 쪼사가지고

{쪼아서} 요래 대충 쪼사가지고{쪼아서} 이거 인제 살을 잡아가지고 통을 만들어가지고 요 가새{가에} 깎고 다듬 다듬질하거든요 오히려 저 이거 곱게 한다 카는{하는} 거 왜 다듬질하잖아. 말다 다듬질.

문 아 곱게 다듬는 거 다듬질.

답 예. 다듬는 거. 다듬어. 곱게 다듬어가지고 요래 칠하고 고래 인제 원래 원래 인제 제조는 만들어 파. 통 모양대로 통 모양대로. 옛날에 짜고로 전부 쪼사냈어요{쪼았어요}. 쪼사냈지만{쪼았지만} 지금 사람이 자꾸 갈수록 머리가 좋아지거든요

문 인제 짜고로 안 하고

답 안 하고 인제 기계로. 기계로 다 요거를 쪽을 파내지.

문 네. 그면{그러면} 요렇게{이렇게} 인제 모양을 만들어서.

답 모양을 만들어서 인제 요걸{이걸} 인제 살 잡거든요 살 잡아가지고 요 새 말하는 걸로 각도를 맞춰 잡아가지고 살 접어가지고 요 풀로 접착제로 붙이거든요 붙이고

문 아 접착제로 붙이는 거예요?

답 예. 붙이야지{붙여야지}.

문 풀로 붙여요?

답 예. 요 접착제 붙여요 똥그리하이{동그랗게} 붙이는데 접착제 옛날에는 인자{인제} 아교를. 아교를 인자{인제} 가죽으로 꼬는 거 아교가 있거든요 아교를 없을 시설에 할 때는 뭐로 많이 했냐면은 보리밥. 보립밥을{보리밥을} 갖다가 착~착~ 이겨가지고 저~저~ 떡 만들 때 떡 치듯이 착~착~ 이겨가지고{뭉개어발라서} 그걸로 가지고 붙여도 많이 힘이 붙어요. 그런 식으로 붙였는데 자꾸 갈수록 아교를 하고 아교가 지금 많이 없어졌거든요 특정한 데 아니면은 아교 지금 안 쓰거든요 아교가 없어진 게 원인이 뭐냐면 화학풀, 본드 화학풀이 많이 나오기 때문에 아교가 많이 져갖고 지금 화학풀로 가지고 썼지. 본드 가지고

문 아 이거는 아교가 아니고 화학풀.

답 예. 요새는 전부 화학. 아교는 또 불편한 게 많아요. 여름에는 잘 마르지를 않은데 이 굳어야 되거든요. 아교는 여름에 햇빛에는 오히려 녹아요. 녹기 때문에 시원한 데서 일찍 굳게라도 하지만 이거 본드 요거는 요새 여름 날씨에는 붙여놓으면 한, 두 시간 하면 다 마르거든요. 인제 편리한 것도 있고 아교는 할라카만{할려고 하면} 인제 불이 있어야 되고 녹카야{녹여야} 되고 하지만 불편하지 않으니깐 요새 접착제는. 편리하게 그대로가{그대로} 발라가{발라서} 붙이면 되니깐. 예. 거.

문 그면{그러면} 첨에는{처음에는} 아교로 작업하셨다가 인제 지금은 접착제로

답 지금은 인제 예. 글치{그렇지} 접착제 저거 나오는 걸로. 화학. 화학 접착제 나온 거 지금 하고 있지.

문 요렇게 해서 요거 붙이는 거 인제.

답 예. 요 살 잡는다 카는{하는} 기죠{거죠}. 예.

문 예. 요게 살 잡는 거지.

답 요거 요기{요게} 인제 각도 잡는 걸 우리 하는 말로 살 잡는다 카거든요 {하거든요}. 살을 잡아가지고 내려가지고 인제 요래 인제 또 동그라이{동 그랗게} 붙이면 자연적이{자연적으로} 이기{이게} 각이 있으니깐 자연 적이{자연적으로} 갖다붙이면 동그리하이{동그랗게} 되기든요. 예. 요래.

문 그면{그러면} 요렇게 붙이는 거를 요게 살 잡는 거고 요거는 뭐라고 합니까? 요렇게 된 거는?

답 원을 원을 잡는 기{게} 살을 잡아가지고 붙이면은 이게 원이 자연직으로 나오거든요. 원이 자연적으로 나와요 이게.

문 그면{그러면} 요거는 특별히 뭐라고 하지 않습니까?

답 특별히 뭐 없죠 없고

문 살 잡고 난 뒤에 나온 거를.

답 예. 살 잡고 나온 뒤에 붙이면은 거 인제 통이 되는 기죠{거죠}. 인제. 살 잡은 거를 붙이면은 통이 되는 기죠{거죠}. 통이.

문 예. 북통입니까?

답 예. 북통. 북통이 되는 기죠{거죠}. 고거 인제 크기대로 삼십 센치짜리면 삼십 센치. 또 사십이면 사십. 고 지름 크기대로 요거 인제 살을 잡거든요. 고래 잡으면 살 잡은대로 갖다붙이뿌면{가져다 붙여버리면} 고 원 사십 센치 원 고대로 나오거든요. 고러다{그러다} 보면은 만들어 붙이놓으면{붙여놓으면} 고기{그게} 인제 북통이 되는 기죠{거죠}. 말하자면 북통이지. 고기{그게}.

문 요렇게 하고 나서 그 다음에는?

답 고{그} 담에{다음에} 인제 요거 인제 요 다듬질해가지고 깎아가지고 곱게 손질해면{손질하면} 거 먼저 이야기 빼빠{사포} 요새 인제 저 그 한데.

문 빼빠로{사포로}.

답 예. 그 하는데 고 다듬질 해가지고 곱게 해가지고 고다{거기다} 인제 니스칠 해뿌리면{해버리면} 인제 완성이 되는 기죠{거죠}.

문 근데 요거는 뭐 어떤 과정입니까? 요기.

답 그거는 요기 인제 요거 살 잡은 걸 인제 붙이기 위해서 인제 핸{한} 걸 딱 붙으라고 이 테를 쪼아놓은 거거든요.

문 아. 테로 이거 무슨 텐데요?

답 이거 쇠. 쇠로 가지고 인제 이거 조립할 때 거 통 살 잡은 걸 풀로 붙일 때 기양{그냥} 놔둬가지곤 떨어지거든요. 그거를 인제 다 붙이가지고{붙여가지고} 테로 쇠테. 테로 가지고 딱 쪼아놔버리면 거 인제 딱 되거든.

문 쇠테로 조으는 거.

답 예. 조으는 거. 조아놓으면 고{그} 담에{다음에} 인제 빼내고 그러고 인제 다듬질하면.

답 이런 식으로 인제 칠하면 인제 곱게 반듯반듯하게 곱게.

문 이거는 니스칠

답 이 니스칠 핸{한} 거죠 니스칠해가지고 하면은 또 인제 완성이 돼. 니스도 인제 한 번 두 번 해가지고 안 되는 기{게} 보통 한 한 대다 싶으면 올해 많이 칠해야죠 많이 하면 칠을 많이 하면 많이 할수록 요기{요게} 나무가 야물어지고 오래 장기적으로 오래 가고 예.

문 근데{그런데} 처음 한 번 칠할 때는 무슨 니스칠. 그 담에{다음에} 두 번 칠할 때는 뭐 칠 이런 거 없습니까?

답 그 전에는 옛날에는 이거 할 때 아교를 녹카가지고{녹여가지고} 한 벌 발랐어요. 한 벌 바르고 난 다음에 고{그} 담에{다음에} 니스를 올리면은 광이 빨리 나고 빨리 굳고 그거를 니스칠. 아교를 안 하고 그냥 나무 우에{위에} 그냥 칠해뿌리면{칠해버리면} 한 번 칠하면 이십사 시간 넘어야지 굳어요. 그 전에 속에 인제 이게 접착제가 나무 속으로 인제 침투 못 하구로{하게} 막아주는 거거든. 아교 하는 기{거}. 지금은 그 아교를 안 하고 인제 그 락카. 샌딩{칠} 카는{하는} 게 있어요.

문 샌디?

답 샌딩. 락카 샌딩{칠} 카는{하는} 걸 매나{똑같이} 아교맹쿠로{아교처럼} 그런 역할 하는 기죠{거죠}. 그 샌딩을{칠을} 발라버리마{발라버리면} 그기{그게} 그 뒤에 니스칠해도 그기{그게} 속에 나무 속이 깊이 차고 드가질{들어가질} 안 하기 때문에 깊지를 못 하기 때문에 인제 광이 빨리 나고 빨리 굳고 예. 그런 역할을 인제 고{그} 샌딩을{칠을} 하고 고{그} 담에{다음에} 니스하고 고 샌딩하고{칠하고} 락키민 해가지고 그냥 하는 것도 있고 샌딩하고{칠하고} 니스하는 것도 있고 니스로 하면 이래 광이 나고 또 락카 샌딩을{칠을} 해가 무광 광 이게 있는데 무광 광 없이 그냥 하는 것도 있고 뭐 여러지 칠 여러 가지.

문 근데 왜 니스칠이나 락카칠을 한 다섯 번 정도 뭐 이래 한다면서요?

답 예. 그래 오래 합니다.

문 그러면은.

답 이게 보통 인제 샌딩을{칠을} 얼매나{얼마나} 하나 하면은 샌딩을{칠을} 보통 한 세 번 하거든요. 샌딩해가지고{칠해가지고} 또 이거 사포질. 또 고기{그거} 다듬어가지고 사포질 해가지고 또 샌딩{칠} 또 칠해가지고 고{그} 담에{다음에} 또 또 사포질해가지고 그러면 갈수록 자꾸 곱아지거든요{고와지거든요}. 이게. 닦으면서 하는 게. 고{그} 담에{다음에} 한 서너 번 후에 인제 니스를 한 두 번 하면은 광이 많이 나고 니스가 뚜껍해가지고{두꺼워서} 나기 때문에 두껍게 칠해지고 나무도 야물어지고 좋지요. 이게 보통 한 다섯 번 보면 되요. 다섯 번.

문 그러면은 처음 칠할 때는 무슨 칠, 그 담에 두 번째 할 때는 무슨 칠. 이런 건 없습니까?

답 그래 처음에 할 때는 이거 초벌. 초벌할 때 초벌 처음 할 때 샌딩하고{칠하고}. 두 번도 샌딩{칠}. 두 번 카면{하면} 서너 번 할 때도 샌딩하고{칠하고}. 초벌도 샌딩{칠} 초벌인데 고{그} 담에{다음에} 인제 두 번째 세 번째 그런데 락카를 가지고 인제 북 치는 이기{이거} 북 치는 이기{이거} 보통 이기{이거} 북통 하는 거는 고걸로{그걸로} 고{그} 정도로 많이 올라가믄{올라가면} 일곱 번까지 고래{그렇게} 하고 다른 덴 제품 같은 거 뭐 이 절에 가면 부처님들 그릇 있지. 부처님들 잡숫는{잡수는} 여. 그기{그게} 나무그릇이 나무모양. 그거는 연꽃을로{연꽃으로} 하기 때문에 많이 올라가지 그거는. 그러이{그러니까} 물을 담아두지 않고 대신 놔두노지{놔놓지} 않고 그러이. 그런 건 있어. 약소하게 작게 하게. 많이 올라가면 많이 올라갈수록 좋아요

문 그니깐{그러니까} 특별하게 뭐 이름이 따로 있는 건 아니고 초벌할 때 니스칠. 샌딩칠. 락카칠 그렇게 말한다는 거죠

답 예예. 특별한 건 없어요

☐ 그 담에{다음에} 요 안에 철 이거.

☐ 요거는 인자{인제} 요거는 쇠로 가지고 해놨는데 이 원래 쇠가 안에는 쇠가 드가면{들어가면} 안 되는 기라{거라}. 이 우리집에서 딴{다른} 데서 온 거 수리해논{수리해놓은} 긴데{것인데} 이기{이게} 드가면{들어가면} 안 되고 어 나무를 일단. 나무로 안에 안에 테가 .

☐ 아 여기서 만든 게 아니고

☐ 나무로 테가 들어가야만이 정상입니다. 고기{그게} 인제 테 안에 드가는{들어가는} 기{게} 뿔테. 이기 통이 안 줄도록 하는 방지도 되지만은 울음에 거거 영향을 받기 때문에 소위 울음테가 드가야만이{들어가야만이} 통도 야물으고{야물고} 소리도 좋고 예 이게 안에는 쇠가 드가믄{들어가면} 안 됩니다.

☐ 고{그} 담에{다음에} 저 니스칠 하고 난 뒤에는 그 담엔{다음에는} 어떻게.

☐ 그 담에는{다음에는} 저 건조시켜가지고 안에 여{여기} 울음테 넣고 니스칠 다 하고 난 다음에 울음테 여가지고{넣어가지고} 고{그} 담에{다음에} 다 되가지고 고리{고르게} 쳐가지고 가죽 찌우면{끼우면} 되는 기라{거라}.

☐ 고리 쳐가지고요?

☐ 고리 인제 드는 고리를 쳐가지고 에. 요기. 옆으로 매는 고리. 인제{이제} 다 하고 난 나음에 젤{제일} 마지막 하는 작업이 고리 울러매도록{매도록} 고리 처마{고리를 치면}. 요거는 통은 완성 다 되가지고 고{그} 담에{다음에} 인제 어 가죽 세우는 기하고

☐ 아 북고리를 채운다는 거죠

☐ 예예예. 가죽만 세우면 인자{인제} 완성이 다 된 기지{거지}.

생가죽을 사가지고 틀집에서 틀을 뽑고 또 대패로 가 깎아가지고 그래

인제 가공을 해가지고 했는데

問 그 담에{다음에} 북고리 채우고 나서 가죽. 가죽 한 번 설명해 주세요.

答 가죽은 이게.

問 가죽도 맨 첨에{처음에} 작업부터 한 번 설명을 해주시죠 지금 이거 인제 완성이 되있지만{돼있지만}.

答 첨에{처음에} 인제 이거는 인제 원래 생가죽을 인제 여 생가죽을 사가지고 우리 첨에{처음에} 여{이거} 살 때는 생가죽을 사가지고 틀집에서{털집에서} 틀을{털을} 뽑고 또 대패로 가 깎아가지고 그래 인제 가공을 해가지고 했는데 요즘은 그래 모{못} 한다. 고게{그게} 문제로 모 하고{못하고} 큰 공장에서 인제 틀을{털을} 다 뽑아가지고 거서{거기서} 해가지고 초벌 인제 기초작업만 해가지고 와서 거 뒤에 와가지고 인제 요즘 들어오는 기지{거지}. 공장에서 보통 하면 틀을{털을} 다 뽑아내요 뽑아주면 인제 여서{여기서} 인제 다시 인제 우리 가공하는 거 이거 이걸 할 때는 석회가 드가거든요{들어가거든요}. 석회가 드가는데{들어가는데} 석회를 제조하는 방법 같은 그거는 인제 우리 여서{여기서} 인제 집에서 인제 가공해가지고 일단 쳐가지고 말리놓거든요{말려놓거든요}. 말리놨다가{말려놨다가} 요걸 인제 북통에 쐬어가지고{씌워서} 작업을 할 때는 물에 다시 불리가지고 이 물렁물렁하게 되거든요 그때 인제 여 인제 가죽으로 줄을 만들어가지고 인제 얽어댕기{얽어당겨} 댕기{당겨} 조아놓으면 고걸로 가지고 풍물북은 다 완성이 되는 기지{거지}. 인제.

問 요 상태로 그대로 쓰진 안할 꺼{거} 아니에요 요 오릴 거 아닙니까?

答 인제{이제} 인제{이제} 고 동그라이{동그랗게} 딱 오리가지고{오려서} 지금 저 풍물북은 저래 할라 카면{하면} 저 오리가지고{오려서} 여여 가새{가에} 저 줄 드가는{들어가는} 구멍을 쭉 뚫어요{뚫어요}. 뚫어가지고{뚫어서} 그 구멍에다가 인제 아래 위로 싹 가면서.

답 구멍 뚫어가지고{뚫어서} 그래 인제 줄을 구멍 낀{끼우는} 데 죽 끼가지고{끼워서} 땡겨{당겨} 조아노으면 고게{그게} 인제 완성이 다 되는 기라요{거라요}. 그래가지고 건조시키면 인제{이제} 요런 작은 북은 농악 북 같은 거는 고거로{그걸로} 다 되는 기죠{거죠}.

문 근데 저기는 북이 만들어진 거는 좀 허옇고 부들부들해 보이잖아요 이거는 물에.

답 그래 인제 물에 담그면 물렁물렁해지고 부드러워지거든요 그래야지 이게 땡기{당겨} 조아노으면{조으면} 조래 딱 들어붙어가지고 되지. 그냥 이래 마른 상태는 안 되거든요. 마른 상태는 안 되고 물에 풀러가지고{풀려서} 담가놨다가 하룻밤 담가놨다가 물렁물렁하이{물렁물렁하게} 붇거든요. 불었을 때 구멍 뚫어가지고{뚫어서} 저래 가지고 땡기조면{당겨조면} 저래 탁 가가 딱 들어붙어가 야물게 되죠

문 요렇게 마른 상태의 가죽을 보통 뭐라고 합니까?

답 보통 우리가 말하는 건 뭐 다른 특별한 말은 없고 말리놓은{말려놓은} 상태에서는 마른 가죽. 저거 보면 쓰는데 그대로죠 예. 마른 가죽이라 카지요{하지요}.

문 요거는 석회가루예요? 이게?

답 요거는 알료. 단층할 때 쓰는 거. 알료. 알료. 거 인제{이제} 고거 인제{이제} 고래{그렇게} 히고 인제{이제} 다른 거는.

문 그 딤에{다음에} 지난 번에 보니깐 이거 북을 쿵쿵쿵쿵 쳐가지고 가죽을 왜 늘리는 작업이었나? 그거 왜 쿵쿵쿵쿵 막 두드리고 이랬었잖아요

답 아 고거 이거 할 때. 고거 한 때는 고거는 고 작업은 인제 요거하고는 작업이 조금 틀리가지고{달라가지고}. 거 가죽을 씌워가지고 기계 좀 올리가 이 땡길{당길} 때. 인제 이 두드리주는{두드려주는} 거는 늘어질만치{늘어질만큼} 늘어지라고 인제. 늘어져가지고 북을 땡겨야지{당겨야지} 이기{이게} 오래 가거든요. 그래서 땡기주는{당겨주는} 기고{거고}. 그

래가 고거는 인제 작업이 무슨 작업이. 주로 줄로 작업하는 기{게} 아니고 그래 해가지고 가새 뺑~ 돌아가면 인제 못을 못을 칩니다. 못을. 고 북이 마 하나도 없네. 인제 요런 요런 작업이 되거든요 땡겨가지고{당겨가지고} 요래 일단 딱 쳐가지고 요 그래가 요서 인제 이마큼한{이만큼한} 못 있어요. 압핀. 고걸로 딱 쳐만{치면} 인제 고래 하는 방법이 그기{그게} 인제. 철테 내라주고{내려주고} 할 때 요런 작업을 요런 북 만들 때 고런 작업 하는 기고{거고}. 인제 큰 것도 그런 식으로 하고

問 그러면 요렇게 가죽을 땡겨가지고{당겨서} 요렇게 하고 난 뒤에 그 다음엔 뭘 해야 합니까?

答 그 다음에는 그 담엔{다음에는} 딴{다른} 거 없죠 딴{다른} 거 없고 인제 절북 같은 거 큰 거는 인제 단청하고 해야 할 거는 요렇게 짤라가지고{잘라서} 고{그} 남은 자리 딱 거 단청하고 그래야만이 그기{그게} 끝이 나는 기고{거고}. 풍물북은 요래 쪼아노아가지고 건조만 되면 마르면 완성 다 된 기고{거고}. 뭐 손 볼 거 없고 인제 단청하고 그런 북은 인제.

問 그면{그러면} 단청하는 부분 그 다음 단계 어떻게 해야 되는지 좀 설명해 주십시오

答 단청하는 북은 인제 북통 자체를 인제 이래 살 잡아가지고 안 붙입니까. 붙인 다음에 인제 조거를{저거를} 그대로 조{저} 나무 그대로 인제{이제} 하는 것도 있고 아무 것도 안 하고 그대로 해가지고 인제{이제} 못 쓰는 그 작업 해가지고 고대로{그대로} 하는 것도 있고 안 그러면은 저기다가 비를{베를} 쌉니다. 베를. 광목으로 광목으로 베를 싸가지고 인제 밑칠. 밑에. 밑칠을 인제 고 까만 칠을 해가지고 그래 가죽을 씌우지{씌우지}. 씌워가지고{씌워서} 먼저만으로{먼저처럼} 지지가지고{지져서} 양쪽으로 씨기{세게} 조을대로 조아가지고 완전히 조았다 싶을 때 인제 뺑{빙} 돌아가며 아주 기초 못을 속에 속 못을 쳐가지고 건조시키

거든요. 건조시켜가지고 인제 고고 짤라{잘라} 가에 딱 잘라내고 고{그}
담에{다음에} 딱 붙어 나가죠. 단청 조아 그림 다 그리고 난 다음에 인
제 못 뺑{빙} 돌아가미{돌아가면서} 그 못을 쳐만{치면} 고건{그건} 고
대로{그대로} 끝이 나는 기지{거지}.

⊟ 그럼 아시못 치고 그 다음에 마지막에 그 못을 한 번 더

⊞ 예. 인제 고거{그거} 앞 뒤 앞 거 인제{이제} 저거 동그리한 거 있거든
요. 고거를 인제 쳐야지 인제 여 속에 드가있는{들어가있는} 아시{처음}
쳤던 그 못. 감춰 컴프러치{감춰지게} 되고 또 모양으로 인제 고게{그
게} 쳐고{치고} 이랍니다{이렇습니다}. 고{그걸} 너야지{넣어야지} 고
기{그게} 모양 있고 참하지. 고게{그게} 끝이고 그래 못 쳐만{치면} 고
건{그건} 고대로{그대로} 다 끝나는 기고{거고}. 인제{이제} 물건을 봐
가면서 고래{그래} 해면{하면} 좋은데. 고래{그래} 인제{이제} 사진 찍
어가면서 뭐 하는 거 하면 거 설명 듣기도 좋고 거 없으니깐.

⊟ 거 인제{이제} 그렇게 하면 끝나는 거예요? 단청

⊞ 그라면{그러면} 되예{되지요}. 단청하면.

⊟ 단청. 그림 그리고 그 다음 단계 없습니까?

⊞ 그 다음 단계는 단청하고 못 치면 고거로{그걸로} 가지고 그 부분 끝나
는 기지{거지}.

이모저모기 이기 사십오 도가 정확해야 되거든. 이기.

⊟ 아 그맇습니까. 그리고 왜 우리가 저기 나무를 가져와서 있잖아요. 선생
님. 이 자르고 제재하고 이럴 때 있잖아요 사용되는 도구. 도구도 가르
쳐 주세요

⊞ 사용되는 도구는 인제 거 인제 나무 원목을 사가지고 제지{제재} 하는
거는. 인제{이제} 요기{요게} 인제{이제} 이기{이게} 이거거든요. 요기
{요게} 우리 말하는 제지기{제재기}. 나무 띠개는{짜개는} 기계. 알기

쉽게 나무 따개는{짜개는} 기계 카면{하면} 되는 기고{거고}. 안 그러면
지금 어려운 말로 제지기{제재기}. 이 나무 따개는{짜개는} 기계. 요기
{요게} 인제{이제} 나무 따개는{짜개는} 기계 그래 도구고 고{그} 인제
{이제} 간단하게 고{그} 담에{다음에} 인제{이제} 또 다른 작업은 나무
따개가지고{따개서} 하면 인제{이제} 고{그} 살 잡고 하는 기계는. 요기
{요게} 인제{이제} 살 잡고 하는 기계는. 그 옛날은 전부 손으로 다 했
거든요 손으로 대패를 엎어놓고 나무 거머쥐고 밀고 각을 재보고 또 밀
고 각을 재보고 그래가지고 각을 맞춰가지고 요래 했는데. 지금 그렇게
힘도 들고 요새 그래 해가지고 능률도 안 올라가구요. 하루 점두록{내
내} 손으로 잡아가지고 해봐도 한 시{세} 개. 니{네} 개 정도 여 막 각
줘가지고{줘서}. 그땐 인제{이제} 고걸{그걸} 인제{이제} 발달시켜가지
고 연구핸{연구한} 기{게} 여 톱으로 가지고 인제 살을 각을 잡거든요
요래. 요 인제{이제} 요래 밀면은 각을 접혀가{접어} 있는 기가{거가}.
요거는. 한 장 네 치면 네 치. 다섯 치면 다섯 치. 인제 각도를 딱 맞춰가
지고 그래 인제{이제} 밀면 요기{요게} 인지{이제} 정확한 살이. 살이
접히는 거라요. 그래가 하는 기{게} 요거 인제 통 만드는 순서 제지해가
지고{제재해서} 고{그} 담{다음} 여{여기} 와서 살 잡아. 살 잡는 거. 살
잡고 난 다음에 풀조림. 붙이는 거. 붙이고 난 다음에는 인제{이제} 곱게
다듬질해가지고 대패질해가지고 다듬질해가지고 니스칠하고 하면 통은
인제 완성이 되는 기고{거고}.

<table><tr><td>문</td></tr></table> 그럼 요건 살 잡는 기계. 조거는 뭔데요

<table><tr><td>답</td></tr></table> 고건{그건} 또 요거는 한쪽으로만 되가{되어} 있잖아요 한쪽으로 향하
고 또 요쪽으로 돌리가지고{돌려서}. 근데 첫. 첫 단계 처음에 연구했을
때 만들은 기계고 조금 더 사람이 해가지고 톱이 두 갭니다. 조거는. 양
쪽으로 양쪽으로 두 갠데 한 번 드가뿌리면{들어가버리면} 양쪽 각이
딱 잽히가{잡혀서} 나오거든요 예.

문 그면은{그러면은} 이름은 저건 뭐라 그러는데요?

답 조거는{저거는} 인제{이제} 살 잡는 기계죠. 살 잡는 기계. 이것도 살 잡는 기계.

문 다르진 않구요?

답 예. 다른 건 없어요.

문 이름이 다른 건 없어요?

답 예. 요거는 외날톱. 외날. 톱이 한 개고 조거는{저거는} 양날. 톱이 두 개고 고게{그게} 인제{이제} 차이점 있고 그 전에 부르는대로 살 잡는 기계라 하지. 특별한 이거는 뭐 딴 데 쓰는 사람. 딴 데는 쓰는 데 없거든요 이거 북통 만드는 기나{거나} 이거 쓸까. 딴 데는 없거든. 특별한 말은 없어요.

문 외날톱. 양날톱. 두 개다 살 잡는 기계고

답 예예. 살 잡는 기계.

문 이건 뭔데요?

답 그것도 양날 두 개.

문 아 저것도 양날 두 개.

답 거 인제{이제} 저게 왜 두 개 시{세} 개 되거든요 인제 조거를{저거를} 또 한 사십 센치 통을 할라 카면{하면} 조걸{저걸} 인제{이제} 맞춰놨거든요. 그러면 삼십 센치 할라 카면{하면} 조걸{저걸} 또 다시 막 또 가가{가서} 새로 맞춰야 되요. 그래 불편한 점이 있어가지고 사십 센치 하는 건 사십 센치 딱 저래 해놓고 항상 그래 해놓고 삼십 센치 하는 건 삼십 센치 하는 거 항상 그래. 갖다여면{가져다넣으면} 되구로{되게}. 그렇기 때메{때문에} 저기{저게} 살 잡는 기계가 두 대도 되고 시{세} 대도 되고 마카{모두} 되는 기라{거라}. 편리하구로{편리하게끔}.

문 그 담에{다음에} 또 사용되는 기계가. 조기서{저기서} 우리가 제재를 해 가지고 살을 잡구요. 그 다음에는?

탑 인제{이제} 제재해가지고 인제{이제} 절단을 잘라야지 인자{이제}.

문 아. 제재해가지고 살 잡기 전에 먼저 짤라요{잘라요}?

탑 살 잡. 살 잡기 전에 짤라야{잘라야} 되거든. 인제{이제}. 기장을 맞춰가지고 길이 맞춰가지고 요서{여기서} 잘라가지고 그래 인제 살 잡지.

문 응. 여기는 이쪽에는?

탑 짜 여기 짜르는{자르는} 거.

문 짜르는{자르는} 기계?

탑 예. 짜르는{자르는} 기계.

문 여기는 뭐라고 하는데요?

탑 요건 보통 이 기계는 딴{다른} 데도 많이 쓰거든. 이거. 요건 다른 목공소에도 다 씁니다. 목공소에 다 쓰는데 우리가 알기 쉽게 말하기를 이 톱이 동글거든{둥글거든}. 요기{요게}. 그 인제 뭐라 하면 돈톱이라 카고{하고}. 돈톱이다. 돈. 돈이 동글잖아요{둥글잖아요}. 거 톱이 동글기{둥글기} 때문에 돈톱이라 하고 원래 이름은 색감입니다. 색감.

문 색감?

탑 색감. 예. 색감이 원 이름이 색감.

문 돈톱 또는 색감?

탑 예예. 색감. 원 이름이 색감인데 이건 목공소고 뭐고 다 쓰거든요 아무데나 다 쓰기 때문에.

문 이거는 나무를 자르는 색감. 돈톱. 이거는요?

탑 그것도 이기 똑같은 기라{거라}.

문 아 요것도 똑같이 색감. 돈톱이요? 그 다음에 우리가 이런 연장. 요런 것도 또 설명을 해주시면

탑 그런 거 연장 다른 거 없고 다른 인제{이제} 필요한 기{게} 주로 쓰는 기{게} 우리 인제{이제} 이런 돈톱이다. 하나하나 손으로 끊을라면 힘이 들기 때문에. 톱으로 할라 카면{하면} 힘들거든요 톱으로 할라 카면{하

면} 힘들기 때문에 기계 대놓고 자르고 인제{이제} 그래 하지. 그 담에
{다음에} 뭐 필요한 거 망치가 있어야 되고 두드릴 망치가 있어야 되고
인제{이제} 글{그것을} 붙일 때 솔도 있어야 되고

문 솔요?

답 솔. 풀 솔.

문 풀솔?

답 이거 띠가{떼서} 풀 발라가지고 붙이고 하는 거.

문 망치는 어디에 필요한데요? 목공할 때.

답 망치. 망치 인제 풀 붙이고 풀 대가지고{대서} 테 갖다씌울 때. 딱 씨게
{세게} 땡기{당겨} 조을 때 고 망치로 두드리가지고{두드려가지고} 조
아야 되거든요.

문 고렇게 두들기는 작업은 뭐라고 하는데요. 망치로 요롷게.

답 두드리고 하는 거는. 그기{그게}. 그 뭐 특별한 그것도 특별한 뭐.

문 그래도 여기서 쓰시는 말. 뭐 해야 된다.

답 우리말로 그 불 조리고 할 때 테로. 테 조은다. 테 치는 거. 테 조은다.
테를 조은다 카지{하지}. 테 조은다. 테 조을 때 쓰는 거 테 치는 쓰는
쇠가 있고 요 마 대가지고 쓰는 쇠가 있어요. 테 치는 쇠가 있고 망치가
있고. 예.

문 테 조을 때 테 치는 쇠가 있고 망치가 있고 예. 그 다음에 또 이제 요기
서{여기서} 쓰시는 도구.

답 도구 그거 없는데. 보통 그기죠{그거죠}. 나무 쓰는. 쓰는 기{게} 망치
톱. 그 외에는 딴 거는 별로 없어. 예.

문 아 그렇습니까. 고{그} 담에{다음에} 이런 건 뭔데요

답 그건 인제{이제} 자는 이거는 곡자 아닙니까. 곡자. 기역자. 곡자거든요
거 인제{이제} 이거 북으로 하니끼네{하니까} 좌대 같은 것도 해달라
카데{하데}. 좌대 같은 것 하면 요거 인제{이제} 각을 보기 위해서 뭐

나무 짜고 하고 할 때는 반드시 기역자. 자가 필요하거든요. 자가 있어야
지 정확하게 기역이. 곡이 사십오 도 맞나. 사십오 도가 대패질로 깎아
도 이쪽 뭐 저모가. 이모저모가 이기 사십오 도가 정확해야 되거든. 이
기. 사십오 도가 정확하게 안 되가지고 이게 삐딱하게 이래{이렇게} 되
버리면 나무를 맞춰노면{맞춰놓으면} 이기{이게} 딱 이래 돼야 되는데.
이라다보이{이러다보니} 이래{이렇게} 되버리는{돼버리는} 기라요{거
라요}. 그 이럴 때 이때 필요한 기{게} 곡자가 기역자 사십오 도 곡자가
필요한 기라{거라}. 이 인제{이제} 곡자라 카지{하지}. 곡자. 사십오 도

문 곡자고 고{그} 다음에 요거는 일반 우리가 쓰는 그

답 일반 우리가 쓰는 자.

문 그 다음에 요거는 뭐에 쓰시는데요.

답 이거는 뭐 필요한 거 인제{이제} 주로 이거는 다른 데 인제 큰 공장 같
  은데 이런 데서 많이 쓰는데. 이거는 뭐. 예를 들어서 무슨 안 빠지고 할
  때 이걸 물리가지고{물려서} 이거로 이걸 딱 조아버리면 딱 물거든요
  길게. 그러게{그렇게} 빼는 거. 뭐 못 빼는 것도 쓰고 인제{이제} 조을
  때도 쓰고 이게 바이스 카는{하는} 거. 인제{이제} 저 있는 저저 깡통
  옆에 있는 바이스가 쇠 물려가지고 자르는 기{게} 바이스라 카거든요
  {하거든요}. 요거를 그와 마찬가지 저걸 물리가지고{물려서} 자르기 때
  문에 바이스 카는{하는} 기{게} 이기{이게} 이름이. 고것도 인제 물리거
  든요. 그기 바이스 부라야 카는{하는} 거. 부라야 집게 하는 거 부라야.
  그기 바이스부라야. 인제{이제} 이름이 바이스부라야지.

문 이거는 바이스부라야. 저건 바이스고

답 그냥 바이스고 예. 바이스부라야. 바이스고 물리는데 요것도 물리는 기
  {게} 바이스 부라야. 집게란 말이죠

문 그 다음에 저기 왜 길게 되있는 것도 저거는.

답 그거 인제 큰 통할 때. 대패. 저 큰대팹니다.

조 아 저게 큰대패예요?

답 예. 큰대팬데. 저게 인제{이제} 우리 말로는 손대패 캐가지고{해가지고} 큰대패를 말하는 거고 저기{저게} 인지{이제} 일본 사람들 쓰는 말이 쓰길 저기 인제{이제} 대호시{손대패} 카는{하는} 긴데{건데}. 왜놈 말로 대호시{손대패}. 손으로 가지고 눌리{눌려} 한다고 대호시{손대패} 카는데{하는데}. 저기{저게} 인제{이제} 손대패. 큰대팝니다. 고 전기대패는 작은 기{게} 있고 작은 기{게} 있고 저 손대패 카면{하면} 큰 걸 저걸 말하는 기고{거고}. 큰 통 할 때 고기{그게} 뭐뭐 일 메다 오십. 이 메다 할 때 저기 길어야 되거든. 그때 쓰는 기고{거고}.

조 저 밑에 저건 뭔데요. 쇠로 박혀있는 거.

답 나무 붙일 때 조으는. 나무 인제{이제} 예를 들어서 이거를 한 삼십 센치. 나무가 넓은 거 있어야 되는데 삼십 센치 나무가 없을 때는 한 십오 센치 나무 가지고 두 쪽을 붙여가지고 할 때. 그때 인제 붙이는 거. 조아가지고 풀 붙이는 그기{그게}. 만들어 그기{그게} 아무도 없어. 그거는. 편하게 맨들어놓으면{만들어놓으면}.

조 그러면 이름은 특별히 뭐라고 하시는.

답 거 이름은 없어.

조 그냥 여기서 부르시는.

답 그냥 인제{이제} 우리 풀 조을 때 하는 조리개. 예. 조리개.

조 조리개 그걸. 풀을 조을 때 저걸 어떻게 쓰시는데요? 조리개.

답 내주{나중} 우{위에} 여기 인제{이제} 내주가{나중에} 조을고 물 위에 있는 거.

조 그 조리개는. 예.

답 여{여기} 너놔놓고{넣어놓고} 여{여기} 조으면. 그러면 인제{이제} 이 기가{이거가}.

조 아 밑으로 쭉 해가지고

🗊 조아지는 거. 그래 그거. 조리개고 이기{이게} 원 조리개는 이기{이게} 인제{이제} 조리개거든요. 이기{이게}. 이기{이게} 뭐 할 때 쓰는 기고{거고} 하면 지금은 이거 많이 안 씁니다. 문. 우리 저 한옥 한옥 문 있죠 문살 요래요래 만치고{만지고}. 요래요래 있잖아요 그거 문살 물리가지고{물려서} 열 개면 열 개 죽~ 놔가지고{놓아서} 딱 물어가지고 톱질 한몫에 하거든요. 이기{이게} 조리개라. 그걸 문살 조리개 합니다. 요거.

🗊 예. 문살 조리개.

🗊 예. 조리개 인제{이제}. 지금은 기계가 좋기 때문에 이기{이게} 필요가 없어졌어요 기계 딱 맞대놓고 고거{그거} 갖다 밀어놓으면 한 개쓱{개씩} 한 개쓱{개씩} 딱딱 맞으니께{맞으니까}. 이거는 여{여기} 그때는 손으로 할 때 한 개쓱{개씩} 한 개쓱{개씩} 하면 아무리 정확하게 해도 안 맞거든요. 그기{그게} 마 열 개면 열 개 다섯 개면 다섯 개 딱 물리놔 놓고{물려놓고} 그래 톱질하면 다 똑같거든요. 그때 쓰는 기{게} 인제 문살.

🗊 그러면 요걸 요렇게 조립니까?

🗊 요래요래 조는 기고{거고}. 요래요래. 예. 요걸 인제{이제} 조으고 요거 크기는 인제{이제} 요걸 왔다갔다가. 그리{그래} 인제{이제} 조리개.

🗊 문살 조리개. 요기{여기} 잠깐만 두시죠 좀 있다 제가 함{한 번} 보게.

🗊 근데 인제 요걸 인제{이제} 내가 만드는 기{게} 인제 그냥 조은다고 조리개라 카지{하지}. 다른 득별한 이름 뭐. 옛날부터 있는 이름 아니고 뭐.

🗊 그건 괜찮습니다. 이건 뭡니까?

🗊 그건 인제 나무대패 할 때 두께 조정하는 거. 거기 인제{이제} 손밸트에다가 하면은 이쪽 길이에 이쪽저쪽 맞잖아. 이기{이게} 밀마{밀면} 이기{이게} 밀고 이거 밀면 아무리 그하면{그러면} 여기하고 여기가 두께가 맞을 수가 없는 거라요 그냥 이렇게 하마. 저기 갖다가 대패로 해버리면

이거 밀어가 앞 뒤고 뭐고 사방 똑같이 튀나오지. 거 인제{이제} 거 나무 두께 조정할 때 쓰는. 조것도{저것도} 대팹니다. 자동대패.

📧 자동대패.

📧 예. 갖다 여{여기} 놔노면{놓으면} 기계에서 확 빠져나오는 거.

📧 그래가지고 나왔는 이거. 이건 뭐.

📧 대팻밥이지. 여 대팻밥이라 안 캅니까{합니까}?

📧 저기 톱니 같은 거 저거는 뭐라 하는데요.

📧 그기 인제 톱니라. 아까 얘기했는 돈톱 카는{하는} 거.

📧 아 돈처럼 동그랗다.

📧 야. 돈처럼 동그랗다고 인제{이제} 거 인제{이제} 저기다{저기에다} 물려가지고 하거든요 이기{이게} 인제{이제} 돈톱이라. 이기{이게} 이거 돈만큼 둥글다고 우리가 인제{이제} 듣기 좋게 알기 쉽게 돈톱이라 하고. 원 이름은 저기 새깡 카는{하는} 기{게} 인제{이제} 이런 말이 있는데.

📧 예. 알겠습니다. 그면{그러면} 돈톱 인제{이제} 굵은 게 있고 작은 게 있고

📧 굵은 게 있고 작은 게 있고 굵은 거 자를 땐 큰 걸로 하고 작은 거 자를 땐 작은 걸로 하고

📧 그면{그러면} 이름은 뭐 달리 부르는 건 없습니까? 큰 거 부를 때하고 작은 거 부를 때하고 달리{다르게} 부르는 거는

📧 달리{다르게} 부르는 건 없어요 달리{다르게} 부르는 거 없고 세밀하게 인제{이제} 이거 사는데 가마 이빨{톱니} 가지고 얘기하거든요 뭐 백사십 개면 백사십 개 백이십 개면 백이십 개. 요거 미티 미티 사십 티 오십 티 하면서 거 자기들 쓰는 말이 있어요 그러끼{그러니까} 우리가 보통 말하는 거는 기양{그냥} 이기{이게} 단과로 카는{하는} 기{거}. 단과로 톱이라 카는데요{하는데요}. 단과로 카는{하는} 긴데{건데} 이걸 가지

고 백츨. 문 이거 이거. 이거 할 때도 이걸로 자르고 다 자르거든. 이거.

⊟ 아 굉장히 튼튼하네요

⊞ 예예.

⊟ 그냥 뭐 여기서는 사십 티 이런 말은 안 쓰고

⊞ 그냥 보통말 그런 거 안 쓰고 그런 말 어렵게 안 쓰고 큰 톱날 작은 톱날 카고{하고} 기양{그냥} 그렇지.

⊟ 아 큰 톱날 작은 톱날. 예 알겠습니다. 그 다음에 또 뭐 사용하시는 왜 기계나 도구 중에 또 뭐가 있습니까? 선생님.

⊞ 이제 나무 따개고{짜개고} 여{여기} 끈 속 옇고{넣고} 하는 거 뭐 다른 그건 없어요.

⊟ 그 다음에 그거 선생님 단청작업 하실 때 뭘 한다든지 이런 이런 사용하는 도구 없습니까?

⊞ 단청작업 하면 할 때 다른 도구 아무 것도 필요없어요. 놓고 기양{그냥} 그리면 되니깐.

⊟ 붓하고 그냥.

⊞ 예. 붓붓. 붓하고 단청작업 할 때 필요한 기{거} 거 붓. 알료. 고것도{그것도} 인제{이제} 접착제. 저 접착제.

⊟ 접착제요?

⊞ 접착. 접착제. 프리졸 카는{하는} 거. 여 쓰는 오공 오공육 하는 기{거}. 오공육 카는{하는} 기{거} 관오. 그기{그게} 풀 이름 택이지. 오공회사에서 나오는 기{거} 오공본드 오공 인제{이제} 오공육 카는{하는} 기{거} 여 프리졸. 프리졸 캐가지고{해가지고} 오공육 카마{하면} 이거 잘못 쓰는 거 인제{이제} 우리가 그 손님 가서 "오공육 주소" 카마{하면} 프리졸 카는{하는} 거. 이공일 카마{하면} 이공일 카는{하는} 거 인제 우리가 보통 쓰는 접착제 본드 이공일이고 이공팔 카는{하는} 거 인제{이제} 좀더 빡빡하게 좋고 질이 좋고 강하게 인제{이제} 접착제 말하

는 기고{거고}. 고거{그거} 다음에 붓이 있어야 되고 뭐. 단청 할 때는 붓하고 접착제하고 고거만{그것만} 있으면. 알료하고

문 그 담에{다음에} 저쪽에 있는 도구 있잖아요. 저거는 안 쓰시는 건가?

답 거 도구 여 뭐 이거 저거 뭐 필요한 거.

문 저거는 안 쓰시는 건가요?

답 와{왜} 안 써 뭐. 필요하면 씁니다. 쓰고 오만{여러 가지} 기{것} 다 드가거든요{들어가거든요}.

문 그면은{그러면은} 그것 중에서도 뭐 쓰시는 거는?

답 젤{제일} 주로 쓰는 게 풀이라요. 톱 톱, 망치 그것뿐입니다. 딴{다른} 거. 예.

문 그러면 금방 이렇게 있잖아요. 저기 받침대죠 망치로 저거 못 빼는 거요 저건 뭔데요?

답 저거는 인제 거 못 빼기 위해서도 만들고 뭐 이래 두들기{두들기고} 오리고 뭐 하고 할 때 쓸라고 해 논{놓은} 긴데{것인데} 이건 참 오래된 겁니다. 내가 이거 이 길로 들어설 때 처음에 거 우리 이 선생님 댁에 갔을 때 그때 이기{이게} 오십 년 전에 거라요 이기{이게} 그기거든요{그거거든요}. 내루. 철까치.

문 내루요

답 철까치. 철까치 쇠 안 있습니까? 그거 동가립니다{조각입니다}. 이기{이게}. 차가 지나댕기는{지나다니는}.

문 아. 그니깐{그러니깐} 기차역에.

답 그기{그거} 예. 그거 동가린데{조각인데}. 그거 동가린데{조각인데} 인제{이제} 저다{저기에다} 넣고 뭐 두드리고 뭐 하고 인제 오리고 할 때 밑받침 쓰기 위해서 인제 구해논 기라요{거라요}. 그기{그게} 인제{이제} 이거 그때 내서 하고 저 집에서 나왔을 때 남았는 거 이거 하나밖에 남은 거 없어요.

문 지금 그면{그러면} 이렇게 못 빼는 작업 뭐라 그러는데요?

답 그거는 못 빼는 기죠{거죠}. 다른 작업은.

문 가죽에 그냥 못 빼는.

답 못 빼는. 다른 작업은. 다른 특별한 말은.

문 요건 좀 덜 마른 가죽인가 봐요.

답 다 말른{마른} 겁니다.

문 저것도요?

답 예. 다 말른{마른} 거. 다 말른{마른} 긴데{것인데} 요거는 인제 석회 작업 석회 그 할 때 깨끗하게 빠진 기고{거고} 조거는 인제{이제} 고 석회 물이 좀 안 빠지가지고 석회물이 허여이{허옇게} 이래{이렇게} 묻어가 있는 기고{거고}. 고걸{그걸} 일정하게 물에 불리가지고{불려서} 작업 을 해버리면 이거마이{이것처럼} 다. 다 괜찮아.

문 그면은{그러면은} 사용하시는 도구나 뭐 이런 거 다 잊어버리신 거 없으 세요. 뭐 또 딴{다른} 거.

답 딴{다른} 거는 없어요. 인제{이제} 옛날 뭐 맹쿠로{같이} 짜구도 쓰는 것도 아이고{아니고} 대패도 안 쓰고 이기{이게} 대패 옛날에 썼던 대 패 인제{이제}. 이 대패가 필요하지. 저 우에{위에} 틀이 저 우에{위에} 있는데 이기{이거} 여다가{여기다가} 여다가{여기다가} 이래{이렇게} 엎어놓고 나무를 거머쥐고 이래{이렇게} 밀었단 말이야. 밀어가지고 각 을 맞추고 이랬는데 그래 힘든 일을 지금 안 하잖아요. 안 하고

문 그면{그러면} 요 우에{위에} 거는 다 옛날에 썼던.

답 옛날에. 이기{이게} 인제{이제} 고 통 다 붙이가지고{붙여서} 가새 다듬 질할 때 통 아직 깎을 때 요새 전기대패로 하잖아요. 그래 이거로 가지 고 대패 이거 손으로 일일이 일일이.

문 저 대패는 이름이 뭐고 이 대패는 이름이 뭔데요?

답 내나{똑같이} 이거 기양{그냥} 대패. 인제{이제} 이기{이게} 손대패지.

손대패. 그대로 인제{이제} 기계는 아니고 하는데 손대. 이걸 대패를 해서 잘라가지고 자기 하기 좋게 만들어논{만들어놓은} 기고{거고}. \

문 그면 이것도 손대패라 그래요?

답 예. 손대패.

문 이것도 손대패라 그러구요?

답 예.

문 그 담에{다음에} 또 옛날에 썼던 연장 또 한 번.

답 옛날에 썼던 연장은 뭐 딴{다른} 거 거 통 만드는 데는 그 대패밖에 없어요.

문 요거 위에 있는 건 다른 건 그거 아닙니까?

답 다른 건 이거는. 이거는 아 이거는 그 통을 이 우리 인제{이제} 북통하는 데는 인제{이제} 필요가 없어졌지요 필요가 없어졌는데 인제{이제} 통 이래{이렇게} 둥글게 안 되고 막바로 하는 거는 안을 깎기 위해가. 안에도 깎아내야 겉에만 하면 안 되거든요. 안을 깎을 때 안 깎을 때 쓰는 거 요기{요거} 인지{이제} 동그라이{동그랗게} 되지. 그래서 안 깎을 때는 안대패. 예예. 안 깎을 때 쓰는 기고{거고} 요새는 안 씁니다.

문 옛날에 썼는데 요즘엔 안 쓰시는 거.

답 이거 안 쓰고 이거 뭐 이거는 이것도 지금은. 지금은 안 쓰지. 요는 그 이래 나무 각재비. 각재를 갖다가 인제 모양 내는데 모 모 요 모를 날카롭게 요래 나누는 거다가{거기다가} 요거 요거를 깎으면 모양이 나와요 모양이 나오는데 손으로 가지고 일일이 다 했거든요 여기다. 북통을 만들 때. 그 전에 북통을 만들 때도 손으로 했는데 이기{이게} 손 필요없거든요. 지금 루다 카는{하는} 기{게} 있기 때문에. 루타 다 갖춰져있고 전부 다 있는데.

문 그면{그러면} 이건 이름 뭐라 하는데요.

답 이거는 저 지금은 인제 루타라 카는데{하는데}. 이거는 모 모 죽이는 모서리대패. 모서리대패 카마{하며} 이기{이게} 인제{이제}. 이기{이게} 전부 안 쓰는 기라{거라}. 인제{이제}.

문 좀 종류 다른 건 없어요?

답 다 없어. 이 아 전부 안 깎는 거고 이것도 안 쓰고 아쉬운대로 쓰는 건 인제{이제} 요거 하나 가지고 요거 하나 가지고 인제{이제} 못. 딱 대패 해놓은 요걸로 칼날 밀고 막 할 때. 요걸로 살짝살짝 줄여준다고 고거 하나 인제{이제} 쓰지. 딴{다른} 건 아무것도 안 씁니다. 지금은.

문 저거 예전에 다 썼던 거잖아요.

답 예. 요거 요거 요거 하나만. 요거 한 가지만 전기대패 쓰기 전에 손으로 인제 대패해가지고 인제{이제} 다듬질했다는 거. 고거 하나.

문 그니깐{그러니깐} 손대패. 안대패. 고{그} 담에{다음에} 모서리대패.

답 예. 이거는 전부 마{모두} 안 쓰는 기고{거고}. 요걸로만 가지고 그 전에 통하고 다 했다니깐.

문 그면{그러면} 이거는 뭔데요? 길쭉한 건요?

답 그건 아무것도 아니지요. 이건 아무것도 아니라요. 아 이건 짜구.

문 아 그기{그게} 짜구구나.

답 예. 이기 짜구라가지고{짜구여서} 안 깎아내는 거. 짜구 카는{하는} 거.

문 예. 짜구고 또 빠 빼빠. 빼빠는.

답 아 그거는 사포질 하는 빼빠는 이거. 이기{이거} 아닙니까. 예. 이기{이거} 사포질 할 때 쓰는 기고{거고}. 이거로 가지고 하나씩 깎아나가면 인자{이제} 요걸로 인지{이제} 고걸{그걸} 다듬질해가지고 이걸 샌딩{칠} 한 번 해가지고 요걸로 가지고 요기{요게} 이기{이게} 번호가 있거든. 고 삼백이십 번. 더 곱은{고운} 거는 사백 번. 또 더 곱은{고운} 거는 오백 번 이래{이렇게} 나오는데 젤{제일} 센 게 인제{이제} 사십 번. 하지만 젤{제일} 우리 마이{많이} 쓰는 기{게} 팔십 번짜리 젤{제일} 마이{많이} 쓰고 거 인제{이제} 백오십 번. 여기다 조금 더 센 게 백오

십 번인데. 거 인제{이제} 곱은{고운} 걸 곱은{고운} 걸로 가지고 거 인
제 샌딩하고 난 다음에 인제{이제} 사포질. 한 번 곱게 해가지고 또 한
번 칠해가지고 또 건조시켜가지고 또 하고 그때 썼는 인제{이제} 여가
{여기가} 빼빠. 이거로 하고

문 그 다음에 선생님. 요거 요게 그건가 보죠?

답 이게 인제{이제} 가에 쓰는 뭐 그 북을 방선시켜가지고 통 해가지고 나
무 깔쭉하게 잘라내잖아요 가죽을. 고{그} 인제{이제} 치는 거라.

문 아 치는. 인제{이제}. 요걸 그냥 뭐라구요?

답 인제{이제} 우리가 하는 말로 공장에서. 여{여기} 이 공장에서 나오는
말이 비호 카는{하는} 기{거}. 비호 비호라 카는데{하는데} 우리가 기
양{그냥} 말하는 거는 단추. 뭐. 압핀 카는{하는} 거. 보통 쓰는 거는 압
핀 카는{하는} 거는 이 눌른{누른} 압핀 카거든요{하거든요}. 압핀 카는
{하는} 거 다 쓰잖아요 문방구에 쓰는 거. 종이 갖다대고 하는 거. 압핀
카는{하는} 거. 그거 인제{이제} 크기{그거} 이용한 긴데{것인데} 압핀
카기도{하기도} 하고 인제{이제} 공장에서 부른 이름이 비호 인제{이
제} 우리가 뭐 말하는 거 모르잖아. 손님들 모르고 인제{이제} 단추못
카고{하고}. 단추못 카고{하고} 인제{이제} 이래{이렇게} 여러 가지 뭐
부르기 좋게.

문 요거는 그면{그러면} 요거 종류밖에 없습니까?

답 이거는 인제{이제} 큰 거 할 때. 적어도 최소한 한 육십 센치 이래{이렇
게} 되는 거 할 때 쓰는 기고{거고} 고것보다 작은 거. 작은대로 작은 거
또 있고

문 아 작은 못도

답 예. 작은 못은.

문 작은 못도 그럼 단추못이라 합니까?

답 예예. 비호 비호라 캅니다{합니다}. 예.

🔳 그 담에{다음에} 또 여기서 사용하시는 거.

🔳 여서{여기서} 뭐 사용하는 게 딴{다른} 거. 여여 여기 인자{이제} 이기{이게} 인제{이제} 참 오래 됐는데 이기{이게} 보자 사십오 년. 근 한 오십 년 됐는데 이 기계가 그래 됐어요. 그때 젤{제일} 처음 북 조으고 손으로 조으고{쪼고} 하기 힘들다고 기계로 조으는{쪼는} 거 그때 만들었는 기{게} 이기{이게} 내가 연구해가 만들었는데 이기{이게} 그렇게 오래 됐습니다. 한 오십 년 됐습니다. 가죽 이기{이게} 집게 물어가지고 물어가지고 댕겨{당겨} 조으는{쪼는}.

🔳 아. 댕겨가지고{당겨서} 조은다구요?

🔳 이 가죽을 여 가죽 통 놓고 통 놓고 먼저 번에도 봤죠 왜 가죽 뺑 돌아가 물려놔놓고 저 밑에 그기{그게} 그래요. 작게 올리는 거. 그걸 이래{이렇게} 올려버리면 자연적으로 이래 팽팽하게 댕겨지거든요{당겨지거든요}. 그때 쓰는 거 요걸 가죽 물리는 집게. 예.

🔳 그면{그러면} 이걸 다 돌아가면서 다.

🔳 예 뺑 돌아가면서 물려놓고

🔳 저 가죽을 해가지고 통에 딱 씌워가지고

🔳 물려놓고 딱 씌워 딱 물려놓고 집게 물리면 한 몫에 같이 조아지는{쪼아지는} 기라{거라}. 한 몫에 같이 조아져{쪼아져}.

🔳 그면{그러면} 이렇게 기계로 쫙~ 해가지고 한 거. 그면{그러면} 이건 이름어 뭐라 그러는데요?

🔳 이기{이게} 가죽 물리는 집게. 가죽 물리는 지게{집게}.

🔳 집게고 그 담{다음} 이 기계는요?

🔳 이 기계는 여 북 조으는{쪼는} 기계. 그대로 딴{다른} 특별한 기계 없고

🔳 예. 알겠습니다.

🔳 다른 데도 무슨 쓰고 이라는{이러는} 것 같으면 또 무슨 특별한 이름이 있을란지{있을런지} 모르지만. 이거 내 손으로 직접 고안해가지고 제작

을 핸{한} 기리나도{거라서} 뭐 다른 이름 부를 것도 없고 가죽 조으는 {쪼는} 기계. 막 그대로 그대로 알기 쉽게.

3.2. 대고

북은 통에 가죽을 팽팽하게 씌워 울리게 하는 악기이다. 이러한 북에는 크게 단면고(單面鼓)와 양면고(兩面鼓)가 있다. 단면고는 접착제로 막면을 씌우지만 양면고는 막면을 씌우기 위하여 가죽끈·등나무덩굴·섬유로 된 끈으로 죄는 방법, 접착제 또는 징못으로 고정시키는 방법, 쐐기를 끈 사이에 박아 장력(張力)을 팽팽히 하는 방법, 나사못을 박는 방법 등으로 만들어진다. 북의 연주법에도 몇 가지로 나누어 볼 수 있는데 채나 손 또는 손가락으로 치는 방법, 북면을 마찰하는 방법, 악기를 진동시키는 방법이 있다.

우리나라는 북종류를 8음(八音; 악기를 만드는 8가지 재료) 중 통에 가죽을 씌여 만든 혁부(革部)로 구분하여 사용하고 있는데, 모양 주법과 쓰이는 곳에 따라 그 명칭이 달라진다. 현재 사용하고 있는 북에는 소고(小鼓), 장고(杖鼓), 좌고(座鼓), 건고(建鼓), 용고(龍鼓), 노고(路鼓), 영고(靈鼓), 진고(晉鼓), 삭고(朔鼓), 영도, 교방고(教坊鼓), 중고(中鼓), 노도, 진고(節鼓), 응고(應鼓) 등이 있는데, 이 중 대고(大鼓)는 북 중에서 큰 북을 가리킨다.[53] 대고는 악기 중에서 모양이나 소리의 측면에서 힘을 상징한다. 이러한 북은 나무로 짠 통에 가죽을 씌우고 채를 두드려 연주하는 악기로 예전부터 정악과 민속악에 두루 사용되었다.

---

53) 북이 만들어진 시기에 대한 명확한 기록은 남아있지 않다. 다만 인간의 역사 속에 가장 오래된 악기로 추측할 뿐이다. 북은 꾸밈새가 간단한 까닭에 그 역시가 오래된 것으로 추정할 수 있는데 이러한 점으로 인해 그 시역의 성향도 잘 나타난 악기라고 할 수 있다.

풍물악기 중에서 가장 오래된 악기 중의 하나인 대고는 몇 단계의 제작 과정을 거쳐서 만들어진다. 먼저 가죽을 가공한 후 소금을 쳐서 저장한 다음 사십 시간 정도 물에 담구어 불린다. 물에 불린 가죽은 털을 뽑아 건조하는 작업을 거친 후 가죽을 나무판 위에 놓고 두께를 맞추어 대패질하고 재단과 건조과정을 거친다.

북의 뼈대가 되는 북통에 사용되는 나무는 오동과 육송이다. 목재를 자른 뒤 '건조, 통조각 맞추기, 북통 세우기, 대패질, 칠' 등의 과정을 거쳐 북통을 만드는데, 이렇게 만든 북통을 가공된 가죽과 연결하고 단청(丹靑)을 하면 북이 완성된다.

3.2.1 구성

1) 부분 명칭

(1) 몸통, 통

북의 몸을 이르는 말로, '통면'이 겉을 이르는 말이라면 '몸통' 또는 '통'은 겉과 안을 모두 포함하는 의미이다. 몸통을 다른 말로 '아루'라고 하기도 한다. '아루'는 [아로] 또는 [아루]로 발음된다.

[사진 295] 몸통, 아루

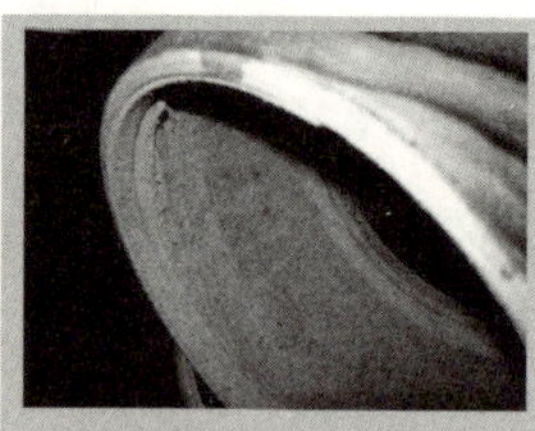
[사진 296] 울음테

[사진 297] 통면

(2) 울음테

북 안에 가장자리 부분에 넣는 나무테로 북의 소리에 영향을 미친다. 발음되거나 녹음된 음이 잘 되고 못된 정도를 판단하는 것을 '음질'이라고 하는데 이를 북을 만드는 사람은 '울음'이라고 표현하고 있었다. 이는 북을 사람과 동일시 해 마치 사람의 울음 소리와 비슷하다고 해서 생긴 말이다. 북을 만들 때는 두 가지의 테를 사용하는데 보통 형태를 잡는 테는 쇠테를 이용하고 울음테는 나무테를 이용해서 만든다.

(3) 통면

북의 몸을 '몸통' 또는 이를 줄여서 '통'이라고 하는데 그 면을 말한다.

(4) 가죽면

북은 나무와 가죽으로 만들어지는데 나무로 된 북통을 만든 후 북의 양쪽에는 가죽을 덮어 북을 완성한다. 이때 가죽이 덮히는 양쪽 면을 말한다.

(5) 쐐기

북의 가운데 부분에 넣는 테를 '쐐기'라고 한다. '꼬쟁이'라는 의미로 사용되기도 하는 것으로 북 안에 넣는 테를 말한다. 북의 종류 중 사물북은 이 쐐기를 박아 만드는데 그래서 사물북을 '쐐기북'이라고도 한다. 쐐기는 북을 죄는 끈 사이에 박는데 북의 장력을 좋게 할 뿐만 아니라 북을 칠 때 북이 움직이지 않도록 발로 고정시킬

[사진 298] 쐐기(가운데)

때에도 이 쐐기를 이용한다.

3.2.2. 도구

1) 제작 도구

(1) 안대패, 바깥대패, 모 죽이는 대패

나무를 곱게 밀어 깎는 연장으로 북통을 제작할 때 사용한다. 대패는 기계를 이용해 나무를 깎느냐 사람의 손으로 깎느냐에 따라 '자동대패'와 '손대패'로, 어느 부분을 다듬느냐에 따라 '안대패'와 '바깥대패', '모 죽이는 대패'로 나뉜다. 이 외에 크기가 큰 대패를 '큰대패'로 부른다. 그러나 소대패라는 말은 사용하지 않는다고 한다. 이들 대패는 쓰임새에 따라 모양도 다르다.

'자동대패'는 동력을 이용하여 자동으로 나무를 깎는 대패로 북틀을 고르게 하기 위해 앞과 뒤, 길이와 넓이를 고정시켜 똑같은 크기로 만들 때 사용하는 도구이다. '손대패'는 큰 북통을 만들 때 사용하는 길이가 긴 대패를 말한다. 기계가 아니라 손을 이용해서 사용한다고 해 '손대패'라고 하고 다른 말로 '큰대패' 또는 '대호시'라고도 한다.

'안대패'는 북통 안을 다듬을 때 사용하는 대패로 안을 다듬기 위해 동그란 모양으로 되어 있다. '바깥대패'는 북통의 밖을 다듬기 위해 사용하고 '모 죽이는 대패'는 북통 중 모서리의 날카로운 부분을 무디게 하는데 사용하는 도구이다.

(2) 외날톱, 양날톱, 돈톱

나무나 쇠붙이 따위를 자르거나 켜는 데 쓰는 연장으로 철로 된 얇은

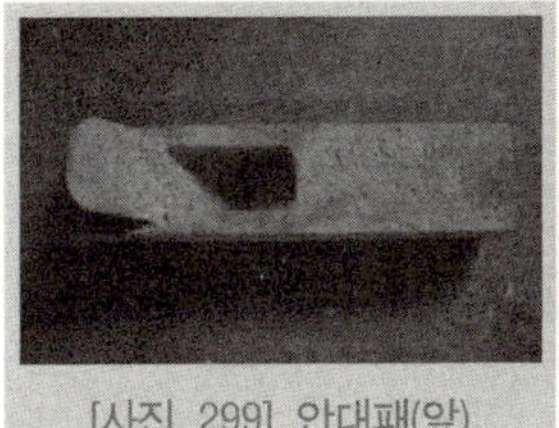
[사진 299] 안대패(앞)

[사진 300] 바깥대패(앞)

[사진 301] 손대패(앞)

톱날에 날카로운 이가 여럿 달려 있다. 톱도 그 용도에 따라 모양이 달라진다. 톱의 명칭은 그 쓰임새보다는 모양에 의해 '외날톱', '양날톱', '돈톱'으로 부르고 있었다. 톱이 하나인 살 잡는 기계를 '외날톱'이라고 하는데 이는 '톱'을 생략해 '외날'이라고도 부른다. '양날톱'은 북통의 살을 잡아주는 기계 중 톱이 두 개인 것으로 '외날톱'에 비해 더 효율적으로 작업할 수 있는 것이다.

'돈톱'은 둥근 톱을 가리키는 말로 둥근 톱의 모양이 동전 모양의 돈과 비슷하다고 해서 '돈톱'이라고 한다. 다른 말로 '새깡'이라고도 한다.

(3) 나무 따개는 기계, 살 잡는 기계

북을 만들 때 사용하는 기계에는 나무를 자를 때 사용하는 '나무 따개는 기계'와 북통의 살을 잡아 주는 '살 잡는 기계'가 있다. 이중 '나무 따개는 기계'는 북통에 필요한 북 쪽을 만드는 기계로 통나무를 용도에 따라 알맞은 각제로 만드는 기계이다. '자르다'의 경상도 빙인 '따개다'를 사용해 '나무 따개는 기계'라고 하기도 하고 나무를 사른다는 의미에서 '제재기' 또는 '제지기'라고도 한다. 북의 모양을 잡을 때에는 '살 잡는 기계'를 이용한다.

(4) 각잽이

북통의 각을 내기 위해 사용하는 도구이다. '각(角)'에 동사 '잡-'이 결합한 후 명사형어미 '-이'가 결합한 형태이다. '각잡이'에 'ㅣ'모음 역행동화가 되어 '각재비'라고 한다. 다른 말로 '각제'라고도 한다.

(5) 테, 테 치는 쇠

어그러지거나 깨지지 않도록 북통에 둘러맨 쇠줄을 '테'라고 한다. 북통에 이 테를 잘 매어야 나중에 북을 만들었을 때 음질과 모양이 모두 좋다고 한다. 다른 말로 '테 치는 쇠'라고도 한다.

[사진 302] 테

[사진 303] 북통에 맨 테

(6) 곡자, 기역자

북을 만들 때 나무의 각을 보기 위해 또는 북을 받치는 좌대를 만들 때 사용하는 자이다. 자의 모양이 직선이 아니고 곡선이라는 의미에서 '곡자'로, 한글의 'ㄱ'자 모양을 닮았다고 해서 '기역자'로 말한다.

(7) 조리개

나무를 겹겹이 쌓아 한꺼번에 절단 작업을 할 때 사용하는 도구로 조리개를 이용해 조른다.

(8) 구두칼

원래는 구두를 만들거나 고칠 때에 쓰는 칼이라는 의미에서 붙여진 말이다. 구두의 가죽을 다루는 것과 북의 가죽을 다루는 것이 비슷해 북의 가죽을 자를 때도 사용한다. 가죽을 재단할 때 '구두칼' 외에도 가위를 사용하기도 한다.

(9) 망치, 짜고, 끌, 바이스부라야, 빼빠

'망치'는 북통을 고정시킬 때, '짜고'는 전통적으로 북을 만들 때 사용하는 도구로 손잡이 끝에 날이 달려 나무를 다듬거나 손질하는 데 사용한다. '끌'은 망치로 한쪽 끝을 때려서 나무에 구멍을 뚫거나 겉면을 깎고 다듬는데 쓰는 연장이고, '바이스부라야'는 못을 빼거나 북을 조을 때 사용하는 도구이다. '빼빠'는 북통면을 다듬을 때 사용하는 것으로 사포를 말한다. 이들 중 '끌'은 [끌:]로 발음된다.

[사진 304] 톱

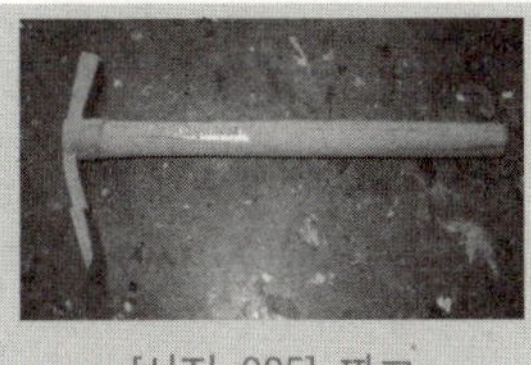

[사진 305] 짜고

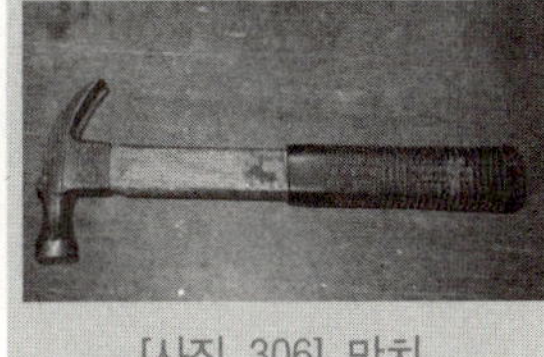

[사진 306] 망치

2) 보조 도구

(1) 내루, 철까치

[사진 307] 내루

망치질을 하거나 못을 뺄 때 사용하는 도구이다. '내루'는 다른 말로 철로 된 조각 또는 가락이라는 의미에서 '철까치'라고 한다. '윷까치, 엿까치'와 마찬가지로 경상도 방언형이다.

3.2.3. 재료

1) 가죽

(1) 소가죽

가죽은 동물의 몸을 감싸고 있는 질긴 껍질로, 북을 만들 때는 주로 소가죽을 사용한다. 가죽은 가공의 여부에 따라 '생가죽', '마린가죽'으로, 가죽의 종류에 따라 '소가죽' 또는 '젖소가죽'으로 나뉜다. 예전에는 소가죽 외에도 말가죽으로도 북을 만들었다고 한다.

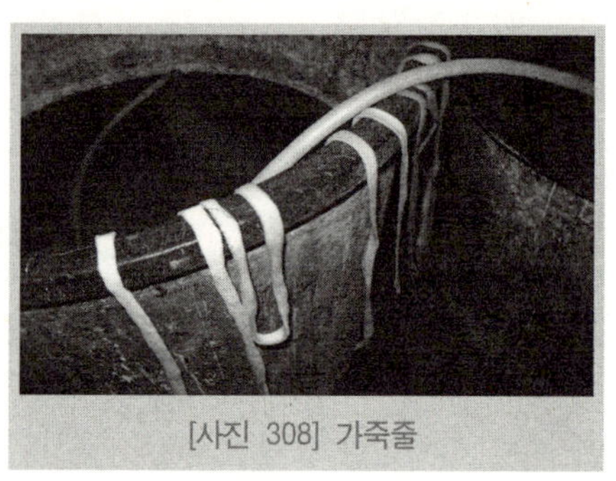

[사진 308] 가죽줄

가공하지 아니한, 벗긴 그대로의 가죽 '생가죽'이라고 한다. 보통 소가죽을 이용해 북을 만드는데 이때 가장 좋은 가죽은 한우라고 한다. 암소가죽은 부드러워 주로 작은 북에, 황소가죽은 질겨 주로 큰 북에 사용한다. 이 외에 젖소가죽은 소가죽 중 가장 나쁜 것으로 북을 만들 때는 잘 사용하지 않는다고 한다.

가공하고 남은 가죽줄은 농악북에서 장식의 효과로 사용하기도 한다.

2) 나무

(1) 신재, 구재

집을 짓거나 가구, 그릇 따위를 만들 때 재료로 사용하는 재목으로 북을 만들 때는 소나무와 오동나무를 주로 사용한다. 나무는 가공 여부에 따라 '신재'와 '구재'로 나뉜다. 이 중 베어낸 지 얼마 안 되어서 물기가 아직 마르지 아니한 나무를 '생나무'라고 한다.

　생나무를 이 년 또는 삼 년 정도 말려서 쓰는 것을 '신재'라고 한다. 북통의 재료로 사용하나 구재에 비해 뒤틀림이 많다. '신재'는 다른 말로 '새나무'라고 하기도 한다.

　오래된 나무를 다시 재료로 사용하는 것으로 주로 큰 목조건물에서 나온 나무인 '구재'를 이용해 북통을 만든다. '신재'보다 '구재'가 더 튼튼해 북통 제작에 더 좋은 나무라고 한다.

　북통을 만들 때 사용할 수 있는 나무는 '오동나무'와 '소나무'가 있다. 북을 만들 때 작고 가벼운 북은 주로 오동나무로 만들지만 큰 북을 제작할 때는 오동나무의 성질이 튼튼하지 못해 사용하지 않는다고 한다. 오동나무를 줄여서 '오동'이라고 한다.

　소나무의 튼튼한 성질로 인해 큰 북을 만들 때는 소나무를 북통의 재료로 사용한다. 북의 부분 중 통의 재료가 되는 나무의 통을 '통나무'라고 한다.

[사진 309] 신재　　　　　　　[사진 310] 구재

[사진 311] 오동나무　　　　　　[사진 312] 소나무

3) 기타

(1) 신쭈, 단추못

북의 장식에 사용되는 못의 종류로 이중으로 된 것이 아닌 한 개로 된 못으로 두껍고 노란색을 띠는 것을 '신쭈'라고 한다. 이 외에도 북의 장식에 사용되는 못을 '단추못'이라고 한다. '단추못'은 압정과 비슷하게 생겼고 장식 효과 외에도 북을 고정시키는 역할도 한다. 옷의 단추와 모양이 비슷하다고 해 '단추못'이라고 하고 다른 말로 '비호'라고도 한다. 모양새는 위는 둥글고 넓지만 아래는 일반 못과 동일하다.

[사진 313] 단추못 장식

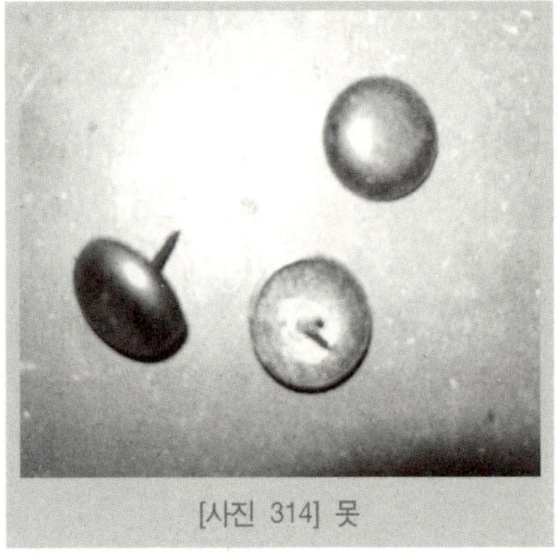

[사진 314] 못

(2) 들기름, 니스

북에 사용하는 광택제이다. 예전에 니스가 나오기 전에는 '들기름'을 이용해 북에 광택을 냈는데 지금을 '니스'를 이용해 광택을 낸다. 보통 한 개의 북을 만들 때 다섯 번에서 여섯 번 정도의 니스칠이 들어간다고 한다.

(3) 횟가루

'산화칼슘'을 일상적으로 이르는 말로 횟가루를 이용해 소털을 뽑는다.

3.2.4. 제작품

북의 명칭은 '고(대고, 소고, 법고), 버꾸, 북(외북, 양북 또는 쌍북)' 등으로 불린다. 이러한 북의 명칭은 모양새, 쓰임새, 크기에 따라 각기 다른 이름을 지니고 있다.[54]

1) 용도에 따른 북의 명칭

(1) 무고

궁중 정재 때에 쓰던 북의 하나로 기둥이 셋인 틀 위에 눕혀 놓고 두드리는 북이다. 북의 면은 청·홍·백·흑의 네 빛깔로 되어 있는데 이는 동·서·남·북의 네 방위를 나타낸다. '무고'는 북을 두드리면서 춤을 출 때 사용하는 것으로 춤을 추는 사람의 숫자에 따라 춤의 명칭도 '사고무' '오고무'로 달리 부르는데 이 말에서 알 수 있듯이 '사고'는 북이 네 개인 것을, '오고'는 북이 다섯 개인 것을 말한다.

(2) 교방고

당악기에 속하는 북의 하나로 모양은 납작하고 북통 둘레에는 용(龍) 모양이 그려져 있다. 네 발로 된 나무틀 위에 큰 북통을 세우지 않고 눕혀 북면이 위로 가게 해 틀에 거는 북이다. '교방고'는 당악(唐樂)과 행악(行樂)에 모두 사용되었는데 행악에 사용될 때는 북틀 횡목에 긴 장대 둘을 끼우고 그 끝을 네 사람이 메고 걸어가며 쳤다. 향악에 속하는 무고춤에두 교방고를 조금 작게 만들어 사용하기도 한다.

---

54) 대고는 그 크기만큼 만드는 기간이 길었는데 조사기간 중 만들어진 북은 직접 찍은 사진을 사용했지만 만들어지지 않은 북은 제보자의 전시회 팸플릿 사진을 찍어 보완했다.

(3) 진고

아악기에 속하는 타악기의 하나로 북통이 길며 크다. 대개 지름이 1미터가 넘고 높이가 2미터 정도 되어 한국의 북 중에서 가장 크다. 북통이 붉은색을 띠고 있는 '진고'를 다른 말로 '현고'라고 하기도 한다. 길고 큰 형태로 인해 주로 네 개의 기둥에 가름대를 설치한 나무틀 위에 놓고 끝을 헝겊으로 감은 나무 방망이로 친다.

[사진 315] 교방고

[사진 316] 진고

(4) 절고

아악기에 속하는 타악기의 하나로 붉은 칠을 한 나무틀 위에 움직이지 못하게 고정한 북으로, 모양은 진고와 비슷하다. 절에서 예불을 올릴 때 사용하는 북이라는 의미에서 '절고', '절북'이라고 한다. 북 밑에 두는 나무틀은 상자 모양을 하고 있다고 해서 '방대(方臺)'라고도 한다.

(5) 법고

절에서 예불이나 의식을 거행할 때에 사용하는 큰 북을 '법고'라고 하는데 이는 법을 전하는 북이라는 의미를 지니고 있다. '법고'라는 말에는 북소리가 세간에 널리 울려 퍼지듯이 불법을 널리 전하여 중생의 번뇌를 물리

치고 해탈을 이루게 한다는 함축적
인 의미가 담겨져 있다. 불교에서
말하는 사물(법고, 범종, 목어, 운판)
중에 하나로 우주 삼라만상 중에 축
생계의 중생을 구제하기 위한 북을
'법고'라고 한다. 현재는 각종 행사
에 많이 쓰인다.

(6) 승무북

법고의 일종으로 승무를 출 때
사용하는 북을 말한다. 받침 다리

[사진 317] 절고, 절북

위에 북을 고정시켜 놓은 후 서서 치는 북을 말한다. 틀 위에 얹어놓고 사
용하는 북으로 현재 '승무북' 또는 '승전고'로도 많이 사용하고 있다. 북틀
은 상단 위에 용 모양 또는 무궁화 모양으로 장식하며 단청을 하지 않은
나무색 그대로를 이용한다.

[사진 318] 승무북

[사진 319] 법고

(7) 농악북, 풍물북

풍물놀이에 사용되는 북이라는 의미에서 '풍물북'으로, 농악에 사용되는 북이라는 의미에서 '농악북'이라고 한다. 장고와는 달리 북편, 채편의 가죽 구분이 없다. 통은 나무로 만들며 북 양쪽에는 둥근 쇠고리가 달려 있어 농악 연주 때 여기에 끈을 달아 어깨에 매고 친다. '모둠북', '풍물북'과 같이 후대에 개량해서 사용한 북으로 전통적인 북과는 모양이 다른 것을 통칭해 '개량북'이라고 말한다.

[사진 320] 풍물북

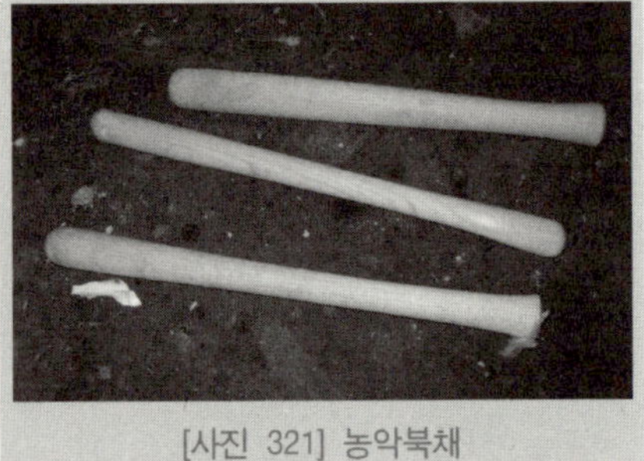

[사진 321] 농악북채

(8) 소리북

판소리 반주에 쓰는 북이라는 의미에서 '소리북'이라고 한다. '소리북'은 남부지방에서는 흰 북을, 중부지방에서는 단청 북을 주로 쓴다. 풍물북을 개조한 것으로 그 모양과 만드는 방법은 같지만 가죽을 댄 북 양쪽 둘레에 쇠못이 박혀 있는 점이 다르다. 대개 '소리북'은 주로 판소리 반주에 사용된다.

(9) 사물북

사물놀이에 사용되었던 북으로 대고장이 직접 개발해서 사용한 북이다. 북의 가운데 쐐기를 박은 후 북가죽에 구멍을 내 가죽끈으로 엮어 만든다. 둥근 쇠고리가 달려 있어 사물놀이 연주 때 여기에 끈을 달아 어깨에 매고 친다.

이 외에도 '도고'라는 북이 사용되고 있었다.

[사진 322] 사물북

[사진 323] 소리북

[사진 324] 모듬북

2) 특징에 따른 북의 명칭

(1) 용고

법고의 종류 중 용 그림이 있는 것을 '용고'라고 한다. 용을 그린 북통의 양면에 고리를 박고 그 고리에 끈을 달아 어깨에 맨 다음 두 손에 채를 들고 위에서 내려친다. 북통에 용의 그림을 그려 넣었기 때문에 '용고'라고 하는 이 북은 대취타와 같은 행진 음악에 주로 쓰인다. 북의 모양이나 북통의 용무늬 장식 등이 다른 교방고(敎坊鼓)와 좌고(座鼓), 중고(中鼓)와 거의 비슷하지만 이들 중 크기가 가장 작다. '용고'라는 명칭은 북통에 용의 그림이 그려져 있기 때문에 붙여진 것으로 많이 알려져 있지만 용고를 제외하고도 '교방고', '좌고' 등에도 용의 그림이 그려져 있어 명칭에 이견이 있다.

(2) 좌고

관현악에서 사용하는 북으로 북틀에 걸어 놓고 앉아서 친다. 네모난 받침대 위에 북을 비스듬히 놓고 치는데 앉아서 치는 북이라는 의미에서 '좌고(座鼓)'라고 한다. 북틀에 걸어 놓고 앉아서 치는 '좌고'는 관악합주와 반주음악에 주로 쓰인다.

[사진 325] 법고

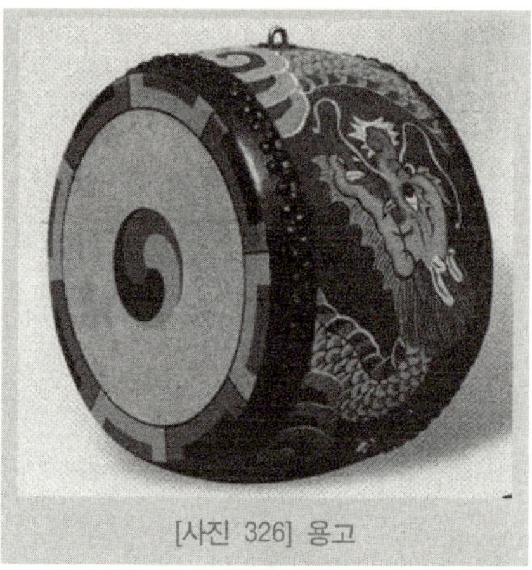

[사진 326] 용고

(3) 모둠북

난타에 사용하기 위해 개발한 개량북으로 몇 개의 북을 모아서 만든 것이다. 북을 모아서 만들었다는 의미에서 '모둠북'이라고 한다. 통나무 안쪽을 파내어 만든 것으로 북 4개가 1조를 이루어 사용되는 악기다.

[사진 327] 좌고

(4) 오고북

작은 북 다섯 개가 한 조를 이루어 만들어진 북을 '오고북' 또는 이를 줄여서 '오고'라고 한다. 주로 오고무를 출 때 사용하는 북이다.

(5) 삼고북

작은 북 세 개가 한 조를 이루는 악기로 오고무에 사용하는 북보다는 크기가 좀 더 크다. '오고'와 마찬가지로 '삼고' 또는 '삼고북'이라고 한다.

(6) 건고

궁중에서 사용한 북으로 주로 궁중음악에 사용했다. 아래에는 엎드린 네 마리의 호랑이가 있고 그 위에는 용과 백로가 올라가 있어 외형이 화려한 것이 특징이다. 호랑이 위에 대받침을 세우고 그 위에 큰 북을 올려놓고, 북 위에 이층의 방게와 용이 있고 그 위에 나는 모양의 백로가 올려져 있다.

[사진 329] 건고

[사진 328] 삭고

(7) 삭고

우리나라 북의 하니로 북의 모양은 좌고와 비슷하나 틀 위에 해 모양을 새긴 것에서 차이가 있다. 주로 궁중음악의 시작을 알릴 때에 사용한다. 긴 통 같이 생긴 북을 나무틀에 매달아 놓고 그 위에 해 모양을 그려 놓는다. 현재는 잘 사용하지 않는 '삭고'는 틀 위에 모양을 사람에 따라 '달' 또는 '해'로 보기도 한다.

3) 크기에 따른 북의 명칭

(1) 대고

'법고, 용고, 교방고' 등과 같은 큰 북을 가리키는 말이다. 한자로 '대고(大鼓)'라고 하기도 하고 한자와 한글이 결합된 '대북(大)' 또는 한글로만 된 '큰북'이라고 한다. 큰 북을 만드는 사람을 '대고장'이라고 하는데 이를 '대북장, 큰북장'이라고 하기도 한다.

[사진 329] 대고 북통

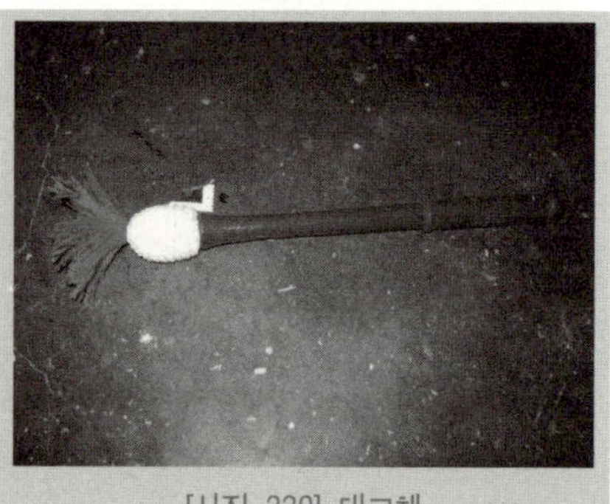

[사진 330] 대고채

(2) 중고

무고의 한 종류로 지름이 작으면서 통이 긴 북으로 주로 옆으로 세워서 사용한다. 교방고와 같이 네 다리 위의 기둥틀에 올려 놓고 북면이 위를 보게 건 후 친다. 중간 크기의 북이라는 의미에서 '중고(中鼓)'라고도 한다.

(3) 소고

북 중에서 가장 작은 것을 '소고(小鼓)'라고 한다. 주로 농악에 사용하며 양면은 가죽으로 메웠으며 운두가 낮고 자루 손잡이가 달려 있다. 왼손은 북의 손잡이를 잡고 오른손은 작은 채를 들고 친다. 보통 지름 30cm, 높이 3~4cm 정도 되는 북테의 양쪽에 소가죽 또는 개가죽을 대고 개가죽 끈이나 노끈으로 얽어 죈다. 일반적으로 자루는 길이 한 뼘 정도 되는 나무를

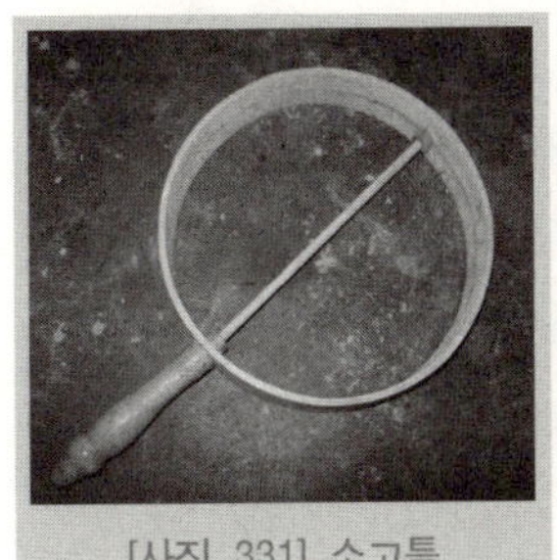
[사진 331] 소고틀

[사진 332] 소고

[사진 333] 장고

다는데, 지방에 따라 자루를 달지 않고 끈을 달아 쓰기도 하고 자루에 쇳조각을 끼워 철렁거리는 소리가 나도록 하는 곳도 있다. 대체로 사당패나 선소리패의 '소고'는 크고, 농악대의 '소고'는 지방에 따라 크기가 다르다.

(4) 장고북

국악에서 쓰는 타악기의 하나로 기다란 오동나무로 만든 것이다. 허리가 가늘고 잘록한 통의 양쪽에 가죽을 붙여서 만든 악기로 오른손은 가는 대나무채를 들고 치고 왼손은 맨손으로 치거나 궁글채를 들고 친다. 가죽을 무엇을 사용하냐에 따라 '구피장구'와 '우피장구'로 달리 부른다. 제보자는 '장고' 또는 '장고'에 '북'을 붙여 '장고북'이라는 명칭을 주로 사용했다.

4) 기타용품

(1) 북채

북을 치는 조그만 방망이이다. 북채는 어떤 종류의 북에 사용하냐에 따라 명칭이 달라진다. 예를 들면 사물놀이에서 사물북에 사용하는 채는 '사물북채'로, 모둠북에 사용하는 채는 '모둠북채'라고 한다. 북도 어떤 북이나에 따라 모양과 크기가 달라지는 것처럼 북채도 마찬가지인데 사물북채나 모둠북채는 다른 채에 비해 굵게 만드는데, 이는 북을 많이 치는 사

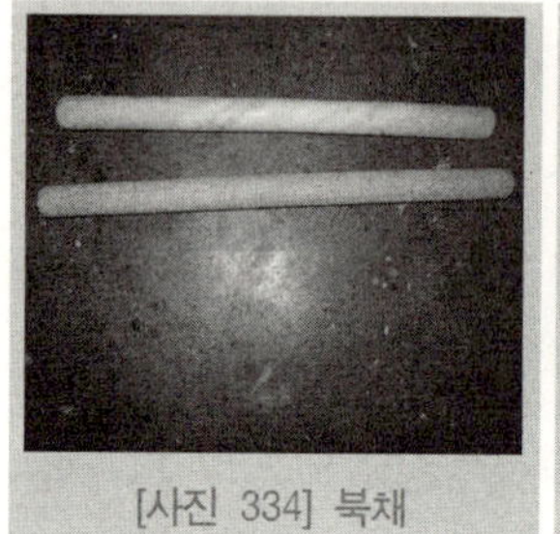

[사진 334] 북채

[사진 335] 모듬북채

[사진 336] 고깔

물놀이와 난타의 성격 때문이다. '모듬북채'는 사물북채에 비해 굵고 길다. 또 큰북 즉 '대고'에 사용되는 채를 '대고채'라고 하는데 채도 굵고 클 뿐만 아니라 웅장한 소리를 위해 채 끝에 천을 감아 채의 머리 부분도 굵고 크다.

(2) 고깔

중이나 무당 또는 농악대들이 머리에 쓰는 위 끝이 뾰족하게 생긴 모자이다. 종이로 꽃 장식을 해서 사용하기도 한다.

(3) 화관

북을 칠 때 머리에 쓰는 아름답게 장식한 관으로 주로 궁중음악 연주에 사용된다.

3.2.5. 제작 행위

1) 가죽 씌우는 과정

(1) 염을 지른다

가죽에 소금을 치는 과정이다. 가죽을 오래동안 사용하기 위해서는 가죽에 소금을 쳐야 하는데 이때 소금의 한자어 '염(鹽)'을 사용해 '염을 지른다' 또는 '염 치다'라고 표현하거나 '소금 치다'라고 표현한다.

(2) 염수, 탈수

가죽의 소금기를 제거하는 과정으로 손으로 가죽을 빠는 과정을 통해 가죽의 소금기를 제거하는 과정을 '염수' 또는 '탈수'라고 말한다. '염수'의 경우 소금을 나타내는 '염(鹽)'과 물을 나타내는 '수(水)'가 결합한 말이다. 원래 '염수'는 소금물을 의미하지만 제보자는 소금기를 물로 씻는 과정을 나타내고 있었다. '탈수'는 가죽 안에 들어있는 물기를 뺀다는 의미에서 사용하고 있었다.

(3) 유안을 지른다

'유안'이라는 비료를 넣는 과정을 '유안을 지른다'라고 표현한다. 유안은 가죽을 무르게 만드는 석회가루로 가죽에 있는 털을 뽑기 위해서 이를 넣는 과정을 '지르다'라고 말한다. 횟가루를 이용해 털을 제거하기 위한 선행 작업이다.

(4) 재놓다

가죽에 석회가루를 뿌려 가죽을 차곡차곡 재어서 두는 것으로 이 작업이 끝나면 가죽에 있던 털이 빠진다.

(5) 타래, 타래염을 뽑아 낸다

가죽의 털을 뽑기 위해 횟가루를 뿌리고 염을 제거하는 과정을 '타래' 또는 '타래염을 뽑아 낸다'라고 말한다. 횟가루을 제거하는 작업을 '횟가루를 뽑아 낸다'라고 표현한다. 이와 연관해 '염을 뽑아 낸다', '타래염을 뽑아낸다'라고도 표현한다. '타래', '타름', '타래염' 또는 이를 줄여서 '탈염'이라고도 말한다. 특히 '타래'라는 말에 '염'이 결합해 사용되고 있는 어휘가 많았는데 이는 염을 친 후 털을 뽑는 타래 작업을 하기 때문이다.

(6) 과수, 과수를 지른다

'타래'를 한 후 말린 가죽에 물을 넣는 것을 '과수'라고 하고 이러한 과정을 통해 가죽을 사용하기 좋게 만드는 것을 '과수 처리' 또는 '과수를 지른다'라고 말한다. 가공한 가죽을 타래한 후에 과수를 지르면 가죽 색상이 고르게 나온다고 한다. 이 과정 후에 가죽을 사용할 수 있도록 '가공'하는 과정에 들어간다.

(7) 가공

가죽을 북 틀에 씌울 수 있도록 보기 좋게 모양을 내는 과정을 말한다. 속에 쇠테를 넣어 가죽을 꿰어맨다.

(8) 건조하다

가죽은 물에 담근 상태에서 가공 후 다시 건조를 해 가죽을 씌운다. 북 모양에 맞게 자른 가죽을 말리는 과정이다.

[사진 337] 유안을 지르다

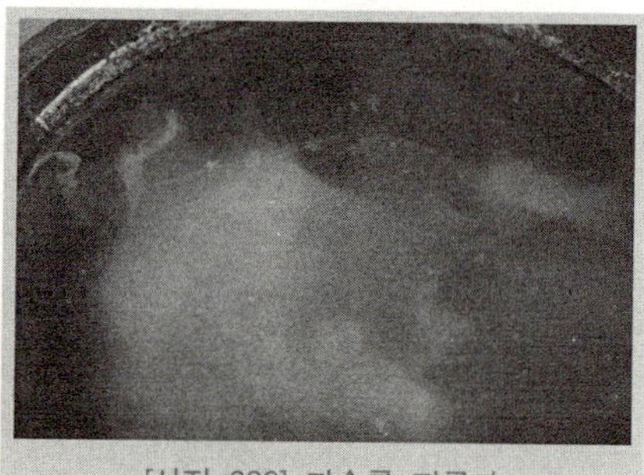

[사진 338] 과수를 지른다

(9) 물에 불리다

가공과 건조과정을 거친 가죽을 씌우기 전에 가죽을 물에 담그는 것을 '물에 불리다'라고 한다. 이 과정을 거쳐야 북에 가죽이 잘 씌워질 수 있다.

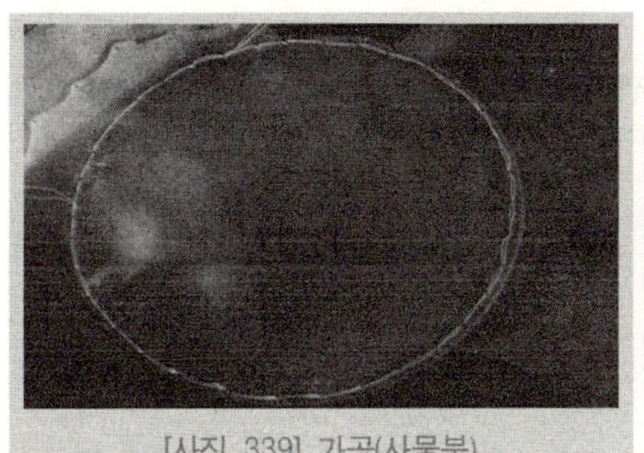

[사진 339] 가공(사물북)

[사진 340] 가죽 쎄오기

(10) 쪼다

가죽을 늘이기 위해서 하는 작업으로 가죽을 방망이로 친 후 늘어진 가죽을 다시 쪼아 주는데 이를 가리키는 말이다. 북을 만들 때 북의 음질과 수명을 결정하는 단계로 가죽을 팽팽하게 당겨 주어야 음질과 수명에 좋다고 한다.

(11) 늘아 주다

가죽이 줄어 들지 않도록 기계로 늘리는 과정이다. '늘려 주다'의 경상도 방언형 '늘아 주다'를 사용하고 있었는데 가죽을 늘리는 기게 역시도 '늘아 주는 기계'리고 표현하고 있었다. 이 기계에 기죽을 집게로 고정시킨 후 당기면 가죽이 늘어난다.

[사진 341] 늘아주는 기계

(12) 가죽 쎄오기

북통에 가죽을 씌우는 것을 '가죽 쎄오기' 또는 '가죽 씌운다'라고 표현한다. 건조된 가죽은 씌우기 전에 다시 한 번 물에 넣어 축축하게 한 후 북통에 씌운다.

(13) 북을 맨다

농악북에서 장식의 효과로 사용되는 가죽줄을 얽는 과정을 '매다'로 표현한다.

2) 북통 만드는 과정

(1) 나무를 따개다

나무를 보기 좋게 가른다는 의미이다. '짜개다'의 경상도 방언형 '따개다'를 사용해 '나무를 따개다'라고 표현하고 있다. 북통으로 쓸 나무쪽을 만드는 과정이다.

[사진 342] 나무를 따개다

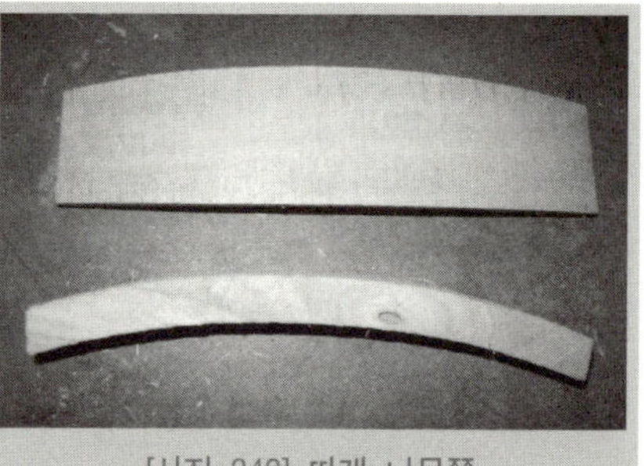

[사진 343] 따갠 나무쪽

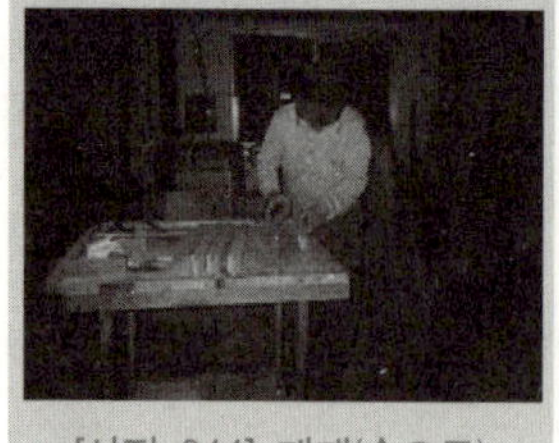

[사진 344] 제재(손으로)

[사진 345] 제재(기계로)

[사진 346] 나무를 킨다

(2) 나무를 킨다

'제재한다'는 의미로 북틀을 만들 수 있도록 대패나 톱을 이용해 나무를 자르는 것을 의미한다. 북통을 만들 때 '따개다'와 '키다'는 두 가지 동사형이 사용되고 있었는데 주로 '따개다'는 칼이나 도끼 등의 연장을 사용해 가르는 것을, '키다'는 톱이나 대패를 이용해 자르는 것을 말하고 있었다.

(3) 각을 잡는다

제재한 나무를 이용해 둥근 북틀 형태를 만들 때 사용하는 말로 둥근 모양이 되도록 북통의 각을 만드는 과정을 말한다. 먼저 북쪽에 아교 또는 접착제를 바른 후 쇠테를 이용해 북통을 고정시키면 둥근 북통의 모양이 완성된다. '각' 또는 '각도'를 사용해 '각을 잡는다' 또는 '각도 잡는다'라고 표현한다.

[사진 347] 각을 잡는다

[사진 348] 살 잡는다

(4) 살 잡는다

북통의 각도를 잡은 후 북통의 면을 둥글게 깎는 것을 말한다. 둥근 모양이 되도록 각을 잡는 것을 '살 잡는다'라고 표현한다. 북통은 먼저 '각을 잡는' 과정을 거친 후 '살을 잡는' 과정을 거친다. '살을 잡는' 과정에서도 쇠테를 사용하는데 '각을 잡는' 과정에서 사용하는 것보다 가는 것으로 형태를 고정시킨 후 살을 잡는다.

(5) 다듬질

북통을 만든 후 표면을 매끄럽게 하는 작업을 '다듬질'이라고 하는데 '다듬다'라는 말에서 연유한 것이다. 새기거나 만든 물건을 매만져 손질하는 일이다.

(6) 대패질

다듬질을 한 후에 대패로 북통의 거친 부분을 다듬거나 각을 잡는 일을 모두 가리키는 말이다. 대패로 나무를 깎는 행위를 말한다.

(7) 사포질

까칠까칠한 물건의 표면을 매끄럽게 하려고 사포로 문지르는 일이다. '살 잡는' 과정을 거친 후 '빼빠'로 거친 표면을 깨끗하게 미는 작업이다. 넓게 보면 이 행위도 '다듬질'에 속한다.

[사진 349] 사포질

[사진 350] 니스칠

(8) 니스칠

광택을 내는 행위를 말한다. 예전에 니스가 나오기 전에는 들기름을 이용해 광택을 냈는데 지금은 니스를 이용해 광택을 낸다고 한다. 보통 다섯 번에서 여섯 번의 '니스칠'을 한다.

(9) 단청

알료를 가지고 채색하는 작업을 말한다. 때에 따라 단청을 북통에 그려
진 용무늬, 꽃무늬를 가리키기도 하고 이를 그리는 작업을 가리키기도 한
다. '베(천) 바르기' 작업을 한 후 단청을 칠하는 작업에 들어가는데 이를
'단청' 또는 '단청 칠하기'라고 표현한다. 단청은 [단층] 또는 [단청]으로 발
음된다.

[사진 351] 베 바르기

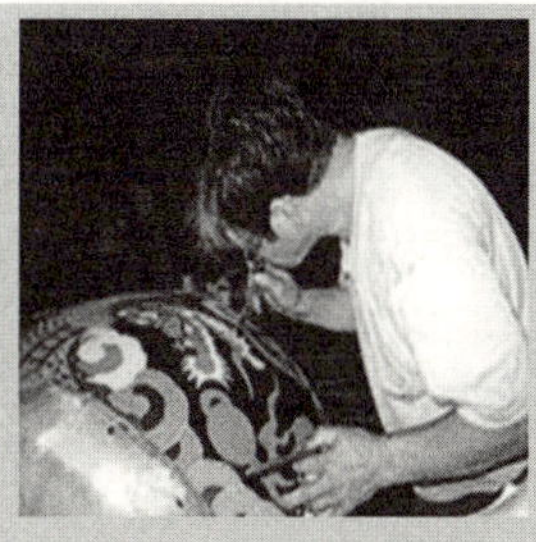

[사진 352] 단청 칠하기

[사진 353] 단청

연구 결과

제5장 마무리

제5장 마무리

　본 연구는 도시화와 표준화로 인해 점점 사라져가지만 우리가 소중히 보존해야 할 우리 민족의 문화유산인 생활어를 발굴, 기록하기 위한 목적으로 진행되었다. 경상북도 지역에서는 크게 두 주제로 나누어 조사했는데 하나는 어업 생활어이고 또 다른 하나는 장인의 말이다. 어업은 이를 대표할 수 있는 직업인 '육지해녀, 미역생산업자, 어부'를, 장인은 경북지역의 대표적인 장인인 '옹기장, 유기장, 대고장'을 그 대상으로 했다. 어업 생활어를 조사하기 위해서는 어촌지역인 영덕을, 장인의 생활어를 조사하기 위해서는 그 해당 장인이 살고 있는 영덕, 칠곡, 문경을 조사지역으로 선정했다.

　이러한 실제적인 생활어 조사와 더불어 이들의 구술 생애를 기록하여 동해안 어업인과 장인들의 언어를 그들의 생애를 통해 알 수 있도록 했다. 또 조사는 구술발화를 채록하는 방법을 통해 현장감 있는 용례와 다양한 양상으로 실현되는 어휘의 의미를 살펴볼 수 있도록 했으며 사진 자료를 활용해 채록한 어휘의 신뢰성을 높였다.

　생애사 구성은 관련 주제 안에서 시간의 흐름에 따라 글을 구성했다. 유년시절부터 시작하여 현재 노년에 이르기까지의 내용들을 순차적으로 구성하였으며 소제목을 통해 제보자가 말하고자 하는 의미를 드러내고자 하였다. 관련되는 주제는 묶어 글의 통일성을 주고자 했지만 전체적인 시간의 흐름을 중요하게 생각했으며, 소제목은 제보자의 발화를 가져와 제보자의 생애와 관련된 내용이 부각될 수 있도록 했다. 이렇게 제보자의 생애와 그에 따른 구술발화를 중심으로 채록한 생활어는 그 자체를 기록하고 정리하는 것만으로도 자료적 가치를 지닌다.

　이 책은 생애와 관련한 생활어를 중심으로 엮은 것으로 제보자의 생애사와 그가 생활하는 공간과 그와 관련된 생활물품, 그에 따른 행위에 대한 어휘가 주된 부분을 차지하고 있다. 또한 어휘는 아니지만 관용적으로 사용하는 표현도 함께 제시해 다양한 언어의 양상을 살펴 볼 수 있도록 했다.

〈생활어 조사 범위〉

어업 생활어	장인의 말
육지해녀, 미역생산업자, 어부의 개념	옹기, 대고, 유기의 개념
도구	제작물의 재료
장소	제작물의 구성
채취물	제작물을 만들 때 필요한 도구
행위	제작 과정과 관련한 행위
행위자	제작 장소
관용 표현	제작품의 명칭과 쓰임새
	행위자
	관용 표현

　3장에서는 어업 생활어에 관해 살펴 보았다. 본고에서는 말하는 어업은 어업 및 어업과 관련한 일을 하는 '육지해녀, 미역생산업자, 어부' 등이 하는 어로활동으로, 어업 생활어라 하는 것도 이들이 어로활동을 하면서 말

하는 생활어를 말하는 것이다. 이제까지 어업에 관한 대부분의 연구가 민속학과 인류학 측면에서 이루어져 어업인들의 언어에 대한 정보를 찾기가 쉽지 않았는데 이러한 현장감 있는 언어조사로 인해 어업 생활어라는 부분을 더욱 명확히 할 수 있었다. 또 일반적으로 많이 알려지지 않은 어휘들도 조사되었는데, 이를 통해 해당 직업의 생활어라는 부분을 한층 더 넓은 영역 하에서 확장할 수 있었다.

4장 장인의 말에서는 '옹기장, 유기장, 대고장'을 통해 오랜 시간동안 우리의 생활용기이자 생활용품으로 사용된 '옹기, 유기, 대고'와 관련된 생활어를 살펴 보았다. 특수직업인 장인이 만드는 생활용품이라는 점으로 인해 어업 생활어에 비해 많이 알려지지 않은 어휘를 찾을 수 있었는데, 이러한 점은 제작품에만 국한된 그 동안의 연구에서 한층 나아가 장인의 생활어라는 개념을 명확히 할 수 있었다.

그러나 이 어휘들 역시 특정 직업어 또는 특정 개인어가 아닌 생활어라는 점에서 보면 아쉬운 점이 남는다. 이러한 점을 보완하기 위해서 앞으로 어느 특정 지역에 국한된 조사가 아닌 다양한 지역과 다양한 제보자를 고려한 조사가 이루어질 필요성이 있다. 이러한 조사가 이루어진다면 한 개인의 생활어, 한 직업의 생활어, 한 지역의 생활어의 한계를 뛰어 넘어 민족생활어로서 자리를 매김할 수 있을 것이다.

이 외에도 어휘에 대한 명칭이 문헌조사와 달리 있는 경우, 또 사전에 등재되어 있는 어휘라고 할지라도 사전상의 의미만으로는 이들이 사용하는 어휘의 의미를 찾을 수 없는 경우가 많았다. 이러한 점으로 인해 필자는 조사한 어휘의 경우 해당 용례를 통해 실제 사용되는 의미를 알 수 있도록 했다. 그러나 이들 역시도 다양한 직업에서는 다른 의미로 사용될 수 있다는 점을 고려해 볼 때 이는 보다 체계적인 조사 작업으로 전체적인 분류와 뜻풀이가 이루어져야 할 것이다.

이리한 아쉬운 점에도 불구하고 민속생활어 자료는 우리가 소중히 보존해야 할 우리 민족의 문화 유산인 생활어를 발굴했다는 점에서 또 사전 상에 등재된 어휘라도 다양한 양상으로 실현되는 의미와 용례를 추출했다는 점에서 그 의의를 가질 수 있을 것이다. 이렇게 구성된 경북지역의 생활어는 개인사가 한 지역의 지역사를 지역사가 한 민족의 생활사를 반영하듯 생활어 역시 한 개인의 생활어라기보다는 우리 민족의 생활어이기에 그 가치는 더욱 높다고 할 수 있다.

〈참고 문헌〉

20세기민중생활사연구단, 「20세기한국민중의 살림살이」, 20세기민중생활사연구단(심 포지움 자료), 2004.

20세기민중생활사연구단, 「민족생활의 흔적 물증찾기」, 20세기민중생활사연구단(워크 숍 자료), 2006.

국립국어연구원, 『표준국어대사전』, 두산동아, 1999.

국립문화재연구소, 『유기장』, 화산문화, 2002.

국립민속박물관, 『경남어촌 민속지』, 국립민속박물관, 2002.

권삼문, 『동해안 어촌의 민속학적 이해』, 민속원, 2001.

김광언, 『한국농기구방』, 한국농촌경제연구원, 1986.

김덕호, 『경북방언의 지리언어학』, 월인, 2001.

김지숙, 『2007년도 민족생활어 조사 4』, 2007.

남기탁 · 손주일, 『방언』, 국학자료원, 2002.

문화재관리국, 『무형문화재 조사 보고서』, 문화재관리국, 1981.

문화재청, <중요 무형문화재 제77호 유기장 기록영화(107분)>, 문화재청, 2002.

박대순, 『농기구』, 대원사, 1995.

박재관, 『장인』, 중명, 1999.

배영동, 『농경생활의 문화읽기』, 민속원, 2000.

윤명희 · 이대희 · 이성배, 『경상도 우리 탯말』, 소금나무, 2006.

이봉주, 『납청양대』, 대신문화사, 1991.

이상규, 『경북방언 문법연구』, 박이정, 1999

이원석, 『한국의 배』, 대원사, 1990.

이훈종, 『민족생활어사전』, 한길사, 1992.

정양모 · 이훈석 · 정명호, 『옹기』, 대원사, 1991.

홍정실, 『한국의 연장』, 한국야금, 1996.

황헌만 · 이영자 · 배도식, 『옹기』, 얼화낭, 2006.

ㅇ